本书为河南省社会科学院
哲学社会科学创新工程试点项目

『河南历史与考古研究』丛书（第二辑）

登封：大禹故里故都

主编　张新斌　王青山

中原出版传媒集团
中原传媒股份公司

大象出版社
·郑州·

图书在版编目(CIP)数据

登封：大禹故里故都 / 张新斌，王青山主编. — 郑州：大象出版社，2020. 12
ISBN 978-7-5711-0810-6

Ⅰ. ①登… Ⅱ. ①张… ②王… Ⅲ. ①文化史-研究-登封②禹-人物研究 Ⅳ. ①K296. 14②K827=1

中国版本图书馆 CIP 数据核字(2020)第 228601 号

“河南历史与考古研究”丛书(第二辑)

登封：大禹故里故都

DENGFENG：DAYU GULI GUDU

张新斌　王青山　主编

出 版 人　汪林中
责任编辑　宋　伟
责任校对　牛志远　毛　路　安德华
装帧设计　王晶晶

出版发行　大象出版社(郑州市郑东新区祥盛街 27 号　邮政编码 450016)
发行科　0371-63863551　总编室　0371-65597936
网　　址　www.daxiang.cn
印　　刷　河南省环发印务有限公司
经　　销　各地新华书店经销
开　　本　720 mm×1020 mm　1/16
印　　张　42. 75
字　　数　565 千字
版　　次　2020 年 12 月第 1 版　2020 年 12 月第 1 次印刷
定　　价　125. 00 元

若发现印、装质量问题，影响阅读，请与承印厂联系调换。
印厂地址　河南省新乡市新乡县七里营镇 107 国道与胡韦线交叉口中原兴业产业园 A12-2
邮政编码　453800　　　　电话　13683815169

河南省历史学会 2016 年年会暨大禹文化研讨会开幕式

2018 年海峡两岸大禹文化国际研讨会与会代表合影

2018 年登封为大禹故里故都研究认定会在登封召开

2018 年登封为大禹故里故都研究认定会会场

2018 年登封为大禹故里故都研究认定会专家合影

河南省历史学会 2016 年年会暨大禹文化研讨会期间与会代表参加第六届中国大禹文化艺术节

河南省历史学会 2016 年年会暨大禹文化研讨会部分与会领导合影

河南省历史学会 2016 年年会暨大禹文化研讨会期间张广智副省长专程到会看望与会代表

河南省炎黄文化研究会原会长常有功出席河南省历史学会 2016 年年会暨大禹文化研讨会开幕式

河南省炎黄文化研究会会长李秀奇出席河南省历史学会 2016 年年会暨大禹文化研讨会开幕式

登封市政协原主席孟永瑞出席河南省历史学会 2016 年年会暨大禹文化研讨会

河南大学李振宏教授出席河南省历史学会 2016 年年会暨大禹文化研讨会

河南省历史学会会长、郑州大学副校长张倩红教授出席河南省历史学会 2016 年年会暨大禹文化研讨会

河南省社会科学院原党委书记魏一明出席河南省历史学会 2016 年年会暨大禹文化研讨会

河南省社会科学院原院长张占仓研究员出席河南省历史学会 2016 年年会暨大禹文化研讨会

河南省社会科学院原副院长袁凯声研究员出席河南省历史学会 2016 年年会暨大禹文化研讨会

河南省历史学会 2016 年年会暨大禹文化研讨会张新斌研究员做主题报告

2017 年河南省政协副主席张广智参加 2017 年中国登封国际大禹文化研讨会

河南省历史学会 2016 年年会暨大禹文化研讨会与会专家合影

河南省历史学会 2016 年年会暨大禹文化研讨会闭幕式

目 录

大禹故里故都认定

大禹与早期文明研究

大禹故里故都研究

大禹治水及禹迹考证

大禹形象及精神研究

大禹文化的传承与传播

大禹故里故都认定

“登封市为大禹故里故都研究认定会”纪要

唐金培

2018年8月9日至10日,由河南省姓氏祖地与名人里籍研究认定中心主办,登封市人民政府、河南省社会科学院历史与考古研究所承办,登封市文化广播电视新闻出版局、中国先秦史学会夏禹文化研究中心协办的“登封市为大禹故里故都研究认定会”在登封市隆重召开。来自中国社会科学院、北京大学、清华大学、北京师范大学、南开大学、四川大学、天津师范大学、郑州大学、河南大学、河南省社会科学院等单位的历史、考古和文物等方面的专家齐聚一堂,就大禹故里故都问题进行了认真而深入的研讨,并达成以下共识。

一、大禹故里在登封

一是有大量先秦秦汉文献记载大禹在登封一带活动。如《逸周书》称大禹为“崇禹”(“崇”即今嵩山);《国语》载“昔夏之兴也,融降于崇山”(韦昭注云:“融,祝融也。崇,崇高山也。夏居阳城,崇高所近。”),因鲧被封于崇地而被称为“崇伯”;《墨子·墨子后语》载“禹产于砚石,启生于石”;《穆天子传》载“天子南游于黄□室之丘,以观夏后启之所居,乃□于启室”;《淮南子》载“禹治鸿水,通轘辕山,化为熊”“至嵩高山下化为石”“石破北方而启生”等等。这都说明鲧、禹、启初始活动的居邑在以登封为核心的嵩山地区。

二是登封流传有大禹出生的神话传说。登封地区关于大禹出生的传说主要有“鲧腹生禹”“下雨王下凡”“禹生石纽”等。其中,“下雨王下凡”的传说是“鲧腹生禹”的演绎。这里的“下雨王”就是鲧,“借尸转世”就是禹从鲧腹中出生。

三是登封有大量与大禹出生相关的遗迹。据不完全统计,登封境内的大禹遗迹有 70 多处。其中,与大禹相关的古地名河流名主要有禹岭、禹王坛、阳城、太室山、少室山、五指岭、夏地、轘辕关、阳城关、禹洞、金牛峰、玉女峰等;与大禹相关的古村名、河流名主要有石纽屯、祖家庄、夏店河、蛟河、大河口、禹洞河、沁水、夏庄、八方、上龙窝等;与大禹有关的祠庙主要有禹王庙、水王庙、三官庙、白疙瘩庙、禹母奶奶庙、启母庙、少姨庙、北五里庙、禹王祠、道统祠等;与大禹相关的灵石主要有启母石、石纽石、照爷石、磨斧石、试斧石、树碑石、擂鼓石、棺材石、马蹄石、禹影石、牛角石等。虽然国内其他地方也有不少禹迹,但登封的禹迹最为集中、最为丰富。

四是登封有启母阙铭文。在西汉,太室山和少室山脚下分别建有奉祀大禹夫人涂山娇、涂山姚的启母庙和少姨庙。到了东汉,颍川太守朱宠又分别在这两座庙前建有启母阙和少室阙。其中,启母阙铭文曰:“昔者共工,范防百川。柏鲧称遂,□□其原。洪泉浩浩,下民震惊。禹□大功,疏河泻玄。九山甄旅,咸秩无文。爰纳涂山,辛癸之间。三过亡入,实勤斯民。同心济隘,胥建三正。杞缯渐替,又遭乱秦……表碣铭功,昭视后昆。”这些铭文虽是后来的记述,但代代相传,当有所本,洵非虚言。启母阙上的“夏禹化熊”“启母化石”两幅画像就是研究大禹治水和大禹故里的重要实物见证。

二、登封为禹都阳城所在地

一是历代史书和典籍中有不少“禹都阳城”“禹居阳城”“禹避阳城”的文献记载。如古本《竹书纪年》载“禹居阳城”;《世本》载“禹都阳城”;《孟子》载“禹避舜之子于阳城”(赵岐注云:“阳城,箕山之阴,皆嵩山下。”);《史记》载“帝舜荐禹于天,为嗣。十七年而帝舜崩。三年丧毕,禹辞辟舜之子商均于阳城。天下诸侯皆去商均而朝禹。禹于是遂即天子位”;《史记》引《世本》云“夏禹都阳城”,《集解》云“禹居阳城,今颍川阳城是也”;《水经注》载“颍水出颍川阳城县西北”;《国语》韦昭注云“夏居阳城,崇高所近”;《括地志》载“嵩高山,亦名太室山,亦名外方山,在洛州阳城县北二十三里”“阳城县在箕山北十三里”;等等。今河南登封市嵩山附近为“颍川阳城”,是传统的主流意见,清人阎若璩《四书释地》、顾祖禹《读史方舆纪要》以及今人徐旭生等都力主此说。此外,著名历史学家严耕望在《夏代都居与二里头文化》中也认为:“禹居阳城,在今河南登封东南告成镇。”

二是王城岗遗址考古发掘资料为禹都阳城在登封提供了佐证。1951 年,河南省文物保管委员会在河南郑州、登封、禹县(今禹州)等地进行文物调查时发现告成八方遗址(王城岗遗址)。1959 年,中国科学院考古研究所研究员徐旭生到告成八方遗址考察后,在《1959 年夏豫西调查“夏墟”的初步报告》中提出“今告成镇为古阳城是一种最普通的说法,也是较正确的说法”。安金槐于 1975—1981 年主持王城岗遗址发掘时发现两座东西并列总面积约 1 万平方米的河南龙山文化晚期城堡,在其东北方向不远处发现了东周阳城城址,里面出土了带有“阳城仓器”陶文的陶器等遗物,从而确定了东周阳城的位置,而且他认为王城岗遗址很可能就是夏初禹都之阳城。1996 年启动的国家“九五”科技攻关重大项目“夏商周断代工程”与“中华文明探源工程”,以人文社会科学与自然科学相结合,兼用考古学和现代科技手段,对王城岗遗址进行了新的发掘,发现了面积约 30 余万平方米的大城,为王城岗"禹都阳城"之说提供了有力证据。根据对地望、年代、文化面貌、聚落等级、与二里头文化关系以及"禹都阳城"等有关文献记载的综合研究,王城岗龙山文化晚期大城应为"禹都阳城"之阳城,而早于大城的王城岗龙山文化晚期小城则可能是鲧所建造。

因此,河南省登封市为大禹故里故都所在地。

河南省姓氏祖地与名人里籍研究认定中心

2018 年 8 月 10 日

(作者为河南省社会科学院历史与考古研究所副所长、副研究员)

“登封市为大禹故里故都研究认定会”在登封市召开

李玲玲

2018年8月9日至10日，由河南省姓氏祖地与名人里籍研究认定中心主办，登封市人民政府、河南省社会科学院历史与考古研究所承办，登封市文化广播电视新闻出版局、中国先秦史学会夏禹文化研究中心协办的“登封市为大禹故里故都研究认定会”在登封市隆重召开。来自中国社会科学院、北京大学、清华大学、北京师范大学、南开大学、四川大学、天津师范大学、郑州大学、河南大学、河南省社会科学院等单位的历史、考古和文物等方面的专家齐聚一堂，就大禹故里故都问题进行了认真而深入的研讨。

河南省社会科学院袁凯声副院长出席会议作重要讲话，并代表主办方为参会的部分专家学者颁发“河南省姓氏祖地与名人里籍研究认定中心聘任证书”，聘请中国社会科学院考古研究所曹定云研究员、四川大学历史学院彭邦本教授、清华大学历史系廖名春教授、郑州大学历史学院张国硕教授、河南大学历史文化学院张立东教授为河南省姓氏祖地与名人里籍研究认定中心的认定专家。

会议由河南省社会科学院历史与考古研究所所长张新斌研究员主持,与会专家对登封申请大禹故里故都的依据和可能性、多地大禹文化研究现象、登封大禹文化研究的发展方向等问题各抒己见,畅所欲言,提出了许多颇有见地的观点和建议。最后经过与会专家的研究商讨,达成了以下共识:第一、大禹故里在登封。证据有四个方面:一是有大量先秦秦汉文献记载大禹在登封一带活动;二是登封流传有大禹出生的神话传说;三是登封有大量与大禹出生相关的遗迹;四是登封有启母阙铭文。第二、登封为禹都阳城所在地。证据有二:一是历代史书和典籍中有不少"禹都阳城""禹居阳城""禹避阳城"的文献记载;二是王城岗遗址考古发掘资料为禹都阳城在登封提供了佐证。因此,河南省登封市为大禹故里故都所在地。

此次认定会,是河南省姓氏祖地与名人里籍研究认定中心针对河南名人所做的第 5 个认定,为登封的大禹文化研究提供了坚实的学术支撑,为登封市的城市发展提供了独具特色的文化品牌和标识。

(作者为河南省社会科学院历史与考古研究所助理研究员)

在“登封市为大禹故里故都研究认定会”上的讲话

袁凯声

尊敬的各位领导、各位专家、各位嘉宾，大家下午好！

三伏时节，骄阳似火，各位专家学者不顾酷暑，千里迢迢从全国各地会聚天地之中河南登封，参加由河南省姓氏祖地与名人里籍研究认定中心主办，河南省登封市人民政府等承办的“登封市为大禹故里故都研究认定会”，我谨代表会议主办方河南省姓氏祖地与名人里籍研究认定中心，对此次认定会的召开表示热烈祝贺！对与会的各位专家学者表示热诚的欢迎和衷心的感谢！

近年来，以习近平同志为核心的党中央高度重视中华优秀传统文化的挖掘和弘扬，并将其作为治国理政的重要思想文化资源。习近平总书记指出：“优秀传统文化是一个国家、一个民族传承和发展的根本，如果丢掉了，就割断了精神命脉。”2017 年 1 月，中共中央办公厅、国务院办公厅出台的《关于实施中华优秀传统文化传承发展工程的意见》，更是把实施中华优秀传统文化传承发展工程提升到传承中华文脉、全面提升人民群众文化素养、维护国家文化安全、增强国家文化软实力、推进国家治理体系和治理能力现代化的高度。大禹文化是中华传统文化的重要组成部分,其中蕴藏着中华优秀传统文化的基因,特别需要传承、发展和弘扬。

河南省委十届六次全会指出:“古老厚重的中原大地形成了以焦裕禄精神、红旗渠精神、愚公移山精神为代表的宝贵精神财富,塑造了河南人包容宽厚、大气淳朴的内在品格,艰苦奋斗、负重前行的实干精神,敢闯新路、奋勇争先的进取意识。”中华优秀传统文化积淀着中华民族最深沉的精神追求,代表着中华民族独特的精神标识,是涵养社会主义核心价值观的重要源泉。尧、舜时洪水泛滥,民不聊生,大禹继承父亲未竟的事业并吸取其治水不成的教训,行山表木,导九川,陂九泽,通九道,度九山,并在此基础上,划定了九州和五服的界域,使得全国范围内形成了众河朝宗于大海,万方朝宗于嵩岳的统一、安定的大好局面。大禹治水和创建中国第一个王朝的业绩在中华民族的历史上树起了一座永不磨灭的丰碑;他十三年于外,三过家门而不入的伟大奉献精神,也早已千古传颂。这些都是焦裕禄精神、红旗渠精神、愚公移山精神的原动力和基本素养。

从秦始皇开始,历代一直祭祀大禹,也见证了大禹在人民心目中的崇高地位和影响。而种种迹象表明,大禹建立中国第一个王朝夏朝时的都城就在登封,登封王城岗龙山文化城址就是史书所载“禹都阳城”,因此,登封这块热土是大禹长期生产、生活和建都定鼎之地。

河南文化资源厚重,历史名人繁多,但也存在名人里籍的争议。2006年,河南省政府办公厅明确要求涉及河南省有关姓氏祖地和名人里籍的争议,由河南省社会科学院统一组织专家进行研究和认定。“河南省姓氏祖地与名人里籍研究认定中心”自2009年成立以来,先后组织国内著名专家,对“中华曾姓祖根地在方城”“淮阳为中华姓氏起源地”“淮滨为中华蒋姓祖根地”“濮阳县为中华张姓祖根地”等进行了认证,得到了学术界的认可,在社会上产生了重要影响,相关观点已经成为河南省对外宣传的官方观点。

登封市位居天地之中，是中国的文化之乡、文物之乡、武术之乡，为充分挖掘登封市历史文化资源，当地做了大量工作。尤其是在大禹文化资源开发方面，登封市民间对大禹文化怀有深厚的感情，成立了中国先秦史学会夏禹文化研究中心、登封市大禹文化研究会、河南大禹文化产业开发有限公司等组织，举办了多场大禹文化研讨会。而这次“登封市为大禹故里故都研究认定会”，借助全国著名专家学者的力量，对大禹故里故都进行了全面研究和认定，对于大禹文化和大禹精神的研究，对于推动大禹文化成为登封历史文化的核心定位和重要品牌具有非常重要的意义。

我们研究大禹文化和大禹精神，也是要把实现中华民族伟大复兴的中国梦与中原更加出彩紧密联系起来，像大禹那样树立起强烈的争先进位的出彩意识，争做出彩河南人，增强建设河南的责任意识，涵养献身河南的精神境界，汇聚起奋进新时代的磅礴力量。

在此，我诚恳地希望各位专家能够各抒己见，畅所欲言，共同为登封大禹文化的发展出谋划策。同时，我也希望登封市能以此次研究认定会为契机，把大禹文化的研究和开发进一步推向深入。

最后，祝这次研究认定会取得圆满成功！祝各位专家、各位来宾身体健康，万事如意！

谢谢大家！

（讲话者为河南省社会科学院原副院长、研究员）

“登封是大禹故里故都”研究报告

登封市人民政府

嵩山地区是夏部族的发祥地，大禹出生于登封，治水于嵩山，建都于登封，享祭于嵩山。大禹的父亲鲧及其子启、五世孙少康等皆活动于登封，大禹的一生与登封密不可分。

一、登封是大禹故里

（一）嵩山是夏部族活动中心

1. 大禹是黄帝后裔

《史记》记载，黄帝到大禹的世系为：黄帝—昌意—颛顼—鲧—禹。黄帝都于有熊（今嵩山东麓河南新郑一带），颛顼都于帝丘（今河南濮阳一带），鲧封于崇（今嵩山，河南登封一带），《国语》称“崇伯鲧”，《逸周书·世俘解》称大禹为“崇禹”，可见夏部族一直在嵩山一带活动。

2. 嵩山是夏部族发祥地和活动中心

《国语·周语下》载:“昔夏之兴也,融降于崇山。”韦昭注:“融,祝融也。崇,崇高山也。夏居阳城,崇高所近。”

鲧、禹、启、太康、少康等均活动在嵩山地区。

《穆天子传》载:“天子南游于黄□室之丘,以观夏后启之所居,乃□于启室。”嵩山还有许多与夏启有关的遗迹,如启母石、筮启亭、石门沟、钧台等。少康中兴于纶地(今登封颍阳镇一带),存在的遗迹有古纶城、少康藏兵洞、颍京城隍庙。

(二)登封流传有大禹出生神话及遗迹

1. 鲧腹生禹(见《山海经》)。“下雨王下凡”是“鲧腹生禹”的演绎,“下雨王”就是鲧,“借尸转世”就是禹从鲧腹中出生。

2. 禹生石纽遗迹主要有石纽屯、祖家庄、夏地、夏店河、东军地、禹王祠、擂鼓石、姚沟、禹岭和禹王坛。

村名是历史的活化石,石纽屯、祖家庄、夏店河这些村名折射出了大禹出生神话的影响。

(三)启母阙铭文是有力证据

嵩山主体为太室山和少室山,“室”即家室、妻室,两山因大禹和涂山娇、涂山姚分别居住于其下而得名。汉代时,人们在太室山和少室山下分别建有启母庙和少姨庙,奉祀大禹的两位夫人。后来,颍川太守朱宠又分别在庙前建有启母阙和少室阙。武则天封禅中岳嵩山后,又加封启母为玉京太后,少姨为金阙夫人,夏启为齐圣皇帝。

启母阙铭文曰:“昔者共工,范防百川。柏鲧称遂,□□其原。洪泉浩浩,下民震惊。禹□大功,疏河泻玄。九山甄旅,咸秩无文。爰纳涂山,辛癸之间。三过亡入,实勤斯民。同心济隘,胥建三正。杞缯渐替,又遭乱秦……表碣铭功,昭视后昆。”

大禹治水三过家门而不入，被人们奉为公而忘私、无私奉献的榜样。启母阙上的“夏禹化熊”“启母化石”两幅画像是研究大禹治水和大禹故里的重要实物证据。《汉书·武帝纪》引《淮南子》云：“禹治鸿水，通轘辕山，化为熊，谓涂山氏曰：‘欲饷，闻鼓声乃来。’禹跳石，误中鼓。涂山氏往，见禹方作熊，惭而去，至嵩高山下化为石，方生启。禹曰：‘归我子。’石破北方而启生。”《随巢子》也有类似的记载。

（四）夏部族的灵石、松树崇拜

1. 与大禹相关的灵石

登封有许多与大禹有关的灵石，如启母石、石纽石、磨斧石、试斧石、树碑石、擂鼓石、棺材石、照爷石、马蹄石、禹影石。《墨子·墨子后语》载：“禹产于琨石，启生于石。”

2. 夏部族的神树：松树

《论语·八佾》载：“哀公问社于宰我。宰我对曰：夏后氏以松，殷人以柏，周人以栗。”嵩山古称崇山、崧山。历代文人墨客对少林寺、会善寺、白鹤观等地的松树多有吟咏。嵩山现在仍有松树洼等地名。

（五）登封是全国禹迹最集中、最丰富的地域

登封境内的大禹遗迹有 70 多处，是中国大禹文化遗迹和大禹神话传说最丰富和最集中的地域。

1. 建筑类

建筑类可分为城、阙、庙、墓、亭等。城主要有阳城、负黍城和黄城。阙主要是中岳汉三阙，即太室阙、少室阙、启母阙。庙宇主要有禹王庙、水王庙、三官庙、白疙瘩庙、大禹庙、北五里庙、禹王祠、道统祠。墓主要有夏后墓和启母冢。亭主要有篮启亭、夏禹亭、启母亭、少姨亭、禹功亭、明德亭、平成亭。

2. 山河类

山河类主要有太室山、少室山、箕山、五指岭、焦山、长岭山等，以及颍河、

狂河、蛟河、夏店河等。

3. *碑石类*

碑石类主要有启母庙碑、少姨庙碑、创修禹益岁祭之庙碑、重修禹王庙碑、禹避阳城处碑、新立道统祠记碑、重修金牛泉碑以及近年来刻立的大禹之碑、禹生石纽碑记、岣嵝碑、夏禹书碑、大禹故里碑、禹王祠落成碑。

另有神禹大篆和九州图刻石。东方朔《十洲记》载:"禹治洪水既毕……经诸五岳,使工刻石,识其里数高下。其字蝌蚪书……"傅梅《嵩书》:"玉女……峰北,上有大篆七字,人莫能识……"任昉《述异记》:"鲁班刻石为禹《九州图》,今在洛城太室山。"

4. *地名类*

登封的很多地名都与大禹有关,如禹洞、禹王沟、爷沟、姚沟,更多的则是村名,除石纽屯、祖家庄、夏店河外,还有禹洞河、三官庙、大河口、上沃、焦河、夏庄、沁水、海渚、北夏庄、雅山等,而这些村庄要么是大禹后裔所聚居,要么与大禹治水有关。值得一提的还有轘辕关、阳城关、黑石关等,这些关隘相传都是大禹治水时开凿的。另外,还有胥店村以及登封周边的汝州胡浪山、巩义黑石关、禹州钧台等。

(六)大禹故里在登封是学术界主流观点

司马迁《史记·封禅书》载:"昔三代之居,皆在河洛之间。"

徐旭生在《1959年夏豫西调查"夏墟"的初步报告》一文中提出:"我们想找出夏氏族或部落所活动的区域……有两个区域应该特别注意:第一是河南中部的洛阳平原及其附近,尤其是颍水谷的上游登封、禹县地带……今告成镇为古阳城是一种最普通的说法,也是较正确的说法。"

郑杰祥在《论禹、戎禹和九州的关系》一文中提出:"我国古代部族就兴起于此山周围。夏部族的祖先鲧和禹,史书又称之为'崇伯鲧'和'崇禹',这说明他们曾是崇山也即是嵩山地区的部族酋长,该族当然也是居住于崇山也即嵩山地区的主要居民,正如徐旭生先生所说:'崇伯鲧的氏族所在地在嵩山脚下当无疑问。'崇山就是古代九州之一险的太室山。"

方酉生在《夏王朝中心在伊洛和汾浍河流域考析——兼与〈夏后氏居于古河济之间考〉一文商榷》一文中提出:"夏王朝的统治中心地区,应当是在以嵩山为中心的伊洛河流域与颍水谷上游的登封、禹县一带以及晋西南的汾浍河流域是不成问题的。"

蔡运章在《嵩山是夏部族的发祥地》一文中提出:"嵩山周围是夏部族的发祥地域……鲧的封国就在嵩山周围,而夏部族本是居住在嵩山周围的古老部族……故所谓'禹生于西羌'和'禹生于石纽'的传说,都当是中华先民母石崇拜和炎帝族西迁的产物。"

田继周在《先秦民族史》一书中提出:"禹之生地,不可能远在四川汶川、茂汶一带,应在禹父母生活的地区,即今郑州、嵩山、密县一带。"

周原孙在《禹生石纽辨析》一文中提出:"关于禹的生地,自古到今议论颇多。大量的文献记载说,禹的父母妻子以及他本人,都是河南嵩山一带的居民。禹的父亲在《左传》《国语》上称为'有崇伯鲧',崇是鲧的封国……史学界一般都认为,崇的地望在今河南嵩县和嵩山一带……从文献记载和豫西、晋南的考古发掘来看,我们有充分的理由认为,夏人的早期活动地不出今河南、山西和陕西东部,禹的生地也当在嵩山一带,而绝不可能在远离夏人活动中心的四川……扬雄偏信了四川岷江上游羌民的一些有关大禹的传说。因此,我们认为扬雄的'禹生石纽'说是不可信的。禹生石纽不可信,那么,夏文化发源于四川也是不可信的。"

陈剩勇的《大禹出生地考实》一文认为:"至于扬雄等人'禹本汶山郡广柔县人也,生于石纽'之说,则显然是西北羌族的一支迁入四川之后附衍而来的小说家者言,非信史也。"

马世之的《从石纽到阳城》一文认为:"以河南登封为中心的嵩山地区,是早期夏文化的核心地带。禹生石纽的故事在这里广泛流传,以嵩山石纽为标志,表明大禹生于斯,长于斯,登封是大禹的故里。”

阎铁成在其绘制的《郑州市历史名人墓祠图》中标注登封市为大禹故里,在其编制的《郑州市历史名人故里一览表》中列“登封祖家庄”为大禹故里。

宋全忠认为:“禹,鲧之子……是中国三皇五帝时期终结后的第一人,也是由神话走向历史的第一人,传说为古代部落联盟的首领。其故里在登封市嵩山少室山下的祖家庄,又名石纽屯,当地有大禹诞生、拜师、治水、建都等系统传说。”

夏部族的活动范围在豫西嵩山、伊洛一带,嵩山地区是鲧、禹、启的活动中心,河南登封流传有大禹出生神话传说,并有石纽石、息壤岗、石纽屯、祖家庄等遗迹与之对应,嵩山启母阙铭文明确记载禹“三过亡入,实勤斯民”,夏部族的灵石崇拜有登封的石纽石、启母石等物化载体,夏部族以松树为神树,而嵩山古称崧山,即因当时生长有大量松树而得名,登封发现的20多处龙山文化遗址尤其是王城岗遗址为禹居阳城、禹都阳城提供了考古学证据,登封拥有70多处大禹文化遗迹,冯汉骥、徐旭生、周原孙等专家认为大禹不可能为西羌人,而应生于嵩山一带,这亦成为在学术界占据主流的观点。因此,我们有充分理由相信,大禹故里应在河南登封一带。

二、王城岗遗址是禹都阳城

(一)禹都阳城的文献记载

历代史书和典籍中有不少“禹都阳城”“禹居阳城”“禹避阳城”的记载。

“禹避阳城”见于《孟子·万章》《史记·夏本纪》和《水经注》等文献,“三年之丧毕,禹避舜之子于阳城,天下之民从之”。“禹居阳城”见于古本《竹书纪年》《汲冢古文》和《汉书·地理志》。“禹都阳城”见于今本《竹书纪年》《世本》和《续汉书·郡国志》。《史记·封禅书·正义》引《世本》云："夏禹都阳城，避商均也。"今本《竹书纪年》载："三年丧毕，都于阳城。"《史记·夏本纪》提供了最有力的证明："帝舜荐禹于天，为嗣。十七年而帝舜崩。三年丧毕，禹辞辟舜之子商均于阳城。天下诸侯皆去商均而朝禹。禹于是遂即天子位，南面朝天下，国号曰夏后，姓姒氏。"《汉书·地理志》"颍川郡"条注引《世本》云："禹都阳城。"《水经·颍水》载："颍水出颍川阳城县西北少室山。"《水经注·颍水》载："（颍水）径其县故城南。昔舜禅禹，禹避商均，伯益避启，并于此也。亦周公以土圭测日景处。"《括地志》载："阳城县在箕山北十三里""嵩高山，亦名太室山，亦名外方山，在洛州阳城县北二十三里。"《国语》韦昭注云："夏居阳城，崇高所近。"著名历史学家严耕望在《夏代都居与二里头文化》中说："禹居阳城，在今河南登封东南告成镇……然先秦故事，凡涉阳城而可见地望者，皆指颍川之阳城言，如《左传·昭公四年》，晋司马侯曰：'阳城太室，九州之险。'《六国表》韩文公二年'伐郑取阳城'。《秦本纪》'攻韩取阳城'。故旧说尚最有力。"

（二）王城岗遗址考古发掘

1951年，为配合治淮工程，河南省文物保管委员会开始在河南郑州、登封、禹县等地进行文物调查，以确保地上地下文物的安全。告成八方遗址是此次文物调查中重要的发现之一。

1959年，徐旭生为探索"夏墟"，对登封、禹县、巩县、偃师等地进行调查，到告成八方遗址考察。根据地面调查及钻探的材料，他初步认为八方遗址东部似以龙山为主，兼有早殷遗物；西部似以仰韶为主。其在《1959年夏豫西调查"夏墟"的初步报告》中，经过大量文献分析和实际考察，认为"今告成镇为古阳城是一种最普通的说法，也是较正确的说法"。

安金槐于1975—1981年主持王城岗遗址的发掘，发现了两座东西并列总面积约1万平方米的河南龙山文化晚期城堡，并在其东北方向不远处发现了印有“阳城仓器”陶文的陶器等遗物的东周阳城城址。以安金槐为代表的学者主张王城岗古城很可能是夏初禹都之阳城。1977 年,国家文物局为此专门召开了名为“河南登封告成遗址发掘现场会”的讨论会,以夏文化为主题,围绕着王城岗古城的年代、性质以及其是否即文献记载的“禹居阳城”“禹都阳城”之阳城展开了热烈的讨论。

王城岗发现的东、西两座并列的龙山文化中晚期城堡遗址,东城已因五渡河改道西移而大部分被冲毁,但西城的四面夯土城垣尚有大部分保存。考古工作者在其中发掘出了残夯土基址和 13 个奠基坑,以及许多灰坑与窖穴等遗迹。从出土的陶器品种之多和制作之精来看,这是王城岗周围同期的其他龙山文化中晚期遗址出土的陶器不能比的。

两座小城,地势上西城高于东城,两者的基础槽底相差 2 米左右,东城的西城墙就是西城的东城墙。东城大部已被五渡河水冲毁,仅残存南城墙西段和西城墙南段相交处的西南城角部分,该城角的建筑形制是内角为凹弧形,外角呈凸圆形,向外突出 2 米左右,似为城角马面设施。因为残存遗址太少,无法测知东城的大小。西城地下部分保存较好,四面城墙轮廓比较清楚。南墙长 82.4 米,西墙长 92 米,北墙西段残存 29 米,面积近 1 万平方米。西南角、西北角都有马面设施。在西城内发掘出夯土建筑基址 44 处,多呈凸形、正方形和长方形。房基下面多有奠基坑,坑内埋有人骨。

1996 年启动的国家“九五”科技攻关重大项目“夏商周断代工程”提出了以人文社会科学与自然科学相结合,兼用考古学和现代科技手段,进行多学科交叉研究的研究思路。对包括王城岗遗址在内的诸多遗址重新进行发掘,采集系列含碳样品便成为夏代年代学研究课题中早期夏文化研究专题的主要任务之一。

“王城岗大城可以被看做雏形国家的政治实体的中心所在,在时间、地点、规模方面都够资格被称为禹都,现在大多数专家都认为王城岗大城是在小城被洪水冲毁后大禹所建的都城。”关于王城岗大城与小城的关系,由于小城位于大城的东北部,大城的北城壕突破了西城的西北拐角处夯土城墙的基槽,可知大城的年代晚于小城。夏商周断代工程将夏代的始年推定为公元前2070年。王城岗大城的年代已进入夏代的纪年。

2001年到2005年“中华文明探源工程预研究”和“中华文明探源工程(第一阶段)”实施阶段,王城岗遗址新的调查、发掘和研究均以不同的侧重点作为子课题列于其中。王城岗遗址成为中华文明探源工程首批重点六大都邑之一,经考古发掘,考古工作者发现了龙山文化晚期大型城址(大城)和城壕,引起学术界高度关注和重视。

方燕明认为,禹都阳城的几种学说中,王城岗是理由最充分的一个,它与文献记载的禹都阳城时代、位置比较吻合,有争议的是原来发现的小城面积太小,与禹都不相称,此次大城的发现,使它的时间、地点、规模都有资格称为禹都,并最终得出结论:“王城岗大城小城前后相继,关系十分密切。联系到历史上夏的鲧、禹、启的传说多集中在这一带,由此我们认为:王城岗龙山文化晚期小城有可能为‘鲧作城’,而王城岗龙山文化晚期大城有可能是‘禹都阳城’。”王城岗考古发掘的领队、北京大学考古文博学院教授刘绪也认为,此次大城的发现,说明禹都在王城岗的可能性越来越大。

王城岗遗址有小城,还有大城,有青铜器和文字,有玉石琮、白陶等重要礼器,还有大型建筑基址、奠基坑和祭祀坑,这些如非都城难以有之。

随着王城岗龙山文化晚期大城的发现,王城岗遗址一跃成为河南境内龙山文化城址中规模最大者,这无疑是对禹都阳城之说的有力支持。王城岗龙山文化晚期大城是一座带护城壕的大型城址,由人工城墙和城壕与天然河流共同构成防御设施,复原后的大城总面积达34.8万平方米。在大城内,发现大面积的夯土遗迹和龙山文化晚期的祭祀坑、玉石琮、白陶器等重要遗存。“在离城墙和城壕很近的地方发现了埋有人骨的祭祀坑、在城壕底部发现有用于祭祀的人头骨，以及很能反映使用者身份的玉石琮和白陶器等高规格遗物，都说明这一遗址是古代中原地区重要的中心聚落之一。”

有学者认为，天下之中的空间定义与有夏之居的历史认知紧密相连。从考古学角度看，周人选择在嵩山南麓王城岗城址附近设测景台，声称嵩山为天下之中，而非选择丰镐、晋南、郑州或其他位于周原与安阳之间的重要战略地点，表现出周人希望继承王城岗—二里头历史传统的政治理想。

（三）禹都阳城在王城岗是学术界主流观点

孙作云在《关于夏初史》中认为王城岗遗址就是禹都阳城，其理由是：第一，鲧、禹、启的传说都集中于嵩山一带；第二，《世本》有“鲧作城”和“禹都阳城”的记载，而王城岗发掘出了古城墙基槽遗址；第三，由告成镇南的箕山，可推知禹都阳城就在这一带。

著名学者李先登在《登封告成王城岗遗址的初步分析》中说：“根据文献记载，先秦人都认为禹都于阳城，并无异说。至于阳城的具体地理位置，就在嵩山、箕山、颍河及五渡河附近，就在战国阳城附近。到了汉代，人们更进一步指出颍川阳城就是禹都阳城之所在。而文献中关于禹都于它处以及阳城在别处的记载，出现都比较晚，兹可不予论列……并且王城岗遗址正位于颍河与五渡河交汇处，嵩山之南、箕山之北，地望与文献记载亦很贴切。因此，我们认为王城岗遗址可能是禹都阳城之所在。”

张国硕在《夏商都城制度研究》一书中认为，夏禹之政治中心位于今河南登封的阳城，王城岗“城址年代包含夏禹所处时代，位置与《水经注》等记载阳城地望相合，故多数学者赞同登封王城岗一带即为‘禹都阳城’所在地”。

著名考古学家李伯谦综合目前夏文化发现与研究成果认为：“从 1931 年徐中舒先生提出来仰韶文化是夏文化开始到现在，整整经过 70 多年，我们才敢说，夏文化确确实实找到了，这就是河南龙山文化晚期遗存、新砦期遗存以及二里头文化，时间是从公元前 21—公元前 16 世纪，而且它最早的都城——

阳城和最后的都城——斟鄩也找到了……经过六七十年的探索,总结出来四条标准,用这四条标准回头来看一看发现的这么多和探讨夏文化有关的遗迹,究竟哪个是夏文化,我们说只有三个是。第一,河南龙山文化王湾类型是早期夏文化,登封王城岗的30多万平方米的龙山时期的城,就是'禹居阳城'的阳城。第二,以新密新砦遗址为代表的新砦遗存(或曰新砦文化),是'太康失国''后羿代夏'期间的夏文化。第三,以二里头遗址为代表的二里头文化是'少康中兴'到夏桀灭亡时期的夏文化。"

三、大禹故里故都学术研讨

2014年12月19日至20日,由河南大禹文化产业开发有限公司出资,由中国大禹文化研究中心、河南省社会科学院、河南省炎黄文化研究会、黄河文化研究会主办,登封市政协、登封市河南大禹文化产业开发有限公司、登封市大禹文化研究会承办的"登封与大禹故里学术座谈会"在登封举行。会议期间,来自中国社会科学院的曹定云、宫长为,河南省社会科学院的马世之、程有为、张新斌、陈建魁、李立新、张玉霞、李龙、李玲玲,河南省文物考古研究院的杨育斌、方燕明,河南大学的李玉洁,苏州大学的周书灿等专家学者考察了登封的大禹文化相关遗存,围绕大禹与大禹故里、禹都阳城、大禹与夏史等问题展开了讨论,并取得了多项共识。专家一致认为:大禹是中国杰出的历史人物,是中国古代文明的奠基者,大禹治水对整个黄淮海大平原的水系形成起到了重大作用;登封是大禹故里故都所在地,登封为禹都阳城所在地,为学术界的主流观点,在登封祖家庄等地所保留的石纽以及相关的大禹传说和地名,为大禹故里留下了更为鲜活的人文材料,值得学术界关注,尤其是启母石以及东汉启母阙,更为登封为大禹故里故都提供了具体的论证材料,相关论点在全国诸说中占据重要地位。登封作为大禹故都,在华夏历史文明传承创新过程中具有重要的地位。

2015 年 7 月 11 日至 12 日,由中国先秦史学会、河南省炎黄文化研究会、黄河文化研究会主办,河南省社会科学院历史与考古研究所、中国大禹文化研究中心、河南大禹文化产业开发有限公司联合承办的“中国登封大禹文化研讨会”在登封隆重召开,来自中国社会科学院、中国科学院、北京大学、南开大学等单位的领导、学者和嘉宾 100 余人出席了此次研讨会。中国科学院地质与地球物理研究所研究员周昆叔认为,文献记载中的“禹都阳城”与登封市告成镇王城岗考古发掘发现的龙山文化古城址契合。夏商周断代工程首席专家,北京大学震旦古代文明研究中心主任、教授李伯谦认为,登封王城岗河南龙山文化晚期大城的规模、年代、内涵表明,它即是文献中提到的“禹都阳城”的阳城所在地。会议发表了《登封宣言》,专家们一致认为:大禹是上古时期的治水英雄,他三过家门而不入,一改过去的堵塞方法为疏导之法,成功地治理了水患;大禹是中国文明的开启者,是中国国家的创建者,是中华民族从局部发展到全面发展以至多民族大融合、大统一而形成为中华民族共同体的奠基者;登封所在的中岳嵩山在华夏文明的孕育过程中具有特殊的地位,禹都阳城在登封为学术界主流观点,登封所保存的启母阙、启母石、启母庙故址、启母庙碑等,反映了登封作为大禹故里故都有着确凿的文物物证,在祖家庄一带所保留的大量的民间传说和民俗民风,印证了大禹文化在登封具有广泛基础,也使登封作为大禹故里故都拥有更完善的证据体系。在这次会议上,中国先秦史学会还在登封设立了“中国先秦史学会夏禹文化研究中心”。

2016 年“河南省历史学会年会暨大禹文化研讨会”、2017 年“中国登封大禹文化研讨会”分别在登封禅武大酒店、嵩皇体育小镇召开,会上研讨了多篇论文,如马世之先生的论文《从石纽到阳城》(后发表于《黄河 · 黄土 · 黄种人》)、杨东晨的《浅谈河南登封与大禹的密切关系》、李龙的《大禹故里再探讨》(后发表于 2016 年第 3 期《中州学刊》)。

2017 年,登封市举办“中国登封国际大禹文化研讨会”。张国辉的《大禹故里诸说辨析》和笔者的《夏部族发祥地和大禹故里》等论文,又再次论证了登封是大禹故里的观点。

为论证大禹故里在登封,笔者相继撰写了《禹生嵩山石纽考》(发表于 2012 年第 3 期《炎黄天地》)、《大禹故里考论》(发表于 2013 年第 3 期《黄河科技大学学报》)、《登封和大禹故里》(发表于 2015 年 9 月《嵩山》第一辑)、《中岳嵩山乃帝禹圣山论》(发表于《黄河文化》2016 年第 4 期)、《夏部族发祥地和大禹故里》(发表于 2018 年第 1 期《古都郑州》)。《中国大禹文化》还刊发了笔者所著的《由禹生石纽析大禹故里》《由大禹出生神话传说析大禹故里》《神树信仰和大禹故里》《大禹族系和大禹故里浅析》《由禹兴西羌论大禹故里》等文章。

四、登封大禹故里故都文化建设

1. 2008 年,登封市被命名为中国大禹文化之乡,2016 年,获河南省最具魅力的中国民间文化之乡。

2. 刻立禹生石纽碑记。

3. 左庄恢复原名祖家庄。见登政文〔2014〕67 号文件《登封市人民政府关于登封市少林街道办事处左庄村更名为祖家庄的批复》。

4. 规划中国大禹故里文化产业园。

5. 建设禹王祠,夏、禹、鲍、蒲、董、弋等姓归里朝祖。

6. 连续举办四届大禹故里文化节,八届中国大禹文化之乡艺术节。

7. 刻立大禹故里碑。

8. 建造大禹故里坊。

9. 开通 9 路公交车,“从东十里至大禹故里”。

10. 笔者与河南省历史与考古研究所合作编印《黄河文化》,与嵩山文明研究院合作编印《古都郑州》。

11. 笔者参加绍兴、东海等地举办的大禹文化研讨会。

12. 笔者编印《登封与大禹故里研究》。2017年中国登封国际大禹文化研讨会举办前夕,由中国社会科学院研究员王震中先生题写书名,作为会议资料发放给各与会专家。

(执笔:常松木)

关于登封阳城乃大禹之都城

王震中

登封王城岗很有可能是禹都阳城。其依据有二:

一、文献所言禹都阳城

古本《竹书纪年》载:“禹居阳城。”《世本·居篇》载:“禹都阳城。”《孟子·万章上》载:“禹避舜之子于阳城。”赵岐注云:“阳城,箕山之阴,皆嵩山下深谷之中,以藏处也。”《括地志》载:“阳城县在箕山北十三里。”《史记·夏本纪》载:“禹辞辟舜之子商均于阳城。”《集解》注云:“今颍川阳城是也。”《水经注》载:“颍水出颍川阳城县西北少室山。”汉代的颍川阳城,在今河南登封市嵩山附近。颍川阳城说,是传统的主流意见,清人阎若璩(《四书释地》)、顾祖禹(《读史方舆纪要》),今人徐旭生等都力主此说。

二、考古发现

20 世纪 70 年代,在今登封告成镇发现一座战国时期的城址,从城内出土的印有“阳城仓器”字样的陶片,证明这里确实是春秋、战国时期的阳城故址。此外,在登封告成镇西侧的王城岗还发现了龙山时代晚期的城址。1977 年,又发现了两座东西并列的小城,西城面积近 1 万平方米,东城城垣大都被五渡河河水冲毁,面积不详[①]。2002—2005 年又发掘出一座河南龙山文化中晚期的大型城址,被称为大城。大城将 1977 年发现的小城包括在里面,大城城内面积约为 34.8 万平方米[②]。

大城与小城的关系,有人认为大城存在的时代为王城岗龙山文化第二期至第三期,大小城的修筑年代是邻近的,小城是大城的一部分。也有人认为大城略晚于小城,王城岗大城和小城是前后相继的,关系十分密切。最先修筑的是王城岗小城之东城,随后修筑的是王城岗小城之西城,最后修筑的是王城岗大城。小城修筑于王城岗龙山文化二期,大城修筑于王城岗龙山文化晚期。

碳十四测定的年代数据是:王城岗大城夯土城墙的年代上限不早于公元前 2100—公元前 2055 年或公元前 2110—公元前 2045 年,下限不晚于公元前 2070—公元前 2030 年或公元前 2090—公元前 2020 年[③]。也就是说,王城岗龙山文化大城兴建、使用的时间较短,前后只有几十年。而这个年代范围恰好在“夏商周断代工程”测定的夏代初期,为此,王城岗城址的发掘者认为:

① 河南省文物研究所、中国历史博物馆考古部:《登封王城岗与阳城》,文物出版社,1992 年。

② 北京大学考古文博学院、河南省文物考古研究所:《登封王城岗考古发现与研究 2002—2005》,大象出版社,2007 年,第 790~791 页。

③ 北京大学考古文博学院、河南省文物考古研究所:《登封王城岗考古发现与研究 2002—2005》,大象出版社,2007 年,第 790~791 页。

“王城岗龙山文化晚期小城有可能为‘鲧作城’,而王城岗龙山文化晚期大城有可能即是‘禹都阳城’。”①

依据这些考古发现,许多学者认为“禹都阳城”为颍川阳城说是得到考古发现支持的,因而为学术界所重视②。

在颍川阳城说之外,还有陈留浚仪(今河南开封市境)说(此说出自《帝王世纪》)、“泽之阳城”(今山西晋城县境)说(《路史·后纪卷十三》及《注》主此说)、唐城(今山西翼城县境)说③,以及今河南濮阳说④。其中前三说,证据薄弱,不可取。最后一说即濮阳阳城说,主要是依据《战国策·齐策四》:“夫有宋则卫之阳城危。”“卫之阳城”即当时的卫都。《战国策》成书于战国时期,从史料的年代上看,濮阳的“卫之阳城”与登封告成镇战国遗址出土陶片所写的“阳城仓器”,具有同等的价值,因此这一新说不可忽视。濮阳阳城说还认为在濮阳高城村战国城址下有可能叠压着龙山时代的城址,并认为它就是禹都阳城。以现在的考古发掘情况而言,应该说这还没有得到证实。即使今后在濮阳高城村发现龙山时代的城址,仍还需辨析和确认它究竟是颛顼时期的城邑还是禹时期的城邑,因为颛顼和禹所处的年代都属于龙山时代,只是前者处于广义龙山时代的中期即约公元前2600—公元前2300年的范围内,而后者处于龙山时代晚期即公元前2000年左右。只有在濮阳发现公元前2000年左右的城邑,禹居濮阳阳城说才会引起学术界的重视。

---

① 北京大学考古文博学院、河南省文物考古研究所:《登封王城岗考古发现与研究》,大象出版社,2007年,第783页。

② 邹衡:《夏商周考古学论文集》(第二版),科学出版社,2001年,第207~208页。郑杰祥:《新石器文化与夏代文明》,江苏教育出版社,2005年,第522~525页;詹子庆:《夏史与夏代文明》,上海科学技术文献出版社,2007年,第64~65页。

③ 丁山:《由三代都邑论其民族文化》,《中研院历史语言研究所集刊》第五本第一分册,1935年。丁山在该文中提出“以成汤卜辞、金文均作成唐,易声字古或作唐例之,阳城故名,当为唐城”,其地在今山西省翼城县境,也就是文献中所说的“夏墟”。

④ 沈长云:《禹都阳城即濮阳说》,《中国史研究》1997年第2期;沈长云、张谓莲:《中国古代国家起源与形成研究》,人民出版社,2009年,第162~165页。

根据以上各方面的情况，目前，我依然倾向于“禹都阳城”在登封的王城岗，王城岗的大城应该是大禹的都城。

（作者为中国社会科学院学部委员，中国殷商文化学会会长，中国社会科学院历史研究所研究员）

几点初步想法

宫长为

大家知道,大禹作为三代之圣王,正处在中国早期国家由五帝时代向三王时代过渡时期。大禹通过治水,完成了“征有苗”“合诸侯”“画为九州”“任土作贡”这样四个重要步骤,或者说四个主要环节,并且,也正是在这样的过程中,大禹最终完成了华夏一统,建立起中国历史上第一个王朝,开辟了历史新时代。

我们从形式上看,夏代无疑继续推行君主政体,完成了由“公天下”到“家天下”的过渡,为商、周二代所沿用,并且得到了进一步的发展和完善;我们从内容上看,夏代无疑也是继续推行奴隶制的国家,完成了由部族联合体到奴隶制王朝的过渡,为商、周二代所沿用,并且奠定了国家的基本结构和格局。

由是我们不难看出,以大禹为代表的大禹文化构成了中华民族优秀传统文化的重要组成部分,在中国古代文明的生成和发展过程中,有着极其重要的历史地位和影响。改革开放以来,随着国家夏商周断代工程的成功实施,中华文明探源工程的持续开展,包括大禹文化在内的区域文化研究也不断得到推进和深化，取得了积极可喜的学术成果。其中，河南登封、山东禹城、四川北川等都是突出的代表。

《登封是大禹故里故都》一文（见前第12—25页），在翔实论证登封是大禹故里故都的基础上，充分展示登封大禹故里故都的学术研究和文化建设，从而更加明确地提出“嵩山地区是夏部族的发祥地，大禹出生于登封，治水于嵩山，建都于登封，享祭于嵩山。大禹的父亲鲧及其子启、五世孙少康等皆活动于登封，大禹的一生与登封密不可分”。

我们认为，从现有的材料来看，登封作为大禹故都，应该说没有问题，但仍需要我们做进一步深入探讨论证；同时，我们一贯主张，各个地方应当结合当地的历史文化实际，讲好我们的大禹故事，展示我们的文明风采，共同弘扬大禹文化精神，传承中华民族优秀传统文化，为实现中华民族的伟大复兴，实现我们的中国梦，做出我们应有的贡献。

（作者为中国先秦史学会常务副会长兼秘书长，中国社会科学院历史研究所研究员）

登封是大禹故里故都认定意见

曹定云

大禹出生地虽有北川和登封等不同的说法,但在今日登封境内,分布和流传着许多有关“大禹”和“大禹治水”的传说与胜迹,如启母石、启母阙、少室阙、启母冢、禹洞、禹王庙等,初步统计达 70 余处。可以说,登封是我国境内大禹神话传说最多、最为集中的地方。因此,登封是大禹故里是可以确认的。

登封更是“禹都阳城”之所在,这有充分的文献证据。《史记·夏本纪》载:“帝舜荐禹于天,为嗣。十七年而帝舜崩。三年丧毕,禹辞辟舜之子商均于阳城。天下诸侯皆去商均而朝禹。禹于是遂即天子位,南面朝天下。”《国语·周语》也说:“昔夏之兴也,融降于崇山。”韦昭注曰:“夏居阳城,崇高所近。”《史记·周本纪·集解》引徐广曰:“夏居河南,初在阳城,后居阳翟。”《孟子·万章上》亦云:“禹避舜之子于阳城。”此类记载还见于其他先秦文献。因此,“禹都阳城”有充分的文献根据。

自 20 世纪 50 年代以来,河南文物考古工作者就不断地在登封境内和附近进行考古调查和发掘,取得了丰硕成果。1976 年至 1981 年,以安金槐先生为首的考古工作者对王城岗遗址进行发掘，发现了两座东西并列的龙山文化晚期古城址（一大一小），并在王城岗遗址的东北方发现一座东周时期的古城遗址，内出土不少印有“阳城”和“阳城仓器”戳印之陶器。这些发掘证明东周“阳城”就在这里，那么，禹都“阳城”应该离此不远，很可能就是王城岗遗址中的龙山文化晚期古城。

2002年至2005年，由北京大学考古文博学院和河南省文物考古研究所联合组成的课题组，对颍河中上游的登封、禹州进行考古调查，并再次重点发掘了王城岗遗址。这次发掘有两大成果：一、龙山文化晚期大城城壕突破西边的小城城墙，证明大城与小城并非同时，小城早于大城；二、根据此次发掘所采集的标本，对龙山文化晚期城址的年代重新进行测定，其结果是：小城年代的上限不早于公元前2200—公元前2130年，下限不晚于公元前2100—公元前2055年；大城城墙年代，上限不早于公元前2100—公元前2055年或公元前2110—公元前2045年，下限不晚于公元前2070—公元前2030年或公元前2090—公元前2020年。这样，大城城址的年代与文献推定中的夏之始年（按：公元前2070年）基本相符。由此可以基本断定：王城岗遗址龙山文化晚期大城，应是“禹都阳城”之阳城，而其西边的小城可能是禹之父鲧所筑之城。如此就找到了夏代历史的起点，也为“禹都阳城”找到了确切的考古证据。

根据以上事实，登封应是大禹故里故都，不存疑问。

（作者为中国社会科学院考古研究所研究员、北京师范大学特聘教授）

登封是大禹故里故都认定意见

宋豫秦

1. 关于夏朝和大禹是否存在,商周以来尤其是东周以来的各类历史文献皆持肯定态度,而且记载相对具体,内容也较广泛。从近代考古发现看,古代文献记载较多且集中的重要人物和重大事件大多是可信的,或者是有迹可循的。尤其如大家所知,《史记》关于商世系的记载已被甲骨文印证,基本可信,所以包括邹衡先生在内的众多知名学者都据此认为《史记》关于夏世系的记载也当可信。

这还可说明,直到汉初,社会上依然留存着不少前代流传下来的关于夏朝和大禹的早期文献与传说。这一推断对于夏朝和大禹研究的意义有待深化。

2. 承继清代考据学的严谨学风,20 世纪前期以顾颉刚先生为代表的"疑古派"学者曾对包括夏王朝是否存在和是否确有大禹其人等提出质疑。这种质疑客观上倒逼人们更加注重从多方面寻找关于夏朝和大禹存在的证据。就此而论,疑古派的贡献不可忽视。不妨假设,倘若他们能够预知后来考古发现所获种种佐证，又得以深入嵩山和登封进行地名、神话、传说等方面的深入考察，当会在很大程度上改变既有认知。

3. 一如黄帝被奉为炎黄部落之首领和中华民族之共主，大禹作为夏王朝的象征和华夏民族的代表，其表征意义远远大于实际意义。既然黄帝故里早已得以认定，年年举行的盛大纪念活动也得到自上而下的广泛认可，那么较之证据更为充分也更为可信的大禹故里故都，自然更有理由得以认定。

4. 近年来，众多研究机构和史学工作者在探寻大禹故里故都的工作中付出了辛勤努力，取得了丰硕成果，为认定工作提供了多种难得的依据。建议本着严谨的态度，对目前所掌握的各类证据进行严肃审视，细心甄别，依据可信度进行分级，厘清哪些是最为有力的，哪些是存在异议的，哪些是较为牵强的，避免陷入人云亦云和莫衷一是的局面。

5. 从民族志资料可知，地名、语言、神话及传说对于追溯并确定一个民族的族源、演变、民族性格等有着至为关键的作用。由于当今社会变化日新月异，地方传统文化流失之严重令人始料未及，建议以本次认定为契机，尽快组织一支专业队伍，加快速度、加大力度进行大禹故里故都地名、神话、传说的搜集和考证。这对确立大禹故里故都的地位、扩大其影响有重要价值，不可浅尝辄止。

6. 建议大禹故里故都的开发建设参照文物保护的规则进行，以庄重肃穆格调为主，重在彰显其文物价值和史学意义，避免无序的商业渲染。

（作者为中国可持续发展研究会常务理事、北京大学环境科学与工程学院教授）

大禹之故里说新证

廖名春

“禹都阳城”的记载见于《汲冢书》《世本》。《史记·夏本纪》也说:“帝舜荐禹于天,为嗣。十七年而帝舜崩。三年丧毕,禹辞辟舜之子商均于阳城。天下诸侯皆去商均而朝禹。禹于是遂即天子位,南面朝天下,国号曰夏后,姓姒氏。”与《孟子·万章上》所载“舜崩,三年之丧毕,禹避舜之子于阳城”可相印证,加之王城岗遗址的发掘,说河南登封告成镇王城岗一带为禹都阳城所在地,当无太大的问题。

但大禹故里何在,目前尚存争议。主要有四川说和河南登封说,前者似乎更占优势。但考之早期文献,大禹故里在河南登封一带,应该更为可信。

《国语·周语下》载:“其在有虞,有崇伯鲧,播其淫心,称遂共工之过,尧用殛之于羽山。”韦昭注曰:“有虞,舜也。鲧,禹父。崇,鲧国。伯,爵也。”

又《国语·周语上》载:“昔夏之兴也,融降于崇山。”韦昭注曰:“融,祝融也。崇,崇高山也。夏居阳城,崇高所近。”

《逸周书·世俘解》第四十载:“乙卯,籥人奏《崇禹生开》三钟终,王定。”

刘师培案:"'崇禹'即夏禹,犹鲧称'崇伯'也。开即夏启。《崇禹生开》当亦夏代乐舞,故实即禹娶涂山女生启事也。"

《穆天子传》卷五载:"丙辰,天子南游于黄□室之丘,以观夏后启之所居,乃□于启室。"注云:"疑此言太室之丘。嵩高山,启母在此山化为石,而子启亦登仙,故其上有启室也。皆见《归藏》及《淮南子》。"

《山海经·中山经》载:"又东十里,曰青要之山,实惟帝之密都。北望河曲,是多驾鸟。南望墠渚,禹父之所化,是多仆累、蒲卢。"墠渚在新城故城,南有有莘氏部落(今伊川平等乡,《汉书·古今人表》载:"鮌妃,有嫳氏女。")。新城故城是崇伯鲧的封地,《淮南子》记载:"鲧作三仞之城。""化"即葬,即鲧死后葬于伊川墠渚水。

从这些先秦文献的记载看,大禹族主要活动区域应是中岳嵩山及其周围一带。说大禹故里在河南登封一带,信而有征。

认为大禹为四川人、为西羌人,从当时社会的发展来看可能性不大。

大禹的父亲鲧、儿子启及其部族都在中岳嵩山及其周围一带活动,大禹一人离群索居在四川或西羌生活,在郡县制时代、在今天完全有可能,唯独在尧舜禹时代,在远古时期是难以想象的。应该是文献的记载出了问题。

所谓"在我国的传世典籍中,战国的《竹书纪年》最先有'禹生石纽'的记载",此说恐不可信。

按今本《竹书纪年》"帝禹夏后氏"条云:"母曰修己,出行,见流星贯昴,梦接意感,既而吞神珠。修己背剖而生禹于石纽,虎鼻大口,两耳参镂,首戴钩铃,胸有玉斗,足文履已,故名文命。长有圣德。长九尺九寸。梦自洗于河,取水饮之。又有白狐九尾之瑞。当尧之时,舜举之。禹观于河,有长人白面鱼身,出曰:'吾河精也。'呼禹曰:'文命治水。'言讫,授禹《河图》,言治水之事,乃退入于渊。禹治水既毕,天锡玄珪,以告成功。夏道将兴,草木畅茂,青龙止于郊,祝融之神降于崇山。乃受舜禅,即天子之位。洛出龟书,是为《洪范》。”王国维认为“以上出《宋书·符瑞志》”,并不相信其为《汲冢书》原文。

最近,程平山通过分析比较体例、卷数、系年、文字、学术、征引、编次、版刻、历法等诸方面,认为今本《竹书纪年》完全是古本《竹书纪年》亡佚以后的产物,其成书时代晚于《资治通鉴前编》,很可能就在元末。其说证据确凿,分析缜密,可视为定论。

因此,说“战国的《竹书纪年》最先有‘禹生石纽’的记载”,纯属以讹传讹,理当排除。现在看来,所谓的“禹生于石纽”“大禹出于西羌”说最早的记载当出于《淮南子》、陆贾《新语》、扬雄《蜀王本纪》。

《淮南子·修务训》有云:“若夫尧眉八彩,九窍通洞,而公正无私,一言而万民齐;舜二瞳子,是谓重明,作事成法,出言成章;禹耳参漏,是谓大通,兴利除害,疏河决江;文王四乳,是谓大仁,天下所归,百姓所亲;皋陶马喙,是谓至信,决狱明白,察于人情;禹生于石,契生于卵。史皇产而能书,羿左臂修而善射。若此九贤者,千岁而一出,犹继踵而生;今无五圣之天奉,四俊之才难,欲弃学而循性,是谓犹释船而欲碾水也。”

对此记载,王念孙有精当的考释,其云:

> 高说“禹生于石”云“禹母修己,感石而生禹,坼胸而出”,又说“五圣”云“尧、舜、禹、汤、周文王也”,说“四俊”云“谓皋陶、稷、契、史皇”。
>
> 引之曰:案:《太平御览·皇亲部》一引《河图著命苞》曰:“修己见流星,意感生禹。”又引《礼·含文嘉》曰:“夏姒氏祖以薏苡生。”又引《孝经钩命决》曰:“命星贯昴,修纪梦接生禹。”是禹之生,或以为感流星,或以为吞薏苡,无言生于石者。《史记·六国表》“禹兴于西羌”,《集解》引皇甫谧曰:“孟子称禹生石纽,西夷人也。”《蜀志·秦宓传》曰:“禹生石纽,今之汶山郡是也。”注引谯周《蜀本纪》曰:“禹本汶山广柔县人也,生于石纽,其地名刳儿坪。”《水经注·沫水》曰:“广柔县有石纽乡,禹所生也。”是石纽乃地名。禹生石纽,犹言舜生于诸冯,文王生于岐周,非谓感石而

生也。遍考诸书，无禹生于石之说。禹当为启。郭璞注《中山经·泰室之山》云：“启母化为石而生启，在此山，见《淮南子》。”是《淮南子》古本有作“启生于石”者。又考《汉书·武帝纪》诏曰：“朕至于中岳，见夏后启母石。”应劭曰：“启生而母化为石。”师古曰：“禹治鸿水，通轘辕山，化为熊，谓涂山氏曰：‘欲饷，闻鼓声乃来。’禹跳石，误中鼓。涂山氏往，见禹方作熊，惭而去，至嵩高山下化为石，方生启。禹曰：‘归我子。’石破北方而启生。事见《淮南子》。”又《御览·地部》十六引《淮南》，与师古注略同。又《北堂书钞·后妃部》一亦引《淮南》“石破生启”。盖许慎本作“启生于石”，《书钞》《御览》及师古注所引即许慎之注。郭璞所云“启母化为石而生启”见《淮南子》者，亦用许慎注也。且此段以尧、舜、禹、文王、皋陶、契、启、史皇、羿九人言之，故谓之“九贤”，又谓之“五圣”“四俊”。若既言“禹耳参漏”，又言“禹生于石”，则仅八人，不得称九矣。高据误本“禹生于石”为说，则“九贤”内少一贤，而“五圣”“四俊”亦不能如数。不得已，乃据上文所称“五圣”神农、尧、舜、禹、汤，而取汤入“五圣”，又据上文言“后稷之智”，而以稷入“四俊”，不知彼此各不相蒙也。且彼处“五圣”内有神农，何以舍之而取汤。此段“九贤”内有羿，又何以不得与列。若此者，皆不可解矣。以文义求之，“五圣”盖即尧、舜、禹、文王、皋陶，“四俊”盖即契、启、史皇、羿也。

也就是说，《淮南子·修务训》所谓“禹生于石”乃“启生于石”之误，所引相关文献的外证和《淮南子·修务训》的内证，说服力非常充分。

《史记·夏本纪》“夏禹，名曰文命”，张守节《正义》引汉扬雄《蜀王本纪》：“禹本汶山郡广柔县人，生于石纽。”

《史记·六国年表》“禹兴于西羌”，《集解》引皇甫谧曰：“孟子称禹生石纽，西夷人也。”

《蜀志·秦宓传》：“禹生石纽，今之汶山郡是也。”注引谯周《蜀本纪》曰：

“禹本汶山广柔县人也,生于石纽,其地名刳儿坪。”

郦道元《水经注·沫水》曰:“(广柔)县有石纽乡,禹所生也。”

“禹生石纽”说诸多记载中,最早当是扬雄的《蜀王本纪》。皇甫谧虽称孟子也有此说,但王应麟《困学纪闻》曰“今无此语”,其《汉书·艺文志考证》则认为当属《孟子》外篇。

比起《国语·周语》《逸周书·世俘解》《穆天子传》《山海经》等先秦文献“崇伯鲧”“崇禹”的一系列记载,“禹生石纽”的说法不超过西汉末年的扬雄,较登封说晚多了。

“大禹出于西羌”的传说似乎早些。陆贾《新语·术事》云:“文王生于东夷,大禹出于西羌,世殊而地绝,法合而度同。”司马迁《史记·六国年表》云:“‘东方物所始生,西方物之成孰’。夫作事者必于东南,收功实者常于西北。故禹兴于西羌。”陆贾、司马迁的这些说法虽然早于扬雄,但大体说来也相隔不远。

尽管历史记载与逻辑在道理上是一致的,但事实上两者免不了有所出入。笔者认为,“大禹出于西羌”说尽管在时间上要稍早于“禹生石纽”说,但事实上,很可能“大禹出于西羌”说要晚于“禹生石纽”说。

“禹生石纽”之“纽”疑训为“本”。《庄子·人间世》云:“是万物之化也,禹、舜之所纽也。”陆德明《释文》云:“简文云:纽,本也。”皇甫谧《三都赋序》云:“昔之为文者,非苟尚辞而已,将以纽之王教,本乎劝戒也。”足见“纽”有“本”“根”义。所谓“石纽”即石本,也就是石身、石体。“禹生石纽”即“禹生于石身”“禹生于石体”。《中山经·泰室之山》郭璞注曰:“启母化为石而生启,在此山,见《淮南子》。”显然,“禹生石纽”就是《淮南子》《中山经·泰室之山》郭璞注“启母化为石而生启”的本源。启从其母之石身破腹而生,才是“禹生石纽”的原意。

有了“禹生石纽”的传说,转而启发了扬雄一类的川人。于是他们在四川一带寻找“石纽”，将神话坐实到四川一带的地名上。而西羌，就有“石纽”的地名。这样，才有了陆贾《新语·术事》中的“大禹出于西羌”，才有了司马迁《史记·六国年表》中的“禹兴于西羌”。

由“启生于石”讹为“禹生于石”，再由“禹生于石”衍为“禹生于石纽”，进而发展出“大禹出于西羌”，将启出生于石的传说转变成大禹出生地的指认，这样神话就变成了历史。

了解了上述文献记载演变的过程，就应该明白“禹生于石纽”“大禹出于西羌”两说实不可信。从早期文献的记载看，大禹故里在河南登封一带，应该是有说服力的。

（作者为清华大学历史系教授）

大禹故里故都辨证

杜　勇

关于大禹的故里与故都问题,历经多年探讨,人们的认识逐渐趋同,登封说成为学术界主流意见。为了更好地开发和利用这一优秀传统文化资源,促进区域经济社会的发展,对登封为大禹故里故都加以认证是非常必要的,也是很有意义的。

过去,人们根据有关尧舜禹禅让的传说,多以为当时部落联盟中盟主地位的变化,是在让贤旗帜下的和平转移,或是史前社会民主选举的结果。以此推之,大禹都邑应该就在尧都平阳(今山西临汾市),阳城只是禹辞让君位时的避居地,或东迁后的政治中心。《史记・封禅书・正义》引《世本》云:"夏禹都阳城,避商均也。又都平阳,或在安邑,或在晋阳。"鉴于《世本》记事的权威性,这种说法从古至今都具有极大的影响力。然细加考析,禅让说其实只是一种表象。当时部落联盟盟主地位的变化,很大程度上可能是部落间实力对比发生改变,因而导致联盟盟主的易人,随之而来的则是联盟总部的易地。大禹治水成功后,政治威望增加,被众多部落推举为联盟的盟主。大禹对此表示辞让,坚持由舜子商均继位,自己则回到本部落的都邑阳城。结果却如《孟子·万章上》所说:“舜崩,三年之丧毕,禹避舜之子于阳城,天下之民从之。”从此,阳城不仅是禹部落的都邑,而且成了部落联盟总部的所在地。

关于禹都阳城的地望,尽管文献上多有歧说,但可信度较高的还是河南登封说。阳城在春秋时为郑国城邑,秦置阳城县,属颍川郡。东汉赵岐以为禹都阳城在嵩山下,刘熙则明确指出即“颍川阳城”。北魏郦道元《水经注·颍水》亦谓:“颍水经其县(阳城)故城南。昔舜禅禹,禹避商均,伯益避启,并于此也。”唐代张守节《史记正义》云:“其阳城县在嵩山南二十三里,则为嵩山之阳也。”1977年,在登封告成镇发现的东周城址中,出土印有“阳城”和“阳城仓器”的陶片,证明这里确为古阳城的所在地。一般说来,地名大都具有相当程度的沿袭性和稳定性,由此前溯,可知禹都阳城在此,不为无据。更重要的是,王城岗遗址还发现东西并列、西大东小的两座龙山文化晚期的城址。经过进一步发掘和含碳样品的测年,可知小城早于大城,大城是河南境内发现的龙山文化城址中最大的一座。根据城址的地望、年代及与二里头文化关系的综合考察,学者推测大城可能就是“禹都阳城”之阳城。应该说,这个结论是接近历史事实的。

登封不只是大禹故都,而且可以认定为大禹故里。《国语·周语上》云:“昔夏之兴也,融降于崇山。”《太平御览》卷三十九“嵩山”条引韦昭注:“崇、嵩字古通用。夏都阳城,嵩山在焉。”是知夏的兴起与崇(嵩)山有非常密切的地缘关系,故鲧称“崇伯鲧”,禹称“崇禹”。王城岗遗址发现的小城是否为鲧所建尚不能论定,但这里为鲧禹父子初始活动的都邑应无异议。可见禹之故都与故里,实际是一而二、二而一的辩证关系,似无必要另立异说。

(作者为天津师范大学历史文化学院教授、中国先秦史学会副会长)

关于登封是大禹故里故都的论证书

朱彦民

登封所在的嵩山地区,是姒夏部族的发祥地,这里不仅是夏王朝统治的中心地区,而且也是夏王朝的开国者夏禹的出生地,更是夏代建立之后夏禹都城阳城的所在地。

这个结论的得出,绝不是凭空而论,而是有其充分的证据和严谨的论证的。一直以来,这就是一个众所公认的观点,而今又有了更为坚实的考古学证据。现从如下四个方面加以说明。

其一,文献记载的证据。

《国语·周语上》记载:“昔夏之兴也,融降于崇山。”韦昭注云:“融,祝融也。崇,崇高山也。夏居阳城,崇高所近。”是说祝融降临崇山,就是夏民族兴盛的祥瑞表征。同时,《国语·周语下》称:“其在有虞,有崇伯鲧,播其淫心。”大禹之父夏鲧被称为崇伯,是因为他被封于崇地,据《史记·夏本纪·索隐》引《连山易》:“鲧封于崇。”崇即崇山,即今河南登封一带的嵩山。这些记载都说明嵩山是夏部族发祥地和活动中心。夏部族的首领鲧和夏代开国者大禹,史书又分别称为崇伯鲧和崇禹,这说明他们曾是崇山即嵩山地区的部落酋长,夏部族当然也是活动于崇山即嵩山地区。

其二,考古遗址的证据。

文献记载之外,更能说明问题的就是科学考古发现的遗物、遗存和遗址等实物资料了。据不完全统计,目前在登封地区发现有20多处龙山文化遗址,这些考古遗址,应该就是当年夏部族活动于此地域的物质文化孑遗。尤其是其中的登封王城岗遗址为禹居阳城、禹都阳城提供了考古学证据。

古代文献中有不少"禹都阳城""禹居阳城""禹避阳城"的记载。如今本《竹书纪年》《史记·夏本纪》《史记·封禅书·正义》引《世本》和《后汉书·郡国志》等均记载有"禹都阳城"。古本《竹书纪年》《汉书·地理志》等记载有"禹居阳城"。《孟子·万章》《史记·夏本纪》和《水经注》等记载有"禹避阳城"。凡此种种,都说明了阳城是夏代初期的大禹都城。

登封告成镇(八方)王城岗遗址为河南龙山文化晚期城堡,在其附近(东周阳城城址)出土过"阳城仓器"。所以主流考古学界都主张王城岗古城就是夏初禹都阳城。

其三,名迹遗物的证据。

历史上曾有将夏代疆域称为"禹迹"的传统。比如《尚书·立政》:"其克诘尔戎兵,以陟禹之迹。"孔传云:"以升禹治水之旧迹。"而登封则是全国禹迹最集中、最丰富的地域,这为我们确定该地为大禹故里故都提供了丰富的佐证。

登封境内有关大禹的名迹,山河类计有太室山、少室山、箕山、五指岭、焦山、长岭山等,颍河、狂河、蛟河、夏店河等。

建筑类计有城、阙、庙、墓、亭等。城主要有阳城、负黍城和黄城。阙主要是中岳汉三阙,即太室阙、少室阙、启母阙。庙宇主要有禹王庙、水王庙、三官庙、白疙瘩庙、大禹庙、北五里庙、禹王祠、道统祠等。墓主要有夏后墓和启母冢。亭主要指筮启亭、夏禹亭、启母亭、少姨亭、禹功亭、明德亭、平成亭。

碑石类计有启母庙碑、少姨庙碑、创修禹益岁祭之庙碑、重修禹王庙碑、禹避阳城处碑、新立道统祠记碑、重修金牛泉碑,以及近年来刻立的大禹之碑、禹生石纽碑记、岣嵝碑、夏禹书碑、大禹故里碑、禹王祠落成碑、神禹大篆和九州图刻石等。

启母阙铭文更是这方面的有力证据。汉代人为祭奠大禹妻子、启的母亲分别建启母庙和少姨庙、启母阙和少室阙。启母阙铭文曰:“昔者共工,范防百川。柏鲧称遂,□□其原。洪泉浩浩,下民震惊。禹□大功,疏河泻玄。九山甄旅,咸秩无文。爰纳涂山,辛癸之间。三过亡入,实勤斯民。同心济隘,胥建三正。杞缯渐替,又遭乱秦……表碣铭功,昭视后昆。”这些历史名迹虽然是后来的记述,但代代相传,当有所本,洵非虚言。

其四,地名孑遗的证据。

历史不仅被文献所记载,被考古所证实,而且还会被遗留下来的历史地名所辅证。登封地区这方面的证据委实不少。目前登封拥有 70 多处与大禹文化有关的地名遗迹,比如石纽石、石纽屯、息壤岗、祖家庄、夏地、夏店河、东军地、禹王祠、禹洞、禹王沟、擂鼓石、姚沟、禹岭、禹王坛等。村名是历史的活化石,石纽屯、祖家庄、夏店河这些村名都明显受大禹出生神话的影响。还有禹洞河、三官庙、大河口、上沃、焦河、夏庄、沁水、海渚、北夏庄、雅山等,而这些村庄要么是大禹后裔所聚居,要么与大禹治水有关。禹生石纽的故事在这里广泛流传,以嵩山石纽为标志,表明大禹生于斯,长于斯,登封是大禹的故里。

这些集中而丰富的与大禹和夏代相关的地名,直接为我们判断登封是大禹故里故都提供了有力的证据。

(作者为南开大学历史学院教授、博士生导师,中国殷商文化学会副会长)

“禹都阳城”与“禹居阳城”在登封

张新斌

大禹的故里有多种说法,但大禹之都在登封,却是主流观点。《世本·居篇》有“夏禹都阳城,避商均也”的记载。古本《竹书纪年》也有“禹居阳城”的说法。这与《史记》的“昔三代之居,皆在河洛之间”的说法是相吻合的。关注禹的故里,也应该关注禹之父鲧的故地,《国语·周语上》讲到:“昔夏之兴也,融降于崇山。”崇山,就是嵩山,这应该是学界的主流意见。《国语·周语下》讲到鲧为“崇伯鲧”,这说明鲧被封为崇伯,即所谓崇山、崇地之伯。崇山即崇高说也是一个非常重要的说法。《汉书·地理志》“颍川郡阳翟”条下,臣瓒云:“《世本》:禹都阳城。”这说明汉晋学者也认可阳城在当时的颍川郡的范围之内,《孟子》赵岐注曰:“阳城在嵩山下。”《史记集解》也认可禹都阳城就是当时的“颍川阳城”。因为战国秦汉时期的阳城,就在今登封的告成镇附近,现在已找到战国阳城遗址,并已发现了阳城遗址中出土的“阳城仓器”的文字,而这个阳城距今禹州很近,也在古颍川郡的范围。当地的明清方志,都对阳城在登封有明确的记载,《读史方舆纪要》也强调登封就是“古阳城”。因此,登封作为禹之都,有充分的文献依据,此为证之一。

登封有较多的大禹圣迹和传说。所谓“禹生石纽”说,而在少室山东麓的马庄、尚庄、王庄、张庄、祖家庄等,有“一溜石纽屯儿”之说,尤其是祖家庄保留有传说中的“石纽”,说明当地民间认可这里是大禹故里。而登封与大禹相关的景观,如试斧石、照爷石、磨斧石、马蹄石、白疙瘩庙、禹洞、石启洞、禹王庙、启母庙等,都与大禹及其同期人物、事件有关。登封民间还流传着“大禹娶妻”“马蹄沟”“沁水的故事”“大禹与筷子”“景店小米”“禹铸九鼎”“禹拒美酒”等传说。因此,登封作为禹之故里与故都,有流传广泛的地名与传说作依据,此为证之二。

在登封,还有汉代时遗留至今的启母石与启母阙。启母石,位于太室万岁峰下,高约 8 米,宽约 4 米,有“石破北方而生启”的说法。启为禹之子,而保留至今的启母阙,为汉代启母庙的神道阙,乃东汉延光二年(123)颍川太守朱宠所建。其中西阙现高 3. 17 米,东阙现高 3. 18 米,阙为长方形石块垒砌。阙上有铭文,篆书 12 行,记述夏禹及其父鲧治水的故事,以及赞扬启母的功绩。阙身还有“大禹化熊”“启母化石”“车马出行”“郭巨埋儿”等图像 60 余幅。启母阙是国内仅存的极为罕见的汉阙实物,尤其与禹、启有关,更显珍贵。因此,登封作为大禹故里与故都,有着极为珍稀的文物实物作证,此为证之三。

登封还有重要的考古发现作为学术支撑。前述的战国阳城遗址,以及相关的“阳城”铭文的发现,直接提供了阳城存在的实物根据。另外,自 20 世纪 70 年代开始,考古工作者在战国阳城遗址附近的王城岗一带发现了龙山晚期的东西并列的两个小城遗址。其中东城已被五渡河水冲毁,西城的东墙就是东城的西墙,西城基本呈方形,面积约 1 万平方米,城内发现有夯土基址、窖穴,还有奠基坑,以及属于龙山晚期的青铜鬶残片。这一考古发现,从一开始便得到了学术界的高度重视,也由此激发了学术界研究夏文化的热情,例如这里是否是禹都阳城的问题，成为大家争论的焦点，因为它作为都城似嫌过小。但在最近十余年的发掘中，考古工作者找到了小城外的大城，总面积达34.8万平方米。该城城外有壕，其城墙每面长度约600米，城内有大面积的夯土台基、祭祀坑、玉琮、白陶器等重要文物遗存，也是“目前为止在河南发现的龙山文化晚期规模最大的城址”[①]。小城与大城，也有先与后的关系，有的学者推断小城为鲧筑之城，而大城为禹所避居的阳城，两者均称阳城，这一观点应该是有道理的[②]。因此，这类重要的考古发现，可以称之为“系列阳城”，在其他地方，没有此类发现，甚或不可能有，学术界主流观点认可禹都阳城在登封，此为证之四。

大禹是中国第一个王朝夏的建立者，禹都阳城在登封，从传统的历史观而言，登封王城岗龙山晚期城址，无疑应为“最早的中国”，即居于核心地位的都城之所在。

（作者为河南省社会科学院历史与考古研究所所长、首席研究员）

① 方燕明：《“禹都阳城”——登封王城岗龙山文化城址研究》，《中华之源与嵩山文明研究》第一辑，科学出版社，2013年。
② 马世之：《登封王城岗城址与禹都阳城》，《中原文物》2008年第2期。

王城岗遗址应为传说中的"禹都阳城"

彭邦本

大禹是中国古代盛传的华夏族首领和治水英雄,也是史籍记载的中国古代第一个君主世袭制王朝——夏朝的开国君王,亦是中国古代文明的开创者之一。由于以上丰功伟绩,大禹作为人文始祖之一,自古以来不仅受到华夏——中华民族的普遍认同和尊奉,而且在全国很多地方留下大量关于他出生、治水以及进行政治、军事等活动的传说、遗迹、遗存和遗址,反映了禹族的兴起、迁徙以及与其他族群的重组、融合。其中川西北地区、河南嵩山地区等多地都留下了大禹的传说,尤其是嵩山一带还是文献中"禹都阳城"的所在,可谓核心区域,因而这两地成为一个时期以来学术界追踪、探索夏文化的主要区域。

需要指出的是,由于大禹时代尚未形成成熟的文字系统,上述传说早期都靠口耳相传得以保存下来,并在商周以后才逐渐被文字记录成文,但已并非夏代的直接记载,因而难以作为第一手的史料。但是,当今多数学者的一个重要共识是,这些自古以来的传说绝非前人的虚构,绝不能轻易否定。恰好相反,近世以来,现代考古学在中国的诞生发展,其调查、发掘和研究工作的长足进步,为我们提供了层出不穷的新材料、新成果,以之和历史学、古文字学以至人类学等多学科进行互证研究,得出的成果启示我们,上述传说往往包含非常珍贵的历史信息。其中在嵩山及其周围地区开展的龙山文化考古工作,尤其是在王城岗古城遗址小城、大城前后多次考古发掘出土的大量文物资料充分证明,这里应该就是古代文献记载的“禹都阳城”,亦即夏王朝早期的都城所在地。这些新材料、新成果,也将为当地经济社会,尤其是文化事业和文化产业的发展提供极为宝贵、独特的历史文化资源,非常令人欣慰,值得庆贺。

当然,围绕嵩山和登封一带古老的大禹传说,尤其是“禹都阳城”历史传说进行的多学科互证研究取得可喜成果的同时,我们一定要清醒地认识到,从学术角度来说,这只是研究工作万里长征迈出的第一步,今后需要艰难跋涉的路程还很漫长。与此同时,我们还应该清醒地认识到,同样从学术的角度出发,“禹都阳城”的学术印证,并不意味着其他地方的相关传说就一定是伪史,因为这些传说与嵩山地区和登封一带的大禹传说一样,很可能都是4000多年前禹族兴起、迁徙以及与其他族群重组、融合遗留下来的历史文化信息和遗迹,同样可能包含珍贵的历史素材。因此,我们应该在今后的研究中,特别是宣传工作中,保持严谨的学术精神,务必注意避免出现非此即彼的思维误区。

(作者为四川大学历史学院教授,中国先秦史学会副会长)

夏禹故都故里在登封

张国硕

夏禹故都故里在登封主要有以下几点支持:

(一)较为可靠的古代文献记载,夏族群早期主要活动于今嵩山地区,其政治中心是在今颍水中上游地区的登封、新密、禹州一带。如《国语·周语上》称夏之兴起与"崇山"有关,崇山即今嵩山。《左传》《国语》记载禹之父为"崇伯鲧",长期生活于嵩山地区。《竹书纪年》《世本》《孟子·万章上》《史记·夏本纪》等文献皆有"禹都(居)阳城"的记载,《孟子·万章上》赵岐注谓阳城在"嵩山下",《国语·周语上》韦昭注云"夏居阳城,崇高所近",《水经注·颍水》等文献明确指出禹都阳城在今登封箕山以北、颍河岸边的告成一带。此外,《穆天子传》记载周穆王游于夏启之居(都)所在的"黄台之丘",黄台之丘在今与登封相邻的新密新砦一带;《左传·昭公四年》记载夏启有"钧台之享",钧台在今与登封相邻的禹州境内。夏禹以今登封地区的阳城为都城,在控制今晋南地区的过程中,曾分设一些辅助性的都城,此即《世本》所说"夏禹都阳城……又都平阳,或在安邑,或在晋阳"。

（二）考古发现证实，禹都阳城在今登封告成镇的王城岗一带。这里发现有龙山时期的大型城址（包括两座小城、一座大城），城址面积达34.8万平方米，建有大型城垣与护城壕，发现有青铜器、文字、玉琮、白陶等重要礼器以及大型夯土建筑基址、奠基坑和祭祀坑等遗存，说明该遗址规格较高，具有都城性质，且城址年代与大禹时期相吻合，地望与《水经注·颍水》所载禹都阳城的位置完全一致。此外，文献记载郑、韩有"阳城"，考古发现今登封告成镇北部为东周时期的阳城遗址，其地出土的战国陶器上有"阳城仓器"的戳记，说明东周时期的阳城就在今告成一带，这为"禹都阳城登封说"提供了旁证。

（三）今登封一带有诸多有关大禹的传说和大禹崇拜遗存，是全国禹迹最集中、最丰富的地域。如《山海经》中有关鲧腹生禹以及《淮南子》中有关大禹治水、夏禹化熊、启母化石于嵩山的记载，在登封地区都能找到实物。登封地区有诸多禹生石纽的遗迹，留存有汉代启母庙、少姨庙、启母阙和太室阙、少室阙等与大禹、涂山氏、夏启有关的遗迹遗物，还有诸多历代对大禹的祭祀遗存。据有关部门统计，登封境内现存的大禹遗迹至少有70多处，包括建筑类（城、阙、祠庙、墓、亭等）、山河类、碑石类、地名类等。这些遗迹充分说明，登封是当之无愧的"大禹文化之乡"。

（四）登封之外的其他地方有关禹都地望以及大禹故里的说法不可靠。四川北川说、山东禹城说、浙江绍兴说等诸说的发生地在夏王朝建立前后多为周边或偏远地区，文化面貌上不属于先夏文化或夏文化的范畴，不是夏族群的活动区域，根本不可能是大禹故里和禹都所在。诸说所依据的文献材料成书年代较晚，没有较为可靠的先秦或秦汉文献作支撑，地理地貌上没有夏代前后的山川河流作依托，疑窦较多，可信性不高。尤其是没有充足的考古材料加以佐证，更不见像登封王城岗城址那样的大禹时期的都邑遗址，缺乏像启母阙、少室阙等年代较早的有关大禹崇拜的文化遗物，说服力不强。故相比较而言，大禹故里在登封的说法有明确的"证据链"，最有说服力和可信性。

（五）中国各地之所以出现诸多与禹都、大禹故里有关的说法，应与后代对大禹的崇拜、夏文化的传播、夏遗民的迁徙等有密切关系。东周以后，华夏族群盛行祖先崇拜，其中对大禹的崇拜即其一。以王湾三期文化、新砦期遗存和二里头文化为代表的夏族群文化（先夏文化、夏文化），最初分布于今嵩山地区，后逐渐向周围广大地区扩散，而受到夏文化影响的区域几乎遍及今黄河流域和长江流域的广大地区。殷商代夏之后，夏遗民和夏族群后裔逐渐分散于今中国的大部分地区。为了缅怀祖先、追记祖先的功绩，遂逐渐衍生出诸多与大禹有关的传说、“禹迹”等。但一个基本史实不能否认：夏族始源地、夏禹之都原本是在今嵩山南麓的登封地区。

综合分析文献、考古发现和其他材料可以判断，嵩山南麓地区应是夏族群的发祥地和夏王朝的兴起之地，登封地区最有可能是夏禹都城的所在地，禹都阳城地望当在今登封告成附近的颍河北岸。因夏禹出生、成长、建都、立业于嵩山地区的登封一带，故其故里也应在今登封境内。

（作者为郑州大学历史学院教授、中国殷商文化学会副会长、中国考古学会夏商考古专业委员会副主任）

“登封市为大禹故里故都研究认定会”认定意见

张立东

登封的确是大禹故里,其在考古方面的学术支撑主要是王城岗城址为禹都阳城。

早在1994年“全国夏文化学术研讨会”上,笔者宣读了《夏都与夏文化》一文,后发表于《夏文化研究论集》(中华书局,1996年)。对于古本《竹书纪年》和《孟子》记载的禹都(居)阳城,列举了斟鄩、老丘、西河诸说之后,笔者力主颍川阳城说,认为王城岗城址增添了考古方面的证据。

稍后笔者应邀写成《关于夏文化的年代上限》一文,发表在《先秦史研究动态》1995年第2期。小文力主王城岗古城就是禹居之阳城:(1)王城岗古城的位置与禹居之阳城的地望恰相符合,这很难解释为偶然的巧合。(2)禹居阳城即便不在王城岗,也应在它的附近,而据调查,王城岗古城周围虽有不少王湾三期文化遗址,但尚未发现城址。在没有发现其他王湾三期文化城址之前,王城岗古城最有资格作为禹居之阳城。(3)若将夏商文化的年代分界划定在二里头文化第三、四段之间,则仅仅二里头文化一、二、三期显然不能代表从早期到晚期的整个夏文化。若将王湾三期文化的较晚阶段纳入夏文化的范畴,正好可以补齐。(4)将夏文化的上限大致划定在王城岗龙山文化二、三期之间,还可以解释更大范围内的一些文化现象。

后来笔者在执笔《夏商周断代工程1996—1999年阶段性报告(简本)》以及撰写《夏代年代学研究课题报告》(未正式发表)时,也都主张王城岗城址即禹都阳城。

王城岗大城发现之后,笔者更坚信王城岗大城为禹居阳城之说,坚持以王城岗城址来推定夏文化的年代上限。近年在河南大学讲授"夏商考古"课,笔者也一直都是这么讲的,2018年7月16日至20日的"夏文化研讨班"上,还是这样讲。该班已录取外校学员数十名,他们来自海内外很多大学。

总言之,笔者认定登封王城岗遗址的大城就是禹都阳城,退一步谦虚点说,该城现在是禹都阳城的最优选。

(作者为河南大学历史文化学院考古文博系教授)

大禹与早期文明研究

文献所见大禹事迹与考古发现如何对应的若干思考

李伯谦

一

大禹作为第一个王朝夏的创立者,在古代文献例如《尚书》《论语》《国语》《左传》《墨子》《管子》《庄子》《孟子》《韩非子》《竹书纪年》《吕氏春秋》《楚辞》《淮南子》《史记》《汉书》《帝王世纪》《路史》等书中多有记载。综观这些记载,禹的主要事迹约有五:一是帝舜时期接替其父鲧继续治水;二是治水完成后在涂山庆功,大会诸侯;三是受舜禅治理都阳城建立夏朝;四是尧、舜时期及受舜禅后三次征有苗;五是创立夏朝,即位后颁立各种制度,治理国家。

禹和“三皇五帝”一样,长期以来被认为是传说人物,对于其人及其事迹是否为历史事实,学术界大多抱持怀疑态度。

田野考古学传入我国以后,随着田野考古的开展,与大禹传说历史有关的遗址、遗物陆续有所发现。于是学术界开始思考:传说中的大禹事迹(包括夏朝)是否全为虚构?其中有无可信的史实素地?考古发现能否与其中某些传说相对应？又如何对应？

二

“九五”期间启动的国家科技攻关重大项目“夏商周断代工程”将“夏代年代学研究”列为9大课题之一,下面设有7个专题,其中考古学4个、历史文献学1个、天文文献学2个,足见大家的重视。著名考古学家邹衡先生作为专家组21名成员之一担任“夏代年代学研究”课题的组长,我作为专门负责考古学科的首席科学家、专家组副组长之一也始终参与其事。根据整合的各专题的研究成果,我们最后得出的结论,2000年出版的《夏商周断代工程1996—2000年阶段成果报告(简本)》[①]中的表述是:“夏代基本年代框架的估定包括两点:一是夏商分界,二是夏代始年。夏商分界已估定为公元前1600年。……关于夏文化的上限,学术界主要有二里头文化一期、河南龙山文化晚期两种意见。新砦二期遗存的确认,已将二里头文化一期与河南龙山文化晚期紧密衔接起来。以公元前1600年为商代始年上推471年,则夏代始年为公元前2070年,基本落在河南龙山文化晚期第二段(前2132—前2030年)范围之内。现暂以公元前2070年作为夏的始年。”《夏商周断代工程报告》(通称的繁本)经过近二十年的停滞和修改,近期即将完稿,查其由“文献所见的夏代积年”“夏文化遗存的发现研究与测年”“夏代天象的天文推算”整合得出的“夏代基本年代框架的估定”,表述与之基本一致,没有原则变化。不排除个别研究者尚有不同看法,但这一论断应该代表了夏商周断代工程专家组的意见。

作为该课题的参加者,我同意这一论断,支持这一论断,我认为这是课题组辛勤劳动、刻苦钻研、周密思考、精心合作的结晶,是一个经得起检验的科学结

① 夏商周断代工程专家组:《夏商周断代工程1996—2000年阶段成果报告(简本)》,世界图书出版公司,2000年。

论。那么,回顾这一过程,对开展这类课题研究有哪些体会和感想呢?我认为:

第一,对任何学术问题包括传说文献在内,都应该在马克思唯物主义思想指引下,秉持实事求是的态度,首先对文献进行可信性研究,分清楚哪些可能是可信的、哪些是附会的、哪些是后人添加的;第二,对考古材料要进行缜密分期,分期、分层、分单位采集含碳样品,进行 C14 测定,建立系列样品测定基础上的考古年代分期框架;第三,在分期基础上进行其文化内涵的文化因素分析,分清其可能的来源,进而探讨其与周邻或相关文化的关系;第四,研究考古材料反映的社会发展阶段及其社会状况,将考古材料与文献材料及其他相关专题研究成果进行比对研究,看看其间有无可对应之处及其反映的历史事实并最后进行整合。

参加“夏商周断代工程”(以下简称“工程”)对我来说是极好的学习机会,使我对其他相关学科有了较深入的了解,开阔了我的视野,学到了新的研究方法,提高了我的研究水平。在“工程”启动以前,我于 1963 年带学生到二里头实习,那次实习将我带到了夏文化考古研究领域;1986 年,我发表了《二里头类型的文化性质与族属问题》[①],将文化因素分析方法运用于二里头等遗址的分析,提出二里头文化是“太康失国”“少康中兴”以后的夏文化的观点,将夏文化的研究前推到了河南龙山文化;1981 年,我发表了《东下冯类型的初步分析》[②],提出东下冯类型是二里头文化二里头类型向晋南传播发展并与当地文化融合的结果的观点;1991 年,我发表了《夏文化与先商文化关系探讨》[③],提出两者是分布地域与文化特征不同、文化来源有别、发展去向不同的

① 李伯谦:《二里头类型的文化性质与族属问题》,《文物》1986 年第 6 期。后收入《中国青铜文化结构体系研究》,科学出版社,1998 年。

② 李伯谦:《东下冯类型的初步分析》,《中原文物》1981 年第 1 期。后收入《中国青铜文化结构体系研究》,科学出版社,1998 年。

③ 李伯谦:《夏文化与先商文化关系探讨》,《中原文物》1991 年第 1 期,后收入《中国青铜文化结构体系研究》,科学出版社,1998 年。

基本同时、关系密切的不同文化的观点。应该说我对夏文化做了一定的研究,但参加“工程”以后,自认为有了不少的长进。这期间,围绕着夏文化问题我连续发表了7篇文章,均收在2011年文物出版社出版的《文明探源与三代考古论集》①中,其中重要的是,我根据“工程”“夏代年代学研究”课题研究成果在《新密新砦——1999—2000年田野考古发掘报告》②前言中做出的“以王城岗大城为代表的河南龙山文化晚期遗存——‘新砦期’遗存(或曰新砦文化)——二里头文化是夏文化经历的三个大的阶段,约从公元前21世纪至公元前16世纪,贯穿了其起始至消亡的始终”的论断,完全代表了“工程”专家组的观点。

三

学术研究会有阶段性成果,但很难会有最终结论,夏文化也是一样,尽管“工程”取得了令人瞩目的成绩,但仍有没有涉及或没有解决的问题。我认为,上述大禹五事中“禹会诸侯”和“禹伐三苗”即是需要认真对待的两个问题。

关于“禹会诸侯”,我认为是大禹庆祝治水成功的重大事件,通过大会诸侯,大禹功绩得到各部众肯定、拥戴,这是帝舜禅位于大禹的决定性原因。2007—2010年,中国社会科学院考古研究所研究员王吉怀主持的安徽涂山禹会村遗址发掘取得重大突破,在那里居然发现了大禹大会诸侯时留下来的祭祀台遗迹③,对此我有《禹会村遗址——“禹会诸侯于涂山”的考古学证据》一文予以论述④。

---

① 李伯谦:《文明探源与三代考古论集》,文物出版社,2011年。

② 北京大学震旦古代文明研究中心、郑州市文物考古研究院:《新密新砦——1999—2000年田野考古发掘报告》,文物出版社,2008年。

③ 中国社会科学院考古研究所、蚌埠市博物馆:《蚌埠禹会村》,科学出版社,2013年。

④ 李伯谦:《禹会村遗址——“禹会诸侯于涂山”的考古学证据》,《华夏文明》2016年第11期。

关于“禹伐三苗”，已有杨新改、韩建业[1]和方勤[2]等多位学者著文予以讨论，我支持他们的观点，我在《石家河文化时期长江中游地区已进入王国文明阶段》[3]一文中已表明了这一看法，我认为从“后石家河文化”内涵分析，确有和王城岗考古分期中的二、三期相类似的陶器，但不是主要成分，表明禹建都阳城后的确有伐三苗的举动，但这样的征伐并未彻底排挤走三苗族群及其文化，而是与之融合形成了“后石家河文化”。

将考古学上发现的与“禹会诸侯”“禹伐三苗”有关联的遗存，同此前已经研究并确认的“禹都阳城”登封王城岗大城、“夷浞代夏”新密新砦二期遗存、“少康中兴”至桀亡时期的二里头文化联系起来，在考古学上就形成了一个相对完整的证据链，证明文献所记大禹事迹和夏朝历史是确实存在、符合实际的可信的历史。今后随着研究的深入，肯定会有一些增加和补充，甚至不排除某些地方有所更正，但夏史的基本框架应该不会有什么大的改动。

四

C14 年代测定方法是美国化学家 W. F. Libby 的发明，他因这一年代学方法的革命性变革，1960 年获得了诺贝尔化学奖。1965 年以来，我国逐步引进和建立了常规和加速器 C14 年代测定实验室，做了大量考古和地质年代测定工作。“工程”进行过程中，专门负责年代学的首席科学家、专家组副组长仇仕华研究员倡导系列采样、系列测定方法，提高了测量精度，将常规测量精度稳定在百分之三、加速器测量精度稳定在百分之五，使我国 C14 年代测定方

① 杨新改、韩建业：《禹征三苗探索》，《中原文物》1995 年第 2 期；韩建业：《中原和江汉地区文明化进程比较》，《江汉考古》2016 年第 6 期。

② 方勤：《石家河：中国最早的区域文化共同体的形成》，《大河文明的嬗变与可持续发展》，长江出版社，2017 年。

③ 李伯谦：《石家河文化时期长江中游地区已进入王国文明阶段》，《华夏文明》2017 年第 7 期。

法跃居世界先进水平。通过与考古课题组合作，我们采集和测量了大批数据，并对夏商周年代框架提出了自己的建议。C14 测定的年代是绝对年代，但绝对年代也有一定的误差；通过考古地层学和器物类型学得出的分期是相对年代，但相对年代有绝对意义。如何将两者结合起来得出更符合实际的年代数据，是需要继续摸索研究的问题；至于如何将 C14 年代与从文献记载推定的年代结合得出合理的结论，更是需要慎之又慎。仇先生多次说过，C14 测年不是裁判，C14 不能决定考古专家如何分期。我同意仇先生的意见，作为一个考古工作者，应该尊重 C14 测年专家的劳动，应该参考 C14 测定的数据，但不能简单地将 C14 测定的结果作为判定考古学文化分期、性质的根据。在夏商文化分界的讨论中，二里头文化二、三期分界即一、二期是夏，三、四期是商，曾是一种主要的意见，而偃师商城发现以后，坚持这一观点者已经很少见到。遗憾的是，随着一些 C14 测量数据的出现，我们注意到把二里头文化二、三期分界作为夏、商分界的意见又被提了出来。更有甚者，似乎有了新的 C14 测量数据，连二里头文化是否为夏文化也成了问题。如果二里头文化真成了商文化，那么河南龙山文化自然就成了夏文化，但河南龙山文化的积年容纳不了据文献推定的夏的积年，夏代早期是否又要向前推到庙底沟二期文化甚或仰韶文化晚期呢？郑州商城发现的大师姑、望京楼、东赵、西史村、曲梁等二里头文化城址又该如何定性？郑州商城和偃师商城这两处都邑又是何人所建？二里头文化与二里岗文化的区别又该如何解释呢？牵一发而动全身，这些问题一个连着一个，在一个问题上出了差错，就会波及一大片。我觉得，提出这个问题是很自然的，值得我们反思，值得我们认真研究，但在没有拿出一个整体解决方案之前，尚不能对此前的研究结论予以全盘否定。

（作者为北京大学教授）

大禹时期对外的战争及夏朝国家的建立

李玉洁　黄有汉

大禹,名曰文命。《史记·夏本纪》云:"夏禹,名曰文命。禹之父曰鲧,鲧之父曰帝颛顼,颛顼之父曰昌意,昌意之父曰黄帝。禹者,黄帝之玄孙而帝颛顼之孙也。禹之曾大父昌意及父鲧皆不得在帝位。"远古时期,洪水灾害是人类面临的最大的灾害之一,几乎世界各国都流传着洪水灾害的故事。大禹就是我国古代带领人们治理洪水的英雄。几千年来,我国流传着大禹治水的故事。大禹在鲧死以后,接替鲧治水。大禹治水,三过家门而不入。《韩非子·五蠹》云:"禹之王天下也,身执耒臿,以为民先;股无胈,胫不生毛,虽臣虏之劳不苦于此矣。"为了治水,大禹三过家门而不入,终于成功,成为万世敬仰的英雄。他的精神永远为后世人们所敬仰。

大禹在治水的时候,不断发展自己的势力,成为当时最强大的部族首领。并且大禹时期发生了很多的对外战争,如大禹率领着众多的邦国君长,进行了讨伐共工氏的战争,之后又进行了讨伐三苗氏的战争,等等。在这些战争中,大禹进一步发展自己的势力,废除了古代的禅让制度,把王位传给自己的儿子启。大禹是禅让制度结束以后,实行传子制的第一个帝王,建立第一个传子制度的夏王朝。大禹应该说是夏王朝的开国帝王。

一、大禹的出生地望

大禹出生何处在学术界有很大的争论。由于古史不详,又加上其中有很多神话色彩,所以至今留下许多悬案。关于大禹的出生地,目前学术界主要有五种说法。

1. 绍兴说

汉代赵煜《吴越春秋·越王无余外传》载:"启使使以岁时春秋而祭禹于越,立宗庙于南山之上。禹以下六世,而得帝少康。少康恐禹祭之绝祀,乃封其庶子于越,号曰无余。余始受封,人民山居,虽有鸟田之利,租贡才给宗庙祭祀之费。乃复随陵陆而耕种,或逐禽鹿而给食。无余质朴,不设宫室之饰,从民所居,春秋祠禹墓于会稽……禹祀断绝十有余岁。"注云:"《地理志》:'山上有禹井、禹祠,相传下有群鸟耘田也。'《水经注》:'鸟为之耘,春拔草根,秋啄其秽。'"《史记·秦始皇本纪》载,公元前210年,"始皇三十七年十月,……上会稽,祭大禹"。今本《竹书纪年》载,禹"八年春,会诸侯于会稽"。《吴越春秋·越王无余外传》载,禹"即天子之位。三载考功,五年政定,周行天下,归还大越。登茅山"。南山、茅山,皆指的是绍兴会稽山。

绍兴说当与商汤灭夏之后,夏人的一支南迁有关。《史记·越王勾践世家》云:"越王勾践,其先禹之苗裔,而夏后帝少康之庶子也,封于会稽,以奉守禹之祀。"南迁至绍兴会稽的这支夏人,怀着对先祖的崇拜,渴求先祖的庇护,在迁徙之地建立禹井、禹祠、禹陵等,以对先祖祭祀和膜拜,是完全可以理解的。

2. 西羌说

西羌说是学术界主流的说法之一。《吴越春秋》卷六云:"鲧娶于有辛氏之女，名曰女嬉，年壮未孳，嬉于砥山，得薏苡而吞之，意若为人所感，因而妊孕，剖胁而产高密。家于西羌，地曰石纽。石纽在蜀西川也。”注曰：“《世本》曰：‘鲧娶有莘氏女，谓之女志，是生高密。’宋忠曰：‘高密，禹所封国。’《世纪》曰：鲧妻修己，见流星贯昴，梦接意感，又吞神珠薏苡而生禹。名文命，字密，《史记》以文命为禹之名，孔安国谓禹为名，张晏谓禹为字，今并存之。在茂州石泉县。其地有禹庙，郡人相传，禹以六月六日生。《元和郡县志》：‘禹，汶山广柔人，生于石纽村。’《水经注》：‘县有石纽乡，禹所生也。’广柔即今石泉军。”

明代曹学佺《蜀中广记·名胜记·川西道》云：“《郡国志》云：‘石纽山今在石泉县南。’《帝王世纪》以为鲧纳有莘氏，胸臆坼而生禹于石纽，郡人以禹六月六日生。”

《绎史》卷十一《禹平水土》引：“《帝王世纪》：伯禹夏后氏，姒姓也。父鲧妻修已见流星贯昴，梦接意感，又吞神珠薏苡，胸坼而生禹于石坳。虎鼻大口，两耳参漏，首戴钩钤，胸有玉斗，足文履已，故名文命，字高密。身长九尺二寸，长于西羌。西羌，夷人也。”

笔者认为，鲧被殛死于羽山。羽山，《左传·昭公七年》杜预注云：“羽山在东海祝其县西南。”祝其县，在今江苏省赣榆区内。鲧部族不可能在四川西北部的茂汶一带，故大禹“长于西羌”，是西羌人的说法是不可信的。

3. 山西说

《左传·定公四年》载：“分唐叔以大路、密须之鼓、阙巩、沽洗、怀姓九宗，职官五正，命以《唐诰》，而封于夏虚。”杜预注：“夏虚，大夏，今大原晋阳也。”又《史记·吴太伯世家》载：“周武王克殷，求太伯、仲雍之后，……乃封周章弟虞仲于周之北故夏虚。”《集解》引“徐广曰：在河东大阳县”。《索隐》云：“夏都安邑，虞仲都大阳之虞城，在安邑南，故曰夏虚。”夏虚就是夏后禹早期的都城和活动的地区。

夏后禹成功即位为天子之后，仍居于帝尧、帝舜的故都，即山西夏墟。今山西安邑是夏后禹早期的都城和活动的地区，当然也可能是其出生地。

4. 陈留说

此说认为大禹的母亲部族有莘氏，即古有莘国，在今河南省开封市陈留一带，并且认为大禹最早的都城——阳城也在今河南省开封市的陈留镇。夏王朝灭亡之后，西周王朝又把夏人后裔封于杞（今河南省杞县），是为杞国，说明河南省杞县可能就是夏禹的故里和活动的故地。这些都向人们传递着大禹故里也可能曾在今开封市陈留的信息。

5. 登封说

《水经注》卷三十六云："县有石纽乡，禹所生也。"即史书所载的"禹生石纽"的故事。"禹生石纽"的故事在登封广为流传。石纽乡就在登封中岳嵩山少室山脚下的祖家庄。嵩山少室山下的马庄、尚庄、张庄、王庄、左庄，古称"一溜石纽屯儿"。大禹的一生和所建立的功业皆在登封；出生、居家、治水、建都皆在登封。公元前2070年，大禹在阳城（今登封市告成镇）建立夏王朝。登封是全国大禹文化遗迹、神话故事数量最多和最为集中的县域。大禹故里应该在登封。

二、大禹治水的传说

大禹的父亲鲧因治水不成而被诛杀，但鲧的部族是一个有治水经验和能力的部族。帝舜处死了鲧，但洪水并没有被制伏，因此在四岳的推荐下，帝舜又起用了禹为司空去治理洪水。中国古代有一个非常好的不成文的规定，即父罪不废其子。《左传·僖公三十三年》云："舜之罪也殛鲧，其举也兴禹。"

《史记》载:“舜曰:‘嗟,然!禹,汝平水土,维是勉哉。’”[①]

《吕氏春秋·恃君览·行论》记载,当鲧被殛死之后,“禹不敢怨,而反事之,官为司空,以通水潦,颜色黎黑,步不相过,窍气不通,以中帝心”。高诱注云:“禹,鲧子也,不敢怨舜,而还事舜治水土者也。”

《绎史·禹平水土》云:“《遁甲开山图》:‘古有大禹,女娲十九代孙。寿三百六十岁,入九嶷山,仙飞去。后三千六百岁,尧理天下,洪水既甚,人民垫溺。大禹念之,乃化生于石纽山泉,女狄暮汲水,得石子如珠,爱而吞之,有娠,十四月生子。及长,能知泉源,代父鲧理洪水。尧帝知其功如古大禹知水源,乃赐号禹。’”

《皇王大纪·五帝纪》云:“鲧之妻有莘氏女,曰修已。感流星之祥,生子禹于石纽。长于西羌,师于大成挚,学于西王国,伤先人之非度,将釐改制量。乃潜心图书,南游衡山,东登宛委,见石匮,发之,得金简玉字《洪范》九畴,究天地之理,知万物之性。舜荐禹为司空,往平水土。”

据说禹得到了大成挚的真传,潜心学习,“得金简玉字《洪范》九畴,究天地之理,知万物之性”,开始了其治水的职涯,并建立了宏大的功勋。

《史记·夏本纪》云:“禹为人敏给克勤,其德不违,其仁可亲,其言可信;声为律,身为度,称以出,亹亹穆穆,为纲为纪。禹乃遂与益、后稷奉帝命,命诸侯百姓兴人徒以傅土,行山表木,定高山大川。禹伤先人父鲧功之不成受诛,乃劳身焦思,居外十三年,过家门不敢入。薄衣食,致孝于鬼神。卑宫室,致费于沟淢。陆行乘车,水行乘船,泥行乘橇,山行乘檋。左准绳,右规矩,载四时,以开九州。通九道,陂九泽,度九山。令益予众庶稻,可种卑湿。命后稷予众庶难得之食。食少,调有余相给,以均诸侯。禹乃行相地宜所有以贡,及山川之便利。”《周礼·冬官·考工记》郑玄注云:“禹治洪水,民降丘宅土,

---

① 〔汉〕司马迁:《史记·五帝本纪》,中华书局,1959年,第38页。

卑宫室,尽力乎沟洫而尊匠。”

《水经注·河水》较多地记载了大禹治水的区域和情况。在黄河的上游,大禹见到一个长人,并在洮水接受长人所授的黑玉书,学习水的习性和治水的方法。《水经注》卷二《河水》云:“洮水又东,径临洮县故城北。禹治洪水,西至洮水之上,见长人,受黑玉书于斯水上。”

大禹治水区域主要集中在黄河的中下游。在黄河中游的中流砥柱之处,大禹破山通河,把大山辟开,就是现在的三门峡,让水从中间流过。《水经注》卷四《河水》云:“昔禹治洪水,山陵当水者凿之,故破山以通河。河水分流,包山而过,山见水中若柱然,故曰砥柱也。三穿既决,水流疏分,指状表目,亦谓之三门矣。山在虢城东北、大阳城东也。”

在洛水流域,大禹又见到一个“白面长人鱼身”,授他以《河图》,《河图》即黄河的水路图。《水经注》卷五《河水》云:(在孟津)“昔禹治洪水,观于河,见白面长人鱼身,出曰:‘吾河精也。’授禹《河图》而还于渊”。

在古雒邑,大禹又凿开了龙门,劈开伊阙,让河水通畅。《汉书·沟洫志》记载:“昔大禹治水,山陵当路者毁之,故凿龙门,辟伊阙,析底柱,破碣石。”为了治水,大禹三过家门而不入,为中华民族做出了极大的贡献。

据传说,大禹原是一只黄熊,在开山治水时是要显露原形的。《册府元龟》卷二《帝王部》曰:“启母曰涂山氏。初,禹治洪水,通轘辕山,化为熊,谓涂山氏曰:‘欲饷,闻鼓声乃来。’禹跳石,误中鼓。涂山氏往,见禹方作熊而去,至嵩高山下化为石。方生启,禹曰:‘归我子!’石破北方而启生。”这就是大禹的儿子启出生的故事。

《史记·李斯列传》云:“禹凿龙门,通大夏,疏九河,曲九防,决渟水致之海,而股无胈,胫无毛,手足胼胝,面目黎黑,遂以死于外,葬于会稽,臣虏之劳不烈于此矣。”《史记·夏本纪》载,大禹在治水的过程中,“劳身焦思,居外十三年,过家门不敢入。薄衣食,致孝于鬼神。卑宫室,致费于沟減。陆行乘车，水行乘船，泥行乘橇，山行乘樏。左准绳，右规矩，载四时，以开九州。通九道，陂九泽，度九山。”大禹采取了疏川导滞的办法，行山表木，定高山大川，终于平息了水患。

三、大禹时期的战争

大禹在治水过程中形成了自己的权力，成为部落的核心首领。他利用治理洪水的功绩，得到酋长的身份，建立自己的威信，逐渐地控制了部落的一切大权。

《山海经・大荒西经》云：“有禹攻共工国山。”晋代郭璞注云：“言攻其国，杀其臣相柳于此山。”又《山海经・大荒北经》云：“共工之臣名曰相繇，九首蛇身，自环，食于九土。其所歍所尼，即为源泽，不辛乃苦，百兽莫能处。禹湮洪水，杀相繇，其血腥臭，不可生谷，其地多水，不可居也。禹湮之，三仞三沮，乃以为池，群帝因是以为台。”去掉记载中不合理的成分，可以看出禹部落与共工氏部落发生的战争是残酷的。

大禹成为部族领袖以后，开始讨伐三苗。《尚书・大禹谟》记载：“禹乃会群后，誓于师曰：‘济济有众，咸听朕命。蠢兹有苗，昏迷不恭，侮慢自贤，反道败德，君子在野，小人在位，民弃不保，天降之咎，肆予以尔众士，奉辞伐罪，尔尚一乃心力，其克有勋。’三旬，苗民逆命。……七旬，有苗格。”

《墨子・非攻下》记载：“禹亲把天之瑞令，以征有苗。四电诱祇，有神人面鸟身，若瑾以侍。搤矢有苗之祥，苗师大乱，后乃遂几。禹既已克有三苗，焉磨为山川，别物上下，卿制太极，而神民不违，天下乃静，则此禹之所以征有苗也。”禹伐三苗，取得了完全的胜利。“三苗格”，“天下乃静”，也就是在大禹征伐三苗以后，曾有一个相对安定的时期。大禹在战争中势力大大增强。

《墨子・兼爱》记载，禹伐三苗时说：“若予既率尔群对诸群以征有苗。”

群,孙诒让在《墨子间诂》中引毕沅注曰:“肆予以尔众士奉辞伐罪。群犹众。”又引惠栋注曰:“群犹君也。”孙诒让注云:“惠(栋)说近是,此‘群对诸群’,当读为‘群封诸君’,封与邦古音近通用,‘封’‘对’形近而误。群封诸君,言众邦国诸君也。”其实无论是“群”还是“君”,都是直接对广大士卒发言。如果释“群”为“君”,则大禹是透过邦君而对大众发言的。由此可知,大禹及所属封君都有自己的军队,作为万邦之君的夏后,其军队的规模亦当是可观的。

大禹率领着众多的邦国君长,进行了讨伐共工氏、三苗氏的战争,使“济济有众,咸听朕命”,与“群后”誓师,这表明大禹的势力与地位已大大增强。大禹在治理洪水的过程中,在不断的部族冲突与斗争中,扩大了实力,攫取了大量的财富,权力逐渐膨胀起来。

《国语·鲁语下》记载:“仲尼曰:‘丘闻之:昔禹致群神于会稽之山,防风氏后至,禹杀而戮之,其骨节专车。此为大矣。’客曰:‘敢问谁守为神?’仲尼曰:‘山川之灵,足以纪纲天下者,其守为神;社稷之守者,为公侯。皆属于王者。’客曰:‘防风何守也?’仲尼曰:‘汪芒氏之君也,守封、嵎之山者也,为漆姓。在虞、夏、商为汪芒氏,于周为长狄,今为大人。’”韦昭注曰:“群神,谓主山川之君,为群神之主,故谓之神。防风,汪芒氏君之名也,违命后至。故禹杀之,陈尸为戮。山川之守主,为山川设者也;足以纪纲天下,谓名山大川,能兴云致雨,以利天下也。封国立社稷而令守之,是谓公侯也。汪芒,长狄之国名。封,封山;嵎,嵎山,在今吴郡永安县。漆姓,汪芒氏之姓也。周世,其国北迁为长狄也。”

梁任昉《述异记》卷上云:“昔禹会涂山,执玉帛者万国。防风氏后至,禹诛之。其长三丈,其骨头专车。今南中民有姓防风氏,即其后也,皆长大。越俗祭防风神,奏防风古乐,截竹长三尺,吹之如嗥,三人披发而舞。”大禹的实力逐渐膨胀,可以杀死一个违反自己命令的部族头领。大禹权力的膨胀,为其传子打下了坚实基础。

四、夏王朝国家的建立及传子制的形成

大禹时期，我国第一次有了九州的行政区划。《禹贡》记载的九州是：冀州、河济惟兖州、海岱惟青州、海岱及淮惟徐州、淮海惟扬州、荆及衡阳惟荆州、荆河惟豫州、华阳黑水惟梁州、黑水西河惟雍州。《禹贡》对各个州的分界进行了界定，对九州的物产、土壤情况、赋税、上贡的物品都进行了详细的介绍。

大禹时期，已经有了贡赋制度。《孟子·滕文公上》云："夏后氏五十而贡，殷人七十而助，周人百亩而彻，其实皆什一也。彻者，彻也。助者，籍也。"孟子在这里又具体地论述了夏、商、周三代收取贡赋的情况，认为三代皆实行什一之税。有学者认为"这只是孟子假托古史以阐述自己的理想，古史自然不如此"。

笔者认为，孟子所述，绝非向壁虚谈。孟子在论述了周代的"百亩而彻"以后，又说："《诗》云：'雨我公田，遂及我私。'惟助为有公田，由此观之，虽周亦助也。"由此可见，孟子所谈的三代贡、助、彻的什一之税，肯定不是他自己"假托古史以阐述自己的理想"，而是知晓三代贡税的具体情况。孟子在论述了这种什一税之后，又根据《诗经·小雅·大田》的记载，认为周代的"百亩而彻"，与夏人的"贡"、殷人的"助"是一样的，并说"虽周亦助也"。他认为西周实行的亦是"助"法，即劳役地租形式，"惟助为有公田"。故孟子对三代贡税的论述应是有史实根据的。

《史记·夏本纪》曰，夏"国号曰夏后，姓姒氏"。禹、启又分别被称为夏后禹、夏后启。《说文》云："后，继体君也，象人之形，从口。易曰后以施令以告四方。"后，就是向全国发布政令的国君。《国语·周语上》载："《夏书》有之曰：'众非元后'何戴？后非众，无与守邦。"夏王朝的最高统治者被称为"后"，即夏朝的国王。国王之下有"六事之人"，管理各种事务的长官被称为"正"。《尔雅·释诂》云："正、伯，长也。"郭璞注："正、伯皆官长。"

夏王朝的“六事之人”指的应是六个掌管军事的长官，例如车正，《左传·定公元年》云：“薛之皇祖奚仲居薛，以为夏车正。”奚仲是管理车辆的官员。庖正，《左传·哀公元年》记载，少康在有仍氏处受到后羿的威逼，于是“逃奔有虞，为之庖正”。

按照中国古代的禅让制度，大禹年老退位时，应把权力交给伯益。但是大禹在担任部族领袖时，势力膨胀，其他部落的首领、酋长皆不能与之抗衡。《史记·夏本纪》载：“及禹崩，虽授益，益之佐禹日浅，天下未洽。故诸侯皆去益而朝启，曰：‘吾君帝禹之子也。’于是启遂即天子之位，是为夏后帝启。”这里所说的“佐禹日浅”，显然是借口，但天下部族首领皆不承认益而承认启则是事实。大禹为启的即位已经打下了雄厚的军事和经济基础。而伯益在没有基础或者势力远不及启的情况下，自然是要失败的。大禹的传子宣告了禅让制度的终结，夏王朝产生了。

夏禹把王位传给启，虽然遇到有扈氏和益的反对，但他们的反对都失败了。《史记·夏本纪》云：“有扈氏不服，启伐之，大战于甘。将战，作《甘誓》……遂灭有扈氏。天下咸朝。”《礼记·礼运》云：“今大道既隐，天下为家。各亲其亲，各子其子，货力为己。大人世及以为礼，城郭沟池以为固……故谋用是作，而兵由此起。禹、汤、文、武、成王、周公，由此其选也。”《礼记·礼运》所讲的“天下为家”“世及以为礼”，正说明了禹把“公天下”变成“家天下”的历史事实。大禹完成了禅让制向世袭制的嬗变。

五、夏王朝的国都

古籍中所载夏代都邑，基本在今河南、山西两省境内。《左传·定公四年》载唐叔“封于夏虚，启以夏政”，古代帝王之都的遗址称“虚”。杜注云：“夏虚，大夏，今大原晋阳也。亦因夏风俗，开用其政。”夏虚在今山西太原境内,极有可能夏朝初期曾都于此,后来又迁至伊、洛之间。《逸周书·度邑解》载:“自洛汭延于伊汭,居阳无固,其有夏之居。”“有夏之居”在河南洛阳的伊、洛二水之间。《汉书·地理志》说,颍川郡“阳翟,夏禹国”。阳翟,今河南禹县。臣瓒引《世本》云:“禹都阳城。”阳城,今河南登封。“禹都阳城”当在河南嵩山一带以及伊洛流域。《史记·夏本纪》亦云,桀“乃召汤而囚之夏台”。夏台,又名钧台,即阳翟。阳翟可能是夏朝后期的都邑。

从考古发掘的材料,可以探寻夏代都邑的布局。1976 年起,考古工作者在河南登封告成镇东北面发现了一座春秋至汉代的古城遗址。其中出土的陶豆等器物上有“阳城”“阳城仓器”字样的陶文,该城址当是春秋至汉代的阳城。《世本》云:“禹都阳城。”地下出土实物与文献材料对照,表明“禹都阳城”可能就在附近。后来考古工作者又在告成镇西北王城岗发现一座河南龙山文化中晚期的城址,即登封王城岗古城址。

登封王城岗古城址距今约 4400 年,这是两个并列的古城。大城的复原面积约 34.8 万平方米,是迄今为止在河南发现的规模最大的龙山文化晚期城址。[①] 王城岗古城址的城内有殉人、殉兽的奠基坑 13 个。这些奠基坑多者用 7 具人骨奠基,少者 1 具,共有 28 具人骨架。王城岗龙山文化三期发现一薄胎磨光的平底杯,杯的底外部有烧前刻划的一个文字,形似“共”字。王城岗龙山文化四期发现一青铜容器的残片,编号为 WT196H617:14,残宽 6.5 厘米,残高 5.7 厘米,厚 0.2 厘米,很像铜鬶的腹与袋状足的一部分。经北京科技大学冶金室检验是锡铜青铜铸件。[②]

河南偃师二里头遗址是一处都邑遗址。二里头遗址有很深厚的文化堆积。

① 北京大学考古文博学院、河南省文物考古研究所:《河南登封市王城岗遗址 2002、2004 年发掘简报》,《考古》2006 年第 9 期。

② 河南省文物研究所、中国历史博物馆考古部:《登封王城岗与阳城》,文物出版社,1992 年,第 99 页。

遗址中一号宫殿由夯土台基、殿堂、廊庑、庭院、殿门组成。夯土台基整体略呈正方形,总面积约 1 万平方米,高出当时的地面约 80 厘米,边缘斜坡面上有质地坚硬的料姜土面或路土层。殿堂坐落在台基中部偏北处,呈长方形,四周还留存有一圈殿堂檐柱的大型柱洞及柱础石,分南北两行排列,每行 9 个,东西两侧各 4 个。檐柱外侧还留存有一圈挑檐柱洞。据柱洞的位置分析,这座殿堂应为一面阔八间、进深三间的双开间建筑。屋顶可能为四坡出檐式结构,这与我国最早的"四阿重层"宫殿建筑基本相符。廊庑墙基发现于夯土台基的北、西、南三面,西墙基全长 88 米,全部由夯土筑成,中间有一排小柱洞,当为木骨泥墙结构。殿堂南部为一片广阔的庭院,宫殿大门坐落在庭院的南边,门边发现 9 个东西向排列的柱洞,东西两端与廊庑相连,估计为一座面阔八间的牌坊式建筑。[①] 二里头的宫殿遗址,是我国迄今发现的最早的宫殿遗址。

二里头四期文化在考古学上应属同一种文化,四期的文化遗存是一脉相承、持续发展的,它的变化,是时间造成的,并不是两种文化的更替。二里头文化与河南龙山文化、郑州二里岗先商文化都有明显的区别。

二里头文化经碳-14 测定:早期为公元前 1920±115 年和公元前 2010±145 年,第四期的年代为公元前 1625±130 年。[②] 其时代完全处在夏代的积年之中。二里头文化所分布的区域在豫西地区,皆在夏人活动范围之内。故二里头文化极有可能是夏文化遗存,当然也不排除河南龙山文化和先商文化对它的影响。

偃师二里头规模宏大的宫殿基址应是夏文化的遗存,这是夏代建立国家的象征。二里头文化遗址当是夏王朝的都邑遗址。

(作者均为河南大学历史文化学院教授)

---

① 中国科学院考古研究所二里头工作队:《河南偃师二里头早商宫殿遗址发掘简报》,《考古》1974 年第 4 期。

② 夏鼐:《碳-14 测定年代和中国史前考古学》,《考古》1979 年第 9 期。

由新砦遗址的性质论及夏代早期历史若干问题

周书灿

一、夏文化及新砦期遗存与夏文化之间关系问题的论争

考古学家所说的夏文化,“是指夏代在其王朝统辖地域内夏族(或以夏族为主体的人群)创造的物质文化和精神文化遗存,核心内容是关于夏王朝(国家)的史迹”①。显然,夏文化“属于考古学与历史学整合层面上提出的命名”②。按照以上考古学家对夏文化的时间、地域、族属的界定,则夏文化的存续时间应该与夏王朝的起讫年代基本一致。自中国考古学建立至今,学术界对夏文化的探索始终没有停止过。历经八十多个春秋,学术界对考古学上的

① 中国社会科学院考古研究所编著:《中国考古学·夏商卷》,中国社会科学出版社,2003年,第8页。
② 中国社会科学院考古研究所编著:《中国考古学·夏商卷》,中国社会科学出版社,2003年,第8页。

夏文化的争讼,不仅没有终结,相反随着对登封王城岗、禹州瓦店、新密新砦、偃师二里头等重要遗址的持续发掘及夏史研究的日趋深入,关于夏文化起源、形成、发展、演变的分歧却越来越大①。尽管如此,我们还是能清晰地看到,在历史学家、考古学家的共同努力下,夏文化和夏史的研究还是不断沿着科学的道路向着更高的学术水准推进。比如20世纪30年代,徐中舒先生曾结合田野考古资料和文献记载较早推测"仰韶为夏民族曾经居住之地"②;迄20世纪60年代,徐氏逐渐认识到:"夏代历史我们至今还没有得到可以信靠的直接资料。过去我曾假定仰韶文化为夏族遗迹,如要再作进一步的论证,

① 魏继印列举自20世纪70年代至今,学术界分别提出过"河南龙山文化晚期阶段与二里头一期为夏文化说"(郑光:《二里头遗址与夏文化》,田昌五主编:《华夏文明》第一集,北京大学出版社,1987年;杨宝成:《二里头文化试析》,《中原文物》1986年第3期)、"河南龙山文化晚期与二里头文化一至二期为夏文化说"(安金槐:《豫西夏代文化初探》,《中原文物》1978年第2期;安金槐:《豫西颍河上游在探索夏文化遗存中的重要地位》,《考古与文物》1997年第3期;李仰松:《从河南龙山文化的几个类型谈夏文化的若干问题》,中国考古学会编辑:《中国考古学会第一次年会论文集》,文物出版社,1980年;杜金鹏:《商汤伐桀之史实与其历史地理问题》,《史学月刊》1988年第1期;杜金鹏:《夏商文化断代新探》,《中原文物》1993年第1期)、"二里头一至二期为夏文化说"(殷玮璋:《二里头文化探讨》,《考古》1978年第1期)、"河南龙山文化晚期与二里头一至三期为夏文化说"(方酋生:《论二里头遗址的文化性质——兼论夏代国家的形成》,《华夏考古》1994年第1期)、"河南龙山晚期、新砦期、二里头一至四期为夏文化说"(赵芝荃:《试论二里头文化的源流》,《考古学报》1986年第1期;方酋生:《偃师二里头遗址第一期文化应比新砦期二里头文化为晚》,《江汉考古》2005年第1期)、"二里头一至三期为夏文化说"(孙华:《关于二里头文化》,《考古》1980年第6期)、"河南龙山文化晚期和二里头一至四期为夏文化说"(吴汝祚:《关于夏文化及其来源的初步探索》,《文物》1978年第9期;李伯谦:《二里头类型的文化性质与族属问题》,《文物》1986年第6期;赵春青:《中原龙山文化王湾类型再分析》,叶万松主编:《洛阳考古四十年》,科学出版社,1996年)、"二里头文化一至四期为夏文化说"(邹衡:《试论夏文化》,《夏商周考古学论文集》,文物出版社,1980年)、"'陶寺类型'文化为夏文化说"(高炜、张岱海、高天麟:《陶寺遗址的发掘与夏文化的探索》,《中国考古学会第四次年会论文集》,文物出版社,1985年)、"典型龙山文化为夏文化说"(程德祺:《夏为东夷说》,《中央民族学院学报》1979年第4期)、"大汶口至典型龙山文化和二里头文化为夏文化说"(杜在忠:《边线王龙山文化城堡试析——兼述我国早期国家诞生、文化融合等有关问题》,《中原文物》1995年第2期)、"良渚文化为夏文化说"(陈剩勇:《东南地区:夏文化的萌生与崛起——从中国新石器时代晚期主要文化圈的比较研究探寻夏文化》,《东南文化》1991年第1期)等十余种观点。1986年以来,偃师商城的发现与研究推动了夏文化的研究,自此之后,"二里头文化一至四期都是夏文化"的观点渐成主流。参见魏继印:《也谈早期夏文化》,《考古与文物》2011年第3期。

② 徐中舒:《再论小屯与仰韶》,《安阳发掘报告》第三期,1931年,第533页。

据现存资料，则尚非其时”[①]；再到 1979 年，徐氏始较为明确地提出：“夏文化的中心地带现已查明，就是分布在河南的龙山文化和二里头文化。”[②]在我们今天看来，徐氏的结论虽非学术界的最终定论，但较之此前其提出的仰韶文化即夏文化说，其所作推论，已经越来越接近夏文化和夏史的部分历史事实。

20 世纪 70 年代以来，新砦遗址经多年来的发掘[③]，文化分期与谱系研究取得明显进展。新砦遗址的发掘，为研究夏文化的起源和形成提供了丰富的实物信息和大量可循的历史线索。值得注意的是，迄今为止，就新砦文化遗存某些重要问题的认识，学术界仍存在不少重大分歧。其中，王湾三期、新砦期文化和二里头文化之间的关系问题，即是目前学术界争论的焦点之一。如有的学者主张新砦期应为过渡期的观点[④]，认为新砦遗址的再次发掘证明了新砦期晚于王湾三期文化，早于二里头一期文化，是两者之间的过渡阶段[⑤]，并有学者在此基础上强调新砦期的独立性，提出新砦文化的概念[⑥]；也有学者

① 徐中舒：《巴蜀文化续论》，《四川大学学报（哲学社会科学版）》1960 年第 1 期。

② 徐中舒：《夏史初曙》，《中国史研究》1979 年第 3 期。

③ 中国社会科学院考古研究所河南二队：《河南密县新砦遗址的试掘》，《考古》1981 年第 5 期；北京大学考古文博院、郑州市文物考古研究所：《河南新密市新砦遗址 1999 年试掘简报》，《华夏考古》2000 年第 4 期；赵春青、张松林、张家强、谢肃：《河南新密新砦遗址发现城墙和大型建筑》，《中国文物报》2004 年 3 月 3 日第一版；北京大学古代文明研究中心、郑州市文物考古研究所：《河南省新密市新砦遗址 2000 年发掘简报》，《文物》2004 年第 3 期；中国社会科学院考古研究所、郑州市文物考古研究所：《河南新密市新砦城址中心区发现大型浅穴式建筑》，《考古》2006 年第 1 期；北京大学震旦古代文明研究中心、郑州市文物考古研究院：《新密新砦——1999—2000 年田野考古发掘报告》，文物出版社，2008 年；中国社会科学院考古研究所河南新砦队、郑州市文物考古研究院：《河南新密市新砦遗址 2002 年发掘简报》，《考古》2009 年第 2 期；中国社会科学院考古研究所河南新砦队、郑州市文物考古研究院：《河南新密市新砦遗址东城墙发掘简报》，《考古》2009 年第 2 期。

④ 赵芝荃：《略论新砦期二里头文化》，《中国考古学会第四次年会论文集》，文物出版社，1983 年；赵芝荃：《试论二里头文化的源流》，《考古学报》1986 年第 1 期。

⑤ 夏商周断代工程专家组：《夏商周断代工程 1996—2000 年阶段成果报告（简本）》，世界图书出版公司，2000 年；赵春青：《新砦期的确认及其意义》，《中原文物》2002 年第 1 期；赵芝荃：《夏代前期文化综论》，《考古学报》2003 年第 4 期；许宏：《“新砦文化”研究历程述评》，《三代考古》（二），科学出版社，2006 年。

⑥ 杜金鹏：《新砦文化与二里头文化——夏文化再探讨随笔》，《三代考古》2004 年；庞小霞、高江涛：《关于新砦期遗存研究的几个问题》，《华夏考古》2008 年第 1 期。

认为中原地区的龙山文化结束的时间并不一致[①],嵩山以南地区新砦期遗存分布范围内的王湾三期文化提前结束,新砦期遗存和中原其他遗址的王湾三期文化并存,均早于二里头一期文化[②];另有学者明确指出新砦期和二里头文化一期同时[③],进入新的文化阶段。此后,亦有学者指出,中原地区在王湾三期文化之后,基本上同时出现了三类遗存,即新砦类、花地嘴类和二里头文化一期类,昭示了一个新时代的开始,这个新时代就是二里头文化时期[④];亦有学者主张,"新砦期"的后段是最早的夏文化,应归入到二里头文化之中,其前段仍为王湾三期文化,为龙山时代的先夏文化[⑤]。近期有的学者指出,嵩山东南麓煤山类型文化孕育了"新砦期"遗存,并直接导致二里头文化在洛阳盆地的出现。新砦期遗存虽然融合了浓厚的东方文化因素,其主体仍是源自本地的龙山文化,是传统文化格局的延伸[⑥]。除以上观点外,也有学者认为,新砦二期、花地嘴遗存都难以被认定为二里头文化的前身,二里头文化的前身,还有待考古学家寻找[⑦]。显然,新砦期遗存和夏文化之间的关系,较之夏文化的考古学文化界定,问题更为复杂,解决起来难度亦更大。

---

① 许宏:《嵩山南北龙山文化至二里头文化演进过程管窥》,《中原地区文明化进程学术研讨会论文集》,科学出版社,2006年。

② 北京大学震旦古代文明研究中心、郑州市文物考古研究院:《新密新砦——1999—2000年田野考古发掘报告》,文物出版社,2008年。

③ 隋裕仁:《二里头类型早期遗存的文化性质及其来源》,《中原文物》1987年第1期;邹衡:《综述夏商四都之年代和性质——为参加1987年9月在安阳召开的"中国殷商文化国际研讨会"而作》,《殷都学刊》1988年第1期;李维明:《二里头文化一期遗存与夏文化初始》,《中原文物》2002年第1期。

④ 张莉:《新砦期年代与性质管见》,《文物》2012年第4期。

⑤ 靳松安:《王湾三期文化的南渐及其相关问题》,《中原文物》2010年第1期;魏继印:《也谈早期夏文化》,《考古与文物》2011年第3期。

⑥ 张东:《试论洛阳盆地二里头文化的形成背景》,《中原文物》2013年第3期。

⑦ 张忠培:《关于二里头文化和夏代考古学遗存的几点认识》,《中国历史文物》2009年第1期。

二、夏代前期夏文化的年代及新砦遗址的族属与功能问题

求同存异历来是解决学术争讼、推进研究深入的重要方法。值得注意的是,随着夏代考古工作的进展和夏史研究的日趋深入,在前举各种观点中,陶寺类型文化、典型龙山文化、良渚文化为夏文化等说法,由于田野考古资料证据薄弱和文献材料缺乏,已基本上不为学术界所认可;"新砦二期、花地嘴遗存都难以认为是二里头文化的前身"[①]也仅仅为带有很多推断成分的一家之言,目前鲜有学者支持。总的来看,"二里头文化是直接从新砦期遗存发展而来的,而新砦期则是王湾三期文化的直接后继者"[②]、"王湾三期文化晚期、新砦期与二里头文化属于夏文化不同发展阶段"[③]、"新砦期遗存和王湾三期文化晚期是夏代前期夏文化"[④]等论断已基本成为目前考古学界绝大多数学者的普遍"共识"。但夏代前期的夏文化能否与文献所记夏代前期的年代和相关史事互为对应,显然仍是一颇为棘手的难题。

文献所见夏代积年有多种说法,目前绝大多数学者都认可《太平御览》卷八二引《竹书纪年》"自禹至桀十七世,有王与无王,用岁四百七十一年"的说法。夏商周断代工程专家组将夏代始年推定为公元前 2071 年,基本落在以王城岗二、三期,瓦店一、二期为代表的河南龙山文化晚期第二段(前 2132—前 2030 年)范围之内[⑤]。2002 年和 2004 年,在河南登封王城岗遗址发现了一座

---

① 张忠培:《关于二里头文化和夏代考古学遗存的几点认识》,《中国历史文物》2009 年第 1 期。

② 中国社会科学院考古研究所编著:《中国考古学·夏商卷》,中国社会科学出版社,2003 年,第 53 页。

③ 中国社会科学院考古研究所编著:《中国考古学·夏商卷》,中国社会科学出版社,2003 年,第 57 页。

④ 中国社会科学院考古研究所编著:《中国考古学·夏商卷》,中国社会科学出版社,2003 年,第 57 页。

⑤ 夏商周断代工程专家组:《夏商周断代工程 1996—2000 年阶段成果报告(简本)》,世界图书出版公司,2000 年,第 82 页。

面积达30万平方米的龙山文化晚期大城址,这是目前在河南发现的较大的龙山文化城址。龙山文化晚期的遗迹还有祭祀坑、灰坑等。出土遗物有陶器、石器、骨器等,以陶器为主。王城岗大城的发现,为早期夏文化研究和禹都阳城的确认提供了重要依据①。有专家认为王城岗大城可能即是"禹都阳城"②。20世纪80年代以来,持续发掘的瓦店遗址是王湾三期文化晚期的一处级别较高且十分重要的遗址,古代文献所记载与夏族有关的钧台、阳翟等均位于禹州市境内,专家推测,"瓦店遗址从其年代和遗存特征看,均有可能与钧台、阳翟有关"③。

目前考古工作者推定,新砦文化遗存的绝对年代应在公元前2050—公元前1900年④,二里头遗址年代的上限,"似乎不应早于公元前1900年",二里头遗址年代的下限,"似乎不应晚于公元前1500年"⑤,由此可知,新砦文化遗存的下限年代正好与二里头文化的上限年代相衔接。然与此同时,考古学家却又推定登封王城岗文化五期和瓦店文化三期的最晚年代分别为公元前1965年⑥和公元前1958年⑦,则王湾三期文化下限与二里头文化上限之间,也就仅仅间隔60年左右的时间,显然新砦期文化遗存另有85年左右的时间是与王城岗遗址、瓦店遗址的时代一致的。但由此简单地判定新砦文化遗存与

① 北京大学考古文博学院、河南省文物考古研究所:《河南登封市王城岗遗址2002、2004年发掘简报》,《考古》2006年第9期。

② 方燕明:《登封王城岗城址的年代及相关问题探讨》,《考古》2006年第9期。

③ 河南省文物考古研究所:《河南禹州市瓦店龙山文化遗址1997年的发掘》,《考古》2000年第2期。

④ 庞小霞:《试论新砦文化》,郑州大学硕士学位论文(考古学及博物馆学),2004年,第19页。作者文中强调,"测年存在着年代的误差,绝对年代仅供参考"。

⑤ 仇士华、蔡莲珍、冼自强、薄官成:《有关所谓"夏文化"的碳十四年代测定初步报告》,《考古》1983年第10期。

⑥ 夏商周断代工程专家组:《夏商周断代工程1996—2000年阶段成果报告(简本)》,世界图书出版公司,2000年,第79页。

⑦ 河南省文物考古研究所:《河南禹州市瓦店龙山文化遗址1997年的发掘》,《考古》2000年第2期。

古代文献所记“启居黄台”“羿浞代夏”等对号入座[①]，未免过于武断，有将纷繁复杂问题简化之嫌。

综前所论，文献和考古资料均支持王城岗遗址、瓦店遗址为禹都阳城及启之钧台、阳翟，则基本可以推定夏代早期的政治中心即在今河南颍水流域的登封、禹州一带；与此同时，《史记·夏本纪·正义》《史记·周本纪·正义》等文献引《汲冢古文》较为明确地说“太康居斟鄩”，《水经注·巨洋水》等引《汲冢古文》较为明确地说“太康居斟鄩，羿亦居之，桀又居之”，张国硕教授结合文献记载和考古学资料判定“二里头遗址应为夏都斟鄩”[②]。既然如此，将大部分时间与王城岗、瓦店遗址一致的新砦文化遗存推定为“启居阳翟”或“启居黄台”，或与“羿浞代夏”相联系，不仅缺乏足够的文献和考古学资料支持，颇显证据薄弱，而且就时间、空间而论，也颇不大符合情理及夏代早期国家政治地理的历史实际。

就已有的田野考古资料看，新砦遗址中除发现有灰坑、房基、墓葬等遗迹和陶器、石器、玉器、骨器、铜器、骨蚌器等遗物外，其中尤其值得注意的是，这里发现了目前河南境内面积最大的龙山文化和新砦期城址及浅穴式大型建筑基址，以上重大发现对于推断新砦文化遗存的性质提供了重要的考古学信

① 目前学术界对新砦文化遗存的性质和族属，有各种不同的观点。张国硕先生认为，新砦二期遗存的文化性质应为最早的夏文化遗存，在古史上大致为夏启时期。（参见张国硕：《夏纪年与夏文化遗存刍议》，《中国文物报》2001 年 6 月 20 日。）此后，庞小霞继续指出，新砦遗址发现的规模巨大的龙山晚期、新砦时期的城址“为‘启居阳翟’提供了重要线索”。（参见庞小霞：《试论新砦文化》，郑州大学硕士学位论文（考古学及博物馆学），2004 年，第 28 页；庞小霞、高江涛：《关于新砦期遗存研究的几个问题》，《华夏考古》2008 年第 1 期。）在此期间，更有学者继续将新砦城址与“夏启之居”或“启居黄台”相联系。（参见赵春青：《新密新砦城址与夏启之居》，《中原文物》2004 年第 3 期；马世之：《新砦遗址与夏代早期都城》，《中原文物》2004 年第 4 期；许顺湛：《寻找夏启之居》，《中原文物》2004 年第 4 期；顾万发：《“启居黄台之丘”及相关问题考证》，《东南文化》2004 年第 6 期；马世之：《新砦城址与启都夏邑问题探索》，《考古与文物》2007 年第 3 期；李龙：《新砦城址的聚落性质探析》，《中州学刊》2013 年第 6 期。）此前，顾问（顾万发）曾认为，新砦期早期应与诸多文献所载的“羿浞代夏”事件有关。（参见顾问：《“新砦期”研究》，《殷都学刊》2002 年第 4 期。）

② 张国硕：《夏商时代都城制度研究》，河南人民出版社，2001 年，第 28 页。

息。据2009年发表的新砦遗址东城墙发掘简报[①]可知，新砦遗址的城墙与壕沟发现于2002年春季。后来经开挖探沟和探方获知，整座新砦城址均掩埋于地表以下，平面形状基本呈圆角长方形，南以双洎河为自然屏障，现存东、北、西三面城墙及靠近城墙下部的壕沟（护城河）。东墙南半部已被双洎河故河道河水冲毁，现存城墙南北长160米，高4米，未到底部；北城墙东西长924米，高5~6米；西墙及护城河的南端抵达双洎河的北岸，现存南北长470米，墙高2.5米。残存城墙通体宽度通常在9米以上，护城河宽10余米至数十米不等。

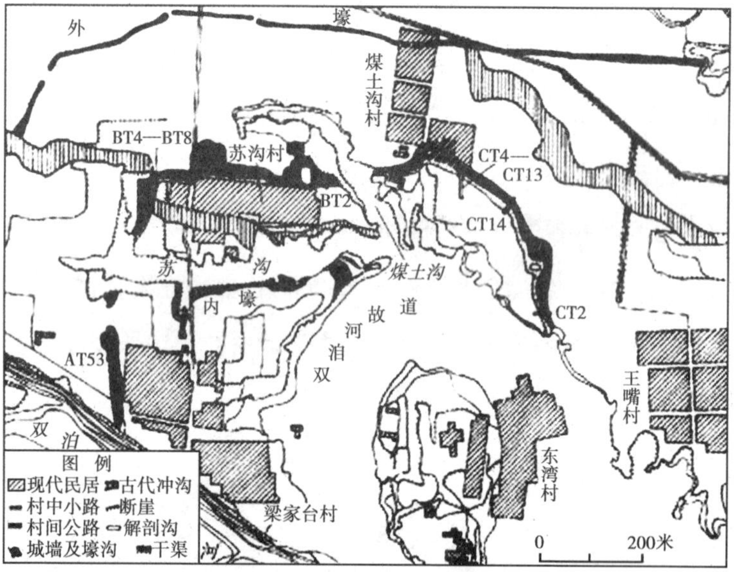

新砦遗址城墙解剖沟位置图

考古工作者通过对CT4—CT7内城墙解剖得知，新砦遗址在龙山文化之前就有自然沟，龙山文化时期将该自然沟填平修筑龙山文化城墙，其外侧则拓建护城河。到了新砦期的早段，或许因洪水的泛滥，导致QⅡ坍塌和GⅢ被

① 中国社会科学院考古研究所河南新砦队、郑州市文物考古研究院：《河南新密市新砦遗址东城墙发掘简报》，《考古》2009年第2期。以下所引新砦城址的资料，均出自该简报。

淤满。当时的人们修整龙山文化晚期的城墙,形成 CT4—CT7 QⅠC 第 2 层,即一层冲刷层,并在此层的基础上夯筑第一层。到了新砦期晚段,在第一层之上继续向外拓展,新建 CT4—CT7 QⅠA、B(新砦期晚段),紧邻其外侧相应地向外拓建新的护城河。最后,新砦期晚段的城墙和护城河又被二里头文化时期的冲沟所毁。考古工作者指出,新砦城址所见将晚期城墙向外拓建在废弃的早期壕沟(或护城河)之上的情况,亦见于湖南城头山、四川鱼凫城、郑州大师姑等城址。斜行堆筑或夯筑墙体,更是为长江流域和黄河下游地区一些原始城址所常见。新砦城墙采用这种筑墙方法或许是受上述地区影响的结果,这也与陶器群所见新砦城址与长江中下游及东方的文化交流现象相契合。

综上推测,新砦文化遗存的时间跨度远远超出文献所记禹、启的年代范围。新砦遗址似为夏代早期的一座具有城垣和外壕、城壕、内壕三重防御设施的"台城"式环壕聚落[①],目前尚未有充分的证据证明其为夏代早期的都邑所在。新砦遗址城墙和壕沟不断毁淤并拓建,则似乎表明,新砦古城的防御洪水的意义远远高于军事防御功能。这自然也为笔者此前推测新砦遗址中心区浅穴式大型建筑[②]"可能是夏代初年人们祭祀洧水之神的场所"[③]的观点提供了较有说服力的支持。

三、由新砦遗址的性质论及夏代早期若干历史问题

新砦文化遗存为探索夏代早期历史及夏文化的形成提供了大量有价值的第一手研究资料。以往,学术界多强调新砦期遗存的过渡性质,绝大多数

---

① 许宏:《21 世纪初中国考古学的新发现及其学术意义》,《燕京学报辑刊》2005 年,第 18 期。

② 中国社会科学院考古研究所河南新砦队、郑州市文物考古研究院:《河南新密市新砦遗址浅穴式大型建筑基址的发掘》,《考古》2009 年第 2 期。

③ 周书灿:《河南新密市新砦城址中心区大型浅穴式建筑的性质再思考》,《华夏考古》2011 年第 1 期。

学者强调,“在王湾三期文化向新砦期、新砦期向二里头文化的转化过程中,产生了某些变异,吸收了其他文化的一些因素”[1],在我们今天看来,这一论断显然是符合历史实际的。从文化人类学的视角看,从王湾三期文化向新砦期、新砦期向二里头文化的“转变”和“变异”,显然属于文化变迁的范畴。促成夏代早期文化变迁的主要因素,究竟是氏族部落之间的战争抑或是自然的文化交流,显然还需要结合夏代早期的历史记载进行一番更为缜密的考察和更加深入的思考。据《战国策·魏策一》《墨子·非攻下》《荀子·成相》《山海经·大荒西经》《国语·鲁语下》《韩非子·饰邪》《竹书纪年》等文献屡屡记载禹征三苗,禹逐共工,禹戮防风氏,禹、启征有扈氏,启征西河等史实,显然夏代早期氏族、部落之间的冲突始终没停止过。与此同时,《左传》中哀公七年、昭公四年所记“禹合诸侯于涂山,执玉帛者万国”“夏启有钧台之享”,也反映出夏代早期国家形成和中国文明起源过程中,部落联盟制的平等、民主等原始因素还在国家政治生活中长期发挥着重要的作用。

新砦文化遗存反映出的军事防御的功能并不明显。前文已对新砦遗址的族属和功能进行简单分析,推测新砦遗址为夏代早期的一座具有城垣和外壕、城壕、内壕三重防御设施的高规格中心聚落,新砦古城的防御洪水的功能远远高于军事防御功能。新砦文化遗存中发现的遗物似乎可以为以上推测提供较有说服力的旁证。

兹将20世纪80年代以来,新砦遗址中发现的各期遗物,进行初步的汇总:

① 中国社会科学院考古研究所编著:《中国考古学·夏商卷》,中国社会科学出版社,2003年,第53页。

新砦遗址出土遗物表

文献来源	陶器	石器、骨器、蚌器	玉器、铜器	自然遗物
中国社会科学院考古研究所河南二队:《河南密县新砦遗址的试掘》,《考古》1981年第5期	深腹罐、鼎、甗、甑、大口罐、中口罐、小口罐、双耳盆、平底盆、高领罐、碗、单耳杯、杵形杯、鬶、尊形器、筒形器、器盖、刻槽盆、圈足盘、豆、小盘、瓮、陶纺轮	石斧、石铲、石镰、石刀、石锛、石镞、磨石、骨锛、骨镞、骨锥、骨管、骨笄、卜骨	小玉锛	
北京大学考古文博院、郑州市文物考古研究所:《河南新密市新砦遗址1999年试掘简报》,《华夏考古》2000年第4期	大口罐、中口罐、小口罐、小口高领瓮、鼎、豆、器盖、平底盆、刻槽盆、甑、圈足盘、三足盘、甗、钵、碗、壶、单耳杯、觚、缸、尊、纺轮、陶拍	石铲、石刀、石斧、石镰、骨针、骨锥、骨簪、骨匕、卜骨、蚌刀、蚌镰		小麦、水稻、谷子、豆类等植物籽实,兽骨
北京大学古代文明研究中心、郑州市文物考古研究所:《河南省新密市新砦遗址2000年发掘简报》,《文物》2004年第3期	深腹罐、高领罐、碗、钵、单耳杯、鼎、豆、圈足盘、刻槽盆、平底盘、深腹盆、甑、器盖、圆陶片、纺轮、小口高领瓮、平底盆、折肩罐、折肩瓮、盉、单把杯、觚、花边罐、尊形瓮、爵足	石镞、石斧、石镰、石锛、石凿、石铲、石圭、刮削器、矛、石饰品、骨锥、骨簪、骨镞、骨刀、骨针、骨匕、骨饰、鹤嘴锄、蚌饰	玉凿、玉琮、铜容器残片(可能是鬶和盉的流部)	
中国社会科学院考古研究所河南新砦队、郑州市文物考古研究院:《河南新密市新砦遗址2002年发掘简报》,《考古》2009年第2期	深腹罐、折肩罐、小口高领罐、矮领罐、子母口瓮、子母口鼎、陶鼎足、圆腹罐、双耳罐、鼓腹罐、双腹盆、碗、甑、平底盆、刻槽盆、曲腹碗、敛口钵、杯、器盖、盖钮	石铲、石刀、石镰、石凿、石镞、骨匕、骨锥、卜骨、骨簪、骨凿		动物骨骼碎片

从上表中可以清晰地发现,历年来新砦遗址出土的遗物基本为生活用

具、农业和渔猎工具,并未发现与军事城堡或政治中心相关的大量的兵器及高规格的礼乐器,显然,新砦遗址的政治、军事功能并不显著。这一情形,正与许慎《说文》释“城”为“以盛民也”的解释颇为吻合。

目前,考古学家对“新砦期”概念尚存在不小分歧,但新砦文化遗存具有从王湾三期文化向二里头文化的过渡性,则几成学术界共识。考古资料所透露出的大量信息表明,这一文化变迁过程中,伴随着军事征服等外力作用下的文化涵化的性质并不明显,和平环境下氏族部落间不同文化相互吸收与借用的性质颇为突出。新砦文化遗存所反映的这一文化变迁过程中的有价值的信息,对于中国早期国家形成和文明起源的研究具有重要的启发意义和参考价值。从传说中的大禹到启、太康时期,正是夏代早期国家形成和中国文明的肇始时期,王城岗遗址、瓦店遗址和二里头遗址发掘过程中出土的丰富的文化遗存,不仅昭示出夏族早期政治中心从颍河流域向伊洛平原转移的客观事实,同时也从一个侧面揭示出夏代早期原始部落联盟因素逐渐退去,早期国家初步形成和文明社会已经到来的重要历史信息。考古资料表明,二里头规模巨大的铸铜作坊遗址的发现和成组青铜容器、青铜牌饰以及戈、刀、镞、锥等兵器和工具的出土,证明二里头文化已经进入青铜时代。二里头遗址出土的成组铜器和大型的刀、璋、圭、戚、钺等玉礼器,被考古学家视为王权和礼制的象征物。二里头遗址以其巨大的规模,壮观的宫殿、庙堂建筑基址群,神秘莫测的坛、“墠”类祭祀遗存,铸铜作坊和大量随葬成组青铜器、玉器的墓葬等十分丰富的内涵,被学界一致确认为都城遗址①。将王城岗遗址、瓦店遗址、新砦遗址和二里头遗址的文化遗存进行比较和综合分析,田野考古资料似乎更加支持“二里头遗址大型建筑基址的始建年代应为夏朝国家正式建立的标志,太康才是夏朝国家的真正建立者”②。

① 中国社会科学院考古研究所编著:《中国考古学·夏商卷》,中国社会科学出版社,2003年,第69页。
② 周书灿:《太康——夏朝国家的真正建立者》,《学术月刊》2008年第7期。

根据多年的田野考古资料,考古学家将二里头文化区分为二里头、东下冯、牛角岗、杨庄、下王冈五个类型。二里头类型是二里头文化的主体,最具典型性,它接受其他类型的文化因素很少,而对其他类型的影响很大。有的地方类型甚至就是二里头类型的分支吸收融合当地文化而形成的。学术界普遍认为,"二里头文化的核心类型——二里头类型,是以夏族为主体的夏王国的文化遗存"①,其他类型"只能认为是二里头类型的派生物"②。考古学家推定,"二里头文化诸类型是文化和政治的共同体,即同属夏王国"③,但地方类型与核心类型的政治关系紧密到何种程度,则迄今为止,夏代田野考古资料仍无法给出准确答案。早在20世纪20年代,日本学者中江丑吉就曾提出"邑土国家"的概念④。2002年,笔者在《中国早期国家结构研究》一书中曾较为明确地判定,"夏王朝是一个邑土国家"⑤,该观点此后曾得到一些学者的支持。⑥ 然笔者在是书中所提出的夏、商共主制政体下"原始联盟制"⑦国家结构的概念,15年来除受到极个别学者⑧公开质疑外,几无反响。上举大量的夏代田野考古资料,日渐揭示出夏代早期国家形成和中国文明起源的动力机制的更多真实的历史信息,与此同时,也不断为夏代早期国家共主制政体下原始联盟制国家结构形式提供更多具有说服力的考古学证据。

(作者为苏州大学社会学院教授)

---

① 中国社会科学院考古研究所编著:《中国考古学·夏商卷》,中国社会科学出版社,2003年,第97页。
② 中国社会科学院考古研究所编著:《中国考古学·夏商卷》,中国社会科学出版社,2003年,第97页。
③ 中国社会科学院考古研究所编著:《中国考古学·夏商卷》,中国社会科学出版社,2003年,第97页。
④ [日]中江丑吉:《中国古代政治思想》,岩波书店,1950年,第71~73页。
⑤ 周书灿:《中国早期国家结构研究》,人民出版社,2002年,第31页。
⑥ 毕奥南:《从邑土国家到领土国家的边疆——先秦时代边疆形成考察》,《中国边疆史地研究》2011年第4期。
⑦ 周书灿:《中国早期国家结构研究》,人民出版社,2002年,第85页。
⑧ 王震中:《夏代"复合型"国家形态简论》,《文史哲》2010年第1期。王震中先生认为,整个夏、商、周三代都存在"复合型的国家结构",只是发展的程度,夏不如商,商不如周而已。

部族战争与中国文明的起源

——兼论大禹时期国家的形成

陈建魁

氏族社会,是经常发生战争的社会。人类历史上的第一个阶级对立,首先是通过战争的手段产生出来的。这种战争的性质,或可称为"古代部族战争""古代部落战争"。

一

在中国远古时代的划分上,新石器时代是原始社会氏族公社制由全盛到衰落的一个历史阶段。它以农耕和畜牧的出现为划时代的标志,表明人类已由依赖自然的采集渔猎经济跃进到改造自然的生产经济。磨制石器、制陶和纺织的出现,也是这一时代的特征。因而,新石器时代在中国历史上是古代经济、文化向前发展的新起点。在考古学上,这一阶段大致是从伏羲时代开始的。而伏羲时代,也是中国古史上所称的所谓“世系”实际上的开始阶段。

关于伏羲时代的帝王,晋代皇甫谧《帝王世纪·卷一》载:“及女娲氏没,次有大庭氏、柏皇氏、中央氏、栗陆氏、骊连氏、赫胥氏、尊卢氏、浑沌氏、昊英氏、有巢氏、朱襄氏、葛天氏、阴康氏、无怀氏,凡十五世,皆袭庖牺之号”。①

唐代徐坚《初学记》记载:“及女娲氏没,次有大庭氏、柏皇氏、中央氏、栗陆氏、骊连氏、赫胥氏、尊卢氏、混沌氏、有巢氏、朱襄氏、葛天氏、阴康氏、无怀氏,凡十五世,皆袭庖牺之号。”②

宋代李昉《太平御览》引《遁甲开山图》:“女娲氏没,大庭氏王有天下,五气异色,次有柏皇氏、中央氏、栗陆氏、骊连氏、赫胥氏、尊卢氏、祝融氏、混沌氏、昊英氏、有巢氏、葛天氏、阴康氏、朱襄氏、无怀氏,凡十五代,皆袭庖羲之号。”③

宋代郑樵《通志》记载:“女娲之后有大庭氏,有柏皇氏,有中央氏,有栗陆氏,有骊连氏,有赫胥氏,有尊卢氏,有混沌氏,有昊英氏,有朱襄氏,有葛天氏,有阴康氏,有无怀氏,据女娲氏,天子也,自大庭之后十三氏,皆臣于伏羲。”④

摩尔根在《古代社会》一书中指出:“氏族组织则是一种波动的个人集合体,多少是分散的,不能在一地方的界限内成为永久性的定居。”随着社会生产的发展和人口的繁衍,再加之氏族活动地域的不断扩大,氏族成员职业身份的不断变化,原先的氏族也就不断分化成若干新的氏族。继而,原先由母系计算血缘关系,也就逐步地发展到由父系来计算血缘关系了。这样,一个姓也就分成了若干分支,这便是氏。因此,氏最初出现的时候,不过是表示氏族和部落支系的居住地罢了。伏羲、女娲为风姓,而伏羲序列其他帝王亦应

---

① 〔晋〕皇甫谧:《帝王世纪》,齐鲁书社,2010年,第202页。
② 〔唐〕徐坚:《初学记》,中华书局,1962年,第196页。
③ 〔宋〕李昉等撰:《太平御览》卷七十八,中华书局,1960年,第365页。
④ 〔宋〕郑樵:《通志》卷一,中国台湾商务印书馆,文渊阁四库全书本,第79页。

是风姓，他们以氏称，应是父系氏族社会的部落或部族首领。这十几个部族各自有其活动区域，在伏羲时代相继而起，成为整个伏羲部落的领导者。从伏羲氏十几个部族的活动范围，如葛天氏活动于河南长葛，朱襄氏活动于河南柘城，共工氏活动于河南辉县，等等，可以看出伏羲部落或部落联盟主要在中原一带活动。

结合史载伏羲事迹及考古发掘成果，伏羲时代已开始由母系氏族社会向父系氏族社会转化，而裴李岗文化时期，中原已进入定居农业时代，当时的氏族组织也正在由母系氏族社会向父系氏族社会转化。伏羲的各种贡献中，并没有伏羲时代已进入定居农业社会的信息。摩尔根在《古代社会》一书中指出："在氏族名称假定的替换以后，而名祖的祖先也当然是一个时常变动的人物……在氏族的历史上后来成为有名的某一人物便取得其地位而代之了。"由于神农炎帝是代伏羲而王的中国古代部族首领，因此把伏羲的部分功绩归于神农的情况也是可能存在的。中国开始进入定居农业时代的文化范围很广，包括河南的裴李岗文化、河北的磁山文化、甘肃和陕西的大地湾文化等，这些文化大体与伏羲文化所留遗迹的范围相当，因此这些文化（有学者称为前仰韶文化）应属伏羲文化的范畴。据以前仰韶文化遗址出土的文物来对照，当时的氏族生活有的似仍以渔猎为主，但有了原始的农牧业，有的已开始定居农业。从发展水平看，裴李岗文化年代略早，发展水平也稍高于磁山文化，尤其是大地湾文化。

裴李岗文化的时间大约延续了一千多年。从裴李岗文化诸多遗址来看，当时人们对于居址的最佳选择是在河曲的台地上，这是古人从山洞走出来以后，经过长期的生产生活实践总结出来的，其目的主要是方便生产和生活。而半穴居建筑技术的发明是他们得以来到河曲台地生活的条件之一。遗址中出土的生产工具主要有石斧、石铲、石镰和粮食加工工具石磨盘、石磨棒等。当时的生活用具主要有三足钵、三足壶、小口双耳壶等各种陶器。房屋遗址均为半地穴式建筑,有圆形和方形两种,并已有公共墓地。从随葬品看,男性墓多随葬石斧、石铲,女性墓多随葬石磨盘、石磨棒,反映当时男女已有分工。可见,裴李岗文化的居民已过着以农业为基础的定居生活。

在新郑沙窝李遗址中发现了粟的炭化颗粒,说明裴李岗文化的农业是以粟为主要作物。长葛石固裴李岗文化遗址出土了各种形式的骨器,其中有两件管形骨器,有人认为是古代的乐器。舞阳贾湖裴李岗文化遗址的年代,经碳十四测定(树轮校正),在距今8500—7500年之间。贾湖遗址在随葬的龟甲、兽骨和石器上,发现了契刻符号,不少学者认为是原始文字,另外还发现了35支七孔骨笛,经鉴定测试,知其已具备音阶结构。需要说明的是,贾湖之所在与柏皇氏活动的中心地带——河南西平距离很近。裴李岗文化发现了狗、猪、鸡、牛的骨骼,说明当时已饲养家畜、家禽,发现鱼镖、骨镞,说明居民还从事渔猎活动。贾湖遗址有的墓葬随葬龟甲,墓主人生前可能是当时的巫师,巫师往往是居民的管理者。从磁山文化出土的纺轮、骨针、骨梭来看,当时居民已能够纺织和缝制衣服。这些发现都可与古籍中所载伏羲事迹与发明相比照。

贾湖遗址的墓葬中,第344号墓很特殊,墓主为壮年男性,仰身直肢,随葬有石器、骨器、牙器及龟甲等30多件。骨器包括骨笛2件,应是巫师举行祭祀活动的乐器,龟甲是巫师手中占筮的灵物。这是当时进入父系氏族社会的有力证据。

《论衡·齐世篇》载:“宓牺之前,人民至质朴,卧者居居,坐者于于,群居聚处,知其母不识其父。至宓牺时,人民颇文,知欲诈愚,勇欲恐怯,强欲凌弱,众欲暴寡,故宓牺作八卦以治之。”因此,伏羲时代应已开始进入野蛮时代的中级乃至高级阶段。

贾湖遗址面积约55000平方米,许顺湛先生据“只发掘了2300多平方米,就发现各类灰坑300余座,发现了30余座房址,清理300多座墓葬”推测,这里应是一处部落甚至部落联盟的遗址。

摩尔根在《古代社会》一书中提出,氏族组织的要素中所存在的不断地分解倾向,证明为野蛮及未开化部落进步上的极大障碍……人民在其所居住的地域上的分离之后在相当时间中必定会导致语言上的变化;接着更必引起利害关系的不一致和最后的独立。但是这样的巨变并不是一个短时间内的工作,必须经过几百年,最后累积至数千年之久。伏羲氏后裔的十五世,虽在地域上可能互不通属,但“各领风骚数百年”,共同创造了伏羲时代三千年的辉煌史。其时,当为野蛮时代中级的最后阶段,即将进入野蛮时代的高级阶段。

二

从生物学的角度说,没有一种高等生物会像人类那样,自发地相互敌视,相互争斗,相互杀害。马克思在谈到氏族社会的战争时说,在原始社会,“一个共同体(指部落组织——引者)所遭遇的困难,只能是由其他共同体引起的,后者或是先已占领了土地,或是到这个共同体已占领的土地上来骚扰。因此,战争就或是为了占领生存的客观条件,或是为了保护并永久保持这种占领所要求的巨大的共同任务,巨大的共同工作”[①]。

恩格斯还在《家庭、私有制和国家的起源》第四版序言中明确指出,“在蒙昧时代……各部落之间战争不断”[②]。还说,由于氏族制度没有超出部落的范围,所以“凡是部落以外的,便是不受法律保护的。在没有明确的和平条约的地方,部落与部落之间便存在着战争,而且,这种战争进行得很残酷,使别的动物无法和人类相比”[③]。

---

① 马克思、恩格斯:《马克思恩格斯全集》第46卷,人民文学出版社,2006年,第475页。

② 恩格斯:《家庭、私有制和国家的起源》,《马克思恩格斯选集》第4卷,人民出版社,1995年,第9页。

③ 恩格斯:《家庭、私有制和国家的起源》,《马克思恩格斯选集》第4卷,人民出版社,1995年,第96页。

到了野蛮时代高级阶段,古代部落战争也就逐渐转化为阶级社会的战争,成为少数特权阶级手中的政治暴力工具了。恩格斯说:“以前打仗只是为了对侵犯进行报复,或者是为了扩大已经感到不够的领土;现在打仗,则纯粹是为了掠夺,战争成为经常性的行当。”①

中国历史上,伏羲时代大概属于野蛮时代中级阶段晚期,神农时代属于野蛮时代中级阶段到高级阶段的过渡时期,黄帝时代则进入了野蛮时代高级阶段。在这几个时代,战争是愈来愈烈的。庄周《庄子·胠箧篇》载:“昔者容成氏、大庭氏、伯皇氏、中央氏、栗陆氏、骊畜氏、轩辕氏、赫胥氏、尊卢氏、祝融氏、伏牺氏、神农氏,当是时也,民结绳而用之,甘其食,美其服,乐其俗,安其居,邻国相望,鸡狗之音相闻,民至老死而不相往来。若此之时,则至治已。”大概是伏羲时代战争较少,给庄子一个非常好的印象,使之把伏羲时代作为自己推崇的治世的典范。

到黄帝时代,战争便多起来了。《史记·五帝本纪》记载:“轩辕之时,神农氏世衰。诸侯相侵伐,暴虐百姓,而神农氏弗能征。于是轩辕乃习用干戈,以征不享,诸侯咸来宾从。”

共工氏是存在于中国上古时期数千年的一个部族,从共工氏与其他部族的战争记载也可看出当时战争的频繁性。

相传共工为水神,《左传·昭公十七年》:“共工氏以水纪,故为水师而水名。”共工所处的年代,《礼记·祭法》云:“共工氏之霸九州也,其子曰后土,能平九州,故祀以为社。”郑玄注曰:“共工氏无录而王,谓之霸,在太昊、炎帝之间。”《国语·鲁语》韦昭注曰:“共工氏……在戏(牺)、农(神农)之间。”《淮南子·原道训》高诱注曰:“共工,以水行霸于伏牺,神农者也。”《列子》张湛注亦说:“共工氏兴霸于伏牺、神农之间。”实际上,从古史材料看,共工之事迹与许

① 恩格斯:《家庭、私有制和国家的起源》,《马克思恩格斯选集》第4卷,人民出版社,1995年,第164页。

多上古帝王都有交集。

共工与女娲的交集:

《史记》司马贞补《三皇本纪》载:“当其(按指女娲)末年也,诸侯有共工氏,任智刑以强,霸而不王,以水乘木,乃与祝融战,不胜而怒,乃头触不周,山崩,天柱折,地维缺。”

《路史》卷十一《女皇氏》载:“太昊氏衰,共工为始作乱,振滔洪水,以祸天下,隳天纲,绝地纪,覆中冀,人不堪命。于是女皇氏役其神力,以与共工氏较,灭共工氏而迁之。然后四极正,冀州宁,地平天成,万民复生。”

共工与颛顼的交集:

《淮南子·兵略训》载:“颛顼尝与共工争矣。”

《淮南子·天文训》载:“昔者共工与颛顼争为帝,怒而触不周之山,天柱折,地维绝,天倾西北,故日月星辰移焉;地不满东南,故水潦尘埃归焉。”

《史记·律书》载:“颛顼有共工之陈,以平水害。”

《太平御览》卷九〇八引《琐语》载郑子产语曰:“昔共工之御曰浮游,既败于颛顼,自没沉淮之渊……常为天下祟,见之堂上则王天下者死,见堂下则邦人骇。”

共工与帝喾的交集:

《淮南子·本经训》载:“昔共工……与高辛争为帝。”

《史记·楚世家》载:“共工氏作乱,帝喾使重黎诛之而不尽。”

共工与帝尧的交集:

《韩非子·外储说右上》载,尧欲传天下于舜,鲧谏曰:“不祥哉!孰以天下而传之于匹夫乎?”尧不听,……又举兵而诛共工于幽州之都。于是天下莫敢言无传天下于舜。

共工与帝舜的交集:

《淮南子·本经训》载:“舜之时,共工振滔洪水,以薄空桑……民皆上丘陵，赴树木。”

《韩非子·五蠹》记载，舜帝时有“共工之战”，战争的结果，舜帝取得了胜利。

《尚书·舜典》载：“流共工于幽州，放驩兜于崇山，窜三苗于三危，殛鲧于羽山，四罪而天下咸服。”

共工与禹的交集：

《荀子·议兵》载：“是以尧伐驩兜，舜伐有苗，禹伐共工，汤伐有夏，文王伐崇，武王伐纣，此二帝四王，皆以仁义之兵行于天下也。”

《荀子·成相》载：“禹有功，抑下鸿，辟除民害逐共工。”

《山海经·大荒西经》曰：“有禹攻共工国山。”

《山海经·大荒北经》载：“共工臣，名曰相繇……禹湮洪水，杀相繇。”

共工时代从伏羲到大禹，持续数千年，可知共工不仅是一个人的称谓，也是一个部族的名称。著名历史学家吕振羽先生认为，作为上古氏族和部落首领的伏羲，他的名号既是个体，也代表着氏族群体，同时还代表着被其文化泽及的其他氏族群体，共工也可作如是观。

当然，不唯共工，其他部族间的战争也是非常频繁的。

古往今来，因为自己的战争，使得无数人类死于非命。但是，人类这个种族，却没有因为种族内的相互争斗而使得数量减少，相反，人类却因为战争的关系，而使得社会得到进步，历史得到延续，文明得到发展，这就是历史发展的辩证法。

三

大禹为五帝之一，但《史记》所载大禹的事迹多在《夏本纪》中，说明在司马迁看来，大禹时代与以前是不同的，应列入夏之范畴。

《史记·夏本纪》所载大禹的功绩,主要在于治水,肯花大力气治水,说明社会已经发展到一个新的阶段,安土重迁。

在治理洪水的过程中,在不断的部族冲突与斗争中,大禹扩大了实力,攫取了大量的财富,权力逐渐膨胀起来,为大禹的传子打下了雄厚基础。

一般认为古文明形成的主要标志或“文明的要素”主要有四,即国家的形成、文字的产生、都城的出现和青铜器的发明。其中,权力的强化及其结果——国家的出现是最基本的特征或最基本的标准。恩格斯在《家庭、私有制和国家的起源》中也提出了“国家是文明社会的概括”的著名论断。国家的出现标志着人类开始有了政治生活,从而把人类从野蛮的漫漫长夜中带入了文明时代。在治理洪水灾害时,各个方国参与到大禹治水的工程中来,加强了团结,在大禹统一领导下,才将洪水驯服,大禹从而得到各个方国人民的拥护和爱戴。《史记·夏本纪》载:“辅成五服,至于五千里,州十二师,外薄四海,咸建五长,各道有功。”大家拥护大禹,大禹就建立了统一的较大的政治集团。

《左传·昭公六年》曰:“夏后氏官百。”说明大禹时期官僚机构已成规模并有了分工。大禹在帝舜时期为司空,主要负责平治水土,并兼任总摄联盟内各项具体事务的“百揆”①。禹接受治水的任务后,“命诸侯百姓兴人徒以傅土”②,即命令各部族首领、公职人员及其所属民众,都必须参加平治水土的役事,这样,便组成了一支庞大的治水队伍。另外,访求贤者和专门人才。《吕氏春秋·求人》云“(禹)忧其黔首”,走遍四方物色人才,“得陶、化益、真窥、横革、之交”五人相助。其中,陶即皋陶,东夷部族首领之一,后皋陶担任司法官。化益即益,善治山泽,长于畜牧,原名大费,秦国之先祖,《史记·秦本纪》说“大费为辅”即指此事。《史记·殷本纪》还记载殷之始祖契“佐禹治水有

---

① 〔清〕阮元校刻:《十三经注疏》,中华书局,1980年。

② 〔汉〕司马迁:《史记·夏本纪》,中华书局,1959年,第51页。

功”，担任掌管教化的司徒。而周族的先祖后稷，也佐禹治水，并担任农官。而共工之从孙四岳也辅佐大禹治水。大禹还建立了官员的考核机制。

史载，禹都阳城，而登封王城岗遗址也逐渐被公认为当年大禹所都之地。“在新的设防城市的周围屹立着高峻的墙壁并非无故：它们的深壕宽堑成了氏族制度的墓穴，而它们的城楼已经高耸入文明时代了。内部也发生了同样的情形。掠夺战争加强了最高军事首长以及下级军事首长的权力；习惯地由同一家庭选出他们的后继者的办法，特别是从父权制实行以来，就逐渐转变为世袭制，他们最初是耐心等待，后来是要求，最后便僭取这种世袭制了；世袭王权和世袭贵族的基础奠定下来了。于是，氏族制度的机关就逐渐挣脱了自己在民族中，在氏族、胞族和部落中的根子，而整个氏族制度就转化为自己的对立物：它从一个自由处理自己事务的部落组织转变为掠夺和压迫邻近部落的组织，而它的各机关也相应地从人民意志的工具转变为独立的、压迫和统治自己人民的机关了”①。大禹去世后，其子继位为王，所以大禹既是氏族社会最后一个首领，也是第一个国家的缔造者，是中国阶级社会的第一任帝王。

（作者为河南省社会科学院历史与考古研究所副所长、副研究员）

① 恩格斯：《家庭、私有制和国家的起源》，《马克思恩格斯选集》第4卷，人民出版社，1995年，第114页。

尧舜禹时代的国家结构与管理制度略论

乔凤岐

继大禹之后,大禹的儿子启直接继承了权位,改变了远古时代的禅让制,作为中国历史上第一个“家天下”的夏朝诞生了,中国从此步入新的历史时期。尧舜禹时代处于“公天下”与“家天下”的重要过渡时期,也是中国远古社会的转型阶段。从现有的古代文献资料分析,有关夏代及夏代以前的历史记载,多为夏代以后的追记,因此夏代及其以前的历史曾在较长时期里被视为半信半疑的传说时代,甚至受到学术界的怀疑。随着近代考古学的兴起,越来越多地下发掘的考古资料为夏代及其以前的历史提供了有力的证据,尤其是山西襄汾陶寺遗址发现的带有“尧”字的陶片证实了尧的都城的位置所在,为尧舜禹时代的存在提供了实物佐证。同时期的良渚文化所显现出来的先进农业生产水平、发达的玉器制作技术、突出的社会分层现象,更是为认识这一远古时期的社会形态下的国家结构提供了难得的资料。因此,先秦文献中经常谈到和司马迁《史记》中记载的备受人们推崇的“五帝时代”,逐渐被越来越多的中外学者所相信。但是,尧舜禹时代的国家结构仍然是较难说清楚的历史问题，所以学术界对于这一历史问题的看法呈现出多种观点并存的局面。笔者试图从文献和考古两个方面入手，依据有关史料对尧舜禹时代的国家结构及管理制度进行探讨。

一、尧舜禹时代已经具有较为完整的国家结构

由于文献资料的匮乏，造成了学术界对尧舜禹时代的社会政治性质看法的不一致。有人认为这一时期的社会是原始社会末期的部落联盟，近来也有人说是西方的酋邦制，也有人认为是部族联合体，①也有人说是准国家形态。②塞维斯把人类社会的发展过程划分为“群队（或称游团）、部落、酋邦、国家”四个阶段，和摩尔根、恩格斯划分为“氏族、部落、部落联盟、国家”四个阶段一样，是以西方的某些国家的历史为依据的，而他们研究的结果并不一致。事实上，中国的发展历程与西方社会从一开始就有着较大差别，以西方的概念套用中国的历史，本身就是不科学、不实事求是的。

恩格斯的“部落联盟制”理论有几个基本点：“血缘亲属关系是联盟的真实基础”“氏族制度的前提，是一个氏族或部落的成员共同生活在纯粹由他们居住的同一地区中”“没有大兵、宪兵和警察，没有贵族、国王、总督、地方官和法官……一切争端和纠纷，都由当事人的全体即氏族或部落来解决，或者由

---

① 金景方、吕文郁先生认为尧舜禹时代是部族联合体：“尧舜禹时代的部族联合体是中国在部落联盟之后产生的一种新的社会组织，是中国从原始社会向国家过渡的一个中间环节。……实质上就是中国的早期国家。”（见金景方、吕文郁：《论尧舜禹时代是由原始社会向国家过渡的中间环节》，《学习与探索》1999年第3期。又见吕文郁：《论尧舜禹时代的部族联合体》，《社会科学战线》1999年第5期）

② 吕美泉先生认为：“尧舜禹社会政治组织的性质，不是部落联盟，不是酋邦，它是天下大国家的准国家形态。”（见吕美泉：《从〈尚书·虞夏书〉看尧舜禹社会政治组织的性质》，《社会科学战线》1999年第5期）

各个氏族相互解决”。[①] 在联盟制度下,联盟内部一般设有议事会和人民大会,用来决定重要事情。各部落首领大致具有相同的身份和地位,任何一个部落或氏族首领的权力并不能明显地凌驾于其他部落首领之上,不存在实际意义上的君臣关系,联盟内部的事务由彼此之间协商解决,任何一个部落不赞成,就不会形成决议;议事会在召开人民大会时,到会的每个男子都有发言权,通过直接表决方式决定事务,人民大会的权力是至高无上的。

塞维斯的“酋邦制”理论认为,群队是狩猎、采集时期的流动性社会组织;部落是父系或母系社会时期,部落成员之间的关系相互平等的氏族社会组织;酋邦以氏族社会为基础,已发展为金字塔式的社会结构,酋长具有至高无上的权力,由整个组织中与共同祖先血缘关系最近的人充当,酋长的职位为世袭继承制,其他社会阶层人员的地位依其与酋长的血缘关系的远近而决定。在整个酋邦社会中,由于社会政治地位存在等级,各社会成员在社会政治和经济生活中充当的角色必然出现一定的差异,处于社会最上层的酋长集团无论在政治上还是在经济上无疑享有较大的特权,虽然这个社会组织仍然以血缘关系联结在一起,但已经是一个不平等的社会组织。

与部落联盟制和酋邦制相比,尧舜禹所管理的并不仅仅是一个有着血缘关系的部落,而是一个范围相当广大的疆域。在这片广袤的国土上,生活着成千上万的、大小不等的氏族和部落,《尚书·虞书》说,尧“协和万邦”,舜“光天之下,至于海隅苍生,万邦黎献,共惟帝臣”;《左传》卷五十八《哀公七年》记载,禹“合诸侯于涂山,执玉帛者万国”。这一时期的中国被冠以万邦之国,其中的邦、国虽然无法摆脱氏族、部落的烙印,但也说明社会组成已经非常复杂,除尧舜禹所直接管辖的诸族以外,还有生活在其周围不同区域内、有着不

① 恩格斯:《家庭、私有制和国家的起源》,《马克思恩格斯选集》第4卷,人民出版社,1972年,第93、168、95页。

同血缘关系的氏族部落。《孟子》云,在尧老之时,舜代为执政,多次巡狩四方,《尚书·舜典》载:“岁二月,东巡守,至于岱宗、柴,望秩于山川,肆觐东后。协时月正日,同律度量衡。修五礼、五玉、三帛、二生、一死贽,如五器,卒乃复。五月南巡守,至于南岳,如岱礼。八月西巡守,至于西岳,如初。十有一月朔巡守,至于北岳,如西礼。”巡守就是古代天子巡查他所统治的区域,舜巡守四方的目的,自然是为了加强与远方不同血缘的部落的人民的联系,通过祭祀活动向四周传播中原文化,教化生活在边远之地的人民。禹在治水过程中,足迹踏遍了四方的大小山川,与生活在不同地区的各个部落共同协作,最终根治了水患,并根据山川形势划定了九州,为行政区划的确立奠定了基础。大禹在极为广阔的范围内从事治水活动,不仅体现着当时人们联合抵御自然灾害的能力,而且也是人们的活动已经打破了氏族和部落界限的重要证据。尧舜禹时代,以州为区域单位任命“牧”一级官员进行管理,打破了以血缘关系为纽带的狭小的氏族范围。尧舜禹时代的中国社会及其所从事的各项重大活动和所推行的政治制度,完全超出了氏族部落阶段所能达到的文明程度。将尧舜禹时代的中国社会,用西方的社会理论冠以“联盟”或“酋邦”之名,是不大合乎历史事实的。

2000—2001年,考古工作者在山西襄汾陶寺文化遗址内发掘出陶寺城址,“其平面为圆角长方形。城址内发现北、东、南三个方向的城墙。城址南北最大距离为2150米,最小距离为1725米;东西最大距离为1650米。总体面积在200万平方米以上”[①]。城址内部大致分为居住区、手工业作坊区、宗教祭祀活动区、墓葬区,功能区划相当明显。城址内部居住区有大型宫殿类夯土建筑,也有半地穴式的简陋房屋,不同规格建筑群落说明“居民区又细分为上层贵族居住区、下层贵族居住区和一般平民居住区”;墓葬区等级极高的

① 何驽:《陶寺文化遗址走出尧舜禹“传说时代”的探索》,《中国文化遗产》2004年创刊号。

墓葬数量少而随葬品极多,等级低的墓葬数目虽多但随葬品极少甚至没有,“墓葬形成了金字塔式的等级结构,且存在着多个层次等级”①。城内居民居住房屋等级的不同、死后墓葬规格的差别,说明这一时期的阶级分化已经十分明显。“从出土的物品、碳十四测年和古代尧都城址的地界的文献记载进行综合分析来看,将陶寺遗址定位为尧都是大致合适的。”②陶寺文化的晚期,“陶寺城址不再作为都邑聚落,扰大墓、毁宫殿、废城垣、砍头惨杀等一系列野蛮残酷的行为遗迹突显出来,手工业者侵占了原来的宫殿区,但是陶寺文化中期与晚期之间并未出现文化上的质变,因而无法确定由外族入侵所引发的大动荡,……假如陶寺文化晚期席卷陶寺遗址的疾风骤雨确系尖锐的阶级对立所导致,那么陶寺文化的国家社会形态便显露出冰山一角,它将是中国早于二里头文化夏王朝的最早国家”③。

无独有偶,与尧舜禹时代大致相同的良渚文化遗址显示,该地区的社会分化也同样十分明显。不仅贵族与平民之间的财富和社会地位存在很大差距,即使贵族之间的社会地位和拥有财富的数量也存在极为明显的等级差别。良渚文化时期工程浩大的建筑遗址说明:“已经出现了强制性的公共权力机构以及金字塔式的社会等级结构。”④这在一定程度上显示出了良渚文化时期的国家特征,也为认识尧舜禹时代的国家结构提供了佐证。同一时代、不同地区多种文化遗存所显示出的大致相当的文明程度,说明这些文化遗存具有相对的独立性,并且在较长的时期内独立发展,共同构成了中国古代文明。

根据文献记载,尧舜禹时代的百官制度已经形成。天文观测遗址已经在

---

① 高江涛:《陶寺遗址聚落形态的初步考察》,《中原文物》2007 年第 3 期。
② 陈久金:《试论陶寺祭祀遗址揭示的五行历》,《自然科学史研究》2007 年第 3 期。
③ 何驽:《陶寺文化遗址走出尧舜禹“传说时代”的探索》,《中国文化遗产》2004 年创刊号。
④ 陈声波:《论良渚文化中心聚落的特殊性》,《东南文化》2005 第 2 期。

陶寺文化遗址中被发掘出来[1],使尧舜禹时代的百官制度尤其是主管天文历法的官员存在得到考古资料的证实。关于尧舜禹时代的官制问题,古代文献有着较为详细的记载。《尚书・周官》云:"唐虞稽古,建官惟百。内有百揆四岳,外有州牧侯伯。"孔安国传:"尧、舜考古以建百官。内置百揆四岳,象天之有五行,外置州牧十二及五国之长,上下相维,外内咸治。"设置官员治理国家,并不是尧舜禹时代的首创,而是沿用了先前的治国之道并有所发展。孔颖达疏云:"唐尧虞舜考行古道,立官惟数止一百也。'内有百揆四岳'者,百揆,揆度百事,为群官之首,立一人也;四岳,内典四时之政,外主太岳之事,立四人也。'外有州牧侯伯',牧,一州之长;侯伯,五国之长,各监其所部之国。外内置官,各有所掌,众政惟以协和,万邦所以皆安也。"这些文献资料说明,尧舜禹时代的百官各有所司,职责已经相当明确。

尧舜禹时代,君主与地方各级首领之间有着规范的礼仪制度,彼此之间存在等级差别,也受到"礼"的约束。《尚书・尧典》记载,舜代尧管理天下以后,"觐四岳群牧,班瑞于群后"。接受朝觐的场面是"宾于四门,四门穆穆"。这说明舜曾经在明堂四门之外迎接部落首领的朝拜,肃穆的气氛也反映出迎接会见之时场面的庄严。更能反映君主与群牧之间森严的等级关系,即"(舜)五载一巡守,群后四朝。敷奏以言,明试以功,车服以庸"。《史记集解》引郑玄语云:"巡守之年,诸侯见于方岳之下。其间四年,四方诸侯分来朝于京师也。"这则材料为我们提供了巡守、朝觐的具体规定。舜在巡守之年,四方的首领同时到"方岳"拜见舜帝;四方首领必须定时轮流去拜见舜帝,朝拜舜帝因季节的不同而名称各异,《周礼・春官・大宗伯》:"春见曰朝,夏见曰宗,秋见曰觐,冬见曰遇。"

尧舜禹时代所显示出的政治特点,已经超越了部落联盟阶段的社会性

---

① 陈久金:《试论陶寺祭祀遗址揭示的五行历》,《自然科学史研究》2007 年第 3 期。

质，具有了国家的基本特征。《尚书·尧典》载，尧老，舜代为执政，制定了多种律法“象以典刑，流宥五刑，鞭作官刑，扑作教刑，金作赎刑。眚灾肆赦，怙终贼刑。钦哉，钦哉，惟刑之恤哉！流共工于幽州，放驩兜于崇山，窜三苗于三危，殛鲧于羽山。四罪而天下咸服”。孔安国云：“殛、窜、放、流，皆诛也。”作为天下共主的虞舜，已经拥有了诛杀其他部落和氏族首领的特权。到了大禹时代，杀戮其他部落首领的事件更是屡见不鲜：“昔，禹致群神于会稽之山，防风氏后至，禹杀而戮之。”防风氏是禹所召集的部落首领之一，因为迟到被杀，足见禹的权势远远超越了其他部落首领。《山海经·大荒北经》云：“共工臣名曰相繇……禹湮洪水，杀相繇。”尧舜禹时代，杀掉同一政治集团内部的成员部落首领似乎是司空见惯之事，这与部落联盟阶段的社会特征是相悖的。按照《尚书》的记载，尧舜禹时代已经制定了法律制度并开始实施，对整个社会的不同成员具有生杀及控制权力，这已经破坏了联盟制度下部落之间地位平等、互不统属的政治原则。法律制度的制定与实施正是国家的基本职能之一，也是君主及其官员拥有特权和维护特权的政治保障。

综上所述，尧、舜、禹以“君主”的身份，明确百官的职责，并使百官分工协作、分级管理各项事务，在全国范围内推行政令，国家的职能和国家结构已基本上趋于完备。

二、尧舜禹时代的国家权力中枢系统及其运作

尧舜禹时代已有相当规范的官员选拔程序，被选拔之人首先要经过具有一定社会地位之人的举荐，由君主任命和委派之后才能行使职责。大禹负责治水，是在“四岳”的举荐下并受到舜的委派后进行的，《史记·五帝本纪》对这一重大历史事件的追述较为详尽：

尧老，使舜摄行天子政，巡狩。舜得举用事二十年，而尧使摄政。摄

政八年而尧崩。三年丧毕,让丹朱,天下归舜。而禹、皋陶、契、后稷、伯夷、夔、龙、倕、益、彭祖自尧时而皆举用,未有分职。于是舜乃至于文祖,谋于四岳,辟四门,明通四方耳目,命十二牧论帝德,行厚德,远佞人,则蛮夷率服。舜谓四岳曰:“有能奋庸美尧之事者,使居官相事?”皆曰:“伯禹为司空,可美帝功。”舜曰:“嗟,然!禹,汝平水土,维是勉哉。”禹拜稽首,让于稷、契与皋陶。舜曰:“然,往矣。”

从《史记》的追述来看,舜在当时拥有驾驭全国的最高权力。大禹出任司空一职和担负起治水的重任,虽然是受到“四岳”的举荐,但最后的决定权却掌握在舜的手中,在得到舜的正式任命之后,才开始进行平治水土的伟大工程。

“四岳”之职,在尧时已经存在,《诗·大雅·崧高》载:“崧高维岳,骏极于天。维岳降神,生甫及申。”毛亨传曰:“尧之时,姜氏为四伯,掌四岳之祀,述诸侯之职。”郑玄笺云:“四岳,卿士之官,掌四时者也。因主方岳巡守之事,在尧时姜姓为之,德当岳神之意,而福兴其子孙,历虞、夏、商,世有国土。”《尚书·尧典》载:“帝曰:咨四岳。”孔安国传云:“四岳,即上羲和之四子,分掌四岳之诸侯,故称焉。”

尧在位时期,四岳已经具有较强的政治影响力。《史记·五帝本纪》载:“尧曰:‘嗟,四岳,汤汤洪水滔天,浩浩怀山襄陵,下民其忧,有能使治者?’皆曰鲧可。尧曰:‘鲧负命毁族,不可。’岳曰:‘异哉,试不可用而已。’尧于是听岳用鲧。”又载:“四岳举鲧治鸿水,尧以为不可,岳强请试之,试之而无功,故百姓不便。”尧作为首领,虽然认为鲧无法担当起治理洪水的重任,但在确定人选时还是接受了“四岳”的建议委派了鲧,这也说明“四岳”对尧决策事务有着重要的影响力。

尧在年老之时,舜被确定为接班人,依然是得到了“四岳”的举荐,《史记·五帝本纪》载:

尧曰:“嗟!四岳:朕在位七十载,汝能庸命,践朕位?”……众皆言于尧曰:“有矜在民间,曰虞舜。”尧曰:“然,朕闻之。其何如?”岳曰:“盲者子。父顽,母嚚,弟傲,能和以孝,烝烝治,不至奸。”尧曰:“吾其试哉。”

“四岳”举荐舜为接班人以后,尧采取了多种方法对舜进行考察和培养,最终将权力传给他,说明在当时的政治活动中,尧和“四岳”大致组成了最高权力中枢。

虞舜时期,“四岳”的政治地位可能有所提高。《尚书·虞书·舜典》载:“月正元日,舜格于文祖,询于四岳,辟四门,明四目,达四聪。”孔安国传云:“舜服尧丧三年毕,将即政,故复至文祖庙告。……谋政治于四岳,开辟四方之门未开者,广致众贤。”孔颖达疏:“《正义》曰:自此已下言舜真为天子,命百官授职之事。舜既除尧丧,以明年之月正元日,舜至于文祖之庙,告己将即正位为天子也。告庙既讫,乃谋政治于四岳之官。所谋开四方之门,大为仕路致众贤也。明四方之目,使为己远视四方也。达四方之聪,使为己远听闻四方也。恐远方有所拥塞,令为己悉闻见之。……天子之闻见在下,必由近臣四岳亲近之官,故与谋此事也。”

对于尧舜时代的“四岳”,孔颖达的看法是:“四岳职掌天地,当是朝臣之首。”“四岳”在当时具有较高的社会政治地位,可以被看作舜的重要决策成员。

尧舜时期,政治地位很高的还有“百揆”之职。《尚书·舜典》载:“舜曰:‘咨!四岳,有能奋庸熙帝之载,使宅百揆,亮采惠畴’。”孔安国传云:“揆,度也。度百事,总百官。”孔颖达疏云:“《正义》曰:舜本以百揆摄位,今既即政,故求置其官。……禹,‘汝本平水土,实有成功,惟当居是百揆而勉力行哉’。”担任“百揆”之职的舜和禹,后来均继承了统治全国的首领职位,说明“百揆”一职的人选需要有非常大的政治影响力。

除了“百揆”“四岳”襄助虞舜决策各项事务,当时的社会还有治理国家的相应的职能部门,并取得了较好的效果。《史记·五帝本纪》记载:“皋陶为大理,平,民各伏得其实;伯夷主礼,上下咸让;垂主工师,百工致功;益主虞,山泽辟,弃主稷,百谷时茂;契主司徒,百姓亲和;龙主宾客,远人至。”司马迁所列举的这些人,在《尚书》中均有记载,他们是专门负责具体事务的主管人员。

大禹治水实际上是在禹的主持下,由众多部落联合完成的。《史记·秦本纪》载:“秦之先,帝颛顼之苗裔……与禹平水土。”从当时的生产力水平来分析,与禹共同治理洪水的应该还有许多部族,他们之间虽然不乏部落之间相互联合的性质,但整个治水工程关乎到全天下人的利益,治水工程的完成也应该受到了虞舜控制下的整个国家权力机构的约束和支持。

尧舜禹时代的官员人数呈上升趋势。《尚书·尧典》记载,尧时期官员较少,主要由羲和、羲仲等人制定天文历法,大概是出于为农业服务的需要。舜执政时期,官员的设置日益增多,舜推举“八恺”“八元”、禹、弃、契、皋陶、益等二十二人为官。王晖先生对这一历史问题的看法是:舜时代,“由于禹治洪水引起氏族部落的大融合,公共事务的管理日趋重要,各种官吏便逐步出现在政治舞台上”①。马兴先生认为:“尧时所设官职之所以比舜时要少,是因为每种制度的创立总有个不断完善的过程,尧时设官仍处初始阶段,而舜是随着当时社会生产力水平的不断提高、分工日益精细的实情而设置官职,所以所需官职日益增多。”②

在官员的选拔和考核方面,尧舜禹时代已经制定出相当规范的标准。被选拔之人必须具备优良的品行,同时具有一定的才能,然后根据其特长授予相应的官职。譬如,鲧、禹父子先后担当治水的重任,羲和家族世世代代制定历法。被选拔出来的官员,要定期进行考核,并根据考核的结果进行奖惩。

---

① 王晖:《尧舜大洪水与中国早期国家的起源——兼论从“满天星斗”到黄河中游文明中心的转变》,《陕西师范大学学报(哲学社会科学版)》2005 年第 3 期。

② 马兴:《尧舜时代制度文明略论》,《学习与探索》2006 年第 4 期。

《尚书大传》云:“《书》曰:‘三岁考绩,三考黜陟幽明。’其训曰:三岁而小考者,正职而行事也。九岁而大考者,黜无职而赏有功也。”说明当时的官员任期可能为九年,每三年考核一次称为“小考”,九年任职期满进行“大考”。大考成绩优秀者得以升迁,否则就要降职甚至受到严厉的处罚。譬如,鲧因九年治水无功而被杀,而禹却以治水之功而成为继舜之后统治天下的君主。

三、分管不同范围和区域的“伯”“牧”“师”等地方官员

远古时期,黄帝先后打败了炎帝、蚩尤、太皞、少皞等,“失败的部族被迫迁徙,但仍有部分留在原地。这些留下的居民则只能服从于胜利者的管辖。毫无疑问,黄帝、颛顼、尧、舜时期,其国民已按地区划分,地域关系已经形成”[①]。尧舜禹时代,在以君主为中心的权力中枢之下,已经形成了等级不同的行政区域,由“伯”“牧”“师”等地位不同的官员分级管理。

1.“伯”的社会政治地位

《尚书·尧典》云:“伯禹作司空。”称大禹为“伯禹”,应该是一种具有特殊意义的称号,而在大禹和大禹的父亲鲧的名字之前加一个“伯”字,还见于其他文献之中。《国语·周语下》云:“其在有虞,有崇伯鲧,播其淫心,称遂共工之过,尧用殛之于羽山。其后伯禹念前之非度,厘改制量,象物天地,比类百则,仪之于民,而度之于群生……皇天嘉之,祚以天下,赐姓曰‘姒’,氏曰‘有夏’。”《楚辞·天问》云:“伯禹愎鲧,夫何以变化?”《墨子·尚贤中》云:“若昔者伯鲧,帝之元子,废帝之德庸,既乃刑之于羽之郊。”

对于文献中大禹和鲧前的“伯”字,从古至今的理解是不一致的。韦昭在《国语·周语下》中对“伯鲧”之“伯”的注解是:“伯,爵也。”贾逵亦云:“崇,国

① 李玉洁:《先秦史稿》,新华出版社,2006年,第46页。

名，伯，爵也。禹代鲧为崇伯，入为天子司空，以其伯爵，故称伯禹。”当今的一些学者认为“伯禹”之“伯”为爵位的一种，[①]应该是这种看法的延续。

唐嘉弘先生认为：公、伯、子、男早在父系氏族社会时已经出现，最初只是作为氏族部落内部亲属之间的称谓，“公”（翁）为上代祖先的通称，“伯”为同辈兄长，“子”为晚辈的通称，而“男”是相对于女而言，在这种社会背景下出现的公、伯、子、男，并不带有政治社会意义。以后，“伯”往往被引申为部落首领或诸侯之长。“‘伯’作为严格意义上的五等爵称中的一种，其发生的时代似当晚在东周时期，故知以上所云伯为鲧、禹之爵称，颇不足信。事实上，伯鲧、伯禹之‘伯’当皆为古代部落首长的称号。”[②]

关于“伯”字的本义，《说文解字·人部》云：“伯，长也。”对于先秦文献中出现的某些“伯”字，在后世的注疏中也多有解释为“诸侯之长”的。例如，《周礼·春官》云：“九命作伯。”郑玄注云：“长诸侯为方伯。”贾公彦疏云：“伯，长也，是一方之长也。”《荀子·王霸》载：“虽在僻陋之国，威动天下，五伯是也。”杨倞注云：“伯，读为霸，又如字。诸侯之长为伯，《春秋左传》‘策命晋侯为伯也’。”

显然，带有“伯”字称谓的部落或氏族首领，具有高于其他部落一般首领的政治地位。

2.“牧”“师”的社会政治地位

“牧”作为地方官吏的称号，史书中不乏其例。《周礼·天官》载：“乃施典于邦国，而建其牧。”郑玄注云：“以侯伯有功德者加命作州长谓之牧，所谓八命作牧者。”《礼记·曲礼》载：“九州之长，入天子之国曰牧。”郑玄注云：“每一州之中，天子选诸侯之贤者以为之牧也。”《尚书·尧典》载：“咨十有二牧

① 聂石樵先生云：“禹称帝前曾被封为夏伯，所以称伯禹。”（见聂石樵：《楚辞新注》，上海古籍出版社，1980年，第59页）

② 周书灿：《中国早期国家结构研究》，人民出版社，2002年，第12页。

曰：'食哉惟时。'"陆德明音义云："牧，牧养之。"孔颖达疏云："州牧各监一州诸侯。"在解释"咨十有二牧"时，孔颖达云："言咨十有二牧，故为谋也。立君所以牧民，民生在于粒食，是君之所重。"黄度云："《禹贡》九州，冀、清、徐、扬、梁、雍，皆有戎夷，统于牧伯，以为外臣。"《尚书·益稷》载："弼成五服，至于五千，州十有二师。"孔颖达疏引郑玄语云："九州州立十二人为诸侯师，以佐牧。……其制特置牧，以诸侯贤者为之师。盖百国一师，州十有二师，则州千二百国也。"

从上述文献的记载和注解来看，尧舜禹时代的"牧"是统掌一州的地方官员，由于一州之中有大小诸侯之国千数，所以又在"牧"之下设置了"师"，"师"负责管理教化州下的诸侯国，以辅佐"牧"完成地方上的管理职责。

3."伯""牧""师"的社会政治地位存在一定的差距

对于君主、牧伯和诸侯之间的关系与社会政治地位，《春秋左传注疏》卷五十九《哀公十三年》云："王合诸侯，则伯帅侯牧以见于王。伯合诸侯，则侯帅子男以见于伯。"杜预注曰："伯，王官伯……伯，诸侯长。"孔颖达疏云：

> 五官之长曰伯，是职方也。九州之长，入天子之国，曰牧。于外，曰侯。职方者，二伯各主一方。州长者，州牧，各主一州。《周礼》所谓"八命作牧、九命作伯"是也。"王合诸侯，则伯帅侯牧"，当如康王之诰，大保帅西方诸侯，毕公帅东方诸侯，以见于王也。计当尽帅诸侯，独言帅侯牧者，举尊而言，其实尽帅之也。"伯合诸侯，则侯帅子男"。"侯"谓牧也，牧帅诸国之君见于伯也，亦当尽帅在会诸侯，独云子男，举小为言，其实亦见在会者，尽帅以见伯也。

在五等爵制中，"伯"是低于"公""侯"，高于"子""男"的一种爵位，但从上述文献中的注疏来看，"伯"并非指五等爵制的"伯爵"。尧舜禹时代的"伯"具有比"牧"更高的政治地位和更大的权力。从"王合诸侯，则伯帅侯牧以见于王"可知，"伯"应该是雄霸一方，权力在诸多诸侯之上、介于"君主"和

“诸侯”之间的一种职位称号。“伯禹”的称号表明,大禹以有崇部落的首领身份在接受舜的领导的同时,又具有统领有崇部落周边众多部落的权力。“牧”为州长,其政治地位则低于“伯”、高于一般诸侯,在“师”的协助下管理着一州的各项事务。尧舜禹时代的“州牧”,即为当时各州的行政长官,是国家政权的重要组成部分。

尧舜禹时代的国家结构是较为清晰的,形成了以君主为中心、由百官组成的统治集团,统治集团内部已经有了明确的职责分工,地方上形成了具有行政区划意义的分级管理系统。尽管整个社会的基层组织没有摆脱氏族部落的烙印,但对于整个社会来说,职能部门的出现、法律制度的制定和实施、行政体系的完备,足以说明当时已形成国家的基本框架。

(作者为许昌学院魏晋文化研究中心教授)

《诗·小雅·信南山》中的大禹文化

——兼及《诗·大雅·文王有声》

李治中

在较早的先秦典籍《诗经》里,与大禹文化有关的诗歌计有六首,包括《小雅·信南山》《大雅·文王有声》《大雅·韩奕》《鲁颂·閟宫》《商颂·长发》《商颂·殷武》等,其中直接或间接反映嵩山地区的诗歌,仅有《小雅·信南山》《大雅·文王有声》两首。从伏羲氏到舜帝所谓的"三皇五帝",在《诗经》里均未出现,大禹是《诗经》中出现最早的历史人物。《小雅·信南山》的记载表明,大禹曾经治理过嵩山地区,《大雅·文王有声》褒赞大禹使"丰水东注",成就了物饶产丰的丰镐地区。后来,文王"既伐于崇,作邑于丰",成为周室兴起的基础。这两首诗赞扬了大禹的功绩,反映出周人尊夏的文化现象。

一、《小雅·信南山》与大禹治理嵩山地区

《小雅·信南山》共有六章,每章六句。《序》云:"刺幽王也。不能修成王之业,疆理天下,以奉禹功,故君子思古焉。"《正义》曰:"作《信南山》诗者,刺幽王也。刺其不能修成王之事业,疆界分理天下之田亩,使之勤稼,以奉行大禹之功,故其时君子思古成王焉,所以刺之。"[①]大禹在该诗中出现一次,即首章诗:"信彼南山,维禹甸之。畇畇原隰,曾孙田之。我疆我理,南东其亩。"

"信彼南山,维禹甸之。""信",马瑞辰《毛诗传笺通释》:"古伸字借作信。《尔雅·释诂》:'引,长也。'……信为南山之野长远貌。""南山",与"北山"相对应,"北山",《小雅·南山有台》:"南山有台,北山有莱。"《小雅·北山》:"陟彼北山,言采其杞。"《左传·昭公二十二年》:"夏四月,王田北山,使公卿皆从。"杜注:"北山,洛北芒也。"[②]《元和郡县图志》卷五"偃师县"条下:"北邙山,在县北二里,西自洛阳县界东入巩县界。旧说云北邙山是陇山之尾,乃众山总名,连岭修亘四百余里。"[③]"南山"指中岳嵩山,《元和郡县图志》卷五"登封县"条下:"嵩高山,在县北八里。亦名外方山。又云东曰太室,西曰少室,嵩高总名,即中岳也。山高二十里,周回一百三十里。"[④]1969 年,山东黄县出土了西周昭王时期的启卣,铭文曰:"王出兽(狩)南山寇,遡山谷,至于上侯,滰(顺)川上。启从征。"(《集成》5410)董珊释"滰川上"为"顺川上"。[⑤] 唐兰注:"南山当是成周南山。"[⑥]"上侯","侯"通"缑",指缑氏山,"至秦汉为(缑

① 李学勤:《十三经注疏·毛诗正义》,北京大学出版社,1999 年,第 824 页。
② 李学勤:《十三经注疏·春秋左传正义》,北京大学出版社,1999 年,第 1424 页。
③ 〔唐〕李吉甫:《元和郡县图志》,中华书局,1983 年,第 132 页。
④ 〔唐〕李吉甫:《元和郡县图志》,中华书局,1983 年,第 139 页。
⑤ 董珊:《启尊、启卣新考》,《文博》2012 年第 5 期。
⑥ 唐兰:《西周青铜器铭文分代史征》,中华书局,1986 年,第 264 页。

氏）县，因山为名”，又“缑氏山，在县东南二十九里”。[①] 上侯，即今偃师市缑氏镇。又《水经注 · 洛水》曰：“洛水又东，合水南出半石之山，北径合水坞，而东北流注于公路涧。……合水北与刘水合，水出半石东山，西北流径刘聚，三面临涧，在缑氏西南，周畿内刘子国，故谓之刘涧。其水西北流注于合水，合水又北流注于洛水也。”[②]所谓“顺川上”，即经刘涧沿刘水向西北，到达“上侯”，再向西北经合水、洛水返回成周洛邑，铭文记载的是昭王巡狩嵩山后折返的事。启卣铭文表明，铭文中“南山”指中岳嵩山，应为《小雅 · 信南山》之“南山”。无独有偶，西汉元封元年（前110），汉武帝巡狩嵩山走的还是周昭王的旧路。《汉书 · 武帝纪》记载：“春正月，行幸缑氏。诏曰：‘朕用事华山，至于中岳，获驳麃，见夏后启母石。翌日，亲登嵩高……其令祠官加增太室祠，禁无伐其草木。以山下户三百为之奉邑，名曰崇高，独给祠，复亡所与。”[③]这里的“中岳”“嵩高”，都是当时嵩山的名字，汉武帝赐名“崇高”之后，“崇高”也成为嵩山的名字。至于“嵩高”的来源，《诗 · 大雅 · 崧高》有“崧高维岳，骏极于天。维岳降神，生甫及申”。《说文》：“嵩，中岳嵩高山也，从山从高，亦从松。”[④]“嵩高”即为“崧高”。《序》云：“《崧高》，尹吉甫美宣王也。天下复平，能建国亲诸侯，褒赏申伯焉。”[⑤]该诗为宣王时期的诗歌，《小雅 · 信南山》为幽王时期的诗歌，因此，在西周时期，嵩山既可称“南山”，也可称“崧高”。此外，汉武帝时期嵩山还有“中岳”“太室”“崇高”诸名字。

“信彼南山”，是指嵩山广阔辽远的样子。“维”，语气助词，用于句首，如《小雅 · 六月》：“维此六月，既成我服。”“甸”，毛传：“甸，治也。”郑笺：“信乎

---

① 〔唐〕李吉甫：《元和郡县图志》，中华书局，1983年，第133页。
② 〔北魏〕郦道元：《水经注》，岳麓书社，1995年，第230页。
③ 〔汉〕班固：《汉书》，中华书局，1962年，第190页。
④ 〔汉〕许慎：《说文解字》，中华书局，1963年，第191页。
⑤ 李学勤：《十三经注疏 · 毛诗正义》，北京大学出版社，1999年，第1206页。

彼南山之野,禹治而丘甸之。”[①]黄淬伯注:“古陈田同声通用。《说文》:‘田,陈也。’又:‘陈,列也。……谓陈列种谷之处……甸与田通。’《序官》‘甸祝’注:‘甸之言田也。’”[②]“维禹甸之”,就是大禹治下的地区。就诗歌文本而言,大禹当年的确治理过嵩山地区,诗人援引这一史实的同时,也指出周成王亦曾治理该地区,似在说明周成王统治的合法性,具有尊夏的意味。

二、《大雅·文王有声》与大禹导引丰水

《大雅·文王有声》共有八章,每章五句。《序》云:“继伐也。武王能广文王之声,卒其伐功也。”《正义》曰:“上四章言文王之事,下四章言武王继之,是继伐。……下四章言武王君天下,服四方,定镐京而成卜兆,传善谋以安后世,所为不止于伐纣。”[③]大禹在该诗出现一次,即第五章诗:“丰水东注,维禹之绩。四方攸同,皇王维辟。皇王烝哉!”

“丰水东注,维禹之绩。四方攸同,皇王维辟。”郑笺:“绩,功。辟,君也。昔尧时洪水,而丰水亦泛滥为害。禹治之,使入渭,东注于河,禹之功也。文王、武王今得作邑于其旁地,为天下所同心而归。大王为之君,乃由禹之功,故引美之。丰邑在丰水之西,镐京在丰水之东。”[④]“丰水”,今名沣河,发源于秦岭终南山丰谷,北流至今咸阳以东渔王村入渭河。大禹治理丰水,《尚书·禹贡》有“漆沮既从,沣水攸同”的记载,“攸”作连词,乃,于是。“同”,汇合。漆水源出陕西铜川市,沮水源出陕西黄陵县,漆水先与沮水汇合,在今富平县流入渭河。《禹贡》又有“导渭自鸟鼠同穴,东会于沣,又东会于泾,又东过漆

① 李学勤:《十三经注疏·毛诗正义》,北京大学出版社,1999年,第824页。
② 黄淬伯:《诗经覈诂》,中华书局,2012年,第331页。
③ 李学勤:《十三经注疏·毛诗正义》,北京大学出版社,1999年,第1049页。
④ 李学勤:《十三经注疏·毛诗正义》,北京大学出版社,1999年,第1052页。

沮,入于河”。“鸟鼠同穴”,即鸟鼠山,在今甘肃渭源县。[①] 由此可见,大禹治理的丰水属于渭水支流,他引导渭水从今渭源县东流,先汇合沣水,继而汇合泾水、漆水、沮水,最后注入黄河。《元和郡县图志》卷二“鄠县”条下:“丰水,出县东南终南山,自发源北流,经县东二十八里,北流入渭。”[②]今天的沣河向北流入渭河,所谓“丰水东注”,指沣河向东流入渭河。《水经注·渭水》:“丰水出丰溪西,北流分为二水,一水东北流为枝流,一水西北流又北交,水自东入焉。又北,昆明池水注之,又北径灵台西,又北至石墩,注于渭。”[③]据此,北魏时期这条东北流向的丰水支流,有可能是西周时期的丰水主河道。这条丰水支流现已不存,卢连成认为,“丰水故道在今马王村东南约500米处即折向东北,经新庄,沿斗门镇西、花园村西、普渡村西、穿官庄、下泉北村西,蜿延流向东北”,最后向东北注入渭河。[④] 在引“丰水东注”的问题上,在周人看来,大禹成就了丰邑,展示出不凡的智慧。“四方攸同,皇王维辟”,“皇”即大。郑笺:“变王后言大王者,武王之事又益大。”[⑤]《逸周书·丰保解》:“九州之侯咸格于周。王在丰,昧爽,立于少庭。”四方诸侯在丰邑集会,他们共同推举武王领导伐纣之事,这一史实有助于理解该诗文本。

或是由于大禹引导丰水之功,才有后来周文王建造丰邑,以及再后来的武王灭商。齐思和曾指出:“文王之迁丰,不徒便于向东发展,与商争霸,抑丰镐之间川渠纵横,土地肥饶,自古号称膏腴之地。”[⑥]二章诗云:“文王受命,有此武功。既伐于崇,作邑于丰。文王烝哉!”郑笺:“武功,谓伐四国及崇之功

① 屈万里:《尚书集释》,中西书局,2014年,第64页。
② 〔唐〕李吉甫:《元和郡县图志》,中华书局,1983年,第30页。
③ 〔北魏〕郦道元:《水经注》,岳麓书社,1995年,第276页。
④ 卢连成:《西周丰镐两京考》,《中国历史地理论丛》1988年第3期。
⑤ 李学勤:《十三经注疏·毛诗正义》,北京大学出版社,1999年,第1052页。
⑥ 齐思和:《西周地理考》,《燕京学报》1946年第三十册。

也。作邑者，迁都于丰，以应天命。”[1]“作邑于丰”指周文王在丰水地区建造丰都。《史记·货殖列传》：“文王作丰，武王治镐。”《元和郡县图志》卷二“鄠县”条下：“周丰宫，周文王宫也，在县东三十五里。诗云：‘既伐于崇，作邑于丰’是也。崇侯无道，文王伐之，命无杀人，无坏室。崇人闻之，如归父母。遂虏崇侯，作丰邑。崇国在秦、晋之间。”[2]这里的“崇侯”为崇侯虎，《路史·国名纪己》：“崇侯虎，纣佞臣，文王虏之。”《韩非子·说疑》：“纣有崇侯虎……亡国之臣也。”“既伐于崇，作邑于丰。”结合上博简《容成氏》阐释之：首先，包括崇国在内的九邦都反抗商纣暴政。第四十五简：“乎作为金桎三千。既为金桎，又为酒池，厚乐于酒。溥夜以为淫，不听亓邦之政。于是乎九邦叛之：丰、镐、郍、𨛭、于、鹿、耆（即“黎”）、崇、密须氏。”其次，文王建造丰邑与伐崇无关。李零指出，《史记·周本纪·正义》以为西周丰邑是因灭崇而建，并因而猜测崇国故地在丰、镐之间，现在从简文看，丰邑是文王灭丰后所建，与崇无关。[3]

三、由“崇”谈大禹在嵩山地区所建的方国

将“崇”用于人名，首见于崇伯鲧。今本《竹书纪年》：“（帝尧）六十一年，命崇伯鲧治河。（帝尧）六十九年，黜崇伯鲧。”王国维引《国语·周语》疏：“其在有虞，有崇伯鲧，播其淫心，称遂共工之过。”又引《书·尧典》疏：“鲧治水凡九载，但此实以六十九，则妄矣。”[4]《史记·夏本纪·索隐》引《连山易》云“鲧封于崇”，“崇”的位置，何光岳认为：“崇起源于四川北部岷山南侧松潘的崇山，与夏禹所生地汶川的石纽相邻，后随夏族循渭水东下迁到陕西华阴

① 李学勤：《十三经注疏·毛诗正义》，北京大学出版社，1999年，第1050页。
② 〔唐〕李吉甫：《元和郡县图志》，中华书局，1983年，第30页。
③ 马承源主编：《上海博物馆藏战国楚竹书》（二），上海古籍出版社，2002年，第285页。
④ 〔晋〕皇甫谧：《帝王世纪》，齐鲁书社，2010年，第45页。

之松梁山、山西襄汾之崇山及河南嵩山。”[①]《山海经·西山经》:“西次三经之首,曰崇吾之山,在河之南,北望冢遂,南望䍃之泽,西望帝之搏兽之丘,东望蠕渊。”“崇吾之山”即为嵩山。“崇吾之山”可简称崇山,《国语·周语上》:“昔伊、洛竭而夏亡,河竭而商亡。”又“昔夏之兴也,融降于崇山”。韦昭注:“融,祝融也。崇,崇高山也。夏居阳城,崇高所近。”[②]

帝舜罢黜崇伯鲧之后,由于“四岳”的举荐,帝尧任命大禹为司空治水,《尚书·舜典》:“佥曰:‘伯禹作司空。’帝曰:‘俞,咨!禹,汝平水土,惟时懋哉!’”参考今本《竹书纪年》,谨将大禹任司空治水及之后若干主要事件罗列如下:

七十五年,司空禹治河。

八十六年,司空入觐,贽用玄圭。王国维疏:《书·禹贡》:“禹锡玄圭,告厥成功。”《史记·河渠书》引《夏书》:“禹抑洪水十三年。”此司空禹治河在七十五年,入觐在八十六年,盖本之。

九十七年,司空巡十有二州。王国维引《吴越春秋》四疏:“尧号禹曰伯禹,官曰司空,领统州伯,以巡十二部。”

一百年,帝陟于陶。

十四年,卿云见,命禹代虞事。王国维引《宋书·符瑞志》疏:“乃荐禹于天,使行天子事也。”又疏:“《书钞》一百六十、《路史·发挥》五杂引《宋志》所引《大传》中语,首句皆云:‘惟十有四祀。’”

十五年,帝命夏后有事于太室。王国维引《考工记·匠人》疏:“夏后氏世室。”

上述记载若无讹误,经分析可知,帝舜十五年,“命夏后有事于太室”之

---

① 何光岳:《崇国的来源和迁徙》,《求索》1991年第6期。
② 〔三国〕韦昭注:《国语》,商务印书馆,1957年,第10页。

时,嵩山已封给大禹三十年。《考工记·匠人》疏:“夏后氏世室。”“世”指三十年。《论语·子路》:“如有王者,必世而后仁。”何晏《集解》引孔安国注曰:“三十年曰世。”这里的“室”指家,引申为大禹作为司空的采邑。向前追溯三十年,即帝尧八十六年,那一年大禹治河取得成功。进言之,嵩山地区成为大禹的采邑与帝尧的封赏有关。基于大禹被封嵩山的史实,《小雅·信南山》才会说“信彼南山,维禹甸之”。需要指出的是,这时的大禹已继承了崇伯的封号,在嵩山地区建立了崇国。《帝王世纪》第三:“尧美其绩,乃赐姓姒氏,封为夏伯,故谓之伯禹。”“夏”即大。《方言》:“自关而西,秦晋之间,凡物之壮大者而爱伟之,谓之夏。”“夏伯”即“太伯”,根据太室为“夏后氏世室”的记载,又可称为“太室”之伯,或为崇伯。有两则材料称大禹为崇伯。其一,《尚书·舜典》:“伯禹作司空。”孔安国传:“禹代鲧为崇伯,人为天子司空。”孔颖达引贾逵注:“崇,国名。伯,爵也。”[①]其二,《逸周书·世俘解》有“籥人奏《崇禹生开》三钟终”,指大禹生启之事,“崇伯禹”亦称“崇禹”。在后人看来,大禹在嵩山地区继承了崇伯的封号,建立了崇国。

据“夏商周断代工程”成果,公元前2070年为夏的始年,又据今本《竹书纪年》记载:“五十年,(帝舜)陟。”“三年丧毕,(帝禹)都于阳城。”将时间逆推,帝尧八十六年为公元前2130年,该年大禹始封于嵩山。位于登封告成镇颍河与五渡河交汇台地上的王城岗遗址,小城的相对年代属于王城岗龙山文化二期。“王城岗龙山文化二期的C14数据,T157奠6为2132~2082BC,T179奠8为2128~2084BC”[②],与大禹始封嵩山的时间极为接近。由于小城存在的时间并不长,间接证明了“(帝舜)十五年,帝命夏后有事于太室”的真实目的,就是鉴于前年大禹代天子祭祀的成功,帝舜因畏惧大禹的声望而对其进行打压,废除了其在封地嵩山的祭祀权。这时,小城才使用了三十年。

① 李学勤:《十三经注疏·尚书正义》,北京大学出版社,1999年,第74页。
② 方燕明:《登封王城岗城址的年代及相关问题探讨》,《考古》2006年第9期。

帝舜去世之后,《史记·夏本纪》记载:"十七年而帝崩。三年丧毕,禹辞辟舜之子商均于阳城。天下诸侯皆去商均而朝禹。禹于是遂即天子位,南面朝天下,国号曰夏后,姓姒氏。"大禹即位之后,嵩山地区作为夏兴之地,大城为"先将王城岗小城的城墙夷为平地后才修筑"①,或在王城岗小城基础上兴建大城,其在嵩山地区所建立的崇国,亦被称为夏后。

四、"既伐于崇,作邑于丰"新解

上博简《容成氏》第四十六、四十七、四十八简释读为:

> 文王闻之,曰:"虽君亡道,臣敢勿事乎?虽父亡道,子敢勿事乎?孰天子而可反?"受闻之,乃出文王于夏台之下而问焉,曰:"九邦者亓可来乎?"文王曰:"可。"文王于是乎素端褰裳以行九邦,七邦来服,丰、镐不服。文王乃起师以向丰、镐,三鼓而进之,三鼓而退之,曰:"吾所知多尽。一人为亡道,百姓亓何罪?"丰、镐之民闻之,乃降文王。②

分析这段简文,当文王获知九邦叛殷之后,以岐周为采邑的他提出自己的质疑,即以君臣、父子之道,不能反叛天子。文王被引导至夏台之下,九邦质问文王能否在夏台祭祀夏人先祖,言外之意,反对以殷代夏,间接驳斥了不能反叛天子之说。文王身着素色礼服拜谢九邦以示歉意,只有丰、镐两邦不表示服从,文王最后以其仁道使得丰、镐降服。那时候的文王,应已被封为西伯,《后汉书·西羌传》有"乃率西戎,征殷之叛国以事纣"的记载,文王使九邦降服,可以说是不战而屈人之兵,暂将反叛安抚下来。这件事,前文引李零注,文王丰邑是灭丰所建,与崇无关。事实上,《容成氏》的记载固然不虚,但

① 北京大学考古文博学院:《登封王城岗考古发现与研究(2002—2005)》,大象出版社,2007年,第787页。

② 马承源主编:《上海博物馆藏战国楚竹书》(二),上海古籍出版社,2002年,第286~288页。

我们不能以战国文献否定先秦早期文献《大雅·文王有声》中“既伐于崇,作邑于丰”的记载,应为文王安抚九邦之后的后续事件。《说苑》卷十五《指武下》:“文王欲伐崇,先宣言曰:‘予闻崇侯虎蔑侮父兄,不敬长老,听狱不中,分财不均,百姓力尽,不得衣食。予将来征之,唯为民。’”文王征讨崇伯的借口缺少事实支撑,指斥亦多为主观推断,想必最后对以崇侯虎为代表的夏族露出了真面目。周室是踩在夏裔背上振兴起来的,周人经常将夏挂在嘴上,既彰显其文治武功,又突出代夏伐殷的合法性,如《尚书·康诰》:“用肇造我区夏,越我一二邦以修。”《尚书·君奭》:“惟文王尚克修和我有夏。”《尚书·立政》:“帝钦罚之,乃伻我有夏,式商受命,奄甸万姓。”

结合前文“出文王于夏台”事件,所谓九邦:丰、镐、郍、郻、于、鹿、黎、崇、密须氏,应多为夏裔。九邦所在地理位置,据李零注,丰、镐在今陕西长安沣河东西两岸;郍在今河南新郑一带;郻在今河北获鹿东南;于在今河南沁阳西北;鹿在今河南嵩县东北;黎在今山西长治西南;崇,据《中国历史大辞典》(上海辞书出版社,2000年版)在今河南嵩山附近;密须氏在今甘肃灵台县西。[①]这些地理位置应多为九邦的地望,文王时期应多已迁入关中,这是为商所迫的缘故。事实上,商汤灭夏之后,采取了打压夏遗族的一系列措施,如“迁夏社”,《史记·殷本纪》:“汤既胜夏,欲迁其社,不可,作《夏社》。”孔安国传:“欲变置社稷,而后世无及句龙者,故不可而止。”又“言夏社不可迁之义”。[②]夏社是夏人供奉祖先的宗庙或祭坛。又如“封夏后”,《史记·夏本纪》:“禹为姒姓,其后分封,用国为姓,故有夏后氏、有扈氏、有男氏、斟寻氏、彤城氏、褒氏、费氏、杞氏、缯氏、辛氏、冥氏、斟戈氏。”又“汤封夏之后”。《正义》引《括地志》云:“夏亭故城在汝州郏城县东北五十四里,盖夏后所封也。”[③]夏后即崇

---

① 马承源主编:《上海博物馆藏战国楚竹书》(二),上海古籍出版社,2002年,第286~287页。
② 〔汉〕司马迁:《史记》,中华书局,1959年,第96页。
③ 〔汉〕司马迁:《史记》,中华书局,1959年,第89页。

国,被商汤徙至今平顶山郏县境内,到了商末,崇国已被迫迁至关中地区。《史记·周本纪》:“明年,伐崇侯虎。”《正义》:“皇甫谧云夏鲧封。虞、夏、商、周皆有崇国,崇国盖在丰、镐之间。诗云:‘既伐于崇,作邑于丰’,是国之地也。”[①]事实上,商末的崇国应仍代表着大夏的宗室地位,前文中,文王仅使丰、镐臣服不足以让其“作邑于丰”,只有灭掉崇国之后才可能做到,因此,《大雅·文王有声》中“既伐于崇”句在“作邑于丰”之前。

(作者为河南省周口师范学院豫东南文化传承与发展研究中心副教授)

① 〔汉〕司马迁:《史记》,中华书局,1959年,第118页。

大禹神话传说隐含的原始文化图景*

段友文　王文慧

“神话”并非中国本源词语，而是随着世界神话学的发展而引进的外来词语。关于神话的定义中外学界众说纷纭，综合各家之说，本文认为，神话即是在生产力低下的原始社会中，先民根据自身的生活经验，按照自己的内心愿望，用幻想的形式，对能够感觉到却看不到的神秘力量进行的描摹、讲述和建构的叙事作品。根据不同的分类方法，可将神话分为不同的类型。按国别进行分类，可分为中国神话、希腊神话、北欧神话等；按民族进行分类，可分为汉族神话、少数民族神话；中国上古神话又可分为创世神话、英雄神话和传奇神话。

人类的思维与意识，有一个产生、发展并逐渐成熟的过程。在原始社会末期，甚至是奴隶社会，人类社会的思维、意识、文化，通通体现在神话当中。“因此，当人们追踪自然科学史、史学史、文学史、艺术史、宗教史、哲学史的源

* ［基金项目］本文系国家社会科学基金重点项目“山陕豫黄河金三角区域神话传说文化意蕴与当代表述研究”（项目批准号：15ASH010）的阶段性成果。

头时,无一例外地都要上溯到神话这块‘圣地’。”[①]神话表现了原始人类对自身与自然、人与人之间多种关系的思考,并运用一些幻想的思维进行解释和处理。原始人类早已不复存在,但神话是原始人认知世界、观念习俗的产物,因此我们可以从神话传说的原始习俗、原始意象、原始观念中去窥视其隐含原始的文化图景。

一、创世:大禹神话的文化还原

创世神话,即描述万物起源的神话,包括世界和万物的形成、人类的起源、民族的由来等内容。它是神话的一个重要组成部分,托卡列夫认为创世神话是“构成神话的主体”[②]。我国有非常丰富的创世神话资源,代表性的创世神话有盘古开天辟地、女娲抟土造人、大禹治水等,而这些内容驳杂的创世神话文本内容又可归结为天地形成创世、族源追溯创世、日月星辰起源创世、文化现象起源创世、人类起源创世等神话类别。大禹神话是一个古典神话传说体系,它的神话内容包含了人类起源、族源追溯等方面,我们将从典籍文献与口头文本中,对大禹神话中的创世内容进行分析,从而了解其所蕴含的原始文化形态。

(一)生殖创世:史前社会的婚育伦理观念

任何时代的文化形态,都可能反映在其同时代所产生的社会意象当中,这种意象并不是静止的,而是可随着社会的发展传递延伸的,因而具有动态流变性。神话是人类早期的产物,其所具有的神话因子中有一部分原始社会所产生的意象,通过对这些意象进行分析,从而可窥见一些原始社会中的文

① 冯天瑜:《上古神话纵横谈》,上海文艺出版社,1983 年,第 217 页。
② [苏]C. A. 托卡列夫著,魏庆征译:《神话与神话学》,载于《民间文学理论译丛》,中国民间文艺出版社,1986 年,第 3 页。

化形态。

开天辟地与人类起源是创世神话的两大主题。《中国创世神话》一书根据人类生成的方式,将人类起源神话分为自然生人、诸神造人、动物变人和洪水后人类再传四类。[①] 大禹出生即属于自然生人的类型。在大禹创世生殖神话中,关于其出生有两种类型:其一为禹母感孕而生型,其二为鲧腹生禹型。

感孕而生神话,是原始社会母系氏族制的遗留,成为人类生殖神话中一个典型的类型。感生神话的内涵是指男女之间并未有交合行为,而女性怀孕源自受感于或者意念于自然界的某物,从而诞下人类的某位始祖。在我国,这样的神话类型无论是典籍记载还是口头传承,都有丰富的文本,多见于民族首领或封建君主的神异诞生中。典籍记载中著名的感孕而生事件包括简狄吞鸟卵而生契、姜嫄履巨人迹而孕育周始祖后稷、握登意感大虹而生舜、修己吞薏苡而生禹、刘媪感龙而生汉高祖等,这些丰富而神秘的感生神话所蕴含的文化现象值得我们去探究。大禹是华夏民族的始祖神之一,他的诞生神话中,同样有"感生"的神秘母题。

> 修纪见流星,意感生帝文命,我禹兴。[②]
>
> 鲧妻修已,见流星贯昴,梦接意感,又吞神珠薏苡而生禹。[③]
>
> 女嬉吞薏苡而生。[④]
>
> 女狄吞石子而生。[⑤]

《山海经》《太平御览》《吴越春秋》《绎史》《归藏》等典籍关于大禹出生的记载都有一个神奇诞生的描述,或曰见流星意感而孕,或曰吞薏苡而孕,或曰吞神珠而孕,抑或曰吞石子而孕,但这些记载有一个共同的特点,即禹母孕育

① 陶阳、钟秀:《中国创世神话》,上海人民出版社,1989年,第12页。
② 〔宋〕李昉等:《太平御览·卷一百三十五》,中华书局,1960年,第189页。
③ 〔汉〕赵晔撰,张觉译:《吴越春秋译注》,北京联合出版公司,2015年,第124页。
④ 〔汉〕赵晔撰,张觉译:《吴越春秋译注》,北京联合出版公司,2015年,第346页。
⑤ 〔清〕马骕撰:《绎史·卷十一》,中华书局,2002年,第1435页。

大禹时,并非有正常的男女交合关系,而是通过感知自然界其他外物而怀孕,此为典型的感孕生殖神话类型。

“昔太古尝无君矣,其民聚生群处,知母不知父,无亲戚兄弟夫妻男女之别,无上下长幼之道。”[①]远古社会,先民群居杂处,无族群领袖,更无国君可言。此时,以母系为中心,从女居,人们只知其母不知其父,无亲戚、兄弟、长幼、尊卑之分,呈现出自然而又混沌的社会状态。《管子》也记载:“古者,……未有夫妇妃匹之合,兽处群居。”[②]这是人类最初的杂婚婚姻形态。之后,人类由杂婚进入到血缘婚,人与人之间有了辈分的区别;又从血缘婚到氏族外婚,从此有了兄弟姐妹的区分;氏族外婚由群体向个体过渡,进而产生了对偶婚,此时,由母系氏族关系转化成为母系家庭关系。由此可见,禹母感孕而生的神话映射着原始社会对偶婚出现之前母系氏族的社会形态。

大禹神话中鲧腹生禹类型,表现了原始社会父权向母权的挑战。母系社会的产生有其自然生态的延续性,女性的生理构造本能地使之成为人类自身再生产的主要承担者。以母系为中心,从女居,子知母而不知父,其实是一种自然的状态。以父系为先导的文明时代,则具有一种反自然的性质。

> 鲧窃帝之息壤以堙洪水,不待帝命。帝令祝融杀鲧于羽郊。鲧复生禹。[③]
>
> 鲧死三岁不腐,剖之以吴刀,是以出禹。[④]

大禹的父亲鲧,盗天帝的息壤以“堙塞”之法治水,历时九年却最终失败,祝融奉天帝之命将其殛杀于羽山。而鲧死后三年,尸体都没有腐烂,天帝又派祝融用吴刀将其肚子剖开,大禹出生。这则神话具有非常浓重的奇幻荒诞

① 〔战国〕吕不韦撰:《吕氏春秋·恃君览第八》,湖北崇文书局,光绪元年(1875)。
② 〔唐〕房玄龄注:《管子·君臣下》,中华书局,1920年,第93页。
③ 袁珂:《山海经校注·海内经》,上海古籍出版社,1980年,第472页。
④ 〔清〕王谟:《汉魏遗书钞》,西南师范大学出版社,2011年,第1874页。

色彩,然而它却表现了原始人类父权的反抗和崛起。

“鲧腹生禹”神话中,出现了男性腹中怀胎生子的意象,实际上是对男性在生育当中重要作用的强调。由于女性自身生理构造的本能,使其成为在原始社会当中人类繁衍再生产的主要承担者。然而,随着社会生产力的发展,对偶婚的产生,“父亲”称谓的出现,男性在体力上对自然的征服,父权对母权的反抗便开始了。由于原始人类对社会认知的局限性,于是他们的反抗首先从争夺产生人类的生育权开始,“鲧腹生禹”神话因素即是这一社会阶段的产物。

男性在争夺生育权的过程中,还产生了一种奇特的社会习俗——产翁制。产翁制是指妇女在生产后,其丈夫模拟妻子生产的过程,卧床数十日哺育孩子并接受亲友们的祝贺,而妻子则可以上街、力田、理事。《太平广记》中有这样的记载:“越俗,其妻或诞子,经三日,便澡身于溪河。返,具糜以饷壻。壻拥衾抱雏,坐于寝榻,称为产翁。”[①]文中大意为:越族(原壮族先祖)有一种习俗,妇女如果生了孩子,三天便可到河里洗澡、下地劳动。回到家里,要为丈夫做饭。丈夫则坐在床上裹着被子抱着孩子,这样的习俗即为产翁制。男性为了从女性手中获得繁衍子息的权利,便衍生出了这样一种社会习俗。大禹由其父怀胎孕育而生的神话类型,可以说是产翁制的一种原始形态,这样一种社会习俗不仅存在于原始社会向奴隶社会的过渡时期,同样出现在我国很多民族长达几千年的封建社会当中,并且直到现在,仍然有极为少数的民族遗留有这样的习俗。比如纳西族,他们对于一个好男人的评价是能够拥有“琴棋书画诗酒茶”的能力,并且长期在家带孩子;而对于一个好女人的评价则是“庄稼做得好,生意做得起,人前敢讲话,屋里会当家”,并且生完孩子后就可马上进行日常劳作。

---

① 〔宋〕李昉:《太平广记・卷四百八十三》,中华书局,1981 年,第 3981 页。

鲧禹神话传说,可以折射出远古时期的历史生活,对认识史前社会具有一定的价值:鲧禹时期是母系氏族社会向父系氏族社会转型的时期,而夏启时期“夏传子、家天下”是父系氏族社会确立的时期。邵伯人从图腾考证的角度也对这一观点作出了解释:“鲧和禹在被贴上母系龙(蛇)的标记的同时,又一再被贴上父系熊的标记,不能不认为,这是父系血统观念与母系血统观念的对抗……可以说,鲧、禹、启祖孙三代是社会由母系向父系过渡的一个缩影。”①大禹神话传说中的生殖创世神话,证明人类历史上确实存在过群婚阶段。人类婚姻大致经历了群婚、族外婚、对偶婚、一夫一妻制这样的过程,历史发展就是沿着人类自身的不断实践与认识演变前进的。

由于原始思维阶段人类的科学认知极为有限,他们还不能客观地认识生育与两性的关系,于是人类生命的本源被归结为神秘玄幻的自然界物质。因而感生神话将人类的起源归结为女性与自然物的接触而受孕。但是随着生产力的发展,男性在社会生产中的地位越来越重要,有限的思维认识也就为男性争夺生育权的社会现象提供了可资发展的机会。这些形式多样的神话反映了人类不断地试图解释生命的起源,不同类型的生殖起源神话也反映了原始社会不同的文化形态。

人类之间的社会等差,正是首先从两性关系的变动中萌生的,即原始社会向奴隶制社会的过渡是伴随着父权与母权之间的斗争并最终由父权获胜而产生的。通过对神话叙事中的原始文化意象的解读,在现代社会里依然能够听到原始社会文化形态的回响。

(二)洪水创世:史前社会的神话自然力意象

洪水创世神话具有广泛的世界性特征,其内容大多是用来解释世界起源、人类产生的一种文学类型,不同民族的洪水创世神话反映了他们各自的

① 邵伯人:《鲧禹变形臆说·神话仙化佛化》,河北人民出版社,1986年,第15页。

民族特征和时代特色。鲧禹治水神话蕴含着我国洪水创世神话的原型,体现了原始人类对抗自然以及征服自然的气概和愿望,充满着进取精神。正如历史学家范文澜所说:“许多古老民族都说远古曾有一次洪水,是不可抵抗的大天灾。独在炎黄族神话里说是洪水被禹治得‘天平地成’了。这种克服自然、人定胜天的伟大精神,是禹治洪水神话的真实意义。”[①]在这类神话中,一些神话意象反复出现,如龙蛇意象、息壤意象等都是原始人类在征服自然过程中对自然力的形象化。

龙蛇意象代表了原始社会自然的洪荒之力。通常我们认为华夏民族是龙的传人,龙是汉族的图腾标志。在与大禹有关的神话传说中,常常出现“龙蛇”的意象。通过田野调查我们发现,登封有许多大禹治水的民间传说,该地颍河水患的缘起,均与“蛟龙”起祸有关。比如:“禹王锁蛟”“火烧焦(蛟)河”的核心情节都是大禹凭借其神力,将引发水灾的蛟龙制服,因而治水取得成功。由此可见,这些民间传说故事中的“龙”意象并非我们现在所说的象征君子、财富一类的吉祥物,而是吉祥的对立面——灾祸的象征。

从汉代至清朝,王朝更迭的主流一直呈现着大一统的总趋势,在这段漫长的封建社会时期,“龙”意象一直都是皇权以及汉族的象征,而在民间也一直将其视为呼风唤雨的神灵。我们追随着时间的脉络上溯到先秦时期,《仪礼注疏》云“蛟龙,君子类也”[②],郑玄将蛟龙看作君子一类的事物;《山海经·大荒西经》描述:“西南海之外,赤水之南,流沙之西,有人珥两青蛇,乘两龙,名曰夏后开。开上三嫔于天,得《九辩》与《九歌》以下。此天穆之野,高二千仞,开焉得始歌《九招》。”[③]“夏后开”即夏启,汉代为避汉景帝刘启名讳而改。此时,“龙蛇”意象并存,成为夏启上天入地的工具。继续向前追溯,我们发

① 范文澜:《中国通史》,人民出版社,1978 年,第 22 页。
② 〔清〕阮元校刻:《十三经注疏》(上册),中华书局,1980 年,第 1011 页。
③ 袁珂校注:《山海经校注·大荒西经》,上海古籍出版社,1980 年,第 473 页。

现，“蛟龙”象征水患的意象便出现了。《山海经·大荒北经》云：

共工之臣名曰相繇，九首蛇身，自环，食于九土。其所歍所尼，即为源泽，不辛乃苦，百兽莫能处。禹湮洪水，杀相繇，其血腥臭，不可生谷，其地多水，不可居也。禹湮之，三仞三沮，乃以为池，群帝因是以为台。在昆仑之北。[①]

文中描述了“九首蛇身”的相繇，它是共工的臣子。相繇自身盘踞能够“食于九土”，可见它的身体极其庞大。它呕吐出来的东西，会成为池塘沼泽，气味非常难闻，附近飞禽走兽都不能在这个区域生存。大禹杀了相繇，并将其湮埋，然而它的血十分腥臭，草木谷物都不能生长，水灾泛滥，也不能居住。大禹多次对其进行湮埋，却每次都以失败而告终，所以不得不将其掘以为池。在上古神话里，相繇即为相柳，是水灾的象征，抽象地说，“九首蛇身”的相繇是荒莽的、自然力的意象化。

由此看来，民间传说故事中的“蛟龙”意象便得到了合理的解释，它是产生于原始社会的神话意象之一。大禹治水则是大自然的洪荒之力与人类之间激烈冲突时代的反映。《淮南子·本经训》篇述其时大旱之状曰：“尧之时，十日并出，焦禾稼，杀草木，而民无所食。”[②]尧帝之时，十个太阳同时出现在天上，庄稼、草木全被烧焦晒死，导致百姓食不果腹，民不聊生。孟子又描述当时水患泛滥之状曰：“当尧之时，水逆行，泛滥于中国，蛇龙居之，民无所定，下者为巢，上者为营窟。”[③]帝尧时期，龙蛇作恶多端导致大水泛滥，百姓居无定所。原始先民在鸟兽逼人、水旱成灾的极度恶劣的生存环境下，开始了“射日”、治水的伟大斗争。流传至今的大禹治水神话则是以大禹为代表的人类与洪荒自然力激烈冲突的典型代表。

---

① 袁珂校注：《山海经校注·大荒西经》，上海古籍出版社，1980年，第489页。
② 刘文典：《淮南鸿烈集解·卷八》，中华书局，1989年，第254页。
③ 〔汉〕赵岐：《十三经注疏·孟子注疏》，中华书局，1980年，第2714页。

大禹神话中的“息壤”意象，代表着活土的生命增殖力。在上古神话中，鲧、禹父子都是治理洪水的神话人物，然而在后世的大多数神话传说文本中，人们往往把鲧当成是禹治水成功的对立面，禹是在吸取鲧“湮堵”的失败教训后，才采取疏导河道的治水方式。但其实在二人的治水过程中，都使用过“土湮洪水”的治理方式。

先秦古籍《山海经·海内经》中描述：“洪水滔天。鲧窃帝之息壤以堙洪水，不待帝命。帝令祝融杀鲧于羽郊。鲧复生禹。帝乃命禹卒布土以定九州。”[①]这是鲧、禹治水神话的最早记载。意思是，远古时期，洪水滔天，鲧在没有征得天帝同意的情况下，私自盗取了天帝的神土，来堵塞漫天洪水。最终天帝命令祝融将鲧杀死在羽山附近。然而，天帝又命鲧的儿子禹铺填土壤，最终安定了九州。在民间口传文本中也有这样的记载：“鲧心系百姓，急于治水，无奈之下盗取天帝的息壤。天帝息壤十分神奇，只要往洪水里一撒，马上就能变成一道长堤，并且越长越高，越长越长，洪水最终被制伏，人们过上了安居乐业的日子，并且非常感谢鲧，尊称他为‘崇伯鲧’。当天帝知道鲧盗走他的息壤后，非常震怒，命令火神祝融率天兵天将到人间捉拿鲧，很快鲧寡不敌众，被诛杀并抛尸于野了。祝融收了息壤向天帝请赏，结果洪水再次泛滥，民不聊生。”[②]

禹之时，天下大雨，禹令民聚土积薪。[③]

禹乃以息土填洪水。[④]

以上是《淮南子》中的两段材料，第一段说天下洪水泛滥之时，大禹让百姓聚集土壤，第二段说大禹用息土来湮塞洪水，两段材料共同表明大禹在治

---

① 袁珂：《山海经校注·海内经》，上海古籍出版社，1980年，第472页。
② 刘白雪、常松木：《大禹与嵩山》（下卷），中州古籍出版社，2009年，第393页。
③ 〔汉〕高诱注：《诸子集成·淮南子·卷十一·齐俗训》，中华书局，1954年，第177页。
④ 〔汉〕高诱注：《诸子集成·淮南子·卷四·坠形训》，中华书局，1954年，第56页。

理洪水的时候,也运用了“聚土积薪”“息土填水”的方式。由此可见,“息壤”“息土”为鲧、禹治水神话当中的一个重要意象。

“息壤”之“息”在《说文解字》当中解释为“喘也”,又可引申为“生长”①,“壤”则解释为“柔土”②,即我们通常所说的土壤。高诱将《淮南子》中出现的息土解释为:“息土不耗减,掘之益多,故以填洪水。”③由此可见,“息壤”“息土”为同一意象,是指可生长的生生不息的有生命的土壤。这一意象,在神话传说中表现为可以无限生长的土壤,而在后世漫长的人类进程中,表现为对土的崇拜,认为世间万物的本源即为土,而这一切都来源于原始人类的活土观念。

活土观念首先根植于原始的巫术思维。鲧禹治水神话当中,“息壤”“息土”意象依附于原始先民的祈使臆想,他们把治水之土想象成是无限增殖的活物,而祈使臆想则是原始思维当中一个非常重要的特征。原始先民认为,通过膜拜相对于人类自身的自然存在使之接受人的意志、情感而实现人的某种生存需求。这种膜拜想达到的目的是人的臆想驱使其他物质形式而给人类带来福利或消除灾难。很明显,这体现了人和物的交互感应过程。④

万物起源于“土”的观念,在原始的创世神话中有许多形象生动的描写,其中汉族神话首推“女娲抟土造人”。在彝族史诗《阿细人的先基》中,将泥土造人描写得非常细致:“称八钱白泥,称九钱黄泥;白泥做女人,黄泥做男人……大风吹进泥人的嘴,肚子里呱呱地响,泥人会说话了。”⑤世界上许多国家和民族中都存在着这类神话,包括希腊神话、美洲迈都族印第安人神话、新西兰土著神话,无论它们的主人公是普罗米修斯还是铁吉,是天神还是地神,其

① 〔汉〕许慎:《说文解字·心部》,成都古籍出版社,1981年影印。
② 〔汉〕许慎:《说文解字·土部》,成都古籍出版社,1981年影印。
③ 〔汉〕高诱注:《诸子集成·淮南子·卷四·坠形训》,中华书局,1954年,第56页。
④ [法]列维·布留尔著,丁由译:《原始思维》,商务印书馆,2004年,第314页。
⑤ 陶阳、钟秀:《中国创世神话》,上海人民出版社,1989年,第224~225页。

中都有一个共同的情节——用泥土造人,从而使泥人变为有血有肉的原始人类。这类神话,都体现了原始人对自然的认知,即土生万物。

二、化生:生死循环的生命意识

"求生"是人类的一个重要的生命母题,在原始人类的观念里,人类的死亡是个别的、偶然的,它的发生源于某种巫术、魔法或者影响。他们始终相信有一种永恒的再生力量存在于生命当中,人类的生死是一种循环往复的过程。因而,原始人类在战胜死亡和追求永生的意识中,"探索"出几种不同的途径:一是世间万事万物繁衍生息的自然逻辑转接到人类的生命意识当中,拟构出"死亡—复活"的生命逻辑;二是物化生死观念,就是将生命的结束解释为另一种生命的开始。

(一)"死亡—复活"的生命逻辑拟构

从纷繁的大禹神话中,剥离出最原初的神话因子,从中可窥见原始人的一些生命意识。原始人类是将生与死紧密联系在一起的。他们将朴素的逻辑思维引入对生命现象的认识当中,从而拟构出他们所特有的"死亡—复活"的生命逻辑,其核心观念为灵魂不朽。在登封流传有一则《下雨王借尸转世》的神话传说,用"借尸转世"这样野性的思维描述了大禹的出生。当地文化学者韩有志认为"大禹生于四川,附尸转世后长于登封"。

下雨王借尸转世

嵩山南面有一道山清水秀的山沟名叫水纽屯。传说,夏禹王的原神下雨王就是在这里借尸转世的。下雨王来凡间治水,到尘世上一看,老蛟龙正在作怪,洪水冲毁了田地,淹没了房屋,人们都逃到山岭上去住了。要等再去投胎出生长大成人才开始治洪水已经来不及了。想来想去只有一个办法:借尸转世。他在嵩山水纽屯一个大石头堆上找到了一个半大死孩子。听趴在尸体旁边哭啼的老婆儿说,这个孩子叫文命,是崇伯的单根独苗,于是就附尸转世了。[①]

这则神话传说可以说是流传于全国各地大禹出生神话中的一个独特类型,非常贴切地解释了原始人类对于“死亡—复活”生命逻辑的认知。他们认为:当孩子生下来时,这就是某个确定人物的再度出现,或者更准确地说,是再度赋形。因而人类任何一次出生都是转生。列维·布留尔在《原始思维》里也记载了类似的现象。“有许许多多的黑人、马来人、波里尼西亚人、印第安人、爱斯基摩人、澳大利亚人,在他们那里,死者转生和在家族或氏族中继承他的名字已经成为定规。在西北美洲各部族那里,个人生下来就带着自己的名字、自己的社会职能、自己的纹章……氏族的存在永远是同一些人的死亡和再生的总和。……氏族就其起源来说,是被理解成与一定的空间区域联系着,与图腾灵魂的列祖列宗的老家联系着,与这样的一些山岩联系着,那里是祖先们埋葬的地方,是那些能够坐胎的婴儿出来的地方,最后,也是那些以其繁殖保证着氏族的生活的图腾动物的灵魂出来的地方。”[②]原始人类的“死亡—复活”观念十分强烈,他们将这种灵魂附体的遐想嫁接到现实世界的生活仪式当中,比如许多原始部落孩子的成年礼以假装将他杀死又让他复活为其全部过程;在我国原始社会甚至到封建社会时期都有的陪葬风俗,即帝王或者有身份地位的人死去,要使自己身边的侍臣、婢女和妻妾全部陪葬,这样在另一个世界或者是下次转生还可以保持原来的生活方式。这些都源于原始人类对生与死之间转换认识的思维方式。

原始人类的生死观念是简单而朴素的,他们并不能够非常清楚地划分死人与活人的界限。在他们的观念中,活人与死人之间反而有着千丝万缕的联

① 访谈资料。讲述人:韩有志,男,生于1933年,登封市芝麻凹人;调查人:段友文、王文慧、柴春椿、秦珂;调查时间:2016年7月16日;调查地点:登封市韩有志家。

② [法]列维·布留尔著,丁由译:《原始思维》,商务印书馆,2004年,第330页。

系,死人能够给予活人福报或灾难,同样活人也可以给死人善待或恶报。"死亡—复活"的生命逻辑还表现在祖先在子孙身上的复活以及图腾的绵长延续。

(二)"死后化生"的物化生死观念

所谓物化的生死观,是指原始思维当中人们以"化生"观念为基础,将人的生命结束转化为另一种生命形式的存在,或曰死为生的转型。这种物化的生死观念源于原始人类对自然界物种区分时混沌一片的认知状态。他们认为人起源于非人生物,因而在人与非人生物之间有一种朦胧的连接关系,具体表现在天气变化、昼夜交替、树叶春生秋落等自然现象此消彼长当中。在此意识基础上,原始人类便把这种自然观推广到生死观念当中。

上古神话当中往往表现出一种人、神、物异类合体的特点,人、神、物之间可相互转化,并且成为一个有机组合的完整意象。例如,"炎帝之少女名曰女娃,女娃游于东海,溺而不返,故为精卫"[①]、夸父的手杖"化为邓林"[②]、蚩尤的桎梏"化为枫木之林"[③]。我们从这些生命物化的例子当中可以发现,不仅人能化为鸟、化为石头,而且手杖还能化为林,桎梏能够化为枫木之林。人类与生物、生物与非生物甚至是非生物内部之间都可以相互转化。上古大禹神话系统中也有一些关于物种之间奇异变化的叙述,象征着各种生命形式之间的转化。

鲧三岁不腐,剖之以吴刀,化为黄龙。[④]

昔尧殛鲧于羽山,其神化为黄熊,以入于羽渊,实为夏郊,三代祀之。[⑤]

① 袁珂:《山海经校注·北次三经》,上海古籍出版社,1980年,第92页。
② 袁珂:《山海经校注·海内北经》,上海古籍出版社,1980年,第284页。
③ 〔宋〕张君房:《云笈七签卷一百》,华夏出版社,1996年,第609页。
④ 袁珂:《山海经校注·海内经》,上海古籍出版社,1980年,第473页。
⑤ 〔春秋〕左丘明撰:《左传·昭公七年》,岳麓书社,1988年,第293页。

尧命鲧治水,九载无绩。鲧自沉于羽渊,化为玄鱼。时扬须振鳞,横修波上,见者谓之河精。[①]

无论鲧是死于盗天帝息壤,还是死于治水失败,但其生命并没有因此而结束,或化为黄龙,或化为黄熊,最终都化为异物而得以永生。不难看出,这些其实是原始思维中生命观念的承载,是早期人类克服死亡、追求永生的一种具体表现形式。

有生命形式与无生命形式之间的转化在神话中也很常见,“启母化石”是大禹神话当中一种典型的“物化”神话类型。

禹治洪水,通轘辕,化为熊,谓与涂山氏曰:“欲饷,闻鼓声乃来。”禹跳石,误中鼓。涂山氏往,见禹方作熊,惭而去。至嵩高山下,化为石,方生启,禹曰:“归我子!”石破北方而启生。[②]

《淮南子》中对“启母化石”的前因后果做了详细记载:大禹在开凿轘辕关的时候,为了赶工期,让涂山氏每天中午给他送饭。由于山势险峻,工程浩大,于是大禹就化为黄熊。为了不让妻子知道自己化为黄熊的事,就让妻子在听到击鼓声后再来。有一天,飞石误击中鼓发出响声,涂山娇赶紧把饭做好送去。然而,她看到的是一头黄熊在用头拱山,拱开后再伸出两条巨臂开挖河道,她感到非常羞愧,提起饭篮就往家跑,到了嵩山下就变成了一块大石头。由此可见,原始思维中的生命观念范围是极其宏阔的,它可以跨越人类、动物、植物甚至是非生物这样的种群范围,将其演化成一种浪漫的遐想。这种遐想建立在原始人类对自然万物认识的混沌状态之上,而又来源于原始人类的幻想力,其幻想力几乎没有什么不可能。列维·布留尔说:“对这个思维来说,没有一种变化、没有一种成因、没有一种远距离作用是如此奇怪和不可

① 〔晋〕王嘉撰:《拾遗记·卷二·夏禹》,湖北崇文书局,1875年,第1页。
② 〔宋〕洪兴祖:《楚辞补注》,中华书局,1983年,第97页。

想象以至不能接受的。人可以从山岩里生出来，火可以不燃烧，死的可以是活的。”[①]在这种幻想思维的影响下，物化的思维方式也被运用到生死观念当中。

原始人这种“死亡—复活”的生命逻辑拟构和物化的生死观念表明，他们不仅知道死亡，而且知道死亡是必然发生的事情。他们在承认死亡的基础上努力超越死亡，通过自己对自然万物的认识和幻想力来构筑一种“永生”的方式。

三、自然崇拜：图腾意象的文化解读

“图腾”（Totem）一词，来源于美洲方言，原意为“标记”或“亲属”的意思，是印第安阿尔衮琴部落的鄂吉布瓦族的族徽标记，它代表了该民族原始人群体的祖先、保护神。这一词语在1971年最先由英国人龙格引入学术界，然后西方学术界展开了关于图腾的研究热潮。1903年，严复将英国的《社会通诠》翻译为中文，“图腾”一词开始在我国出现，并很快被学术界所接受。

图腾存在两层含义：一层为显性的，是原始社会氏族的标志、象征、图徽，如汉族为龙图腾、傣族为孔雀图腾、哈尼族为神鸟图腾；第二层为隐性的含义，它是一种信仰观念，连接了早期人类与某种自然物或神的关系，从而引申为某氏族的祖先或庇护神，并且可以从它们那里得到某种力量或技能。可以说，图腾是原始社会时期反映人们生存状态的文化事象。

大禹是夏部族的祖先，学术界对其图腾考证进行了激烈的论辩。顾颉刚认为大禹是蜥蜴之类的虫[②]，关于这一看法鲁迅给予了批驳[③]；民国时期史前

① ［法］列维·布留尔著，丁由译：《原始思维》，商务印书馆，2004年，第443~444页。
② 顾颉刚：《与钱玄同先生论古史书》，《读书杂志》第九期，1923年。
③ 鲁迅：《鲁迅全集·书信》，人民文学出版社，1981年，第115页。

史学者卫聚贤则从考古学观点出发,将夏部族考证为以鱼为图腾[①];叶舒宪运用四重证据的立体释古方法,将大禹部族考证为熊图腾[②];而王钟陵由“禹葬会稽,鸟为之耘”与“会稽是鸟图腾区”这一说法引申开来,认为夏部族图腾为鸟[③]。学界还有夏部族为龙图腾、石图腾[④]、龟图腾等说法。本文并不对大禹(夏族)图腾进行严密考证,而是结合各家所言,运用文化人类学、民俗学的方法对有影响力的几种图腾进行文化事象的剖析,从而解读其所蕴含的原始思维。

(一)族群生命的延续

图腾观念是和生命的直接性认识相联系的。原始人不仅在自身寻求生命延续意象,而且也会在它物上寻求根源。因而他们将“死亡—复活”这一生命逻辑拟构体现在借助于图腾观念与灵魂观念上。原始人“认为自己死后就会返回原形,仍变成熊、鹿之类”[⑤],换句话说,就是死者的灵魂能够依附它所属的氏族图腾而转生。

熊图腾和鱼图腾,说明了鲧与禹之间的血缘顺承关系。在上古神话中,鲧腹生禹,鲧与禹是有血缘相承的父子关系。这一关系,在图腾文化中也有所体现,鲧治水失败后被尧帝殛杀于羽山,死后化为黄熊。而大禹在开凿轘辕关时,也曾化为黄熊。这样,在自然外物上,也表明了鲧、禹之间同为熊图腾部族的氏族血缘继承关系。鲧,从鱼系声,也写作鮌,玄鱼也。《说文解字》谓:“鲧,鱼也。”[⑥]《玉篇》也说:“鲧,大鱼也。”[⑦]晋代《拾遗记》中说:“鲧自沉于

① 卫聚贤:《古史研究》,商务印书馆,1937 年,第 251 页。
② 叶舒宪:《四重证据的立体释古方法——〈熊图腾〉与文化寻根》,《华夏文化论坛》2007 年第 9 期。
③ 王钟陵:《中国前期文化——心理研究》,上海古籍出版社,2006 年,第 273 页。
④ 于省吾:《略论图腾与宗教起源和夏商图腾》,《历史研究》1959 年第 11 期。
⑤ [美]路易斯·亨利·摩尔根著,杨东莼、马雍、马巨译:《古代社会(新译本)》,中央编译出版社,2007 年,第 125 页。
⑥ 〔汉〕许慎:《说文解字》,成都古籍出版社,1981 年影印。
⑦ 〔南朝〕顾野王:《玉篇》,中华书局,2004 年。

羽渊，化为玄鱼，时扬须振鳞，横修波上，见者谓之河精。”[①]这些典籍记载都将神话人物鲧解释为鱼。《说文解字》对禹的解释为：“禹，虫也。”又曰：“鱼，水虫也。”[②]《诗·小雅》孔疏：“鱼，亦虫之别名。”由此可见，后人将鱼视为鲧、禹部族的图腾并非空穴来风，我们从中也可窥见鲧、禹一脉相承的血亲关系。

石图腾说明了禹与启之间的父子继承关系。《墨子》《淮南子》《艺文类聚》均有“禹产于石”的记载，启同样生于石，以启母化石而生启流传最为广泛。此说法亦见于《穆天子传》《隋巢子》等。这些禹产于石、涂山氏化石、石崩裂生启的记载，一方面说明了夏部族的石崇拜，另一方面也反映了禹与启的继承关系。关于石图腾还有一种说法：大禹所在的部族为熊图腾，而其妻涂山氏的部族为石图腾。王钟陵将大禹“化为熊”解释为与熊氏族浑为一体，利益倒向了熊氏族一方。而将涂山氏“化为石”解释为涂山氏与大禹氏族决裂后回到以石为图腾的部族。[③] 这样便用图腾关系把氏族之间的通婚关系或是利益分歧表述出来。若采信这种观点，则“禹生于石”和“启生于石”表明了夏族与石图腾氏族之间的世代通婚关系，从这一方面也解释了禹与启之间的血脉相通关系。

原始人类的代际传递、族群长存观念蕴含在图腾观念与万物有灵观念当中。图腾观念是原始人对生命之根的认同和对生命承续的解释，在他们的意识中，死亡被看成是灵魂回老家，亲人们以图腾动物的形体聚居在另一个世界里。这种动物式的另一个世界的观念，在后世演化为对极乐世界和乐土的企向。[④]

---

① 〔晋〕王嘉撰：《拾遗记·卷二·夏禹》，湖北崇文书局，1875 年，第 1 页。
② 〔汉〕许慎：《说文解字·土部》，成都古籍出版社，1981 年影印。
③ 王钟陵：《中国前期文化——心理研究》，上海古籍出版社，2006 年，第 205 页。
④ 王钟陵：《神话中的生死观》，《汕头大学学报》1993 年第 7 期。

（二）神异力量的相助

图腾不仅是原始人类的祖先神、庇护神，同时也是原始人类信奉的可以从中获得力量和帮助的来源体。在大禹治水神话中有很多地方都体现了这一点。登封民间传说中，有一则大禹治理颍河水的神话传说：颍河泛滥成灾，两岸一片汪洋，庄稼被淹，人们叫苦连天。大禹经过观察，认为只有凿开轘辕关，让洪水归入伊洛河，然后再让它流入黄河，嵩山地区的人们才能安居乐业，于是就决定到轘辕关凿山治水。大禹来到轘辕关一看，山势险峻，工程浩大，为了迅速凿开轘辕关，于是就化为黄熊，用头拱山，拱开后再伸出两条巨臂开挖河道，很快便开出了一道山口。[①] 大禹化熊的情节在《淮南子》中也有涉及："禹治鸿水，凿轘辕……涂山氏往，见禹方作熊，惭而去。"[②]从登封民间传说中可见，治理泛滥成灾的颍河水，开凿河道是一个非常巨大的工程，原始社会生产力极其低下，人们通过将大禹幻想成有异能的熊来得到帮助，与自然的洪荒之力抗衡。王晖认为大禹部族的图腾为鼋龟。《尚书》曰："天与禹洛书出。神龟负文而出列背。"[③]水中浮出背驮"洛书"的神龟献给大禹，大禹依据神书因而治水成功。无独有偶，在孙星衍辑的《尸子》下卷中载："禹理洪水，观于河，见白面长人、鱼身，出曰：吾河精也，授禹河图，还于渊中。"[④]大禹治理洪水，站在河中观察水势，突然眼前出现了一位人面鱼身的水中生物，它自称为河精，授予大禹"河图"后回到水中。河图与洛书在大禹治水神话中多次出现，实则为中国河洛文化的滥觞，两幅神秘之图历来为研究中华文明起源的热点。在神话传说中，河图和洛书成为大禹治水成功的关键，而它们的出现，往往也伴有神秘力量。

① 常松木：《登封大禹神话传说》，河南文艺出版社，2014年，第169页。
② 刘文典：《淮南鸿烈集解·卷八》，中华书局，1989年，第254页。
③ 黄曙辉校，曾运乾注：《国学典藏·尚书》，上海古籍出版社，2015年，第114页。
④ 〔战国〕尸佼：《尸子·下卷》，华东师范大学出版社，2009年，第67页。

禹尽力沟洫,导川夷岳。黄龙曳尾于前,玄龟负青泥于后。玄龟,河精之使者也,龟颔下有印,文皆古篆,字作九州山川之字,禹所穿凿之处以青泥封记其所,使玄龟印其上。[①]

《拾遗记》中的这段文字记载也表明大禹在治理洪水、开山导河的时候,的确得到过神物相助,一为黄龙,二为河精的使者玄龟。原始社会时期,人类的生产力非常有限,在人力与自然力的对抗中,人们感到了自己的渺小,于是他们对大自然的变幻莫测产生恐惧的心理,但人类生存的资料又主要来源于大自然的馈赠,因而,除恐惧之外,相伴而生的还有对自然力量的依赖。原始思维中"万物有灵观"是其中的一个主要特征,图腾在这种情况下应运而生,它往往成为一种神奇力量帮助人类得以生产和生活。

(三)生殖能力的象征

关于大禹的出生,除感生神话"禹母吞薏苡而生禹"之说、"鲧父生禹"之说和"灵魂转世"说外,还有一种普遍的说法,即"禹生于石"[②]。从图腾与信仰文化方面解读,这是一则典型的巨石崇拜神话。而且大禹之子启,也是涂山氏化石之后,大石崩裂而生。"修己……胸拆而生禹于石坳。"[③]"禹产于砥石,启生于石。"[④]在大禹系列神话中,禹的出生、启的出生以及涂山氏死后化生,都与石头相关。因而,大禹、启的部族图腾为"石"是学界的重要说法之一。

"石生人"的文学基型产生于中国原始社会的灵石信仰。考古学家们认为突起的长柱形石茎巨石,象征男性生殖器;石缝、石槽或石洞象征女性生殖器。黑格尔也说:"对自然界普遍存在的生殖力的看法是用雌雄生殖器的形

① 〔晋〕王嘉撰:《拾遗记·卷二·夏禹》,湖北崇文书局,1875年,第1页。
② 〔汉〕刘安等著,陈广忠注:《淮南子·修务训》,中华书局,2012年,第524页。
③ 〔晋〕皇甫谧撰:《帝王世纪》,中华书局,1985年,第14页。
④ 〔宋〕李昉等:《太平御览·卷五十一》,中华书局,1960年,第250页。

状来表现和崇拜的。”[①]广西壮族自治区的凌云县有一则神话《布洛陀》,其中在讲述男性神布洛陀开辟天地时,其阴茎化成一根巨大的赶山鞭,而女性神米洛甲的阴部变成一座带有石洞的巨山,生出万物。[②] 多年来,各个学科的人们都在探索英国巨石阵的奥秘,然而哥伦比亚大学的皮克斯根据巨石阵产生的年代以及巨石形状特征,最终判断巨石阵是生殖器的象征。这与我国原始思维当中灵石信仰的生殖崇拜意蕴不谋而合。这些都是原始人思维特征中“互渗律”的体现,在他们直观感受的意识当中,万事万物都是相通的,因而人的生殖本能也与石头之间建立起了联系。

登封市太室山启母石形制巨大,南面部分直立,北面横躺在地,呈现出石头崩裂之状。当地人相传为大禹妻子涂山娇,因看到大禹化为黄熊受到惊吓所化而成,因而奉其为神圣之物。从人类学的角度看,证之以崩裂的石头所附着的神话传说,可以认为它是女性生殖器的象征,“石破北方而生启”也是母系氏族的神话遗留。

在中国传统文化中,“石头生人”是一个较为普遍的文化现象,在后世文人的创作中,有许多作品都与该现象有关。最为人们所熟知的即是《西游记》中孙悟空的出生:“那一座山正当顶上,有一块仙石……每受天真地秀,日月精华,感之既久,遂有通灵之意,内有先胞,一日崩裂,产一石卵,似圆球样大,因见风,化作一石猴。”[③]孙悟空是一只由仙石崩裂而生的石猴,该仙石感天地日月之精华,因而通灵化为石猴。这一产生于明代文学作品中的“石猴诞生”无疑与大禹神话中的“石生人”有异曲同工之妙。可以说,大禹神话中的“石生人”为后世文人创作提供了心理原型。

综上所述,大禹神话中“化石”与“石生人”的表述,以及后世对其部族“石

① [德]黑格尔著,朱光潜译:《美学》,商务印书馆,1979年,第437页。
② 过竹:《葫芦说》,《民间文学论坛》1985年第5期。
③ [明]吴承恩:《西游记》,吉林人民出版社,2006年,第1页。

图腾”的考证，均源于原始思维中的生殖崇拜。原始社会时期，人类还无法对生命起源得到科学认知的情况下，石头被赋予了孕育生命的使命。现今，灵石信仰的生殖崇拜意蕴在我国很多地方还有原始遗风，人们往往通过摸“神石”或者向山洞、山坳扔石头的行为祈求子嗣。比如，淮阳有“打儿洞”和“子孙窑”等。原始初民的生殖崇拜在这些与石相关的祈子风俗中同样得到验证。

图腾物在原始人的生活中所具有的价值是多方面的。一方面，在生存能力的探索方面，图腾物具有了神异的外力；另一方面，在生命的生存与发展的认识当中，早期人类将人类的生命与繁衍能力旺盛的动植物相联系，从而产生了生殖崇拜与祖先崇拜。

四、结语

“艺术、文学、科学、宗教、政治思想等社会意识形态相继从神话学中分离出来，但仍保留有一系列神话原型。”[①]综观大禹神话传说隐含的原始文化意蕴，其神话内容、情节、意象、思维等所体现的原始社会伦理观念、生命意识、自然崇拜等，构成了一个庞大的体系，借助这个体系可以还原史前社会的部分原始图景。大禹神话中女嬉（修己）感孕而生、鲧剖腹而生禹等这些生殖创世的神话元素，不仅是史前社会两性对生育权争夺的体现，同时也进一步反映了同一时期社会的婚姻状态；洪水创世神话中的龙蛇意象与息壤意象的大量出现，则反映了原始初民对自然力认识的畏惧心理以及征服异己力量之勇气；大禹附尸转世、死后化生的情节表述展现了人类童年时期的时空观与生命观；神话传说中对熊、龟、鱼、石等大量意象的描述，体现了原始初民形象思

① 王钟陵：《中国前期文化——心理研究》，上海古籍出版社，2006年，第77页。

维的产生,他们认为人起源于非人生物,萌生了最原初的自然崇拜和混沌不清的各种物体之间相互联系的自然观。

(作者段友文为山西大学文学院教授,民俗文化与俗文学研究所所长,兼任中国民俗学会常务理事;王文慧为山西大学2014级民俗学专业硕士研究生)

论大禹联合“有巢氏”开发江淮的贡献

周怀宇

巢湖流域史前文化遗址群的考古发掘，证明了一个重大历史问题，《尚书·禹贡》记载的扬州区域历史文化，属于有巢氏创造的历史文化。[①] 有巢氏经历了“和县猿人”到“银山猿人”，再到“薛家岗文化”“凌家滩文化”，漫长的30万年，留下了粲然可观的人类文明。尧舜禹时代，有巢氏出现新的历史面貌。《尚书·禹贡》客观记录了有巢氏在新时期的进步与发展，尤其是社会经济方面的各种活动，充分反映了其开发江淮的历史贡献。

《尚书·禹贡》中，大禹“行功”扬州，联合有巢氏，开发江淮经济，其最大贡献即是建置了江淮地区的涂山国，开发了江淮地区最早的经济体，各种具有区域特色的经济在江淮地区相继发展，治水、辨土、造田、交通、建筑、冶铸、开采、养殖、草编、竹编等，深刻反映了其对有巢氏经济上的重大贡献。其中，有巢氏承担“贡赋”“厥贡”“锡贡”等不同形式的赋役，反映了其对有巢氏与

① 参阅周怀宇、谷阳：《探源有巢氏文明——巢湖流域史前遗址群解读》，《巢湖学院学报》2016年第1期。

“中邦”联盟之间的政治关系,揭示了有巢氏社会性质的变化。涂山国的建立标志着江淮地区区域性公共管理机构确立。它隶属于中邦集团,是历史的进步。

大禹开发有巢氏的这一历史,不仅促进了当地社会经济文化的发展,对于深刻认识江淮地区经济史亦具有重要意义,在揭示长江流域经济带的客观规律方面亦提供了宝贵的历史借鉴。

一、大禹“行功”扬州

大禹“行功”扬州,推行了一个新的制度,即“锡土姓”制度。这一制度的本质是建置地区行政管理机制,扩大“中邦”中央政治集团的政治范围。

“锡土姓”记载在《尚书·夏书》中。这三个字的含义如下:“锡土姓”,即“赐土姓”,包含“赐土”和“赐姓”两方面内容。

这是大禹推广舜帝路线的重大措施。他不是简单地继承舜帝“别生分类”的姓氏制度,而是把推行姓氏制度和土地开垦联系起来。即不仅“赐姓”,也“赐土”。大禹“以新生之土,赐之为姓”,建立以“土地”为经济基础,以“姓”为纽带的社会群体,安定所在区域,让“新生之土”的居民生存繁衍,“世不绝祀”,代代相传,从而保证了社会生产的发展和进步。

禹所发明创造的“赐土姓”政策,后来逐渐发展成为夏代的制度,这个制度比舜帝时期的姓氏制度有了很大的进步,体现了“中邦”即中央集团与地方姓氏为代表的“方国”之间的关系,即中央与地区之间的关系,正在逐渐形成全国统一的局面,“赐土姓”属于早期的华夏文明。

中华民族以农业文明著称。土地是农业生产的重要资源,是最重要的生产资料。“赐土姓”是新型的“姓氏制度”,表明以禹为开端的夏王朝,实行了土地资源的社会管理新途径。虽然管理方式比较简单粗放,却代表了这一时期的土地资源管理和分配模式。

大禹，在中国历史上被称为圣人，他吃苦耐劳，勤劳智慧，善于治水，走遍全国，调查土地资源，划分九州区域，在掌握大量资料的基础上，为推行“赐土姓”制度做出了切实的努力和贡献。当时，大禹作为国家的最高首领，推行“赐土姓”制度，不仅推进了社会组织的发展，也构建了经济管理的新模式。所有获得“姓氏”的臣民，也获得了与名分相对应的“土地”，有了相对稳定的土地使用权，成为以土地集结居住的社会群体，每个群体的精神文化层面，出现了与之相适应的伦理秩序，构建了新的道德意识。

经过舜帝、大禹相继推行、推广的姓氏制度，把中华民族的文明向前推进了一大步。在中国原始社会制度行将解体时期，“赐土姓”制度成为“国家”诞生的助推器，为中华民族迈入文明的门槛发挥了重要作用。“赐土姓”制度诞生以后，不仅得到广泛推行，而且具有强大的生命力，其文化内涵延续至今，仍然作为中华民族灿烂文明的一部分而辉映古今。

《尚书》中频繁出现“平章百姓”的记载。所谓“平章百姓”，就是讨论治理各个姓氏团体相互之间的大事。“百姓”，泛指社会上众多的姓氏。姓氏制度发展很快，愈往后姓氏愈多，直至“百姓”成为人民大众的代名词。

各个接受“赐姓”和“赐土”的姓氏，都十分珍爱自己的姓氏和家园。各姓氏都自行举办礼乐仪式，庆贺姓氏的诞生。文献记载：“古者圣人吹律定姓，以记其族。人含五常而生，正声有五：宫、商、角、徵、羽，转而相杂，五五二十五，转生四时，异气殊音悉备，故姓有百也。”[①]这一时期的姓氏，实际就是地方行政管理机制，既接受“中邦”领导，又有自己本土家园的管理机构。

---

① 〔清〕《御制渊鉴类函》卷二六二《人部二十一·姓氏一》，文渊阁四库全书本。

二、率领有巢氏治水的丰功伟绩

大禹“行功”扬州,规划有巢氏活动的江淮地区,治理江淮水利,获得了显著成绩。扬州,四周环抱江河湖海,水资源充沛。其中长江、淮河,属于中国古代著名的“四渎”。对于江淮地区的先民来说,充沛的水资源有利有弊,古老的淮河、长江泽被江淮大地,也常常如洪水猛兽般地肆虐。总体来看,在大禹“行功”扬州之前,江淮地区的有巢氏人民饱受水患之苦。一年一度的长江和淮河洪水,严重危害江淮人民的生产和生活。

尧舜禹时代,中国北方诞生了很多治水英雄,鲧禹父子就是其中两人。大禹“行功”江淮,重大使命之一就是治水。他组织江淮人民治水,首先把有巢氏组织起来,团结所有有巢氏部落成员参与治水,改善江淮地区的社会生活。大禹一行,为有巢氏人民带来了新的治水理念和治水方略,并且他亲身参与,带领有巢氏人民走出了困境。

1. 大禹创造了中国治水的新理念

《圣经 · 创纪篇》记载了一个“诺亚方舟”的故事。公元前22世纪,西方发生洪水,有一个叫诺亚的人,乘坐方舟,携带妻子逃难,同时还携带了很多能够繁衍生育的家畜、植物种子之类,准备在大水毁灭世界之后,重新休养生息,再造世界。这个故事表现了西方人在洪水灾害面前的悲观绝望,选择逃避。

同时期,中国也遭遇洪水。依据中国气候史学家竺可桢先生研究,公元前22世纪,相当于尧舜禹时代,全球气候变暖,冰雪消融,中国也曾发生特大洪水。参阅下表。

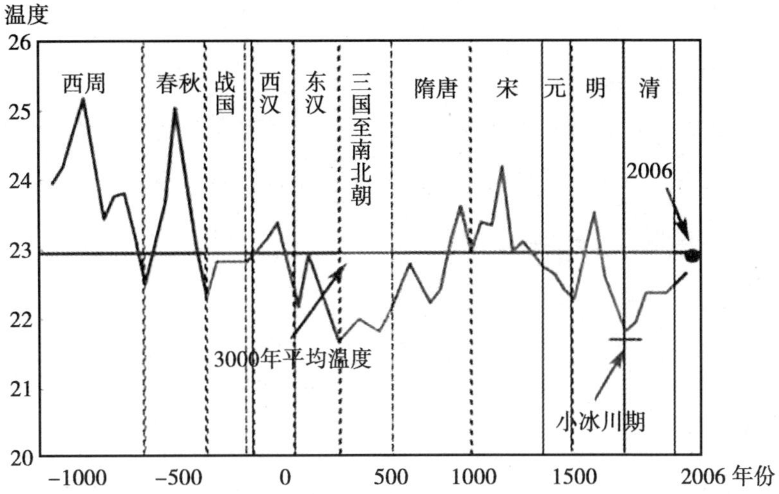

其中,夏、商、周时期,被认定为中国历史上"第一个温暖期"。神州大地遭遇特大洪水的时候,涌现出了尧、舜、禹(包含鲧)等治水英雄。他们率领先民,坚持治水,面对洪水不屈不挠,为最广大人民造福,留下了很多治水的英雄故事。

大禹在北方治水取得了成功,紧接着,他就率领骨干成员跋江涉淮,指导和帮助江淮地区的有巢氏向江淮洪水发起挑战,为治理江淮洪水做出了新的贡献。

2. 大禹率领有巢氏治理江淮的水利工程

依据《尚书·益稷》《尚书·禹贡》等记载,有巢氏治水获得了大禹、益、稷一行的指导。他们吸取和借鉴了中原治水的经验与教训,形成了比较成熟的治水理念。首先调查本地区山水分布,然后依据本地区山水特点,选择关键性区段,疏、堵、陂、潴等各种疏浚方式并用,最终使本地区内江河湖泽初步得到治理。

概括有巢氏的治水事业,有三个大工程:长江、淮河以及江淮之间众多支流细水。当时,巢湖还没有发育成湖,呈现湿地状态。有巢氏通过"疏""堵""凿""浚"等各种治水方式相结合,初步治理了长江、淮河以及江淮之间大大小小的细水;通过“潴”“陂”“沟”“渠”等小型水利改造工程,“蓄”“泄”结合,驯服水患,用之于航灌。

长江和淮河是有巢氏治水的主要工程。《禹贡》记载“九川涤源”,“九川”即包含长江与淮河二川。这两条大川每年夏季,洪水恣肆,其洪水之状正如大禹所云:“洪水滔天,浩浩怀山襄陵,下民昏垫。”①汛期来临,一片汪洋,大水蔓延到山脚、丘陵,居民生活和生产都遭受洪水破坏。大禹“行功”九州,本着“随山刊木,奠高山大川”的治水理念②,针对江淮水系自身特点,分析民生利害相关的主要矛盾,率领有巢氏人民开展重点治理。虽然治水工程艰巨而又浩大,但由于工程合理,依然能够收到明显成效,激励了有巢氏人民的治水热情。

3. 史学家关于大禹治水的讨论

关于大禹江淮治水的历史讨论,老一辈史学家提出了不同意见。钱穆先生在《周初地理考》一书中,考证了大禹治水范围,“极于大河而止,未及江淮”③。徐旭生先生也考证了大禹治水的地理范围,认为“主要是黄河下游及它的流域,淮河流域的一部分也可能包括在内”,但是限于今“江苏、安徽的淮北部分(今日黄淮流域)”④。两位前辈学者精心研究的成果,说明了一个问题,即江、淮两川,不是大禹治水的范围。那么,江淮的治水工程必须重新认识。

《禹贡》清清楚楚记载了大禹“江淮”治水的巨大功绩,这是不容否定的。大禹一行“行功”扬州,“巡省南土”,参与扬州治水,考察扬州洪水特点,提供扬州治水方略,这是不容置疑的。据此,我们可以提出新的认识,大禹一行指

① 李学勤:《十三经注疏·尚书正义》,北京大学出版社,1999 年,第 112 页。
② 李学勤:《十三经注疏·尚书正义》,北京大学出版社,1999 年,第 133 页。
③ 董其祥:《涂山新考》,《重庆师范学院学报(哲学社会科学版)》,1982 年第 1 期。
④ 徐旭生:《中国古史的传说时代》,文物出版社,1985 年,第 151 页。

导了扬州治水,提供了治水的方略。扬州治水的主力军是有巢氏人民。《禹贡》记载的江淮治水,是一项十分浩大的工程,主要依赖有巢氏人民。有巢氏人民在这片土地上繁衍发展了30万年,人殷畜旺,人力充足,承担了本地区全部治水任务。

但是,有巢氏治水,离不开大禹的指导。大禹一行"巡省南土",提供了治理江淮的全局方略,根据江淮流域特点,与有巢氏人民一同治水,功不可没。正是有了大禹一行总领治水全局,有巢氏才有了正确的治水思想和方法,才赢得治水的胜利。

4. 大禹率领有巢氏治水的三大功绩

大禹率领有巢氏治理江淮的丰功伟绩,详细记载于《尚书·禹贡》篇,每一项工程都可圈可点。现将其主要成绩略述如下。

其一,淮河全流程治理。"导淮自桐柏,东会于泗、沂,东入于海。"大禹从桐柏山开始疏导淮河,向东直流大海,淮河干流因之安流。在全流程疏浚的基础上,重点治理了泗、沂入淮水路。泗、沂两条支流通畅注入淮河,不仅解决了淮河干流沿途水患,也解决了东夷(今山东)泗水、沂水流域的水运交通问题,打通了有巢氏与北方、东夷的交流通道。

其二,治理长江的重点是"三江"。长江中下游段共计有三项工程:南江,发源于大别山,大禹使"南入于江";北江,"汇泽为彭蠡",通过长江之"中江"东流入大海;又在长江下游疏浚"中江,入于海"。这三项工程位于长江中下游,直接与江淮民生密切相关。

其三,江淮之间"浚畎浍"。浚,即疏凿开通水道。畎浍,指通往田间的水渠沟渎。数以千百计的河流,遍布江淮之间有巢氏的生活区和生产区,这是有巢氏治水事业的第三大工程。《禹贡》记载,大禹"浚畎浍,距川",即是说疏凿沟、渠、渎、陂等,把积水疏浚,引向大川,或者凿川引水通向农田,形成大大小小的河渠沟渎网,变水害为航灌。在当时生产力水平下,这是何等壮丽的江淮水网建设,有巢氏功莫大焉!

三、辨土造田,发展农业

大禹治理江淮之后,继续引导有巢氏发展农业经济。

大禹调查了扬州的土壤,摸清江淮气候的特点,依据当地条件,开发适宜当地的农业作物。首先是辨认扬州土壤,其次是治理水患与造田相结合,规划创造了扬州地区农业新局面。

1. 辨认扬州"涂泥"土壤与级别

首先是辨土。大禹一行,鉴定了扬州土壤:"厥土惟涂泥。"这一鉴定,本身即凝聚了有巢氏的智慧,确认土壤性质,适宜种植什么样的庄稼,这是最基本的土壤学,大禹一行见多识广,又有农业专家后稷随行,为鉴定扬州土壤提供了经验,但是,不能忽视本土专家的意见。

有巢氏长期居住在这里,广袤的江淮大地,到处分布有巢氏的人口。这为土壤广泛取样提供了便利条件,也为大禹一行考察土壤历史演变情况提供了全面而又客观的信息。

"涂泥",这是大禹一行为扬州土壤鉴定的结论。其特点是含水量较大。今天看来,这个定性依然比较客观准确。而这正是有巢氏提供了丰富土壤信息后的研究结晶,代表了中国原始土壤学的水平。

涂,也作塗。《说文》曰:"泥也,从土,涂声。"《说文》又释曰:"泥,水,从水,尼声。"可见,塗"从土",又"从水",是含水量比较多的土壤。这正是大禹鉴定的"涂泥"的重要属性。这一属性的揭示,对于有巢氏社会发展特别是农业生产具有理论上的指导意义。

依据当时的农业生产水平,涂泥含水量较大,不适宜种植北方旱地作物。北方流行种植五谷,如黍、稷、麦、菽等,这类旱地作物难以在"涂泥"地带推广。涂泥比较适宜种植水稻。浙江河姆渡遗址虽然出土了7000年前的稻谷谷粒,那只是局部范围种植。水稻种植需要良好的水利灌溉,必须在生产工具有较大进步的时候,才能够满足水稻种植的要求和条件。

能否种植粮食作物,是衡量土壤等级的标准。涂泥不适宜种植旱地粮食作物,所以,评估等级很低。《禹贡》记载:“厥土惟涂泥,厥田惟下下。”所谓“下下”,即是第九等,最末等。全国土壤一共有“三壤”,其“大较为九”,扬州的涂泥被评估为“下下”,第九等。大禹、益、稷等是中国历史上一流的农业专家,其评估具有权威性。依据这一评估,有巢氏的贡赋相对较低,确定为:“厥赋下上,上错。”即是说田赋评估为“下上”,第七等,有时候或者有的地方会是第六等。

2.“浚畎浍”即是有巢氏的造田运动

“浚畎浍”是《尚书·禹贡》中关于有巢氏治水的记载。其实,这不仅是治水,也是有巢氏的造田工程。

大禹治水有一个重要理念,即密切联系农业生产和民生。《论语·泰伯》曰:“禹尽力乎沟洫。”有巢氏在江淮之间广泛兴修“沟洫”“畎浍”,平治水土,实际是这一理念指导下的造田运动。翻阅《舆地志》《元和郡县图志》《太平寰宇记》《通鉴地理通释》《大明一统志》和清顾祖禹《读史方舆纪要》等文献,关于大禹在江淮大地疏浚水道的记载不绝于书。古濡须水“东关口”即是一例。东关口传说为“夏禹所凿”,说明大禹指导有巢氏治水造田,深入江淮腹地。古濡须水注入长江,途经濡须山峡谷,其流不畅,大禹凿开东关口,劈谷疏河,泄水通江,沿途造田,且疏通航运,由此可窥有巢氏开垦种植、谱写江淮农业新诗篇之一斑。有巢氏治水,江淮之间普遍兴修“浚畎浍”,即大大小小“潴水”工程,一举数得:兴修水利、开垦土地、种植粮食兼备。

四、冶铸和手工制作

大禹一行,在调查研究的基础上,认识到扬州地区有丰富的物产资源,值得开发与利用。依据《禹贡》记载,他们引导有巢氏在扬州发展了很多重要的经济类型,“厥贡惟金三品;瑶、琨、篠、簜、齿、革、羽、毛,惟木。岛夷卉服。厥篚织贝,厥包橘柚锡贡”。这些记载,充分反映了有巢氏活动地区物产丰富。《禹贡》所记载的这些物产,实际都是各类手工制作的经济类物品。其中,比较突出的是冶金、编织等,具有区域特色。

1. 矿产开采与冶金铸造

江淮地区地下矿藏丰富,且种类多,为有巢氏冶金业的发展提供了条件。所谓“金三品”,即金、银、铜三大种类。学术界关于“金三品”有多种解释,孔氏曰:“三品,金银铜也。”郑氏曰:“金三品者,铜三色也。”但他们有一点共识,即这时期的“金三品”属于冶炼金属,这表明江淮地区不仅具备冶铸技术条件,也具备开采矿产的技术条件。《禹贡》列之为“贡”,肯定对其生产能力有所评估,凡是“贡”的品种,必须是本地优势品种。同时期,北方已经“铸鼎”,有巢氏依靠本地矿产开采、冶铸加工,符合历史发展水平。凌家滩出土的玉器雕刻,其细如发丝的刻画,圆润而又细小的钻孔,证明当时已经拥有了较为精细、硬度超过玉石的金属工具。

2. 玉雕手工业

依据《禹贡·扬州》记载,扬州出产“瑶、琨”等玉石,开采瑶、琨,属于非金属矿产开采。这在当时是一个比较特殊的手工业开采品类,反映了扬州较高的生产水平。

瑶、琨的开采,也为当地先进的玉雕业发展提供了条件。凌家滩遗址、薛家岗遗址出土了各种造型优美的玉雕,证明这里玉雕业很兴盛。

瑶、琨,也被列为“贡”的名单。宋代程大昌《禹贡说断》曰:“田赋之外,其贡则金、瑶、琨、篆、簜、齿、革、羽、毛、织、贝、橘柚。”这说明开采瑶、琨也成为这一时期扬州比较发达的产业。

3. 竹编草编手工业

《尚书·禹贡》记载,扬州盛产“篆簜”。篆,箭竹。簜,大竹。大竹、箭竹可以用于建筑和生产生活,也可以编织各种竹编。所谓“厥篚织贝”,篚,即竹编。值得注意的是“篆簜既敷”,所谓“既敷”,即是通过人工扩大篆簜的种植范围,满足竹编手工业发展的需要。卉服,即是草编的衣服。“岛夷卉服”,即是指早期编织。江淮地区“厥草惟夭”,草类繁多,生长茂盛,其茎、根、梗、叶都可以食用,尤其是制作服装,也就是“卉服”,有充足的材料,满足有巢氏人民御寒蔽体的生活需要,另外还可以用于房屋建造和车船生产。有巢氏利用“草”“木”“涂泥”等建筑材料,“编槿而庐”,建造庐屋,在屋顶盖草,墙壁上涂抹草泥。

另外,各种鸟类、野禽等,一方面可以提供丰富的食品,如禽肉、蛋之类,其“羽毛”,亦可以作为特殊材料,编织“卉服”。

五、江淮水运交通

《禹贡·扬州》记载,“沿于江、海,达于淮、泗”。这是有巢氏治水的重大成果,也是有巢氏开发水运交通的重大成果,通过有巢氏人民的努力,形成了历史上最早沟通长江、淮河以及沿海的水运线路,意义深远。在当时的社会生活中,具有重要的实践意义:其一,沟通输送“贡赋”的水运线路;其二,促进了南北经济、文化交流;其三,带动江淮相关手工业制作兴起。《尚书·益稷》记载,禹曰:“予乘四载。”所谓“四载”,即四种交通运输工具,“陆行乘‘车’,水行乘‘船’,泥行乘‘橇’,山行乘‘樺’”。车、船、橇、樺,交错使用,这正是江淮之间丘陵地带的交通特点,水网纵横,水陆相间,水陆交通不断变换。而在较发达的交通运输的带动下,其车、船、橇、檋等大型交通工具制造业也相应兴起。

(作者为安徽大学历史系教授)

夏禹治理巢湖的历代文献汇考

——兼巢湖古称“彭蠡”厘辨

宁业高　程仲平

一、夏禹治理巢湖，历代文献均有记载

全国五大淡水湖之一的巢湖，今湖面面积约为780平方公里。地质考古报告称，巢湖及其流域的基本轮廓是由中生代燕山运动和新生代喜马拉雅运动奠定与形成的，湖盆雏形约成于10000年之前，初始的湖盆比现今湖区要大得多，以今地域描述，西到六安双河镇，北近合肥大兴镇，南到庐江金牛镇，东北到巢湖柘皋镇。在距今8500—5500年前，由于气候转暖，具有充沛降雨量，致水位升高，湖面达到鼎盛期，东至无为县界乡镇，东北到巢湖市柘皋镇，南及庐江白湖、黄陂湖，西至舒城舒茶镇、六安张店镇，西北边到合肥七里塘镇，湖盆范围达到2900.22平方公里。

巢湖的地质属性归类为断陷湖,四周山丘高围,如瓠瓢盛水一般,湖面巨阔,滉瀁澎湃,故古称彭蠡(彭者,大也;蠡者,瓠瓢也)。巢湖容纳"八面三十六汊"注水,而通长江的唯一水道受阻于濡须(今巢湖市、含山县、无为县交界处)。远古时期,每至梅雨汛期,洪水不能及时泄江,遂水涨洪泛,湖滨居民和农田深受其害。因此,夏禹受命南行,赶到巢湖治水救民。

夏禹治理巢湖,其中一项重要工程就是开凿濡须之谷口,以畅湖水,故称此水为濡须水(注:今裕溪河上游即古濡须水道,下游水路不同)。后经历代治理,濡须终成巢湖、长江间客商水运大渠。每逢南北战争,又成陆旅通道和水师战道。汉末三国时期,东吴为阻止魏军渡江南下,在此据山夹水建造军堡关隘,是曰"西关",魏相应设立"东关",双方凭险要相对峙,所谓"曹操四越巢湖不成""孙权五攻合肥不得",皆与此水此关相关。于是"东关"便代替濡须口而成为主要地标名称,为历代史地典籍和军事文书所记载。现就要者征引如后,以便通览。南朝梁顾野王《舆地志》:"南谯郡蕲县有巢湖,湖东南口有石梁,凿开渡水,名东关。故老相传夏禹所凿。高峻险狭,实扼守之所,吴魏相持于此。"唐李吉甫《元和郡县图志》:"东关口,县东南四十里,接巢湖,在西北至合肥界,东南有石渠,凿山通水,是名关口,相传云夏禹所凿。"宋乐史《太平寰宇记》:"巢湖东石梁,禹为理水之门,故置之。今又俗名'项口'是也。""东关山,在(合肥)县东四十里。按顾野王《舆地志》云:'巢湖西北至合肥界,湖东南有石梁,凿山通水,是名关口,相传云夏禹所凿。'一号'东兴'。本属和州,今巢县亦管其一半。地高峻险狭,实守扼之所,故天下有事,必争之地。……巢湖在(巢县)县西南一十五里,自合肥县经过,一名巢湖,一名樵湖,一名焦湖,云巢县陷为湖。无为军,本庐州巢县之无为镇,即曹操征孙权,筑城于此,攻吴无功,因号为无为,城临濡须水上壖也。寻为无为监,为江淮之要津,皇朝太平兴国三年改为无为军。在巢县南六十里。"元胡三省《通鉴注》:"东关即濡须口,亦谓之栅江口,相传为夏禹所筑。"元代王应麟《通鉴地理通释》:“巢湖,《郡县志》:巢湖在巢县(今无为军)西五十里,周回五百里,南出于东关口。东关口,县东南四十里接巢湖,在西北至合肥界,东南有石渠,凿山通水,是名关口。相传云夏禹所凿,一号东兴。”[①]明代方以智《通雅》:“巢湖,在巢县西,周回五百里,南出于东关口,北至合肥界,东南有石渠,是名关西。相传云夏禹所凿。嘉平四年诸葛恪于东关作大堤,遏巢湖。巢一名焦,《后汉记》作滐。东关,今在和州含山县西九十里。含山,东晋龙亢地。”清代顾祖禹《读史方舆纪要》:“东关,在庐州府无为州巢县东南四十里,东北距和州含山县七十里。其地有濡须水,水口即东关也。亦谓之栅江口,有东西两关(西关在东关西十里七宝山上),东关之南岸,吴筑城。西关之北岸,魏置栅。李吉甫曰:濡须水出巢湖(见庐州府),东流出濡须山、七宝山之间,(濡须山,在和州含山县西南七十五里。七宝山,在巢县东南三十里,两山对峙。)中有石梁,凿石通流,至为险阻,即东关口也。濡须水出关口,东流注于江。相传夏禹所凿。三国吴于北岸筑城,魏亦对岸置栅。”[②]清代徐立靖《禹贡会笺》:“按《通鉴魏任城王澄表》称,萧衍频断东关,欲令滐湖泛溢,以灌淮南。湖在今庐州巢县之西,周回四百余里,南出于东关口,东南有石渠,世传为夏禹所凿,谓江淮地偏水急,不待疏凿,或分遣官属往视可乎!”清钱泳《履园丛话》:“濡须山在巢县东南,濡须水所经也。《方舆胜览》云:‘濡须山谓之东关,七宝山谓之西关。’胡三省《通鉴注》:‘东关即濡须口,亦谓之栅江口,当三面之险,相传为夏禹所筑。’按东关之名,见于《三国志·魏书》,《陈书》及《水经注》《唐书·地理志》云:巢县东南四十里有故东关是也。其地高峻险狭,实守扼之所。余于乾隆五十二年十月六日,扁舟过此。又行数里,过踟蹰山,《春秋》昭五年‘楚子观兵坻箕山’,即此。乃披衣而起,回望濡须、龙洞诸山,已在微茫烟霭之间。秋林堕叶,半红半黄,落日暮云,忽青忽紫,宛如一幅徐崇嗣没

① 〔元〕王应麟:《通鉴地理通释》,商务印书馆丛书集成本,1937年,第190页。
② 〔清〕顾祖禹:《读史方舆纪要》第1册,中华书局,1955年,第891页。

骨法也。(巢县)"[①]

巢湖流域的府州县地方志书亦有记载。如康熙《含山县志》:"东关,在县南七十里,濡须坞之北岸。其地峻险,周围皆石。"[②]康熙《巢县志》:"曹魏时,濡须山为东关,七宝山为西关,两关对峙为险。""东关,在县东南三十里割股山,与濡须山两山相峙如门阙。相传为夏禹所凿。东西二关皆石,巢湖之水由此以出。其濡须接界和州,实守扼之所,吴魏相峙于此,吴因筑坞石上,有'濡须坞'三字。"[③]"石梁,在巢湖东,《太平寰宇记》云:石梁,禹为治水之门,故置之。今又俗名'项口'是也。又,《舆地志》云:南谯郡蕲县界有巢湖,湖东南口有石梁,凿开渡水,名东关,古老相传夏禹所凿。高峻险狭,实扼守之所,吴魏相峙于此。"[④]现代地理湖泊专著亦同此说。沈以澄等著《中国名湖》:"巢湖东南的濡须山(又名东关)和七宝山(又名西关)的隘道口,相传为夏禹所凿,十分险要。"[⑤]

夏禹治理巢湖的第二项工程即是疏浚橐皋河。橐皋河今称柘皋河,曾称石梁河,是巢湖北原较大的入水河流之一。大禹治巢的事迹在这里世代相传,或曰:"在巢湖,还有一个大禹开凿濡须口和石梁河的传说。有一年夏天,大雨倾盆,绵绵不停,今巢湖北边浮槎山的洪水,像猛兽一样吞没了良田,人们只好躲到山上去避难。正当巢湖百姓束手无策的时候,大禹携带一把开山大斧,赶到巢湖来了。居巢人一见大禹,滔滔不绝地诉说水患之害。大禹听了各人看法,站起来说:'巢湖的水总是从西边向东边流,现在湖东有座濡须山挡住了水路,只要把它凿开,洪水就能分流了。'大家一听言之有理,一致叫好。说干就干,大家日夜动工,不几天,濡须山已挖大半。不料一块巨大的顽

① 〔清〕钱泳:《履园丛话》卷十八"古迹·濡须",中华书局,1979年,第478~479页。
② 〔清〕赵光灿纂修:《康熙含山县志》,江苏古籍出版社,1998年,第43页。
③ 巢湖市地方志办公室整理:《康熙巢县志·光绪巢湖志》合刊本,黄山书社,2007年,第55页。
④ 巢湖市地方志办公室整理:《康熙巢县志·光绪巢湖志》合刊本,黄山书社,2007年,第493页。
⑤ 沈以澄等著:《中国名湖》,文汇出版社,1993年,第87页。

石怎么也挖不动,依然挡住水路。大禹见状,挥动大斧,大喝一声向顽石劈去。只听得‘轰’的一声,濡须山变成了濡须口。洪水经过濡须口,驯服地汇入长江流向大海。大禹为了考察洪水的流量,前往浮槎山巡视。沿途他见一座名叫石梁的小山挡住了水路,便又带人挖掉此山,开通了一条通往巢湖的水路——石梁河,即今天的柘皋河。”①或曰治理柘皋河,“连续作战,大禹太累了,人们纷纷请他吃饭,但都被大禹谢绝了。这时,一位老大娘端来一碗热气腾腾的泥鳅煮挂面,说这泥鳅是孙子捉的,挂面是家里做的,不值钱,一定要大禹品尝。大禹见这碗面,既像菜又像饭,老人又那么诚意,便接过来吃。这一吃让他十分惊奇,怎么这么鲜美?并边吃边赞道:‘天下山珍海味,比不上这泥鳅下挂面啊!’从此,泥鳅下挂面成了巢湖的一道名菜。”②这道名菜遍及巢湖流域,今天已成经典美食、特产名品。《新安晚报》发表纪念张劲夫(注:张劲夫,肥东人,曾任安徽省委第一书记兼省长,中顾委常委,1956 年任中国科学院党组书记、副院长,和郭沫若一道创建中国科技大学)的文章,该文第四部分《怀念家乡的特产美食》中叙述他念念不忘“家乡的泥鳅面很好吃”的故事。③

大禹治理巢湖的业绩功德,巢湖流域居民世代传诵,并建成禹庙,春秋祭祀。

《大明舆地图》(明嘉靖三十七年至四十年,即公元 1558—1561 年间绘制)中所绘禹庙位于庐州府治合肥境内,因为当时,巢湖暨巢县(今巢湖市)系属庐州府(治合肥)管辖,且柘皋(橐皋)河上游即发源于合肥境内的浮槎山,古称“跌岙”的柘皋镇亦曾属其管辖。

---

① 《大禹巢湖治水》,见辑于合肥市巢湖文化研究会苏士珩主编《环巢湖民间传说·历史传说篇》,黄山书社,2014 年,系巢湖文化学者、《巢湖》副主编昂开和搜集整理,原题为《大禹巢湖治水的传说》,初辑于《巢湖》,安徽科学技术出版社,1999 年,第 285 页。

② 巢湖文化研究会苏士珩主编:《环巢湖民间传说》,黄山书社,2014 年。

③ 王玉琪、周晔:《科大创校元老难忘“泥鳅面”》,《新安晚报》2015 年 8 月 3 日。

在《包山楚简》研究中还有一个关于“柘皋名称”的发现,颜世铉先生将“弜合”读为“泽皋”,解曰:“泽,指彭蠡泽,皋,指泽边地。”[①]我们之所以援引并认可此说,是其具有多方面合理性:一与橐皋地貌相合——橐皋临近橐皋河,为“泽边地”。二与巢湖历史相合——巢湖古称彭蠡,全盛期湖面广阔,北及橐皋。三与历史人事相合——大禹治理彭蠡,《禹贡》有两处记载,大禹疏理橐皋河,娶涂山女偃攸为妻。四与名称读音相合——“泽皋”读为 zé gāo,“柘皋”读为 zhè gāo,音谐。言至此,乃不失为大禹治巢湖的一宗佐证。

二、巢湖古称彭蠡,《汉书·地理志》标识出错

上列典籍均记濡须口——东关为“夏禹所凿”,巢湖通长江的濡须水道系夏禹领导军民所疏浚,那么记载夏禹治水行迹、事迹、业绩与功德的《尚书·禹贡》为何不见“巢湖”之名呢?岂止《禹贡》,连《史记》《汉书》都查不到巢湖这个名称。为什么?这早就引起过巢湖流域众府县方志学者注意。“巢湖名巨浸久矣……汉无巢湖名。”(康熙《巢县志》)“巢,一作‘漅’,又作‘焦’……汉无巢湖名。”(嘉庆《合肥县志》)

1.《尚书·禹贡》记载巢湖

“汉无巢湖名”,本不应该奇怪惊诧的,因为“巢湖”这个名称是因《汉书》行世导致其失落名籍后才重新补起的。其实,偌大的巢湖成湖万年之久,早在先秦就名盛天下了,它的原名曰“彭蠡”,《尚书·禹贡》有两处记述:

其一曰:“淮海惟扬州,彭蠡既猪,阳鸟攸居。三江既入,震泽底定。”[②]

---

① 原注:“或谓‘弜合’读为‘泽皋’,泽指彭蠡泽,皋指泽边地。详颜世铉《包山楚简释地八则》,《中国文字》新廿二期,艺文印书馆,1997 年,第 224~227 页。”转引自施谢捷《楚简文字中的“橐”字》注释,《语文研究》2002 年第 4 期。

② 〔宋〕傅寅:《禹贡说断》,商务印书馆丛书集成本,1936 年,第 1 册,第 47 页。

《禹贡》此条记载说明三点：①彭蠡是泽名，是为湖泊。②彭蠡在淮海，属于扬州。③彭蠡水注“三江”，再经“震泽”入海。历代解《尚书》注《禹贡》者极众，其中最早亦最有影响的是孔子十世嫡孙孔忠的次子、西汉经学大师孔安国。他明确指出：“自彭蠡，江分为三，入震泽，遂为北江入于海。”（《古文尚书传》）远古时长江中下游流域大河纵横交叉，素有“九江”“三江”之说。在今湖北、江西二省所在之长江水系诸河流者统属于“九江”，在今安徽、江苏二省所在之长江水系诸河流者统谓之“三江”。所谓“三江”，即依其位置分北江、中江、南江，“北江”，即今芜湖市与无为县相挟相拥之长江一段。今巢湖地域，古属淮海，为扬州辖地，其水正是通过濡须口（其上段即今裕溪河）流经无为而注入长江（北江），东行下“震泽”（今太湖）泻于东海。巢湖的地理位置、水系与流向，与《禹贡》所记、孔安国所解之“彭蠡”全部吻合。“阳鸟攸居”，孔安国解：“随阳之鸟，鸿雁之属，冬月所居于此泽。”宋代学者陈经释：“其意谓鸿雁来南，至彭蠡而止。”这也正合古代巢湖秋冬节令雁凫候鸟居栖景况。明代程汝璞《焦湖晚眺》诗云：“波阔鱼龙静，天空雁鹜翔。”清代刘祯《登牛山望焦湖》诗云：“雁字浮云外，渔歌古渡头。”潘尔侯《月夜泛湖》诗云：“渔火依依明远屿，雁声历历度前川。”《禹贡》所记“彭蠡”系今巢湖无疑。

其二曰：“过三澨，至于大别，南入于江。东汇泽为彭蠡，东为北江，入于海。”①

这段文字用现代白话译诠即是，大别山谷之水，向南是经由巴河、浠水、皖河等直接注入长江，向东则是通过丰乐、杭埠、南淝河（施水）等河流先汇聚于巢湖，再由巢湖通过濡须（裕溪河）向东倾注于长江（北江），最终流入东海。地理方位十分明晰准确——“彭蠡”在大别山之“东”，“北江”之“西”。此“彭蠡”即今巢湖无疑。

---

① 〔宋〕傅寅：《禹贡说断》，商务印书馆丛书集成本，1936年，第2册，第112页。

光绪《巢湖志·建置》中明确指出:“巢湖,一云‘彭蠡’。”[①]巢湖中有三岛,主岛名姥山,山水名胜地,向为名士游览观赏。晚清著名诗人、学者王尚辰《姥山谣》:“巨浸潴彭蠡,群峰障六潜。此方临劫杀,敢议姥山尖。”作者是吃喝巢湖米水长大至老的合肥人,诗词作品千余首,编著有《谦斋诗集》《遗园诗余》。《姥山谣》组诗4首,原序曰:“姥山峙巢湖中。明崇祯间,知府严尔珪建塔。”足见诗之姥山即巢湖姥山。作者自注:“《书传》以巢湖为彭蠡。”其所谓“巨浸潴彭蠡”,乃典出《禹贡》,是“淮海惟扬州,彭蠡既猪”的化用。如果此解不为牵强附会,那么《禹贡》之“彭蠡”应为巢湖无疑。著名古籍文献收藏家、学者李国松是晚清重臣李鸿章之侄孙,青少年时代是在安徽合肥度过的,工诗古文。其早期诗作《赋得雪销巢县青山出》云:“瞥见遥青出,山山尽豁庨。雪才销北陆,县试认南巢。寒色凝晴郭,岚光落近郊。金庭浑可辨,玉岫漫相淆。积黛形如画,群峰势越漅。霁痕分大蜀,翠影现居鄛。岭岂芙蓉失,林非柳絮抛。濡须堪回望,酌处酒盈匏。”此诗值得关注的是透露出的两个重要信息。第一是“县试认南巢”句,说明此诗当是作者参加合肥县试所做的应试诗(试帖诗)。众所周知,“南巢”即夏商时期的巢国(今合肥在其辖境内)。第二是作者诗后自注:“此据《蔡传》。”所谓《蔡传》即指南宋大学者蔡沈的经学名著《尚书集传》,因元、明、清时为科举必读经典,学者士子誉为《蔡传》。而《蔡传》的一大文史甄别贡献就是纠正班固《汉书·地理志》之误及后世学者的以讹传讹,明确指出《尚书·禹贡》之“彭蠡”即巢湖(详见后文解说)。由此可见,明清时期,“彭蠡”即巢湖是作为庐州府地方文史基础常识引入童子教育和科举考试的。

2.《汉书·地理志》标识出错

巨浸本名彭蠡,且名世已久,为何要重新起名“巢湖”,因为该湖在东汉之

① 巢湖市地方志办公室整理:《康熙巢县志·光绪巢湖志》合刊本,黄山书社,2007年,第490页。

后的一段时间没有名称。

造成“汉无巢湖名”的这桩“湖籍档案旁落”奇案的第一责任人正是汉代史学家班固,他编著《汉书·地理志》囿于某种局限性导致标识彭蠡的地理位置时出了差错:“彭泽,《禹贡》彭蠡泽在西。”[①]他是史学世家出身的大学者,殆成一言九鼎之望,连稍晚些的一代大儒郑玄注《史记》时都不假思索地援引其说,在时代局限、史料短缺、不遑甄别的多种情况下,后世学者中附和者自然不少,甚至包括大家名家,诸如《水经注》《荆州记》《括地志》等重要典籍均衍义其说。尤其是在补名“濼湖”(巢湖)之后,有人便搞起张冠李戴,把本属于江淮巨浸巢湖的古称“彭蠡”,慷慨地正式奉送给了位于长江之南的鄱阳湖,并给其编造历史档案:“彭泽,《禹贡》:东汇泽为彭蠡。《山海经》:庐江入江,彭泽西。郭注:彭泽,今彭蠡也。《汉志》‘豫章彭泽县’云:《禹贡》彭蠡泽在西,以是为县也。”[②]在鄱阳湖湖籍档案逐渐“完善”的历史进程中,于“汉无巢湖名”的前提下便出现了种种臆想与猜测,甚至连“赤乌二年巢城陷为湖”的“巢湖成因说”都似真若实地盛传古今。

其实,班固此错学者早有发觉,唐代学者略有暗议或规避。两宋时期经学研究再兴热潮,《禹贡》“彭蠡”之名实问题不可避免地被提上甄别议程,对此特别用心并贡献最著的是理学大师朱熹及其高足蔡沈。朱熹对“彭蠡”之认知,有个初从众、后察疑、终订正的过程。他出任南康军主官途经鄱阳湖时还曾面对湖色天光纵情吟唱:“茫茫彭蠡杳无地,白浪春风湿天际。”然当他实地考察南康军地形地貌,并对鄱阳湖及江西水系进行研究后,即发现《汉书》标注“彭蠡”位置与《禹贡》经文意旨、长江水系均不合,遂撰《九江彭蠡辨》,提出质疑:“按今地势,彭蠡既与江通,而豫章诸水不由彭蠡,别无入江之路,则湖汉者即是彭蠡。”蔡沈在朱熹指导下考甄《禹贡》所记山水,精究九州水

① 〔汉〕班固著,〔唐〕颜师古注:《汉书》,中华书局,1962 年,第 1593 页。
② 〔清〕王仁圃著:《江西考古录》,中国台湾成文出版有限公司,1970 年,第 58 页。

系，辩证历代百家之说，就“彭蠡”所在区域、流向等作出清晰的分析考证，终于弄清楚《禹贡》所记之“彭蠡”既不是鄱阳湖，也不是“湖汉”，而应是位于江淮之间、大别山之东、庐江之北的“巢湖”。其曰：“彭蠡，古今记载，皆谓今之番阳。然其泽在江之南，去汉水入江之处已七百余里，所蓄之水，则合饶、信、徽、抚、吉、赣、南安、建昌、临江、袁、筠、隆兴、南康数州之流，非自汉入而为汇者。又其入江之处，西则庐阜，东则湖口，皆石山峙立，水道狭甚，不应汉水入江之后七百余里，乃横截而南入于番阳，又横截而北流为北江……今湖口横渡之处，其北则江汉之浊流，其南则番阳之清涨，不见所谓汉水汇泽而为彭蠡者。番阳之水，既出湖口，则依南岸与大江相持以东，又不见所谓横截而为北江者。又以经文考之，则今之彭蠡，既在大江之南，于经则宜曰‘南汇彭蠡’，不应曰‘东汇’，于‘导江’则宜曰‘南会于汇’，不应曰‘北会于汇’，汇既在南，于经则宜曰‘北为北江’，不应曰‘东为北江’。以今地望参校，绝为反戾。今庐江之北有所谓巢湖者，湖大而源浅，每岁四五月间，蜀岭雪消，大江泛溢之时，水淤入湖，至七八月，大江水落，湖水方泄，随江以东，为合‘东汇’‘北汇’之文。”①如此据实分析考论，合情合理，令人深信不疑。《书经集传》扬名元、明而被特称“蔡传”，清康熙朝“主持正学”的中坚人物吏部尚书、文渊阁大学士李光地进一步考论，并为鄱阳湖找到了属于它的古称：“彭蠡”即“巢湖”，“会于汇”为“鄱阳”。《四库全书提要》赞《尚书解义》曰：“彭蠡即今巢湖，会于汇为即鄱阳，原隰潴野非地名，则皆实有考证之言，非讲学家之据理悬揣者矣。”

3.《禹贡》之彭蠡并非鄱阳湖

《汉书》出了差错，导致“彭蠡”在彭泽县“西”安家落户，迫使失去了名籍档案的江淮巨浸（彭蠡）只得重新命名，以“濼湖”（巢湖）行世。后世或人云

① 〔宋〕蔡沈：《书经集传》，上海古籍出版社，1987 年，第 35 页。

亦云,或以讹传讹,"彭蠡"成为鄱阳湖的古称便渐而坐实。到了近现代,则正式辑入字书辞典和地理湖泊书籍乃至中小学教科书。《辞海》解:"鄱阳湖,古称'彭蠡''彭湖'。在江西省北部,为赣江、修水、鄱江、信江、抚河等河的总汇。"[①]《我国的湖泊》云:"鄱阳湖在《禹贡》的记载中,名叫彭蠡,《汉书》上称彭泽。到隋炀帝时,因湖中有座鄱阳山,从此改名叫鄱阳湖。"[②]《禹贡》中的"彭蠡"是巢湖而非鄱阳湖。巢湖流域学者后来解谜明悟了。清代知名学者李恩绶(江苏丹徒人)早年即疑班固之说,光绪十年(1884)夏五月,应"合肥周军门"(淮军将领周盛波)之聘往肥西周老圩教书,初次坐船过巢湖时即发慨叹:"予尝欲证彭蠡之疑兮,惜古人之已逝。"班固已远,蔡、沈等人又考辨明透,他就没有再做"彭蠡即巢湖"的专题驳论文章。他后来长期客居合肥,应合肥知县谭廷献之请,在众多当地学者的参与下以前人史料为基础给巢湖做了一部专著《巢湖志》(安徽唯一的古代湖泊专志),其志首卷《建置》明确指出:"巢湖一云彭蠡。按,《书经》:东汇泽为彭蠡。《蔡传》云:今庐江之北有所谓巢湖者,湖大而源浅。每岁四五月间,蜀岭雪消,大江泛溢之时,水淤入湖。至七八月,大江水落,湖水方泄,随江以东,为合'东汇''北汇'之文。"[③]

现代学者群起考订以纠正班固的错误。钱穆曰:"彭蠡:案:《禹贡》谓汉水东汇泽为彭蠡,又东为北江,则《禹贡》彭蠡在江北岸也。后人自以今鄱湖为彭蠡,乃曰'横截而南入于鄱阳',又'横截而北流为北江',于文于实,皆不可通。"[④]刘起钎、林小安注《史记》:"彭蠡,泽名。旧释以为今鄱阳湖,则在长江以南,与下文'道九川'所说'东汇泽为彭蠡'的方向不合。按《史记·孝武本纪》及《封禅书》说汉武帝'自寻阳出枞阳,过彭蠡',则正居长江之北……"

① 夏征农、陈至立主编:《辞海》,上海辞书出版社,2009年,第1749页。
② 王兴中编著:《我国的湖泊》,河南教育出版社,1985年,第19页。
③ 巢湖市地方志办公室整理:《康熙巢县志·光绪巢湖志》合刊本,黄山书社,2007年,第490页。
④ 钱穆:《史记地名考》卷五《禹贡山水名》,商务印书馆,第168页。

(《全注 全译 史记》)施丁的《汉书新注》云:“彭蠡:即‘彭蠡既潴’的彭蠡泽。应在江北,不是鄱阳湖。”

更有地理学家结合鄱阳湖水系实际情况予班固结结实实的批评:“东汉时班固为了附会《禹贡》彭蠡之说,把江南的湖口断陷水域误指为《禹贡》的彭蠡泽。古彭蠡泽的名称就这样被继续沿用下来。”[①]“以往有人因鄱阳湖在古代曾有彭蠡泽之称,即认为古代彭蠡泽即今鄱阳湖。这是不正确的。……彭蠡泽之名出于经典《禹贡》,班固在《汉书·地理志》里就附会江南的鄱阳湖为古彭蠡泽。”[②]“《汉书·地理志》豫章郡彭泽:‘《禹贡》彭蠡泽在西’。汉时豫章郡在今南昌市,彭泽县在今湖口县东南,东汉班固以为江南的湖口断陷水域即《禹贡》中的彭蠡泽。古彭蠡泽的名称就这样被沿用了下来。其实,《禹贡》中的彭蠡泽并不在今鄱阳湖地。……由于班固的误解,彭蠡泽这个古老的名字便被指为今天的鄱阳湖。”(央视国际纪录片《中华长江文化大系·五湖之冠鄱阳湖》)

地质考古报告说,今鄱阳湖流域在两汉时期只是片沼泽湿地。这里虽河汊成网,却村落星布,还曾置县筑城,汉昌邑王封地亦在此。一般地说,人们只把它“视作长江拓宽的河段而已”。[③] 直到东晋末期至南朝宋初年,因地壳运动,地貌改变,长江水下泄受阻,遂渐成湖,直到隋炀帝时才定名为“鄱阳湖”。鄱阳湖与长江连体成片,水流畅通无阻,何须夏禹兴师开凿。

三、《汉书》之前,典籍所记彭蠡均即巢湖

《汉书·地理志》出差错是可以理解和谅解的,但其行世后造成的直接影

① 王育民:《中国历史地理概论》(上册),人民教育出版社,1985年,第132页。

② 邹逸麟编著:《中国历史地理概述》(修订版),上海教育出版社,2005年,第50~51页。

③ 王育民:《中国历史地理概论》(上册),人民教育出版社,1985年,第132页。

响和次生讹误的痼疾,则不可掉以轻心,任其衍流,需要加以订正。为给巢湖正名与恢复健全档案,还得对历代典籍所记"彭蠡"是今巢湖还是鄱阳湖,用力加以甄别考辨。现举要籍于后,并略加辨识,以引发思考。

1. 读解《春秋左传》,其彭蠡孰何?

《春秋左传》桓公十二年,"伐绞之役,楚师分涉于彭"。[①] "彭"即彭蠡,所指乃今巢湖。晋代《左传》研究专家、著名学者杜预对此特作明释:"楚师分涉于彭,为豫章之彭泽。"[②]需要注意的是杜预所说这个"豫章"系指春秋时期的江淮之间的豫章,而不是汉代之后的江西境内之豫章郡。为预防读者混淆这不同时期的两地"豫章",杜预在《春秋释例》中再三强调反复解释。如《春秋左传》昭公六年"(楚)令尹子荡帅师伐吴,师于豫章"。杜预指出:"豫章郡今治南昌县,县西有水,北入江。当春秋时,豫章在江淮之南。"[③]又,《春秋左传》定公二年"秋,楚囊瓦伐吴,师于豫章。吴人见舟于豫章,而潜师于巢。冬十月,吴军楚师于豫章,败之。遂围巢,克之,获楚公子繁"。杜预释曰:"定公二年,楚人伐吴,师于豫章,吴人见舟于豫章,而潜师于巢,吴军楚师于豫章。……此皆当在江北、淮水南,盖后徙在江南之豫章也。"[④]关于豫章名一地二,钱穆考注《史记》地名时多处强调,其一:"豫章:楚昭七,吴败楚豫章,取楚之居鄛而还。(《十二诸侯年表》《吴世家》《楚世家》《伍子胥传》)……《索隐》:按:杜预云:'昔豫章在江北,盖后徙之于江南。'(《伍子胥传》)……疑寿春即'寿椿',盖即豫章矣。自楚考烈王徙寿春,豫章之名,遂渐不著。汉九江郡治寿春,即古豫章也。自楚汉之际分九江江南地为豫章郡,即豫章遂移于

① 〔春秋〕左丘明:《左传》,岳麓书社,2001 年,第 56 页。
② 〔晋〕杜预:《春秋释例》,商务印书馆丛书集成本,第 105 页。
③ 〔晋〕杜预:《春秋释例》,商务印书馆丛书集成本,第 292 页。
④ 〔晋〕杜预:《春秋释例》,商务印书馆丛书集成本,第 230 页。

江南。”[①]其二:“寿春,今寿县治,其在春秋,即豫章也。”[②]其三,在注解“居巢”时特引《史记》多处记载:“阖庐六,败楚豫章,取楚之居巢。(《十二诸侯年表》《吴世家》《伍子胥传》)”[③]《合肥通史》第一章《先秦时期》之“豫章之战,吴占江淮”一节,以通俗的语言清晰地记载了这则故事:“公元前508年,楚国出兵讨伐桐国,早年逃亡到桐国的舒鸠人在吴国的挑唆下,将楚军引诱到豫章一带。结果吴军在豫章大败楚军,还暗中派兵攻占巢邑,俘虏了楚公子繁。豫章之战是吴楚在合肥地区的最后一战,自此,楚国彻底失去对江淮的控制,双方争夺的重点转移到淮河以北。”[④]再回头读解《春秋左传》,其“楚师分涉于彭”之“彭”非今巢湖,还能是谁?

2. 读解《吕氏春秋》,其彭蠡孰何?

《吕氏春秋·开春论》:“禹于是疏河决江,为彭蠡之障。干东土,所活者千八百国,此禹之功也。勤劳为民,无苦乎禹者矣。”[⑤]此中“彭蠡”,东汉学者高诱注:“彭蠡泽,在豫章,堤防也。”那么此“彭蠡泽”是指谁?此“豫章”又在哪里?《春秋左传词典》解:“豫章,楚地名,在今安徽霍丘一带。”[⑥]《中国古今地名大辞典》解:“豫章,《左传·昭公六年》:楚子蒲帅师伐吴,师于豫章。又《定公四年》:蔡侯、吴子、唐侯伐楚,舍舟于淮纳,自豫章与楚夹汉。《杜注》:‘豫章,汉东江北地名。’其地在淮南江北之界。汉移其名于江南,置郡。”“豫章郡,汉置。隋废,置洪州,寻复为郡。唐又为洪州。五代时南唐改为南昌府,即今江西南昌县。”[⑦]《安徽省志·建置沿革志》对此作了较为详细的考证:

---

① 钱穆:《史记地名考》卷十八《豫章长沙地名》,商务印书馆,2001年,第905页。
② 钱穆:《史记地名考》卷十二《楚地名》,商务印书馆,2001年,第557页。
③ 钱穆:《史记地名考》卷六《夏殷地名》,商务印书馆,2001年,第282页。
④ 合肥通史编纂委员会编、夏元荣主编:《合肥通史》(简明读本),安徽人民出版社,2017年,第18页。
⑤ 〔战国〕吕不韦等著、管敏义译注:《吕氏春秋译注》,宁夏人民出版社,1988年,第644页。
⑥ 杨伯峻、徐提:《春秋左传词典》,中华书局,1985年,第923页。
⑦ 臧励和等编:《中国古今地名大辞典》,商务印书馆,1933年,第1243页。

“(《左传》)文十三年(前614年),楚人围巢。襄二十五年(前548年),吴伐楚门于巢。昭四年,楚薳启疆城巢以备吴。二十四年,吴灭巢。二十五年,楚子使熊相谋郭巢,皆此也。《史记》吴公子光六年(前509年)大败楚军于豫章(按,指今合肥市一带),取吴之居巢而还。秦为居巢县……”[①]综前所述,此春秋时期的豫章同前条所释,是乃江淮间的豫章。由此可见,《吕氏春秋》此条所记“彭蠡”非今巢湖,还能是哪?顺便于此说明一下,《史记》所记吴公子光大败楚军于豫章一事,即前文讨论过的《左传》定公二年(前508年)吴楚“豫章之战”,年号纪年虽异,然事实相同。

3. 读解《战国策》,其彭蠡孰何?

《战国策·魏策二》吴起对魏武侯说:“昔者三苗之居,左彭蠡之波,右洞庭之水,文山在其南,而衡山在其北……”关于“三苗”,古籍记述繁多,由于其活跃于史前社会,当时并无文字记载,因此后世史家对其传说追记往往存异,引出研究者不同看法。关于“三苗”的地望及其疆域四界,更是说法不一。《韩诗外传》(卷三):“当舜之时,有苗不服。其不服者,衡山在南,岐山在北,左洞庭之波,右彭泽之水。”《史记·吴起列传》:“昔三苗氏,左洞庭,右彭蠡。”《淮南子·修务训》高诱注:三苗“在彭蠡、洞庭之野”。尽管这些说法左右不同,南北相异,但有一点是一致的,那就是“彭蠡”是水名,是湖泊,“彭蠡”是三苗的东界点。既然是东界点,那么毫无疑问,这个“彭蠡”显然是指今巢湖。此合《史记·五帝本纪》所载:尧时,“三苗在江淮、荆州数为乱”。《正义》释“淮”曰:“读曰汇,今彭蠡湖也。”这个位于江淮之间“彭蠡湖”非指今巢湖,还能是谁?

4. 读解《史记》,其彭蠡孰何?

《史记·封禅书》:“其明年冬,上巡南郡,至江陵而东。登礼灊之天柱山,

① 安徽省地方志编纂委员会:《安徽省志·建置沿革志》,方志出版社,1999年,第14~15页。

号曰南岳。浮江,自寻阳出枞阳,过彭蠡,礼其名山川,北至琅邪,并海上。四月中,至奉高修封焉。”[①]汉武帝刘彻即位,淮南王反叛,使他坐卧秦川,心忧东南,终于元封五年(前106年)亲巡江淮。据《史记·封禅书》所记和当时政区划分与水陆交通情况来分析,其行程路线应该为:自京都咸阳(今西安市)出发由陆路越秦岭入荆州,至江陵坐船东下至荆州、扬州交界处登陆江北岸,坐车辇向东北进入庐江郡西寻阳县(今湖北省黄梅县)东北行(入今安徽境),过松兹县(今宿松县)北上灊县(今潜山县),登天柱山(古号南岳),下山东行至枞阳(今枞阳县)北行(进入今巢湖流域),经庐江(今庐江县),也许由鹊岸(今肥西县三河镇)乘船过彭蠡(今巢湖)至居巢县(治今巢城),或由内河道橐皋河到达橐皋县(今柘皋镇)北至琅邪(琅邪山,汉时属建阳县,今属滁州市)改坐船,由滁河(今清流河)东下长江,出扬州入徐州(今江苏省)境,下东海由海路北上,登陆过徐州境,入兖州(今山东省)境至奉高(今山东泰安市),而后登泰山封禅[②]。这里还需要对其中的“灊”做个简释。灊,古地名,在今安徽霍山县。《汉书·地理志》:“灊,天柱山在南。有祠。”[③]钱穆《史记地名考》:“至江陵而东,登礼潜之天柱山,号曰南岳。(《孝武本纪》《封禅书》)五月,巡狩至南岳。南岳,衡山也。(《封禅书》)《集解》文颖曰:‘天柱山在潜县南,有祠。’(《孝武本纪》)案:霍山在今霍山县西北五里,又名天柱山。《寰宇记》:‘霍山一名衡山’。”[④]天柱山,古称“衡山”,又名“霍山”,乃古南岳。《十道志》:“南岳衡山,又名霍山”。汉武帝时以湖南省境内的“南岳衡山”路遥道远,便以安徽之“衡山”(霍山、天柱山)为“南岳”。《中国古今地名大辞典》解:“汉武帝移南岳之名于霍山,隋文帝始复以(湖南)衡山为南岳。”[⑤]据六安

① 〔汉〕司马迁:《史记》,中华书局,1959年,第1400~1401页。
② 宁业高:《讨回属于巢湖的历史档案》,《巢湖日报》,2006年8月7日。
③ 〔汉〕班固著、〔唐〕颜师古注:《汉书》,中华书局,1962年,第1568页。
④ 钱穆:《史记地名考》卷二十三《郊祀封禅地名》,第1071~1072页。
⑤ 臧励和等编:《中国古今地名大辞典》,商务印书馆,1933年,第1240页。

地方文史专家考证说，汉武帝这次南巡，曾由天柱下来，游历六安多处地方。言至此，事洞明，《史记》此记“彭蠡”非今巢湖，孰何？

5. 读解《说苑》，其彭蠡孰何？

刘向《说苑》曰：“楚昭王欲之荆台游，司马子綦进谏曰：‘荆台之游，左洞庭之波，右彭蠡之水；南望猎山，下临方淮。其乐使人遗老而忘死，人君游者尽以亡其国，愿大王勿往游焉。’……于是王还车，卒不游荆台，令罢先置。”刘向为西汉经学家、目录学家、文学家，其《说苑》为名著。此中所谓“右彭蠡之水”是说楚国东界为彭蠡湖，所谓“彭蠡”孰何，如同前面所举《战国策·魏策二》吴起对魏武侯所说的“左彭蠡之波”，二者所处位置相同而“左”“右”有别，诚如晋学者张华所说“楚右彭蠡，吴左彭蠡”。(《博物志》)《说苑》所说“南望猎山”，有学者认为“猎山”即“历山”，今安徽和县有历山。《说苑》所记“彭蠡”非今巢湖，孰何？

言至此，需要说明一下，“彭蠡”名称在《汉书》及其后的其他文献中于“彭泽县西”安家落户之后，位于江淮之间的原彭蠡湖即失落了名称和户籍，人们只好给它重新命名“漅湖”，进而演为“巢湖”。当巢湖之名通行千年之后，巢湖所在地的府县编纂志书，自然要给母亲湖巢湖标目写史，建立档案，然查阅《史记》《汉书》等古籍时，自不免惊呼和质疑“汉无巢湖名”！

由于种种客观原因，班固给“彭蠡”标注位置出了差错是可以理解和谅解的，然而，巢湖居民给巢湖健全历史档案又是必需的。20世纪以来，巢湖文史整理与研究工作得以深入开展，拙作《寻找巢湖失落的历史档案》发表①，封尘已久的班固之误再次被揭示出来，健全巢湖湖史档案的任务随之列入学者的工作日程。需要注意的是，由于班固的失误与影响，东汉以降，《汉书》而下，人们以讹传讹殆已把“彭蠡”之名坐实为鄱阳湖，如此经历了近两千年，包括

① 宁业高：《寻找巢湖失落的历史档案》，《新安晚报》《厚重安徽》栏目2006年7月18日。

诸多重要典籍在内的史志笔记尤其是诗词文赋中的“彭蠡”大都系指今鄱阳湖,我们在阅读东汉之后的历代文献和文学作品时须加甄别和慎判,在整理和健全巢湖历史档案过程中,切勿将所有“彭蠡”一揽子包裹,注意免犯“鄱”冠“巢”戴的错误。

四、涂山联姻与会盟，佐证夏禹治理巢湖

夏文化究竟源起何地尚无定论。不过有个说法是历代学者都比较赞同而无多异议的,那就是司马迁所说“夏之兴也以涂山”。大禹前期奋斗过程中有两个决定命运的重大节点,一是“禹娶涂山”,一是“涂山会盟”。因此“涂山”,被视为夏王朝的兴起地,夏文化的发祥地。

涂山,初为山名,后衍为地域名。涂山在哪里,宋代学者洪兴祖补注《楚辞·天问》引《苏鹗演义》称:“涂山有四:一者会稽,二者渝州,三者濠州,四者……今宣州当涂县也。”历元、明、清迄今,间有新发现、新说法,如陕西石泉,河南石泉、嵩县、开封,山西夏县、太原,山东诸城,湖北武汉,湖南攸县、衡山,广西石泉,江西九江,浙江萧山,安徽巢县,等等。诸说纷纭,各持其据,互相抵牾,彼此否定,概无定论。其实,“禹娶涂山”的真正发生地在今安徽巢湖。拙作《禹娶涂山女,涂山在何处》等文发表后①,引起学界关注,而被称为“安徽巢湖说”。所谓“巢湖说”并非我之新创,只是对晋代“居巢说”、明清“巢县说”给予继承性考论和补充性阐释而已。多年来惠得巢湖地方文化学者合力搜集资料和实地考察,进一步勘明“禹娶涂山”的具体发生地在今巢湖市苏湾镇司集之涂山一带。

依据是充分的,现甄别简述如次:

---

① 宁业高:《禹娶涂山女,涂山在何处》,《新安晚报》《厚重安徽》栏目2007年5月23日。

1.《康熙字典》解涂山在巢县

《康熙字典》解:"《书·益稷》:'娶于涂山。'应劭曰:'禹所娶涂山侯国峹山氏之女也。'《左传·哀七年》:'禹合诸侯于涂山。'杜预曰:并在今寿春界巢县。"[①]又释"涂"曰:"又涂山,国名,在寿春界巢县东北。《书·益稷》:'娶于涂山。'《连山易》:'禹娶涂山氏女,名攸。'……俗谓涂山在会稽、渝州、濠州、当涂、九江及三巴之江州,并非。"[②]

一般地说,字典通常只对字词作标音释义征例而已,然《康熙字典》对"禹娶涂山在何处"这个争论千年的学术难题作出明确结论:涂山在"巢县东北"。同时明确指出,往昔那些风传俗谓的涂山在会稽、渝州、濠州、当涂、九江、三巴之江州等说法,都是缺乏依据不能成立的。

2. 地理图册标涂山于庐州

《历代地理指掌图·禹迹图》将"涂山"依巢湖择庐州标定方位,巢县宋代属庐州。《历代地理指掌图》,有人认为是苏轼晚年的地理研究成果[③],也有人认为作者是税安礼。很显然,这是他对"禹娶涂山"发生地有了新的甄别和确认,纠正了自己早年游濠赋诗时的从众随俗之说。

《禹贡九州图》将"涂山氏国"标于滁河(古称涂水)的上游,位置正坐落于今巢湖市苏湾镇司集一带。

3. 张问陶诗责"巢县争涂山"

清中期杰出诗人、诗论家、著名书画家张问陶诗云:"巢县争涂山,会稽争禹穴。夏王不再生,此疑谁敢决?南指吴越西指蜀,两地相争人欲哭。圣人之圣不在此,神禹闻之当捧腹。吁嗟乎九州疏凿皆禹功,高山大川无不通。

---

① 《康熙字典》,中华书局,1980年,《康熙字典》寅集中山字部释"峹"。
② 《康熙字典》,中华书局,1980年,《康熙字典》丑集中土字部释"涂"。
③ 〔宋〕苏轼:《历代地理指掌图·禹迹图》。该书为元符元年(1098)成书,是我国现存最早的一部历史地图集。

胡为乎能平水土驱蛇龙,不能拓彼斤斤考订之心胸。”[①]

此诗有意嘲讽巢县“争”涂山,却无意传递了一个重要信息,即在清代前期,庐州巢县学者和官员曾坚定主张“禹娶涂山”发生地是在巢县,坚信夏禹所娶者是该县涂山的姑娘。巢县学者有何证据及申述过程不详,但据此诗作者陈述和《康熙字典》结论似可推知,巢县学者经过“斤斤考订”的结论应该是有理有据、翔实可信的,其申述诉求也得到了地方官府的鼎力支持,大抵是一路上呈,终达朝廷,引起国家主管部门大臣和相关文史机构的切实关注,乃至群体研讨,审慎评议,去伪存真,最终做出了审慎严正的结论。上列《康熙字典》两词条解释和结论,应可视为对当时结论的具体表述、应用和传播。

众所周知,《康熙字典》由文华殿大学士兼吏部尚书张玉书、文渊阁大学士兼吏部尚书陈廷敬相继奉旨领衔担任总阅官,编纂班底集聚着国家顶级学者 30 人之多。通过 300 年来的应用检验证明,这部历经 6 个春秋,依据明代《字汇》《正字通》两书加以增订的字典,无愧于被称为康熙朝的划时代文字工程和权威性工具书。“禹娶涂山”在巢县的结论是审慎的,也是正确可信的。需要指出的是,《康熙字典》第一任主编张玉书是丹徒(今镇江市)人,续任主编陈廷敬是阳城(今属山西)人,其余 28 位学者(纂修官、纂修兼校刊官)无一人籍贯是巢县,也无一人地望庐州,若说“争”,亦当属坚持学术公正之“争”,纠订世俗讹误之“争”。值得注意的是,《康熙字典》编纂班子中有位学者涂天相,湖北孝感人,是位身历康、雍、乾三朝,职历刑、兵、工三部尚书的大学者,作为涂氏后人,他对上述结论的认同,应可视为涂氏家族主流群体的共同认知。张问陶是诗坛“性灵派”主将,一代名家,在“千年争论”得到阶段性确认之百年后,还特意赋诗,冷嘲热讽,“以争骂‘争’”,抑或受其“乡情特重”的包袱所累——因为在“巢县说”判赢的同时,其老家(四川遂宁)前辈们一直拥护

① 〔清〕张问陶:《船山诗草》(上册),中华书局,1986 年,第 196 页。

的“三巴江州说”则被定为“非是”而打入另类,这让他从情感上过不去,故以发出那样的言论也未可知。

4. 巢湖涂山位处大禹治水活动中枢

《孟子·滕文公上》:“禹疏九河……八年于外,三过家门而不入。”《史记·夏本纪》:“劳身焦思,居外十三年,过家门不敢入。”所谓“居外十三年”,是指夏禹受尧舜之命出巡治水时间,“八年于外”,是指夏禹婚后出巡治水时间。这样就可以初步判断,夏禹是在治水 5 年之后才遇到涂山女儿偃攸结婚成家的。基于上述解释,我们可以推得一个结论,“禹娶涂山”是夏禹受命治水 5 年之后。那么此涂山不会在黄河流域,在淮河流域的可能性也不会大,据情分析应是在长江水系上。明代《开辟衍绎通俗志传》之《舜命禹治水救民》曰:“当其东疏三江之时,三过涂山氏之门而不入。涂山氏自夫离后,生子四岁,名曰启。闻夫治水过其家,抱启出视。启呱呱而泣。禹皆不顾,弗以妻子挠乱其心,惟相度治水为急务也。”此所谓“东疏三江”,依西汉经学大师孔安国解,即北江、中江、南江,而“北江”起点即今芜湖市与无为县相夹相拥之长江一段。“三过家门”之“三”不宜作实数解,当是“多”的意思。既然历经多次,那么此“家门”应该在江淮之间必经之中枢道上,而今巢湖涂山则正处于此间。《开辟衍绎通俗志传》之《禹王承位会诸侯》记载:“一日,到涂山,众诸侯排列出接车驾。”依次排列的是有巢侯纪、燧人侯会、神民侯国……钩阵侯远、稀韦侯静等等,“皆是南方,共二十四路”,并非黄河、淮河流域诸侯,且“有巢侯纪”即有巢氏族部落(方国)首领,其序列第一,或其地近涂山,或有巢氏族与涂山氏族及此时的大禹关系密切。至此,“涂山”在何处,则不言自明了。

据古文献记载来勘考涂山之地,关键要弄清此时大禹治水的活动地域。《吕氏春秋·季夏纪·音初》:“禹行功,见涂山之女,禹未之遇而巡省南土。涂山氏之女乃令其妾待禹于涂山之阳,女乃作歌,歌曰:‘侯人兮猗。’实始作为南音。”其中最为重要的方位词即“南”。春秋战国时期所谓“南”,一般是指淮河之南及长江中下游地域。《吕氏春秋》所谓"南土",与屈原《远游》"顺凯风以从游兮,至南巢而壹息"的"南巢"——有巢氏部落所建氏族方国(巢国)在地理位置上相类,而当时的"南巢"疆域很广阔,汉赋家扬雄曾夸张地说"南巢茫茫,包荆与楚"。(《荆州箴》)广义上的"南巢"即是"禹娶涂山"发生地,也是"涂山会盟"所在地,是为"夏之兴也"发祥地。

5."桀逃南巢"是寻求亲族保护

或称"桀放南巢""桀奔南巢"。"南巢,即'桀奔南巢'之地,位于今巢湖市一带。"[①]今仍存放王岗、癸王(夏桀)墓等遗迹及相关夏桀妹喜的种种传说。宋代学者李杞赞叹:"汤放桀南巢,巢人纳之,商封为伯,亦足见巢之忠矣!"明代学者陈履醇慨叹:"桀奔南巢,巢人为筑王城以居之,此亦足以见巢人之忠,与殷之盛德也。"(《集古编》)明代巢县学者杨于芳特撰《巢伯论》,对巢君"收容""赡养"夏桀的原因作了深层分析,亦将巢伯视为夏王朝臣子,赞美忠义高尚。其实还有一层原因,那就是"巢人"与夏王朝在政治、亲戚与血缘上存在特殊关系。同时,与巢国相邻的涂山氏则缘姻亲关系而与夏王朝更为密切与牢固。涂山氏在夏王朝政权中享有崇高的地位,夏启当政时,曾任命涂人为孟国之君,史称"孟涂"。《山海经·海内南经》所记"夏后启之臣孟涂"即是。(马世之《中原古国历史与文化》)"早在夏王朝建立之前,夏民族就与今安徽江淮地区的涂山氏有着密切关系。《史记·夏本纪》:'夏后帝启,禹之子,其母涂山氏之女也。'……至于桀奔南巢,则说明了夏王朝在淮夷之域有着较深的影响和根基。……桀奔南巢,当即此地。"(王迅《东夷文化与淮夷文化研究》)这种关系一直延续到夏王朝覆灭前后。"夏桀向安徽境内逃亡,是去投奔戚族涂山氏。涂山氏是尧舜时期居住在安徽境内的著名部落,涂山氏与大禹联姻而生夏后氏启。"(汤锦程《安徽汤氏源流考》)吕琪昌说得更加明白:

① 合肥通史编纂委员会编、夏元荣主编:《合肥通史》(简明读本),安徽人民出版社,2017年,第11页。

“巢湖在巢县境。有学者认为桀奔南巢应是回到故乡，故夏族应来自安徽。”（《夏朝起源于良渚文化》）安徽文史学者更将夏桀、妹喜逃南巢的内因展开来深细剖析：“在巢湖流域，有巢氏虽然与夏、商和西周保持了很大的独立性，但在商汤伐夏、夏桀战败选择‘逃南巢氏’时，即使面临‘（汤）困夏南巢’的严峻局面，南巢氏还是接纳了夏桀，可见，南巢与夏王朝没有发生过重大冲突。夏王朝与有施氏的关系也是这样。夏桀曾经征伐过有施氏，但在有施氏与夏王朝联姻之后，他们的关系也得到缓解（夏桀所宠爱的妹喜，就是施人）。夏桀在被商汤打败后，之所以选择逃往与有施氏毗邻的南巢氏，很可能跟他与有施氏联姻有关。”“南巢氏就是有巢氏的后裔。”[①]诚如李修松教授所论：“（禹）就地娶涂山氏女，以婚姻为纽带与东南夷人结成政治、军事联盟，从而有效地予以控制，是发展有夏大业的重要举措。因而，治水成功后，禹才能‘合诸侯于涂山’，才有‘执玉帛者万国’。涂山之会确立了禹在诸侯中的统帅地位，是诸侯臣禹的标志，为夏王朝的建立，打下了坚实的基础。后来，夏王朝的亡国之君桀之所以流亡这一带的南巢，与该地国族原是夏的联盟也是分不开的。”[②]如果大禹治巢得到确认，那么“禹娶涂山在巢湖”之说就自然更具公信度和说服力。同样，若“禹娶涂山在巢湖”得到确认，那么大禹治理过巢湖自是无可置疑之史实。[③]

巢湖这个神奇的地方，既是夏禹治水与成功之地，又是夏启出生与成长之地，也是夏癸（桀）归宿与终结之地——夏后氏之“兴”以此地为起点，夏王朝之“亡”竟使此处成终点，二点交合，擘画了一个连续 17 王、长达 500 年史程的大圆环。无怪乎司马迁如此慨叹，“夏之兴也以涂山，桀之放也以妹喜”。这 14 字精括了夏王朝最具典型色彩的人事节点，揭示了夏王朝由艰苦奋斗兢

① 郭因主编：《中国地域文化通览（安徽卷）》，中华书局，2013 年，第 40 页。
② 李修松：《徐夷迁徙考》，《历史研究》1996 年第 4 期。
③ 宁业高：《“禹娶涂山”在巢湖甄辨》，《合肥学院学报（社会科学版）》2015 年第 6 期。

兢业业而兴而旺、缘横暴跋扈腐化堕落而衰而亡的社会逻辑和政治大义。

巢湖之于夏禹、夏王朝,其情深比四海。涂山之于夏禹、夏王朝,其义重比泰山。夏禹治巢有功,福泽世代居民,巢湖之民感恩,奉夏禹偃攸为圣君圣母而筑祠塑像。大禹故里祖家庄与启母故里方涂巷喜结"友好村落",这是华夏民族思想融汇、古今亲缘沟通的文化硕果。

(作者宁业高为中国科学技术大学研究员,程仲平为安徽巢湖涂山文化研究中心主任)

大禹故里故都研究

《史记》记载伯鲧与大禹属地的考察

徐日辉

大禹是中国人家喻户晓、妇孺皆知的治水英雄,四千多年来一直受到人民的崇拜和祭祀。过去有一些学者一直不认同夏朝的存在。伴随着考古的不断发现,夏朝作为中国历史上第一个王朝不仅仅是定论,甚至于因为山西陶寺遗址的发现,尧的存在也成为事实。但遗憾的是开创夏王朝的大禹,其出生地仍旧是一个谜,至今没有公认的地方,并由此引发了种种的争议。本文旨在通过结合《史记》的记载,比对现存的历史文物和考古发现进行探讨,结论认为颛顼属于东方(今黄河中下游地区),鲧的活动范围没有进入西部,因此大禹当属于今河南,其出生地在嵩山文化圈内的河南登封王城岗一带。

一、《史记》载述大禹出生地的考察

《史记·夏本纪》是记载夏朝的珍贵历史文献,也是迄今为止最完整的一部夏代史,为学界所认可。遗憾的是,由于历史久远而导致的文献不足,尤其在“秦火”之后,使司马迁作《史记》时备受困扰[①]。正因为如此,司马迁在大禹出生地的问题上采取了极为谨慎的态度,没有给出准确的结论。其《夏本纪》称:

夏禹,名曰文命。禹之父曰鲧,鲧之父曰帝颛顼,颛顼之父曰昌意,昌意之父曰黄帝。禹者,黄帝之玄孙而帝颛顼之孙也。

在这里司马迁仅仅记载了大禹的称谓、世系,而有关大禹个人的重要信息:如大禹是哪里人,出生在哪里,却没有记载,为后人深入研究造成了诸多的不便。

对此,《史记索隐》引《系本》曰:“鲧取有辛氏女,谓之女志,是生高密。”《系本》成书早于《史记》,是司马迁作《史记》上古部分的资料来源之一。按照《系本》的说法,大禹应该是高密人。高密,一般认为是大禹的封国,在今山东高密市西南一带。但是,四川成都人扬雄认为大禹生在四川,他在《蜀王本纪》中称:“禹本汶山郡广柔县人,生于石纽,其地名痢儿畔。禹母吞珠孕禹,坼副而生于县。[②]”坼副,裂开之意。扬雄,生于公元前 53 年,卒于公元 18 年,是西汉后期著名的文学家。《蜀王本纪》的内容从蜀的始祖蚕丛开始一直讲到秦襄王为止,最后又讲述了大禹、老子、李冰三人的逸事。《蜀王本纪》已佚,现在看到的均是后世的辑本,难以窥其全豹。

由于扬雄是文学家,故此书文学色彩颇为浓厚,如“有一女子,名利,从江源地井中出,为杜宇妻。宇自立为蜀王,号曰望帝”,“秦襄王时,宕渠郡献长人,二十五丈六尺”等。作为当地名人,扬雄将搜集到的民间传说故事记于书中,自然是无可厚非。不过,类似此等记载可信程度究竟如何,则不得而知。自扬雄提出大禹生于石纽以来,东汉熹平二年(173)的《巴郡朐忍令景云碑》便有着相同的说法,其碑文曰:“先人伯沇,匪志慷慨,术禹石纽,汶川之会。”

① 徐日辉:《出土诸器与〈史记·夏本纪〉研究》,载《史记论丛》第一集,陕西人民出版社,2004 年。
② 〔宋〕李昉:《太平御览》卷八十二,中华书局,1960 年,第 381 页。

碑文中提到大禹、石纽、汶川,即是扬雄说法的延续,但是,他忽略了“坼副而生于县”这一核心的关键点。

实际上,扬雄所称大禹出生地有两处节点,一处是“涂山”,另一处就是“石纽”。“涂山”,历史上附会很多,新的考古发现证实“涂山”在今蚌埠市,其涂山脚有一个村子叫禹会村,即大禹会诸侯的地方①。关于“石纽”的具体所在,后人并不清楚在哪里,包括地貌特征等,都讲不明白。另外,就四川本地而言,认识也不统一,历来有北川、汶川、茂县、理县和都江堰等说法,这些地方均自认为是大禹的出生地。另外,在河南登封亦有石纽存在。

“石纽”作为具体的物化载体,以今四川北川县禹里乡的石纽最著名,特别是近十几年来影响颇大,因其两块巨石的石尖相交纽结为一,故称石纽。两石相交为纽,恐怕不太准确。

纽,《说文》曰:“纽,一曰结而可解。”说文解字注云:“结者,缔也。缔者,结不解也。其可解者曰纽。”可见“纽”是可以解开的结。庄子曰:“禹舜之所纽也,伏戏几蘧之所行终,而况散焉者乎。”②其“纽”则是枢纽,指把握要领。正因为“纽”内涵不是“结”而是“解”,两石相交可以解开吗?除非暴力破坏。

司马迁对四川并不生疏,他曾经去过四川、云南等地,并进行了实地考察。公元前 111 年,司马迁“奉使西征巴、蜀以南,南略邛、笮、昆明”③,先后到过今天的汉中、广元、成都、灌县、邛郲、芦山、汉源、宜宾、西昌、晋宁、昭通、寻甸、大理、滇池、北盘江等地,并撰写了《史记 · 西南夷列传》。在《西南夷列传》里司马迁记载了多个小政权、部族等,所谓“西南夷君长以百数”,以及不同古代民族,交换西南丝绸之路的物产“枸酱番禺,大夏杖、邛竹”等,唯独没

① 中国社会科学院考古研究所、安徽省蚌埠市博物馆编著:《蚌埠禹会村》,科学出版社,2013 年,第 3 页。

② 〔战国〕庄周:《庄子全译 · 人间世》,贵州人民出版社,1992 年,第 61 页。

③ 〔汉〕司马迁:《史记 · 太史公自序》,中华书局,1959 年,第 3293 页。

有记载大禹在西南地区的事迹,包括陕西南部在内。

作为融游学与考察为一体的完美结合,司马迁观之于山水,采访于里巷,掌握了大量的第一手资料,在游学中深入社会,了解社会,在学与用的实践中开阔视野,增加见识,成为读万卷书行万里路著万世之书的杰出典范[1]。司马迁通过广泛收集民间史料印证文献记载;以地面的文物资料丰富史书内容;以游历采访与调查踏勘恢复历史的真实面目;以社交游历与口述资料补充文献的不足;通过游学考察,采集诗赋、歌谣、俚语、俗谚等丰富史料,丰富历史人物与重大事件[2]。严谨的治学态度和科学的考察实践,仍使得司马迁不能够对连自己都搞不清楚的大禹出生地做出回答,包括一些偏离史实的传说在内,禹生于石纽或许就是其中一个案例。

二、《史记》对大禹归葬地的认识

大禹不仅是治水英雄,而且还是德治的典范,司马迁对其是相当的敬重,他说"昔虞、夏之兴,积善累功数十年,德洽百姓,摄行政事,考之于天,然后在位"[3],称赞大禹的丰功伟业是"维禹之功,九州攸同,光唐虞际,德流苗裔"[4],恩泽万代。尽管如此,司马迁对于大禹的归葬地,包括大禹是否到过会稽(今浙江绍兴)的记载,存在着矛盾。《夏本纪》载:

> 十年,帝禹东巡狩,至于会稽而崩。……太史公曰:禹为姒姓,其后分封,用国为姓,故有夏后氏、有扈氏、有男氏、斟寻氏、彤城氏、褒氏、费氏、杞氏、缯氏、辛氏、冥氏、斟戈氏。孔子正夏时,学者多传《夏小正》云。

---

① 徐日辉:《中国旅游文化史》,黑龙江人民出版社,2008年,第113页,
② 徐日辉:《中国旅游文化史》,黑龙江人民出版社,2008年,第113~116页。
③ 〔汉〕司马迁:《史记·秦楚之际月表》,中华书局,1959年,第759页。
④ 〔汉〕司马迁:《史记·太史公自序》,中华书局,1959年,第3301页。

自虞、夏时，贡赋备矣。或言禹会诸侯江南，计功而崩，因葬焉，命曰会稽。

前文记载“十年，帝禹东巡狩，至于会稽而崩”，明确指出大禹是在在位第十年向东巡狩的过程中，到了会稽（今浙江绍兴）去世的。然而在《夏本纪》结论性的《太史公曰》中却说：“或言禹会诸侯江南，计功而崩，因葬焉。”与“帝禹东巡狩，至于会稽而崩”的说法完全不同，对于大禹是否到过江南提出了异议。

如果说“帝禹东巡狩，至于会稽而崩”是采用已有文献记录，那么，太史公曰“或言禹会诸侯江南，计功而崩，因葬焉”这一句话则是对历史记录的认识和判定，作为司马迁自己得出的结论，包含着他对大禹研究的成果，值得关注。别小看了这一句话 15 个字，非常关键，它内含两层意思，特别是“或言禹会诸侯江南”短短的 8 个字，是我们探讨大禹生卒地的重要依据之一。

首先，司马迁不认同大禹到过会稽，他甚至对自己的说法也表示怀疑，所以他用了一个“或言禹会诸侯江南”而不是“禹会诸侯于江南”。所谓“或言”，就是不作肯定，存在着其他可能性，例如，他在《报任安书》中说“人固有一死，或重于泰山，或轻于鸿毛”者即是。

其次，大禹到没到过会稽有不同的说法，但是，大禹会诸侯却是既定事实，古史多有记载。如今本《竹书纪年》载，禹“五年，巡狩，会诸侯于涂山”。《左传・哀公七年》：“禹合诸侯于涂山，执玉帛者万国。”《尚书・益稷》：“娶于涂山，辛、壬、癸、甲。启呱呱而泣。”《世本・帝系》亦称：“禹纳涂山氏，曰女娲。”检索先秦资料，多记载大禹“会诸侯于涂山”而不是“会稽之山”，所以，司马迁不敢直接下结论，他只用了个“或言”表明态度，而且根本没提具体所在。

司马迁作史一贯作风严谨，所以班固说：“故司马迁据《左氏》《国语》，采《世本》《战国策》，述《楚汉春秋》，接其后事，讫于天汉。其言秦、汉，详矣。……然自刘向、扬雄博极群书，皆称迁有良史之材，服其善序事理，辨而不华，质而不俚,其文直,其事核,不虚美,不隐恶,故谓之实录。”[①]《史记》之所以为后世学者所推崇,关键就在于此。

大禹是不是会诸侯于会稽,这个问题对于司马迁而言并不困难,因为他亲自做过考察,并有了自己的结论。《太史公自序》中说:

> 二十而南游江淮,上会稽,探禹穴,窥九疑,浮于沅、湘;北涉汶、泗,讲业齐鲁之都,观孔子之遗风,乡射邹、峄;厄困于鄱、薛、彭城;过梁、楚以归。

考察司马迁当时东游的路线,具体为:从陕西长安(今西安)向南沿秦楚大道而行。溯霸水到今天的蓝田、武关(丹凤县)、南阳、襄樊、江陵、常德、洞庭湖区、沅江、益阳、长沙、衡阳、零陵、宁远、汨罗、岳阳、九江、庐山、马鞍山、当涂、茅山、杭州、绍兴、苏州、太湖、镇江、扬州、清江、沛县、丰县、曲阜、邹县、峄山、滕县(今滕州市)、徽山、徐州、永城、睢县、开封、洛阳、函谷关归长安[②]。在行程三万里、耗时二三年的游学过程中,司马迁不仅到过会稽,还考察了秦始皇东巡至钱唐的线路,并且了解到曾经发生过的一些事情。他说秦始皇:

> 行至云梦,望祀虞舜于九疑山。浮东下,观籍柯,渡海渚。过丹阳,至钱唐。临浙江,水波恶,乃西百二十里从狭中渡。上会稽,祭大禹。[③]

这段记载是司马迁亲临实地考察的所得,不是凭空想象的表述。显而易见,司马迁已经关注到秦始皇去会稽祭拜大禹被风高浪急的钱塘江所阻的事实经过。他千里迢迢来到会稽,难道会不去考察大禹在这里大会诸侯的事迹吗?这显然不符合司马迁的考察目标与治学精神。如是,问题可能就出在大禹会诸侯的具体地点不在会稽。

两千多年过去了,当今学者通过研究认为,四千多年前大禹会诸侯杀防

---

① 〔汉〕班固:《汉书·司马迁传》,中华书局,1962年,第2738页。。
② 艾冲:《司马迁游历路线考》,载《司马迁与史记论文集》第一辑,陕西人民出版社,1994年。
③ 〔汉〕司马迁:《史记·秦始皇本纪》,中华书局,1959年,第260页。

风氏的地方不在浙江绍兴(会稽),而在安徽省的蚌埠市怀远的涂山。这里是“大禹治水成功后在涂山大会诸侯‘执玉帛者万国’,确立了天下共主的地位,为夏王朝的建立奠定了基础”的地方。

大禹大会诸侯的地方在历史上又被称为“禹聚”,即“禹会涂山,扬州之域,当涂县有禹聚”。具体而言,在蚌埠市涂山脚下的南面有一个村子叫禹会村,据说该村就是当年大禹大会诸侯的地方。禹会村在先秦时期称“禹墟”,已经有两千多年的历史。以禹会村为中心,在这一带至今保留有丰富的大禹传说和遗迹,如:禹墟、禹庙、防风冢、启母石等。

禹会村遗址自2006年第一次试掘开始,考古工作者从2007年至2011年进行了五次发掘,做了大量的工作,采集到了大量的陶器、石器、骨器、蚌器、红烧土块和三角形足、鬼脸足和尖锥形鼎足等,以及相关的礼器,加之白土覆盖的南北长108米、北部东西宽23.5米、南部东西宽13米,正南北方向,总面积近2000平方米祭祀台的发现①,证明禹会村是一处大型礼仪型建筑基址祭台(祭坛)。作为大禹会诸侯之所在地,使我们终于明白大禹杀诸侯防风氏的真实史实,同时也解开了历史传说的谜底,多年来的疑惑总算有了答案。

司马迁通过对禹在会稽以及相关区域的活动进行实际考察对比之后,最终得出的结论是“或言禹会诸侯江南”,也就是说大禹可能就没有来过江南(指会稽)。这是司马迁面对大禹陵既成事实的异议,需要付出多么大的勇气,今天禹会村的考古发现证实了司马迁的观点。作为中国最伟大的历史学家,司马迁实事求是的精神难能可贵,真正是高山仰止。

---

① 中国社会科学院考古研究所、安徽省蚌埠市博物馆编著:《蚌埠禹会村》,科学出版社,2013年,第45页。

三、鲧活动范围与大禹生地的探讨

前文通过对《史记》的探讨得知,司马迁不仅没有记载大禹的出生地,同时对大禹的归葬地也提出了异议,而且是考察过会稽的大禹陵之后得出的结论。司马迁是公认的"良史",其撰写的《史记》被誉为"实录"。事实上,在司马迁之前的典籍中也没有大禹出生地的记载。因此,我们只好另辟蹊径,从大禹之父鲧的活动范围来框定禹的出生地,这样于情于理都说得通。

大禹是人,是切切实实为民造福的英雄人物,他的父亲叫鲧,同样是治水的大专家。《史记·夏本纪》记载:"鲧之父曰帝颛顼。"但是,在排列世系的时候却自相矛盾,不知何故。现将《史记·三代世表》相关世系的排列引用如下:

帝王世国号:黄帝号有熊。帝颛顼,黄帝孙,起黄帝,至颛顼三世,号高阳。

颛顼属:黄帝生昌意。昌意生颛顼,为高阳氏。

舜属:黄帝生昌意。昌意生颛顼。颛顼生穷蝉。穷蝉生敬康。敬康生句望。句望生蟜牛,蟜牛生瞽叟。瞽叟生重华,是为帝舜。

夏属:黄帝生昌意。昌意生颛顼。颛顼生鲧。鲧生文命。文命,是为禹。

《史记·三代世表·舜属》清楚地排列了颛顼以下到帝舜的完整世系。鲧受命于尧,被舜处罚,则应该为颛顼的六代孙。对此,《汉书·律历志》称:

《帝系》曰:颛顼五世而生鲧,鲧生禹,虞舜嬗以天下。土生金,故为金德。天下号曰夏后氏。继世十七王,四百三十二岁。

《史记索隐》在"颛顼生鲧,鲧生文命"条下云:"案《汉书·律历志》:颛顼五代而生鲧,此及《帝系》皆云颛顼生鲧,是古史阙其代系也。"此说颇为有理。

又《史记·秦本纪》曰:“秦之先,帝颛顼之苗裔孙曰女修。女修织,玄鸟陨卵,女修吞之,生子大业。大业取少典之子,曰女华。女华生大费,与禹平水土。”大费,即伯益。伯益与大禹一起治水有功,受到舜的封赐。其后舜赐伯益“嬴”姓,是为嬴秦之祖先。因此鲧有着颛顼第六代孙和第五代孙的两种说法,虽然目前无法精确还原,但颛顼不是鲧的父亲则可以定论。

颛顼是中国古代五帝之一,又被称为高阳氏,属于东夷少昊文化系统。《山海经·大荒东经》载:“少昊之国,少昊孺帝颛顼于此。”《国语·楚语》曰:

及少皞之衰也,九黎乱德,民神杂糅,不可方物。……颛顼受之,乃命南正重司天以属神,命火正黎司地以属民,使复旧常,无相侵渎,是谓绝地天通。

天神是传说中主管北方的天帝,颛顼接替少昊之后,将被搞乱的祭祀法度重新予以修正,恢复到旧时的法度,使人民与神不再互挠,使国家走向昌盛。《尚书·吕刑》及《左传》等亦有相同的记载。

史界有颛顼是万姓之统的说法,他亦为楚国、秦国、赵国的祖先。《史记·楚世家》记载:“楚之先祖出自帝颛顼高阳。高阳者,黄帝之孙,昌意之子也。高阳生称,称生卷章,卷章生重黎。”《史记·赵世家》曰:“赵氏之先,与秦共祖。”凤翔秦公一号大墓出土的残磬铭文有“高阳又(有)灵,四方以鼏(宓)平”,是为印证。

颛顼颇有些神秘,有关他的神话故事流传也很广,来源既有山东地区,也有东北地区、西北的昆仑山地区以及西南地区等。至于昌意生颛顼的地点,古人认为在若水一带,例如今本《竹书纪年》记载,帝颛顼高阳氏“母曰女枢,见瑶光之星,贯月如虹,感己于幽房之宫,生颛顼于若水。”《史记·五帝本纪》亦有明确的记载:

黄帝居轩辕之丘,而娶于西陵之女,是为嫘祖。嫘祖为黄帝正妃,生二子,其后皆有天下:其一曰玄嚣,是为青阳,青阳降居江水;其二曰昌意,降居若水。昌意娶蜀山氏女,曰昌仆,生高阳,高阳有圣德焉。

另外,《山海经·海内经》亦称颛顼生于若水,于是乎若水就成为考察颛顼是哪里人的一个关键性节点。关于若水的具体所在古今都有不同的看法,今取马世之教授的研究成果“颛顼部族最早的居地在若水流域,若水并非四川境内的雅砻江,而是今河南省境内的古汝水。颛顼生于若水之野,所居空桑,也在若水附近,即今河南嵩县一带,后来举族东迁至高阳”①。笔者支持马先生的观点,据此而言,颛顼当是河南嵩县人,嵩县以嵩山而名,属于嵩山文化圈。按照中国人以血缘论籍贯的传统,颛顼以下鲧、禹均应为河南人,而“其族人的早期活动主要应在中原地区”②,所说范围基本清楚,大体合理。

颛顼的政治中心在今河南濮阳一带,今本《竹书纪年》称:“元年,帝即位,居濮。”《左传·昭公十七年》记载:“卫,颛顼之虚也,故曰帝丘。”注曰:“卫,今濮阳县,昔帝颛顼居之,其城内有颛顼冢。”另外,今河南内黄县保存有颛顼陵和帝喾陵,称之为二帝陵,在山东聊城亦有颛顼墓。从颛顼陵墓的分布看,从濮阳到内黄再到聊城,是一路向北偏东,不知是何原因。

史书记载从颛顼以下至大禹有缺漏,具体原因不得而知。按照司马迁“禹之曾大父昌意及父鲧皆不得在帝位,为人臣”的记载,显然这一时期未有重要人物,不值得书写,所以史家笔下少记几代平庸之辈,或者是文献散佚也未可知。不过,“为人臣”至少比普通老百姓地位要重要得多。

依据《史记·三代世表》的记载,“禹系”这一支延续到鲧的时候开始发迹,重新登上政治舞台,并且被不同的古代典籍所记载。鲧的成功是依靠个人的拼搏,以出乎其类拔乎其萃的治水能力引起当时首领的关注。鲧作为上古时期著名的治水专家,史书有着明确的记载。《史记·夏本纪》记载:

---

① 马世之:《颛顼活动地域地理新证》,载《颛顼帝喾与华夏文明》,河南人民出版社,2009年,第280页。

② 张锴生:《颛顼故地在中原》,载《颛顼帝喾与华夏文明》,河南人民出版社,2009年,第76页。

当帝尧之时,鸿水滔天,浩浩怀山襄陵,下民其忧。尧求能治水者,群臣四岳皆曰鲧可。尧曰:"鲧为人负命毁族,不可。"四岳曰:"等之未有贤于鲧者,愿帝试之。"于是尧听四岳,用鲧治水。九年而水不息,功用不成。于是帝尧乃求人,更得舜。舜登用,摄行天子之政,巡狩。行视鲧之治水无状,乃殛鲧于羽山以死。天下皆以舜之诛为是。于是舜举鲧子禹,而使续鲧之业。

洪、鸿,古字通用,鸿者,形容大的意思。这段话录自《尚书·尧典》,是说水势浩荡,有漫过丘陵、围浸山岗之势,而住于山下低地的居民面临着灭顶之灾,处境十分危险。当时的首领尧寻求能治水的能人,用今天的话讲,就是招募治水的总工程师。此时分掌四方的官员们竭力推荐鲧担当此任。尧则认为鲧之为人不可用。但官员们提出,经过比较,尤其是治水的专业水平,鲧是无人可及的唯一人选。尧经过权衡利弊,决定起用鲧治水,结果鲧治水九年,未能达到预期目标,失败了,受到了严惩。

从《尚书》记载来看,除鲧之外,共工也是治水的专家,而且也是失败者。鲧辛辛苦苦地干了九年,虽然没有显著的功劳,却也是全身心的付出。《尚书·洪范》记载:"鲧陻洪水,汩陈其五行。帝乃震怒,不畀洪范九畴,彝伦攸敦。鲧则殛死,禹乃嗣兴。"根据气象和水文数据来看,当时的水患波及范围广、时间长,治水工作确实具有长期性。不过,上博简《容成氏》详细记载了大禹治水的经过,却未见鲧,不知何故。

古人对鲧治水的功绩评价较高,不但没有抹杀鲧治水的功绩,反而赋予其更多的英雄气质和创造了其所具有的超自然能力的神话传说,并且广为流传。《史记正义》曰:"鲧之羽山,化为黄熊。"鲧化熊,《左传》称:

昔尧殛鲧于羽山,其神化为黄熊,以入于羽渊,实为夏郊,三代祀之。[1]

文献说鲧被尧杀死于羽山之后，灵魂化为一只黄熊进入了羽渊。郊，乃是郊祀之意，孔颖达引《祭法》曰："'夏后氏禘黄帝而郊鲧。'言郊祭天而以鲧配……鲧有治水之功，又通在群神之数，并亦见祀。"[2]可见鲧是"羽化登仙"之后被人们所追封而成为群神之一，得以享受祭祀。《左传》对于鲧、禹的形象和事迹，从庄公十一年（前683）到哀公七年（前488），共有十余处之多。

化熊的神话传说，不仅仅是鲧，而且延续到他的儿子禹，禹亦有化熊的故事在流传。现存于河南登封市的嵩山万岁峰下的启母阙，上面就刻有大禹为加快治水速度而化为熊的壁画。启母阙是东汉延光二年（123）颍川太守朱宠为纪念大禹的夫人启母而建，早于四川东汉熹平二年（173）《巴郡朐忍令景云碑》五十年，是目前现存最早的有关鲧、禹治水的实物，极为珍贵。启母阙属于启母庙的一部分，作为世界文化遗产，距今已有近1900年的历史。现存的启母阙上有铭文，根据常松木先生的释读，具体如下：

> 昔者共工，范防百川。柏鲧称遂，□□其原。洪泉浩浩，下民震惊。禹□大功，疏河泻玄。九山甄旅，咸秩无文。爰纳涂山，辛癸之间。三过亡入，实勤斯民。同心济隘，胥建三正。……千秋万祀，子子孙孙。表碣铭功，昭视后昆。[3]

启母阙是中国现存最早的汉三阙之一，或许与大禹的出生地相关，阙铭清楚地记载了鲧、禹治水的历史，代表着古人对鲧、禹父子治水成就的认可。

在距今4000多年前的五帝时代，治水属于家传的工艺技能，是父子相承、世代相袭、密不传人的家学。史称"鲧殛而禹兴"[4]，就是说大禹治水的知识来

---

① 杨伯峻：《春秋左传注》，中华书局，2009年，第1290页。
② 杨伯峻：《春秋左传注》，中华书局，2009年，第1290页。
③ 常松木：《汉三阙》，大众文艺出版社，2012年，第39~40页。
④ 杨伯峻：《春秋左传注》，中华书局，2009年，第1060页。

源于父亲鲧,他治水成功的背后包含着随父治水的实践经验。

值得注意的是,历史文献没有记载鲧治水的范围,只是说他耗费了九年时间没有成果。不过,文献记载鲧是在尧处领命的。《尚书·尧典》记载:"'咨!四岳,汤汤洪水方割,荡荡怀山襄陵,浩浩滔天。下民其咨,有能俾乂?'佥曰:'于!鲧哉。'……帝曰:'往,钦哉。'九载,绩用弗成。"尧,亦称唐尧。《水经注》《帝王世纪》等典籍记载尧都于"平阳",即今山西临汾。但是,尧都城的具体所在一直模糊不清,司马迁也没有记载。从1978年开始,考古工作者经过近40年的努力,终于在山西省临汾市襄汾县城东北7公里的陶寺镇取得了重大发现,证实了尧都平阳的存在。陶寺遗址距今4300—4100年,与尧执政时间基本吻合。

考古发现陶寺遗址正是当时唐尧的帝都,这座用土夯筑起来的都城,早期面积20万平方米,中期的面积已经达到280万平方米,有着宫殿区、祭祀区、王陵区、手工业作坊区、普通居民区等明确的功能分区,并且出现了观察天象的观象台和用朱砂书写的文字等。作为史前东亚地区最大的都城,陶寺遗址将华夏文明的历史提前了300年,已然成为中国早期国家文明的象征。

现在的研究证明,五帝时期尧的政治中心在今天的山西,鲧治水应是从尧帝所在的山西境内的黄河开始,包括汾河等在内,沿黄河而下直抵中原腹地。有专家认为:"以鲧为首的部落在共地(今芮城县)用堵的方法防止洪水的入侵,使得黄河无法从北向的支流泄洪,导致河水改道,泛滥成灾。首先受难的,是处于黄河中下游的祝融系统诸部落。于是,以昆吾、豕韦等为首的祝融氏族,从濮阳西攻,最后流放了鲧。"[①]所谓"堵",在当时的条件下,只能是有限的自我保护,并非是今天修水堤坝。《淮南子》记载"昔者夏鲧作三仞之城",以及"夏鲧作九仞之城",正是"堵水"的工程之一,可以推测鲧治水的范

① 王青:《鲧禹治水神话新探》,《南京师范大学文学院学报》2003年3期。

围大体在山西、河南等中原一带,可能会延伸到山东地区,但不会达到今甘肃、青海、四川等地。

鲧作城不但有文献记载,同时也有实物为证,著名的王城岗遗址就有鲧作的城。王城岗遗址在今河南省登封市的告成镇西约 1 公里的颍河与五渡河交汇处的岗坡上,属于龙山文化古城。“1977 年在这里发现东西骈列的两个小型城堡的夯土墙基。西城的西墙长 94.8 米;南墙长 97.6 米;北墙被一条水沟冲毁,残长约 30 米;东墙北段被水冲毁,残长 65 米。东城的南墙残长约 40 米;西墙(亦即西城东墙)残长 5 米,东墙和北墙都被五渡河冲毁。”①在城内的 13 个奠基坑中发现有全躯殉人 16 个,人头 6 个及部分肢解的骨骸②,被认为是鲧作城和禹都阳城的所在地。尤其对于研究鲧治水的范围以及大禹出生地,提供了弥足珍贵的物证。

作为夏朝早期都城的物证,王城岗遗址引起了学界的极大关注。更难得的是考古发现登封王城岗遗址有大小两个城,大城现在已被确认是大禹的都城,并且发现了东周时期有关“阳城”的篆体陶文戳记③,即禹都阳城。小城的年代,在夏商周断代工程中新测的王城岗二期的 14^{C} 数据(均为树轮校正年代),距今 4090—3965 年之间④,均已进入夏的纪年范围以内。对此,马世之先生认为:“王城岗小城为鲧作之城与禹避舜子商均所居的阳城,王城岗大城则是禹都阳城”⑤。2002 年—2005 年,中华文明探源工程预研究——调查登封王城岗遗址周围龙山文化遗址也有了一些新的发现,王城岗小城被认定为

① 河南省博物馆:《河南文物考古工作三十年》,载《文物考古工作三十年》,文物出版社,1979 年。
② 河南省文物研究所、中国历史博物馆考古部编:《登封王城岗与阳城》,文物出版社,1992 年。
③ 安金槐:《试论豫西地区龙山文化类型中晚期与夏代文化早期的关系》,载《夏文化研究论集》,中华书局,1996 年。
④ 夏商周断代工程专家组:《夏商周断代工程 1996—2000 年阶段成果报告》,世界图书出版社,2000 年,第 79 页。
⑤ 马世之:《登封王城岗城址与禹都阳城》,《中原文物》2008 年第 2 期。

“鲧作城”[1]。鲧在此作城,禹治水生于城内,应该不会有太大的问题。禹治水成功之后,在父亲小城的基础上修建大城,以显示与父亲的区别,自在情理之中。因为考古发现,禹在修建大城的同时,仍然生活在小城之中。

鲧是治水英雄,也是神话英雄,似人似神,是在夏商周三代得以享受祭祀的神灵,大概与他死后灵魂化为黄熊有关。古人非常淳朴,他们是不会忘记作出重大贡献的人和奉献于社会的杰出人物的,而最重要的感恩方式便是祭祀,让故去的人世世代代享受供奉。同时用事实教育后人,只有像鲧、禹父子一心为公为民的人,才配受千秋万代的敬仰。

我曾两次在常松木先生的陪同下考察启母阙,确实令人兴奋与震撼,它让你不由得不相信眼前的这一切就是真实的历史,就发生在我们身边。

四、禹兴于西羌的探讨

在中国历史上但凡是杰出人物,后人在记载或者追述其事迹时都免不了浓墨重彩地记载其兴起的地方,所谓龙兴之地,司马迁也不能例外。在大禹兴起的问题上还有一个细节需要说明,那就是司马迁的“西兴东渐”论[2]。他说:

> 或曰:“东方物所始生,西方物之成孰。”夫作事者必于东南,收功实者常于西北。故禹兴于西羌,汤起于亳,周之王也以丰镐伐殷,秦之帝用雍州兴,汉之兴自蜀汉。[3]

这里的“故禹兴于西羌”,出自陆贾的“文王生于东夷,大禹出于西羌”,不过,陆贾准确地说东夷是文王的出生地,而对于大禹只是说“出于西羌”,与司

---

① 方燕明:《登封王城岗城址的年代及相关问题探讨》,《考古》2006 年第 9 期。
② 徐日辉:《史记札记》,现代教育出版社,2008 年,第 127 页。
③ 〔汉〕司马迁:《史记·六国年表》,中华书局,1959 年,第 686 页。

马迁的“兴于西羌”大同小异,关键是“出”“兴”与“生”是两个完全不同的概念。

“西羌”,与西北地区的古羌人有关系。但是,司马迁所说“禹兴于西羌”的“西羌”,是一个相当大的地理概念,历史上的“西羌”在时间与空间分布上都有所不同,值得深入考察。

早期羌人的活动范围主要在今青海、甘肃一带。徐中舒先生认为“早期羌人居住于甘肃的辛店、李洼一带,殷代羌与商为敌国,故卜辞中多有伐羌、逐羌、获羌等记载”[①]。顾颉刚先生也认为商代时“羌的疆域相当地大,北面和鬼方、舌方为邻,东面有沚、吴、易、雀、犬、周许多国,东南近缶和蜀,大致说来,他们占有了现今甘肃省大部和陕西省西部”。[②] 所以《华阳国志》一书中有关羌人活动的记载,大多发生在东汉时期,而且族源并非当地。其《大同志》曰:“汶山兴乐县黄石北地卢水胡成豚坚、安角、成明石等,与广柔、平康文降、刘紫利羌有仇,遂与蜂蜩羌郅逢等数千骑劫县令,求助讨紫利。”卢水胡,早年居住于青海西宁以西。蜂蜩羌,羌人之一种,原居于青海巴颜喀拉山一带。

从考古发现看,西北地区与鲧、大禹对应的是齐家文化,“齐家文化是马家窑文化的继续和发展”[③]。在年代又分为东西两部分,东部地区在公元前2100—前1900年之间;西部地区在公元前1900—前1600年之间,上限相当于中原地区的夏代,下限可晚到商代。与羌人关系最密切的则是辛店文化。辛店文化系安特生1924年发现于甘肃临洮县的辛甸村,在翻译时误甸为店。辛店文化距今3400—2700年之间,与寺洼文化年代相同。其范围之广,“东起陕西宝鸡,西至青海共和,这个东西长约650公里的分布空间是甘青地区诸多史

---

① 徐中舒主编:《甲骨文大字典》,四川辞书出版社,1989年,第417页。
② 顾颉刚:《从古籍中探索我国的西部民族——羌族》,《社会科学战线》1980年第1期。
③ 谢端琚:《齐家文化是马家窑文化的继续和发展》,《考古》1976年第6期。

前文化所不具备的”[①]，目前共发现遗址有356处之多。辛店文化的代表器物是袋足鬲、双耳罐、腹耳壶等，其中以羊角双勾纹最为突出，而且墓葬中以殉羊及羊角最为普遍。

从传统上讲，地处西北的羌人，向以善牧羊而著称。《说文》称：“羌，西戎牧羊人也。从人，从羊，羊亦声。南方蛮闽从虫，北方狄从犬，东方貉从豸，西方羌从羊。”羊作为人类最早饲养的家畜之一，在距今5500年前后的天水师赵村就有发现[②]。其后在兰州西坡坬[③]、东乡林家等地[④]，均发现有距今5000年以前新石器时代的羊骨。另外，在永靖大何庄[⑤]、永靖秦魏家[⑥]、武威皇娘娘台等地[⑦]，发现了距今4000年以前的齐家文化羊骨。通过对器物、墓葬等进行分析，学者们认为这些遗址属于羌戎文化[⑧]。考古学家石兴邦先生则提出：“这些文化分布领域，是古羌戎族系活动的基础。”[⑨]司马迁所说的“禹兴于西羌”指的正是这一地区。所以，有学者认为大禹兴起于甘肃广河、天水等地，从早期古羌人活动的范围讲，不无道理。至于具体的地点，则有待于文献与地下资料的支撑。而在当时，四川省的北川县一带还没有羌人，因此“禹兴于西羌”与此地无涉。只是到了春秋战国之际，羌人从青海的赐支河河曲大批南下，向长江上游迁徙，向关中地区迁徙的则融入到先周文化之中[⑩]。

---

① 谢端琚：《甘青地区史前考古》，文物出版社，2002年，第173页。

② 中国社会科学院考古研究所，谢端琚主编：《师赵村与西山坪》，中国大百科全书出版社，1999年，第318页。

③ 甘肃省博物馆：《甘肃兰州西坡坬遗址发掘简报》，《考古》1960年第9期。

④ 甘肃省文物工作队：《甘肃东乡林家遗址发掘报告》，《考古学集刊》1984年第4期。

⑤ 中国科学院考古研究所甘肃工作队：《甘肃永靖大何庄遗址发掘报告》，《考古学报》1974年第2期。

⑥ 谢端琚：《甘肃永靖秦魏家齐家文化墓地》，《考古学报》1975年第2期。

⑦ 甘肃省博物馆：《武威皇娘娘台遗址第四次发掘》，《考古学报》1978年第4期。

⑧ 谢端琚：《辛店文化族属蠡测》，载《华夏文明》第二集，北京大学出版社，1998年。

⑨ 石兴邦：《中国人种与族系的形成和发展》，《史前研究》，三秦出版社，1998年，第69~70页。

⑩ 邹衡：《夏商周考古学论文集》，文物出版社，1980年，第351~352页。

依据文献记载,大禹完成治水以后,主要的活动范围集中在中原地区[①]。而考古发现鲧作城与禹都阳城就在今天河南省登封市的王城岗一带[②],而大禹儿子启的都城则在今天河南省的新密。《国语·周语上》载:"昔夏之兴也,融降于崇山。"韦昭注曰:"崇,崇高山也。夏居阳城,崇高所近。"崇山即是嵩山。钱穆先生认为:"古书上往往说豫州有华山,豫州现在是河南省,所说的华山,在洛水东边,大概就是现在的嵩山,现在的登封、禹、密数县间,古人称做华,这里又是夏朝的兴起地。"[③]事实确实如此,考古发现证明钱穆先生所论很有见地[④],嵩山文化圈作为大禹文化的发祥地之一,已得到学术界的基本认同,作为大禹的出生地,同样亦无不可。

(作者为浙江工商大学人文学院教授、中国旅游文献研究所所长、中央电视台"百家讲坛"主讲人)

① 徐日辉:《嵩山文化圈与大禹故地略论》,《登封与大禹文化》,大象出版社,2016年。
② 李先登:《夏文化与中国古代文明起源》,《中原文物》2001年第3期。
③ 钱穆:《黄帝》,生活·读书·新知三联书店,2004年,第9~11页。
④ 徐日辉:《钱穆所论黄帝政治中心的考古印证》,《浙江工商大学学报》2008年第6期。

禹都阳城与天下第一都

王　琳

一

20世纪70年代末至80年代初，考古工作者在河南郑州地区的登封王城岗发掘出一座城址。该城址位于河南登封市告城镇西北约500米的五渡河与颍水交汇处的岗地上，雄踞于中岳嵩山南麓和豫中名川颍水之滨。王城岗龙山文化遗址东西两城并列，而东城的西墙就是西城的东墙，西城所在地的地势略高于东城。东城破坏严重，仅存的南墙西段残长约30米，西墙残长约65米。二者相交处的角度为88°，近乎直角。西城保存的情况较好，城垣的长度为：南墙82.4米，西墙92米，北墙西段残长29米，西墙南段残长约65米，西南城角为直角，西北城角为89°，也近似直角。这两个城角建筑形制均与东城的西南角相同，即内角呈凹弧形。东西两城的面积约1万平方米，都是在王城岗龙山文化二期修筑和使用的。东城始建时间略早于西城。两城修筑之所以有早晚，可能是由于东城被西移的五渡河河水冲毁后，才利用东城的西墙作为西城的东墙而又修筑起西城[①]。

对于王城岗遗址的性质问题，学术界曾展开过热烈讨论，以安金槐先生为代表的发掘者提出："登封告城镇的王城岗龙山文化中晚期城址，可能是'禹都阳城'或'禹居阳城'的夏代阳城遗址。"[②]林沄先生指出，"王城岗古城所保护的可能只是中心邑之中的一群重要的祭祀建筑（城内只发现夯土基址和祭祀坑）。……这样的中心邑，便具备'都'的雏形，是形成国的核心。"[③]严文明先生也指出："王城岗则发现有用多人奠基的情况，应当也是宫殿或宗庙一类礼制性建筑的遗迹。"[④]许宏先生认为王城岗种种迹象表明："城内居民的成份已较为复杂，有了较大的阶层分化，已形成多层次的社会结构。……修筑数百米乃至上千米长的夯土城垣这样庞大的工程，绝不是该聚落自身所能完成得了的。……筑城者不是该城邑的使用和受益者，正反映了这类城邑作为统治权力象征的实质。……方正的城圈及门道下预先铺设的排水管道所显现出的较强的规划性，说明中国的初期城市不是随着经济的发展自然形成的，而是政治行为、军事设防的结果。"[⑤]马世之先生认为："在王城岗龙山文化二期之时，已经出现了原始城市与礼仪性建筑，三期有了文字，四期发现了金属器具。尽管在时间上有早晚之别，它却表明了以王城岗遗址为代表的中原龙山文化时期，已经步入城邑文化阶段，进入文明时代。"[⑥]以上说明王城岗遗址很可能就是夏代的都邑——禹都阳城。

---

① 河南省文物研究所，中国历史博物馆考古部：《登封王城岗与阳城》，文物出版社，1992年，第28页。

② 安金槐：《试论登封王城岗龙山文化城址与夏代阳城》，《中国考古学第四次年会论文集》（1983年），文物出版社，1985年，第4页。

③ 林沄：《关于中国早期国家形式的几个问题》，《吉林大学社会科学学报》1986年第6期。

④ 严文明：《农业发生与文明起源》，科学出版社，2000年，第163页。

⑤ 许宏：《先秦城市考古学研究》，燕山出版社，2000年，第34~35页。

⑥ 马世之：《王城岗遗址的再探讨》，《中原文物》1995年第3期。

二

文献上夏都的所在地在何处?《汉书·地理志》说:“颍川郡阳翟,夏禹国。”这是关于大禹始封于夏的较早记载,《史记·夏本纪·正义》引《括地志》说:“阳翟又是禹所封,为夏伯。”傅振伦先生说:“考《汉书·地理志》于偃师云殷汤所都,于朝歌则云纣所都,唯于故侯国则皆称为国。今阳翟不云夏禹所都,而曰夏禹国,可知阳翟是禹的封国而不是禹都。《汉书》注阳翟,应劭曰:‘夏禹都也,’臣瓒曰:‘《世本》言禹都阳城,汲郡古文亦云居之,不居阳翟也。’《水经注·颍水篇》也说夏禹始封于阳翟为夏国。这些说法是正确的。”①

从上古以至清代,禹都阳城已成定论。故《世本·居篇》曰:“禹都阳城。”《孟子》说:“舜荐禹于天,十有七年舜崩。三年之丧毕,禹避舜之子于阳城,天下之民从之。”《史记·夏本纪》与此略同,这一记载接近历史事实,金鹗《求古录·礼说·夏都考》也据《夏本纪》立论说:“盖即所避之处以为都也。”唯《通志·都邑略》注独云:“禹在阳城者避商均之地,而非都也。”此说,傅振伦先生认为“似欠考究”,傅先生的批评应是正确的。以阳城不为夏都之说,是不符合历史实际的。禹居(都)阳城,古无异说,故古本《竹书纪年》曰:“夏后氏,禹,居阳城。”此居乃都也。故《史记·封禅书》云:“昔三代之居,皆在河洛之间。”阳城在何处?说法虽然很多,唯颍川阳城支持者最多,刘熙以为阳城即汉颍川阳城。韦昭《国语注》则笼统地说“禹都阳城,伊洛所近”。应劭注《汉书》,以为阳城在阳翟。赵岐注《孟子》,则以为阳城在嵩山下。今案,《史记·夏本纪·集解》引《括地志》云:“阳城县在嵩山北十三里。”可知阳城当在嵩山之东南,即今河南登封市境,这一看法应是比较接近历史事实的。故《史记·

① 傅振伦:《文献上的夏都所在》,《史学月刊》1984 年第 1 期。

夏本纪》曰:“禹辞辟舜之子商均于阳城。”《集解》引刘熙曰:“今颍川阳城是也。”《水经注·颍水下》载,(颍水)东合五渡水,经阳城县故城南,“昔舜禅禹,禹避商均,伯益避启,并于此也。亦周公以土圭测日景处。”颍川阳城即今之登封市告城镇,从镇出西门半里余即北——向南奔流的五渡河,出南门约一里即西——向东奔流的颍水,五渡河在镇之西南与颍水相汇合。地理位置与历代文献所记符合。

王城岗遗址的西城平面基本呈方形,面积近1万平方米,其中发现多处夯土基址遗存,考古工作者对其同期灰坑木炭进行碳十四测定,绝对年代距今约4000±65年,属于龙山文化中晚期城址。这一遗址的所在地地理位置与有关文献记载的“夏代阳城”地望正相吻合。再加上隔五渡河与该城址相望的告城镇附近又发现了一座战国时期的“阳城”遗址和印有“阳城仓器”戳记的战国陶器(共计13件,其中战国早期10件,战国晚期1件,汉代2件)。可以证实,这里应是战国时代韩国阳城的遗址。当然,我们不能把战国时代的“阳城”当成夏都的阳城。但是从地名学的角度来看,地名是历史文化现象的重要标志之一,它具有牢固的历史继承性。因此,王城岗龙山城址和战国时代韩国阳城遗址的发现,至少可以说是为我们寻找“禹都阳城”提供了一条重要线索。从已出版的《登封王城岗和阳城》一书的资料分析,完全可以确定龙山文化晚期的东城,应是属先夏文化的范围,我们不能因东城范围较小就否认它的原生形态,其为禹都阳城的一部分应属无疑。故李伯谦先生说:“我们不能排除禹受舜禅之前阳城已经存在的可能。如果允许作这种推测,那么将王城岗古城使用期的晚期遗存作为最早的夏文化,便不无道理。”①至于夏代的积年我们同意赵芝荃先生的意见,认为龙山文化晚期和新砦二里头文化为夏代的早期文化。王城岗遗址发现的重要学术意义,在于填补河南龙山文化与

① 李伯谦:《关于早期夏文化——从夏商周王朝更迭与考古学文化变迁的关系谈起》,《中原文物》2000年第1期。

偃师二里头文化第一期之间的空白，将河南龙山文化晚期与偃师二里头文化第一期之间的缺环联系起来，这是非常重要的[①]。由此看来，禹都阳城在今登封告城镇王城岗遗址，这一结论，从考古和文献资料都可以得到证实。

有的学者提出春秋郑国阳城和战国韩国阳城是有区别的，这个意见应也是正确的。在告城镇东北发现的阳城遗址为战国韩国阳城遗址，在八方村东部王城岗一带发现的大量春秋时期文化遗存，特别是最近发现的春秋时期的大壕沟，为寻找春秋郑国阳城提供了重要资料。1995 年考古工作者发现一处东周墓地，其中三号墓是一座春秋前期的中型墓葬，从其中两件铜鼎上的铭文来看，墓主人应是郑伯公子子耳[②]。值得注意的是，该墓距八方村王城岗遗址的直线距离约 200 米，由此可以看出，八方村王城岗有可能就是春秋时期郑国阳城之所在[③]。所以在考古报告中考古人员明确指出："假如春秋郑国阳城位于八方王城岗一带，那么所谓'禹都阳城'说的阳城当指春秋郑国之阳城，在王城岗发现龙山文化晚期大城为禹都阳城的推测，也从另一方面说明春秋郑国阳城说的'阳城'称谓，实在是源于'禹都阳城'之'阳城'的，反过来讲，春秋郑国阳城的证实为禹都阳城的确定提供了有力的支持。"[④]值得注意的是，在这个区域内，我们发现春秋时期的铸有阳城铭文的铜戈，这就更证实了阳城的存在，而郑国阳城与禹都阳城有着非常紧密的渊源关系，这一点绝对不能否定。

在这里有一问题，值得深入讨论，王城岗阳城遗址究竟是军事性质的城堡还是禹都阳城所在地呢？我们在登封王城岗遗址内发现有祭祀的建筑。

---

① 赵芝荃：《试论二里头文化的源流》，《考古学报》1986 年第 1 期。

② 郑州市文物考古研究所、登封市文物局：《河南登封告城东周墓地三号墓》，《文物》2006 年第 4 期。

③ 北京大学考古文博学院，河南省文物考古研究所：《登封王城岗考古发现与研究（下）》（2002—2005），大象出版社，2007 年，第 793 页。

④ 北京大学考古文博学院，河南省文物考古研究所：《登封王城岗考古发现与研究（下）》（2002—2005），大象出版社，2007 年，第 794 页。

在西城内较高处的夯土建筑基址下面,发掘出王城岗龙山文化二期奠基坑13个,坑内填埋完整的人骨架17具,不完整的人骨架1具,人头骨6个,以及部分肢解的盆骨和下肢骨等,仅1号奠基坑(WT48H760)内,就填埋人骨架7具,死者为男女青年和儿童等。已知这些坑上面的建筑基址共10处,其中有的大型建筑基址面积达150平方米左右。关于这些基址的性质,可能与祭祀有关。由此,我们不能简单地把王城岗阳城遗址看成是军事性质的城堡,故有的学者说,“王城岗古城堡所保护的可能只是中心邑之中的一群重要的祭祀建筑(城内只发现夯土基址和祀坑)。”说明这时已经有一定的祭祀礼仪。这种祭祀礼仪的出现绝对不是偶然的,我们在王城岗龙山文化四期灰坑(H617)内,出土一件铜鬶的腹与袋状足的部分残片,残宽6.5厘米,残高5.7厘米,壁厚0.2厘米,器表锈蚀严重。经北京科技大学冶金史研究室用原子发射光谱、金相和扫描电子显微镜检验,断定此铜器残片系由锡铅青铜铸造而成。“王城岗为构造复杂的容器鬶,用复杂的合范铸造,对外范、内范(芯)制作、套合、榫接与范芯固定要求都较高,必须准确、紧合、稳定;其次,器壁很薄,要在极狭的0.17—0.28厘米的范腔中使铜液畅通而均匀,除了高温熔解外,还要掌握浇铸技术的冷热度。”故马世之先生认为,“要铸造鬶这种复杂的青铜容器,没有达到高超的冶铸技术是办不到的。与该鬶同一灰坑出土木炭测定的年代数据为距今3555±150年,树轮校正年代为3850±165年,正好在夏代积年范围之内。”[①]近来有学者根据考古发掘材料与文献记载提出,“王城岗小城有可能为‘鲧作城’,而王城岗大城有可能即是‘禹都阳城’。”[②]不管怎样,它都说明王城岗遗址为禹都阳城的说法是不能否定的,也是无法否定的历史事实。

值得重视的是,在王城岗遗址的北边正是古观星台即古“周公测景台”,

① 马世之:《王城岗遗址的再探讨》,《中原文物》1995年第3期。
② 方燕明:《登封王城岗城址的年代及相关问题探讨》,《考古》2006年第9期。

测景台建造于何时,文献记载是在唐开元十一年(723)。《新唐书·地理志》“河南府河南郡”阳城条下记载:“有测景台,开元十一年,诏太史监南宫说刻石表焉。”这说明我们现在见到的石表,的确建立于开元十一年。

除此之外,《通典·职官》也载:“仪凤四年五月,太常博士、检校太史姚玄辩奏,于阳城测影台,依古立八尺表,夏至日中,测影有尺五寸,正与古法同。”这说明,在南宫说刻立石表之前,唐仪凤四年(679)阳城即建有测影台。至于这座测影台是不是周公时代建造的,是否就是周公的原物,可以讨论,也可以怀疑。但北京大学东方文学研究中心王邦维先生认为,“如果说,姚玄辩提到的阳城测影台,是南宫说‘刻石表’的基础,也就是今天我们见到的‘周公测景台’的前身,我想应该可信。支持这一点的,还有一个证据。《周礼注疏》的作者贾公彦对上引《周礼·地官·大司徒》测影以定地中的一段话以及郑司农注。”①

这段话见于《周礼·地官·大司徒》,且被反复征引,“以土圭之法测土深,正日景,以求地中。日南则景短多暑,日北则景长多寒,日东则景夕多风,日西则景朝多阴。日至之影尺有五寸,谓之地中”。郑玄后又作进一步的说明:“土圭之长尺有五寸,以夏至之日立八尺之表,其景适与土圭等,谓之地中。今颍川阳城地为然。……颍川郡阳城县是周公度景之处,古迹犹存。”②这里“古迹”二字,无疑是指姚玄辩提到的阳城测景台。贾公彦撰《周礼注疏》约在唐高宗永徽年间(650—655),时间比姚玄辩阳城测影台还稍早一点。贾公彦和姚玄辩所处的时代,都比南宫说早。

测影台又叫“测景台”,学名“八尺表”,俗称“无影台”,即我国古代立八尺表土圭测影的遗制,同时又是测量日影验证时令节气的仪器,周文王四子(周公姬旦)为营建洛阳城,曾在此测验日影。唐开元十一年(723),太史监南

① 王邦维:《“洛州无影”与“天下之中”》,《四川大学学报(哲学社会科学版)》2005年第4期。
② 李学勤:《十三经注疏·周礼注疏》,北京大学出版社,1999年,第253~254页。

宫说等人仿以周公土圭之制,换以石圭石表,意思是当年周公测影就是在这个地方,故在南宫说"刻石表"之前,这个地方应当已有石表,有遗迹可寻。因此我们相信,在南宫说建石表和石台时,如果没有特殊的理由,是不会选择新址的,这些古代的遗制都明确说明周公选定的"地中""天下之中"就在这个地方——颍川阳城。今观星台正在王城岗遗址的北边,且与王城岗遗址都在一条中轴线上,这绝非历史的偶然巧合。这同时也说明中华第一都"禹都阳城"遗址在这里绝对不是偶然的。

中国自古以来即以豫州即洛阳一带为天下之中,如果从建表观天的角度而言,阳城则被视为中心的中心。正因为古人以阳城为"地中",所以禹建都于此,绝对不是偶然的巧合。所以《吕氏春秋·审分览·慎势篇》云:"古之王者,择天下之中而立国。"《周礼·地官·大司徒》云:"地中:天地之所合也,四时之所交也,风雨之所会也,阴阳之所和也。然则百物阜安,乃建王国焉。"远古时代的王城是国家权力的象征,城在国在,城亡国亡,这里所说的"建王国"实际就是指的建都城。所以王城岗阳城遗址是我国进入阶级社会以后建立的第一座王城,所以后来叫王城岗,不能因为其城址规模小,就否认其王都地位。故《新书·属远》云:"古者,天子地方千里中之而为都。"而为什么要建都天下之中?《周礼》说得很清楚,"然则万物阜安,乃建王国焉",班固《白虎通义》说"处中以领四方",谯周《法训》说"顺天之和而同四方之统",左思《魏都赋》说"庄中图大",《五经要义》说"总天地之和,据阴阳之正,均统四方,旁制万国",关键是一个"中"字,一句话就是便于统治天下,使国泰民安。

正因为古人以阳城为"地中",阳城的日影一尺五寸,土圭于是也就设计为同样的尺度。但为了让"测景台"在夏至正午整体看来是"无影台",古人确实费了一番心思与研究的,可见当时我国天文知识的丰富与发达。

2004 年 6 月 21 日,北京大学东方文学研究中心王邦维先生、河南省文物局孙英民副局长和文物处张斌远副处长专程到河南登封市告城镇的古观星台,实地观测“无影”的情况。天公作美,是日万里晴空,是观察“无影”的最好机会。虽然气温高达37摄氏度,王先生亲自观察到了“无影”的奇景。“无影台”为什么称为“无影”,此时终于得到验证。王先生后来在文章中还特别提到,观察土圭“无影”的同时,还发现一个现象,在正午时分,阳光照射下的这座观星台的主体建筑,也是“无影”①。

对于古人在阳城建立“测影台”,王先生说:“无论最早是不是周公,在当年都不是随意所为,而且这在历史上自然还会有一个前后继承的关系。在这个地方测过日影的,我们知道的,唐代至少有姚玄辩、南宫说和一行,元代有郭守敬。既然阳城自古以来就是测影的重要地点,同时唐初就有明确记载,在这里已经建有测影台,我们又没有其他的理由,为什么不可以相信,在唐以前,阳城的测影台也是建在现在观星台的这个位置的呢?”②因此,我们完全可以认为王城岗就是古阳城,其应为禹都所在地,其应是中国早期历史上的都城。我们不能以今天的眼光去看待中国早期历史上的都城,王城规模小,是不能否定其作为都城存在的价值的。

(作者为郑州大学历史学院副研究员)

① 王邦维:《“洛州无影”与“天下之中”》,《四川大学学报(哲学社会科学版)》2005年第4期。
② 王邦维:《“洛州无影”与“天下之中”》,《四川大学学报(哲学社会科学版)》2005年第4期。

由"禹兴西羌"再论大禹故里

常松木

《史记·六国年表》载:"禹兴于西羌。"20 世纪 90 年代以来,这句话被四川学者反复引用,成为大禹故里在四川的重要论据。然而,大禹故里四川说令人疑窦丛生,"禹兴于西羌"是否等同"禹生于西羌",大禹是否为西羌人,夏代西羌之地是否包括今川西北羌族聚居区等,大有研讨探究之必要。

一、禹兴西羌的文献记载

汉代以来,文献对禹兴西羌的记载不绝如缕,现列举如下:

西汉陆贾《新语·术事》云:"文王生于东夷,大禹出于西羌。"

西汉司马迁《史记·六国年表》载:"禹兴于西羌,汤起于亳,周之王也以丰镐伐殷,秦之帝用雍州兴,汉之兴自蜀汉。"

西汉《盐铁论·国疾》云:"禹出西羌。"

西汉焦赣《易林》云:"舜登大禹,石夷之野。"

东汉赵晔《吴越春秋·越王无余外传》载:禹“家于西羌,地曰石纽。石纽在蜀西川也”。

东汉牟融《理惑论》载:“禹生西羌而圣哲。”

东汉王符《潜夫论·五德志》载:“意感生白帝文命戎禹。”

南朝宋范晔《后汉书·戴良传》载:“仲尼生于东鲁,大禹生于西羌。”

西晋皇甫谧《帝王世纪》载:“伯禹,夏后氏,姒姓也。母……见流星贯昴,梦接意感,又吞神珠薏苡,胸坼而生禹于石纽(《艺文类聚》作石坳)。虎鼻大口,两耳参镂,首戴钩钤,胸有玉斗,足文履己,故名文命,字高密。身长九尺二寸。长于西羌,西夷人也。”

南朝宋裴骃《史记集解》引皇甫谧《帝王世纪》曰:“孟子称禹生石纽,西夷人也。《传》曰‘禹生西羌’是也。”

唐代张守节《史记正义》载:“禹生于茂州汶川县,本冉駹国,皆西羌。”

孔颖达《尚书正义》载:“禹名文命,字密,身长九尺二寸,西夷人也。”

宋代罗泌《路史》云:“岁二月,以六月六日屠副而生禹于僰道之石纽乡,所谓刳儿坪者。长于西羌,西夷之人也。”

《龙安府志·杂志》考证:“禹生于蜀,鲧娶有莘氏之女,名曰嬉,嬉于岷山得薏苡吞之,因而妊孕,剖胁而生高密,家于西羌,地名石纽。”

从以上记载可知,因司马迁《史记》的影响力,不仅衍生出了禹生西羌、长于西羌、家于西羌、西夷之人、戎禹等多种说法,而且又演绎出了“禹生石纽”之说。“禹生石纽”最早出自扬雄《蜀王本纪》:“禹本汶山郡广柔县人,生于石纽。”其后,陈寿云:“禹生汶山石纽,夷人不敢牧其地。”谯周《蜀本纪》云:“禹本汶山广柔县人也,生于石纽,其地名刳儿坪。”郦道元《水经注》云:“(广柔)县有石纽乡,禹所生也。”常璩《华阳国志》云:“石纽,古汶山郡也。崇伯得有莘氏女,治水,行天下,而生禹于石纽之刳儿坪。”杜光庭《青城山记》云:“禹生于石纽,起于龙冢,江源岷山也。”故冯汉骥先生认为“禹生石纽说之起,实源于‘禹兴于西羌’一语”[①]。冯汉骥先生还分析了禹兴西羌说在蜀地流传的原因:“西汉之初,既有‘禹兴西羌’之说,其后武帝开冉駹置汶山郡,羌人每来蜀为佣,蜀人对于汶山郡之羌人,知之渐稔。禹既有兴于西羌之说,而汶川有羌人,禹即可以生于汶山郡了,稍为富于想象力者,便可及之。又因《淮南子·修务训》有禹生于石,及焦氏《易林》有禹生石夷的说法,因而又附会到‘石纽’了。由此以后,愈传愈真,愈传愈详密了。”[②]皇甫谧的《帝王世纪》,清代学者便多讥之,其所征引的《孟子》,今天许多学者在不同版本《孟子》中也找不到原文,而且《孟子》佚文甚少,故此佚文的可信度大可怀疑。顾颉刚先生曾详细比较了《蜀王本纪》与《华阳国志》中有关蜀史的异同,指出:“扬氏所录固多不经之言,而皆蜀地真实之神话传说。常氏书雅驯矣,然其事既非民间之口说,亦非旧史之笔录,乃学士文人就神话传说之素地而加以渲染粉饰者。”[③]但“禹兴于西羌”因后世文人尤其是蜀地文人以及蜀地方志的不断加持、丰富、重构,逐渐被蜀地人当作信史流传至今,并被今天大多四川学者奉为圭臬,成为大禹故里在四川的最为重要的依据。但此说有一定的学术纰漏,很难否定大禹故里中原说,亦很难使其他学者完全信服。苏州大学周书灿教授认为:“至于《华阳国志》及更晚文献中所提供的‘禹兴于西羌’的种种传说,显然多是在《史记·六国年表》基础上的进一步流传和扩大,自然不必对其真伪和史料价值作更进一步的评判。”[④]

① 冯汉骥:《禹生石纽辨》,《川大史学·冯汉骥卷》,四川大学出版社,2006年,第21页。
② 冯汉骥:《禹生石纽辨》,《川大史学·冯汉骥卷》,四川大学出版社,2006年,第24页。
③ 顾颉刚:《〈蜀王本纪〉与〈华阳国志〉所记蜀国事》,《论蜀与中原的关系》,四川人民出版社,1981年,第78页。
④ 周书灿:《由“禹兴西羌说”论及大禹传说的发生与重构》,《中原文化研究》2013年第1期。

二、"禹兴西羌"建构为"禹生西羌"的原因

对古代文献的引用、解释最忌断章取义,而应结合其具体语言环境予以完整的分析。"禹兴于西羌"的含义要联系上下文来理解,《史记·六国年表》:"'东方物所始生,西方物之成孰'。夫作事者必于东南,收功实者常于西北。故禹兴于西羌,汤起于亳,周之王也以丰镐伐殷,秦之帝用雍州兴,汉之兴自蜀汉。"司马迁的原意应为,东方是事物开始发生的地方,西方是事物最后成熟的地方。大凡发起大事的人一定生于东方,而在西方获得实效。而商汤在西亳灭夏,建立了商王朝;周文王、周武王兴起于西北,武王入主中原,建立了周王朝;秦人兴起于西北,始皇入主中原,建立了秦帝国;而汉朝的兴隆也从蜀汉开始,这告诉我们夏、商、周三代及秦、汉原本都是东方之族,而最后皆收功于西北。直到宋代,人们还相信,"自古中兴之主,起于西北,则足以据中原而有东南;起于东南,则不能以复中原而有西北"①。众所周知,汤非西亳人,周文王原在岐山一带活动,汉高祖刘邦是江苏沛县人,如果将"禹兴于西羌"生硬地解释为禹生于西羌,那么汤就是西亳人,刘邦就是蜀汉人,这显然不可理喻。因此,这里"兴"字的意思应为"兴起"而不是"生",司马迁"禹兴于西羌"并非禹生西羌。

最早提出"禹生于西羌"的是《新语·术事》:"文王生于东夷,大禹出于西羌。"但"文王生于东夷"一句即与史实相悖,"大禹出于西羌"显然亦可大加考究。而由"禹兴于西羌"而不断强化的"禹生于西羌",绝非空穴来风,也包含有不少历史因素。第一,源于羌族的历史记忆。"根据目前掌握的文献与考古资料推知,自西周中期起,大禹传说由多元并起、层累积聚、综合定型到整

① 〔元〕脱脱:《宋史》卷三百五十八《李纲列传》,中华书局,1977年,第11257页。

齐统一，经历了漫长的流变过程。”①谈及大禹的出生地，汉代就有“禹，西夷人也”或“禹生于西羌”之说，本来司马迁“禹兴于西羌”是用以说明圣人之建功者，并未确指其出生地。徐中舒先生认为，司马迁《史记·六国年表》“禹兴于西羌”之说“应是根据当时羌族内部累世相传的旧说”②，扬雄最先指出禹生石纽，皇甫谧征引《孟子》也持此说，许多专家都指出《孟子》中并无“禹生石纽”之语，但由“禹兴西羌”演化来的“禹生石纽”说影响巨大，不断地“层累积聚”，以至石纽的地望记述愈来愈详尽，禹生石纽的记忆愈来愈深刻，并被不断神化、强化，“县有石纽乡，禹所生也。今夷人共营之，地方百里，不敢居牧，有罪逃野，捕之者不逼，能藏三年，不为人得，则共原之，言大禹之神所祐之也。”③禹生西羌、禹生石纽遂成为蜀地的一种历史烙印、一种文化基因，蜀地的文人们将这些写入历代地方志书，以致导致了今天四川北川、汶川、理县的石纽之争，都江堰、什邡等地也加入大禹故里之争。但四川内部的争论丝毫无碍于“禹生于西羌”对外口径的统一，并被当作一种使命。“目前，我国羌族有30余万人，亦主要分布于此一区域，现建有阿坝藏族羌族自治州和北川羌族自治县。因此，在此一区域探求大禹及大禹文化是巴蜀学人义不容辞的义务。”④

第二，源于羌族借助大禹的名望来洗刷他们“华夏边陲”或“蛮夷之邦”的特质。羌族聚居地处于华夏边陲，自古以来被视为蛮夷，因“禹生西羌”记忆的植入，羌族对大禹顶礼膜拜，并进一步形成比其“白石崇拜”更高层次的祖先崇拜。著名历史学家顾颉刚先生在《古史辨》(第七册)中说：“禹称为戎禹，

① 周书灿：《大禹传说的流变与整合——“层累”说的再检讨》，《文史》2011年第1辑。

② 徐中舒：《中国古代的父系家庭及其亲属称谓》，《四川大学学报(哲学社会科学版)》1980年第1期。

③〔北魏〕郦道元著、陈桥驿校证：《水经注校证》，中华书局，2007年，第827页。

④ 李绍明：《“禹兴西羌说”新证》，《阿坝师范高等专科学校学报》2006年第3期。

是羌戎族的宗神。”“汉代居于蜀地羌民皆以禹为其始祖。”[①]禹生石纽“乃蜀地羌民自述先代的传说”[②]。“而羌部落这个群体因长期的自卑、落后使他们以借助华夏文明的祖先——大禹，来提高他们这个群体的集体自豪感、满足感，而这种集体的族群情感和彼此认知正是从羌人的迁徙、起义及对大禹神的崇拜中一步步体现感悟出的，所以羌族在汉晋时期形成，这是有道理的。”[③]

第三，迁居中原的羌族自身华夏化的策略。华夏民族是在中国由部族联合体社会向初期国家社会过渡的过程中，由众多部族和民族通过“中原化”和“华夏化”而共同形成的，比如“舜东夷人也”，“禹兴于西羌”，“文王，西夷之人也”。而后来融入华夏民族的族群为争取“华夏化”，往往寻得或假借一个华夏祖先。有专家认为，吴国太伯奔吴的传说，秦、楚“颛顼之苗裔”，越国及匈奴是大禹后裔的记载，都是其“华夏化”的一种策略。以越国为例，“越王勾践，其先禹之苗裔，而夏后帝少康之庶子也。封于会稽，以奉守禹之祀。”[④]事实上，诸多历史地图册，都未将越地标注在夏朝疆域之内。族群认同变迁最常发生在移民的环境中，许多迁到内地的民族，在东汉到魏晋时期纷纷宣称自己是有虞氏之后、夏后氏之后、周人之后，由东汉到魏晋南北朝时期，许多迁居内地的氐、羌、匈奴、鲜卑，都宣称他们是华夏子孙。羌族是一个不断对外输血的民族，春秋以降，分布在青海河湟地区及今日西藏高原东部边缘地区的许多被华夏称作羌的人群，迁入关中后也找到了华夏的祖先，有的称有虞氏之后，有的称大禹之后，有的称王子晋之后。如《晋书》载：“姚弋仲，南安赤亭羌人也。其先有虞氏之苗裔。禹封舜少子于西戎，世为羌酋。”[⑤]《隋钳耳君清德颂》石碑中称碑主是一个羌人，是著姓钳耳之族，“本周王子晋之后，避

① 徐中舒：《论〈蜀王本纪〉成书年代及其作者》，《社会科学研究》1979年第1期。
② 徐中舒：《论〈蜀王本纪〉成书年代及其作者》，《社会科学研究》1979年第1期。
③ 王永安：《羌——羌族形成说），《丝绸之路》2010年第6期。
④ 〔汉〕司马迁：《史记》，中华书局，1959年，第1739页。
⑤ 〔唐〕房玄龄：《晋书》，中华书局，1974年，第2959页。

地西戎，世为君长”。[1]《元和姓纂》中也记载，党项羌自称夏后氏之后。[2] 这些迁入中原的羌人融入了华夏族，他们在“华夏化”过程中，把曾征伐三苗的大禹作为先祖，建立了新的历史记忆，尤其是由“禹兴西羌”而衍生出的“禹生西羌”，更是强化了这一记忆。

第四，统治者在羌人聚居区实行教化的结果。汉代统治者在一些少数民族地区设置郡县，设立学校，推行中国式的礼仪教化，以及创造、提供华夏的历史记忆，让当地人能据此找到自己的“华夏祖源”，并且将这种新的历史记忆不断强化。晋代以来，大禹出生在汶山郡广柔（或石纽）此一历史记忆不断地被处于西方华夏边缘的新华夏人——蜀人所强调，并将这些写入地方志之中。“由于乡土认同，他们开始认真地将大禹出生于蜀之‘西羌’，建构为一‘历史事实’。”[3]“这些都说明，大禹之迹，与当地汉人羁縻与教化活动有密切关系。”[4]

三、西羌的地域范围与羌人的迁徙和流布

羌族是同华夏族一样古老的民族。羌族族源主要有两种说法：一是先秦时期羌人生活在华夏西部地区，始居地在甘青地区；二是羌人最早居住在东部地区，后向西迁徙，形成羌族。

《说文·羊部》释“羌”为“西戎牧羊人也”，羌族是从事畜牧，且以养羊为生的民族。“西戎”说明羌族主要聚居于华夏集团的西部。刘起釪引章炳麟《检论·序种姓》说：“‘羌者，姜也。’其生活地域大体在‘渭以南的陇西、青海

① 〔宋〕欧阳修：《集古录跋尾》，引自马长寿《碑铭所见前秦至隋初的关中部族》，中华书局，1985 年，第 82 页。
② 吴士鉴：《晋书斠注》卷一一六，吴兴刘氏嘉叶堂本，1928 年，引《元和姓纂》。
③ 王明珂：《羌在汉藏之间——川西羌族的历史人类学研究》，中华书局，2008 年，第 231 页。
④ 王明珂：《羌在汉藏之间——川西羌族的历史人类学研究》，中华书局，2008 年，第 232 页。

以迄川、藏'。”[①]陈连开先生在《宝鸡秦川地区在中华民族一体格局中的地位与影响》中说:“炎黄两大集团在距今6000—5000年这个千年纪向西往黄河上游及甘肃地区与今川西北发展,即形成了夏商周三代的氐羌西戎。此所以炎黄禹都有出于西羌的传说之故。”何耀华《试论古代羌人的地理分布》一文认为:“火葬和披发这两个文化特征是判定古代部落是否属于羌人的重要定性依据,以此考察,东起临洮,西至帕米尔的广大地区,历史上都是古羌人的发源地。”考古学家石兴邦先生在《有关炎帝文化的几个问题》中也说:“炎帝一支向西北沿千陇古道、通过陇山到河湟地区,与羌人会合而形成羌族,西北和西南的羌裔族群皆其后人(包括藏人)。”

《后汉书》卷八十七《西羌传》:“西羌之本出自三苗,姜姓之别也。其国近南岳,及舜流四凶,徙之三危,河关之西南羌地是也。”这清楚地交代了舜流四凶后西羌人生活的地域范围。刘夏蓓《两汉前羌族迁徙论》根据史料记载,论证了羌族源自三苗,即长江流域的三苗居地是羌人的原居地,之后逐步向北、向西北迁徙的历史过程。

文献记载,大禹曾率军征伐西羌的祖先三苗,《墨子·非攻下》载:“昔者有三苗大乱,天命殛之……禹亲把天之瑞令,以征有苗。四雷诱祇。有神人面鸟身,若瑾……苗师大乱,后乃遂几……天下乃静,则此禹所以征有苗也。”《墨子·兼爱》还记录禹出征前的誓言:“济济有众,咸听朕言:非惟小子,敢行称乱,蠢兹有苗,用天之罚,若予既率尔群对诸群,以征有苗。”《墨子·非攻下》:“昔者禹征有苗,汤伐桀,武王伐纣,此皆立为圣王。”墨子把禹伐羌人(有苗)和汤伐桀、武王伐纣相提并论,认为这是他们取得天下的决定性步骤。

秦汉以前羌人主要分布于今甘肃、青海交界的三危、河关一带。战国初期秦厉公时(前476—前443),居住在今甘肃青海河湟地区的羌人推无弋爰

---

① 刘起釪:《姬姜与氐羌的渊源关系》,《古史续辨》,中国社会科学出版社,1991年,第171页。

剑为豪酋。该地区羌人原以射猎为生,爰剑教之耕种和牧畜,于是种人日益繁盛。爰剑的子孙后多往今甘南和川西北迁移,留在河湟间的有二十六种,以爰剑玄孙研所部为最强,其种即以研为名。周赧王四十五年(前270),在秦的压迫下,西北的一些戎人向西南迁移,迁到了今四川、西藏一带。汉景帝徙研种于狄道、安故、临洮、氐道及羌道各县。汉武帝开河西四郡后,羌人摆脱了匈奴的役使。汉宣帝时,先零羌攻金城,为将军赵充国击败,汉设金城属国,以处降羌。王莽末,中原战乱,诸羌乘机向内地迁移。东汉时,羌人与汉人杂居者更多,并多次与汉人发生矛盾而反叛。《西羌传》载建武九年(33)班彪给刘秀上奏说:"今凉部皆有降羌,羌胡被发左衽而与汉人杂处,习俗既异,言语不通,数为小吏黠人所见侵夺,穷恚无聊,故致反叛,夫蛮夷寇乱,皆为此也。"有专家认为,四川汶川、北川一带的羌族人是在南北朝时因鲜卑对甘南羌人屠杀而迁徙而来的,而冯汉骥先生则主张羌人是在战国末年迁往汶山的。[①] 杨东晨、周五龙《论四川西北部的羌族及其演变》一文亦认为这两地羌人是在秦献公时由西羌迁入,主要有白马羌、冉龙羌、青衣羌和牦牛羌等。马长寿《氐与羌》[②]一书也认为,白马羌在汉代以前就从黄河上游的赐支河曲徙至岷江上游,有可能就是茂汶羌民的祖先。

羌族和其他民族一样,流传有世代口传的史诗,《羌戈大战》就是其中最有名的一部英雄史诗。《羌戈大战》里描述说,在远古的时候,羌人的祖先原住在西北的大草原。这里水草丰茂,牛羊肥壮,人民富足。忽然一天,有支"魔兵"从北方杀来,羌人抵挡不住,节节向西南败退,一直退到现今青海和四川交界的"补尕山"才稍微缓和下来。但接着"魔兵"又追赶了过来。羌人祈求天神帮助。天神把三块白石变成三座大雪山,阻挡住"魔兵",从而得以安全。接着九支羌人在首领"阿巴白构"率领下来到松潘草原居住。可他们又

① 杨栋:《禹生石纽传说的文化阐释》,《中原文化研究》2015年第5期。
② 马长寿:《氐与羌》,广西师范大学出版社,2006年。

在这里遇到一个叫“戈”的民族,并且发生了争斗。羌人屡战不胜,又祈求天神帮助。在天神授意下,羌人用白石和藤条打败了戈人,又逐渐向南移居茂县一带。羌人在这里发展农业,又学会养猪,人口不断增加,力量也壮大起来。此后,阿巴白构的九个儿子分别迁居到岷江上游和涪江上游一带居住,形成了现在羌族分布的格局,其中阿巴白构的第九个儿子“尔国基”就迁居到北川,是北川羌民的祖先。这实际反映出羌人历史上的一次民族大迁徙,印证了现在的羌族是从我国西北向西南迁移当中的一支羌人的后裔。1944 年胡鉴民在《(中山文化学院)民族学研究集刊》第四期发表《羌民的经济活动型式》一文,认为羌族来自河湟流域,是秦献公时期西迁的无弋爰剑之后,被很多专家认可,成为现在的羌族族源的主要观点。

四、禹兴西羌的原因分析

春秋战国时,形成了以西戎、东夷、北狄、南蛮、中为华夏的华夷五方格局。《左传·昭公十七年》载孔子云:“吾闻之,‘天子失官,学在四夷’,犹信。”《孟子·梁惠王上》载:“莅中国而抚四夷。”《春秋公羊传》:“内其国而外诸夏,内诸夏而外夷狄。”中国、东夷、南蛮、西戎、北狄五方之民及其习性、语言、衣服等与方位整齐配合的观念见于《管子·小匡》和《礼记·王制》,是战国末期大一统思想的体现。

第一,夏族在商族西。傅斯年认为,“自东汉末以来的中国史,常常分南北,或者是政治的分裂,或者由于北方为外族所统制。但这个现象不能倒安在古代史上。到东汉,长江流域才大发达。到孙吴时,长江流域才有独立的大政治组织。在三代时及三代以前,政治的演进,由部落到帝国,是以河、济、淮流域为地盘的。在这片大地中,地理的形势只有东西之分,并无南北之限。历史凭借地理而生,这两千年的对峙,是东西而不是南北。现在以考察古地理为研究古史的一个道路，似足以证明三代及近于三代之前期，大体上有东西不同的两个系统。这两个系统，因对峙而生争斗，因争斗而起混合，因混合而文化进展。夷与商属于东系，夏与周属于西系”。[①] 傅斯年所言及的“西系”，主要是指华夏和周这两大集团，其分布的范围主要包括今天的河南西部、山西南部和陕西的关中地区一带；“东系”主要包括了商和东夷两个集团，其地域范围大致包括今天的河北、河南东部、山东、安徽北部及江苏北部一带。

夏、商时期，东夷和华夏形成了东西对峙的局面。商灭夏后，夏人的一部迁往西北，在西北地区，夏族与羌戎长期杂居相处，商人视此部分夏人为羌或戎，而这些夏人尊崇“大禹”的祖先崇拜进而影响到了西部地区，此应为“禹兴于西羌”的历史素地，后迁入关东、中原西部的羌人或戎人“华夏化”过程中，进一步强化了禹为其先祖的意识。文化随人而播迁，迁入川西北的羌人亦将这种民族记忆带至当地，加之禹生于石的神话与当地白石崇拜神话、地方风物相结合，故产生了禹生石纽的传说。“‘禹生石纽’这一历史叙事情节并没有基于‘真实的过去’，它是‘禹生于石’神话叙事在流传过程中的变异，是夏遗民带入四川的传说与当地文化融合而产生的置换变形。”[②]杜金鹏先生说“四川地区的‘禹迹’并非指禹本人的遗迹，实际上恐怕不过是夏遗民迁入四川地区的一种历史反映而已”[③]。

夏王朝的直接继承者是商，商人不仅不崇尚夏，反而一直压迫甚而追杀夏人后裔。商代时，土方为商王劲敌，武丁、妇好曾统兵征伐。郭沫若认为：“所谓土方即是夏民族，夏字古音亦在鱼部，夏、土、朔、驭一也。”[④]胡厚宣从甲骨卜辞断定土方是山西南部、河南西部夏遗民之未服商朝的方国，“土通杜，

① 傅斯年：《夷夏东西说》，《傅斯年全集》第3册，湖南教育出版社，2000年，第181～182页。
② 杨栋：《“禹生石纽”传说的文化阐释》，《中原文化研究》2015年第5期。
③ 杜金鹏：《三星堆文化与二里头文化的关系及相关问题》，《四川文物》1995年第1期。
④ 郭沫若：《夏禹的问题》，《郭沫若全集·历史编》第1卷，人民出版社，1982年，第309页。

杜通雅,雅通夏,是土即夏也"[①]。武丁时屡次征伐土方,然后在山西南部河汾之间(今山西省翼城县一带)筑大邑镇抚,这里即夏人中心区域,文献称之为大夏之地。武丁以后,土方反叛入侵及殷王征伐土方之卜辞大为减少。而羌族在卜辞中,专称指羌的方国,泛称则包括西方与西北各部落和方国。从事甲骨学研究的专家,曾对武丁以来的边患与商朝的征伐作过统计性研究,发现卜辞表明当时的主要威胁来自西起汧陇、从西方和北方环绕商朝的地带,而且有时西方或西北各部落、方国联合行动或结成联盟时,方常常居于主导地位。在有关战争的卜辞中,涉及方的不论数量还是种类上都居首位。卜辞中商朝捕获羌人或用羌人作人牲、做奴隶时,都是统称其为"羌",却不具体记载是方人、土方人、下危人还是巴人。

第二,周以夏自居。生物学上有隔代遗传法则,文化上有隔代相亲现象,周人认为自己是夏人的继承者,自称"有夏",称其同盟为"诸夏"。齐兴于东夷,晋兴于北狄,楚兴于南蛮,秦兴于西戎,号称诸夏。

周人起于西土。王国维提出,"自上古以来,帝王之都皆在东方,太皞之虚在陈,大庭氏之库在鲁,黄帝邑于涿鹿之阿,少皞与颛顼之虚皆在鲁卫,帝喾居亳。唯史言尧都平阳,舜都蒲坂,禹都安邑,俱僻在西北,与古帝宅京之处不同。然尧号陶唐氏,而冢在定陶之成阳;舜号有虞氏,而子孙封于梁国之虞县,《孟子》称舜生卒之地皆在东夷。盖洪水之灾,兖州当其下游,一时或有迁都之事,非定居于西土也,禹时都邑虽无可考,然夏自太康以后以迄后桀,其都邑及他地名之见于经典者,率在东土,与商人错处河济间盖数百岁。商有天下,不常厥邑,而前后五迁,不出邦畿千里之内。故自五帝以来,政治文物所自出之都邑,皆在东方"[②]。"自五帝以来,都邑之自东方而移于西方,盖

① 胡厚宣:《甲骨文土方为夏民族考》,《殷墟博物苑苑刊》1989 年创刊号。
② 王国维:《殷周制度论》,《观堂集林》,中国台北河洛出版社,1975 年,第 451~452 页。

自周始。故以族类言之,则虞夏皆颛顼后,殷周皆帝喾后,宜殷周为亲。以地理言之,则虞夏商皆居东土,周独起于西方,故夏商二代文化略同。”[①]傅斯年认为,“周之号称出于后稷,一如匈奴之号称出于夏氏。与其信周之先世曾窜于戎狄之间,毋宁谓周之先世本出于戎狄之间。”[②]可见,周人本兴于戎狄,强调自己是“自窜于戎狄之间”的夏人,以夏自居,到春秋时又包容诸夏,因周起于西土,所以难免给人造成夏亦居西土的印象。而周人的夏崇拜对西方的戎人、羌人也应有一定的影响,加之逃往西方的夏人又与西戎或羌杂居、融合,禹为西羌人遂成为他们牢固的记忆。

第三,夏族在夏亡后西迁。夏族在夏朝灭亡后,其一部分别逃往北方、东南方、西方,史载逃往北方的成为匈奴的祖先,逃亡东南的成为越族的祖先。而向西迁徙的夏族,则与羌、戎杂居,从文献上看,夏族和羌族关系较商族和羌族融洽得多,以至夏族先祖大禹被后世认为“出于西羌”。夏族在向西迁徙过程中留下了许多与“夏”有关的地名,如夏墟、夏县、宁夏、临夏、夏河等。《左传·定公四年》:“命以唐诰而封于夏墟,启以夏政,疆以戎索。”钱穆先生曾言:“盖古人迁徙无常,一族之人,散而之四方,则每以其故居移而名其新邑,而其一族相传之故事,亦随其族人足迹所到,而递播以递远焉。”[③]这可以帮助我们更好地了解民族迁徙对地名、传说的深远影响,也从一定程度上解释了“禹生石纽”传说的形成过程。

第四,汉代之前,华夏西境主体民族为羌人。有专家认为有东羌、西羌之分,黄烈《中国古代民族史研究》第一次系统论述东羌,文中列举了东汉时多达29次的西羌内迁事件,一部分西羌被徙置到安定、北地、上郡等内地郡县,成为东羌。陈琳国《东羌与西羌辨析》认为,东羌在东汉时分布在朔方、上郡、

① 王国维:《殷周制度论》,《观堂集林》,中国台北河洛出版社,1975年,第451~452页。
② 傅斯年:《与顾颉刚论古史书》,《傅斯年全集》第1册,湖南教育出版社,2000年,第467页。
③ 钱穆:《古史地理论丛》,三联书店,2014年,第8页。

北地、云中、五原、西河等地，早在先秦时期即移居于此。后来进入东羌聚居地的西羌融入了东羌，而内迁入关中者，仍为西羌。有研究者认为，“禹出于西羌”一说可能和东羌有关，“‘当禹之时，天下万国’，建国于豫西、晋南的夏后氏首领大禹不可能与后世普遍认定的甘青地区的西羌有关联。夏族和北夷高句丽一样可能有‘昏姻皆就妇家，生子长大，然后将还’的‘不落夫家’的婚姻习俗。当时，夏族和靠近夏族势力范围的东羌之间可能有联姻关系，大禹母亲当为东羌女性，大禹出生后可能与其母共居于母亲氏族，所谓‘大禹出于西羌’一说，可能和当时‘不落夫家’的婚姻习俗有关。”①

五、大禹故里中原说是学术界的重要观点

大禹故里主要有中原说、西羌说、东夷说三种观点。20 世纪 90 年代以来，四川学者众口一词的禹兴西羌说几乎淹没了其他观点。但是从民国到今天，以夏代疆域、夏代统治中心地区或鲧禹主要活动地区等为主要依据的大禹故里中原说也一直是学术界的重要观点之一。

顾颉刚《春秋战国史讲义》：“夏的都城在阳城（今河南登封市），又在晋阳（今山西太原县），又在帝丘（今河南濮阳县）。他们的国境，是河济之西，华山之东，伊洛之北，羊肠坂（属太行山）之南，约当现今山西、山东、河南、河北四省之间。”他又在读书笔记中进一步指出，“夏都均在河南，山西之为大夏当在夏亡后”，“夏代疆域可能较广，但其政治中心始终未远离今河南一省。阳城在嵩山下，为鲧禹神话传说之中心，战国时即说为禹避舜子之处。阳翟，《汉志》定为夏禹国，说不定为夏之第一都城，后称之曰夏邑。此后，太康居斟鄩，今巩县西南也。太康失国居阳夏，今河南太康县也。相居斟灌，今山东观城

① 李健胜、武刚等著：《早期羌史研究》，人民出版社，2014 年，第 38 页。

县也。相又居帝丘,今河南濮阳县也。少康奔虞,今河南虞城县南也;虞思邑之于纶,今虞城县西也。帝杼自原迁于老丘,原今河南济源县西北也,老丘今陈留县北也。胤甲居西河,东河之西、太行之东也。桀先居斟鄩,后徙河南,河南今洛阳也。总合其一代观之,夏都不可能在今山西。故山西之为大夏,必在夏亡之后。商历年六百,夏族之变化多矣,惜其事迹未克留下,所留下者惟其地名,我辈只得凭借地名以作猜想矣。”[①]

徐旭生《1959年夏豫西调查夏墟的初步报告》:“我们想找出夏氏族或部落所活动的区域,就需要从古代所遗留下来的传说中去找,这就是说在文献所保留的资料中去找……从剩下来不多条的史料比较探索的结果,觉得有两个区域应该特别注意:第一是河南中部的洛阳平原及其附近,尤其是颍水谷的上游登封、禹县地带;第二是山西西南部汾水下游一带……今告成镇为古阳城是一种最普通的说法,也是较正确的说法。”[②]

翦伯赞《中国史纲要》:“据古书记载,夏兴起于崇山,夏禹之父鲧也封于崇,禹建都于阳城。又说伊水、洛水两岸是‘有夏之居’。从这些记载来看,今河南嵩山到伊水、洛水流域这一范围是夏人活动地区之一。今山西南部,也是夏人曾经活动过的地方。古书上说禹又都于安邑、平阳,西周初年,这一带还被称为夏墟,这里的居民尚保存着夏人的一些风俗习惯。”[③]

邓广铭、周一良等《百科名家中国史》:“夏部族处于原始氏族社会阶段的主要活动区域和夏王朝的统治中心地带,大致西起河南省西部(豫西)与山西省南部(晋南),东至河南省与山东省交界处,北入河北省,南接湖北省。这一区域的中心是中岳嵩山及其周围的伊、洛水流域,济水流域,以及颍水与汝水

① 顾颉刚:《法华读书记》,《顾颉刚全集·读书笔记·卷六》,中华书局,2011年,第26页。
② 徐旭生:《1959年夏豫西调查夏墟的初步报告》,刘白雪、常松木主编《大禹与嵩山》,中州古籍出版社,2009年,第105页。
③ 翦伯赞主编:《中国史纲要》,北京大学出版社,2006年,第9页。

上游地区。嵩山古名崇山。先秦与汉代及以后的人们，在考证和追述夏人的活动区域时，多将其与崇山及周围地区相联系。如称夏禹为‘崇禹’；禹的父亲鲧称为‘崇伯鲧’。在现今河南豫西地区还有一些关于夏代都城遗址或其他遗址所在地望的文献记载与传说。如有‘禹都阳城’（今登封告成镇附近），‘启都阳翟’（今禹州境内），太康、羿、桀所居之斟鄩（今巩义境内），‘帝杼居原’（今济源境内，等等……近年来，为探索夏文化，在河南豫西地区进行了一些考古调查与发掘工作……而且登封王城岗龙山文化中晚期城址所处的地理位置，也正与文献记载与传说中的夏代阳城所在地望吻合。此外，凡是与夏代都城遗址所在地望有关的地方，都发现有豫西龙山文化中、晚期和二里头文化早期遗址，恐非偶然巧合）。”①

韩星《中国通史》：“禹的家住在嵩山之下、颍水岸边。从他领导治水离开家门，在外面一共十三年，曾经三次经过自己的家门，却没有进去看一看，成为历史上有名的佳话。”②

阎铁成主编、张霆编著的《郑州名人故里》：“大禹故里在登封……嵩山地区作为夏后氏部落的活动地区，有关大禹故里、大禹治水的遗迹和传说很多。”③

田继周《先秦民族史》、周原孙《禹生石纽辨析》、马世之《从石纽到阳城——大禹故里故都浅析》、郑杰祥《论禹、戎禹和九州的关系》、方酉生《夏王朝中心在伊洛和汾浍河流域考析》、蔡运章《嵩山是夏部族的发祥地》等亦认为大禹故里在中原的嵩山、登封一带，兹不赘述。

另外，经全国中小学教材审定委员会2001年初审通过的义务教育课程标准实验教科书初中一年级（七年级）《中国历史》第二单元《国家的产生和社会

① 邓广铭、周一良、唐长孺、戴逸：《百科名家中国史》，中国大百科全书出版社，2014年，第10页。
② 韩星主编：《中国通史》，吉林文史出版社，1999年，第57页。
③ 阎铁成主编、张霆编著：《郑州名人故里》，河南人民出版社，2015年，第19~22页。

变革》中讲述大禹治水时,在全国诸多禹迹中仅举一例:“位于河南登封的禹洞河以及河岸边的大禹洞,相传是大禹治水时留下的遗迹。据说禹治水十几年,带领大家挖泥挑土,小腿上的汗毛也磨光了。治水期间三过家门而不入,妻子生育也顾不得照看。后人常用‘三过家门而不入’来形容公而忘私的精神。”[①]

考古学的大量成果也已基本证实司马迁《史记·封禅书》“三代之君(居),皆在河洛之间”的论点。随着夏代考古工作的全面展开,徐中舒先生明确指出:“夏文化的中心地带现已查明,就是分布在河南的龙山文化和二里头文化。”[②]禹都阳城王城岗遗址、禹州瓦店遗址、新密新砦遗址、偃师二里头遗址、巩义花地嘴遗址等环嵩山夏代遗址的考古发掘成果,业已证明了徐中舒先生的论断。正如周书灿《鲧之传说的地域分野与鲧生高密的历史地理学解析》一文所说:“河南嵩山一带的鲧禹传说为大禹文化的源,是真实的历史,其他各地的大禹传说均为流,是各民族不同时期重构、再构的历史文化。”

综上,“禹兴于西羌”非禹生西羌,西羌之地夏代之时并不包括今羌族聚居的川西北茂汶一带,禹兴西羌及禹生石纽是羌人受华夏影响而形成的历史记忆,并随羌族迁徙而层累造成、文化播迁的结果,故因禹兴西羌而不断建构的大禹故里四川说有令人存疑之理由,而从夏朝疆域或统治中心以及考古学成果而言,大禹故里中原说,即在嵩山、登封一带是有充足依据的。

(作者为郑州市政协文史委员、中国先秦史学会夏禹研究中心副主任兼秘书长)

① 王斯德主编:《中国历史》(初中一年级上),华东师范大学出版社,2006年,第22页。

② 徐中舒:《夏史初曙》,《中国史研究》1979年第3期。

大禹故里诸说辨析

张国辉

关于大禹故里地望何在,因年代邈远、文献记载不明而莫衷一是。20世纪80年代以来,学术界及部分社会热心人士就此问题进行了热烈讨论,大致形成以下几种说法,尤以四川说和登封说呼声最高。

一、诸说及史料依据

(一)四川说

四川说又分为汶川、北川、茂县、理县、都江堰等说。以陈志良、罗香林、

彭邦本、段渝、谭继和等为代表。[①] 该说由“禹兴于西羌”“禹生石纽”发展而来。主要依据有:

《新语·术事篇》:“文王生于东夷,大禹出于西羌,世殊而地绝,法合而度同,故圣贤与道合。”

《淮南子·修务训》:“禹生于石。契生于卵。”高诱注:“禹母修己,感石而生禹,坼胸而出。”[②]

《史记·六国年表》:“或曰‘东方物所始生,西方物之成孰’。夫作事者必于东南,收功实者常于西北。故禹兴于西羌,汤起于亳,周之王也以丰镐伐殷,秦之帝用雍州兴,汉之兴自蜀汉”。《集解》引皇甫谧曰:“孟子称禹生石纽,西夷人也。传曰‘禹生自西羌’是也。”《正义》曰:“禹生于茂州汶川县,本冉駹国,皆西羌。”[③]

东汉熹平二年(173)《汉巴郡朐忍令景云碑》云:“大业既定,镇安海内。先人伯沇,匪志慷慨,术禹石纽,汶川之会。帷屋甲帐,龟车留遰。”[④]

《吴越春秋·越王无余外传》载:“禹父鲧者,帝颛顼之后。鲧娶于有莘氏之女,名曰女嬉,年壮未孳,嬉于砥山,得薏苡而吞之,意若为人所感,因而妊孕,剖胁而产高密。家于西羌,地曰石纽。石纽在蜀西川也。”徐天祐注云:“在茂州石泉县。其地有禹庙,郡人相传,禹以六月六日生。”[⑤]

《后汉书·戴良传》载:“良才既高达,而论议尚奇,多骇流俗。同郡谢季

① 1937年陈志良《禹生石纽考》一文考证禹生在汶川石纽山刳儿坪。1940年罗香林更进一步,在禹生石纽的基础上,提出《夏氏族发祥于岷江流域说》,并刊登在当时卫聚贤主办的《说文月刊》上。转引自蒙默:《“禹生石纽”续辨》,载《蜀学(第四辑)》,巴蜀书社,2009年,第38页。谭继和:《禹文化西兴东渐简论》,《四川文物》1998年第6期;《禹生石纽简论》,《阿坝师范高等专科学校学报》2008年第3期。彭邦本:《禹族西兴东渐及其在黄河中下游的活动初探》,《社会科学研究》2003年第1期。段渝:《大禹史传的西部底层》,《四川大学学报(哲学社会科学版)》2004年第5期。

② 何宁:《淮南子集释》,中华书局,1998年,第1336页。

③ 〔汉〕司马迁:《史记》,中华书局,1959年,第686页。

④ 程地宇:《〈汉巴郡朐忍令景云碑〉考释》,《三峡大学学报(人文社会科学版)》2006年第5期。

⑤ 周春生:《吴越春秋辑校汇考》,上海古籍出版社,1997年,第101页。

孝问曰:‘子自视天下孰可为比?’良曰:‘我若仲尼长东鲁,大禹出西羌,独步天下,谁与为偶!’”①

《续汉书·郡国志》蜀郡广柔县条,刘昭注引《帝王世纪》曰:“禹生石纽。县有石纽邑。”②

《蜀王本纪》:“禹本汶山郡广柔县人,生于石纽,其地名痢儿畔。禹母吞珠孕禹,坼副而生于县。涂山娶妻,生子名启。于今涂山有禹庙,亦为其母立庙。”③

《三国志·蜀书·秦宓传》载:“禹生石纽,今之汶山郡是也。”裴注云:“《帝王世纪》曰:‘鲧纳有莘氏女曰志,是为修己。上山行,见流星贯昂,梦接意感,又吞神珠,臆圮胸折,而生禹于石纽。’谯周《蜀本纪》曰:‘禹本汶山广柔县人也,生于石纽,其地名刳儿坪,见《世帝纪》。’”④

《华阳国志》载:“蜀之为邦:天文,井络辉其上;地理,岷嶓镇其域;五岳,则华山表其阳;四渎,则汶江出其徼。故上圣则大禹生其乡,媾姻则黄帝婚其族,大贤彭祖育其山,列仙王乔升其冈。”《续汉志》广柔县下刘昭注引《华阳国志》曰:“夷人营其地,方百里不敢居牧。有过,逃其野中,不敢追,云畏禹神。”⑤

《水经·沫水》载:“沫水出广柔徼外。”郦注云:“县有石纽乡,禹所生也。今夷人共营之,地方百里,不敢居牧,有罪逃野,捕之者不逼,能藏三年,不为人得,则共原之,言大禹之神所祐之也。”⑥

《艺文类聚》卷六《地部·石》引《随巢子》曰:“禹产于崐石,启生于石。”⑦

① 〔南朝宋〕范晔撰、〔唐〕李贤等注:《后汉书》,中华书局,1965年,第2773页。
② 钱书林:《续汉书郡国志汇释》,安徽教育出版社,2007年,第305页。
③ 〔汉〕扬雄:《蜀王本纪》,壁经堂丛书本。
④ 〔晋〕陈寿撰、〔南朝宋〕裴松之注:《三国志》,中华书局,1964年,第975页。
⑤ 〔晋〕常璩撰、刘琳校注:《华阳国志》,巴蜀书社,1984年,第330~331页。
⑥ 〔北魏〕郦道元著、陈桥驿校证:《水经注校证》,中华书局,2007年,第827页。
⑦ 〔唐〕欧阳询撰、汪绍盈校:《艺文类聚》,上海古籍出版社,1982年,第107页。

《元和郡县志·剑南道·茂州·汶川县》载:“广柔故县,在县西七十二里。汉县也,属蜀郡。禹本汶山广柔人,有石纽邑,禹所生处,今其地名刳儿畔。”①

罗泌《路史·后纪十三》:“伯鲧字熙,汶山广柔人也。”鲧,同鲧。又云:“鲧纳有莘氏曰志,是为修己,年壮不字,获若后于石钮,服媚之而遂孕。岁有二月,以六月六日屠副而生禹于僰道之石纽乡,所谓刳儿坪者。”

南宋王象之《舆地纪胜》卷一五一云:“汶川实禹所生之地。禹之导江,由岷山以施功”。因为禹生于六月六日,所以,汶川人“是日熏修裸飨,岁以为常”。

今本《竹书纪年》载:“母曰修己,出行,见流星贯昴,梦接意感,既而吞神珠。修己背剖而生禹于石纽。”②

以下记述虽很少有人引用,但为便于说明亦录于下。

李锡书《汶志纪略》卷四引李元《禹迹考》云:“汶邑之南十里许飞沙关,俗称凤岭。岭端平衍,方可十余亩,土人传为刳儿坪。坪南悬崖削壁,下临岷江,前有巨石百丈,前人摩崖书‘大禹王故里’五字。”

《锦里新编》卷十四云:“刳儿坪在石泉县南石纽山下,山绝壁上有‘禹穴’二字,大径八尺,系太白书。坪下近江处,白石累累,俱有血点浸入,刮之不去。相传鲧纳有莘氏,胸臆折而生禹,石上皆血溅之迹,土人云取石煎水,可治产难。”

道光《石泉县志》卷二云:“石纽山,治南一里,有二石纽结,……山麓有大禹庙。”又云:“禹穴,县北三十里九龙山下,涧谷幽险,人迹罕到,沿溪而入,飞湍喧耳,血石满溪,神禹生于此。刳儿坪,在九龙山第五峰下,地稍平,有迹俨如人坐卧状,相传圣母生禹遗迹;刳儿者,即修己折胸之说也。血石……在禹

① 〔唐〕李吉甫撰、贺次君点校:《元和郡县图志》,中华书局,1983年,第812页。
② 今本《竹书纪年》为宋元以后成书,参见邵东方:《竹书纪年研究论稿》,高等教育出版社,2011年。

穴下，石皮如血染，以滚水沃之，气腥，能催生。"

民国《北川县志》云："九龙山，治北三十里，嶙峋九岭如龙起伏，第五岭下即刳儿坪，神禹生于此。"

（二）河南说

以马世之、李龙、常松木等为代表。[①]

主要依据：

《史记·夏本纪》云："禹辞辟舜之子商均于阳城。"

《史记·封禅书·正义》引《世本》云："夏禹都阳城，避商均也。又都平阳，或在安邑，或在晋阳。"

《孟子·万章上》云："禹避舜之子于阳城"。

《史记·郑世家》云："郑君乙立……十一年，韩伐郑，取阳城。"

《史记·韩世家》云："文侯二年伐郑，取阳城。"

《水经注》卷二二"颍水"条下："颍水又东，五渡水注之……其水东南径阳城西……昔舜禅禹，禹避商均，伯益避启，并于此也。亦周公以土圭测日景处。"

1977年春秋两季，河南省文物研究所登封工作站、中国历史博物馆考古部联合在告成镇东北部调查发现并试掘了一座春秋战国至汉代的古"阳城"遗址，发现印有战国时期"阳城仓器"四字的陶豆和印有"阳城"二字的陶量。

另外，鲧活动地域主要在嵩山地区。禹母族有莘氏在今河南伊水流域。登封有60多处大禹文化遗迹和70多个有关大禹的神话故事。

（三）山东说

王禹时认为大禹故里在"淮沂其治，蒙羽其艺"之地，今莒县望西之东汶

① 马世之：《从石纽到阳城——大禹故里故都浅析》，载《登封与大禹文化》，大象出版社，2016年，第112~124页。李龙：《大禹出生地浅议》《大禹故里浅析》，载《登封与大禹文化》，大象出版社，2016年，第287~301页。常松木：《大禹故里考论》，《黄河科技大学学报》2013年第3期。

河一带。李明煜认为大禹出生于今山东宁阳县。李沣认为:“鲧娶有莘氏”,有莘氏地望在古曹州东南陈留东北。[①] 他的依据是:①禹的父亲鲧的活动范围在“四渎”或“河济”之间;②禹的母亲有莘氏的地望在曹州附近;③曹州有山有水,给大禹出生的传说以根据;④禹母的己(即姒)姓是东夷族的一支;⑤夏的祖地杞现在曹州境内。

(四)山西说

李仲立认为大禹出生地在山西汾水浍水流域一带。[②] 他的依据是:夏王朝起始年代为公元前 2070 年—公元前 1600 年。王城岗遗址二段为公元前 2100 年,三段为公元前 2000 年。二里头遗址一二期文化为公元前 1800 年—公元前 1610 年,三四期则为公元前 1600 年—公元前 1520 年。据此,王城岗遗址年代,虽属于夏王朝初期纪年范围内或更早一点的时间,但目前也还没有什么确凿的证据,证明它就是禹所建都的阳城。另外王城岗遗址与二里头文化一期之间还隔有二百多年时间,也就是说存在的空缺较大。二里头文化一至四期是处在夏王朝中后期的纪年范围内,并不是夏王朝初期的文化遗存。

“东下冯类型”的年代(ZK435)公元前 1980±165 年,(ZK436)公元前 1968±140 年,与二里头文化年代(ZK284)公元前 1900±130 年、(ZK212)公元前 1920±115 年相比较,东下冯类型要早几十年,而且东下冯类型遗址往往与仰韶、龙山和殷商共存;在文化发展序列上是龙山、东下冯(夏)、二里岗(商)和殷墟文化,表现了文化发展的连续性和文化渊源;同时还表现出自身的区域特点,很少掺杂外来文化因素,即是说东下冯类型是由汾水流域的龙山文化晚期发展而来的原生的文化,不像二里头文化是派生的文化。表明夏人很

① 王禹时:《大禹故里初考》,《人民政协报》2001 年 8 月 7 日第 4 版。李明煜:《大禹出生及治水地望考略》,载《平阳稽古录:悟源斋藏珍》,山东人民出版社,2010 年。李沣:《大禹出生山东考》,《菏泽学院学报》2007 年第 6 期。

② 李仲立:《大禹出生地辨析》,《甘肃高师学报》2003 年第 6 期。

早就居住在汾水流域晋南一带。

《说文段注》:“崇,山大而高也。……《大雅》‘崧高维岳’。《释山》《毛传》皆曰山大而高曰崧。《孔子间居》引《诗》‘崧’作‘嵩’。《释名》作:‘山大而高曰嵩’,崧、嵩二形皆崇之异体。韦注《国语》云:‘古通用崇字。’《太平御览》及徐铉皆引其语。《诗序》曰:‘崇丘,万物得其高大也,此崇之故训也。……中岳,《禹贡》谓之外方,秦名大室,汉武帝始谓之崇高山。因以山下户三百为之奉邑,名曰崇高县。……武帝改大室为崇高,武帝以前但曰大室,不曰嵩高也,崇高本非中岳之专称’。”“鲧封于崇”不应是今河南嵩山。

《诗经·大雅·崧高》“崧高维岳”的岳,是《禹贡》冀州中“既修太原,至于‘岳阳’”中的岳阳,也就是太岳。《史记·夏本纪·索隐》:“岳,太岳,即冀州之镇霍太山。”《汉书·地理志》:“霍太山在河东彘县东。”《正义》引《括地志》:霍太山在沁州沁原县西七八十里。“山之南为阳,所以‘崇山’‘崇’应为冀州之霍太山。”今称太岳山,位于山西省南部。

(五)陕西北部说

陈剩勇提出大禹出生地在今陕西北部。他认为在鲧、禹时代,社会组织是以母系继嗣制为核心建构起来的,母系制被父系制所取代是夏王朝建立、夏启确立父传子的王位传承制以后的事,文献所谓“夏鲧娶于有莘氏”实际上就是夏鲧出嫁到有莘氏氏族集团。有莘氏的地望,《左传·庄公三十二年》:“秋七月,有神降于莘。……神居莘六月。虢公使祝应、宗区、史嚚享焉。”①《史记·周本纪·正义》引《括地志》说:“古㜼国城在同州河西县南二十里。《世本》云:‘莘国,姒姓,夏禹之后,即散宜生等求有莘美女献纣者。’”顾栋高《春秋大事表》云,“(陕)州硖石镇西十五里,有莘原为虢之莘地,庄公三十二

① 陈剩勇:《大禹出生地考实》,《浙江学刊》1995年第4期。他认为“夏王朝崛起于东南,夏代前期的疆域(或地望)仍然在东南地区。”(见陈剩勇:《东南地区:夏文化的萌生与崛起——从中国新石器时代晚期主要文化圈的比较研究探寻夏文化》,《东南文化》1991年第1期。)

年‘有神降于莘’即此”。

(六)甘肃临夏说

以张学明、赵忠为代表,该说认为古代称为“大夏”的地方就是大禹的家乡,“当时建制为枹罕的这片土地上有一个古老的县治,叫大夏县(在今广河县阿力麻土乡),王莽统治时期叫夏顺县,历史上有名的治水英雄大禹就出生在这里。广河人管彩陶叫夏陶,曾出土画有四只手的人像,是‘劳动创造了人类,劳动创造了世界’的最形象的材料。”[①]

(七)青海民和说

以鲍义志、张忠孝、林有盛、加毛太为代表。[②] 他们的依据是:①《国语·晋语》:“黄帝以姬水成,炎帝以姜水成。”姬水是甘肃临夏境内的大夏河,大夏河所处地域和喇家遗址仅隔一条黄河。②喇家遗址和大禹活动的时间均为4000年前。③《史记·六国年表》:“禹兴于西羌。”《新语·术事》载:“大禹出于西羌。”④《史记·夏本纪》:“导河积石,至于龙门。”“积石”当指“积石山”,被大禹劈开的积石峡离喇家遗址不过区区20公里。⑤喇家遗址出土的巨型玉刀和“黄河磬王”象征至高无上的权力,而大禹同炎黄二帝一样,是华夏始祖,拥有这种至高无上的权力。

二、诸说辨析

甘肃临夏说,张、赵两位先生并未作详细论证,仅以后世相似地名和习俗断定临夏为大禹故乡,实不可取。陕西北部说,陈剩勇先生撇开多年考古成

① 张学明、赵忠:《大禹导河之州:临夏文明古今谈》,甘肃民族出版社,2005年版。
② 鲍义志:《喇家遗址与大禹治水》,《中国土族》2006年第3期。张忠孝:《民和官亭是大禹故里》,《中国土族》2007年第2期。林有盛、加毛太:《大禹故里新说》,《青海民族学院学报》2008年第1期。

果，进而断言鲧禹时仍处于母系制社会，其立论之初既已错误，所得结论可想而知，事实上早有学者指其荒谬[1]。青海民和说，鲍义志先生首倡，张、林、加三位先生响应，支撑该说的有四个小结论和一则史料，其依据的四个小结论，论据和小结之间缺乏有机联系，如"黄河磬王"象征至高无上权力就一定是大禹的吗？喇家遗址距今4000年就一定是大禹的遗迹吗？十分牵强。山西说，《国语·周语上》："昔夏之兴也，融降于崇山……商之兴也，梼杌次于丕山。"从上下文看，此处的"崇山"显然是某个山的专称，并非泛指大而高的山。李仲立先生用"崧高维岳"偷换夏兴于崇山的明确记载，进而释"崧高维岳"之岳为《禹贡》冀州中的岳阳，再引《史记·夏本纪·索隐》："岳，太岳，即冀州之镇霍太山。"史籍可有称霍太山（今太岳山）为崇山的记载？其所说的考古学依据，后文有交代，这里不多论。山东说，三文乏于论证、逻辑不成立，基本为空口徒说。下面将着重从文献记载和考古资料两方面来评述四川说和河南说的真实性。

（一）文献记载

1. 四川说

据上节四川说所列之传世文献资料，可看出禹生于四川的大体演进顺序。西汉："大禹出于西羌"、"禹生于石"，东汉：整合为"家于西羌，地曰石纽。石纽在蜀西川"，并增加天人感应"感石生禹"，"县有石纽邑"。至三国时蜀汉学者明确提出大禹是汶山郡广柔县人。东晋将其神化，北魏则进一步添枝加叶。唐宋沿袭，此后几成定论。清代时，地望更加具体，也更加明显。

《新语·术事篇》云："文王生于东夷，大禹出于西羌。"而据《史记·周本纪》记载，周族世系为"后稷—不窋—鞠—公刘—庆节—皇仆—差弗—毁隃—公非—高圉—亚圉—公孙祖类—古公亶父—季历—文王"。自公刘迁豳，周

① 周书灿：《由"禹兴西羌"说论及大禹传说的发生与重构》，《中原文化研究》2013年第1期。

族即居住在今陕西旬邑、邠县一带。300余年后,受戎狄逼迫,在古公亶父率领下,周族翻过梁山,渡过漆水,来到岐山之下的周原(在今陕西岐山、扶风)。因此,文王怎么会生于东夷呢?陆贾是汉初著名策士,其说重在述理,所举事例未必真实。

又《史记·六国年表》引文说"禹兴于西羌",结合前句"或曰'东方物所始生,西方物之成孰'。夫作事者必于东南,收功实者常于西北"来看,此处之"兴"不能解释为出生的意思。假如解释为大禹出生于西羌,那"汉之兴自蜀汉"就变成刘邦生于巴蜀汉中之地了。

最后,引人类学家王明珂先生的一段话作为注脚,结束四川说传世文献史料的讨论。

> 在战国至汉代,在部分华夏知识分子间,便有"禹西夷之人"或"禹生于西羌"的说法。战国思想家们以这社会历史记忆作为一种极端的例子,以说明圣人之所以为圣,在于其事功,而不在于其出生何处或生于何种社会背景。至于"禹生西羌"是否为历史事实,对他们而言,并不重要。但对于汉晋时期居于蜀的华夏知识分子,这便非常重要了。由于乡土认同,他们开始认真地将大禹出生于蜀之"西羌",建构为一"历史事实"。[①]

2. 河南说

雷学淇校辑本《世本·帝系》曰:"黄帝生昌意,昌意生高阳,是为帝颛顼。……颛顼五世而生鲧,鲧生高密,是为禹。"张澍稡集补注本《世本·帝系》云:"颛顼六世而生禹……颛顼生鲧,鲧生高密,是为禹。"《礼记·祭法》:"夏后氏亦禘黄帝而郊鲧,祖颛顼而宗禹。"《史记·五帝本纪》曰,黄帝"娶于西陵之女,是为嫘祖。嫘祖为黄帝正妃,生二子,其后皆有天下:其一曰玄嚣,……其二曰昌意。……昌意娶蜀山氏女,……生高阳。……黄帝崩,……其

① 王明珂:《羌在汉藏之间——川西羌族的历史人类学研究》,中华书局,2008年。

孙昌意之子高阳立,是为帝颛顼也。……帝颛顼生子曰穷蝉。颛顼崩,而玄嚣之孙高辛立,是为帝喾。帝喾高辛者,黄帝之曾孙也。高辛父曰蟜极,蟜极父曰玄嚣,玄嚣父曰黄帝。……帝喾娶陈锋氏女,生放勋。娶娵訾氏女,生挚。帝喾崩,而挚代立。帝挚立,不善,而弟放勋立,是为帝尧。……尧崩,……(舜)践天子位焉,是为帝舜。虞舜者,名曰重华。重华父曰瞽叟,瞽叟父曰桥牛,桥牛父曰句望,句望父曰敬康,敬康父曰穷蝉,穷蝉父曰帝颛顼,颛顼父曰昌意。……(舜)十七年而崩,……然后禹践天子位。……自黄帝至舜、禹,皆同姓而异其国号"。综上,《世本》《史记》关于黄帝至禹之间世系、帝系的记载基本一致,禹系黄帝后裔应无疑问。

据古文献记载,黄帝曾长期活动于新郑一带。今本《竹书纪年》载黄帝"居有熊",《史记集解》卷一指出:"黄帝,有熊国君少典之子也;有熊,今河南新郑是也。"《帝王世纪》进一步说:"有熊,今河南新郑是也,古有郑国,黄帝之所都。"《水经注》则曰:"县故有熊氏之墟,黄帝之所都也,郑氏徙居之,故曰新郑矣。"这一观点相继为《后汉书·郡国志》刘昭注、《太平御览·州郡》、《通鉴外纪》卷一、《路史·后纪五》采用,迄至明清。2014 年 8 月,新郑市辛店镇许窑村发现了明万历四十一年(1613)《重修自然山寺佛殿》碑铭,全文 624 字,两处提到"自然山寺者,世传轩辕黄帝驻跸处""自然之山,溱水经焉,龙盘虎踞,起自轩辕"。2007 年 2 月,新郑黄帝故里景区扩建时发现了清乾隆四十七年(1782)《重修玉帝殿记》碑铭,上曰:"吾邑固黄帝之故墟也。"[①]此外,禹的父亲鲧曾被封为崇伯,居住在嵩山。《史记·夏本纪·索隐》引《连山易》说:"鲧封于崇,故《国语》谓之崇伯鲧。"《逸周书·世俘解》载:"乙卯,籥人奏《崇禹生开》三钟终,王定。"《国语·周语下》曰:"其在有虞,有崇伯鲧。"又云:"昔夏之兴也,融降于崇山。"韦昭注曰:"崇,崇高山也。夏居阳城,崇高所

① 杜平安、牛青山:《重修自然山寺佛殿碑铭石碑》,《古都郑州》2015 年第 1 期。

近。"《尚书·舜典》曰:"伯禹作司空。"孔颖达疏引贾逵曰:"禹代鲧为崇伯。"《太平御览》卷三九"嵩山"条下引韦昭注曰:"崇、嵩字古通用,夏都阳城,嵩山在焉。"王念孙《读书杂志·汉书杂志·崇高》说:"古无'嵩'字,以'崇'为之,故《说文》有'崇'无'嵩'。经传或作'嵩',或作'崧',皆是'崇'之异文。"可见,禹和其父鲧、先祖黄帝都曾长期在嵩山及周围生活、经营①,这些为禹日后成为部落首领(邦国之君)、部落联盟首领(天下共主),进而协和万邦、粗建王国政体,奠定了坚实的基础。可以说,嵩山及周围是禹发迹的靠山和根据地,而《史记·夏本纪》所载的"帝舜荐禹于天,为嗣。十七年而帝舜崩。三年丧毕,禹辞辟舜之子商均于阳城。天下诸侯皆去商均而朝禹。禹于是遂即天子位,南面朝天下,国号曰夏后"更侧证了这一史实。

《世本·帝系》载:"鲧娶有莘氏女,谓之女志,是生高密。"《大戴礼记·帝系》云:"鲧娶于有莘氏,有莘氏之子,谓之女志氏,产文命。"说明禹的母族是有莘氏。《吕氏春秋·本味》载:"有侁氏女子采桑,得婴儿于空桑之中,献之其君。其君令烰人养之。察其所以然,曰:'其母居伊水之上,孕,梦有神告之曰:'臼出水而东走,毋顾。'明日,视臼出水,告其邻,东走十里,而顾其邑尽为水,身因化为空桑',故命之曰伊尹。"②有莘国的疆域在今洛阳西南的豫西地区,其活动的中心地区是今伊川县新城遗址及其周围。③ 或可作为大禹故里在嵩山地区的旁证。

(二)考古资料

文献记载"鲧—禹—启"的世系十分清晰,大禹故里地望问题实际上涉及如何界定考古学上的早期夏文化和先夏文化问题。

① 徐日辉:《钱穆所论黄帝政治中心的考古印证》,《浙江工商大学学报》2008年第6期。
② 〔战国〕吕不韦著、陈奇猷校释:《吕氏春秋新校释》,上海古籍出版社,2002年,第744页。
③ 蔡运章:《略论夏禹母族与有莘国历史的若干问题——兼谈伊川新城为有莘国故都》,《登封与大禹文化》,大象出版社,2016年,第263页。

据研究，二里头文化的年代范围为公元前19世纪中叶到公元前16世纪中叶，其第四期(至迟晚段)已进入商代早期，故二里头文化的主体可能只是夏代中晚期的夏文化。许多学者认为早期夏文化应该去龙山时代晚期中寻找。多年的考古发现与研究证明，二里头文化的核心类型是在豫西地区龙山时代王湾三期文化的基础上经由新砦期发展而来。因此，分布在夏王朝中心统辖区内、处于夏代纪年范围、与二里头文化有清楚传承关系的王湾三期文化和新砦期遗存，应当就是夏人建立夏王朝前后的文化遗存。[①] 概言之，就目前的研究成果而言，新砦期遗存和王湾三期文化晚期是夏代前期文化，而王湾三期文化的早、中期则为前王朝时期夏人的文化遗存，亦即所谓先夏文化。[②]

1. 四川说

四川盆地及盆地周边相当于中原地区龙山文化时代的遗址，盆周西北缘岷江上游(今汶川、北川、茂县、理县、都江堰、什邡一带)有阿坝州茂县营盘山遗址、白水寨遗址、沙乌都遗址、下关子遗址和汶川县高坎遗址、布瓦遗址、龙溪寨遗址，盆周北部山地有广元张家坡遗址、邓家坪遗址和绵阳边堆山遗址，盆周东北山地有巴中月亮岩遗址和通江擂鼓寨遗址，盆周东平行岭谷地有忠县哨棚嘴遗址一期、中坝遗址早期，盆地内(成都平原)有广汉三星堆遗址一期、新津宝墩遗址、都江堰芒城遗址、郫县古城遗址、温江鱼凫遗址、崇州双河遗址。

年代上，营盘山遗址距今约5300—4600年，主体堆积属于仰韶时代晚期遗存，其上层的部分地层单位的年代已进入龙山时代早期；白水寨和沙乌都遗址年代上属于龙山时代早期；布瓦遗址距今约4800年，与黄河流域龙山时

① 中国社会科学院考古研究所编著:《中国考古学·夏商卷》,中国社会科学出版社,2003年。
② 中国社会科学院考古研究所编著:《中国考古学·夏商卷》,中国社会科学出版社,2003年。

代文化早期相当;下关子遗址距今约 4800—4500 年。① 邓家坪遗址碳十四校正年代数据为距今 4640±150 年至距今 5225±180 年,边堆山遗址绝对年代或相当于中原地区的龙山文化早期阶段,或者还要更早。② 通江擂鼓寨遗址年代上相当于龙山时代,所选第 9 层碳十四标本的测定数据为距今 4880±120 年,树轮校正为距今 4995±159 年。③

文化内涵上,上述盆周西北缘岷江上游诸遗址与以茂县营盘山遗址、汶川县姜维城遗址、理县箭山寨遗址、茂县安乡遗址等主体遗存为代表的仰韶时代遗存相比较,文化面貌差异较大,分别属于文化性质不同的两个文化系统,应属于四川盆地本土文化系统。但与涪江流域、四川盆地的北部、东部乃至南部边缘地带的新石器时代遗存关系密切,属于同一文化系统。又,岷江上游龙山时代文化与成都平原之间的宝墩文化联系密切,属于同一文化系统。④ 宝墩文化、三星堆文化和十二桥文化是三个相互衔接的文化。⑤

宝墩文化(有学者称之为“宝墩村文化”)陶器以泥质陶和夹砂陶为主。泥质陶基本为灰色,或灰色为主、褐色次之。夹砂陶以红褐色和黑褐色为主。纹饰以绳纹(或线纹)为主,其次是戳印纹及箍带纹。器类有平底器和圈足器两种,不见三足器和圜底器。平底器器类主要有盆、罐、壶,圈足器器类簋占多数,有少许豆。盆通常为敞口、卷沿、圆肩、深腹。⑥

---

① 陈剑等:《营盘山遗址——藏彝走廊史前区域文化中心》,《阿坝师范高等专科学校学报》2005 年第 1 期。成都文物考古研究所等:《四川茂县白水寨和沙乌都遗址 2006 年调查简报》,《四川文物》2007 年第 6 期。陈剑等:《四川汶川县布瓦遗址 2009 年调查简报》,《成都考古发现》2010 年。成都文物考古研究所等:《四川茂县下关子遗址试掘简报》,《四川文物》2008 年第 2 期。

② 中国考古学会编:《广元市邓家坪新石器时代遗址》,《中国考古学年鉴(1991)》,文物出版社,1992 年。中国社会科学院考古研究所四川工作队:《四川绵阳市边堆山新石器时代遗址调查简报》,《考古》1990 年第 4 期。

③ 四川省文物考古研究所等:《通江县擂鼓寨遗址试掘报告》,《四川考古报告集》,文物出版社,1998 年,第 41~58 页。

④ 陈剑:《蚕丛故地龙山时代考古学文化遗存初析》,《中华文化论坛》2009 年第 2 期。

⑤ 江章华等:《成都平原先秦文化初论》,《考古学报》2002 年第 1 期。

⑥ 王毅、孙华:《宝墩村文化的初步认识》,《考古》1999 年第 8 期。

王湾三期陶器以泥质陶和夹砂灰陶为主，其次是泥质磨光黑陶。纹饰以方格纹、篮纹为主，较少绳纹。器类主要包括折沿面底罐形鼎、折沿小平底深腹罐、折沿深腹甑、双腹盆、小口鼓腹瓮、高柄豆、高领折腹斝、封顶盉、平口鬶、刻漆盆、觚形器、爵形器等，还有鬲、平底盆、空圈足盘、甗等。[①]

根据上述可以看出，宝墩文化和王湾三期是根本不同的两种文化，禹怎么生于西羌、迁徙中原之后建立夏王朝呢？

2. 河南说

1975—1981年，河南省文化局文物工作队在告成镇王城岗发掘出龙山文化二期小城一座，面积约1万平方米。2002—2005年，北京大学考古文博学院、河南省文物考古研究所在王城岗遗址内新发现一座规模宏大的河南龙山文化晚期城址，面积34.8万平方米。根据各自地层叠压关系，大城和小城都属于河南龙山文化晚期，小城略早于大城。碳十四测年数据显示，王城岗龙山文化小城的年代，上限不早于公元前2200—前2130年，下限不晚于公元前2100—前2055年，其中值约为公元前2122年；大城城墙的年代，上限不早于公元前2100—前2055年或公元前2110—前2045年，下限不晚于公元前2070—前2030年或公元前2100—前2020年，其中值约为公元前2055年。[②]

李伯谦先生在《登封王城岗考古发现与研究（2002—2005）》序言里说："根据地望、年代、等级、与二里头文化关系以及'禹都阳城'等有关文献记载的综合研究，王城岗龙山文化晚期大城应即'禹都阳城'之阳城，东周阳城当以'禹都阳城'即在附近而得名，而早于大城的王城岗龙山文化晚期小城则可

① 中国社会科学院考古研究所编著：《中国考古学·夏商卷》，中国社会科学出版社，2003年，第46页。

② 河南省文物研究所、中国历史博物馆考古部：《登封王城岗与阳城》，文物出版社，1992年。北京大学考古文博学院、河南省文物考古研究所：《登封王城岗考古发现与研究（2002—2005）》，大象出版社，2007年。

能是传为禹父的鲧所建造,从而为夏文化找到了一个起始点。”[①]

综合以上分析,我认为目前大禹故里地望之诸种说法,以河南说最为可信。上古时期,以登封为中心的嵩山地区,区位适中、环境优越,适合早期人类生存。史书记载禹族和尧、舜存在密切联系,而四川盆周西北缘岷江上游地区“土气多寒”“盛夏冰犹不释”,“土地刚卤,不生谷粟麻菽,唯以麦为资”(《后汉书·冉駹传》),怎么可能有众多部落在这一逼仄恶劣的环境中生存。

(作者单位为嵩山文明研究院)

① 北京大学考古文博学院、河南省文物考古研究所:《登封王城岗考古发现与研究(2002—2005)·序》,大象出版社,2007年,第3页。

登封与大禹文化

袁延胜　赵　彬

作为夏文化的开拓者和代表人物,大禹一直受到学者的广泛关注,研究成果很多,如关于大禹其人、大禹故里、禹都等问题,不少学者都进行了研究,提出了自己的观点,但争议也很大。

大禹其人的研究,从20世纪20年代至今,观点主要有三:神话说、图腾说和历史人物说。神话说认为大禹是个神话人物,是古代人民构造出来的一个神明。此说的代表人物主要是冯天瑜[①]先生和茅盾[②]先生等。图腾说包括很多种说法,例如仲红卫先生认为禹的原型是神龟[③],刘毓庆先生认为禹的原型为穿山甲[④],顾颉刚先生认为禹是蜥蜴之类[⑤]。历史人物说的学者根据传世文

① 冯天瑜:《中国神话纵横谈》,上海文艺出版社,1983年。

② 茅盾:《中国神话研究初探》,上海古籍出版社,2011年。

③ 仲红卫:《共工、鲧、禹——论中国洪水神话中的人物原型》,《陕西师大学报(哲学社会科学版)》1995年第4期。

④ 刘毓庆:《鲧禹神话考》,《中州学刊》1990年第1期。

⑤ 顾颉刚:《古史辨自序》,商务印书馆,2011年。

献、考古资料、家谱等记载,认为大禹是一个真实的历史人物,大禹治水也是一件可信的事实,如沈长云《论禹治洪水真象兼论夏史研究诸问题》①、陈瑞苗《大禹其人》②等。

关于大禹故里或出生地的问题,学术界也有不同的观点。总的来说,主要有中原说、西戎说和东夷说。中原说主要包括河南说和山西说。河南说主要是指河南嵩山周围,田继周先生在《先秦民族史》③中持此说。山西说代表人物是李仲立先生④。西戎说包括四川说、青海民和说、甘肃临夏说和陕北说等。四川说认为大禹是羌族人,主要依据是"故禹兴于西羌"⑤,四川说又分为北川说⑥、汶川说⑦等。青海民和说的代表人物有鲍义志先生⑧等。甘肃临夏说的代表人物有张学明先生和赵忠先生等⑨。陕北说主要是陈剩勇先生⑩。东夷说包括山东说和吉林集安说,代表人物分别是王禹时先生⑪和宫玉海先生⑫。

关于禹都问题,随着王城岗遗址的发掘考察,多数学者认为在登封阳城。如安金槐先生《豫西夏代文化初探》⑬、马世之先生《王城岗遗址的再探讨》⑭和《登封王城岗城址与禹都阳城》⑮、京浦先生《禹居阳城与王城岗遗址》⑯等。

---

① 沈长云:《论禹治洪水真象兼论夏史研究诸问题》,《学术月刊》1994年第6期。
② 陈瑞苗:《大禹其人》,《广西民族学院学报(哲学社会科学版)》1995年第3期。
③ 田继周:《先秦民族史》,四川民族出版社,1988年。
④ 李仲立:《大禹出生地辨析》,《甘肃高师学报》2003年第6期。
⑤ 〔汉〕司马迁:《史记》卷十五《六国年表》,中华书局,1959年,第686页。
⑥ 姒元翼、姒承家:《大禹世家》,浙江古籍出版社,2003年。
⑦ 杨东晨:《论四川大禹故里及其相关问题》,《阴山学刊》2008年第2期。
⑧ 鲍义志:《喇家遗址与大禹治水》,《中国土族》2006年第3期。
⑨ 张学明、赵忠:《大禹导河之州:临夏文明古今谈》,甘肃民族出版社,2005年。
⑩ 陈剩勇:《大禹出生地考实》,《浙江学刊》1995年第4期。
⑪ 王禹时:《大禹故里初考》,《人民政协报》2001年8月7日第4版。
⑫ 宫玉海:《大禹生于东北集安》,《学问》2000年第9期。
⑬ 安金槐:《豫西夏代文化初探》,《中原文物》1978年第2期。
⑭ 马世之:《王城岗遗址的再探讨》,《中原文物》1995年第3期。
⑮ 马世之:《登封王城岗城址与禹都阳城》,《中原文物》2008年第2期。
⑯ 京浦:《禹居阳城与王城岗遗址》,《文物》1984年第2期。

对于禹都问题，学者也提出了不同意见，如沈长云先生认为阳城在濮阳，而不是登封[1]，李宗俊先生认为禹都阳城应在现在的陕西韩城市南[2]。

前人对大禹的研究成果丰富，很有学术价值，但也存在一些不足，如对于大禹文化与地方历史，特别大禹与登封地区的历史关注较少，缺少系统性的论述。因此，本文拟从区域史的角度，论述一下登封与大禹的关系，以及大禹文化对登封的影响。不当之处，敬请指正！

一、登封王城岗遗址与"禹都阳城"

关于夏部族的兴起地区，史书记载在嵩山地区。《国语·周语上》说："昔夏之兴也，融降于崇山。"[3]韦昭注："崇，崇高山也。夏居阳城，崇高所近。"[4]《太平御览·地部四》"嵩山"条下又引韦昭注："崇、嵩字古通用，夏都阳城，嵩山在焉。"[5]可知夏部族兴起于崇高山周围，崇高山也就是现在通称的嵩山，一些学者认为崇高山也叫外方山，但金履祥先生认为："外方旧说嵩山，非也。崇高世称中岳，安得反为外方，又与江夏内方相与内外哉。"[6]关于夏部族的兴起地点，《史记·封禅书》中说："昔三代之居，皆在河洛之间。"[7]《史记正义》引《世本》云："夏禹都阳城，避商均也。又都平阳，或在安邑，或在晋阳。"[8]《国语·周语下》云："其在有虞，有崇伯鲧。"[9]《太平御览·州郡部一》引《帝

① 沈长云：《禹都阳城即濮阳说》，《中国史研究》1997 年第 2 期。
② 李宗俊：《秦汉夏阳为禹都阳城论》，《陕西师范大学学报（哲学社会科学版）》2015 年第 1 期。
③ 上海师范大学古籍整理组：《国语》卷一《周语上》，上海古籍出版社，1978 年，第 30 页。
④ 上海师范大学古籍整理组：《国语》卷一《周语上》，上海古籍出版社，1978 年，第 31 页。
⑤ 〔宋〕李昉：《太平御览》卷三九《地部四》，中华书局，1960 年，第 185 页。
⑥ 转引自李民、王健译注：《尚书译注》，上海古籍出版社，2004 年，第 76 页。
⑦ 〔汉〕司马迁：《史记》卷二八《封禅书》，中华书局，1959 年，第 1649 页。
⑧ 〔汉〕司马迁：《史记》卷二八《封禅书》，中华书局，1959 年，第 1649 页。
⑨ 上海师范大学古籍整理组：《国语》卷三《周语下》，上海古籍出版社，1978 年，第 103 页。

王世纪》云:“夏鲧封崇伯。故《春秋传》曰,谓之有崇伯鲧。”[①]《逸周书·世俘解》称禹为“崇伯禹”。这更加说明了夏部族兴起于嵩山周围。

史书记载,大禹建都于阳城。古本《竹书纪年》载:“夏后氏禹居阳城。”《后汉书·郡国志》“颍川郡阳翟”条下,李贤注引《汲冢书》曰:“禹都阳城。”[②]《史记》卷八《高祖本纪》载:“南,战雒阳东,军不利,还至阳城。”[③]《史记正义》曰:“今洛州,夏禹所都。”[④]

同时,文献中更多记载的是禹避商均于阳城。《孟子·万章上》云:“禹避舜之子于阳城。”[⑤]《史记·夏本纪》云:“帝舜荐禹于天,为嗣。十七年而帝舜崩。三年丧毕,禹辞辟舜之子商均于阳城。天下诸侯皆去商均而朝禹。禹于是遂即天子位,南面朝天下,国号曰夏后,姓姒氏。”[⑥]《史记集解》引刘熙曰:“今颍川阳城是也。”[⑦]《太平御览·皇王部七》载:“禹避舜之子商均于阳城。”[⑧]《册府元龟》卷五《帝王部·创业一》载:“禹辞辟舜之子商均于阳城。”[⑨]卷九《继统一》记载:“益让帝禹之子启,而避居箕山之阳(注:阳字亦作阴)。”[⑩]所以在一些文献中认为禹只是避商均于阳城,并不是建都于阳城。如《史记·五帝本纪》载:“禹亦乃让舜子。”[⑪]《史记正义》引《括地志》云:“禹居洛州阳城者,避商均,非时久居也。”[⑫]即便是禹避商均于阳城,也说明大禹与阳城关系密切。

---

① 〔宋〕李昉:《太平御览》卷一五五《州郡部一》,中华书局,1960年,第753页。
② 〔南朝宋〕范晔:《后汉书·郡国志二》,中华书局,1965年,第3422页。
③ 〔汉〕司马迁:《史记》卷八《高祖本纪》,中华书局,1959年,第456页。
④ 〔汉〕司马迁:《史记》卷八《高祖本纪》,中华书局,1959年,第457页。
⑤ 金良年:《孟子译注》,上海古籍出版社,2012年,第146页。
⑥ 〔汉〕司马迁:《史记》卷二《夏本纪》,中华书局,1959年,第102页。
⑦ 〔汉〕司马迁:《史记》卷二《夏本纪》,中华书局,1959年,第102页。
⑧ 〔宋〕李昉:《太平御览》卷八二《皇王部七》,中华书局,1960年,第380页。
⑨ 〔宋〕李昉:《册府元龟》卷五《帝王部》,中华书局,1960年,第49页。
⑩ 〔宋〕李昉:《册府元龟》卷九《帝王部》,中华书局,1960年,第96页。
⑪ 〔汉〕司马迁:《史记》卷一《五帝本纪》,中华书局,1959年,第52页。
⑫ 〔汉〕司马迁:《史记》卷一《五帝本纪》,中华书局,1959年,第53页。

从以上记载来看,夏部族兴起于嵩山周围,并都于阳城,都与今天的登封关系密切。1959 年,为了寻找“夏墟”,考古学家徐旭生先生对登封市告成镇和八方村之间的遗址进行了考察,发现了王城岗遗址,当时称为“八方遗址”。之后河南省文物考古所又持续三十年对此遗址进行发掘考察。“王城岗遗址东濒五渡河,南临颍河,南望箕山和大小熊山,西靠八方村,西望嵩山之主峰少室山,北依太室山前的王岭尖。”[①]王城岗遗址位于嵩山周围,同文献上记载的夏部族之间有着密切联系。

1977 年河南省文物研究所在登封告成一带考察夏文化时在五渡河西的王城岗遗址发现了一座两城相连的小城堡。该位置与文献中记载的阳城位置相符。《水经注》卷二十二载:“颍水出颍川阳城县西北少室山,东南过其县南。”[②]郦道元注云:“颍水又东,五渡水注之……其水东南径阳城西……昔舜禅禹,禹避商均,伯益避启,并于此也。”[③]《水经注》云:“洧水出河南密县西南马领山。”[④]郦道元注云:“水出山下。亦言颍川阳城山,山在阳城县之东北,盖马领之统目焉。”[⑤]

根据考古发现和文献记载,安金槐先生最早提出王城岗遗址是禹都阳城的所在地,他说:“至于有人认为这座城址的西城范围较小,城内面积不足一万平方米,……但它是东西并列的二城,东城已被五渡河冲毁,其面积大小已不可知。但从五渡河河床由东向西变迁了几百米来看,东城原来的面积很可能比西城大些。若以文献记载与这一新发现的城址结合起来予以研究,我们认为登封王城岗龙山文化中晚期城址,很有可能是夏代的阳城遗址。”[⑥]李先

① 马世之:《登封王城岗城址与禹都阳城》,《中原文物》2008 年第 2 期。
② 〔北魏〕郦道元著,陈桥驿校证:《水经注校证》,中华书局,2007 年,第 511 页。
③ 〔北魏〕郦道元著,陈桥驿校证:《水经注校证》,中华书局,2007 年,第 512 页。
④ 〔北魏〕郦道元著,陈桥驿校证:《水经注校证》,中华书局,2007 年,第 517 页。
⑤ 〔北魏〕郦道元著,陈桥驿校证:《水经注校证》,中华书局,2007 年,第 518 页。
⑥ 安金槐:《河南夏商考古综述》,《华夏考古》1987 年第 1 期。

登先生说:“王城岗城址可能是‘禹都阳城’所在,城址虽小,但具备了城垣与宫殿,其所以小,可能与当时忙于治水有关,即‘禹卑宫室而尽力乎沟洫’。”(《论语·泰伯》)[①]

由于小城堡面积仅万余平方米,一些学者对王城岗是否为夏禹之都持有疑问。但2002年北京大学考古文博学院与河南省文物考古研究所合作,在王城岗和八方村一带又发现了一座大城,将小城堡包括其中,这个发现使越来越多的学者相信此为禹都。关于王城岗小城与大城的关系,方燕明先生指出:“联系到历史上夏的鲧、禹、启的传说多集中在这一带,我们认为:王城岗小城有可能为‘鲧作城’,而王城岗大城有可能即是‘禹都阳城’。”[②]而杨肇清先生认为:“王城岗大小古城址是我国古文献所说的禹都阳城,小城内的中西部有大量的夯土片、夯土坑和‘奠基坑’,在奠基坑内埋有人数不等的殉人,这些‘奠基坑’应当是祭祀坑,而整个小城就是当时的宗庙建筑。”[③]

二、登封有关大禹的历史遗迹

在今天的登封,除王城岗遗址外,还保存不少有关大禹的遗迹。

(一)启母石、启母庙、启母阙与启母冢

启母石。《汉书·武帝纪》载:“春正月,行幸缑氏。诏曰:‘朕用事华山,至于中岳,获驳麃,见夏后启母石。翌日亲登嵩高,御史乘属,在庙旁吏卒咸闻呼万岁者三。登礼罔不答。其令祠官加增太室祠,禁无伐其草木。以山下户三百为之奉邑,名曰崇高,独给祠,复亡所与。’行,遂东巡海上。”[④]应劭注

① 李先登:《夏文化与中国古代文明起源》,《中原文物》2001年第3期。
② 方燕明:《登封王城岗城址的年代及相关问题探讨》,《考古》2006年第9期。
③ 杨肇清:《略论登封王城岗遗址大城与小城的关系及其性质》,《中原文物》2005年第2期。
④ 〔汉〕班固:《汉书》卷六《武帝纪》,中华书局,1962年,第190页。

曰:“启生而母化为石。”[①]颜师古注曰:“启,夏禹子也。其母涂山氏女也。禹治鸿水,通轘辕山,化为熊,谓涂山氏曰:‘欲饷,闻鼓声乃来。’禹跳石,误中鼓。涂山氏往,见禹方作熊,惭而去,至嵩高山下化为石,方生启。禹曰:‘归我子。’石破北方而启生。”[②]根据这些记载,启母石为大禹的妻子看到大禹化为黄熊受到惊吓变化而成,“石破北方而生启”,所以名为启母石。启母石今天位于登封市区北万岁峰下,高约10米,长约6米,宽约4米,分为两部分,南面部分直立,上大下小,北面横躺地上,面积约20平方米。

启母庙。启母庙建于汉武帝时期,汉武帝在游历嵩山时看到启母石,遂建立启母庙。北魏卢元明《嵩高山记》载:“启母庙南有石阙,亦称开母祠。”

启母阙。启母阙建于东汉延光二年(123),是汉代启母庙前的石阙。启母阙分东西阙,西阙现存高3.17米,东阙现存高3.18米,两阙门间距为6.80米,阙顶一部分已遗失,阙身用长方形石块垒砌。

启母阙上有铭文,篆书,前12行为题名,后24行为四言颂辞和仿楚辞体裁的赋,记述夏禹及其父鲧治水的故事和赞扬启母的功绩。铭文的主要内容为:

> 昔者共工,范防百川。柏鲧称遂,□□其原。洪泉浩浩,下民震惊。禹□大功,疏河写玄。九山甄旅,咸秩无文。爰纳涂山,辛癸之间。三过亡入,实勤斯民。同心济厄,百川是正。杞缯渐替,又遭乱秦。圣汉禋享,于兹冯神。翩彼飞雉,崪于其庭。贞祥符瑞,灵支挺生。陵谷鬻化,阴阳穆清。兴云降雨,□□□盈。守□不歇,比性乾坤。福禄来归,柏宥吾君。千秋万祀,子子孙孙。表碣铭功,昭视后昆。[③]

阙身四周雕有车马出行、百戏、蹴鞠、驯象、斗鸡、“郭巨埋儿”、“大禹化熊”、

① [汉]班固:《汉书》卷六《武帝纪》,中华书局,1962年,第190页。
② [汉]班固:《汉书》卷六《武帝纪》,中华书局,1962年,第190页。
③ 高文:《汉碑集释》,河南大学出版社,1997年,第49页。

“启母化石”等60幅画像。

此外,登封地区还存有启母冢。《帝王世纪》载:“阳城有启母冢。”①启母冢位于现在的告成镇冶上村,今人多称为毛女冢。

(二)禹洞

禹洞位于徐庄乡郑庄村东、禹洞河村北禹洞岭上,为天然溶洞。分前禹洞和后禹洞,后禹洞深不可测,幽险奇特,石笋、石钟乳、石林琳琅满目,为嵩山南麓一大奇观。相传大禹治水时和治水大军曾在此洞内居住,也有说此洞为大禹休息和藏宝之处。前禹洞深50多米,洞门内上方有佛龛,镌刻造像三尊,为佛、儒、道三教教主像,工笔细刻,栩栩如生。后禹洞黑暗幽邃,崎岖下斜,滴水潮湿,洞内洞连洞,洞套洞,深不见底。现洞内修有石阶1500多米,两侧塑有大禹治水系列神话故事的雕塑,形成环形旅游线路。

三、大禹文化对登封地区的影响

夏部族兴起于嵩山地区,大禹都于阳城,登封与大禹关系密切。大禹又是治水英雄和古代有名的君主,因此大禹对登封的历史文化产生了重要影响。

(一)对姓氏的影响

“太史公曰:禹为姒姓,其后分封,用国为姓,故有夏后氏、有扈氏、有男氏、斟寻氏、彤城氏、褒氏、费氏、杞氏、缯氏、辛氏、冥氏、斟戈氏。”②大禹为“姒”姓,不过现在很少见到这个姓了。相传在登封的上百个姓氏中,曾姓、弋姓、夏姓、禹姓、娄姓、杞姓、欧阳姓、计姓等都源自姒姓。

杞姓为周武王追封大禹的后代于杞地而来。“武王追思先圣王,乃褒封

① 〔南朝宋〕范晔:《后汉书·郡国志二》,中华书局,1965年,第3423页。
② 〔汉〕司马迁:《史记》卷二《夏本纪》,中华书局,1959年,第109页。

神农之后于焦,黄帝之后于祝,帝尧之后于蓟,帝舜之后于陈,大禹之后于杞。"[1]《史记》正义曰:"《括地志》云:'汴州雍丘县,古杞国。'"[2]《史记·陈杞世家》中也记载:"杞东楼公者,夏后禹之后苗裔也。殷时或封或绝。周武王克殷纣,求禹之后,得东楼公,封之于杞,以奉夏后氏祀。"[3]楚惠王四十四年(前445),楚灭杞。《周语》云:"杞缯由大姒。"《史记·夏本纪赞》:"禹后有杞氏缯氏。"

杞被楚国灭后,杞简公的弟弟佗逃往鲁国,鲁悼公因他是夏禹的后代,给予采地,并封其为侯,称他为夏侯氏,其后子孙就以"夏侯"为姓。

夏姓也与大禹有关。夏姓的来源主要有三:其一为"夏侯"姓简化。其二源于"姒"姓。因夏帝桀暴虐无道而被商汤推翻后,一部分夏王族便以夏国的"夏"为姓。其三是周王朝封夏禹的后裔东楼公于杞时,其余未得封邑者,便以原国名夏为姓。

曾姓也源自姒姓。相传少康中兴时,曾把自己最小的儿子曲烈封于一个叫"鄫"的地方。少康的这一系子孙所建的鄫国历经夏、商、周三代,大约沿袭了近两千年,一直到春秋时期,即公元前567年才被莒国所灭。这时候,怀着亡国之痛的太子巫出奔到邻近的鲁国,并在鲁国做了官,其后代用原国名"鄫"为姓,后去"邑"旁,表示离开故城,变为"曾"姓。《汉书·地理志》"东海郡"条载:"缯,故国,禹后。"

(二)对地名、村名的影响

大禹文化对登封的地名有重要影响。《三国志·蜀书》载:"禹生石纽,今之汶山郡是也。"[4]裴松之引《帝王世纪》曰:"鲧纳有莘氏女曰志,是为修己。

① 〔汉〕司马迁:《史记》卷四《周本纪》,中华书局,1959年,第163页。
② 〔汉〕司马迁:《史记》卷四《周本纪》,中华书局,1959年,第164页。
③ 〔汉〕司马迁:《史记》卷三六《陈杞世家》,中华书局,1959年,第1914页。
④ 〔晋〕陈寿撰、〔南朝宋〕裴松之注:《三国志》卷三八《蜀书·秦宓传》,中华书局,1959年,第975页。

上山行,见流星贯昴,梦接意感,又吞神珠,臆圮胸折,而生禹于石纽。”[①]这里的石纽是指四川汶川的石纽,因此冯汉骥、罗进勇等先生认为大禹的故里在四川。但是田继周和周原孙等先生认为大禹的故里在河南嵩山附近。常松木先生在《禹生嵩山石纽考》一文中也认为大禹的故里应该在河南登封嵩山脚下的石纽屯。在登封市祖家庄,就有这么一块叫“石纽石”的石头,附近的村庄也因此在古时候被称为“一溜石纽屯儿”。据说为纪念从四川石纽迁居此地,故名石纽屯,后来人们将其音转为水牛屯儿。马庄、左庄、张庄、王庄等,相传是大禹的父亲崇伯鲧的居住地,至今还被称为“一溜水牛屯儿”。康村、宋村、任村、贾村等,因相传是大禹治水时火烧蛟龙的地方,所以现在仍被称作“一溜儿焦(蛟)河”等。

登封市阳城区因曾是阳城故地而得名;太室山和少室山之间的“轩辕关”,相传是大禹治水时开凿的,《淮南子》有“禹凿轩辕”的记载;君召乡的“海渚”村,相传是大禹打开龙门口,将水排入黄河后才成为陆地的;徐庄乡的“禹洞河”,相传因大禹治水时经常在这里休息,所以禹洞附近的小河就被命名为禹洞河。

现在登封市区内,一些道路的命名如“阳城路”“启母路”“观石巷”“太室路”“少室路”等也体现了大禹文化的影响。

(三)对人民日常生活的影响

大禹文化对登封的影响还深入到了人民的日常生活和精神生活当中。关于大禹的故事早已深入人心,“三过家门而不入”“乘龙快婿”“一言九鼎”等词语至今仍是人们的口头禅。大禹艰苦奋斗的精神也影响着一代又一代的登封人。

① 〔晋〕陈寿撰、〔南朝宋〕裴松之注:《三国志》卷三八《蜀书·秦宓传》,中华书局,1959年,第975页。

中岳庙道士作道场时,民间巫师作法事时,还都走“禹步”。扬雄《法言》载:“昔者姒氏治水土,而巫步多禹。”[①]《抱朴子内篇》中的《仙药》和《登涉》篇中详细记载了步法。《仙药》篇曰:

> 禹步法:前举左,右过左,左就右。次举右,左过右,右就左。次举右,右过左,左就右。如此三步,当满二丈一尺,后有九迹。[②]

《登涉》篇曰:

> 又禹步法:正立,右足在前,左足在后,次复前右足,以左足从右足并,是一步也。次复前右足,次前左足,以右足从左足并,是二步也。次复前右足,以左足从右足并,是三步也。如此,禹步之道毕矣。[③]

禹步的特点是“三步九迹”,“禹步之所以九迹,应当仍和禹有关,那就是禹平九州,意味着禹的足迹遍于九州。”[④]禹步的主要作用为消灾祛病、驱除鬼魅、求雨等。

以前人们建宅时,大门上的砖雕、廊柱下的石础上还刻有“禹王锁蛟”的图像。每年正月初六至正月二十五期间,登封各村庄都表演民间社火,群众称为“闹节气”,相传君召乡孟村的民间社火“独角舞”就与大禹治水有关。独角舞又叫独腿舞、独脚龙等。据传在大禹治水时,各方贤人能士都来帮忙,最终将洪水排入大海,而大禹因过度劳累而死,化作一条独脚龙腾空而去,后人为了纪念大禹,就编练了独脚舞,在庙会或村里的香社大会上表演。[⑤]

(作者袁延胜为郑州大学历史学院教授,赵彬为硕士研究生)

---

① 汪荣宝:《法言义疏》,中华书局,1987 年,第 317 页。
② 王明:《抱朴子内篇校释》,中华书局,1985 年,第 209 页。
③ 王明:《抱朴子内篇校释》,中华书局,1985 年,第 302~303 页。
④ 李剑国,张玉莲:《“禹步”考论》,《求是学刊》2006 年第 5 期。
⑤ 武肖冰:《历史传说与动作摹本——河南登封孟村“独脚舞”研究》,中国艺术研究院,2015 年硕士学位论文。

大禹治水及禹迹考证

华夏文明早期[①]的“水患灾害”研究

王建军

“水患灾害”及其相关问题,自古至今都是学者研究的主要对象。众所周知,一旦洪水到来,其破坏力之大,有时会超过人们的想象。尤其雨季时,洪水乱流,常常冲毁堤岸,造成民众、财产等各方面的重大损失[②]。近几年,笔者曾尝试探讨该问题[③]。现在看来,个人的一些私见仍有诸多不成熟的地方,现对过往积累的材料再加整理,并向各位大家请教。

① 华夏文明,亦称中华文明。此为世界上最古老的文明之一,也是世界上持续时间最长且无中断的文明。本文主要通过古史传说、出土文献以及考古发现对史前及夏商时期(或称华夏文明早期)的水患灾害材料进行系统的梳理与探讨。

② 邹豹君:《小地貌学原理》,商务印书馆,1985 年,第 73~74 页(注释)。

③ 王建军:《“洪水神话”与考古发现的对应试证》,《平顶山师专学报》2002 年第 3 期。2009 年笔者参加浙江绍兴市“第四届大禹文化国际学术研讨会”,提交《夏商时期的“水灾”及其相关问题》论文。《商代甲骨文所反映的水灾研究》,《中原文化研究》2013 年第 6 期,(《历史学文摘》人大复印资料转载,2014 年第 1 期,《中国社会科学报》以《商代长期受到水灾困扰》为题也做了重点介绍,2014 年 2 月 17 日,B04 版)。

一、甲骨文中所见的“灾”字及构形解析

殷墟甲骨文里有一个写作（《合集》19268 宾一类[①]）、（《合集》12836 宾二类）、（《合集》17213 宾三类）、（《合集》24227 出二类）、（《合集》28773 何二类）、（《合集》29778 无名类）、（《合集》36557 黄组）等形的字[②]。以上诸字形中，前五例其构形从川而水流作多折状。通过梳理甲骨文材料，此“灾”字，已见于著录中的相关辞条有 200 余例，上举字例只是其中的一部分。如果从字形看，甲骨文“灾”字早期作横向或竖向水流，似洪水汹涌漫溢之状。后两例为晚期的“灾”字字形，中画之水符音化为从才，后世另叠加火旁表意。另外，如果从时间因素来考察，作为一个“水患灾害”或其他灾害符号，除在武丁时期的自组、宾组卜辞出现外，自武丁之后，庚甲、廪康直至乙辛时期的黄组卜辞仍可见到这个“灾”字。然而随着时间的推移，作为表“水患灾害”的本字，在构形上又出现了繁化倾向，其构形虽然繁化，但意象犹存，仍可从中看出古代先民们认识客观世界的概括能力。甲骨占卜资料作为华夏早期文化的重要载体，为人们研究殷商时期的“水患灾害”等问题提供了可靠的凭据。

---

① 本文有关卜辞的“分类与断代”主要参考了以下著作：李学勤、彭裕商《殷墟甲骨分期研究》，上海古籍出版社，1996 年；黄天树《殷墟王卜辞的分类与断代》，科学出版社，2007 年；杨郁彦《甲骨文合集分组分类总表》，（中国台北）艺文印书馆，2005 年；崎川隆《宾组甲骨文字体分类研究》，上海人民出版社，2011 年；王建军《宾组卜辞的字形特征及类型划分》，2010 年郑州大学历史学院博士学位论文。

② 本文使用古文字著录简称如下：《合集》，中国社会科学院历史研究所：《甲骨文合集》，中华书局，1978～1983 年。《屯南》，中国社会科学院考古研究所：《小屯南地甲骨》，中华书局，1980 年。《乙编》，董作宾：《小屯·殷虚文字乙编》，上辑，1948 年 10 月，商务印书馆；中辑，1949 年 3 月，商务印书馆；下辑，1956 年 3 月，科学出版社。《英藏》，李学勤、齐文心、艾兰编：《英国所藏甲骨集》，中华书局，1994 年。

古今学者历来关注“水患灾害”等相关问题的研究，并取得了丰硕成果。然而，我们也发现，由于材料所限，过去对“水患灾害”的研究尚存诸多薄弱环节。随着大规模的考古发掘和重要考古发现，为解决其中的一些难题创造了有利的条件。本文谨在现已掌握材料的基础上，对“洪水神话”的深刻内涵进行解读，主要通过史籍及卜辞探讨华夏文明早期有关“水患灾害”等相关问题[①]，以期能够对史前及夏商时期自然灾害的研究有所裨益。

二、史前时代“洪水神话”的深刻内涵

前文已经述及，“水患灾害”是人类社会遭遇的最严重的自然灾害之一。传世文献反映出“水患灾害”常给远古先民的生产、生活带来巨大的灾难。远古先民的活动多与避免“水患灾害”的侵扰有关。为抵御“水患灾害”，先民或修筑堤坝、开挖沟渠、疏通河道，或择高而居、修建城壕、建立排灌系统。由此“治水英雄”与“治水神话”被后世传扬了几千年。我国浩若烟海的经典史籍，对史前时代的“水患灾害”有诸多记载。兹列举如下：

《尚书·尧典》云：“汤汤洪水方割，荡荡怀山襄陵，浩浩滔天。”

《孟子·滕文公上》云：“当尧之时，天下犹未平，洪水横流，泛滥于天下，草木畅茂，禽兽繁殖，五谷不登，禽兽逼人，兽蹄鸟迹之道，交于中国。”

《孟子·离娄》云：“禹之行水也，行其所无事也。”

《庄子·天下》云：“昔者禹之湮洪水，决江河而通四夷九州也，名山三百，支川三千，小者无数。禹亲自操橐耜而九杂天下之川。”

《山海经·海内经》云：“洪水滔天。鲧窃帝之息壤以堙洪水。”

《吕氏春秋·爱类》云：“昔上古龙门未开，吕梁未发，河出孟门，大溢逆

① 李学勤：《炎黄文化与民族精神》，中国人民大学出版社，1993年；又见《当代学者自选文库·李学勤卷》，安徽教育出版社，1999年，第51页。

流。无有丘陵沃衍,平原高阜,尽皆灭之,名曰鸿水。禹于是疏河决江,为彭蠡之障。干东土,所活者千八百国。”

《韩非子·五蠹》云:“中古之世,天下大水,而鲧、禹决渎。”又:“今有构木钻燧于夏后氏之世者,必为鲧、禹笑矣;有决渎于殷周之世者,必为汤、武笑矣。”

不难发现,以上传世文献对“水患灾害”给先民所造成的灾难描述得惨烈而又神秘。如此凄惨悲壮的史前“洪水神话”,其深刻之内涵究竟该如何揭示呢?对此,笔者拟从以下三个方面进行考察:

其一,关于“洪水神话”的起源问题。对于远古时代的洪水滔天、部落流徙的生活境况,由于统系无征,年祀莫考,后世史家也只能根据一些神话或传说进行描述。柳诒徵引夏曾佑先生《中国历史》云:“《尧典》称洪水滔天,浩浩怀山襄陵,则其水之大可知。然不详其起于何时,一若起于尧时者然。今案女娲氏时,四极废,九州裂,水浩溔而不息。于是女娲氏断鳌足以立四极,积芦灰以止淫水。其后共工氏与颛顼争为帝,怒而触不周之山。共工氏振滔洪水,以薄穷桑,江淮流通,四海溟涬,民皆上丘陵,赴树木。似洪水之祸,实起于尧以前。特至尧时,人事进化,始治之耳。考天下各族述其古事,莫不有洪水。”又,“最近发现云南倮倮古书,亦言洪水,言古有宇宙干燥时代,其后即洪水时代。有兄弟四五人,三男一女,各思避水,长男乘铁箱,次男乘铜箱,三男与季女同乘木箱。其后惟木箱不没,而人类遂存。”[①]诸如此类的神话描述,使我们倾向接受“洪水之祸”确为上古之事。古书记载如此,那么田野考古是否也同样会给我们提供坚实有力的证据呢?考古工作者在江汉平原屈家岭发现了石家河文化时期遗址,发现史前时代,先民部落往往分布在海拔较高的山丘或丘陵之上[②],这是为避水患、择高而居的可靠依据。

---

① 柳诒徵:《中国文化史》,上海古籍出版社,2001 年,第 9~10 页。

② 何努:《屈家岭、石家河文化中心居址的地理环境分析》,《荆楚文史》1996 年第 1 期。

大汶口文化分布于黄河中下游环泰山的丘陵地区以及各平原交界的狭长地带。考古发现,许多聚落遗址也曾遭受过水患灾害。但当浩浩洪水侵袭时,聚落蒙受灭顶之灾的惨景也被遗址深刻地保存下来。因为这些先民可能是较早被决堤的黄河水夺去家园的灾民[①]。这种惨景,《淮南子·览冥训》曾记载:“往古之时,四极废,九州裂,天不兼覆,地不周载,火爁炎而不灭,水浩洋而不息,猛兽食颛民,鸷鸟攫老弱。”可见“洪水神话”确有着丰富的证据,并充满了神秘。此载虽属神话,但也给我们重新思考“水患灾害”等问题带来诸多启发。在远古荒蛮岁月里,由于生产力极其低下,先民面对滔滔洪水的威胁或侵袭,首先就是抗争,然后是洪水之劫在先民心理上所留下的不可磨灭的痕迹,于是就成为“种族记忆或集体无意识的显现形式”[②]。这便是“洪水神话”的起源。神话,本来就是远古先民想要讲给子子孙孙的某种信息,而“洪水神话”又是所有神话中极其惨痛、极其壮烈的一页。

其二,“洪水之祸”与“治水英雄”。远古的江淮、黄河流域,每当夏季河水暴涨,生活在江河流域里的先民,并非被动地听命于洪水的肆虐,而是想方设法修筑水利设施来防洪、泄洪,其中环壕在新石器时代的聚落遗址中发现较多,如西安半坡遗址就发现过一条大环壕,据载:“大环壕保存较为完好(仅北部小部分被破坏),形状规整,圆环状,宽 8~10、深 4~5 米,东、东北和西面各有一个宽 3~5 米的通道,环壕内壁陡直,外壁较坡缓,环壕内直径 120~130 米,面积约 15000 多平方米。在环壕的外侧约 30 米处的西部和南部,断断续续还发现一条沟,宽 4~5、深 3~4 米,可能也是一条壕沟,它与内侧环壕的关系还有待进一步研究。”[③]环壕的功能主要是用来抵御洪水,同时亦可用来防御野兽以及异族部落的入侵等。

① 何德亮、高明奎、兰玉富:《山东滕州市西公桥大汶口文化遗址发掘简报》,《考古》2000 年第 10 期。
② 叶舒宪:《神话—原型批评》,陕西师大出版社,1987 年。
③ 《西安再次发现大型史前环壕聚落遗址》,中国文物报,2003 年 8 月 29 日。

考古学专家认为,鲧所使用的息壤堵水,是共工氏的老办法,即“雍防百川,随高堙痹”。构筑堤防,用围堰防水。在聚落周围筑起一道道堤防,以防水患灾害,这一本为防水的方式,到后来演变成筑城。但这种“水来土堙”的办法,毕竟治标不治本,至夏禹时,治水的办法就越发多样有效。据《国语·周语下》记载:“高高下下,疏川导滞,钟水丰物,封崇九山,决汩九川,陂鄣有泽,丰殖九薮,汩越九原,宅居九隩,合通四海。”这种综合治理水患的措施,采取疏导方式,化被动防水为主动防水,但必须构建一个较为完善的控制管理体系,更需要一个能够超越单个聚落的政体来统辖,这就是部落联盟的体制,其中担任联盟中心的首领往往又是治水的功臣。当时,禹便当之无愧地担当起这一历史的重任。成为继尧、舜之后的又一联盟首领,同时,也成为“治水英雄”而彪炳于史册及神话之中。

另据《尸子》记载:“古者龙门未开,吕梁未凿。河出于孟门之上。大溢逆流,无有丘阜高陵皆灭之,名曰鸿水。禹于是疏河决江,十年不窥其家。”《墨子》亦云:“古者禹治天下,西为西河、渔窦,以泄渠孙皇之水,北为防原、泒,注后之邸、嘑池之窦,洒为底柱,凿为龙门,以利燕、代、胡、貉与西河之民;东方漏之陆,防孟诸之泽,洒为九浍,以楗东土之水,以利冀州之民;南为江、汉、淮、汝,东流之,注五湖之处,以利荆、楚、干、越与南夷之民。”对此,柳诒徵先生认为:“然由洪水以后观之,社会事物,已渐完备,似非一时所能创造,则其渊源所自,必多因袭于前人。其由草昧榛狉,渐底开明之域,历年甚远,作者孔多。后世所传,逸文只句,虽多挂漏,尚可推寻,所谓‘自古’‘在昔’,‘先民有作’者,不得悉诋为谰言也。”[①]柳氏此论,实可令人折服,看来“大禹治水”的神话确有其渊源。

其三,“洪水神话”的考古学时代。考察“洪水之祸”以及“治水神话”的

① 柳诒徵:《中国文化史》,上海古籍出版社,2001年,第10页。

时代，考古发掘是无可取代的耳目，史前洪水神话的时代在考古学上正处于龙山文化的末期。那些年月洪水肆虐的区域主要在兖州附近，其次是豫州和徐州等处[1]。正如《易·系辞》所云："黄帝、尧、舜垂衣裳而天下治，盖取诸乾坤。刳木为舟，剡木为楫。舟楫之利，以济不通，致远以利天下，盖取诸涣。"《山海经》亦云："番禺是始为舟……禹鲧是始布土，均定九州。"以上文献证实尧、舜、禹时，治理水患灾害主要是在黄河中下游的中原部族或东夷各部族。

然而，从山东龙山文化向岳石文化的过渡时期，在考古学上却出现了另一种情况，两种文化在地域分布上相同，考古学面貌却截然相反。我们把这种产生突变的原因归为"洪水之祸"致使文明的脚步放慢。当然，先民治水的时间与区域基本上属于原始社会末期的黄河下游流域。"治水传说"与典籍所载"洪水滔天"之祸也恰与山东龙山文化分布的区域相吻合。在龙山文化时代，面对着"洪水猛兽"，先民们或抗争，或迁徙，在抗争中产生了"治水英雄"，也孕育了"洪水神话"。在迁徙中，也极大地促进了山东的东夷部族与中原部族的相互融合。

总之，史前时代，由于洪水之害，先民在治水过程中不可避免地经历了群聚、血缘家庭、氏族以及联盟制等社会组织形式。传扬千古的"治水神话"原来是先民抗击自然灾害的经验积累，其中最突出的是先民的宇宙观、宗教意念、道德判断以及民族历史最初期的传说。由于那时没有记事使用的文字，口口相传的"洪水神话"便担负起保存远古记忆的职能。倘若没有史籍中所载的"洪水神话"，那么，上古治水的历史将更难辨认。倘若缺乏一系列的考古发现，上古治水的历史同样会令人生疑。因此，神话与考古的结合就为探讨和研究史前时代"洪水之祸"与"治水英雄"提供了新佐证。

---

① 徐旭生：《中国古史的传说时代》，文物出版社，1985年。

三、文献与考古发现关于夏商时期“水患灾害”问题的互证

自20世纪初,考古工作者在河洛交汇地带发掘出了仰韶文化、龙山文化遗址,此后又相继对洛阳王湾、矬李遗址进行了考古发掘,为证明该地区早在新石器时代就已成为华夏文明的发源地提供了考古学依据。据研究,至夏商时期,河洛一带即已成为政治、经济、文化发展的中心①。《史记·封禅书》云:“昔三代之居,皆在河洛之间。”《尚书·禹贡》亦云:“荆河惟豫州,伊、洛、瀍、涧,既入于河。”此四水水流不长,尤其瀍、涧二水全长不过百公里,然在《禹贡》中却有如此显赫之地位,足以说明其在夏代河洛地区的重要性。

二里头遗址,北临洛河,南距伊河约5公里。整个遗址东西2.5公里,南北1.5公里,遗迹、遗物十分丰富②。二里头的文化层,大体为早于郑州二里岗文化,晚于河南龙山文化的一种文化堆积,经碳十四测定的几个标本,“其中三个数据成一系列,包括二里头文化的一期至四期年代,约公元前1900—前1600年”③。此与文献记载所推定的夏王朝中、晚期的年代基本吻合。因此,从时代及文化发展的连续性上判断,二里头遗址及其遗物很可能属于夏文化,而这处遗址恰恰正位于伊、洛夹河地带。

由上可知,仰韶文化、龙山文化、二里头遗址以及偃师商城遗址的陆续发掘,皆为文献记载提供了佐证。夏商时期,太康与桀所居的斟鄩、商汤所居的西亳皆在此区域。考古发掘出土的遗迹和遗物,为人们研究夏商两代的“水患灾害”问题提供了更为有利的条件。

近年,对灾害史有研究的研究者认为,“水患灾害”在龙山文化晚期、商代

---

① 李民:《河洛文化研究的价值与趋向——评〈河洛文化论纲〉》,《河南社会科学》1994年第6期。
② 中国科学院考古研究所洛阳发掘队:《1959年河南偃师二里头试掘简报》,《考古》1961年第2期。
③ 中国科学院考古研究所洛阳发掘队:《河南偃师二里头遗址发掘简报》,《考古》1965年第5期。

中期皆处于相对高发阶段。考古资料亦表明,龙山文化晚期,从东北至辽宁,西到青海,南达长江流域的广大地域内,皆曾受到洪水的侵袭。而"水患灾害"在空间分布上又以河南为最高,约占45%,另外,山东为34%,河北为13%,湖北为5%,江苏为3%[①]。河南、山东位于黄河中下游地区,乃史前及夏商时期先民活动的主要区域,更是我国北方主要的农作物种植区。黄河及其支流的泛滥导致了该地区频繁发生水患。水患灾害的范围也主要分布在河流沿岸及平原低洼地带。因为河流的季节性泛滥、雨量集中、排水不畅,由此出现影响范围广、损失惨重的内涝等灾情。

如前文所言,早期人类的生存与河流息息相关,先民选择临河而居,以利日常与灌溉用水,然而季节性的河水泛滥有时也会给先民带来灾难甚至毁灭。针对河流的季节性泛滥往往源于河道之壅塞这一观点,任美锷先生曾经指出:在大禹治水前不久,太行山地区曾经发生一次强烈地震。大禹治水是在新石器时代,没有金属工具,就是要开挖一条从郑州到石家庄长约400公里的人工河道,在工程技术上也是不可能的。因此,任先生认为:"当时太行山东麓有一条天然谷地,很容易把黄河下游的洪水引入那里,继续向北流去。"[②]这次人工的黄河改道为以后治理黄河提供了可资借鉴的宝贵经验。

另外,从传世文献来看,有关夏代水患灾害的问题记载并不多。今所见《史记·殷本纪》云:"契长而佐禹治水有功。"契与禹同世,约为龙山文化晚期。《国语·鲁语上》亦云:"冥勤其官而水死。"韦昭注:"冥,契后六世孙,根圉之子也,为夏水官,勤于其职而死于水。"冥奉命治水,一定是因为有了水患灾害,冥所处的时期约在夏代前期的中康之时,也可以看作是大禹治理洪水后的尾声。

---

① 刘继刚:《先秦自然灾害研究》,郑州大学历史学院2008年博士学位论文。

② 任美锷:《4280a. B. P. 太行山大地震与大禹治水后(4070a. B. P.)的黄河下游河道》,《地理科学》2002年第5期。

再从“殷人屡迁”这一商代的显著特点来看,所谓“前八后五”是指商汤之前迁都八次,商汤立国之后迁都五次,直到盘庚迁殷之后才稳定下来,“自盘庚徙殷至纣之灭,七百七十三年更不徙都。”至于先商及商代前期为何如此频繁地迁徙,学界历来看法不一,出现诸如水患说、游农说、去奢行俭说、内讧争位说,军事说等[①]。其中“水患说”较能突显“殷人屡迁”的客观实际。据《盘庚》记载:“古我前后,罔不惟民之承,保后胥戚,鲜以不浮于天时。殷降大虐,先王不怀。厥攸作视民利,用迁。”又载:“汝不谋长,以思乃灾,汝诞劝忧。今其有今罔后,汝何生在上。”上述两段话表明,盘庚迁都是因为遭受了灾难。灾难如此无情,《盘庚》亦有描述:“古我先王将多于前功,适于山用降我凶,德嘉绩于朕邦。今我民用荡析离居,罔有定极。”灾难致使殷人“荡析离居,罔有定极”。过去为光大殷人伟业,先王曾迁至山地以避灾害。今民众遭灾,流离失所,没完没了地受苦。对此,伪《孔安国尚书传》释曰:“水泉沉溺,故荡析离居,无安定之极,徙以为之极。”《尚书书序》云:“祖乙圮于耿”。伪《孔安国尚书传》释曰:“河水所毁曰圮。”宋人蔡沈《书经集传》谓:“祖乙都耿,圮于河水,盘庚欲迁于殷。”综上所述,自然灾害如水泉沉溺,河水泛滥,加之其他因素,最终迫使盘庚迁都以避祸。

四、殷卜辞所见有关“水患灾害”的记载

殷卜辞中有诸多占卜内容涉及对天文气象、山川河流等物质世界的认识。在对水患灾情的问卜中,殷人所用的“灾”字基本上都是早期的构形(参前文),其中一些辞例较为明确地卜问水情是否危害商王国。因而一些河流,被尊称为神,成为受祭者。商王致祭水神的主要目的是出于对水情及都邑生

① 李民:《〈尚书·盘庚〉所反映的商代贵族和平民的阶级斗争》,《郑州大学学报(哲学社会科学版)》1978年第2期。

存问题的关注,尤其是在汛期时,按惯例必祭水神,以防灾情发生。下面我们就卜辞所见,探讨一下殷商时期的水患等问题。

(一)卜洹水是否为祸

洹,本洹水之名,今称安阳河,乃北向南折流经殷都的一条大河。它是殷都及洹水流域殷人赖以生存的重要水资源。故辞中之洹既是水名,又被敬称为神[①]。请参下辞:

例1. 㱿贞:洹其作兹邑祸?/洹弗作兹邑祸?/……甲子卜,㱿贞:妇嫀娩嘉?四月。

《合集》7854正宾二类

例2. 其作兹邑祸?/洹弗作兹邑祸?四月。/……贞:妇嫀娩,不其嘉?

《合集》7859正宾二类

例3. 其作兹邑祸?/弗作兹邑祸?四月。/……贞:妇嫀娩,不其嘉?

《合集》7860宾二类

例4. 己酉卜,祝贞:桒年于高且(祖)?四月。/辛卯卜,大贞:洹引,弗辜邑?七月。/丁酉卜,□贞:……小刳老?八月。二告/己巳卜,大贞:翌辛未𩵋益畐?/甲申卜,出贞:翌□□子弖其㞢(侑)于匕(妣)辛间岁(刿),其……/□巳。

《合集》23717出一类

此外,例4为出一类卜辞。贞人祝问卜是否向高祖致求年祭。此与例3所卜的时间相同,也是“四月”。至七月份,贞人大又卜“洹引”之事。这反映出商王十分关心洹水的漫溢是否会冲毁邑落。此后贞人的问卜内容,有的学者认为与前面的水患灾情有关。

---

① 王蕴智:《妇嫀贞娩考》,《殷都学刊》2009年第2期。

关于洹水是否危害"兹邑"的问题,陈梦家先生也曾做过较为系统的研究。陈氏认为:古人滨河而居,为便于取水;但有取水的方便,也有遭受水患的危险。殷都屡迁,这是原因之一。当时防御水灾的技术,一定不是很发达。而当时是否有排水灌溉的设施,亦属疑问。同时,陈氏还列举了从武丁到乙辛时的20条卜辞,进而论证了当时的水患大致分两种情况,一是河流来水为患,一是久雨成大水为患[①]。现在看来,陈氏的意见是正确的。

(二)卜"宁雨"

由上文可知,盘庚迁殷后,商王国遭受的水患威胁并未消除。卜辞中受祭的水神主要有河、洹、滴、瀧、漷等。大自然实在是变化无常,河流也经常出现季节性的泛滥,着实令殷人担心甚至惧怕。卜辞中的"罒(宁)",是止息灾害的一种祭祀。宁雨,即祈祷神灵止息水患,以免商王国遭受灾难。根据对"宁雨"辞的梳理,此类问卜多存在较固定的语序关系,即"宁雨于某"。"某"为止息水患而受祭的神灵。请参:

例5.〔丁〕丑贞:其宁雨于方?/戊寅贞:叶亡祸?

《合集》32992 正历二类

例6.甲午卜,乙未于謍,易日……/戊申卜,宁雨……

《合集》33137 无名黄间类

例7.己未贞:叀元示出(侑)亻岁?/己未卜,宁雨于土(社)?

《合集》34088 历二类

例8.癸卯卜:甲攺?不攺,竹(系"冬"之误刻)夕雨。/不攺?允不攺,夕雨。/宁雨于[illegible]?

《屯南》744 历二类

上揭例5卜"宁雨于方"。辞中之"方",当为方神之方,殷人对方神祈祷

① 陈梦家:《殷虚卜辞综述》,科学出版社,1956年。

祭享的内容主要是宁雨、宁风、祈年等农稼之事。方神之名亦见于典籍，且多与土地神并祭。例 7 卜“宁雨于土”。辞中之“土”，读作“社”，是祭祀土地神的地方。如《诗经 · 甫田》云：“以社以方。”毛传云：“方，迎四方气于郊也。”商代的方，盖即为天廷中司掌殷人四方土地和粮食生产的神灵。例 8 卜“宁雨于”。“”，乃商远古先公名，其神权范围在自然权能方面，也是商王围绕宁雨、祁年之事而祈祷的对象。此为历二类卜辞。本版骨条上的文字密集而无间隔或界划线，除“癸卯”这一条卜辞有前辞可以断句之外，其他两条要依据文意和钻凿来判断[1]。例 5、6 条为正反对贞卜辞，问卜次日是否转晴。例 5 条辞末的验辞意思是没有转晴，下了一晚上的雨，例 6 条验辞的意思是仍旧不转晴，晚上又下雨了，这两条卜辞的验辞内容是一致的。例 8 条问卜是询问是否向先公举行“宁雨”即祈求止息降雨的祭仪。

（三）卜“宁水”

卜辞除见“宁雨”外，亦见“宁水”，但其用例远少于前者。请参：

例 9. 贞：其宁秋于帝五丰臣，于日告？/……入商，左卜卣曰“弜入商”。甲申，秋夕至，宁，用三大牢。/□己……/于商宁水？

《屯南》930 历二类

上述辞末，形乃商、水合用之构件，当释作“于滴（商）宁水”。该辞系“宁水于滴”之倒文，用法当与“宁雨于方”“宁雨于”同。故“滴”亦为止息水患的祭祀对象。滴本亦水名，卜辞中习见商王擒猎的记事，滴即为濒近殷人田猎区的一条重要水流。故殷人将其上升为神。滴水流域也为殷人重要的农垦地带，殷商中期之后处于开发高潮，故于廪康卜辞中习见祭滴之贞，以企盼滴神保护地方上的农业生产。

① 中国社会科学院考古研究所：《小屯南地甲骨 · 下册 · 第三分册 · 钻凿》，中华书局，1983 年。

(四)卜河是否害某、求(咎)某

卜辞所见之河,其中一部分是指黄河之神,另外一些当指黄河之名。从卜事看,殷人祭河规格高、数量多。殷人敬重的先公先王中也只有上甲、大乙等才能与之相比。在殷商时期,黄河之神已经上升为宗祖神。河神既是水源的主宰,也是殷人灵与肉的保护神。作为自然界的一条大河,卜辞显示出它身具二重性格,既造福殷人,又为害殷人。请参如下辞例:

例 10. 壬寅卜,㱿贞:河害王?/壬寅卜,㱿贞:河弗害王?

《合集》776 正宾二类

例 11. 庚申卜,永贞:河害雨?/贞:河弗害雨?

《合集》14620 宾一类

例 12. 庚寅卜,唯河害禾?

《合集》33337 历一类

例 13. 庚午卜,贞:河害云?/唯岳害云?/唯高祖亥[害]云?

《屯南》2105 历二类

例 14. 壬午卜,宾贞:河求(咎)我?

《英藏》1167 宾二类

上述诸辞反映出河神对商王施灵的大致作用范围有:害王、害雨、害禾、害云、咎我等权能。可见,河的神力堪与上帝相比。但从卜辞中,我们很难看到因河而造成水患的相关内容,多数卜辞显示,商王致祭河神的目的只是为了攘除其他灾患。

(五)卜“不其瀪”

出组卜辞见有关于“瀪益畐”和“不其瀪”的贞问。李学勤先生认为“瀪益畐”意义不明确,可能与水患有关①。请看以下诸辞:

① 李学勤、彭裕商:《殷墟甲骨分期研究》,上海古籍出版社,1996 年,第 131 页。

例 15. 丁丑[卜],□贞:告……室? /甲子卜,出贞:翌丁卯衾益昌? /丙寅卜,出贞:翌丁卯衾益昌?

《合集》26763 出一类

例 16. 丙寅卜,出贞:翌丁卯衾益昌? /辛卯卜,贞:来丁巳易日? 十月。/壬申卜,出贞:丁宾户戠亡旬? /贞:不其易日□?

《合集》26764 出一类

例 17. 甲子卜,大贞:乍家卢子,隹寤二女,若? /贞:其于……/癸酉卜,贞:旬㞢求(咎),不于家卢子? 四月。/贞:翌丁卯不其衾? 之日允不衾。/丁未。/丙寅卜,贞:翌丁卯衾益昌? 六月。/辛卯卜,贞:来……易……/癸□[卜]……丁未……

《合集》26765 出一类

例 18. □亥……其……洹? /丙寅卜,出贞:翌丁卯衾益昌? 不衾。

《合集》26766 出一类

例 19. 戊寅卜,出贞:今日衾益昌? /……益……雨……

《合集》26768 出一类

例 20. 甲申卜,贞:[翌]乙酉衾酌桒,之日酌[桒]口坐祇……小入……雨?

《补编》8299 宾三类

上述例 15—19 为出一类,例 20 为宾三类,出一类卜辞都是与天气有关的同版占卜,因此推测"衾"很可能与雨水雨情有关。另外,我们还可以看到"不其衾"的卜辞常记有验辞,这一点与出组的卜雨辞常有验辞的现象很相似,所以说,对衾与水之间具有关联性这一点,也是一种佐证。另外与衾同版共卜的还有其他祭祀卜辞。

(六)卜"㞢(亡)大雨""㞢(亡)大水"等相关水情水患

村北系甲骨各组类卜辞中,几乎都有问卜"㞢(亡)大雨"等相关水情水患的辞例,而较少看到"㞢(亡)大水"的占卜。如何来解读此类占卜内容呢?对此,裘锡圭做过较为系统的研究。他认为,辞中之"㞢",当读为"有"。"在现代汉语里,反复问句'有没有×'也可以说成'有×没有×'。殷墟卜辞所用的跟'没有'相当的词是'亡'(应读为'无'或'罔')。有些卜辞在说了'有×'之后紧接着就说'亡×',从形式上看跟'有×没有×'这类问句很相像。"[①]此言甚确。通过比较辞例,我们发现,自组、何组所问卜的"㞢(亡)大雨"辞较少,而宾组、出组以及黄组则较多。请参下例:

例 21. 癸丑卜,贞:今岁亡大水?

《英藏》2593 宾三类

例 22. 庚辰卜,大贞:亡来大□?/贞:□㞢大水?

《合集》24439 出二类

例 23. 辛亥卜,出贞:今日王其水寐。五月……

《合集》23532 出二类

例 24. 贞:[羊]其至?/庚申卜,出贞:今岁秋不至(兹)商?二月。/癸亥卜,出贞:今日祉(延)雨?

《合集》24225 出一类

例 25. 己亥[卜],□贞:今……其爻……雨之……/[甲]辰卜,出贞:商受年?十月。

《合集》24428 出一类

例 26. 翌日庚其汞乃霝,𠂤(比)至来庚又大雨?/翌日庚其汞乃霝,𠂤至来庚亡大雨?来庚剌汞乃霝,亡大雨[②]?

《合集》31199 出一类

① 裘锡圭:《裘锡圭学术文集(甲骨文卷)》,复旦大学出版社,2012 年,第 325 页。
② 裘锡圭:《裘锡圭学术文集(甲骨文卷)》,复旦大学出版社,2012 年,第 340 页。

以上除例21为宾三类之外,其他皆为出组卜辞。出组问卜是否"㞢(亡)大水"的辞例有20余片。黄组贞问是否"又(有)大水""遘大雨""多雨""兹夕又(有)大雨"的卜雨辞,则比较多见。此不赘举。

更为重要的是,宾组各类卜辞中对雨情的区分比较详细,如大雨、多雨、列雨、雨疾、延雨、联雨、足雨、小雨、从雨等。其中多雨、大雨(《合集》12579宾一类,3537正宾二类、12704宾二类、12705宾二类、12706宾二类、12598宾二类,3250宾三类、12808宾三类)、列雨(《合集》6589正)、延雨(《合集》12766宾一类、12794正宾一类、12801正宾一类,12761宾二类、12763宾二类、12764正宾二类、12765宾二类、12767正宾二类、12768宾二类、12769宾二类、12770宾二类、12771宾二类、12779宾二类、12780正宾二类、12781宾二类,12772宾三类、12773宾三类、12774宾三类、12775宾三类、12776宾三类、12777宾三类、12778宾三类、12790宾三类、12795宾三类、12796宾三类、12797宾三类、12798宾三类、12799宾三类)、雨疾(《合集》12674宾一类、12668宾二类、12669宾二类、12670宾二类、12673宾二类、12671正宾二类)等雨情现象,很可能常给商王国带来"水患"灾害。下面以"多雨"辞为例探讨相关问题:

例27. 甲午卜,宾贞:今五月多雨?二告/贞:今五月不……二告

《合集》12577正宾一类

例28. 辛未卜,争贞:生八月帝令多雨?/贞:生八月帝不其令多雨?……/丁酉雨,至于甲寅,旬㞢(有)八日。[九]月。

《合集》10976正宾一类

例29. □□[卜],韦贞:今夕多雨?

《合集》12692宾一类

例30. 己丑卜,㞢贞:翌庚寅不雨?/丙申卜,亘贞:今二月多雨?王占曰:其隹丙……

《合集》12511正宾二类

例31. 贞:雨? /不其雨? /贞:今日其雨? /今日不其雨? /癸酉卜,亘贞:生月多雨?

《合集》08648 正宾二类

例32. □申卜,□贞:□夕[多]雨? /丁□[卜],贞……多[雨]?

《合集》12703 宾三类

以上例27、28、30、31,皆为殷人记有月日的“多雨”卜辞。例29所记的时间“今夕”,即为问卜之日的夜晚;例31的“今日”,是指问卜之日的白天。辞中的“今五月”“今二月”是指问卜之日所属的五月和二月。较难理解的是“生八月”和“生月”。关于这一问题,裘锡圭曾说:“陈梦家在《综述》中指出,卜辞称贞卜时的那个月为‘今月’或‘兹月’,称下一个月为‘生月’(117—118页)。此说已为学者普遍接受。”[①]由此可知,辞中的“生八月”和“生月”,都是指问卜之月的下一个月份而言。在谈到殷商时期联绵雨甚多问题时,胡厚宣举第30辞为例。他认为:“又在九月间,有连雨十八日之记载……如‘三正’之说为可信。”他又认为:“殷代安阳一带之雨量,必远较今日为丰。又屡见联绵雨之事,亦非今日北方黄河流域之所可能也。”[②]

此外,由卜辞也可以看出,殷人在问卜雨情、雨量等内容时,往往也突显“雨隹(惟)灾”“雨隹祸”“雨隹孽”以及“雨隹害”等诸如此类的问题。不仅如此,在久雨之后,殷人还尤为关注是否“易日”、是否“启”等天文气象。

村南系历组、无名组各类卜辞中关于水患的内容并不多见。以上谈及的历组有“宁雨于土”的贞问。实际上,“土(社)”与“河”一样,都有禳除水灾、抵御水患的强大功能。

① 裘锡圭:《裘锡圭学术文集(甲骨文卷)》,复旦大学出版社,2012年,第340页。
② 胡厚宣:《气候变迁与殷代气候之检讨》,《甲骨学商史论丛》,台湾大通书局,1944年。

五、结语

综上,我们对华夏文明早期“水患灾害”的材料做了大致梳理,重点论述了史前及夏商时期,华夏先民曾饱受严重的水患灾害。同时,在一定程度上,古史传说、考古发现以及出土甲骨文等也都反映了华夏民族虽历经水患的威胁,但先民长期的治水实践,也为后世积累了宝贵的经验。另外,我们还注意到,学者们对传世典籍以及甲骨文中一些辞例的解读至今仍尚存异议。比如,由于对殷历的岁首月建持有不同的看法,因此对气象卜辞所记的各月气象情况就存在不同的分析,这些情况都不同程度地关联到对商代水涝灾害问题的认识与理解。因此,认真梳理与研读关于史前及夏商时期“水患灾害”的材料就显得尤为重要。其他相关问题亦有待做进一步研究。

以上浅见多有舛误,敬希专家学者指正。

(作者为郑州大学历史学院副教授)

龙山时期黄河下游灾害实质与大禹治水文化

徐海亮　轩辕彦

伟大的屈原,在《楚辞·天问》中发出振聋发聩的呼喊:“八柱何当?东南何亏?……洪泉极深,何以置之?地方九则,何以坟之?河海应龙,何尽何历?鲧何所营?禹何所成?康回冯怒,地何故以东南倾?”他在《楚辞·天问》里,对先秦传说和文献中涉及神州自然灾变与龙山文化的神秘信息,提出系列发人深省的疑问。

一、对龙山时期黄河变迁与大禹治水、颛顼改革的认识

我们在《河南龙山时期自然灾害与大禹治水真谛》《中原文化传统与大禹治水》《对“绝地天通”改革核心及其影响的一些认识》《“崇山”与中原文化的传播》四篇文章里[①],表述了一些与龙山时期灾害环境及史前文化迁移、嬗变

① 这些文章已辑入徐海亮《郑州古代地理环境与文化探析》一书,科学出版社,2015 年。

的相关认识：

1. 大约距今4800至4600年期间，黄河下游的主河道南移。这是龙山时期华北平原南部洪灾环境发生变化的前提。距今4200年左右黄河又转回北流。历史时期的黄河南下夺淮，不过是史前和地质时期多次黄河支流进入黄淮平原的重演而已。王青认为："在距今4600年前后的龙山文化早期，黄河下游河道发生了改道，走今淮北平原的废黄河故道一带入海。"[①]周述椿说："黄河南流时，荥泽、圃田泽、萑符泽、逢陂泽是黄河南流故道。"[②]

2. 华北构造基底和构造活动控制着黄河的南北变动。有人认为黄河北流因于种族战乱祸害（蒙文通，1941），或先民利用太行山洪积扇前缘低洼地势，人工开挖疏导所致（吴忱，1991）。有人认为共工怒折不周山的传说，是指距今4200年左右，黄河再度北流入渤海，得力于发生在太行山南端的一次空前大地震（任美锷，2002）。[③] 也有人认为一次重大天文灾害可能重创了平原的古水系，导致黄河又回到河北，汇入渤海（王若柏，2003）。

3. 尧舜治水时代确实有过一个较为漫长的多水期，大水不是局地偶发，而是黄河中下游广泛存在。《尚书·尧典》载："帝曰：'咨！四岳，汤汤洪水方割，荡荡怀山襄陵，浩浩滔天。下民其咨，有能俾乂？'佥曰：'於！鲧哉。'帝曰：'吁！咈哉，方命圮族。'岳曰：'异哉，试可乃已。'帝曰：'往，钦哉！'九载，绩用弗成。"《尚书·益稷》载："帝曰：'来，禹，汝亦昌言。'……禹曰：'洪水滔天，浩浩怀山襄陵，下民昏垫。予乘四载，随山刊木，暨益奏庶鲜食。予决九川，距四海，浚畎浍距川。'"《墨子·七患》中的"禹七年水"，《庄子·秋水》中的"禹十年水"，都是对这一群灾并发时期的记述。中原龙山古城普遍有洪水

① 王青：《试论史前黄河下游的改道与古文化的发展》，《中原文物》1993年第3期。
② 周述椿：《四千年前黄河北流改道与鲧禹治水考》，《中国历史地理论丛》1994年第1期。
③ 任美锷：《4280a. B. P. 太行山大地震与大禹治水后（4070a. B. P.）的黄河下游河道》，《地理科学》2002年第5期。

冲蚀的痕迹,支持了文献记载。

4. 大禹治水背景是:黄河北上进入河北,黄淮水系依然混乱,旧道壅塞,雨涝无泄,湖沼遍布,沮洳混乱不堪。所谓“共工之王,水处什之七,陆处什之三”(《管子·揆度》),可能是后世对整个龙山时期水泄不通、洪涝弥漫的客观写照。到龙山晚期,先民平治水土、排出积水,禹“浚畎浍而致之川”,疏浚排洪除涝河道,理顺黄淮平原混乱的水系,诸水顺地势得人工分野,致横野之水“地中行”,不再漫流泛滥。同时,禹“陂障九泽”(《国语·周语下》),“人得平土而居之”(《孟子·滕文公下》),“令益予众庶稻,可种卑湿”(《史记·夏本纪》),在豫州、兖州大规模平治水土,治理坡洼陂泽、沼泽湖池,开辟垦殖、发展稻作。

各种典籍把龙山文化后期长达200多年的黄淮平原古兖、豫地区先民治水、开辟垦殖的活动,辗转记录演绎,层层叠积,投射于创世纪的治水英雄大禹一身。

5. 距今5000年之前,气温下降,距今4800—4600、4000—3800年前两个时间段,各种自然灾害频发。颛顼、共工时期,“祸灾荐臻”“祸乱并兴”,正是其间灾害多发的反映。《淮南子·天文训》云:“昔者,共工与颛顼争为帝,怒而触不周之山,天柱折,地维绝。天倾西北,故日月星辰移焉;地不满东南,故水潦尘埃归焉。”有可能是对一次大地震和大洪水的描述,地震促发黄淮水涝灾害。地震、洪水给共工氏造成严重灾难,生态失衡,社会与政治动乱,“皇天弗福,庶民弗助”,共工氏灭亡。

距今4200多年前出现系列降温和洪涝灾害,严寒持续了200年,极端性地震与气象灾害葬送了龙山文化,促使文化转型。阶段性干凉气候却成为大禹治水成功的一个条件。

6. 全新世早中期,强震往往伴随极端寒冷、毁灭性洪灾和海侵事件发生。刘东生院士等人使用环境演化高分辨率分析(10—100年时间尺度)的方法研究全新世古环境问题,提出距今4800—4200年间有一次降温事件与海进是华北平原的重大灾害环境事件。渤海最大的海侵岸线分布在现代海岸线内30—100公里,距今7000—6000年(有的延迟至5500年),古海面高度为"+1-2"米左右。海面波动,形成距今4700—4000年、3800—3000年、2500—1100年的三道贝壳堤,每一次波动,都影响到黄河河口段的泄水、输沙,下游发生变动,甚至出现改道事件。"逆河"是海侵致河口段水面反坡降的写照。

7. 不论黄河发生什么规模的南北变迁改道,都在豫东、鲁西南和豫北、冀南平原制造了一系列巨大且持续的洪涝灾难,水系被打乱并重新组合,沧海桑田易位,且与海平面变化、气候湿润而导致的持续降水洪涝灾害叠加;形成洪荒时代的传说和残存不全的先秦文献描述。龙山早期,先民以迁移避水为主,龙山晚期,先民在避水的同时,整合各族群力量,着手整理水系,疏泄排水,从而进入了大禹治水文化阶段,催生了统一的王国。

8. 颛顼承黄帝而有中原。《左传·昭公十七年》郯子云:"昔者黄帝氏以云纪,故为云师而云名。炎帝氏而火纪,故为火师而火名。共工氏以水纪,故为水师而水名。……"颛顼命少昊后裔昧的儿子台骀治汾、洮(涑)二水,开发了晋中、南沿汾土地,台骀被封为一方水神,受祀至今;唐尧族群从而自黄淮迁往汾河流域。颛顼生活于大汶口晚期或龙山早期,即治水的颛顼族群可能生活在唐尧以前的二三百年中;"颛顼的时代大抵可与公元前2600年开始的这一时期晚期,亦即龙山时代之初相对应"①。

9. "嘉生不祥""祸灾荐臻",天灾或天灾人祸交加威胁社会,对灾害的普遍性恐惧促使"夫人作享,家为巫史"。自然灾害(特别是水灾)也是促使颛顼进行宗教改革的原因,社会动乱与自然灾害相互渗透、联系。颛顼与共工部族都面对了黄河旱涝、洪水变异,在宗教改革之后,颛顼战胜了以治水著称的

① 李学勤:《中国古代文明与国家形成研究》,云南人民出版社,1997年,第204页。

部族共工氏,迁都瓠子河泛道边的帝丘,重新拥有了中原之地。颛顼与共工的争斗,也是基于灾害环境、生存空间的政治斗争。颛顼黄帝族团与洪水的斗争,与共工族团的斗争,都蕴含了避水、治水的内容。

10. 龙山早期的黄河改道南流使冀鲁豫一带的生态环境发生剧变,人类不得不随之大规模迁移。这可能也是颛顼族群离开东夷少昊部的原因之一。尧舜禹治水发生在龙山晚期的灾害群发时期,适逢黄河主流改道东北流入渤海。黄河主流改道是个缓慢过程,宋元时期黄河南泛,经历了数百年才重回故道。所以,共工与颛顼时的大洪水、尧舜禹时的大洪水,都历时较长,而文化的迁移和嬗变又与黄河河道变迁休戚相关。

至今我们仍然认同以上认识,不再重复说明。下面需要从龙山后期逐渐形成的大禹治水文化的背景与实质是什么,上溯到龙山早期共工、颛顼涉水冲突,探究黄河下游变迁的地质地理背景,寻找相关的自然环境与考古人文证据。

二、龙山时期先民面临的黄河下游洪水的地质环境背景

基于历史时期黄河河道变迁过程,我们认为史前黄河下游的南北泛流,是地质时期黄河演化变迁的再现,不同的是,地质时期的黄河变迁与泛流完全是自然的,自龙山晚期起,黄河河道受到先民自卫性围堵和梳理分洪水道、排干滨河湖泽的影响;后来,人类建造系统堤防,控制黄河南北摆动,积极参与了地质地貌环境再造。

以今鉴古,黄河下游始终在太行山东、嵩山东和鲁中山地之间向西、南、北摆动。以两汉、唐(北)宋的黄河为界线,仰韶晚期、龙山早期黄河下游的主流,大致行经该线以北地区的泛道河线(山经河、汉志河、京东故道),而龙山早期黄河主流,距今 4600 年左右,大举南下,泛滥于该界线的东南地区,走金

元、明清时期的各条泛道和稳定下来的河线。这似乎是老天回答屈原质问“何故以东南倾”“东南何亏”的客观实际所在。只是到了龙山晚期,大约距今4300—4200年前,黄河下游的主流又逐渐向北变迁,回到仰韶晚期的上述泛道区域,相对稳定到“山经”河、“禹河”(及“汉志河”)的方向上。数百年的演化过程,既含有黄泛区空间和洪水径流量的渐变,也蕴含突发的地质灾变。与历史时期不同的是,毕竟当时无堤防,下游非单一的河道,河流的变迁完全处于天然状态,所以只是某个时期河流的主流、岔道与水沙量级发生相对变化,此起彼伏,非同历史时期的改道。龙山晚期的治水活动,延续至大禹功成,长约二百多年,人类利用了环境变迁,适应自然去整理局地水土环境。涉及的范围,就在鲁西南、豫东、苏皖北部地区,即古史说的兖州、豫州地区。

人们常错误地以为黄河的南北泛流和改道仅仅是一个水文问题(洪水和泥沙),其实从本质看,乃是地质环境问题,地质环境决定和制约着黄河的时空变迁。一般意义上说,黄河的泛流区域和泛道,总是选择在基底坳陷、断陷的位置上,而基底隆起、台隆位置和方向,较难被泛道选择,甚至基本不可能。北宋末黄河大举南泛前的两三千年中,下游河道基本在冀中、黄骅、济阳坳陷取向里,在周围隆起的钳制中变迁,尽管也有突破某些隆起(如通许太康隆起),或数次选择在东濮坳陷里走瓠子河泛道,在开封坳陷中走颍河、汳河泛道,进入华北南部的济宁—成武断陷、周口坳陷。不同的地质活动阶段,基底构造不同单元的迭次、隐形和相对的升降活动,决定和制约着黄河下游的演变趋向。在此前提下,黄河下游以郑州(和濮阳)为全新世冲积扇的顶点,发散出多条古泛流河道带,历史的黄泛区包络在这些泛流古河道带中。特别重大的自然决口,都发生在活动断裂的交叉点上。更有意思的是,古东海海洋地质研究披露:在距今18000—15000年的冰盛期的最低海平面时暴露的东海大陆架上,古黄河口与长江口河道相距不远,双双落入冲绳海沟。远古黄河不一定非得绕道从渤海海峡出海(尽管目前人们普遍认为黄河古道,经渤海中央海槽出济州水道),它可以直接穿过本来就要淀积塑造的黄淮平原。在低海平面时期,黄、淮刻画塑造的鲁西南、豫东诸水道,是后世黄河泛滥、自然减水分洪凭借的通道,鲁豫苏皖毗连地区的与古水道相连的大片湖泽、低洼区,是巨量泛水泥沙容纳之区。罗山—汶上剖面显示:全新世早、中早期,自菏泽一带到大运河,同期武陟—萧县剖面商丘以西,均为深厚的湖沼相沉积地层。上覆龙山晚期与历史时期的河流相堆积层。

大禹治水的成功,是地质环境改变的标志,黄河泛流大规模地离开华北平原南部坳陷区,进入北部坳陷区,其次是相应的气候环境变化“冷干时期”标志,也是一个人地关系变动——人类参与地质环境活动的标志。先民感知系统中的“洪水”,既有流域性大水,也有实实在在的平原区域淫雨、暴雨导致的河水暴涨、泛滥,有泥沙淤积导致的河床演变、水文变异,有海平面上升导致的河口、下游排泄不畅,沮洳不堪,有地震灾害连锁导致的洪水灾害,更有河道变迁后区域水土平面关系急剧变更——沧桑剧变,也有气象灾害发生和河道变迁后的江河湖泽关系的恶化。灾害,蕴含了自然和社会的双重内涵,乃至“洪水”概念包含了人类社会变化、社会结构演化嬗变下,人地关系认知体系的变化。所以,古文献流传下来的“洪水”概念,包含了自然和社会诸多方面的极复杂综合信息。

龙山时期的黄河大部分水沙,离开原河北平原旧泛道,主要经由鲁豫苏皖平原南下:(1)郑州东为泛决口的颍河、汳河泛道。(2)濮阳附近为泛决口的瓠子河泛道。龙山晚期黄河河道不再南泛后,这些泛道演化成先秦的颍水、丹水(汳水)、济水、瓠子河水道。颍河、汳河泛道为花园口、原阳东、新乡—商丘系列构造断裂控制,而瓠子河泛道为东濮断裂、济阳断裂及五星集等系列构造断裂控制,系列断裂的走向决定着诸泛流的取向,断裂的活动烈度与时间决定着泛流出现的地点。元、明、清时期,新乡、原阳、郑州、中牟、开封等地系列决溢事件的发生,即可以看成是史前黄河决溢南泛的再现。历史时期元光三年(前132)、熙宁十年(1077)黄河决口泛滥走的就是瓠子河道(史上还有多次泛决),下冲东平湖、南四湖与徐、泗地区,南走菏泽、济宁,而“颛顼之墟”濮阳高城,就紧靠当年的瓠子河。历史时期南北主要泛道,基本都是地质时期、史前黄河的继承性泛道。这是利用历史变迁信息反推史前演变的根据。

河南省地矿厅张克伟分析说:“全新世中期太行山东、南麓整体上隆,沉降中心向东、南方迁移,孟津—黑羊山断裂也发生了继承性掀斜运动,则是河流向南、东滚动改道的地质背景。”①剖析了黄河龙山时期南流和北宋末到明清时期南流的根本地质动因。

相对于郑州桃花峪而言,濮阳属于中全新世黄河冲积扇亚扇区的一个顶点,冲积扇亚区的主脊古河即瓠子河。我们借鉴现行黄河兰考东坝头到位山的河道地质纵剖面图来推测龙山时期的瓠子河泛道,则可大致了解黄河河床下的古地面黏土、壤土、沙壤土的多元结构,濮阳市坝头集以下到东阿县位山段,应为古瓠子河泛道行经的一段剖面,台前县赵庄钻孔已进入古大野泽范围。在今东平湖钻孔检测,孔深7.8米处地层的碳十四测年结果为距今2250±80年,为秦汉巨野泽沉积,孔深10米处地层的碳十四测年为距今4500—5000年,为龙山时期大野泽沉积。② 黄河离开瓠子河、颍河、汳河泛道回归河北平原,并稳定在冀中、黄骅坳陷的《山经》《禹贡》《汉志》记载的河道位置之后,夏禹兖、豫治水才得以成功。类似过程,有1855年南泛的黄河下游,从铜瓦厢改道重新进入济阳坳陷,行经现行河道(济水泛道),十多年重建堤防,河道相对稳定下来。历史时期的这一逆反过程可作一借鉴,让我们理解史前黄河演变大势。

① 张克伟:《黄河冲积扇上部构造运动与河道变迁的关系》,《黄土　黄河　黄河文化》,黄河水利出版社,1998年,第106页。

② 李金都、周志芳:《黄河下游近代河床变迁地质研究》,黄河水利出版社,2009年,第40、第77页。

晚更新世末、早中全新世,黄河自汳、颍泛道大规模入侵郑州东部,主要经岗李—柳林—祭城—白沙北……该道系桃花峪冲积扇体的南翼主脊,其沉积厚度最大可达 15 米以上,泛道主流透镜体宽度可达 4—8 公里。郑州花园口、大河村、杓袁、沙门到森林公园地下,多有中细沙沉积。在森林公园钻孔和东风渠霍庄地震规划钻孔中检测了其河流的沉积年代,前者深黄色中细砂层为 11. 20±0. 95k a. B. P,浅黄色细沙层为 4. 62±0. 39k a. B. P,而距今 3000 年的土层系沙质亚黏土,应为湖沼相沉积物(河流中止);后者的粉砂层距今 4. 70k a. B. P。[①] 大致显示了该泛道形成的年代。在郑州圃田钻孔与大河村钻孔,显示出湖泊沉积层的上覆、下伏层,分别有距今 7. 96—6. 04 千年及 12. 03—9. 72 千年洪积层、9. 72—8. 98 千年与 5. 43—4. 74 千年的河漫滩沉积,郑州黄河,全新世初就大规模发生泛流,在颍河、汳河泛道之间择取不同流路,河流相与湖沼相迭次出现。大河村有仰韶各期到龙山早中期(4400—4100a. B. P)文化,但龙山晚期文化阙失,可能水系变迁造成文化迁移。[②] 除此之外,在鲁西北也发现了浅埋的黄河古河道,王青认为:“这些古河道应是龙山文化之前的黄河入海河道……黄河至少在大汶口时期很可能是流经这些古河道入海的。”[③]更早以前,黄河也曾从济阳坳陷的济水泛道分流入海(龙山时期前)。黄河在大冲积扇有多路主泛道古河道带,是一个地质、地貌客观存在的事实。

龙山早期黄河南泛的构造地质背景是:期间太行山隆升加剧,诸水冲洪积扇加快向东南发育,挤压黄河干支向东南迁移,当然也不排除当时有地质或天文灾变事件发生,造成了黄河水沙在短期里骤然南下;适逢通许—徐州

---

① 徐海亮:《晚更新世以来黄河在郑州地区的变迁及泛道流路辨析》,《郑州古代地理环境与文化探析》,科学出版社,2015 年,第 21~22 页。

② 郑州市文物考古研究所编著:《郑州大河村》,科学出版社,2001 年,第 580 页。

③ 王青:《鲁北地区的先秦遗址分布与中全新世海岸变迁》,《环境考古研究》第三辑,北京大学出版社,2006 年。

与泰山隆升相对减弱，黄水得以沿一些构造断裂线穿过隆升区之间的卡口南下，甚至冲越隆升区。由于当时在黄淮平原上无堤防限制，水沙散漫，大量泥沙填充了平原上起伏的洼地和广布的湖沼，但因穿越淮北平原夺淮入海能量不足，所以没有像明清黄河那样形成显著的黄海河口水下三角洲[①]。到龙山晚期，构造地质现象可能与早期恰好逆反，黄河的大量水沙回到了河北平原上。任美锷院士推测的太行山超强地震促使黄河改道走禹河河线，不是没有可能的，因为该地震正好发生在华北的前2440—前2010年强震期中[②]，需要古地震与河流地貌学科结合探索，予以辨证。

三、龙山时期黄河演化的文献记载和其他

囿于对古文献的理解，迄今黄河史的研究没有认真去涉及和解读上述史前黄河演变问题。但屈原早就提出了古史和古黄河的疑问，启迪本文从疑似神话传说中发现问题。

《国语》等多种典籍都记载了颛顼、共工时有大洪水。《国语·周语下》载："昔共工弃此道也，虞于湛乐，淫失其身，欲壅防百川，堕高堙庳，以害天下，皇天弗福，庶民弗助，祸乱并兴，共工用灭。"《列子·汤问》云："共工氏与颛顼争为帝，怒而触不周之山，折天柱，绝地维。故天倾西北，日月星辰就焉；地不满东南，故百川水潦归焉。"《淮南子·兵略训》所载"共工为水害，故颛顼诛之"与《淮南子·天文训》中的"昔者，共工与颛顼争为帝，怒而触不周之山，天柱折，地维绝。天倾西北，故日月星辰移焉；地不满东南，故水潦尘埃归焉"，涉及颛顼与共工族团的华北生态环境系列灾害事件大致是同一件事，突

---

① 一些海洋部门研究人员以黄、东海没有全新世中期河口水下三角洲来判定黄河此期没有南泛。

② 任美锷：《4280a. B. P. 太行山大地震与大禹治水后（4070a. B. P.）的黄河下游河道》，《地理科学》2002年第5期。

出显示了距今4600年左右黄河南下的灾害事件。当时黄河是自然河流,“百川”泛指并行与汗漫的水道。共工氏据黄河西侧,为保全自己族团,做局部的“壅防”工程是可能的,这种“以邻为壑”的做法却可能加大颛顼等居于下游地区的族团的灾患。所说共工“水处什之七,陆处什之三,乘天势以隘制天下”,可能也含指共工氏乘洪水之便威胁天下。“地不满东南”,恰恰寓意东南低下,黄河泛滥而至,“故水潦尘埃归焉”。“天倾西北”,则可能包含上古太行山强震和构造活动的信息。《山海经·大荒西经》所说的“风道北来,天乃大水泉……”也包括当时有大洪水的信息。本来,炎帝、共工与黄帝、颛顼就有争领地、争帝位的斗争,面临黄河向东南滚动迁移,河西的疆土(太行山前冲洪积扇)越来越大,河东(豫东、鲁西南地区)地域在洪水压迫下越发收缩,原本就对立的两大族系生存利益冲突更盛。年幼的颛顼东奔有亲缘关系的少昊族团,不完全是政治斗争失利,还蕴含有族群避水避乱的信息。[①] 而且颛顼不一定非到东夷族团所居的大海边上(日照),可能只是从今濮阳黄帝故都,逃离瓠子河泛区,到了距高城约100公里的地势略高的阳谷县景阳冈古国避难。《淮南子·本经训》载:“舜之时,共工振滔洪水,以薄空桑。”共工族团居豫北太行山前高地,所谓振滔洪水,即借水土之高势“激发”洪水,黄帝族团居于相对较低的河济地区,是共工(拟人化了的黄河)发水的第一受害族群。山东省考古所张学海认为,空桑就是穷桑,这一带位于“古济水西侧,冀鲁豫交汇区山东一方,属于大汶口文化的重要分布区——大汶河分布区的前沿地带,与仰韶文化东西为邻。此地又是黄泛区,自汉武帝时河决瓠子以来,黄河泛滥决口经常淹没这地区,且有济水为患,自古就是水患重灾区。这些都与穷桑的地理条件很吻合……”并认为这就是颛顼还都濮阳前黄帝古都的穷桑(也有说在曲阜)。他说《史记·周本纪·正义》引《帝王世纪》曰:“黄帝自穷桑

① 类似隔河的水土变迁之冲突,当代仍然存在,山西大学社会史研究中心胡英泽有专著《流动的土地》。

登帝位，后徙曲阜。少昊邑于穷桑，以登帝位，都曲阜（按，《太平御览·皇王部》引此，下有‘故或谓之穷桑帝’）。颛顼始都穷桑，徙商丘。”[①]所以，被妖魔化的善于治水的共工氏族，其实是神化与人格化了的黄河洪水灾害，即自黄帝族团活动中心的西北，东南直下淹没穷桑地区的天灾人祸，共工势力趁机扩大占据颛顼族团地盘。炎、黄族团的长期斗争，伴随着黄河在华北平原上的南北摆动延续数百年之久，一直到大禹治水的时代，遂有禹伐共工、杀相柳之说。世代承袭的传说，把龙山晚期黄河迁回豫北河北时引发的水灾，也归罪于共工氏了。经史里的相关传说，是胜利者黄帝族团的主流性诠释，也是黄河下游千年演化的最好旁证。龙山晚期黄河北上，在《山经》《禹贡》里就可以找到它稳定下来后的方位，先秦文献中也多有描述，尧帝舜帝早年活动中心在鲁西南，也就是菏泽附近的定陶与雷泽畔。文献中河的洪水灾害，一方面包含着确定的气象灾害，另一方面“怀山襄陵”，也是黄河水在豫东鲁西南泛滥、湖泽漫溢的写照，唐尧避水，自鲁西南迁移到汾河中下游，王守春根据考古和文献，从历史地理学的角度分析，提出“尧都是从今山东省西部的定陶迁移到山西省临汾地区的。”[②]陶寺文化应该就是唐尧虞舜文化迁移到汾河后出现的。

凭借自然科学重新审视先秦秦汉文献中透露的史前信息，我们多少回应了屈原的问题。空桑一般指的是豫东的杞县葛岗的空桑村，但也泛指鲁西南与豫东地区，而龙山时期黄河南泛区恰好就在这一相对低洼的地区，景阳冈古国，在它的北部区域。豫东的灾民或就近寻高地居栖，或远走京广铁路以西的嵩箕山高地丘岗安家，王油坊文化远走江淮、黄埔钱江，是否与此有关？

黄河变迁，可以从文化的变迁与跃进做一旁证。

---

① 张学海：《东土古国探索》，《张学海考古论集》，学苑出版社，1999 年，第 221～224 页。

② 王守春：《尧的政治中心的迁移及其意义》，解希恭主编：《襄汾陶寺遗址研究》，科学出版社，2007 年。

龙山晚期鲁豫皖苏结合地区的文化考证和研究,给了集中于大禹一身的治水文化实证。从仰韶晚期到龙山、岳石文化时期,鲁豫皖苏的黄河冲积平原低洼地区,黄河、济水、濮水、沮水从此流经,大野泽、菏泽、雷泽相伴,有许多堌堆文化遗址,仅菏泽与济宁市即发现500余处。菏泽市文化馆的郅田夫老先生,早在20世纪80年代就有研究。类似文化地貌,豫东称之为丘、岗、冢子,冀中冀南称之为台,鲁西南称之为台子、城子、埠子、古堆,苏皖称之为墩、岗,这些都是先民维护培高、攀附得以居栖和避水的墩台。这些高台遗址,是先民规避黄、济、濮、汳、颍诸水泛滥的明证,含逃避汛期湖泽水涨溢的需要,但逃避洪涝是主要的。尧,垚也,垚也,积土成垚。"尧"可能就寓意着是居栖河边湖畔高堌的部族。

龙山时期豫东北平原的先民,如要大规模地避水,远走他乡,主要有三个选择方向,走太行高地、走鲁中高地、走嵩箕高地。颛顼走少昊之乡,唐尧驱逐共工氏后奔山西高原,夏后氏先民在嵩山周围巩固大后方,可能也与避水行为关联。

先民并非简单和被动地避水,他们也适应环境而生存,堌堆文化就是证据。在汳水泛道边的永城造律台、王油坊龙山时期遗址,年代为2580—2140 a. B. P. 。据第二次文物普查成果,豫东地区龙山时期遗址有151处,鲁西南有80处,皖北也有49处,总和远大于该统计地区大汶口文化的90处,说明整个龙山时期,当地先民对生存环境逐步适应。但是,在豫东发现的151处遗址中,能够辨识确定为龙山晚期遗址的仅有36处,鲁西南仅2处,说明能够在大洪水后期留存下来的遗址不算多!(诚然有一批尚未确认的)这种趋势从河南龙山、二里头文化遗址的分布图上也可以看到,遗址密度大大降低,可见自然灾害严重地限制了聚落发展。不过,豫东黄泛区已出现龙山古城,淮阳平粮台古城就是一例,该城兴筑时代距今约4300年。从遗迹分析,该城城墙的首要功能,可能还是防水,"昔者夏鲧作三仞之城",传说中鲧堵水作堤、作城,是从护村堤、小围子开始的。该地区龙山古城的出现,说明社会分化、氏族集团之间斗争激化。从遗址分布看,他们多数处于黄淮海大平原的第二湖沼带上,即黄河、济水、丹水、泗水河流湖沼水系上。与此同期,黄河大三角洲顶部的第一湖沼带上(郑州、新乡、开封)沿黄、济、丹、颍河河流湖沼群一带,更是聚落密集,郑州更是出现了一大批以西山古城、登封王城岗、新密古城寨为代表的极其密集的古城、卫星城邑,一些外围聚落,夏商时期形成城邑群。王城岗原是公元前22世纪的古城,晚期也毁于洪水。西山古城的卫星城堡,有的圮废于广武黄土岭,有的就隐藏在岭下黄河滩深层。西山古城废于4800年前,是否也是基于龙山早期黄河南泛?利用交通与城建工程地质资料,在邙山断头到南阳寨、人民公园一线,发现有早、中全新世的河流相沉积层,砂层透镜体宽达2—3公里。

《史记·殷本纪》记载,商汤作《汤诰》云:"古禹、皋陶久劳于外,其有功乎民,民乃有安。东为江,北为济,西为河,南为淮,四渎已修,万民乃有居。"沈长云1994年曾写了《夏后氏居于古河济之间考》和《禹都阳城即濮阳说》两文,提出夏后氏早期居住的地域在古代的黄河及济水流域之间一带,禹所都的阳城即古河济地区的中心濮阳。濮阳五星乡的高城遗址发现后,更确认了他的这一观点,他也重新撰文加以论述。① 我们当然不是把夏后氏与大禹文化作为一个具体的局地区域文化,而是作为大中原文化来认识的。通过两百多年治水活动,河济地区聚落文化曲折、稳定地发展,形成了一批以典型的龙山古城为中心的聚落区,说明大禹治水成功地推动了社会发展。

我们从河南省龙山文化遗址分布图可以看出,众多遗址位于历史时期的豫东平原诸水道附近(或河间高地上),说明黄河南泛时期,干流沿袭晚更新世末的古水系下泄,洪水并未摧毁豫东先民的整个生存环境,传说中的大禹

① 沈长云:《夏族兴起于古河济之间的考古学考察》,《历史研究》2007年第6期。

治水,也即龙山晚期豫东和鲁西南治水,相当大程度上是梳理被黄河泥沙淤塞的原有水系,排出湖沼地带的壅堵积水,排干并开发一些沼泽,即对“洪灾”条件下的自然水系进行人工的干预。地理界前辈徐近之在治淮初期的论文《淮北平原与淮河中游的地文》[①],提出豫东淮北平原的“平行顺向河”概念,即古今豫东的沱河、浍河、包河、大沙河、濉水、惠济河、涡河、贾鲁河、颍河、汾泉河、洪汝河等,皆属于黄河的减水河,黄河南泛时,它们都是西北—东南而下的分洪河道。无独有偶,在禹州北的具茨山顶,有一系列刻绘着各种神秘文化符号的岩石,有一块较为平整的岩面上有大致平行且东南顺向而下的槽线,岩面的倾斜度接近现今豫东平原的自然坡面,人为刻画的线槽的走向,也大致与豫东顺向河接近。给熟悉豫东地理和黄河变迁史的人第一印象,几乎是一块铭记整理豫东远古水系的丰碑,难道它就是龙山晚期治水成功后,夏后氏的先民铭刻的黄河南泛前豫东水系——大禹整理恢复了的水系在嵩山余脉矗立的纪功碑吗?还是仰韶先民刻画的早年豫东水系呢?良渚古水利工程的发现与研究,把先民规模性的治水活动上溯到距今5000年前,是否能够给予我们探索大禹文化的一些自信呢?

袁广阔在孟庄、戚城、高城、铁丘等古城考古研究基础上,提出以濮阳为中心,有一个广大的称之为后岗二期的河济文化区,洛阳、郑州地区龙山晚期文化以及王油坊文化均包含在其中。他提出河济地区的“后岗二期文化应当是探索早期夏文化的主要对象。”“后岗二期文化主要分布于太行山南麓和东麓的黄河、古济水两岸,在西到济源,东至山东菏泽,北到冀南,南达开封以南的广大区域内……”“后岗二期文化遗址众多,仅在河南濮阳、安阳、新乡、开封以及山东菏泽、聊城等地,就已经发现一百多处,而且还有大量遗址掩埋在多次泛滥的黄河淤沙下。目前,考古学者已经对安阳后岗、汤阴白营、辉县孟

① 徐近之:《淮北平原与淮河中游的地文》,《地理学报》1953年第2期。

庄、濮阳马庄、新乡李大召、菏泽安丘堌堆、杞县鹿台岗、永城王油坊等遗址进行了发掘，出土了丰富的遗迹和遗物。”文献中的夏都“禹都阳城、太康斟鄩、相都斟灌、帝宁老丘、胤甲居西河和桀居斟鄩。……除桀都斟鄩位于豫西的伊洛河流域外，其余都在河济地区”。而《史记·夏本纪》记载的夏王朝姒姓封国，“有扈氏在今郑州以北黄河北岸的原武一带，斟寻氏在今山东省潍坊市西南部，费氏在今山东鱼台市境内，杞氏在今河南开封杞县境内，缯氏在今山东临沂市境内，辛氏在今山东菏泽境内莘冢集一带，斟戈氏在河南开封和商丘二地区之间，葛氏在今河南宁陵县境内，韦氏在今河南滑县境内，顾氏在今河南范县境内，昆吾氏在今濮阳一带，有虞氏在今河南省虞城县境内，有仍氏在今曹县西北，有鬲氏在今山东德州境内”[①]。因此，河济地区，是龙山晚期中原治水氏族居栖、开发的主要地区。大禹治水时代结束，这一地区在数百年治水的基础上，推进了社会转型，强化了氏族凝聚，得以形成密集的聚落、城邑，突出的中心古城确定了水退人进的事实，也才可能在夏朝初期，成为姒姓封国和夏王朝的政治、经济中心地区。中原地区在仰韶晚期已迈入文明大门，其实，颛顼战胜共工、派遣台骀汾、洮治水，意味着当时已具备初级管理与控制的国家功能，但统一的帝国晚至夏禹时代才来临。一个重要原因可能就是频发的自然灾害，中原和周边的多个王国的政治转型与整合经历了较为漫长的过程。

韩建业将龙山前后期的分界定在公元前2200年左右；并认为造律台文化有来自王湾三期和后岗二期文化的影响。这意味着袁广阔界定的后岗二期文化主要在泛河济地区是客观的。[②]

黄河干流从早期泛滥于鲁西南和豫东地区，后折回到太行山以东，除先秦文献的记载之外，也可以从考古发现中证明：偃师二里头文化区，聚落分布

① 袁广阔：《后岗二期文化与早期夏文化探索》，《光明日报》2016年1月30日第11版。
② 韩建业：《早期中国——中国文化圈的形成和发展》，上海古籍出版社，2015年，第169页。

从仰韶晚期到龙山晚期,自夹河滩较高处向原低滩处扩展,说明龙山晚期黄河下游改道,河床得以刷深,下游到伊洛河口的大洪水水位大为下降,一级阶地发育,文化遗址扩展。以辉县凤头岗遗址环境变迁研究为例,“龙山晚期,出现了一次河流下切侵蚀堆积,留下了一套河流相的沙砾层和河漫滩的沉积物”,[①]这一现象,在太行山前诸河流下游均有出现,说明龙山晚期,黄河刚进入太行山山前新河道(禹河),河槽刷深,河床和附近的太行山冲积带上的黄河支流,均有相应刷深、下切。

而《韩非子·外储说》载“(尧)举兵而诛共工于幽州之都”,《庄子·在宥》载“(尧)流共工于幽都”,在人文意义之外,是否也隐喻黄河洪水迁到冀中平原的自然意义?毕竟共工曾作为水神、水工,也作为万恶的洪水代表,被神化与人格化了。

四、龙山晚期的治水活动促成族系融合,大一统国家出现

龙山时期的自然灾害不断,各氏族、族团之间征战不休。实际上治水活动中,也产生了族团的交流与融合。共工氏与黄帝族团并非总是生死决战,《国语·鲁语上》就说“共工氏之伯九有也,其子曰后土,能平九土,故祀以为社”,共工后代曾与黄帝族团合作治水,有功,受到祭祀。后裔四岳,也曾辅佐夏禹治水(在《尧典》《舜典》中多次出现“四岳”,鲧和禹都是他推荐的)。今本《竹书纪年·帝尧陶唐氏》记载了这一长期的治水过程,“六十一年,命崇伯鲧治河。六十九年,黜崇伯鲧。……洪水既平,归功于舜,将以天下禅之……七十五年,司空禹治河。”《尚书·益稷》则记载了一段纪实性的对话:“帝曰:‘来,禹,汝亦昌言。’禹拜曰:‘都!帝,予何言?予思日孜孜。’皋陶曰:‘吁!

① 张小虎:《辉县凤头岗遗址龙山到汉代的环境变迁研究》,《首届中国考古学大会论文》,2016年。

如何？’禹曰：‘洪水滔天，浩浩怀山襄陵，下民昏垫。予乘四载，随山刊木，暨益奏庶鲜食。予决九川，距四海，浚畎浍距川……’。”少昊族的伯益，成为禹治水的副手，其子玄仲是灾后重建的领袖。商先祖契，曾辅佐夏禹治水，先商也是一个善治水之族，后代商王冥因治黄身亡。周先祖后稷，在辅佐夏禹平治水土后，主管农业生产。夏王朝的姒姓封国，基本上都是在大禹领导的治水活动中有功的氏族，他们的封国，就在曾经治水的地方。可以说大禹通过治水，协和万邦，与各部落、酋邦结盟，联合四方非黄帝族团，促成了中原各大族系的融合。

《尚书》载，尧舜时期的管理集团“九官”中，禹为“司空”，管治水；弃为“后稷”，管农业；契为“司徒”，掌教化百姓；益管畜牧山川，伯夷管祭祀礼仪等，共20多人，初创具国家雏形的典章刑律。《史记·夏本纪》载：“禹乃遂与益、后稷奉帝命，命诸侯百姓兴人徒以傅土，行山表木，定高山大川。”稷、契、益、伯夷等，属不同氏族，都有自己的方国，他们分别是周、商、夷等部族的首领。大禹将各方国（邦国或酋邦）组织起来，成为治水的基本力量，社会形态发生深刻嬗变，大一统的国家终于显现雏形。

大禹疏通九川，治理九泽，划全国疆土为九州，确立了以河济地区为中心，各方协同的局面。在分散的广阔的地域中，各地区治水的氏族如何协调，如何传递信息？我们可大胆推断，当时共同的语言已经流通，文字必有相当的发展。先民已有的天文气象和地貌地层土壤知识，在治水实践中产生质的飞跃。治水促进了古代科学技术的发展。大禹治水针对水土重新配置，直接的成果是物质的，更大的成果却可能是精神的。大禹和各个族团的英雄引领先民走出灾难，治水承上启下，传递着创造与拼搏精神。它凝聚了中原周围各个氏族部族，融合成联盟，进而巩固了有共同心理素质的华夏民族，造就了特定的民族政治文化。在克服、应对洪水灾害的过程中，先民的自然观、社会观得到洗礼，在灾后重建中，实现了认识、观念、方法和社会制度的创新。在组织全民防灾抗灾、大区域规模性治水的过程中,古代社会形态转变,初级行政功能发育,部族方国和王国联盟组织协作,形成了国家形态的集权制度的雏形,从而强化了中央王权。这样,实现了从古国、方国、联盟聚合到王国的划时代嬗变,催生了自方国、王国就孕育的国家形态,促进了中华第一个集权王朝的产生。在某种意义上,也可以说是通过洪涝治理、社会重组、文明再建,使整个政治文化获得了升华。

(作者为中国水利学会水利史研究会委员、中国灾害防御协会灾害史专业委员会成员)

大禹治水传说的原生形态和次生形态探讨

李龙海

大禹治水的传说是大禹文化的基干和核心内容,大禹基于治水的功绩,从而成为中国早期国家形成过程中的关键性人物,其开创了中国历史上第一个家族世袭制王朝——夏王朝,使中国进入到早期国家阶段。目前,在全国各地都有关于大禹治水故事的流传,其中尤以河南、山西、山东、安徽、浙江和四川等地的影响最大。近年来,这些地方都相继举办相关的学术会议,邀请专家学者来论证本地大禹治水故事的合理性,而一些学者或是由于对史料的认知问题,或是受地域利益的影响,提出了一些颇为“新颖”的观点,从而使大禹治水的传说陷入越发混沌的状态,故不可不辨。

其实,大禹治水的传说虽在全国不少地方流传,但大禹治水只能发生在该族群活动的地域,这也是大禹治水传说发生的原生形态,而战国以降的华夏核心区和华夏边缘区的大禹治水传说只能是其次生形态。

一、大禹治水传说的原生形态

大禹治水的原生形态应主要包括大禹治水传说建构的背景、大禹治水的地域及方法几个部分。

(一)大禹治水传说的多重证据

大禹治水在民间传说、文献典籍、考古材料和物候资料等方面都有充分的证据。大禹治水的传说屡屡见于《尚书》《诗经》《墨子》《孟子》《吕氏春秋》等先秦文献。如《尚书·益稷》载:“禹曰:洪水滔天,浩浩怀山襄陵,下民昏垫。予乘四载,随山刊木,暨益奏庶鲜食。予决九川,距四海,浚畎浍距川。”《尚书·尧典》曰:“汤汤洪水方割,荡荡怀山襄陵,浩浩滔天。下民其咨,有能俾乂。”《尚书·禹贡》载:“禹敷土,随山刊木,奠高山大川。”《诗经·商颂·长发》:“洪水芒芒,禹敷下土方。”“当尧之时,天下犹未平,洪水横流,泛滥于天下。”[①]“当尧之时,水逆行,泛滥于中国,蛇龙居之,民无所定,下者为巢,上者为营窟。”[②]2002 年发现的“遂公盨”,时代大致为西周中期,内铸有九十八字长篇铭文,开首第一句就是:“天命禹敷土,随山浚川。”说明至迟西周中期,大禹治水的故事已在民间广泛流传。

大量的物候资料和考古材料表明公元前 2000 年前后,我国确实经历了一次大范围的气候变迁,具体表现为北方与西北地区干冷,而中原和南方地区

① 李学勤:《十三经注疏·孟子注疏》,北京大学出版社,1999 年,第 145 页。
② 李学勤:《十三经注疏·孟子注疏》,北京大学出版社,1999 年,第 176 页。

则表现为低温多雨，并出现了洪水。[①] 研究者进行过推算，这一时期年平均温度比现在低1℃—2℃，持续时间约为200年，若与此前的高温期气候相比，年平均气温下降3℃—5℃。[②] 而全国诸多地方的考古材料也提供了十分有利的考古学证据。如龙山文化时期的河南登封王城岗遗址有东西排列的两座城，其西城被来自西北部的王尖岭的山洪冲毁，城内冲沟及城墙基槽被洪水冲毁的痕迹十分明显，而东城则是被五渡河河水暴涨冲毁的。[③] 考古发现证明，中原地区的河南新密新寨遗址、洛阳矬李遗址、焦作西金城遗址、偃师二里头遗址，山东尹家城遗址，山西绛县周家庄遗址等，都发现了距今4000年左右的与大洪水有关的地质与考古遗迹。[④]

地处河南省北部、太行山南麓的辉县孟庄龙山城址，也有龙山文化末期至二里头时期遭到明显的被冲毁的迹象。新乡孟庄城垣内侧的壕沟有厚达1.5米的淤土，而护城河龙山晚期的淤土则有2—3米，并有城墙坍塌与兴建的迹象，西墙中北部被洪水冲开一个15米以上的大缺口。基于此，袁广阔先生曾指出，孟庄龙山城址损毁应是“洪水或大量雨水冲刷的结果”[⑤]。

在距今4000年前后的青海民和喇家遗址也有发生重大灾变的迹象，经考古工作者考察，在地层堆积中发现了黄河大洪水的遗迹和沉淀物，且遗址内还找到多次地震遗迹。表明遗址内先遭地震，后有洪水，洪水形成的地层叠

---

① 任振球：《公元前2000年左右发生的一次自然灾害异常期》，《大自然探索》1984年第4期。方辉在《岳石文化衰落原因蠡测》（《文史哲》2003年第3期）一文中即指出：“造成岳石文化衰退的真正原因，很可能是发生于距今4000年前后，并延续了数百年之久的气候干冷期的到来。气候的突变使得以稻作农业为基础的海岱地区（尤其是东南部）的食物供应严重不足，其直接后果是人口的大量减少。表现在考古学上，便是始于龙山文化晚期，并一直延续到岳石文化时期的聚落数量的明显减少和文化整体发展水平的衰退。”说明这一时期海岱地区可能也是以干冷的气候为主。

② 任振球：《行星运动对中国五千年来气候变迁的影响》，《全国气候变化学术讨论会文集（一九七八）》，科学出版社，1981年。

③ 河南省文物研究所，中国历史博物馆考古部：《登封王城岗与阳城》，文物出版社，1992年。

④ 张俊娜、夏正楷：《中原地区4ka. B. P. 前后异常洪水事件的沉积证据》，《地理学报》2011年第5期。

⑤ 袁广阔：《关于孟庄龙山城址毁因的思考》，《考古》2000年第3期。

压在地震遗迹和地震塌毁的黄土堆积物之上。[①]

在长江下游的良渚文化遗址，有些学者通过调查和整理，发现浙江吴兴钱山漾遗址和杭州水田畈遗址的良渚文化层和马桥文化层之间有一层0.3米厚的淤泥或泥炭，吴江梅埝、团结村、胜墩、无锡许巷、昆山龙滩湖、正仪车站北、青浦果园村等许多遗址的良渚文化层上面都堆积着淤泥层或泥炭层，其厚度一般为几十厘米，最厚的可达1米以上。在芙蓉湖、漏湖、昆成湖、阳澄湖、巴城湖、九里湖、淀山湖、澄湖、太史淀、陈墓荡等湖泊的湖底都出土过良渚文化的遗物，甚至从洞庭湖西山到石湖湖底都有良渚文化遗址。[②]

长江中游的石家河遗址，存在于公元前4600年至公元前4000年之间，但到了距今4000年左右，石家河文化也走向了衰亡，该区域被纳入到中原系统文化的势力范围。

长江三峡地区的大宁河流域、重庆市丰都县玉溪遗址，先后发现距今4000年左右的古洪水遗存。[③] 成都平原发现多座距今4000年左右的早期城址，有洪灾遗迹及具有防洪功能的夯土城墙。[④]

有学者通过研究认为，4000a. B. P. 前后的降温和由地球轨道因素变化引起的全新世东亚季风的长期变化，使东亚夏季季风降雨带北撤南迁，形成中国东亚季风区的一种南涝北旱的环境格局，可能是4000a. B. P. 前后中原周围地区新石器文化衰落的主要原因。[⑤]

气候的变化对当时的社会产生了相当大的影响。所以，后世文献有关大

---

① 中国社会科学院考古研究所，青海省文物考古研究所：《青海民和喇家史前遗址的发掘》，《考古》2002年第7期。

② 叶文宪：《吴国历史与吴文化探秘》，文物出版社，2007年，第19~20页。

③ 张强等：《长江三峡大宁河流域三千年来沉积环境与河床演变初步研究》，《水利学报》2002年第9期。

④ 王纯五：《大禹治水的地域、〈禹贡〉江沱及成都古城址》，《四川文物》1999年第1期。

⑤ 吴文祥、刘东生：《4000a. B. P. 前后东亚季风变迁与中原周围地区新石器文化的衰落》，《第四纪研究》2004年第3期。

禹治水的记载虽也有时代的建构,"层累地构成",但绝不是向壁虚造的,有一定历史的根底。

(二)大禹治水的地域

目前,全国不少地方都有大禹治水故事的流传。但基于文献与考古材料,大禹治水的地域只能在其部族活动的地域,最多包括尧舜部落联盟所在地域。治水作为当时的大事,不可能仅仅是大禹部落的事,由《尧典》可知,它是夏、东夷、羌等族群共同的事业。《史记·夏本纪》曰:"禹之父曰鲧。"那么鲧的部族在何地呢?《国语·周语上》云:"其在有虞,有崇伯鲧。"韦昭注曰:"鲧,禹父。崇,鲧国。"《国语·周语下》云:"昔夏之兴也,融降于崇山。"韦昭注云:"崇,崇高山也。夏居阳城,崇高所近。"崇、嵩古通用,崇山即嵩山。《孟子·万章上》云:"禹避舜之子于阳城。"《史记·封禅书·正义》引《世本》云:"夏禹都阳城。"《竹书纪年》载:"治水既毕……乃受舜禅,即天子之位。……三年丧毕,都于阳城。"郦道元《水经注》载:"颍水经其县城(阳城)故城南,昔舜禅禹,禹避商均,伯益避启,并于此也。"1975—1981 年,考古工作者在嵩山之南发现两座东西并列的龙山文化晚期的登封王城岗小城城址①,2002 年、2004 年在王城岗又发现了大城遗址②,有学者认为登封王城岗遗址的小城与大城,应分别是鲧与禹早期的都城③。

此外,由《尧典》可知,尧舜时期正处于由部落联盟向国家过渡的阶段。而史籍所载的尧都平阳、舜都蒲坂、禹都安邑均在今天的晋南一带。陶寺遗址位于山西襄汾县陶寺村南麓塔儿山西麓的坡地上,该遗址面积为 300 多万

① 河南省文物研究所,中国历史博物馆考古部:《登封王城岗遗址的发掘》,《文物》1983 年第 3 期。

② 北京大学考古文博学院,河南省文物考古研究所:《河南登封市王城岗遗址 2002、2004 年发掘简报》,《考古》2006 年第 9 期。

③ 王晖:《大禹治水方法新探——兼议共工、鲧治水之域与战国之前不修堤防论》,《陕西师范大学学报(哲学社会科学版)》2008 年第 3 期。曹定云先生也持同样的观点,见《论中华历史第一都——禹都阳城》(《2015 中国登封大禹文化研讨会论文集》,2015 年)。

平方米,距今约 4300—3900 年,可分为早、中、晚三期,早期年代为公元前 2300—前 2100 年,中期为公元前 2100—前 2000 年,晚期为公元前 2000—前 1900 年。① 在时段上与传说中的尧舜禹时代相对应,关于其族属,学者普遍认为与黄帝族群有关。②

陶寺文化早期遗址面积约有 100 万平方米,并有 1 座面积达 56 万平方米的城址,为中原地区年代最早的城。该城布局严整,功能完备,应该是经过统一规划的,城内中南部有一块面积约 5 万平方米的相对独立封闭的宫殿区,城外东南部有一处排列有序、等级分明的大型墓地。在已清理的 1300 多座各类墓葬中,包括 5 座随葬有鼍鼓、特磬、土鼓等高规格礼器的"王"级大墓,从城址西墙南段 Q8 和南墙东段 Q9 毁于早期偏晚阶段来看,该城应在早期偏晚阶段便被废弃。③ 张国硕先生结合文献记载和陶寺考古材料的年代和特征,认为此期遗址是陶唐氏的生活栖息之所,小城应为帝尧之都城。④

在今豫鲁交界一带,包括今豫北及豫东的一部分地区、鲁西南及鲁西的一部分地区即古河济之间及其附近地区应是大禹治水的区域之一。《汤诰》有云:"古禹、皋陶久劳于外,其有功乎民,民乃有安。东为江,北为济,西为河,南为淮,四渎已修,万民乃有居。""河"为古黄河自今滑县北流的一段,"济"为济水北段,"江"应为石泉先生考证的今山东境内的古沂水。⑤ 由文献可知,东夷的伯益就助禹治水。而在夏代初年,在山东境内或豫东地区已有不少姒姓国家存在。如斟灌氏和斟寻氏在今潍坊到寿光一带,有鬲氏在今德

① 何驽:《陶寺文化谱系研究综论》,北京大学中国考古学研究中心等编:《古代文明》第 3 卷,文物出版社,2004 年,第 74~75 页。

② 邹衡:《关于探讨夏文化的条件问题》,田昌五主编:《华夏文明》第一集,北京大学出版社,1987 年,第 117 页。

③ 中国社会科学院考古研究所山西队等:《山西襄汾陶寺城址 2002 年发掘报告》,《考古学报》2005 年第 3 期。

④ 张国硕:《陶寺文化性质与族属探索》,《考古》2010 年第 6 期。

⑤ 石泉:《古代文献中的"江"不是长江的专称》,《文史》第 6 辑,中华书局,1979 年。

州东南,有仍氏在今济宁一带,有虞氏在今河南东境的虞城,有莘氏在菏泽一带,以及冀鲁豫交界一带的韦、顾、观、昆吾等国。另外,黄河、济水中下游地区存在大量的呈圆形土包状的古代文化遗址,当地居民称之为“丘”“堌堆”“陵”“岗”“台”等,这些显然是为了防御洪水而建。《容成氏》里九州中有五州位于古河济流域,所以有学者据此指出大禹治水在河济地区。[①]

(三)大禹治水的方法

以往我们总认为鲧治水失败是因为采取了堵塞洪水的办法,而禹则采用了疏导的方法,其实不然。有学者指出:大禹治水之所以成功,其根本原因是因为“气候重建表明 4200—4000a. B. P. 气候事件的结束时间,亦即气候好转的开始阶段”。“大禹之所以能够治水成功可能主要得益于 4000a. B. P. 以后的气候好转而并非人力之所为。”[②]而早期的文献中,则是提到“禹敷土”,西周中期的《遂公盨》铭文开篇就说道:“天命禹敷土,随山浚川。”《诗经·商颂·长发》:“洪水芒芒,禹敷下土方。”其意应是禹带领众人平整土地,让人们迁徙到高地之上,这也是考古遗址常见堌堆的原因。在洪水到来之时,今天的人们也没法采取疏导的方法。所以杨栋认为西周到春秋时期,人们传颂的是禹的敷土之功,所以又有“禹迹”之说。[③]

二、大禹治水传说的次生形态

战国以降,生产工具的进步推动各国开始大举兴修水利工程。随着族群的迁徙与交往的扩大,诸子学说的兴盛以及华夏国家统一趋势的加强,大禹

① 袁广阔:《古河济地区与早期国家形成》,《中原文化研究》2013 年第 5 期。
② 吴文祥、葛全胜:《夏朝前夕发生洪水的可能性及大禹治水真相》,《第四纪研究》2005 年第 6 期。
③ 杨栋:《禹平水土传说新解——从“敷土”到“治水”传说的演变》,《古籍整理研究学刊》2012 年第 1 期。

治水的内容更加丰富,治水的地域已经扩大到九州,治水之所以成功是因为采取了疏导的方法。大禹治水进入到次生形态阶段。

(一)大禹治水的地域由广义的中原地区到战国之后逐步扩展到九州,华夏的边缘地带也开始流传大禹治水的故事

除《禹贡》外,上海博物馆所藏《战国楚竹书(二)·容成氏》也记载了这场历史上的大洪水及大禹治水的过程:“……舜听政三年,山陵不序,水潦不湝,乃立禹以为司工。(第24简)……禹亲执耒耜,以陂明都之泽,决九河(第25简)之阻,于是乎夹州、徐州始可处。禹通淮与沂,东注之海,于是乎竞州、莒州始可处也。禹乃通蒌与汤,东注之(第26简)海,于是乎蔖州始可处也。禹乃通三江五湖,东注之海,于是乎荆州、扬州始可处也。禹乃通伊、洛,并瀍、涧,东(第27简)注之河,于是乎豫州始可处也。禹乃通泾与渭,北注之河,于是乎虘州始可处也。禹乃从汉以南为名谷五百,从(第28简)汉以北为名谷五百。”[①]由此可知,大禹治水的地域在战国时期扩大至九州的地域,并在华夏的边缘地带如四川、浙江等地产生了相当大的影响。

两汉魏晋的典籍均有“大禹出于西羌”“禹生石纽”的记载。如西汉陆贾《新语·术事》云:“大禹出于西羌。”《史记·六国年表》云:“禹兴于西羌。”《史记集解》引皇甫谧曰:“孟子称禹生石纽,西夷人也。传曰‘禹生自西羌’是也。”《史记正义》云:“禹生于茂州汶川县,本冉駹国,皆西羌。”

这种观点被不少学者尤其是四川的学者深信不疑。如徐中舒先生就认为,根据汉至晋500年间流传的羌族传说,没有理由否认夏即是羌。[②] 王纯五先生认为,大禹治水一事多与四川盆地的考古发现相合,大禹在四川治水的

① 马承源主编:《上海博物馆藏战国楚竹书》(二),上海古籍出版社,2002年,第268~272页。
② 徐中舒:《中国古代的父系家庭及其亲属称谓》,《四川大学学报(哲学社会科学版)》1980年第1期。

事实也有相关文献的支持，故而认为大禹治水之地当在四川。[①] 段渝先生认为，大禹生于岷江上游地区的事实有历史文献、民族学、民俗学和考古学资料为证，大禹治水也是从江水上源岷江开始的，“可谓信而有征”[②]。彭邦本也指出：“《禹贡》所记当是其迁徙中原以后之事，其疏导河川的卓越举措和整体方略，则应与其昔日始于蜀地的最初水利实践经验密不可分。而在史传大禹受命领导的这次空前宏大的治水工程中，也包括《禹贡》所载‘岷山导江，东别为沱’等在蜀地开展的系列水利实践活动，应该就是禹族当初在岷江流域水利活动的史影。宝墩文化古城群顺水而兴存发展，又遭受过水患严重破坏毁损的情形，既反映了当时气候温湿、洪水频繁的史实背景，又间接揭示了新的治水方略出现的必然性，也反映兴于西羌的大禹治水于蜀中的传说确实蕴含有古老的史实素地。”[③]

其实，并非如学者所说禹兴西羌而后徙居中原[④]，真实的情况应有以下几种情况。一是羌本就是中原华夏族群称呼西方族群的“他称”，夏与羌本来就是相邻而居、交往密切的两大族群。《尚书·尧典》中的“四岳”（即太岳）即是姜姓羌人的祖先，商代的甲骨文也有诸多有关商人与羌人的战争、羌俘的记载等等。随着中原华夏边缘的扩大，羌的族群边界也随之向西收缩。二是战国时，中原水利工程技师曾导青衣水入长江，秦国势力进入巴蜀后，一些水利工程往往打着大禹治水的旗号展开，大禹作为华夏文明的代表，西向传播至蜀地。[⑤] 三是汉晋时期，蜀地精英对本土历史记忆进行改造，通过间接攀附

① 王纯五：《大禹治水的地域、〈禹贡〉江沱及成都古城址》，《四川文物》1999年第1期。
② 段渝：《酋邦与国家起源——长江流域文明起源比较研究》，中华书局，2007年，第457页。
③ 彭邦本：《上古蜀地水利史迹探论》，《四川大学学报》2007年第6期。
④ 彭邦本：《禹族西兴东渐及其在黄河中下游的活动初探》，《社会科学研究》2003年第1期。
⑤ 顾颉刚：《古代巴蜀与中原的关系说及其批判》，《顾颉刚全集·顾颉刚古史论文集》，中华书局，2011年。

黄帝后裔——禹,来构建巴蜀历史的华夏本源。[①]。由此可见,大禹出生、兴起、治水于巴蜀的传说,是华夏文化西向传播的结果,是华夏族群及后来的汉族以文本建构的方式改造当地历史记忆,强化巴蜀与中原认同的结果。[②]

具体到浙江、安徽等地大禹的传说,也应与四川岷江上游地区大禹的传说一样。

(二)战国文献把大禹治水的成功归功于采取疏导的方法

《墨子·兼爱中》云:"古者禹治天下,西为西河、渔窦,以泄渠孙皇之水;北为防原、泒,注后之邸、嘑池之窦,洒为底柱,凿为龙门,以利燕、代、胡、貉与西河之民;东方漏之陆,防孟诸之泽,洒为九浍,以楗东土之水,以利冀州之民;南为江、汉、淮、汝,东流之,注五湖之处,以利荆、楚、干、越与南夷之民。"《孟子·滕文公上》载:"禹疏九河,瀹济、漯而注诸海,决汝、汉,排淮、泗而注之江,然后中国可得而食也。当是时也,禹八年于外,三过其门而不入。"《孟子·滕文公下》载:"当尧之时,水逆行,泛滥于中国,蛇龙居之,……使禹治之,禹掘地而注之海,驱蛇龙而放之菹。水由地中行,江、淮、河、汉是也。险阻既远,鸟兽之害人者消,然后人得平土而居之。"《吕氏春秋·古乐》载:"禹立,勤劳天下,日夜不懈,通大川,决壅塞,凿龙门,降通漻水以导河,疏三江五湖,注之东海,以利黔首。"战国时期,由于铁器的广泛应用以及大型水利工程的兴修,应是诸子重构大禹治水采取疏导的方法的背景。诚如李学勤先生所说:"翻阅战国诸子的作品,不难看到很多古史记载都受到作者的观点影响。"[③]

大禹治水的传说有一个发生、重构的过程。西周春秋之前,大禹治水的传说为其原生形态,战国以降至两汉魏晋,经过族群间的迁徙、碰撞与融合,

---

① 王明珂:《英雄祖先与弟兄民族》,中华书局,2009 年,第 70 页。
② 李健胜:《"大禹出于西羌"辨》,《中原文化研究》2014 年第 3 期。
③ 李学勤:《古本〈竹书纪年〉与夏代史》,《华夏文明》第一集,北京大学出版社,1987 年。

华夏边缘有了相当大的扩大,再加上知识分子和社会精英对本土历史记忆进行的改造,大禹治水的传说在更广的地域进行了传播,这是大禹治水的次生形态。

(作者为中原工学院历史和文化研究所副教授)

大禹治水的发生与国家萌芽问题浅析[①]

李　龙

在中国新石器时代的晚期,也即是说在中国古史的传说时代(尧舜禹时代),据文献反映中原地区曾发生了严重的洪水。然而,长期以来,学术界对我国传说时代的洪水问题与大禹治水存有争议,对洪水发生的真实性及其原因乃至与国家萌芽的关系等问题莫衷一是。本文立足史学资料,结合考古发现,尝试对中原史前洪水的发生、大禹治水与国家萌芽问题做一浅析。

一、中原史前洪水发生的真实性

徐旭生指出,世界各民族最初的历史总是用“口耳相传”的方法得以流传,在古文献中保存有古代传说,而在当时尚未能用文字把它直接记录下来的史料,用这种史料所记述的时代,就叫“传说时代”。他在 20 世纪 60 年代

① 本文为 2016 年河南省社会科学院青年基础科研费项目《黄河中下游史前聚落研究》阶段性成果的一部分。

提出："只有到殷墟时代，才能算作进入狭义的历史时代。此前约一千余年，文献中还保存一些传说，年代不很可考，我们只能把它叫作传说时代。"主张从炎黄以来到盘庚迁殷以前为中国古史的传说时代[①]。随着近年来考古发现和研究工作的进展，夏代和商代早期的文化面貌逐渐清晰起来，并与有关文献记载（如《史记》中的《夏本纪》《殷本纪》）相互印证。因而学者一般将中国古史的传说时代划定在炎黄二帝至夏朝建立这一时段，从时间上讲，约相当于距今5000至距今4000年这一千年间，大致与考古文化中的龙山文化时期相当。我国古史的传说时期是中国史前史的一个重要阶段，研究这一时期的历史，既要重视对文献资料的分析鉴别，也要重视对大量考古发现资料的运用，在两种资料相互结合的基础上求得结论。关于传说时代中原发生的洪水，中国古代文献多有详细记载。《尚书·益稷》："禹曰：洪水滔天，浩浩怀山襄陵，下民昏垫。予乘四载，随山刊木。……予决九川，距四海，浚畎浍距川。"[②]《孟子·滕文公上》："当尧之时，天下犹未平，洪水横流，泛滥于天下，草木畅茂，禽兽繁殖，五谷不登，禽兽逼人，兽蹄鸟迹之道交于中国。尧独忧之，举舜而敷治焉。舜使益掌火，益烈山泽而焚之，禽兽逃匿。禹疏九河，瀹济、漯而注诸海，决汝、汉，排淮、泗而注之江，然后中国可得而食也。当是时也，禹八年于外，三过其门而不入，虽欲耕，得乎？"[③]《吕氏春秋·爱类》："昔上古龙门未开，吕梁未发，河出孟门，大溢逆流，无有丘陵沃衍、平原高阜，尽皆灭之，名曰鸿水。禹于是疏河决江，为彭蠡之障，干东土，所活者千八百国，此禹之功也。"[④]此外，《诗经》《左传》《国语》《论语》《墨子》《荀子》《韩非子》《管子》《楚辞》等书对中国古史传说时代发生的洪水皆有所提及，自然也包括中

① 徐旭生：《中国古史的传说时代》，文物出版社，1985年，第20页。
② 李学勤：《十三经注疏·尚书正义》，北京大学出版社，1999年，第112~113页。
③ 李学勤：《十三经注疏·孟子正义》，北京大学出版社，1999年，第145~146页。
④ 关贤柱等译：《吕氏春秋全译》，贵州人民出版社，1997年，第814页。

原地区。

中国古史传说时代中的尧舜禹时代发生的洪水,古代文献特别是先秦文献中多有记载,虽说这些记载具有传说性质,未必全属真实,但透过迷雾,还是能找到历史的真相。商代历史的真实性曾在相当长时间里有学者持怀疑态度,随着殷墟甲骨文的出土,王国维撰写了《殷卜辞所见先公先王考》等论文,依据甲骨文资料对《史记·殷本纪》所载商朝各王情况进行比照研究,证明了文献记载的可靠真实。近年来,伴随着考古发掘与研究的推进,学者们对夏文化做了大量的探索,虽说对二里头文化各期的性质归属仍有歧义,但二里头文化与夏文化具有密切关系却已是学术界的共识[①]。王城岗龙山城址可能为禹都阳城也被学术界相关领域的大部分专家所认可。《史记·夏本纪》等文献中关于夏代历史的记载正在逐步得到证实。司马迁作为中国古代伟大的历史学家,对古史的记载必定持着严肃谨慎的科学态度,必然有着较为可靠的传闻作为依据。《殷本纪》的记载已得到证实,夏史记载的真实性也正在得到证明,关于尧舜禹时代发生洪水的记载及人类与洪水的抗争史,尤其是大禹治水的历史也应该是可信的。

关于中原地区古史传说时代洪水发生的历史真实性还可得到来自历史时期气候状况的佐证。据研究,距今5000—4000年间,中原地区处于温暖湿润期,降雨较多[②],这样的气候条件为传说时代洪水的发生提供了可能。这一时期中原地区乃至全国的考古文化的变化情况也说明了传说时代洪水发生的真实存在。俞伟超指出:“距今4000年时,情况忽然大变。龙山文化突变为岳石文化,良渚文化也突变为马桥、湖熟等文化。……2000年来的史学记录,则明确说到尧、舜之时是‘鸿水滔天’。4000多年以前我国曾发生一次延

① 张之恒:《中国考古学通论》,南京大学出版社,1995年。
② 王沌、王松梅:《近五千余年来我国中原地区气候在年降水量方面的变迁》,《中国科学(B辑)》1987年第1期。

续了若干年的特大洪水灾难,应该是历史事实。”[①]

关于大禹治水的区域,争论很多,一般认为在中原及其辐射地区比较可信。以嵩山为中心的一个范围之中,考古发现与历史文献都有明确的佐证。龙山文化晚期,嵩山地区确实发生过洪水。登封王城岗的龙山文化晚期的小城曾经被冲毁,仅余小城的西城墙墙基。后依西城墙再建的小城,还有其他的一些龙山文化的遗迹中也发现有淤沙的现象[②]。这些考古发现说明,龙山晚期嵩山地区存在发生洪水的可能性。由于嵩山地区地处第二级台地,地势较高,我们认为洪水的发生应该是局部的,能施以疏的方法,治理起来顺地势而为,应该相对容易。《尚书・禹贡》:“禹敷土,随山刊木,奠高山大川。”[③]《淮南子・齐俗训》称“禹之时,天下大雨,禹令民聚土积薪,择丘陵而处之”。[④]《遂公盨》亦云:“天令禹敷土,随山浚川。”[⑤]意即上天命禹“部署和规划天下的土地”“顺应山势,疏浚河川”[⑥]。反映出大禹曾经在有山川的地方治水,显然嵩山地区符合这一地理特征。历史文献对大禹在嵩山周围治水的记载也很多。《尚书・禹贡》说:“导河积石,至于龙门,南至于华阴,东至于底柱;又东至于孟津,东过洛汭,至于大伾;北过降水,至于大陆;又北播为九河,同为逆河,入于海。”又说:“导洛自熊耳,东北会于涧瀍,又东会于伊,又东北入于河。”[⑦]《淮南子・本经训》说禹“辟伊阙,导瀍、涧,平通沟陆,流注东海”。[⑧]《淮南子・人间训》说:“禹凿龙门,辟伊阙,平治水土。”[⑨]《汉书・武帝纪》颜

① 俞伟超:《龙山文化与良渚文化衰变的奥秘——致“纪念发掘城子崖遗址六十周年国际学术讨论会”的贺信》,《古史的考古学探索》,文物出版社,2002 年,第 114~115 页。
② 河南省文物研究所、中国历史博物馆考古部:《登封王城岗与阳城》,文物出版社,1992 年。
③ 李学勤:《十三经注疏・尚书正义》,北京大学出版社,1999 年,第 133 页。
④ 刘安等编,高诱注:《淮南子》,上海古籍出版社,1989 年,第 116 页。
⑤ 《中国历史文物》2002 年第 6 期率先公布《遂公盨》的器形照片和铭文拓本。
⑥ 李零:《论遂公盨发现的意义》,《中国历史文物》2002 年第 6 期。
⑦ 李学勤:《十三经注疏・尚书正义》,北京大学出版社,1999 年,第 160~165 页。
⑧ 〔汉〕刘安等编,高诱注:《淮南子》,上海古籍出版社,1989 年,第 81 页。
⑨ 〔汉〕刘安等编,高诱注:《淮南子》,上海古籍出版社,1989 年,第 195 页。

师古注引《淮南子》曰:“启,夏禹子也。其母涂山氏女也。禹治鸿水,通轘辕山,化为熊,谓涂山氏曰:‘欲饷,闻鼓声乃来。’禹跳石,误中鼓。涂山氏往,见禹方作熊,惭而去,至嵩高山下化为石,方生启。禹曰:‘归我子’,石破北方而启生。”①《汉书·武帝纪》又有:“朕用事华山,至于中岳……见夏后启母石。翌日亲登嵩高。”②

二、中原地区传说时代洪水发生的原因

传说时代中原地区洪水的发生主要是由自然条件的变化即气候的变化引起的,这是根本的原因,对此,学术界已多有论述,此不赘述。我们以为,传说时代洪水的发生主要是由自然方面的因素造成的,但这并不排除人为因素对洪水发生的影响。早期人为活动对天然植被的破坏,很可能是造成中原地区洪水灾害发生的重要原因之一。

“到了距今10000年前后的新石器时代,人类适应自然的能力已经有很大的进步,农业耕作已经达到轮作,并且出现了纺织、制陶等工业活动,而随之对于天然植被的破坏能力也增加了,逐渐开始摆脱对于自然的完全依附,人类开始进入了改造环境以致破坏环境的进程。”③新石器时代人类的生产生活对天然植被造成了破坏,耕地的开垦、游耕方式的存在,居住地的选择和迁移,建筑和燃料用林,等等,无不导致对天然植被的破坏。

新石器时代人口的不断增加,加剧了生产生活对天然植被的破坏。如果一万年前中国人口略高于100万,则到夏初的近6000年中人口增长了大约10倍,平均每一千年递增约半倍,这一速度大大超过了氏族公社制以前漫长

---

① 〔汉〕班固:《汉书》,中华书局,1962年,第190页。
② 〔汉〕班固:《汉书》,中华书局,1962年,第190页。
③ 李文漪:《中国第四纪植被与环境》,科学出版社,1998年,第232页。

的旧石器时期正常的人口增速，充分表明人口增殖伴随着生产力发展的显著加速，从而为人类进入阶级社会创造了基本的前提[①]。人口的增加反映在聚落数量的增多和密度的加大上[②]。而聚落数量的增多直接引起了对天然植被的破坏。总之，中国新石器时代人口的不断递增，特别是到新石器时代的中后期，人口已达一定规模，其生产生活对天然植被的破坏较以前显著增强。据孙湘君等人的研究，在距今6800—5600年间，河姆渡的气候较今温暖湿润，生长着亚热带常绿和落叶阔叶混交林。距今5600年以后，落叶的阔叶乔木植物增加，并且森林面积缩小，估计这与人类活动加剧有关，而并非全为气候因素所致[③]。李文漪通过研究认为，河北东部距今5000年前后楝、榆、榛的减少是新石器时代农业发展造成的。[④]

中原地区新石器时代农业的发展，人口的增加，特别是到新石器时代的后期，中原地区先民的生产生活带来了对原有天然植被的破坏，可能引起局部地域生态环境的失衡，在多雨的条件下，便极可能加剧当地洪水灾害的发生。可以做这样的推测：中国古史传说时代发生的洪水主要是由自然因素造成的，但并不排除人为因素在其中的部分影响。

三、大禹治水与国家萌芽的出现

中原史前洪水使得农业生产遭到了很大破坏，所谓“五谷不登，禽兽逼人，兽蹄鸟迹之道交于中国”。人民荡析离居，到了“民无所定，下者为巢，上者为营窟”的境地。不论导致洪水发生的原因是什么，从历史的角度来看，洪

① 胡焕庸、张善余：《中国人口地理（上册）》，华东师范大学出版社，1984年。
② 王妙发：《黄河流域的史前聚落》，《历史地理》第六辑，上海人民出版社，1988年。
③ 孙湘君、杜乃秋、陈明洪：《“河姆渡”先人生活时期的古植被、古气候》，《植物学报》（英文版）1981年第2期。
④ 李文漪：《全新世花粉分带与地层划分》，《中国第四纪研究》1986年第2期。

水在什么时候发生并影响政治应是一种历史偶然性中的必然结果。我们认为灾难正是夏代国家产生的契机。

在原始社会末期,由于社会分工和商品交换的发展,社会交往的不断扩大,不同氏族和不同部落的人们便杂然相处,洪水的发生加速了杂居状态的发展。因为洪水冲毁了人们的家园,人们流离失所。为了避水,各氏族部落必然会打破其原有的封闭状态,走出自己的领地,寻找一片高地暂且栖身。“天下大雨,禹令民聚土积薪,择丘陵而处之。”这样,与其他氏族部落的接触、融合就不可避免。杂居现象破坏了氏族同族共居的原则,它废除了按血缘关系组织居民的老办法,代之以按地区组织居民的新办法。并且这次水患为害范围波及整个中原地区乃至黄河中下游,人口的大规模流动迁徙也导致联结氏族的血缘纽带的松弛。于是氏族制度这种“自然发生的共同体”在洪水的冲击下发生了动摇。这种动摇于人类的历史具有重大的意义。诚如梁启超先生所言:“以避水故,四方诸族咸集高原,其于华夏民族之完成,社会组织之变化,不无影响。”国家的产生过程也就是氏族制度瓦解和消亡的过程。

鲧治水之失败在于他没有突破氏族间天然的闭塞性和狭隘性,只把注意力放在自己部落联盟所在的范围,修堤筑坝,“以邻为壑”,最后是“壅防百川,堕高堙庳,以害天下”。禹吸取其父失败的教训,意识到治水绝不是一家一户、一个氏族或一个部落所能完成的工程,往往需要若干个受害部落的共同协作。那种互相隔绝的局面不打破,治水就无从谈起。“禹乃遂与益、后稷奉帝命,命诸侯百姓兴人徒以傅土。”据徐旭生先生研究,禹为华夏集团,益为东夷集团,后稷属西部集团。从这句话我们可以看到禹团结联合了其他各方氏族首领,把他们视为自己的“股肱助手”,并利用他们的威信广泛号召发动各部落的成员投入抗洪治水的斗争。史称禹治水是“以四海为壑”。这种共同劳动构成古代社会组织基础的一个部分,也是促使氏族部落融合的一种基本力量。治水工程需要统一的部署安排,它不可能完全按原有的血缘关系进行分工,而必须以一定的地域划分为基础,这又一次打破了以血缘关系为基础的氏族界限,将地域要素注入到古老的氏族制度的肌体之中。禹治水成功之后,“沐甚雨,栉疾风,置万国”,并且“中邦锡土姓”。国是一种地域名称,而不仅仅是原有氏族的籍别,“锡土姓”也不是原有氏族首领简单加冕,而是权力的再分配。无疑,这已经是一种地域的区分了,也就是恩格斯所说的“按地区来划分它的国民”。《左传·哀公七年》载“禹合诸侯于涂山,执玉帛者万国”,而“合并作用是一种更高的过程,能将诸部落在一个共同地域内联合起来”,这种联合是夏代国家产生的一大征兆。

洪水的浸漫,使邻近部落的地界消失了。根据近年来社会生物学的研究成果,确定的领土范围对于动物社会是至关重要的,疆域不明引起的争夺和冲突是动物群体组织之间交流的重要方式。原始部落也常因此而纠纷频发。这次大洪水也带来了同样的社会问题。另一方面,洪水平治之后,无形之中会增加很多土地,这也需要加以厘定,重新确定归属,才能避免互争,正如恩格斯在论述雅典国家产生时所指出的:这时“有决定意义的已不是血族团体的族籍,而只是常住地区了,现在要加以划分的,不是人民,而是地区了;居民在政治上已变为地区的简单的附属物了”。面对这种新的局面,禹进行了一次大规模的整理疆土的工作。《诗经·商颂·长发》载:“洪水芒芒,禹敷下土方,外大国是疆,幅陨既长。”在此基础上,他又划定九州,进行地理划分,以确定版图,调剂劳力。禹划九州,标志着血缘关系向地域关系转化的完成。

历史偶然性的另一表现形式是英雄人物的原始动机。其意义也许是微不足道的,但他的行为所产生的影响却极其深远,人类都有一种对私利追求的欲念,禹的权力意识随治水机构权力的强化而逐渐萌发、膨胀。他运用这种权力来发号施令,有意识地攫取更多经济、政治权力。特别是在治平水土以后,禹成为英雄人物,他巧妙地利用氏族成员的英雄崇拜心理和道德感化力量,操纵治水机构,篡夺、滥用其权力,并将它扩大,上升为强权。禹按权力高低来分配治水斗争的胜利成果。原始民主政治通过把权力托付给英雄的办法加速了自己的瓦解。因而,在这种意义上,国家就成为大规模治水工程的有机伴生体。在这个过程中,由益、后稷等组成的管理集团也出卖了氏族成员的利益,把一部分权力拱手转让给禹。治水机构此时也随之转变为国家组织。

四、中原地区国家萌芽的聚落表现

龙山文化晚期,也就是所谓尧舜禹时代,从聚落考古学角度来观察,中原地区史前聚落格局发生了很大变化。大中型聚落群中出现圆形聚落群与辐射形聚落群并存的局面,国家也就在这两种聚落群结构中逐渐萌芽形成。例如,陶寺文化聚落群与郝家台聚落群等为圆形聚落群;王城岗聚落群、新寨聚落群、古城寨聚落群等为辐射形聚落群。比较而言,辐射形聚落群的聚落结构除不利于内部的组织管理外,还具有不稳定性和对抗性极强的特点。其不稳定的根源在于其形成的过程是圆形聚落群不断兼并“一”字(线形)形等中小型聚落群,或是大型圆形聚落群分裂解体的产物。辐射形聚落群结构虽也是以中心聚落为核心,但中心聚落并不在聚落群的中心部位,而是偏于一侧,处于辐射聚落群的发轫端位置。就中心聚落位置和以中心聚落为核心的聚落群结构来说,明显具有不稳定性。中心聚落所在,既可以说是聚落群最安全的地带,也可以说是聚落群最危险的地带。安全或危险与否,完全取决于受攻击的方向。一旦攻击来自发轫端方向,则中心聚落所在地就成为最危险的地点。由此来看,在这些辐射形聚落群中往往存在与城址相若或规模较大的聚落遗址,很可能就是由辐射形聚落群结构的不稳定性所决定的,亦即辐射形聚落群的不稳定性主要体现在中心聚落位置及其所构成的聚落群整体布局结构方面。这种不稳定性导致了中原地区龙山聚落分化、增加乃至分布格局的变化,尤其是豫中、豫北地区,聚落数量与仰韶时代持平或略有增加,而豫东地区由于受到黄河下游圆形聚落群的影响,出现了中小型圆形聚落群,而使得聚落数量增加较为迅速。辐射形聚落的优势在于重点区域的对抗性强,辐射线所指的方向可能就是危险的主要来源所在,而中心聚落一侧的危险性相对较小或居次要地位。在这种情况下,聚落群的全部或绝大部分力量就可能被规划于中心聚落的一侧,集中对抗来自同一方向的侵犯。在这种情况下,辐射形聚落群中心聚落的安全在很大程度上可能还来自与周围聚落群的社会关系,即聚落群同盟组织的存在。在若干聚落群构成的同盟组织的保障下,各聚落群都可获得局部的安全保证,辐射形聚落群因此得以成立,并成为同盟防御体系的有机构成部分,并逐渐形成更大的政治同盟①。

中原聚落群同盟体在逐渐形成过程中,聚落社会已经出现了诸多文明因素,而此一时期的洪水促使了聚落社会结构的进一步变化,使得国家萌芽进一步成熟。随着治水机构转变为国家组织,中原地区聚落群内部金字塔形的层级结构也就逐步完善并成熟起来,基本完成了向国家的转变,特别是当聚落的这种金字塔形层级结构已具有明显的“都、邑、聚”性质时,无疑已经是国家②。王城岗龙山城址是夏族早期的中心聚落,与周边的聚落形成了严密的“金字塔”结构,最有王都的特质。“王城岗龙山城址周围,南北 6 公里、东西 9 公里,总面积 40 平方公里的范围内,有 16 处聚落成群分布,形成了一个规模较大的聚落族群,并具有以下明显特征:第一,聚落群体规模较大,聚落数量多,并在空间分布上具有明显的成群态势。第二,在 40 平方公里的范围内,凝聚了 16 个大小不一的聚落。聚落间相互距离大部分仅 3 公里,活动半径 0.8 公里,比中原地区同时期聚落的平均值小了很多,可见聚落分布密度较大。

① 钱耀鹏:《中原龙山城址的聚落考古学研究》,《中原文物》2001 年第 1 期(作者在该文中称辐射形聚落群为扇形聚落群)。

② 张学海:《聚落群再研究——兼说中国有无酋邦时期》,《华夏考古》2006 年第 2 期。

第三,在这些聚落之间,等级区分明显,一级聚落1个,二级聚落3个,三级聚落2个,四级聚落2个,五级聚落8个。第四,王城岗城址是该族团的'中心聚落',面积最大,而且是唯一的城址"。[①] 我们推断,王城岗的修建,依靠的是这个聚落群的力量。以嵩山为中心的洪水治理,依靠的也是以大禹为首领的早夏国家这个聚落群的力量。这个聚落群内的"都、邑、聚"金字塔形层级结构发育较为充分,说明处于塔尖的中心聚落已是都城,相当于塔身的是数量不多的中级聚落(一般面积都远远小于中心聚落而又明显大于小聚落),具有邑的性质。占群内聚落绝大多数的小聚落构成塔基,是村落,从而形成都、邑、聚三级垂直管理体系。这一体系的关键是"都",即部落中心转变为国家都城。文献记载都与邑的区别是有无宗庙。《左传·庄公二十八年》载:"凡邑,有宗庙先君之主曰都,无曰邑。"没有说到规模大小有别,这可能是商周时期的情形,当时的都与邑大概都是城。古史传说时代的都与此不完全相同,不仅都有宫殿、宗庙,其规模也远远大于邑,大、中型国家的都大多是城,邑中虽然也有城,毕竟很少,这从大、中型聚落群都有一个面积大大超过中级聚落的中心聚落,并已在其中发现不少城,可以得到实证。

总之,以王城岗为中心的聚落群,聚落数量较多,层次结构分明,显然不是一般"邑"与"聚"两级结构所能具有的,而完全可能是大禹治水过程中所形成的早期国家的结构形态。

(作者为河南省社会科学院历史与考古研究所副研究员)

① 李龙:《中原史前聚落分布与特征演化》,《中原文物》2008年第3期。

从治水之“治”到治国之“治”

付开镜

一、大禹治水之“治”与中国历史上最早国家的产生

“治”在中国历史上是一个极为重要的文字。《说文》:“治水。出东莱曲城阳丘山,南入海……从水,台声。”许慎以“治”的起始之义是水名,为地理名词,当否,笔者学浅识薄,不敢妄断。但治字“台声”之“台”,与“怡”通,《说文》释“治字”从水台声。“台”当为“怡”的初字。《说文》:“台,说也。”说,即悦,有和悦、喜乐之义,系心理情感的反应。按《说文》解释,治为形声字,但形声字常兼会意字的逻辑思维。故治字的声符“台”,也具有义符的内涵。“治”从名词变为动词,其第一义项是治水——即与人类与自然进行斗争密切相关。大禹治水前,其父鲧以堵的方法治水,导致治水失败。而到了大禹治水,吸取其父的教训,顺应了水向低处流的规律,采取了疏导的方法,最终治水成功。有学者认为,大禹治水的成功,“可能主要得益于4000a. B. P. 以后的气候

好转而并非人力之能所为”。[①] 事实上,这些学者之所以怀疑大禹治水的可能性,主要原因在于对“治”的理解产生了偏差,以为治水需要巨大的人力、物力以及先进的工具,而对于生产力极端落后的初民来说,根本达不到。其实,大禹治水之“治”的本质意义,在于顺应水的特性,故而治水的重点不是动用大量人力物力,而是利用了水的由高向低流动的特性,用水力冲开大量的土石。大禹主要领导各个部落民众,沿着水流的方向进行了一些疏浚的土石工作,费力小而收获大。因此,治水之治,其主要内涵在于,不是进行大规模的土石开挖和搬运,而是运用水流下泄的规律,借用水流的动力,疏通水道,让水顺流而下,从而解决了水患。

一般认为,大禹之前,国家并未建立,因此,大禹只能是临时联合各个部落,共同治水。当大禹治水成功之后,人们第一次感受到了大禹非凡的才智,部落联合后集体力量的强大,因此,渴望由大禹领导建立一个固定的组织——国家,以防备未来的洪水。

英雄崇拜是任何社会都存在的重要社会现象。一个时代有一个时代的特征,一个时代有一个时代的精神。天有十日的传说时代,先民崇拜的英雄是可以射日的英雄后羿;洪水为害的时代,人们崇拜的英雄是治水成功的大禹。治水英雄大禹,当然成了负责建立国家的最佳人选。“治水既已告成,接下去自然就要办建国的大事了。”[②]治水成功之日,大禹在会稽山下召开了一次规模巨大的诸侯方国集会,《左传·哀公七年》载:“禹合诸侯于涂山,执玉帛者万国。”“这是中国历史上第一次明君臣、示一体、别远近的具有重要政治意义和深远历史影响的大会。”[③]而大禹的儿子启,一方面因其父而受到人民的热爱,另一方面,也因协助父亲治理国事而得到民众的拥戴,他成了大禹死

① 吴文祥、葛全胜:《夏朝前夕洪水发生的可能性及大禹治水真相》,《第四纪研究》2005 年第 6 期。
② 周幼涛:《禹“修社祀”和“死而为社”考》,《绍兴文理学院学报(哲学社会科学版)》2015 年第 3 期。
③ 周幼涛:《禹“修社祀”和“死而为社”考》,《绍兴文理学院学报(哲学社会科学版)》2015 年第 3 期。

后延续国家发展的最佳人选。因此,大禹是中国第一个王朝的实际建立者。在治水中产生了夏朝政府,也就产生了夏朝政府的运作机制。由此可见,治水英雄大禹和他的儿子启,只能是在受到了人民的拥护之后,方可能建立国家。

二、治水的成功体现了中国早期国家领导者的伟大与民众力量的强大

中国上古时代治水的成功至少可以得出以下六点结论:

其一,治水需要英雄的领导,英雄的智慧与能力应是高于群体中的其他个人的。因此,为了共同的利益,社会群体需要英雄来领导他们,以战胜自然灾害,保护群体利益。而群体选举出的首领,如果治不好水,当承担其罪。鲧的被杀,就是证据。如果治好了水,就会受到人们的长期支持。首领在治水过程中,要身先士卒,以公为先,成为人民的榜样,如此,才能得到人民的拥护。大禹在治水过程中,三过家门而不入,"获得丰富的组织领导经验",[①]表现出完美的政治人格。这种人格,是以牺牲个人的幸福而换来多数人的幸福为标准的。而且,"正是治水的不易,那些治水有功的人都会得到人们的推崇、拥戴"。[②]

其二,治水者利益一致,需要同心协力。治水是集体事业,需要大家同心,同心的前提是首领与众人面临相同的困难,拥有相同的利益。面临困难的一致性与拥有利益的一致性,是他们同心协力的基础。也只有同心协力,方可战胜共同的困难,取得利益的共享。

其三,治水是成千上万人共同协作的工程,必须要由集体来完成,方可成

① 吴宗越:《华夏文明始于治水》,《华北水利水电学院学报(社科版)》2001年第3期。
② 范颖:《论大禹治水及其影响》,武汉大学2005年硕士学位论文。

功,因此就要有集体的协作。因此,民众必定要形成集体主义精神。比如,要疏通水道,需要大量的人参与;群体性的迁徙,也必须大家共同完成。

其四,集体的活动,需要步调一致,只有如此,方可取得成功。所以,要求一人指挥,万人听从。只有万众团结,才能办成大事。因此,要服从所选的领导。

其五,通过治水,人们感受到统一领导的优越性,也就产生了建立国家的政治诉求,建立国家,一个重要的目的在于应付未来可能再次遭遇的灾害。可见,夏朝的建立,其实是民众共同建立起来的,而不只是少数统治者之主观愿望之体现。因为"民不能相治,亦不暇治,于是共举一民为君"①。

其六,通过治水,大禹开辟了联系东西南北的水路交通,形成了供各地联系的水路系统,使天下各地联系到一起,为管理天下奠定了交通前提。

总之,大禹治水的成功给人们一个重要启示:没有利益的一致,也就没有集体精神的产生;没有集体精神的产生,也就没有公认首领的产生;没有公认首领的产生,也就没有集体的服从;没有集体的服从,也就没有治水的成功。

三、从大禹的治水之"治"到后来的治国之"治"

"治"从治水到治理国家,是"治"的含义的一次质的扩张。而这一次的扩张,使得"治"的对象从单纯的对自然界的治理过渡到对人类社会的治理上。从此,"治"就成为中国政治领域一个极为重要的词语了。

大禹治水的成功,在于他充分认识到水的特性。

水的特性之一是"润下"(《尚书·洪范》),因此,治水只可疏而不可堵。大禹治水过程中,关心人民的利益,"令益予众庶稻,可种卑湿。命后稷予众

① 谭嗣同:《谭嗣同全集》(增订本下册),中华书局,1981年,第339页。

庶难得之食。食少,调有余相给,以均诸侯。"[①]所以孟子说:"如智者若禹之行水也,则无恶于智矣。禹之行水也,行其所无事也。如智者亦行其所无事,则智亦大矣。"(《孟子·离娄下》)同理,治理人民,也当关心人民,顺应民意,而不可堵之。故而得民心者得天下。

水的特性之二是"平"。水无论处于任何地方,无论放在任何容器中,其表层总是呈现出平的特点。所谓"水平"一词,就是由此而来。由水"平"的特性而产生的法律的"法"字,也具有水"平"的含义。水之"平",可引申为治理国家当"公平",也就是公正,即权力面前人人平等。统治者既然是人民的代表,就理当公平、公正地治理国家。

可见,古人引治水之"治"为治国之"治",其本意当与水之"润下"、水之"平"的特性有关。治水,要遵循水的规律办事;治理国家,也应该遵循社会规律办事,如此,方才为"治"。只有如此,人民才会从内心处高兴,即达到"怡"的境界。质言之,治理国家,只有人民高兴了,方才为"治"。如果不能顺应社会本身的发展规律,也就谈不上"治",而是乱政、苛政了。而"政",从造字本意上讲,含有暴力强制色彩,缺少"治"的理性色彩。

夏朝借治水而立,但夏朝后期的统治者却没能继续坚持"治"的顺应民意的含义,不再遵守大禹的治水与治民相同的准则,相反却残酷压榨人民。人民痛恨地说:"时日曷丧,予及汝皆亡。"(《尚书·汤誓》)结果在汤的领导下,人民联合起来推翻了夏朝。商朝后期,又重演了夏朝末年的错误,最后为周所亡。西周建立后,对"治"的政治含义进行了深刻反思,认识到"人无于水监,当于民监"(《尚书·酒诰》)的真正价值,明德慎罚,敬天保民,形成了一整套"治民祇惧、不敢荒宁"(《尚书·无逸》)的政治理念。

儒家思想就是在西周明德慎罚、敬天保民这一统治思想中形成的。儒家

---

① 〔汉〕司马迁:《史记》卷二《夏本纪》,中华书局,1959年,第51页。

认为人民利益是最高的利益。为什么要重视人民的利益?因为统治者也来自人民,统治者理当是人民利益的代表。政府只有满足了人民的利益诉求,才能得到人民的支持。此后,在中国历史上,当一个王朝政治清明,社会公平,人民生活幸福,国家富强时,人们就称之为治世;相反,如果一个王朝政治黑暗,社会缺少公平,人民处于水深火热之中,国家弱小,内忧外患不断,人们就称之为乱世。

起初,"治"用于治国,并没有阶级压迫的内涵,完全是对治水之"治"意义的拓展。《孟子·滕文公上》讲当时的社会分工说:"或劳心,或劳力;劳心者治人,劳力者治于人;治于人者食人,治人者食于人。"有学者因此批判孟子轻视体力劳动者。其实,这正表明孟子对"治"字深刻的理解——劳力者的行为对象主要是自然,而劳心者的行为对象是社会上的人。二者只是社会分工的不同,不存在统治与被统治、压迫与被压迫的矛盾。儒家思想的最高目标是仁,仁的含义是爱人——这既是"治"的标准,也是"治"的目的。如果孟子看轻劳动人民,这个"仁"还有何意义?孟子所说的"治",与仁的关系极为密切,是对治水之"治"意义的阐发。因此,治民当使民悦,方是治民的本意。而使民悦的方法,只能是用儒家的治国之道了。故而儒家所说的治民之治,是让百姓心中高兴的统治。儒家还认为,统治者之所以治民,是因为人民需要他,爱民养民是"人君的最大任务"[①]。

四、从大禹治水之"治"到"君舟民水"观念的形成

从治水之"治"到"君舟民水"观念的形成,是"治"的政治含义的进一步升华,"君舟民水"论源于《尚书·酒诰》对"民监"优于"水监"的客观规律的

① 徐复观:《中国思想史论集续编》,上海书店,2004年,第291页。

总结。

《荀子·王制》云:“君者,舟也,庶人者,水也。水则载舟,水则覆舟。”又《荀子·哀公》记孔子之语云:“丘闻之,君者,舟也;庶人者,水也。水则载舟,水则覆舟,君以此思危,则危将焉而不至矣?”这是“君舟民水”观念的最早出处。百姓如水,君主如舟,二者是一种支撑和被支撑的关系。水可无舟,但舟不可无水,水可承载舟的正常运行,但也可倾覆之。这句名言体现的是统治者是否顺应民心的社会规律问题。这句名言,也有学者认为最早出于孔子,[①]这里姑置不论。无论是孔子最早提出这种政治理念,还是荀子最早提出这种政治理念,都说明了儒家在君民关系上,更看重民众力量的强大,而要求君主必须顺应民意。

不过,这种政治理念,还是由治水之“治”与治国之“治”而来。《尚书·洪范》五行曰:“一曰水,二曰火,三曰木,四曰金,五曰土。”史称周武王在牧野战胜殷军,杀死商纣王后,就释放了商纣的叔父箕子。箕子非常贤明,周武王就向他询问治国之道。箕子于是向周武王讲解了五行,并讲到大禹遵守五行之水“润下”的特性而治水成功的史实。五行为何以水为首?可能因为水是人类最为需要的物质,“跟民生日用有关”[②]。但也不可否认,因治水成功才建立了夏朝的统治者,对水的认识非常深刻,故而在夏朝统治者看来,水当为五行之首。荀子是战国时期的学者,他对夏朝的建立原因应该比我们清楚,对五行之水的含义也应该比我们清楚。因此,荀子“水可载舟,亦可覆舟”思想,当源于夏代治水之“治”与治国之“治”。

可见,“治”字用于管理国家和社会,就在于治国也要合乎规律——与治水要合乎水流动时“润下”特性一样,又要合乎水静时“平”的特征——从而讲究公平。治国如果顺应了民心,人民就会听从政府的指挥,国家就会稳定;如

① 魏真:《“君者,舟也;庶人者,水也”出自何人之口》,《史学月刊》2003年第10期。
② 庞朴:《中国文化十一讲》,中华书局,2009年,第54页。

果做不到这点,人们就会起来推翻政府。故此,治国如治水。

相反,如果治水不依照水流的规律,不仅治不了水,而且还会酿成水灾。依照这种取譬的方式,君主治民不依照治民的规律,不爱民,不亲民,人民也同样不会爱戴这位君主。因为,“爱人者,人恒爱之”(《孟子·离娄下》)。同理,不爱人者,人恒仇之。这样的君主,最后只能落得身死国灭的下场,也就是“水能覆舟”。这其实是对统治者的警告。在儒家看来,“三代之得天下也以仁,其失天下也以不仁”(《孟子·离娄上》)。因此,统治者治民就要爱民,因为“治莫大于仁”[①],“自古至于今,与民为仇者,有迟有速,而民必胜之”[②]。

尽管治国如治水的道理十分简单,但是,在中国历史上,只有少数的皇帝能身体力行。如汉文帝、唐太宗等人,深刻认识到治国之“治”源于治水,方能重视民意,爱护人民。也只有他们统治的时期,方可称之为“治世”。而其他众多皇帝,却疏于考虑“治”的政治含义,或者虽然认识到“治”的重要意义,却不能身体力行。这就是中国历史上可堪称为“治世”的时期实在太少,而“暴政”“乱政”时期却太多的根源。中国历史上的所有动乱,都是源于不用“治”而只用“政”,即不依照治国的规律办事,以为强权就可解决一切,从而导致了社会危机的爆发。

总之,中华民族的政治智慧,其来源之一就是治水。水有害,是为水害;水有利,是为水利;水利之义,简而言之,是“人类对水的有意识的利用”[③]。从治水到治国,是“治”含义的一次质的扩张,即从治理自然界扩张到治理人类社会,而从治水之“治”到“君舟民水”观念的形成,是“治”含义的高度升华。因此,国家政治达到的最佳标准,称为治世。如果只用一个字把中华民族政治思想的历史高度浓缩起来,这个字就是“治”。因此,深刻理解“治”的政治

---

① 〔汉〕贾谊:《新编诸子集成·新书校注》,中华书局,2000年,第360页。
② 〔汉〕贾谊:《新编诸子集成·新书校注》,中华书局,2000年,第339页。
③ 徐智麟:《文化水利初探》,《浙江水利水电专科学校学报》2012年第1期。

含义,对当今中国和谐社会的建设,以及实现中华民族的全面复兴,都不无裨益。

（作者为许昌学院魏晋文化研究所教授）

论大禹治水神话的特点

李玲玲

大禹作为华夏民族的人文始祖之一,在古代社会受到历朝历代统治者的推崇和祭祀,传世文献中关于其治理洪水、甸山敷土、改善民生等重大功绩的记载不绝于书,而且对他勤政为民、鞠躬尽瘁、身先士卒的精神品质更是推崇备至,因此从古至今大禹的崇高地位始终不可动摇,与他相关的神话传说更是遍布全国各地。有关大禹的神话传说种类丰富,涉及故里、葬地、治水、战争、疆域、都城等各个方面,其中有关治水的神话传说是出现最早的,而且大禹的其他事迹均是围绕治水产生的,即大禹是在治理洪水的过程中才得以积累威望,扩大权力,并获得支持,最终成为族群联盟的首领,征战、建都、拓展疆域,成就一世伟业,没有治水便没有其最后的功绩。所以大禹治水神话是大禹神话的本源神话和核心内容。大禹治水神话有着非常明显的特点,既彰显着历史的进程,更凸显出时代的特征。本文不揣浅陋,在前人研究基础上,对大禹治水神话的特点进行简单梳理概括,以求教于方家。

一、大禹治水是大禹神话的本源和核心

大禹治水在大禹神话的诸多内容中，出现时间最早，并且所有的尤其是先秦时期的大禹神话，均是以大禹平治水土为核心。从文献记载来看，早在西周中晚期的青铜器铭文和春秋时期文献中就已经出现了大禹治水的相关内容，而且内容只涉及平治水土、甸山敷土，并未见其他。到战国初期，大禹神话的内容开始有所增加，但仍是以平治水土为主。战国中晚期以后，大禹神话的内容开始逐渐细化，增加了世系、婚姻、品德等细节性内容，但均是围绕治水衍生的，治水仍是大禹神话的核心内容，治水区域开始具体化。秦汉以后，大禹神话的种类更加丰富，但治水仍是其中的主要内容，并且随着大禹神话的传播，大禹治水的区域逐渐扩大，大禹治水神话开始遍布各地。可以说在大禹神话的发展演变中，大禹治水神话一直是核心。下面以文献记载中的大禹神话为例，对此进行简要说明。

有关大禹神话的记载，目前可见的最早的史料是西周中期的遂公盨铭文，该铭文中的内容与大禹平治水土有关："天命禹敷土，随山浚川，乃差地设征，降民监德，乃自作配乡民，成父母。"意思大致为：大禹采用削平山岗、堵塞洪水和疏导河流的方法，平息了水患，并根据各地土地条件的不同规定各自的贡赋，百姓安居乐业。大禹有恩德于民，百姓视他如同父母。[①] 这是目前所见的有关大禹治水的最早史料，在青铜重器上筑铭以世代流传，可见当时人们对大禹治水的功绩是高度推崇的，甚至视其为父母，同时也说明大禹治水在当时已经广为流传。在春秋时期文献中所记载的商周史实中也可以看到这一点。如《尚书・吕刑》中记载的西周时期人们对大禹的认知为"皇帝清问下民

① 李立新：《遂公盨铭文与大禹史迹发微》，《登封与大禹文化》，大象出版社，2017年。

……乃命三后,恤功于民。伯夷降典,折民惟刑。禹平水土,主名山川。稷降播种,农殖嘉谷"。大禹在当时人心目中"平水土,主名山川",有着重大的贡献。成书于春秋时期的《诗经》中记载了大量商周时期的史实,其中关于大禹的记载均为平治水土、甸山敷土,而没有其他内容的记载。如记述周代历史的《诗经·大雅·文王有声》中有:"丰水东注,维禹之绩。"《诗经·大雅·韩奕》中有:"奕奕梁山,维禹甸之,有倬其道。"意为大禹的功绩为使丰水东流,并甸梁山;《诗经·小雅·信南山》称:"信彼南山,维禹甸之。"意为大禹甸南山。在商人后裔追述商代史实的《诗经·商颂·长发》中有:"浚哲维商,长发其祥,洪水芒芒,禹敷下土方。"对商人印象中的史前洪水概况和大禹治水之功进行了论述。这些记载反映的是西周时期商人后裔和周人对大禹的认识,涉及的均是大禹平治水土的功绩,而没有其他,这说明在西周和春秋时期,大禹治水神话是普遍流行于商周族群之中的。既然在当时已是普遍流传,那其源起必然更早,应该是早在商王朝甚至之前的夏王朝时期,大禹治水神话应该就已存在,所以才能一直流传下来。所以说大禹治水神话应该是大禹神话最早的本源。战国以后,大禹神话的内容才开始逐渐丰富,出现了世系、婚姻、品德、战争等各方面的记载,但均是围绕治水展开,如鲧禹父子关系的记载伴随着二者前后相继治水的传说;禹娶涂山氏女生启,仍是围绕其专注于治水的神话;禹因治水之功才得以继舜之位;等等。可以说战国以后,虽然大禹神话的内容逐渐细节化,种类逐渐增加,但仍是以治水为核心,大禹的各项功绩也均是因治水而起。

二、大禹治水是神话与历史相互转化的结果

大禹治水是神话但同时也是历史的反映,研究神话学的学者认为大禹治水是神话传说,大禹的本相是主管水土的水神或社神,被先秦诸子托古改制

才由神变为人;研究历史的学者,则从历史和考古的角度分析,认为大禹在历史上确有其人,治水活动确有其事;还有的学者认为大禹并非真实的历史人物,可能是图腾之类的原始信仰。笔者认为,考古学的发现证实了文献中的尧舜禹时期确实广泛存在着洪水痕迹,在当时的城市遗址中也鲜明地体现着原始人类的水利观念及防洪措施,因此大禹治水神话是有真实的历史原型的,是历史曾经发生的真实事件。但从文献记载看,从殷商时期有大禹的记载开始,最初的大禹治水明显是神话事件,大禹的身份神性十足,这说明长期的历史发展,曾经真实的治水历史在人们对英雄的崇拜和夸张中,口耳相传成为神话,长期流传,所以早期的大禹治水的记载保留的是由历史转化成的神话。到战国以后,随着社会生产力的发展,人们的水利观念有了显著进步,对早期的治水神话有了更深层和科学的思考,长期流传的大禹治水神话乃至所有与治水有关的神话,如共工治水、四岳治水等,开始逐渐被理性化分析,与当时的地理区域概念相结合,大禹治水神话开始与现实相结合,成为当时历史地理的反映,逐渐由神话再次转化为历史,但其反映更多的是春秋战国时期的历史,而不是最初的历史原貌。再加上诸子百家托古改制,纷纷借用长期流传的神话传说人物,表达自己的政治和思想主张。所以在春秋战国时期,大禹等传说人物在不同的诸子著作中,呈现出不同的道德、思想、行为,有相近的甚至有相悖的,事迹越来越详细,成为完全真实的历史人物和早期族群始祖。

大禹治水神话最早是以一种虚化的、简单的形式出现的,在西周和春秋时期的文献记载中,大禹的身份以神性特征为主,甸山敷土、主名山川,事迹非常简单,并无细节性的内容,而且同时受到商人、周人的尊崇。到战国早期,就出现了大禹为夏后氏祖先神的记载,其治水事迹开始逐渐详细,如《国语·周语下》《墨子·兼爱》《论语》等文献中,有大禹治水的具体方法“高高下下,疏川导滞”,所治的河流包括江、河、淮、汉等,另外对大禹治水的功绩进行了高度评价,认为其治水惠及各方之民。这一阶段是大禹由神向人转变的时期,大禹治水方法的出现是当时水利观念和水利技术发展的现实写照,但大禹治水惠及各方之民却是其神性的保留,因为只有神才有保护万民的能力。正因为大禹早期神的身份,才使其治理大范围水患惠及万民成为可能。到战国中后期,大禹完全成为上古帝王形象,成为真实的人,其治水事迹加入了更多符合世俗的细节化内容,如世系、婚姻、战争、都城等,并且出现了前所未有的品德内涵。如《庄子·天下篇》有:“禹亲自操橐耜,而九杂天下之川,腓无胈,胫无毛,沐甚雨,栉疾风,置万国。禹大圣也,而形劳天下也如此。”对大禹治水以身作则、不辞劳苦的精神进行了生动记载。《孟子·滕文公上》云:“禹疏九河……当是时也,禹八年于外,三过其门而不入。”《吕氏春秋·古乐》云:“禹立,勤劳天下,日夜不懈,通大川,决壅塞,凿龙门,降通漻水以导河,疏三江五湖,注之东海,以利黔首。”这些记载是当时诸子百家为托古改制,借长期流传的传说人物之名,阐释自己的政治主张,以及自己心目中的理想政治。不只大禹如此,在战国中晚期,其他传说人物如炎帝、黄帝、女娲、蚩尤、共工等都在这一时期转变成为鲜活的真实历史人物,有着鲜明的个性特征和或正或邪的品格特征,并且具体事迹开始出现和细化。这是一种普遍现象,体现的正是诸子百家托古改制,使长期流传的神话传说历史化的具体过程。秦汉以后,这种神话的历史化完全定型,大禹等曾经长期流传的神话传说人物作为华夏民族人文始祖的身份被固定下来,受到历朝历代统治者的推崇,大禹治水的神话传说也随之传播至更加广泛的区域。

综上所述,从文献记载的大禹治水神话来看,大禹治水经历了一个由虚至实、由简至繁的发展演变过程,清晰地展示出神话和历史的相互转变过程,同时显示出当时的社会发展状况,如水利观念的发展、疆域概念的明确、民族意识的形成等,是当时社会发展和思想潮流的真实反映。

三、大禹治水神话的地域扩展体现着意识形态和政体国家的统一

大禹治水神话在地域上有一个逐渐扩大的发展演变过程，这种发展演变体现的是统一的祖先认同的形成和统一的国家及疆域的形成。

在战国以前，文献中对大禹甸山敷土、平治水土的具体地域涉及不多，而且多是一种虚化和泛化的概念，无确切地点。如上文引用的西周春秋时期的青铜器铭文和《诗经》《尚书》等文献中，提及大禹甸山治水地点的主要在《诗经》中，所治之水为丰水，所甸之山为梁山、南山等，根本无法确知其地点。到战国以后，大禹治水开始细节化，其所治之水和治水所涉及的地域开始增多。战国早中期涉及大禹治水区域的文献主要有《国语》《墨子》等，有概括性的说法，也有具体的地域；到战国中期以后，《尚书·禹贡》《庄子》《孟子》《山海经》《吕氏春秋》等文献中关于大禹治水区域的记载都已经非常具体，是秦汉以后大禹治水区域记载的基础。

战国早中期文献中对大禹治水地域详细记载的是《国语》和《墨子》。《国语·周语下》云："其后伯禹……四岳佐之。高高下下，疏川导滞，钟水丰物，封崇九山，决汨九川，陂鄣九泽，丰殖九薮，汨越九原，宅居九隩，合通四海"，大禹治水涉及的地域是九山、九川、九泽、九原等，当然，这些地方都是概括性的说法；而《墨子·兼爱中》则是具体性的记载："古者禹治天下，西为西河、渔窦，以泄渠孙皇之水；北为防原、泒，注后之邸、嘑池之窦，洒为底柱，凿为龙门，以利燕、代、胡、貉与西河之民；东方漏之陆，防孟诸之泽，洒为九浍，以楗东土之水，以利冀州之民；南为江、汉、淮、汝，东流之，注五湖之处，以利荆、楚、干、越与南夷之民。"大禹所疏通的河流涉及东、南、西、北等各地，惠及各方之民。这则记载中既有民族之分如南夷、胡等，也有国土之分如冀州之民，

还有诸侯国之分如燕、楚、越等,更有河流之名如江、汉、汝、淮等,大禹治水是惠及全国、惠及各方的,这体现的是当时统一民族意识的形成,已经出现了华夏民族和周边民族之分,如南夷、胡这类称呼应是中原华夏族群对周边族群的称呼。但与此同时,大禹的功绩不仅涉及华夏民族,也惠及周边民族,这应该是当时国家大一统意识的民间反映和时代要求之体现。战国中期以后的文献中这种大一统的思想意识体现得更加明显,并出现了疆域意识,如涉及大禹治水区域最全面的《尚书·禹贡》。学界对《尚书·禹贡》的成书年代有不同的看法,比较主流的是战国说,笔者也认同这一观点,因为《禹贡》中已经出现了明确具体的有关九州的记载,在之前的文献中仅在《墨子》中有冀州之说,并无其他关于九州的概念。《禹贡》对大禹治水敷土涉及的九州,即冀州、兖州、青州、徐州、扬州、荆州、豫州、梁州、雍州的水系、地貌、物产等情况有详细的记载,反映的是当时人在地理、水系等方面的认知,是对当时地理地形的总结性认识,其背景应该是战国时期各诸侯国之间的交流融合而产生的整体的地理概念和统一民族意识的产生。当时人将这种地理认知与长期流传的大禹治水神话相结合,一并归于大禹名下,说明了大禹在当时人心目中的崇高地位以及治水在先秦人们生活中的重要性。后世有关大禹治水的区域及禹画九州的概念多是建立在《禹贡》基础之上。如《孟子·滕文公》中两次提到大禹治水的传说:“禹疏九河,瀹济、漯而注诸海,决汝、汉,排淮、泗而注之江,然后中国可得而食也。”“禹掘地而注之海,驱蛇龙而放之菹。水由地中行,江、淮、河、汉是也。险阻既远,鸟兽之害人者消,然后人得平土而居之。”这里大禹治理的河流,仍沿袭前说,涉及江、河、淮、汉等。《吕氏春秋》中对大禹治水区域也有论及,如《吕氏春秋·古乐》中云:“禹立,勤劳天下,日夜不懈,通大川,决壅塞,凿龙门,降通漻水以导河,疏三江五湖,注之东海,以利黔首。”《吕氏春秋·爱类》中云:“昔上古龙门未开,吕梁未发,河出孟门,大溢逆流,无有丘陵沃衍、平原高阜,尽皆灭之,名曰鸿水。禹于是疏河决江,为彭蠡之障，干东土，所活者千八百国。”对大禹治水贡献高度赞扬，认为其“所活者千八百国”。上博简的《容成氏》中对大禹治水涉及的九州，可以和《禹贡》相对照：“禹亲执耒耜，以陂明都之泽，决九河之阻，于是乎夹州、涂州始可处。禹通淮与沂，东注之海，于是乎竞州、莒州始可处也。禹乃通蒌与汤，东注之海，于是乎蔖州始可处也。禹乃通三江五湖，东注之海，于是乎荆州、扬州始可处也。禹乃通伊、洛，并瀍、涧，东注之河，于是乎豫州始可处也。禹乃通泾与渭，北注之河，于是乎虘州始可处也。”二者虽然在州的名称上有所差别，但从地域上来看多数还是吻合的。《禹贡》和上博简《容成氏》中关于禹画九州的记载是先秦时期大禹治水神话在治水区域上的总结性概括，说明此时具体的九州体系已经形成，统一的民族意识、疆域概念及华夏民族已经形成，大禹治水区域的扩展及禹画九州的确定正是这种统一意识的反映。

秦汉以后，大禹治水传说在内容上愈加细化，地域上也扩展至越来越多的地区，但其区域基本不超出先秦文献《禹贡》《容成氏》等记载。因为，《禹贡》中禹画九州的地域已经是东至海，南至江浙，西至甘青，北至河北的广大区域，为后世大禹治水传说奠定了地域基础。汉初《淮南子》大禹治水的区域为“三江五湖”，《史记·夏本纪》则以《禹贡》为基础，再次对禹画九州之说进行了详细总结，可以说《史记》是对先秦时期流传的大禹治水神话的完整总结，对其治水区域、所治河流、九州的物产等等，均有详细记载。汉代以后，随着儒家地位的确立，大禹被历朝历代统治者尊为圣王，成为国家祭祀的人文始祖之一，出于对先圣的尊崇，大禹的神话开始在统一的国家政体内得到更广泛的传播，附会之说日盛，因此与大禹相关的地域，如故里、葬地、都城等，甚至大禹治水的区域，因为这种附会，开始在不同的地区出现，并出现众多分歧。如出现了大禹出于西羌，生于石纽，都于阳城，葬于会稽等分歧性较大的说法。北魏《水经注》就对当时各地盛行的大禹传说进行了记载和考证，如《水经注·江水》中记载了大禹治水与江水得名的关系，《水经注·沔水》中记载了大禹在太湖治水的情况,另外《水经注》中还记载了分布于全国各地的禹迹和禹庙,等等。这些记载说明,北魏以前,大禹神话已经在全国各地传播开来。从总体上看,后世大禹神话的附会之说虽然日益增多、地域扩散,但这种地域的扩散似仍不出《禹贡》《史记》等文献中所限定的九州区域。

综上所述,首先大禹神话在全国范围内的传播扩散,反映的是共同的祖先认同,说明秦汉以后,大禹已成为华夏民族的共同祖先;其次大禹治水神话的整合和扩散,反映的是秦汉以后统一行政体制和统一民族意识的强大影响力以及大禹本身的影响力。

(作者为河南省社会科学院历史与考古研究所副研究员)

大禹治水与中国的农耕文化

徐春燕

中国的农耕文化源远流长，但要探寻根源，还要追溯到大禹治水。禹，姓姒，名文命，字高密，号禹，夏后氏首领，大禹是后人对他的尊称。传说他是帝颛顼的曾孙，轩辕氏的第六代玄孙。根据《史记·夏本纪》的记载，禹贤德聪慧，雄才伟略，功绩赫赫，不仅平治了水患，还建立了我国第一个世袭制国家——夏朝，开启了中国的奴隶制时代。

一、大禹治水与农耕文化的起源

史书记载，在帝尧时代，洪水滔天，房屋被冲毁，农田被淹没，还有许多人口和牲畜也被洪水卷走，百姓不堪其扰。尧要求各部首领推举治水能人，大家推选了鲧。鲧采用围堵的方法治水。他带领大家搬土运石，在河水两岸用石块和泥土筑起高坝，以此阻止河水肆虐横流，但是没有想到，堤筑的高度远远不及河水上涨的速度，坝虽然越筑越高，但是汛期来临，河水迅疾上涌，一旦冲破缺口,就如困兽逃笼般呼啸而出,肆虐中原大地。鲧治水九年,劳民伤财,未见成效,百姓依旧备受水患之苦。尧死后,接班人舜又召集众人商讨治水,大家推举了鲧的儿子禹。禹汲取鲧失败的教训,殚精竭虑思考解决问题的办法。他不辞辛苦,踏遍九州,勘查地势,探究水路,最后采用疏导的方式,历时十三年,终于成功治理了水患,此后很长时间内四海承平,八方宁靖,部族欣欣向荣,百姓安居乐业,人们高兴地歌颂其功德。

大禹治水之前,洪水泛滥成灾,"汤汤洪水方割,荡荡怀山襄陵,浩浩滔天,下民其咨"①,生态环境十分恶劣,由此可以判断此时的华夏农业,应该尚处于起步阶段,虽然有所发展,但是因为时常受到水患威胁,人们又治理不得法,生产力水平低下,粮食供应不足。大禹治水之后,不但生产生活环境发生了实质性改变,农业灌溉也大为便利,得益于此,农业生产水平有了前所未有的提升,可以说,先秦时期的农耕文化就是从大禹治水"尽力乎沟洫"②,"躬稼而有天下"③开始的。不仅如此,随着农业生产力的提高,社会财富的日益积累,财富分配的不公随之而来,与之如影随形的还有贫富分化,这一系列情形的发生和存在就导致了阶级的出现,掌握更多财富的社会阶级就动用各种手段谋求更强大的力量保护既得利益不被侵占,并且还要制定规则来维持现有的分配状况,改变原始的平均主义状态。于是,国家机器出现,奴隶制度最终得以确立。大禹建立的夏朝,是中国第一个王朝,由此开始,中国古代历朝历代都重视农田水利,而"以农立国"实起自禹,可以说夏文化是水文化,同时也是农耕文化。

① 李学勤:《十三经注疏·尚书正义》,北京大学出版社,1999年,第40页。
② 杨伯峻译注:《论语译注》,中华书局,1980年,第84页。
③ 杨伯峻译注:《论语译注》,中华书局,1980年,第146页。

二、大禹治水与中国农耕文化的发展

大禹治水是为了解决人们的生存问题，一方面是要使人们的生命和财产免受洪水威胁，另一方面是要通过治水改善农业种植环境，提高社会生产力，解决人们的吃饭问题。因此，大禹在治理水患期间也积极倡导农业生产，他的许多思想和实践对于后来农耕文化发展有着重要的理论指导意义。

1. 水利灌溉

水利与农业发展息息相关，相传大禹在治理洪水、保护农业发展大环境的同时，还"尽力乎沟洫"，大力组织百姓在田间开挖沟渠，实施水利灌溉，所谓"决九川致四海，浚畎浍致之川"[①]。这些沟渠，干旱时能够引水灌溉，洪涝时可以将积水引入江河，使之流归大海，趋利避害。虽然这还只能算是远古英雄传说的一部分，没有确切实证，但是商代的甲骨文卜辞中已经出现了划分整齐的方块田形状，而在方块田之间纵横交错的就是水渠。[②] 由之可以肯定，此时期已经有了成形的灌溉系统。大禹所处的时代与商代在时间上相去不远，此时期即使没有真正成形的水利灌溉设施，但应在努力酝酿中。

2. 农业种植

大禹治水成功，为人民的生产和生活创造了良好的生存环境，百姓开始安居乐业，"桑土既蚕，是降丘宅土"[③]，就是说从山丘到平原，建立居宅，种桑养蚕。中原地区种植的传统农作物是粟、黍、豆、麻等。除此之外，大禹还发现南方稻适合种植于北方低洼湿地和灌溉便利之地，于是"令益予众庶稻，可

---

① 〔汉〕司马迁：《史记》，中华书局，1959 年，第 79 页。
② 韩茂莉：《中国历史农业地理（上）》，北京大学出版社，2011 年，第 84 页。
③ 李学勤：《十三经注疏·尚书正义》，北京大学出版社，1999 年，第 140 页。

种卑湿”[①],在天下推行稻作农业。他这些措施的结果就是促进了大规模农业生产和农业经济的兴起,推动了农耕文化的出现和发展。

3. 土地分级

《尚书·禹贡》记载,禹走遍九州,考察山川地形,行走高山,砍削树木作为路标,根据高山大川划分土地疆界。在掌握各地风土人情信息后,将九州土地依照土色、质地和水分等划分为上、中、下三等,每等又分为上、中、下三级,即三等九级,根据其土地肥力,制定相应的贡赋政策,这是我国最早的土地调查,也是我国土地分级和评价的开始。

4. 贡赋政策

中国的贡赋“自虞、夏时”即“备矣”[②],起源甚早,现存的《尚书·禹贡》就是一部系统的夏朝税法。《禹贡》开篇就说“禹别九州,随山浚川,任土作贡”,从书中我们也不难窥见夏代的税收体系。夏代税法依据征收对象的不同分为贡和赋两种。大体来说,赋是平民向国家缴纳的实物地租,量的多少取决于所属区域和土地肥瘠情况,当然也结合土地的实际产量,所以会出现“田下而赋上者,人功修也;田上而赋下者,人功少也”的情况。贡主要来自直接或间接统治区内的诸侯、方国和部落的赋税或捐税,贡的内容包括丝、棉、铜、象牙、珠玉等,甚至也会有奴隶和美女,还有一部分贡来自农民的“五十而贡”,这种贡带有租税合一的性质。赋贡政策的制定和执行是国家政权取得稳定收入来源的基础,为以农立国的理念的传承和延续提供了土壤和保障。

5. 祭祀制度

由于传统农业的脆弱性以及特定的农事观念,中国的农耕祭祀表达了人们祈求天人和谐、五谷丰登的心愿,早期的农业祭祀应该起源于自然崇拜,并

① 〔汉〕司马迁:《史记》,中华书局,1959年,第51页。
② 〔汉〕司马迁:《史记》,中华书局,1959年,第89页。

随着农耕文化的发展而形成和完善。禹被认为是农业祭祀的倡导者和推动者。《论语·泰伯》记载,孔子曾称赞大禹祭祀虔诚,“菲饮食而致孝乎鬼神”,就是说他缩减饮食以尽力孝敬鬼神,“饮食”自然多半来源于农业生产,因此他“致孝乎鬼神”的行为必然与农业祭祀大有关联。《淮南子·泛论训》中有“禹劳天下,而死为社”的记载,意思大概是大禹勤劳为天下,死后被尊为社神。社神即后土之神,也就是土地神。土地生长草木,孕育五谷,滋养人类,故被视为无穷力量的源泉,大禹为这源泉的掌控者,可见他在百姓心目中的地位极高。古人对于社神的祭祀是一年中的大事,上至王公贵族,下至黎民百姓都要参加,祭祀典礼一般由天子或地方行政长官主持,这是我国农耕祭祀的重要组成部分。另外值得一提的是,中国祭祀活动中有一种舞步,称为“禹步”,据说其来源就是大禹。由于大禹常年治水,双腿泡在水中,以至于双腿走路迈不开步子,只能一点点挪动身体,人们将这种步法融入祭祀的动作,即“禹步”。不管这种说法是否真实,但是大禹对祭祀制度的影响可见一斑。

三、大禹精神对后世中国农耕文化的影响

大禹为农耕文化的发展做出了杰出的贡献,其功绩也赢得了后人的推崇和认可。春秋时期,孔子说大禹自己饮食菲薄,然而祭品却非常丰富,这是至孝;平常他只穿粗布麻衣,然而朝衣却华美讲究,这是尊重群臣;他居住在简陋的宫室里,却将省下的钱都用来修建沟渠,以利农田,因而称赞大禹的功劳是无可挑剔的。[①] 司马迁对大禹也是推崇备至,他在《史记》中将其功绩大加赞颂。具体总结起来,夏禹的精神可以归纳为五点:公而忘私,天下为公;顺应规律,因势利导;吃苦耐劳,不畏艰辛;勇于探索,敢于创新;克己奉公,崇尚

① 杨伯峻译注:《论语译注》,中华书局,1980 年,第 84 页。原文为:“禹,吾无间然矣。菲饮食而致孝乎鬼神,恶衣服而致美乎黻冕,卑宫室而尽力乎沟洫。禹,吾无间然矣。”

节俭。其实这些精神正是与中国的农耕文化相契合的,因而对后来中国的农耕文化产生了巨大意义,影响深远。农耕社会是一种以自给自足的自然经济为基础的小农社会,人们生产和生活都脱离不开家族和家庭,因而人与外界环境就形成了相对固定的或者可以说是长相厮守的相处模式。在这种社会环境里要维持社会和家庭的和谐与发展,就要求部族或者家庭的领袖行为处事必须要从大局出发,以天下为己任,甚至要有公而忘私的精神,这样才能有足够的威望和威信,赢得内部成员的认可。农业生产要顺天时应地利,尊重客观规律,因势利导,才能取得事半功倍的效果;农业劳动条件艰苦,生产周期长,生产者只有具备持之以恒的决心,以及吃苦耐劳、不畏艰辛的精神,才能收获累累硕果。古代社会农业发展的关键是生产工具和生产技术的提高,探索和创新是提升生产水平的法宝。土地开发的数量有限,而古代农业生产水平也有限,要用有限的土地生产出粮食供给不断增加的人口,这就意味着人们要时刻约束自己,勤俭节约。上层领导者虽然可能拥有更多的财富,但是如果他们也能以身作则,克己奉公,崇尚节俭,就会影响更多的人珍惜资源,从而促进社会向着更加富强、更加美好、更加和谐的方向发展。

(作者为河南省社会科学院历史与考古研究所副研究员)

经史分野：大禹治水“过家不入门”叙事分歧及其背后原因

阎盛国

大禹和“大禹治水”是中国早期历史的两个重要主题，不仅许多的史学家有所关注，而且众多的经学家也参与其中，对之大书特书。学界对于大禹和

“大禹治水”的研究成果数量颇丰,有些成果颇具学术价值。① 从“大禹治水”整个叙事来看,我国古代史学家与经学家对大禹治水“过家不入门”的叙事书写,存在着明显分歧。时至今日,学界对之尚未展开深入探讨。笔者从史源学的角度出发,分别追溯史学家和经学家对大禹治水“过家不入门”叙事书写的源头、发展与演变的实际情形,从中分析史学家与经学家对大禹治水“过家不入门”叙事分歧背后隐藏的重要原因。

① 关于大禹的研究成果主要有黄朴民:《先秦诸子之大禹观试说》,《浙江学刊》1995 年第 4 期;冯广宏:《大禹三考》,《四川文物》2000 年第 2 期;白剑:《大禹亦大鱼——华夏民族古代的神灵图腾》,《四川文物》2001 年第 1 期;周书灿:《文化播迁与山东境内大禹传说探析》,《河北师范大学学报(哲学社会科学版)》2008 年第 1 期;张泽洪、熊永翔:《多元文化背景下的大禹崇拜——以岷江上游羌族为例》,《宗教学研究》2009 年第 4 期;王炎:《大禹神话的现代解读》,《中华文化论坛》2010 年第 4 期;李祥林:《民间叙事和身份表达——羌区大禹传说的文学人类学探视》,《西南民族大学学报(人文社科版)》2010 年第 10 期;李岩:《历史上对大禹形象的认识》,《安徽师范大学学报(人文社会科学版)》2010 年第 4 期;李远国:《大禹崇拜与道教文化》,《中华文化论坛》2012 年第 1 期;徐学书:《大禹、冉駹与羌族巫文化渊源》,《中华文化论坛》2012 年第 1 期;杨栋:《西周时期大禹传说的流布》,《文艺评论》2012 年第 6 期;周书灿:《由“禹兴西羌”说论及大禹传说的发生与重构》,《中原文化研究》2013 年第 1 期;李殿元:《论大禹研究中的几个问题》,《中华文化论坛》2013 年第 8 期。
关于大禹治水的研究成果主要有徐启宪、周南泉:《〈大禹治水图〉玉山》,《故宫博物院院刊》1980 年第 4 期;马宗申:《关于我国古代洪水和大禹治水的探讨》,《农业考古》1982 年第 2 期;徐建春:《大禹治水神话研究中的新发现》,《江西社会科学》1990 年第 4 期;刘宗迪:《禹步·商羊舞·焚巫尪——兼论大禹治水神话的文化原形》,《民族艺术》1997 年第 4 期;王清:《大禹治水的地理背景》,《中原文物》1999 年第 1 期;杨善群:《大禹治水地域与作用探论》,《学术月刊》2002 年第 10 期;李亚光:《大禹治水是中华文明史的曙光》,《史学集刊》2003 年第 3 期;何根海:《大禹治水与龙蛇神话》,《安徽大学学报》2003 年第 6 期;黄正术:《从大禹治水看夏人起源》,《青海社会科学》2003 年第 5 期;李小光:《大禹“铸鼎象物”考》,《江西社会科学》2004 年第 9 期;李零:《禹步探原——从“大禹治水”想起的》,《书城》2005 年第 3 期;王定璋:《〈尚书〉所载的大禹》,《天府新论》2007 年第 3 期;王晖:《大禹治水方法新探——兼议共工、鲧治水之域与战国之前不修堤防论》,《陕西师范大学学报(哲学社会科学版)》2008 年第 2 期;侯仰军:《考古发现与大禹治水真相》,《古籍整理研究学刊》2008 年第 2 期;李亚光:《对大禹治水的再认识》,《社会科学辑刊》2008 年第 4 期;张华松:《大禹治水与夏族东迁》,《济南大学学报(社会科学版)》2009 年第 2 期;胡河宁:《大禹治水:中国古代组织传播的前科学叙事》,《新闻与传播研究》2010 年第 3 期;汤夺先、张莉曼:《“大禹治水”文化内涵的人类学解析》,《中南民族大学学报(人文社会科学版)》2011 年第 3 期;王星光:《大禹治水与早期农业发展略论》,《中原文化研究》2014 年第 2 期;李玲玲:《从早期族群交流看大禹传说多地发生的史实依据》,《中州学刊》2014 年第 10 期。

一、史学家对大禹“过家不入门”叙事的雕琢

我国古代史学家对大禹和大禹治水有着丰富多彩的记载。今天看来，这些史学家对大禹“过家不入门”的叙事书写，明显不同于当今社会共识。现今中学历史教科书是如此表述的，大禹治水“在外13年，三次路过家门而不入”[①]。从史源学的角度出发，全面考察大禹治水“过家不入门”的叙事书写，就会发现，现今教科书提及的大禹治水“三次路过家门而不入”的表述，却不是早期史学家叙事的真实反映，而是经学家对大禹治水“过家不入门”改写的结果。老一辈史学家陈垣先生指出：“考寻史源，有二句金言：毋信人之言，人实诳汝。”[②]研究史籍应当考其史料的真实来源。陈垣先生强调：“史源不清，浊流靡已”，“读史必须观其语之所出”。[③] 因此，对于大禹治水“过家不入门”的叙事书写，做到真正正本清源，很有必要。

对于大禹“过家不入门”的叙事书写，最早可追溯到《夏书》，这可从《史记·河渠书》所引的《夏书》得知：

> 禹抑洪水十三年，过家不入门。[④]

这则材料首先提及了资料的来源，即来自《夏书》。而《夏书》本是记载夏朝历史的官方史书。可是后来《夏书》散佚了，其书若干篇章保存在《古文尚书》中，目前依然可见的篇章有《禹贡》《甘誓》。另外，《夏书》虽然散佚了，但是也有一些重要文句保留在历史典籍中，如《左传》就有征引《夏书》的实例：《左

---

① 课程教材研究所、历史课程教材研究中心：《中国历史》（七年级上册），人民教育出版社，2006年，第14页。

② 陈垣著，陈智超编：《史源学实习及清代史学考证法》，商务印书馆，2014年，第1~2页。

③ 陈垣：《陈垣学术论文集》，中华书局，1980年，第18页。

④ 〔汉〕司马迁：《史记》，中华书局，1959年，第1405页。

传》文公七年,援引《夏书》曰:“戒之用休,董之用威,劝之以九歌勿使坏。”[①]《左传》成公十六年,援引《夏书》曰:“怨岂在明,不见是图。”[②]《夏书》远比《史记》产生的时间要早,其可信度自然在《史记》之上。值得注意的是,《夏书》明确记载:“禹抑洪水十三年,过家不入门。”《夏书》这种叙事书写,平实地记述了大禹在外治水十三年,路过自己家门却没有进入的事实。这种叙事不同于后世所说的大禹治水“三过家门而不入”。由此可见,《夏书》对大禹治水“过家不入门”的情节书写当属最早,构建的这种真实话语背景是大禹治水“过家不入门”。值得强调的一点是,《夏书》根本没有说大禹治水“三过家门而不入”。故此,中学历史教科书所说的“三过家门而不入”,实为后人有意构建的另外一种话语背景。

正统史学家又是如何书写大禹治水“过家不入门”这一叙事的呢?司马迁除了在《史记·河渠书》中提到大禹治水“过家门不入”,还在《史记·夏本纪》中提到了大禹治水“过家不入门”,但两者的表述却略有不同,《史记·夏本纪》对大禹“过家不入门”的记载是:

> 禹伤先人父鲧功之不成受诛,乃劳身焦思,居外十三年,过家门不敢入。[③]

从《史记·夏本纪》来看,《夏本纪》有关大禹治水“过家不入门”的记载,司马迁主要采信于《夏书》,但对大禹“过家不入门”的叙事,却略加雕琢。何以见得?司马迁在撰写《夏本纪》时,对大禹“过家不入门”的心态进行了分析,最终用“不敢”二字来概括。显然司马迁夹带有主观推断的色彩。这种主观推断表明司马迁在《夏书》原有记载的基础上,另有自己加工的痕迹,但这种加工却没有背离《夏书》的表述“过家不入门”。

① 〔晋〕杜预:《春秋左传集解》,上海人民出版社,1977年,第460页。
② 〔晋〕杜预:《春秋左传集解》,上海人民出版社,1977年,第769页。
③ 〔汉〕司马迁:《史记》,中华书局,1959年,第51页。

对比以上两则材料，一是可以发现，无论《夏书》，还是《夏本纪》，一致认同大禹治理洪水“过家不入门”；二是可以发现，两则材料均说明大禹治理洪水历时“十三年”。两则材料的不同之处在于，《夏本纪》对于大禹治水“过家不入门”的叙事书写更为丰满。第一，《夏本纪》说明了大禹治理洪水，异常艰辛，“劳身焦思”。第二，《夏本纪》还添加了对大禹路过家门的心理分析。在司马迁看来，大禹路过家门不是“不想入”，而是“不敢入”。司马迁持此观点的主要理由是：大禹父亲鲧因治理洪水不成而受诛，这已成为大禹心里抹不掉的阴影。如果大禹治水失败，同样也要担负罪责。将会像父亲一样，“功之不成受诛”。这就使得大禹治水“劳身焦思”，常怀戒惧之心，直到治水成功为止。大禹鉴于父亲的经历，在治水期间，不敢怀有任何懈怠心理。司马迁对大禹的这种心理，可以说是把握得十分到位。这是由于当时的大禹面临着巨大的压力：一是当时天下洪水泛滥的严峻形势；二是大禹生父治水不力被杀。双重巨大压力使大禹不敢轻易进入自己的家门。司马迁所写《夏本纪》中大禹治水“过家门不敢入”，显然包含了司马迁的心理推测，有“心态史学”的成分在里面。总的来看，司马迁的个人推断是合乎情理的。《夏本纪》关于大禹治水“过家不入门”的叙事书写，依然采信于《夏书》的记载，只是略加雕琢，并没有构建出大禹治水“三过家门而不入”的话语背景。

二、经学家对大禹“过家不入门”叙事的升华

大禹治水“三过其门而不入”的话语背景构建，其实发端于春秋战国时代的诸子百家。大禹治水“三过其门而不入”的说法，最早见于《孟子》一书。《孟子》有两则材料说明大禹治水“三过其门而不入”，一是见诸《孟子·滕文公上》：

> 禹疏九河，瀹济、漯而注诸海，决汝、汉，排淮、泗而注之江，然后中国

可得而食也。当是时也,禹八年于外,三过其门而不入,虽欲耕,得乎?①

上述材料记载了大禹治理洪水的艰难曲折的历程,“疏九河”“瀹济、漯”“决汝、汉”“排淮、泗”。引人注目的是,《孟子》一书对大禹治水“过家不入门”的叙事书写,对比史学家对于大禹治水“过家不入门”的叙事书写来看,却是截然不同的写法:一是《孟子·滕文公上》说大禹治水“三过其门而不入”,而史学家却说大禹治水“过家不入门”;二是大禹治理洪水的时间不同,《孟子·滕文公上》说大禹治水“八年于外”,而史学家的表述却是大禹治水“十三年”。

二是大禹治水“三过其门而不入”的叙事书写,另见诸《孟子·离娄下》:

禹、稷当平世,三过其门而不入。孔子贤之。②

上述材料反映了大禹治水“三过其门而不入”的行为,受到圣人孔子的赞扬。《孟子》一书借儒家代表人物孔子之口表达对圣王大禹的敬仰之情。

对比上述两则材料,二者的相同之处在于:都为大禹治水“过家不入门”进行背书,共同构建了大禹治水“三过其门而不入”的话语背景,接近于当今社会共识——大禹治水十三年,“三过家门而不入”。在大禹治水的时间上,《孟子》的表述与当今社会共识却不一致,《孟子》所言大禹治水是“八年”,而当今社会共识是“十三年”。二者的不同之处在于:表达的语境有所不同,前者围绕大禹治水,后者围绕孔子的言语评价。综合来看,两则材料对于大禹治水“过家不入门”有了新的改写,明显不同于史学家的叙事书写。《孟子》一书对于大禹治水“过家不入门”的改写成为“三过其门而不入”。《孟子》一书所构建的“三过其门而不入”的话语背景,显然是对史学家书写的大禹治水“过家不入门”的升华,这种升华对于大禹的人物形象有了显著的拔高和放大,美化了圣人大禹,树立了圣王形象。

由于《孟子》成书情况比较复杂,学界普遍认同《孟子》是由孟子及其弟子

① 李学勤:《十三经注疏·孟子正义》,北京大学出版社,1999年,第145页。
② 李学勤:《十三经注疏·孟子正义》,北京大学出版社,1999年,第597页。

后学所作。由此看来,现在很难断定大禹治水“八年于外,三过其门而不入”话语背景构建是孟子所为还是其弟子所为。但可以肯定的一点是,最早提出大禹治水“三过家门而不入”的,正是孟子学派。由于《孟子》一书后来被列入儒家经典,这种话语背景构建功劳自然归属于经学家,这是合情合理的。经学家为何要构建大禹治水“三过家门而不入”的话语背景?有何目的?笔者认为,一是美化圣王大禹形象,二是用大禹的行为激励后人。《孟子》对于大禹的书写效果远远超越了史学家的叙事书写,《夏书》所载大禹治水“过家不入门”,司马迁《夏本纪》有大禹治水“过家门不敢入”的记述,显然根本无法与《孟子》大禹治水“三过其门而不入”的特写效果相媲美,而后者也塑造出一个高大华美的大禹形象:“先天下之忧而忧”,“不顾小家顾大家”,这种行为塑造便于经学家教导世人有所作为。在古代汉语习惯中,“三”意味着“多”,如曾子所说的“三省吾身”,反省者不只是反省了三次,而是反省了多次。从古今语言变化来看,现今社会共识的大禹治水“三次路过家门而不入”,与经学家构建的大禹治水“三过其门而不入”的语言背景也有明显的差异。

由上可见,史学家与经学家对于大禹“过家不入门”的叙事,却是构建了两套不同的话语背景,这就造成两大流派之间的分歧。最为明显的一点是,大禹治水的时间问题相差甚远,代表正统史学家的司马迁书写的大禹治水是“十三年”,代表经学家的《孟子》一书书写的大禹治水则是“八年”。史学家的大禹治水“十三年”之说,使经学家格外受到困扰。这可从宋人林之奇《尚书全解》中得到证明。《尚书全解》在《尚书》学术史上占据重要地位,堪称一家之言。林之奇曾在《尚书全解》中说:“学者于圣人之经,但求其意而已。至于时月,则不可设为一定之论。如禹之治水,其时月最难考信。”[①]林之奇认为,经书只能求其大意而已,并特别指出,大禹治水的时间问题就最难考证。

① 〔宋〕林之奇:《尚书全解》,文渊阁四库全书本,中国台湾商务印书馆,1986年。

大禹治水“八年”,还是“十三年”? 这个时间问题显然困扰了林之奇等众多学者,究竟应该如何解决经书中诸如此类的问题? 林之奇接着提出了自己的观点:“《孟子》又谓‘禹八年于外,三过其门而不入’,凡此数说,求之皆龃龉,学者当阙之。”他认为,学者应对此类问题置之不理。在他看来,这些问题永远说不清楚,难道真的都说不清吗? 其实,有些问题还是可以搞清楚的。对于大禹“过家不入门”,还是“三过其门而不入”的问题,是完全可以搞清楚的。《夏书》和司马迁记述的大禹治水“十三年”之说,显然比《孟子》更为可靠。司马迁“十三年”之说,取材于《夏书》,而《夏书》产生最早,因此比《孟子》“八年”之说,更有说服力。主要依据是:一是《孟子》没有给出“八年”之说的合理解释;二是《夏书》的诞生又早于《孟子》。

三、史学家与经学家对大禹“过家不入门”叙事分歧的原因

史学家与经学家除在大禹治水时间上存在书写差异之外,对于大禹治水“过家不入门”的叙事书写也存在很大分歧。上述四则材料可归纳出三种大禹治水“过家不入门”叙事书写。第一则材料代表《夏书》的观点:“过家不入门。”第二则材料代表司马迁的观点:“过家门不敢入。”第三、四则材料代表《孟子》的观点:“三过其门而不入。”这三种观点当中,《孟子》的观点与前两者有很大的差别。《孟子》之说,人为杜撰,不讲事实根据。笔者认为它不可靠的主要理由有三方面:一是《史记·河渠书》清楚说明大禹治水“过家不入门”最早的资料来源是《夏书》,有根有据。《史记》虽比《孟子》晚出,但比《孟子》可信,因其依据的史料来自《夏书》。《孟子》构建的大禹治水“三过其门而不入”的话语背景,则是空穴来风,无任何依据,也不做任何解释。二是《史记》是史书,重于史实考证,可信度高。班固《汉书·沟洫志》大体照抄《史

记·河渠书》:“《夏书》:禹堙洪水十三年,过家不入门。”[①]《汉书》记载仅与《史记》有一字之别,《汉书·沟洫志》作“堙”字,而《史记·河渠书》作“抑”字,基本在文义上没有多大差别,从而说明史学家认同《夏书》的记载。三是《孟子》是经书,重在阐发义理。这种思维方式决定其对待大禹治水“过家不入门”的标准与《史记》不一样。《史记》尽管有所加工,但未背离基本史实,从始至终围绕大禹治水“过家不入门”展开。而《孟子》却不一样,夸大其词,有意渲染大禹治水过程中道德高尚,有意美化圣人。

《夏书》最早记载大禹治水“十三年,过家不入门”。孟子学派则杜撰大禹治水“八年于外,三过家门而不入”。而后来又是如何发展成为大禹治水“十三年,三过其门而不入”的话语背景的?这实际经历了一个曲折的过程。总体来说,大致可划分为三个阶段:

第一阶段:以《孟子》为代表的经学家抛出了自己的观点:大禹治水“八年于外,三过其门而不入”。

《孟子》一书,作为经学家的重要经典,长期占据正统地位,辐射影响深远。《孟子》所谓大禹治水“八年于外,三过其门而不入”,成为诸多学者的信条。后世采信于《孟子》构建大禹治水话语背景者,比比皆是。有理学家的追随:程颐《上仁宗皇帝书》中说:“昔者大禹治水,八年于外,三过其门而不入,思以利天下,虽劳苦不避也。”[②]此外,宋人袁燮《絜斋家塾书钞》卷一云:“禹所以治水,只是一个懋字。禹之所以懋,异乎常人之所谓懋。当其治水之时,此心更无一毫之间断。八年于外,三过其门而不入。”明人杨士奇《历代名臣奏议》卷一九二载:“禹之治水,八年于外,三过其门而不入。逮地平天成之后,乃作《禹贡》。”尽管经学家构建的话语背景影响很大,但因为是杜撰之说,还是给人留下了一定把柄。

---

① 〔汉〕班固:《汉书》卷二九《沟洫志》,中华书局,1962年,第1675页。

② 〔宋〕程颢、程颐著,王孝鱼点校:《二程集》,中华书局,1981年,第514页。

第二阶段:以司马迁为首的史学家流派借助夏代官方史书《夏书》,做了认真考证,构建了史学家的话语背景:大禹治水"居外十三年,过家门不敢入"。

《史记》有两种表述方式:一是《史记·夏本纪》说大禹治水"居外十三年,过家门不敢入";二是《史记·河渠书》引《夏书》曰:"禹抑洪水十三年,过家不入门。"《汉书·沟洫志》也引《夏书》曰:"禹堙洪水十三年,过家不入门。"《史记·河渠书》《汉书·沟洫志》承袭了《夏书》之说,以司马迁为首的史学家流派虽对《孟子》之说进行纠偏,但收效甚微。作为经学经典的《孟子》,高高在上,众多学者唯经书是从,普遍接受了《孟子》之说。司马迁作为史学家代表,所构建的话语背景,显然在一定程度上威胁到了根深蒂固的《孟子》之说。尤其是大禹治水的"时间"问题,时不时引发学者们的争论,时不时挑战经学家的权威,正如前文所提到的宋人林之奇所说的那样。

第三阶段:唐代经学大师孔颖达《五经正义》精心弥合了《孟子》话语背景的巨大漏洞,对于大禹治水"过家不入门"的叙事,吸收史学家的写法,进行变相掩饰。

仔细对照《史记·河渠书》和《汉书·沟洫志》所引《夏书》的内容,就会发现孔颖达《尚书正义》的引用内容明显有误,"《史记·河渠书》云:《夏书》曰:禹湮(也作堙)洪水十三年,三过家不入门。"内容错误在于,孔颖达明确说自己引自《史记·河渠书》,但其内容却存在严重问题,不仅多了衍文"三"字,而且还用了《汉书·沟洫志》的"堙"字,对于《史记》大禹治水"过家不入门"的叙事书写,孔颖达却又形成了另外一番格局,使史学家大禹治水"过家不入门"的叙事书写为之大变。笔者认为,这不是孔颖达本人粗心所致,而是有意为之。为何他明明说自己引自《史记·河渠书》,而又偏偏与《汉书·沟洫志》的写法有相同之处,使用了"湮"字,却不用《史记·河渠书》的"抑"字?从《汉书·沟洫志》来看,孔颖达《尚书正义》只比《汉书·沟洫志》增加衍文

“三”字,这说明孔颖达对《史记·河渠书》《汉书·沟洫志》两者都熟悉。

值得注意的是,孔颖达整合经学家与史学家有关大禹治水“过家不入门”叙事的分歧,提出了新的话语背景:“《史记·河渠书》云:《夏书》曰:禹湮洪水十三年,三过家不入门。”只要细致对照一下《史记》,孔颖达《尚书正义》与《史记》对于大禹治水“过家不入门”的叙事书写还有明显差别,孔颖达所说的“禹湮洪水十三年,三过家不入门”,与史学家司马迁所言《夏书》“禹抑洪水十三年,过家不入门”,在文义上相比,表面上只是增添了一个“三”字,但却精心做了一番手脚,在新建的话语背景中依然保留了《孟子》构建的“三过其门而不入”的话语背景,但这种改写,却又明显不同于《孟子》所谓的大禹治水时间“八年”,而是改写为“十三年”,而“十三年”正是史学家们对大禹治水时间的一贯认识。由此可见,孔颖达所说的“禹湮洪水十三年,三过家不入门”就是当今社会共识——大禹治水“十三年,三过家门而不入”的最早版本。

孔颖达为何在《五经正义》中提出“禹湮洪水十三年,三过家不入门”的话语背景?他内在的心理动机,显然是在维护《孟子》的权威性,巧妙地化解史学家对经学家的挑战。如何来化解?就是通过整合之术,把《夏书》《孟子》《史记》《汉书》混杂,糅合到一起,你中有我,我中有你。孔颖达对于大禹治水“过家不入门”写法进行了多重包装掩饰,把经学家的话语背景移植到史学家的身上,悄悄地避开了史学家对《孟子》之说的挑战,弱化了学者们对《孟子》大禹治水“八年”的争议,强化了《孟子》构建的大禹治水“三过其门而不入”的话语背景,极力维护经学家的权威性。让学者们把注意力转移到《史记》身上,而这种移植却又完全脱离了《夏书》《史记》《汉书》的原貌。孔颖达的这一提法虽然出现比较晚,但却凭借着《五经正义》官方教科书的影响,迅速传播开来。不得不说,孔颖达在经学史上影响非常巨大,所编订的《五经正义》,博取众家之长,择优而定为一尊,被唐廷颁为经学指定的教科书。长期以来,作为教科书,教育士子,影响深远。如果人们不把《夏书》《孟子》《史记》《汉书》《尚书正义》五者对于大禹治水“过家不入门”相关内容集中起来进行比较,很难发现其中的猫腻。

《尚书正义》一书,是《五经正义》的一个组成部分。《五经正义》成为唐代官方指定教科书,究竟影响了多少人,不得而知。但后世采信于孔颖达的说法,宋、明、清典籍都有体现,比较有代表性的,有苏辙、魏了翁、王士俊、胡渭等人。苏辙认为司马迁的《史记》有不足之处,便对史料重新取舍解释,对史实重建重估,以此发明圣贤遗意,撰有《古史》一书。《古史》卷三《夏本纪》载:“禹之为人,克勤于邦,克俭于家。不自满假,不矜不伐。既受命,伤先人功之不成受诛,乃劳身焦思。居外十三年,三过其门而不入。”苏辙自撰的《夏本纪》,只是略微变换了说法而已,与孔颖达之说并无二致。宋魏了翁《尚书要义》卷五载:“《史记·河渠书》云:《夏书》曰:‘禹湮洪水十三年,三过家不入门。’”魏了翁之说与孔颖达的《尚书正义》一模一样,明显是受孔颖达的影响。明人王士俊《河南通志》卷五十三载:“禹既受命,伤父功不成,乃劳身焦思。居外十三年,三过其门而不入。”王说与苏辙相同,与孔说依然没有多大的区别。清人胡渭采撷众说,在前人的基础上,撰成集大成之作《禹贡锥指》。《禹贡锥指》卷一载:“《正义》曰:《史记·河渠书》云:禹堙洪水十三年,三过家,不入门。”[①]胡渭的“《正义》”所指,即“《尚书正义》”,自然是孔颖达之说的继承。

孔颖达所说的大禹治水“十三年,三过家不入门”之说,到后来就逐渐成为定说。回顾其说成为定论,由多方面因素促成,是史学家与经学家长期争鸣的结果。《孟子》代表的经学家,杜撰大禹治水“三过其门而不入”,旨在以理喻人,后世却借助经学的强大影响,日益深入人心。司马迁通过考证《夏书》,得出新的看法,威胁到经学家的权威。后经经学大师孔颖达巧妙弥合,

① 〔清〕胡渭撰,邹逸麟整理:《禹贡锥指》,上海古籍出版社,2006年,第9页。

基本上消除了史学家对《孟子》之说的挑战，并且借助官方教科书的名义，将其说推向天下，长期影响后来的学者。宋代学者苏辙、魏了翁，明代学者王士俊，清代学者胡渭等人，推波助澜，遂使大禹治水“十三年，三过家门而不入”的说法，逐渐渗入世人的头脑当中。久而久之，经学家改造后的大禹治水“十三年，三过家门而不入”就成为盖棺定论。以至于当今中学历史教科书也持这种定说，事实上这是完全延续了唐代经学家孔颖达构建的话语背景，完全背离了史学家关于大禹治水“十三年，过家不入门”的叙事书写。史学家与经学家对于大禹治水“过家不入门”叙事分歧背后的根本原因是，经学家注重以理喻人，而史学家却追求真实。经学家试图树立大禹高大上的形象，为世人树立一个榜样，而史学家只是尽可能陈述一种客观事实。

四、结语

如何看待史学家与经学家对于大禹治水“过家不入门”叙事书写的分歧？不妨参考李开元先生所阐释的一个观点：“在3+N的历史学世界里，史料最接近于史实，史书次之，到了N的世界，内容和形式可能越来越丰富有趣，距离真实的历史也越来越远。”[①]李开元先生只不过是针对史学书写而言的，其实经学家有时也在伪造历史。大禹治水“过家不入门”本来是基本史实，最早源于《夏书》。《孟子》一书却把大禹治水包装为“三过其门而不入”，但在大禹治水的时间问题上却留下了重大马脚，《夏书》中的大禹治水“十三年”，却被《孟子》改写为“八年”，严重背离了基本事实，距离真实的历史越来越远。到《史记》时，司马迁对《夏书》基本史实略有加工，“过家不入门”被改写成“过家门不敢入”，插入了司马迁对大禹“过家门”时的心理分析。《史记·河渠

① 李开元：《焚书坑儒的真伪虚实——半桩伪造的历史》，《史学集刊》2010年第6期。

书》引用《夏书》的考证结果，使《孟子》之说受到重大挑战，众多学者对《孟子》所谓大禹治水的“时间”产生了怀疑。唐初才华横溢的经学大师孔颖达对之巧妙弥合整合，于是就有了大禹治水“十三年，三过家不入门”的蜕变，这一蜕变使经学家本来暴露出的严重缺陷，无形之中得到了弥合。孔颖达构建的“禹湮洪水十三年，三过家不入门”的话语背景，极具迷惑性。这一话语背景包含了史学家部分真实信息，但也隐藏了虚假信息。表面上看，大禹治水“十三年”有根有据，同时却把《孟子》“三过家不入门”之说移植于其中，而且孔颖达打着史学家的旗号，说是来自《史记·河渠书》，仿佛言之凿凿。本来对《孟子》大禹治水“时间”问题的怀疑，有可能引发对《孟子》“三过其门而不入”的怀疑，随之也就烟消云散了。孔颖达之说最后借助官方教科书的名义，大行其道，后世学者信以为真。由此可见，经学家之说，虽然使大禹形象更加光辉，但却背离了追求历史真实的终极目的。虽然说来，经学家之说更有以理喻人的宝贵价值，但却偏离了客观历史真实。为了尊重史实起见，人教版初中历史教科书《中国历史》七年级上册第 3 课“华夏之祖”大禹治水“在外 13 年，三次路过家门而不入”，理应遵照《夏书》的记载，更改为“禹抑洪水十三年，过家不入门”。只有这样的更改，才更加符合历史本身追求真实的终极目标。

（作者为河南师范大学历史文化学院副教授）

大禹治水传说的历史真实性与地域化趋势述论

唐金培

处于我国神话时代与历史时期交会点上的大禹治水,既是千百年来家喻户晓的传说故事,也是千百年来学术研究的重要课题。20 世纪 20 年代,受日本“疑古”思潮的影响,以顾颉刚为代表的“古史辨派”对大禹其人和大禹治水的真实性提出了质疑,并在当时的学界掀起轩然大波。改革开放以来,大禹和大禹治水研究再次成为历史学、考古学、民族学和人类学等诸多学科研究的热点问题,并取得了比较丰富的成果。[①] 然而,由于年代久远、史料贫乏及其固有的复杂性,在有关大禹和大禹治水是不是历史的真实这一关键问题上,依然存在不同的见解甚至重大分歧,以至在大禹治水传说和大禹文化保护利用方面存在比较明显的地域化自说自话趋势。本文在对大禹和大禹治

① 这方面的研究成果主要有刘训华:《大禹文化学概论》,武汉大学出版社,2012 年;高江涛:《考古学视角的大禹与大禹治水》,《史志学刊》2015 年第 4 期;宁镇疆:《由历史记忆的传承再说涉禹三器所述大禹史事的可靠性》,《中原文化研究》2014 年第 3 期;徐如浓:《绍兴大禹文化资源产业化发展探究》,《经济研究导刊》2015 年第 14 期;等等。

水传说的历史真实性以及大禹传说的地域化趋势进行简单梳理的基础上,试图对大禹治水传说的地域化趋势及大禹治水历史真实性的影响做些简要分析,以就教于专家学者。

一、大禹和大禹治水传说的历史真实性及其当代价值

千百年来,在有没有大禹其人和大禹治水这个问题上,虽然存有质疑,但无论是从历史文献的记载、实物资料的发现还是考古资料的发掘印证来看,大禹和大禹治水的存在都是毋庸置疑的真实历史。

根据夏商周断代工程考证,夏代存在470年(公元前2070年至公元前1600年),五帝时代大约存在1000年(公元前30世纪至公元前21世纪)。记载大禹治水事迹的古籍最早可推见《尚书》《诗经》。在青铜器齐侯钟铭文中,则有"咸有九州,处禹之堵",在秦公簋和秦公钟铭文中,也都出现过禹的名字。司马迁在《史记·夏本纪》中,从禹的出生、治水经历,一直写到崩于会稽。如果大禹治水只是一个虚无缥缈的传说,那么太史公就用不着花费那么多笔墨去不厌其烦地叙述其生平和下葬之地了。大禹的本来面目虽然在口口相传的过程中会有一些附会甚至夸张的成分,"但即使有些失真,还多少保留下来原来历史的真实性,并非完全子虚乌有。从先秦古籍上可以看出来,它们的流传在时间上是悠久的,在空间上是广远的,并且有着一定的历史背景"[①]。华夏部落南征是大禹治水的重要基础和基本背景,而大禹治水则是华夏部落南征三苗族等南方部族这一历史事实的折射和反映。[②]

爬梳卷帙浩繁的史书典籍,无论是《尚书》《诗经》《史记》还是《山海经》

① 赵光贤:《关于大禹治水的传说》,《历史教学》1955年第4期。
② 刘孟达:《"大禹治水"底蕴新解——大禹治水是华夏部落南征三苗族史实的折光》,《寻根》1995年第3期。

《淮南子》《水经注》等,对大禹治水都有比较具体的记载和描述。范文澜认为:“许多古老民族都说远古曾有一次洪水,是不可抵抗的大天灾。独在黄炎族神话里说是洪水被禹治得‘地平天成’了。这种克服自然、人定胜天的伟大精神,是禹治洪水神话的真实意义。”[①]2002 年,一件出现在香港的青铜器(现为北京保利艺术博物馆收藏)引起了考古学界和史学界的极大兴趣。我国夏商周断代工程首席专家李学勤对青铜器的铭文进行了解读。他认为,该铭文开宗明义、令人信服地证明了大禹这个人物的真实存在,大禹治水不再是神话传说。据考证,这件被称为“遂公盨”的青铜器是西周时期(前 771)祭祀典礼上用来盛放食物的器具。这件青铜器上有 10 行共 98 字的铭文,中有“天命禹敷土”“随山浚川”这九个字,正好也是《尚书》里的文字。可以说,“遂公盨”是继“齐叔夷钟”“秦公簋”之后发现的又一记载大禹治水事迹的重要物证。此外,1999 年在青海省民和县发掘的喇家遗址出土的巨型玉刀和巨型石磬也可与“遂公盨”上记载的大禹治水事迹互为印证。[②]

大禹治水传说是人类改造自然的经典例证,是中国水利文化范式的最佳阐释。大禹治水不仅开创了我国古代成功治理水患的先例,而且给后世留下了一笔宝贵的精神文化财富。大禹治理水患的英雄之举和造福四方的伦理目标,“三过家门而不入”的大公无私品德和吃苦耐劳精神,因势利导的科学精神和哲学智慧,都永远值得称颂和弘扬。

二、大禹治水的区域范围与大禹治水传说的地域化趋势

为弘扬大禹精神,传承大禹文化,发展地方经济,各地都在不断挖掘包括大禹和大禹治水在内的各种历史文化资源。然而,各地为争抢这些历史文化

① 范文澜:《中国通史》第 1 册,人民出版社,1978 年,第 22 页。
② 任玉贵:《大禹治水——历史与现实的面面观》,《中国土族》2012 年第 2 期。

资源，存在明显的地方利己主义行为，使得大禹治水呈现地域化趋势，即想方设法寻找当地与大禹和大禹治水方面有关的历史依据和实物证据并与考古发掘印证。

早在古代，大禹治水传说就经历了一个地域化过程。由于战国时期各诸侯国不断开荒拓土，许多在春秋时期罕有人烟的地区得到大规模的开发，尤其是淮河和长江流域，此时已成为诸侯国活动的重要区域。随着新地区的开发，大禹治水的传说从周王朝统治的陕西、山西、河南等核心区域不断扩展到这些地方，以至新的治水区域不断被加入叙述中并得以详细化。成书于先秦秦汉间的《禹贡》详细记载了大禹治水的路程、所经山川的地理名物以及所制定的九州贡赋。汉代中期以后，《禹贡》作为儒家经典，其地位和影响不断上升，被奉为"古今地理志之祖"，并逐渐成为后世讨论大禹治水的首要依据。《史记·夏本纪》大禹治水部分即取材于《禹贡》的主要内容，后世学者论及大禹治水经过也皆以《禹贡》所记为最终依据。至此，在官方话语和学者话语的主导下，大禹治水传说发展成为一个遍及全国传说体系，并形成了以《禹贡》为核心的传说框架。魏晋南北朝时期，随着大一统政权的衰落和地方势力的长期割据，大禹治水传说的相关叙事出现了官方叙述与民间叙述相结合的倾向。民间叙述的兴起使得大禹治水的传说与当时的地理文化重新结合，进一步推动了大禹治水传说的地域化和历史化进程。北魏郦道元《水经注》记载了大量当时流传的大禹治水传说，可见当时民间关于大禹治水的传说已经十分普遍。隋唐时期，大禹治水的诸情节已经与不同地区的山水文化有机地结合在一起。宋代及以后的学者一方面从较为科学和理性的角度对大禹治水和划分九州传说的相关细节提出质疑，另一方面又从崇经的立场出发对这些疑问进行解释和分析。这些解释和分析包括对流布于全国的大禹治水传说的考证和研究,进一步促进了大禹传说的地域化。[①]

在大禹治水的发生地及其地域范围方面,至今仍然存在两种不同的观点。一是认为大禹治水的足迹遍布中国各个地方。现存于上海博物馆的竹简《容成氏》所记九州虽与《尚书·禹贡》记载的九州之名并不完全相同,但都认为"大禹当时治水的地域几乎遍及九州"[②]。张磊认为,大禹治水实际上是以河济之间的古兖州为主要区域,达及附近的豫、冀(或还有《容成氏》之蓏州,即《周礼·夏官·职方氏》之并州)、青、徐(或还有《尔雅·释地》中的营州、《容成氏》中的莒州)等州,以及更远的扬州、荆州、雍州的部分地区。[③] 二是认为大禹治水应集中在某一个地方,但具体在什么地方,则见仁见智。说大禹是越族人,治水在今江浙一带者有之;说大禹是山西人,治水始于汾河者有之;说大禹是安徽人,治水在今淮河一带者有之;说大禹是山东人,治水在今齐鲁一带者有之;说大禹是四川人,治水于岷江一带者有之;说大禹是河南人,治水地为豫西一带者有之;说大禹是青海人,治水在今民和县一带者有之。《诗经》已经有"南山""丰水""梁山"等大禹治水地点的具体记载。《墨子》记载,大禹治水的主要区域集中在黄河流域中上游的陕西、山西、河南等地区。早在宋代,赵汝谈就提出"禹功只施于河洛"[④]这一"卓绝特立之见"[⑤]。钱穆依此认为,"禹之治河,上不及龙门,下不至碣石,当在伊阙底柱之间耳"[⑥]。顾颉刚等人认为,"禹是南方民族的神话中的人物","会稽自可定为禹的神话的中心点"。[⑦] 20世纪90年代,陈桥驿运用地质学和考古学等最新研

① 孙国江:《大禹治水传说的历史地域化演变》,《天中学刊》2012年第4期。
② 杨善群:《大禹治水地域与作用探论》,《学术月刊》2002年第10期。
③ 张磊:《大禹治水地域范围新论——以出土文献和考古发现为参照》,《古代文明》2015年第1期。
④ 〔元〕脱脱:《宋史》,中华书局,1977年,第12396页。
⑤ 〔元〕脱脱:《宋史》,中华书局,1977年,第12396页。
⑥ 钱穆:《古史地理论丛》,东大图书公司,1982年,第26页。
⑦ 顾颉刚编著:《古史辨》第1册,上海古籍出版社,1982年,第121~122页。

究成果论证了大禹在越地治水的可能性。[①] 徐旭生认为,大禹治水“主要地是治黄河下游的水患。施工最多的地方在兖州。而在豫州东部及徐州的部分平原,可能也曾施工”[②]。沈长云认为,“古代洪水只发生在河、济之间,即《禹贡》十三州的兖州及其附近地区”[③]。吕思勉等人认为,“禹之治水,亦仅限于一隅”[④]。马宗申等人认为,大禹在汾河平原治水的可能性大。[⑤] 王吉怀认为,虽然在《尚书》《左传》《吕氏春秋》等古代典籍中均有“禹会诸侯于涂山,执玉帛者万国”的记载,但通过对安徽蚌埠禹会村遗址的环境考古以及历史文献等研究发现,蚌埠禹会村曾是大禹治理洪水的地方之一。[⑥] 有学者(乐祖谋)根据顾颉刚提出的“禹是南方民族的神话中的人物”以及“这个神话的中心点在越(会稽)”这一假说,从历史地理学的视野探讨大禹治水之洪水的发生地问题,认为大禹治水传说的原生地不在中原而在中国东南部地区,传说中所谓洪水实际上是发生在东南部沿海地区的卷转虫海侵。并说这个解释与《尚书》《孟子》等文献记载的尧舜禹时代那场洪水的规模、持续时间特别是洪水的运动方向基本吻合。[⑦]

由于大禹治水区域范围的泛化,大江南北都留下了当年大禹治水的遗迹和传说以及历朝历代为祭祀和纪念大禹修建的各种建筑,这些都成了大禹和大禹治水的文化遗产。比如,陕西韩城县有禹门;山西河津县城有禹门口,夏县中条山麓有禹王城址;河南开封市郊有禹王台;山东禹县城内有禹王锁蛟井;安徽怀远县有禹墟和禹王宫;湖北武汉龟山有禹功矶;湖南长沙岳麓山巅

① 陈桥驿:《关于禹的传说及历来的争论》,《浙江学刊》1995 年第 4 期。
② 徐旭生:《尧舜禹》(上),《文史》第 39 辑,中华书局,1994 年,第 15 页。
③ 沈长云:《论禹治洪水真相兼论夏史研究诸问题》,《学术月刊》1994 年第 6 期。
④ 吕思勉:《先秦史》,中国友谊出版公司,2009 年,第 69~70 页。
⑤ 马宗申:《关于我国古代洪水和大禹治水的探讨》,《农业考古》1982 年第 2 期。
⑥ 王吉怀:《“大禹治水”之“禹会诸侯”考》,《蚌埠学院学报》2012 年第 1 期。
⑦ 陈剩勇:《中国第一王朝的崛起:中华文明和国家起源之谜破译》,湖南人民出版社,2002 年,第 202~203 页。

有禹王碑;四川南江县有禹王宫,汶川、北川都有石纽村和大禹庙;浙江绍兴会稽山有大禹陵和禹穴;等等。这些几乎遍布全国各地的大禹遗迹,既寄托着民众对大禹的崇敬,也印证着大禹治水的历史真实。然而,各地在保护和开发利用大禹和大禹治水文化资源的时候,都试图寻找各种历史依据,论证当地与大禹出生地和大禹治水的主要活动地之间的内在关系,甚至不惜搜集相关证据否定其他地区与大禹出生地和大禹治水主要活动地之间的联系,以致造成不必要的争端。

三、大禹治水传说地域化趋势对其历史真实性的影响

由于文献记载的差异性,在大禹的出生地、活动地域、治水事迹等问题上往往会出现不同的结论,甚至出现较大的争议。以文献记载为基础,对大禹时期政治、经济、文化、宗教等各方面情况进行具体论述和考证时,同样也会因为文献记载的差异及对文献资料的不同认识,出现不同的结论,甚至产生不少争议。之所以出现不同结论甚至争议,主要是因为不同文献中所记载的各种大禹治水传说经过后世不断加工和改造,甚至添加了不少个人的主观成分。

南方地区在夏族族群对当地族群的征服过程中确立了大禹传说的主流地位。当时大禹及其族群的活动范围向南已经到达了长江流域和淮河流域,大禹族群在与这些地区当地族群交流中,必然会在这些地区留下相关的记忆和传说,长期流传下来,成为秦汉以后这些地区大禹传说的原始资料。因此这些地区后世所有大禹的相关传说并不完全都是附会。[①] 可以说早期诸多族群邦国之间的交流融合所引发的文化和意识形态的交流认同,使得夏族族群

① 李玲玲:《从早期族群交流看大禹传说多地发生的史实依据》,《中州学刊》2014 年第 10 期。

的历史文化，尤其像人们记忆犹新的大禹治水之类的传说，作为一种新的文化因素引入到夏族族群控制下的其他族群文化之中，并在这些族群中得到了认同，世代口耳相传，逐步定型，终于被作为“信史”载入当地的方志中，流传至今。[①] 正如哲学史专家陈鼓应所说的那样：“关于禹的治水的故事，无疑是有真实意义的，不可以‘神话’为说而轻易抹去它的。”“治水是件集体的工作，决不限于某一个时期某一个人，它乃是各个时代无数人群努力累积的成果。禹是个可敬的领头者，久而久之，成为整个民族长期努力的化身，后人便将历史进步的痕迹人身化起来，我们如果把人身化了的禹放在时代中的群体努力成果中来看，那就更有意义。”[②]在各地的大禹治水传说中，虽然可能存在早期史实层累叠加现象，并将其他人的治水功绩归附到大禹身上的可能，但我们既不能借口缺乏历史文献的确切记载而持怀疑甚至否定的态度，也不应沉迷于某些旧志穿凿演绎的具体情节。正如钱穆所说的那样：“各民族最先历史无不从追记而来，故其中断难脱离‘传说’与带有‘神话’之部分。若严格排斥传说，则古史即无从谈起。”[③]大禹治水的时候不仅态度勤恳、脚踏实地，而且注意讲究方法。他接受鲧治水失败的教训，遇事与人商量，虚心听取意见，团结大家一起治水，由“堙障”改为“疏导”，通过开山凿石，挖沟疏河，按着地势的高低和水性的特征，一段一段地引导洪水入海，终于平息了水患，解除了百姓的痛苦。正是因为大禹治水有功，他不仅赢得了各个部族的爱戴，而且博得了虞舜的信任。大禹治水不仅促进了不同部族之间的融合和经济社会的发展，而且促进了凌驾于氏族制度之上的集权制度的产生和世袭制的形成，

① 周书灿：《文化播迁与山东境内大禹传说探析》，《河北师范大学学报（哲学社会科学版）》2008 年第 1 期。

② 陈鼓应：《尧舜禹在先秦诸子中的意义与问题》，《安徽大学学报（哲学社会科学版）》1985 年第 2 期。

③ 钱穆：《国史大纲》（修订本），商务印书馆，1996 年，第 8 页。

从而大大推进了中国进入文明社会的历史进程。[1]

新的历史时期,一些地方根据不同的历史文献记载,挖掘当地与大禹及大禹治水有关的历史文化资源,促进当地旅游文化事业的发展,通过举办研讨活动等形式,请一些专家学者一起论证当地与大禹及大禹治水传说的历史真实性,无疑在一定程度上增强了大禹和大禹治水传说的地域化。大禹和大禹治水传说地域化趋势的强化,一方面为大禹和大禹治水传说的历史真实性增加了新的印证;另一方面,在一定程度上给人们对大禹和大禹治水传说历史真实性的认识造成了混乱。为此,相关地方应搁置争议,携起手来,共同保护好、开发利用好大禹和大禹治水文化遗产。一是建立全国性的大禹文化研究机构,整合各种研究资源和研究人才,加大大禹文化研究力度。二是建立全国性的大禹和大禹治水文化遗产网站和数据库,做到资源共享,利益均沾。三是建立全国性的大禹文化遗产博物馆,在进行文物展览的同时,运用声、光、电等现代科学技术再现大禹治水的壮丽场景。四是整合相关地区的大禹文化资源,开发和整合全国相关地区的大禹文化旅游线路,让人们更多地了解大禹和大禹治水的真实性及其当代价值。

(作者为河南省社会科学院历史与考古研究所副所长、副研究员)

① 徐效雄:《大禹治水对社会发展的影响》,《云梦学刊》1997 年第 1 期。

论大禹治水的真实性

王建华

大禹是上古时期的神话人物,也是上古史中著名的帝王之一。在不同的话语体系中,大禹扮演着不同的角色。在神话体系中,他是掌管山川之神;在上古史体系中,他是带领人们战胜洪水的英雄,也是夏王朝的奠基者。围绕着大禹神人之辩的研究历代从未停止,特别是"古史辨"派领袖人物顾颉刚先生对大禹事迹的全面质疑,把这种争论推向高潮。当时的大家如徐旭生、杨宽、丁山等先生对此也多有论述。时至今日,这种争讼仍未有止歇的迹象。关于大禹的研究仍然众说纷纭,莫衷一是,甚至在对同一史料进行解读时,不同的学者也会得出完全相反的结论。想要改善这种局面恐怕有待于研究手段的推陈出新和研究方法的进步。在这里,我们只针对"大禹治水"这一焦点事件阐述我们自己的看法,主要有以下几点:一、以大禹为代表的治水英雄是一个群体,不是单个的人,大禹作为一个个体,没有单独面对并治理史前大洪水的能力;二、以大禹治水为代表的治水行为是真实可信的,这是因为综合各方面的资料证实,彼时洪水滔天是不争的事实;三、从神话传说中剥离历史内核是可行的，长期纠结于大禹地位的界定，在没有科学的方法和手段的前提下，无助于还原历史真相；四、大禹的活动范围基本上在黄河流域的中原地区，这是目前学术界的基本共识，尽管还有其他说法，但支持者寡，不足为信。基于这样几点认识，我们想简单地勾勒史前到夏代这一段历史时期中原地区水利与水患概况，以从侧面证实那时候治水事件之不诬。

一、上古时期中原地区气候变暖是洪水泛滥的重要成因

根据对文献记载的分析，上古时代在古气候上大致与仰韶温暖期重合。结合大禹治水事件的时代背景，我们认为大禹治水实质上反映了古史传说时代中原地区的水患情况。仰韶温暖期并不仅仅是指考古学上的仰韶文化时期，而是包括仰韶文化时期、龙山文化时期、夏代和商代。关于仰韶温暖期的起讫时间，学界有多种说法，其中以施雅风先生及其率领的课题组的研究成果最为完备和明晰，也为学术界所广泛采用。施雅风先生认为，在距今8500~3000年之间，年均气温比现在要高2℃左右，可以称为仰韶温暖期，这是迄今为止关于仰韶温暖期的最为精确的年代数据[①]。大禹治水的时候，正处于仰韶温暖期的后期。而这一时期恰和中原裴李岗文化、仰韶文化、龙山文化和夏商文化的时代相对应。所以我们研究大禹所处的时代中原地区的气候即可以以仰韶温暖期为核心，围绕这个温暖期的成因、特点以及发展变化的线索而展开。仰韶温暖期在国外学界被称为“气候最适宜期”，也就是最适合人类生存的时期，在这个时期，中原的文化获得了长足的发展。我们试图按照时间的顺序把整个仰韶温暖期分为四个阶段，即仰韶温暖期早期、仰韶温暖期中期、夏代和商代，以最大限度地契合文化的分期和气候的变迁规律。

① 施雅风：《中国全新世大暖期气候与环境》，海洋出版社，1992年，第7页。

诸多文献揭示的事实说明,中国北方全新世期间普遍存在着较今温暖潮湿的高温期阶段,由于中国北方多是干旱和半干旱的草原和半荒漠地带,湿度的变化往往超前于温度的变化,故整个大暖期还存在着阶段性差异。从距今8500~7000年为波动升温期,从豫中的裴李岗文化(距今7900~6800年)遗存中分析出亚热带湖沼水域的水蕨孢子,在贾湖遗址中发现了栽培稻的稻壳及印痕,水稻颖壳硅酸体浮选出大量炭化稻米,从而将中国稻作起源的时间较河姆渡提早了1000年,而且向北推移了1000公里。距今7000~6000年为大暖期中稳定暖湿阶段,因为其自然环境优越,有助于中原地区早期仰韶文化的发展,表现就是其聚落变大、数量增多。距今6000~5000年为波动降温期,中原地区的仰韶文化中晚期的遗存和文化特征表明了农业范围的扩大,气温和降水量较今增加。这一时段在中期距今5500年前后,中国北方普遍出现过落叶阔叶林减少,寒温性和温性针叶树种的增加以及海面下降。距今5000~4000年为较稳定温暖期,众多的文化遗址、丰富的生产和生活工具等伴生的文化遗存,提供了这一时段丰富的环境考古学证据。在河南省汝州市李楼遗址发现了水稻[①],说明原始农业在该时段有了很大发展,但同时也带来了对森林植被的破坏。距今4000~3000年为波动下降期,这是中原地区二里头文化发展的时期,同时是新石器文化结束并向青铜文化转折的时期。由于此时期气候较今适宜,因而人口和社会急剧发展。农业工具的多样化同样标志着生产技术的提高,无疑也会给自然植被带来影响。在安阳殷墟文化层中找到了喜暖的动物遗骸,在铜器中发现大量栗树叶。在距今3000~2500年,也就是大暖期结束后的初期阶段,华北地区的孢粉资料均反映温带落叶林面积减少,喜温干的松林和草原扩展,在许多考古遗址中发现了更多的农作物遗存[②]。

---

① 吴耀利、陈星灿:《汝州发现4000年前炭化稻米》,《中国文物报》1992年7月26日第1版。
② 张丕远:《中国历史气候变化》,山东科学技术出版社,1996年,第46~49页。

裴李岗文化属于新石器时代早期文化，该类型的文化遗址集中分布在河南省中部地区，在大别山北麓和太行山东麓的山前地带也发现有同类型的遗址。从遗址的分布规律来看，多发现在山间盆地、谷地的边缘或冲积河谷带状平原，一般距现代河床还有一定的距离，并且所处地势较高。裴李岗文化最典型的遗址——新郑裴李岗遗址，距现双洎河300米，高出现河床25米。

裴李岗类文化遗址中发现的野生动物有麋、鹿、獐、貉、獾、野猪、野猫、野兔等哺乳动物；鸟类有鹤；爬行、鱼和腹虫类有龟、鳖、鳄；家畜家禽类有家猪、狗、黄牛、山羊、鸡等；水生类有鱼骨、蚌壳、螺壳等。从上述动物的生活习性分析，可知周围有一定面积的树林，可供鹿、野猪等动物栖息；还有大面积的草原，可满足鹿类、野兔等野生动物和牛、羊等家畜生存需要；应有面积较大的水域存在，以供水生类动物生存。此外，在所有的遗址中均未发现大型的猛兽，推测裴李岗文化遗址范围内没有大的原始森林。裴李岗文化遗址中发现的植物遗存数量不多，主要是一些炭化的植物种籽、果实等，均为采集而得，主要有栎、榛、白榆、胡桃、梅、酸枣等。在裴李岗文化各遗址中，目前只有贾湖遗址做过孢粉分析。贾湖遗址的裴李岗文化层及其以前的地层可分为三个孢粉带。带Ⅰ(距地表1.6米)：木本植物花粉占6.3%，其中松属占3.6%，其他还有柳属、赤杨属、栎属等。草本和灌木植物花粉占76%，其中蒿属占64%，居绝对优势。其他还有柽柳属、菊科、藜科、麻黄属、大戟科、茜草科等。蕨类孢子占8.3%，其中卷柏属和铁线蕨科各占3%，还有水龙骨科、石松属。环纹藻类孢子占9.4%。带Ⅱ(距地表1.5米)：木本植物花粉比例升至18.3%，其中柳属占5%，榆属占4.5%，松属4%，还有栎属、胡桃属、栗属、铁杉属、枫香属、山毛榉属。草本和灌木植物花粉比例下降，占43.7%，其中蒿属占33%，还有藜科、禾本科、莎草科、莲属、茜草科、水鳖科等。蕨类孢子占11.6%，其中中华卷柏占6%，还有铁线蕨科、石松属、水龙骨科、水蕨属。环纹藻类孢子占26.5%。带Ⅲ(距地表深0.8~1.4米)：木本植物花粉占

6.3%,其中有栎属、栗属、榆属、松属等。草本和灌木植物花粉占28.5%,其中蒿属占15.5%,还有藜科、唇形科、柽柳科、菊科等。蕨类孢子占2.4%,环纹藻类占62.6%。以上三个孢粉带反映的植被特征,应是疏林—草原—湖沼景观。这与贾湖遗址所处的地理位置和动物群反映出的自然景观是一致的。从上述植物遗骸分析,其他无大面积水域相邻的裴李岗文化遗址,可能是疏林—草原景观。

贾湖遗址中,裴李岗文化层下的下伏黄土层的孢粉组合中,具有少量喜暖的植物,如赤杨属、茜草科、大戟科、水龙骨科等,但未见榆,少见栎,耐旱的蒿属、菊科、藜科占绝对优势。表明末次冰期之后的气温已回升许多,但仍不很高,降水量也不大,仍很干旱,大体呈现出温干的气候特征,属于温和半干旱气候。在下伏地层表面,即裴李岗人初来此活动时的地面上的孢粉组合中,喜暖的植物进一步增加,新出现榆属、枫香属、山毛榉属、水蕨属等,柳属和栎属比例也有所增加,环纹藻类比例大增,而耐旱的蒿属等植物比例递减50%以上,呈现出蒿属草原面积缩小而湖沼面积扩大的趋势。反映的气候条件可能与现在相似或略暖湿一些,属温和半湿润气候。

裴李岗文化时期,出现了大量的现今分布于长江流域及其以南地区的动物如鳄、闭壳龟、獐、麂等。环纹藻类比例更大,蒿属等植物比例更小,反映出草原面积进一步缩小而湖沼面积进一步扩大的趋势,表明当时的气温和降水量都比现今这一地区高,呈现了温暖湿润的气候特征,与现在的长江流域气候特征相似[①]。

大河村遗址位于豫中大平原地区,时间跨度较长,基本上涵盖了仰韶温暖期中晚期的全部时段,比较具有典型意义。我们通过对该遗址的环境分析,能够大致看出河南地区在仰韶温暖期后段的基本气候变迁情况。该遗址

① 张居中:《环境与裴李岗文化》,见周昆叔主编:《环境考古研究》第一辑,科学出版社,1991年,第122~126页。

地处西南浅山,丘陵区与豫东大平原的接壤地带,地势平坦且低洼,距古代的莆田泽较近。遗址位于郑州市东北郊约6公里的大河村南的漫坡土岗上,北距贾鲁河2.5公里,距黄河7.5公里。该遗址面积约40多万平方米,包括了仰韶文化、龙山文化、二里头文化和二里岗文化的丰厚遗存。对大河村遗址T37厚度达9.7米的文化层剖面所含孢粉进行分析,计有26个植物科属的花粉和9个类型的孢子,即松属、桦属、栎属、榆属、胡桃属、藜科、蒿属、菊科、禾本科、莎草科、毛茛科、唇形科、水龙骨科、卷柏科等。从以上孢粉组合中既有相当数量的木本植物花粉,亦有一定数量的草本植物花粉,且常常前者较多,显见当时应是既有森林又有草原的森林—草原植被。再从大河村遗址发现的鱼、貉、獾、牛、鹿、麂、猪和竹鼠等动物遗存看,说明当时在茂密的森林和杂草灌丛、竹林中时有成群出没的野生动物,河湖中常见尾尾游鱼。这些得天独厚的自然环境,不仅有利于古人的繁衍生息,也有利于古文化的发展。根据孢粉种类及数量在不同层位出现的多寡,也可看出当时的气候也并非一成不变,而是有小的波动。早期,草本花粉多于木本花粉,在草本花粉中又以中生或半湿生的禾本科花粉最多,在木本花粉中几乎全为松属,显示该段气候温和适宜;中期,木本花粉占优势,其中,虽仍以松属花粉较多,但喜暖的阔叶植物花粉种类数量较早期相对增加,特别是在该段还发现一粒亚热带的山毛榉属花粉和一粒破碎的水蕨属植物的孢子,而水蕨属植物今天只能生长在长江以南地区,可见当时气候比较温暖湿润,气温可能比今天高1~2℃;晚期,草本花粉占优势,偶见木本花粉稍高于草本花粉,在木本花粉中松属花粉占多数,阔叶花粉及草本植物花粉的种类和数量明显减少,气候由暖湿转向干凉,与今日该地区的气候相似①。

仰韶温暖期中期豫东地区的气候概况可以从开封尉氏县椅圈马遗址、杞

① 郑州市文物考古研究所:《郑州大河村》,科学出版社,2001年,第675~680页。

县段岗遗址的孢粉分析结果中得到反映。尉氏县椅圈马遗址仰韶文化遗存中有一定数量的植物孢粉，反映了当时的环境信息。在尉氏县椅圈马遗址仰韶时期的同一剖面上采集的三块样品，发现孢粉210粒。其中草本植物花粉占总孢粉量的75.2%，主要有藜科、蒿属、葎草属、禾本科、菊科及少量的锦葵科、十字花科、石竹科、莎草科和麻黄属。蕨类植物孢子占10.6%，主要有石松科、中国蕨科等。乔木及灌木植物花粉占总孢粉量的14.2%，主要有冬青科、栎属、松属及木樨科。从孢粉组合中我们可以看到，草本植物花粉含量较高，以葎草、蒿、藜为主。木本花粉的栎和冬青均喜温暖潮湿的环境。孢粉组合为葎草—蒿—藜—栎—冬青—松—石松，说明当时气候温暖湿润，为以草原为主的针阔叶混交林草原植被景观。这一时期是全新世以来的新高温期和气候最适宜期[①]。椅圈马遗址发掘面积比较小，遗存也不是很丰富，但它是第一次在豫东地区发现的新石器时代早中期遗存，填补了这一地区该时段的考古学文化空白，可喜的是还有许多孢粉分析的材料，为我们了解河南东部地区仰韶文化时期的生态环境提供了弥足珍贵的资料。

以上从气象学和考古材料揭示了当时的气候概况。关于史前时期洪水灾害，文献中也多有提及。《尚书·尧典》上说："汤汤洪水方割，荡荡怀山襄陵，浩浩滔天。"《尚书·益稷》云："洪水滔天，浩浩怀山襄陵。"《孟子·滕文公上》云："当尧之时，天下犹未平，洪水横流，泛滥于天下，草林畅茂，禽兽繁殖，五谷不登，禽兽逼人，兽蹄鸟迹之道，交于中国。"《庄子·天下篇》云："昔者禹之湮洪水，决江河而通四夷九州也，名山三百，支川三千，小者无数。禹亲自操橐耜而九杂天下之川。"《山海经·海内经》说："洪水滔天，鲧窃帝之息壤以堙洪水。"《管子·山权数》载："禹五年水。"《吕氏春秋·爱类》说："昔上古龙门未开，吕梁未发，河出孟门，大溢逆流，无有丘陵沃衍、平原高阜，尽皆灭之，

① 郑州大学文博学院、开封市文物工作队：《豫东杞县发掘报告》，科学出版社，2000年，第19~20页。

名曰鸿水。禹于是疏河决江,为彭蠡之障,干东土,所活者千八百国,此禹之功也。勤劳为民,无苦乎禹者矣。"《史记·夏本纪》云:"当帝尧之时,鸿水滔天,浩浩怀山襄陵。"上述文献都形象记载了史前大洪水的发生情景。

夏正楷等人的研究成果表明:"史前异常洪水事件的初步调查表明,4ka. B. P. 前后是我国北方异常洪水多发的时期,黄河流域、淮河流域和海河流域在这一时期普遍出现不同形式的史前异常洪水事件。异常洪水事件的出现与当时的降温事件有密切的关系,气候变冷引发的相对湿度加大和降雨量增多可能是造成这次异常洪水事件的主要原因。出现于华夏文明诞生前夕的史前异常洪水事件对华夏文明的演进势必会产生重大影响,在黄河上游的山间盆地和下游的黄淮海平原,异常洪水给人类生存环境带来严重的破坏,导致这些地区早期文明的衰落;而位于我国地貌大势二级阶梯与一级阶梯之间的中原地区,尽管洪水也给人类生存环境造成严重的威胁,但它并没有导致早期文明的衰落,恰恰相反,先民们利用有利的地貌条件,通过与洪水的争斗,促进了文化的发展和华夏文明的诞生。"[①]这一结论从自然科学的角度为我们解释了史前时期中原地区大洪水发生的成因和造成的后果,再一次有力地证明了大禹治水的真实可信。

二、上古时期中原地区水系发达为洪水泛滥提供了客观条件

1. 淇河

7000 多年前,我们的祖先已在淇水流域繁衍生息。淇河中下游仅七八十公里长的左右两岸,就有新石器时期至东周的古文化遗址 65 处。汉魏以后的古遗存、古石窟、古墓葬,更是数不胜数,土岸上裸露的典型古陶、铁残片俯拾

① 夏正楷、杨晓燕:《我国北方 4ka. B. P. 前后异常洪水事件的初步研究》,《第四纪研究》2003 年第 6 期。

皆是。紧靠淇河西岸的花窝遗址,经碳素测定,距今已有7130年,花窝遗址东南的石河岸遗址,是一处距今6000多年的仰韶文化遗址。与两遗址隔河相望的是大赉店文化遗址及顺河向上不远处的辛村文化遗址。

淇河古称淇水,又称石河、响河、山河。据有关资料介绍,淇河形成于下奥陶统,距今约有五亿年的历史。淇河有南北二源。南源出自山西省陵川县古郊乡昆山村西老潭根的沙窑洞,北源出自陵川县棋子山的香磨河和陵川县六泉乡的淅水河,到林州临淇镇北合二为一。流经辉县、林州、鹤壁、淇县、浚县至小河口村入卫河。淇河原为黄河支流,属黄河水系。东汉建安九年(204),曹操在今小河口东南建枋堰,遏淇水东入白沟(今卫河),变为卫河支流,成为海河水系的一支。《诗经》中记载,淇河两岸是大片的竹林,竹林之外是成片的桑林。古时淇河水量很大,北魏郦道元《水经注》记载:淇河当时是一个水系,有六七条支流,如寒涧、澳水、泉源水、马沟水、肥泉等,它们在今鹤壁境内注入淇河。所以《诗经·卫风·氓》会用"淇水汤汤"来形容它。"汤汤",是波涛汹涌之意。

2. 卫河

卫河发源于太行山南麓,河南境内干流长283公里,浚县境内79.5公里。卫河历史悠久,它是由古代清河、屯氏河、白沟、永济渠演变而来的,淇门以下卫河前身为白沟,系黄河故道。卫河在战国时称为清河或清水。《水经注》载:"清水出河内修武县之北黑山(今河南省辉县白鹿山东)","其水沥涧飞流,清冷洞观,谓之清水矣"。"东北过获嘉县北,又东过汲县北,又东入于河。""东过内黄县南,又东北过馆陶县北(临清,古城在河北馆陶县清阳城)","又东北过广宗县东(在今河北省威县东),又东北过武城西,又北过广川县东(今山东省德州市附近),又东北过东光县西"。汉代称屯氏河,曾是黄河故道。

3. 济水与黄河

古济水是中国古代北部平原上的一条本土自然水系。济源市因地处济水发源地而得名。济水，这条曾流经河南、山东等广阔区域独流入海的大河，这条与黄河、长江、淮河并称“四渎”并历代受到尊崇的中国古代自然水系，在中国古代文明的发展进程中，曾发挥过巨大的创造性作用。它所流经的地区，成为中华文明的重要发源地，也是古代华夏文明的中心所在。

在远古时期，济水作为黄淮海北部平原的本土水系，与其南部的淮河构成了南北两大自然水系。大约与北京猿人同时期的几十万年前，当黄河从青海高原一泻千里冲出豫西山口进入平原寻找出海口时，由于受鲁中山地和丘陵的阻隔，便南下夺淮入海，形成了与南部平原水系淮河相交织的局面，根据历史地理学文献记载和最近的地质资料研究，有众多迹象表明，黄河在早期是南流的，在距今4600~4000年间，黄河仍是经淮北、苏北平原入海的。

黄河南下夺淮，历经数万年的泥沙淤积，使南部地区地势抬升，河水南下受阻。因此，当再次发生大海侵和大洪水时，河水便因南部平原下泄不畅而造成严重灾害。这样，黄河便开始在以鲁中山地为轴心的扇形平原上夺济北上，到距今4000年左右南流改为北流，经河北平原注入渤海。历史上，大禹治水的主要功绩就是将黄河归于北流，改变了当时对许多人来说可能会丧失家园和断送性命的命运。

黄河改道，北流夺济，打破了原来平原水系的格局，使“河北之济”成了黄河的支流，“河南之济”成为黄河的一条支津。而在夏代以前，济水作为这个地区的本土水系，不仅有将太行山沿线水脉形成全线贯通的北流水道，而且还有东流的水道，也就是说，在黄河南流为主的时期，济水的确是独流入海的河流。济水被黄河夺道后，仍承载着疏通河水洪流的重任。成书于战国时代的《禹贡》所载，正是当时河、济关系的真实记录。但必须承认，在长达数万乃至数十万年的历史长河中，在古人的记忆中，在古人早期活动的地理范围内，济水的确是一条独流入海的大河；而在中国早期历史的主要政治舞台，即我们所称的黄淮海大平原上，人们当时所看到的大河就是江、淮、河、济四条大河,而在“四渎”的形成过程中,并没有济水“截河而南”的现象。即使后来当人们不理解“黄河夺济”的背景,并从附会的角度提出了很多的类似荒谬的假想时,仍以济水是一条独流入海的大河,并能与江、河、淮并称“四渎”而深信不疑,这才是历史的真实所在。

在夏代以前的数万年乃至数十万年间,济水作为中国北方平原上独流入海的本土自然水系,为缔造华夏文明和促进北方地区经济发展、社会进步,做出了重大贡献。

自大禹治水完成黄河北流夺济后,便出现了济水“截河而南”的问题。这时的济水河南部分,作为黄河的一条支津,承载了分流黄河洪水的重任,从而将黄河水患降低到了最低限度。特别是战国时期引济水而开挖的鸿沟工程,实现了南北水系河、济、淮、江的大贯通,使济水成为沟通南北水系的纽带。可以说,有了济水的黄河,才是一条完整的黄河;没有济水的黄河,不但不是一条完整的黄河,而且缺少的正是黄河对人类有益的部分。

在旧石器时代晚期至新石器时代,即距今10000至4000年前,由于人类征服自然的能力低下,先民们往往选择在靠近大河的近旁居住,从事生产活动。近代考古工作者在济水流域发现的大量古文化遗址证明,古济水流经的地区,正是当时人口居住最多、文化最为灿烂的地区。以济水发源地济源来说,济水重源所在的山前倾斜平原,地势平坦,土地肥沃,靠山近水,气候温和,理所当然地成为先民们从事生产活动和居住的首选地。根据考古工作者在济源境内发现的作为刮削器使用的细石器表明,早在一万年前,人类就已在这片土地上繁衍生息。已发现的古文化遗址有栗树沟仰韶文化遗址,留村、沁园、王寨等仰韶—龙山文化遗址,沁台、曲阳、西留养、苗店、原城龙山文化遗址。在栗树沟遗址,采集到的文物有白衣彩陶片、彩陶片、红陶罐、尖底瓶、鹿角槌及甑、豆、环、球等陶器;在留村遗址,采集到的文物有陶盆、鬲、豆、鹿角和石斧、石铲、石刀、石球等;在王寨遗址采集到的文物有红、黑陶盆及豆、铱、鬲等残片和石斧、石铲、石镰等;在苗店遗址,采集到的文物有石斧(带孔)、石刀、石铲、石锄、石箭头、骨针及鬲、鼎、甑、豆、碗、钵、镐、瓮、澄滤器等陶片。1985年,中国历史博物馆考古队还在苗店遗址发现了两座半地穴式有门道的房屋和13个灰坑,判断为距今4000年左右夏代初期的一个村落,人口密度较大,生产比较发达。这些古文化遗址的发现,进一步证明了古代先民沿河而居的生活习惯,同时也证明,济源乃至整个济水流域,已进入稳定的农业种植阶段,家畜养殖及手工业生产已达相当规模。济水流域先民们在史前时期通过辛勤劳动创造出的物质成果,是济水文明形成的最坚实的基础,也为真正意义上的国家政权的诞生准备了条件。

4. 洛河(南洛河)

南洛河是黄河右岸支流,古称雒水。从河南偃师县支流伊河河口杨村至巩义市南洛河口一段又称伊洛河,位于陕西省东南部及河南省西北部,是陕西省东南部唯一入黄河支流。南洛河源出陕西蓝田县东北与渭南、华县交界的秦岭海拔2028.4米的龙凤山东南侧箭峪岭侧木岔沟(岔沟脑)即洛南县洛源镇的龙潭泉。《山海经》曰:"灌举之山(今冢岭山),洛水出焉。"《水经注》说:"洛水出京兆上洛县灌举山,东经熊耳山北(今河南卢氏县境),《禹贡》所谓'导洛自熊耳'即此。"一说源于洛南县洛源镇龙潭泉。南洛河东南流入洛南县,横穿中南部,经洛源、眉底、尖角(县城正北)、柏峪寺、灵口及庙湾等乡镇,在沙河口附近流入河南省卢氏县境;经洛宁县、洛阳、偃师等县(市),由巩义市河洛镇注入黄河。

黄河干流在灵宝市进入河南省境,流经三门峡、洛阳、郑州、焦作、新乡、开封、濮阳7个市的24个县(市、区)。黄河干流孟津以西是一段狭谷,水流湍急,孟津以东进入平原,水流骤缓,泥沙大量沉积,河床逐年淤高,两岸设堤,堤距5~20公里,主流摆动不定,为游荡性河流。花园口以下,河床高出大堤背河地面4~8米,形成悬河,涨洪时期,威胁着下游广大地区人民生命财产的安全,成为防汛的心腹之患。干流流经兰考县三义寨后,转为东北行,基本上成为河南、山东的省界,至台前县张庄附近出省,横贯河南省,长达711公里。黄河在河南省境内的主要支流有伊河、洛河、沁河、弘农涧、漭河、金堤河等。伊河、洛河、沁河是黄河三门峡以下洪水的主要发源地。可以说,黄河的摇摆不定和支流密布是水患的主要原因,如遇降水丰沛,则洪水不可避免。

三、上古时期人们对水资源的利用是大禹治水事件真实性的有力佐证

见于文献记载的先秦时期人们对水资源的利用,是从大禹治水开始的。关于尧舜禹时代的洪水记载,见于《尚书·尧典》《史记》《稽古录》等多种经典文献中。《尚书·尧典》中记载了尧之时“汤汤洪水方割,荡荡怀山襄陵,浩浩滔天”。《史记》中的《五帝本纪》和《夏本纪》以及宋代司马光的《稽古录》中,除记载尧之时的洪水外,还记载了尧派鲧治水9年而未成功,而后又派鲧的儿子大禹治水13年。大禹领导人们疏通沼泽,开挖沟渠,修通道路,使原先蒙受洪水为患的人们能在低湿地方种植水稻①。

1. 大禹治水

尧舜时期的气候比现在炎热,降雨量也比现在大,因此每年夏秋之季暴雨成灾,经常要冲毁农田,淹没村寨,造成极大的损失。《孟子·滕文公上》:“当尧之时,天下犹未平,洪水横流,泛滥于天下,草木畅茂,禽兽繁殖,五谷不登,禽兽逼人,兽蹄鸟迹之道,交于中国。”《孟子·滕文公下》也说:“当尧之时,水逆行,泛滥于中国,蛇龙居之,民无所定,下者为巢,上者为营窟。”可见当时因江河淤塞,百川无防,薮泽无数。地势高下不平,又无排水的沟洫系

---

① 王守春:《黄河流域气候环境变化的考古文化与文字记录》,载施雅风主编:《中国全新世大暖期气候与环境》,海洋出版社,1992年,第175~184页。

统，秋水暴发，造成洪水横流的现象，严重地影响了人们的生产和生活。因此，防治水害就成了当务之急。在这种情况下，尧根据四方酋长们的推荐，派夏部落酋长鲧去治理大洪水。但是鲧却“治水九年而水不息，功用不成”。其时尧已经禅位于舜，舜“行视鲧之治水无状，乃殛鲧于羽山以死”[①]。舜又征求四方酋长的意见，任命鲧之子禹为司空，继承其父的事业，继续治水。

“禹伤先人父鲧功之不成受诛”[②]，总结其父治水失败的教训：鲧是以防堵为主要措施，这是过去共工用来害人的方法，用这种方法来治水，只会造成更大的灾害；同时又不能排除内涝，致使积水漫流淹没农田，毁坏庄稼，鲧功不成而身死，实为可叹。大禹吸取这个教训，采取疏导的方法来治水：“其后伯禹念前之非度，厘改制量，象物天地，比类百则，仪之于民，而度之于群生，共之从孙四岳佐之。高高下下，疏川导滞，钟水丰物，封崇九山，决汩九川，陂鄣九泽，丰殖九薮，汩越九原，宅居九隩，合通四海。”[③]这种“高高下下，疏川导滞”的方法和《淮南子·原道训》所说的“禹之决渎也，因水以为师”是相一致的，即根据洪水的流向，因势利导，疏浚通道，让它流入大江大河最终归于大海。大禹的治水方针符合客观规律，所以，经过13年的努力，终于治水成功。大禹治水的成就主要表现在两个方面：一是“疏川导滞”，即疏通被壅塞的河道，让洪水尽快流入大江大河，大禹治水的另一个成就是“致费于沟域”，也就是《论语·泰伯》中所说的“致力乎沟洫”。《尚书·皋陶谟》记载大禹对舜谈起自己治水的情形也说：“予决九川距四海，浚畎浍距川。”所谓“浚畎浍距川”就是通过在田间挖掘沟渠的办法将积水排入江河，从而使农田的水位降低，以保证庄稼的种植，同时又可排除土壤中的盐碱，有利于庄稼的生长。商周农田建设中所盛行的沟洫制度就是大禹时期开创的。因此也可以说这是大

① 〔汉〕司马迁：《史记·夏本纪》，中华书局，1959年，第50页。
② 〔汉〕司马迁：《史记·夏本纪》，中华书局，1959年，第51页。
③ 黄永堂译注：《国语全译·周语下》，贵州人民出版社，1995年，第109页。

禹对中国古代农田基本建设的一个伟大贡献①。

2. 沟洫制度

大禹之后的夏商周三代的统治中心都是在靠近河流、灌溉方便、土地肥沃的平原地区。王畿和诸侯封国最初都是在这些地方。如夏商在汾水流域和黄河冲积扇地区，西周的王畿在渭水流域等。这些地方的土质疏松肥沃，地势平坦，如果农田水利工程没有搞好，夏秋暴雨成灾之时，就会淹没农田，冲毁土地，破坏农业生产，因此必须在农田之间修建许多排水沟渠，也就是大禹所说的"浚畎浍"。由这些大小不同的畎浍所组成的农田排水系统，就是孔子所说的"沟洫"。

大禹既然是"浚畎浍距川"，那就说明当时的农田中必定已有畎浍存在，大概长年失修，多数已经淤塞，导致积水成灾，淹没农田，大禹才加以疏浚。洛阳矬李后冈第二期文化煤山类型的遗址中，发现了属于夏文化的水渠，宽2~3米，深约1米②，可以作为夏代确有沟洫的实证。商代甲骨文"田"字的写法是4、6、8、9、12个不等的方块摞在一起，这说明田间已有纵横交错的沟洫系统。甲骨文还有一个"甽"字，从田从川，就是田间行水的沟渠，也就是"畎"字。《汉书·食货志》说："后稷始甽田，以二耜为耦，广尺深尺曰甽，长终亩，一亩三甽，一夫三百甽。"后稷曾经协助大禹治水，并专门负责指导农业生产，大禹既然曾经"浚畎浍"，浚的应该就是后稷主持规划的农田中的畎浍，后稷应该也会在自己的家乡推广这种设施，并为其后代所继承。从甲骨文"田"字的结构来看，说后稷是始畎浍制度的推广者是有可能的。古代的长亩宽1步，长100步，甽旁为垄（当时也叫亩），一个长亩中既然有三条甽，当然也就有三条亩。当时一个农夫耕种100亩田，由300条长垄与300条长甽相间组成，正好成为

① 陈文华：《中国农业通史·夏商西周春秋卷》，中国农业出版社，2007年，第70页。
② 洛阳博物馆：《洛阳矬李遗址试掘简报》，《考古》1978年第1期。

正方形的农田，与甲骨文“田”字形象相符。虽然至今尚未发现商代农田沟洫遗迹[①]，但从“田”的形象可以窥见当时沟洫的大致结构，也可推测夏代畎浍大概与此相差不大。沟洫制度的推行，缓和了水旱的矛盾，保障了生产的顺利进行，提高了作物的产量，促进了农业生产的发展。这在《诗经》中都有所反映。

综上所述，从大禹治水时代的气候变化、水系分布、人们对水资源的利用与水患防治的观念与行动等诸多方面来看，当时的人们深受水患之苦，除想办法治水之外，没有别的路可走。对于大禹治水事件本身而言，史籍记载的细节可能有一些虚妄附会之处，但其核心是真实的，有洪水必有治理洪水的行为。所以，从神话中，从典籍记载中，剥离伪托的成分，还原历史的真实，去伪存真，是治上古史的必由之路。

（作者为河南省社会科学院历史与考古研究所助理研究员）

① 黄展岳：《考古纪原》，四川教育出版社，1998 年，第 23 页。

大禹治水与禹文化的西迁*

李健胜

大禹治水一事散见于《尚书》《诗经》《国语》《墨子》《孟子》《庄子》《吕氏春秋》等史籍,西周中后期的“遂公盨”和春秋时期的“秦公簋”“齐叔夷钟”的铭文亦载有大禹之事,其中新近出土的“遂公盨”铭文“天令(命)禹敷土,随山浚川”与《尚书·禹贡》“禹敷土,随山刊木”之说可互为参照,这都说明大禹治水确有其事。然而,上述史籍所载大禹治水的范围与规模、所治之河的数量,以及治水之意义等多有夸张之处,其中掺杂有上古时期的神话传说和文化交融等内容,故而需要结合神话学、人类学的相关知识才能还原大禹治水的真实面貌。

大禹治水的传说遍布中国各地,学术界关于大禹治水的具体地点历来也颇有争议,顾颉刚、刘起钎、李文实等先生认为大禹出于西羌,一些当代学者

* 基金项目:国家社会科学基金项目“儒学在青藏地区的传播与影响”(09CZS029)阶段性成果。

认为大禹治水当在中国西部[①]。大禹治水西部说虽有“禹兴于西羌”“大禹出于西羌”等文献为据,但与历史事实多不相合,故需要进一步的认识和辨析。

一

尧、舜、禹之时,中原地区遭遇千年未遇的“洪水期”,传世文献对之多有记载,《尚书·尧典》云:“汤汤洪水方割,荡荡怀山襄陵,浩浩滔天。”《诗·商颂·长发》云:“洪水芒芒,禹敷下土方。”《孟子·滕文公下》云:“当尧之时,水逆行,泛滥于中国,蛇龙居之,民无所定,下者为巢,上者为营窟。《书》曰:‘洚水警余。’洚水者,洪水也。”《吕氏春秋·爱类》亦云:“昔上古龙门未开,吕梁未发,河出孟门,大溢逆流,无有丘陵沃衍、平原高阜,尽皆灭之,名曰鸿水。”上述文献所述中原地区洪水泛滥成灾之时,恰好也是中国文明起源的一个关键时期,即尧、舜禅让至大禹建国之时。据《国语·周语下》记载,大禹放弃了共工和鲧壅堵治水之法,采用“疏川导滞”的方法,成功解决了洪水壅塞的问题。

中国大陆处在季风气候带,而洪水灾害的频发,也与东亚季风气候的多变性有关,正如竺可桢先生所说:“在东亚季风区域内,雨量的变动常趋极端。”[②]近年来,距今4000年左右的古洪水遗存在考古遗址中多有发现,如“成都平原发现多座年代距今4000年左右的早期城址,有洪灾遗迹及具有防洪功能的夯土城墙(其中芒城等处有内外城及壕沟)”[③]。距今4000多年前的青海

① 鲍义志先生认为大禹治水当在青海(鲍义志:《喇家遗址与大禹治水》,《中国土族》2006年第3期);段渝先生认为,大禹生于岷江上游地区的事实有历史文献、民族学、民俗学和考古学资料为证,“可谓信而有征”,大禹治水也是从江水上源岷江开始的(段渝:《酋邦与国家起源——长江流域文明起源比较研究》,中华书局,2007年,第457页)。

② 竺可桢:《中国近五千年来气候变迁的初步研究》,《人民日报》1973年1月19日。

③ 王纯五:《大禹治水的地域、〈禹贡〉江沱及成都古城址》,《四川文物》1999年第1期。

民和喇家遗址也毁于“黄河异常洪水和地震为主,并伴有山洪暴发的群发性自然灾害”[①]。长江三峡地区的大宁河流域、重庆市丰都县玉溪遗址,都先后发现了距今4000年左右的古洪水遗存。[②] 中原地区的河南新寨遗址、矬李遗址、孟县遗址、焦作西金城遗址、偃师二里头遗址,山东尹家城遗址以及山西南部的绛县周家庄遗址等,也都发现了距今4000年左右的大洪水的地质与考古遗迹。[③] 这说明距今4000年左右,中华大地的确出现过波及范围甚为广泛的大洪水,所以徐旭生先生所作的当时洪水主要发生在兖州、豫州及徐州境内,“余州无洪水”[④]的判断显然值得商榷。

出土文献也述及史前大洪水及大禹治水的故事。春秋初年青铜器“齐叔夷钟”铭文云:“宲宲(虩虩)成唐(汤),又(有)敢(严)才(在)帝所……咸有九州,处禹之堵(土)。”[⑤]“秦公簋”铭文云:“丕显朕皇祖受天命,鼏宅禹迹。”[⑥]春秋时居于东方的叔夷和在陕甘一带活动的秦人都自称居于“禹之堵(土)”或“禹迹”,上述铭文虽没有明确指涉大禹治水之事,但“禹之堵(土)”“禹迹”之说与《山海经·海内经》中“帝乃命禹卒布土”等的记载颇为相近。上海博物馆所藏战国楚竹书《容成氏》则详细记载了大禹治水的故事,“……舜听政三年,山陵不序,水潦不湝,乃立禹以为司工。禹既已(第24简)……禹亲执耒

---

① 夏正楷等人认为,喇家遗址主要毁于黄河异常洪水,但是德国学者佟派、王睦在《古代中国的环境研究——关于解释和年代对应方面的问题》一文中认为,喇家遗址更有可能毁于泥石流灾害(夏正楷、杨晓燕、叶茂林:《青海喇家遗址史前灾难事件》,《科学通报》2003年第11期);[德]佟派、王睦:《古代中国的环境研究——关于解释和年代对应方面的问题》(方辉主编:《聚落与环境考古学理论与实践》,山东大学出版社,2007年,第390~397页)。

② 张强、张生、朱诚等:《长江三峡大宁河流域三千年来沉积环境与河床演变初步研究》,《水利学报》2002年第9期;白九江、邹后曦、朱诚:《玉溪遗址古洪水遗存的考古发现和研究》,《科学通报》2008年第1期。

③ 张俊娜、夏正楷:《中原地区4kaBP前后异常洪水事件的沉积证据》,《地理学报》2011年第5期。

④ 徐旭生:《中国古史的传说时代》,广西师范大学出版社,2003年,第187页。

⑤ 中国社会科学院考古研究所:《殷周金文集成·第1册》,中华书局,1984年,第272~278页。

⑥ 中国社会科学院考古研究所:《殷周金文集成·第8册》,中华书局,1984年,第4315页。

耙,以陂明都之泽,决九河(第25简)之阻,于是乎夹州、徐州始可处”[①]。上述考古学材料及出土文献足以说明,传世文献所述距今4000年左右的大洪水及大禹治水确有其事,不容置疑。

关于大禹治水的范围,传世文献及出土文献也都有描述,且越往后越有夸张之势。《诗·大雅·韩奕》云:“奕奕梁山,维禹甸之”,“梁山”当指今陕西韩城西北黄龙山,说明时人认为大禹曾在此地治水。《诗·大雅·文王有声》云:“丰水东注,维禹之绩”,说明大禹治水涉及今西安一带。出土文献《容成氏》云:“禹通淮与沂,东注之海……禹乃通蒌与汤……禹乃通三江五湖……禹乃通伊、洛……禹乃通泾与渭……”[②]按《容成氏》一文描述,大禹治水的范围遍及“九州”。《孟子·滕文公上》云:“禹疏九河,瀹济、漯而注诸海,决汝、汉,排淮、泗而注之江。”《墨子·兼爱中》云:“古者禹治天下,西为西河、渔窦,以泄渠孙皇之水;北为防原、泒,注后之邸、嘑池之窦,洒为底柱,凿为龙门,以利燕、代、胡、貉与西河之民;东方漏之陆,防孟诸之泽,洒为九浍,以楗东土之水,以利冀州之民;南为江、汉、淮、汝,东流之,注五湖之处,以利荆、楚、干、越与南夷之民。”《庄子·天下篇》亦云:“墨子称道曰:‘昔者禹之湮洪水,决江河而通四夷九州也,名川三百,支川三千,小者无数。’”可见,战国诸子对大禹治水的范围与功德也多有夸饰。大概定本于西汉时期的《尚书·禹贡》综合各家之说,所述大禹治水之地遍及今天大半个中国,所治之河包括黄河、长江和淮河等大江大河。

“当禹之时,天下万国”,夏族实际控制的区域大致在今天的晋南、豫西一带,夏王朝鼎盛时期可影响到的区域“东达豫东、鲁西,西至陕东,北到冀南,南及徐淮。而周遍有众多的方国林立,其内部亦有众多方国存在”[③]。由于方

① 马承源主编:《上海博物馆藏战国楚竹书》(二),上海古籍出版社,2002年,第249~251页。
② 马承源主编:《上海博物馆藏战国楚竹书》(二),上海古籍出版社,2002年,第250~293页。
③ 詹子庆:《走近夏代文明》,东北师范大学出版社,2006年,第123页。

国联盟是早期国家阶段的一种相对松散的统治形态，当时的各个方国也并非是真正意义上的领土国家，大禹对其势力可影响到的区域[①]并不一定都能进行有效的统治和管理，上述文献关于大禹治水的地域范围显然多有夸张之处。《韩非子·五蠹》云："禹之王天下也，身执耒臿以为民先，股无胈，胫不生毛，虽臣虏之劳，不苦于此矣。"《吕氏春秋·求人》亦云："（禹）忧其黔首，颜色黎黑，窍藏不通，步不相过，以求贤人，欲尽地利，至劳也。"从上述文献来看，大禹虽贵为夏族首领，但自身并未脱离具体的劳动。关于大禹之时生产工具的具体状况，学术界也多有研究，史籍中虽有夏人"铸鼎象物"之说，但被大陆学界广泛认可为夏文化的河南二里头遗址的第一、二期中并未见到青铜器物，之后出现的青铜铸造技术和形制也多受西部文化类型的齐家文化东渐带来的影响[②]，加之青铜十分稀有，并不用于具体的生产活动，大禹治水之时的生产工具仍以石器、木器为主。限于当时的生产力水平，"亲自操橐耜"的大禹所治之河不可能是黄河、长江等大江大河，而当为黄河之支流，其治水功绩也不能"夸大到离谱地步"[③]。

大禹治水之所以为后世所褒扬、夸饰，"禹穴""禹墟""禹会村""夏后氏陵""禹王城"及大禹治水的传说之所以遍布全国各地，这首先与华夏民族悠久、成熟的文字记述传统有关。华夏民族的文字记载传统是聚合、发扬和延展华夏民族性的一个重要手段，"虽东方系之商人，也说'浚哲维商，长发其祥。洪水芒芒，禹敷下土方'，明明以禹为古之明神"[④]。"秦公簋"铭文云：

① 邵望平先生认为，《禹贡》"九州"是公元前2000年前后黄河、长江流域实际存在的、源远流长的、自然形成的人文地理区系，和后世所谓"九州"不同。目前的考古学尚不能证明《禹贡》是否是夏代作品，但邵先生的看法颇有新意。但即使夏人所谓"九州"的范围比后世所指涉的"九州"要小，大禹仍不可能对这些地区进行有效的统治和管理（邵望平：《〈禹贡〉九州的考古学研究——兼说中国古代文明的多源性》，《九州学刊》1987年第9期）。

② 韩建业：《论二里头青铜文明的兴起》，《中国历史文物》2009年第1期。

③ 詹子庆：《走近夏代文明》，东北师范大学出版社，2006年，第123页。

④ 傅斯年：《傅斯年全集·第3卷·夷夏东西说》，湖南教育出版社，2003年，第199页。

“秦公曰:丕显朕皇祖受天命,鼏宅禹迹,十又二公,在帝之坏。严恭寅天命,保业厥秦,虩使蛮夏。”《左传·昭公元年》云:“天王使刘定公劳赵孟于颍,馆于雒汭。刘子曰:‘美哉禹功,明德远矣!微禹,吾其鱼乎!’”《孟子·滕文公上》云:“当是时也,禹八年于外,三过其门而不入。”《魏书》卷九一《术艺传》云:“洪波滔天,功隆大禹。”《贞观政要·论俭约》亦云:“昔大禹凿九山,通九江,用人力极广,而无怨讟者,物情所欲,共所众有故也。”从上述文献看,如果说“鼏宅禹迹”之说是秦国借大禹治水来夯实其统治地位的合法性的话,那么,历代关于大禹治水精神与功绩的赞美与褒扬则是华夏民族之间形成政治与文化认同感的重要历史资源,而大禹治水的确是受益于华夏民族文字记述传统才得以发扬光大的。随着华夏民族实际控制区域的拓展,大禹治水传说流布的范围也随之扩大,而随着时间的流逝,逐世层累而成的关于大禹治水的描述也更趋夸张。到后来,随着先秦儒家以美化了的三代之治为认知基础的人文与社会批判意识的延展①,大禹治水也成为历代儒家用以“美圣”和批判现实的重要认知资源,其中的史实因素反而成了次要的内容。对于历代统治者而言,他们治理水患及征调民力的合法性也可上溯至大禹,故常有“上继禹功,下除民疾”之说。

其次,大禹治水一事之所以为华夏民族代代相传,这与中国早期国家的形成及其形态特点有关。尧、舜、禹的时代,晋南、豫西地区从部落酋长统治形态逐步向早期国家形态演进,到大禹统治的时期,“合诸侯于涂山,执玉帛者万国”,“万国”之说当属夸大之词,但大禹为方国联盟之首领当属无疑。据说大禹还“娶涂山”。涂山氏一般都认为是东夷族,这说明华夏民族的政治形

---

① 笔者认为,以美化了的“三代”之治来批评现实和构建“大一统”理念的做法,是历代儒家的一种叙事策略,其中蕴含着的“法先王”的观念经过历代儒家的层累式构造,业已成为儒家思想中占主导地位的历史观。儒学是中国传统文化的主要人文资源,故这一历史观对历代的中国人多有影响,大禹治水被褒扬、夸大乃至神化的历史过程及其内在成因亦与这一历史观念有关(李健胜:《先秦文化批判思想研究》,兰州大学出版社,2006年,第32~37页)。

态并非源于单一族群,靠近夏族并与夏族通婚或被夏族征服的西羌、东夷的一些部落也是以夏族为核心的部族联盟体系的组成部分,在当时的部族联盟体系中,大禹拥有“共主”的地位,随着中原地区早期国家势力的扩张以及中原文化在西羌、东夷等族群世居之地的传播,这些族群中原有的治水传说的主角也被置换为大禹,各个方国的治水活动也被看成是由大禹率领和指挥下完成的。随着夏朝的建立和时代的发展,大禹在政治上的“共主”地位和他在文化上的贡献逐步被糅合到了一起,大禹本人也成为黄帝一样的文化英雄,和黄帝被塑造为当时各种器具事物与文化现象的发明者与创造者一样,大禹的身上也集合了大洪水时期各个族群的奋斗精神和可贵智慧。

最后,大禹治水一事的延展与巫术文化有关。《荀子·非相》记载“禹跳汤偏”,此处的“禹跳”是指大禹的脚有疾,《尸子》云:“古者龙门未辟,吕梁未凿,……禹于是疏河决江,十年不窥其家,……生偏枯之病,步不相过,人曰禹步。”这说明战国时期的人们就有所谓“禹跳”或“禹步”之说。到后来,“禹步”成为方士们竞相模仿的步态,《抱朴子内篇·登涉》详载有“禹步”之法:“正立,右足在前,左足在后,次复前右足,以左足从右足并,是一步也。次复前右足,次前左足,以右足从左足并,是二步也。次复前右足,以左足从右足并,是三步也。如此,禹步之道毕矣。凡作天下百术,皆宜知禹步,不独此事也。”李零先生认为,大禹的“偏枯之病”与他长期治水、劳累过度有关,刘宗迪先生认为,“禹步”的原型是曲足而舞,是人们在祈雨仪式上跳的“踏歌”。笔者认为大禹的“偏枯之病”虽有可能是因治河而过度劳累所致,但毕竟跛着脚的大禹形象与人们心目中的圣王形象不合,而后世方士和道士们的聪明之处在于通过模仿“禹步”使大禹的这一身体缺陷转而成为带有神秘色彩的一种步态,这既为他们的巫术活动找到源于圣人的历史原型,也巧妙地淡化了大禹的身体缺陷,而被方士、道士们沿用已久的所谓“禹步”也在一定程度上传播了大禹治水的故事,也使大禹治水一事逐步神秘化、神话化。

王国维先生曾说："上古之事，传说与史实混而不分。史实之中，固不免有所缘饰，与传说无异；而传说之中，亦往往有史实为之素地。二者不易区别，此世界各国之所同也。"[①]后世所谓的大禹治水也是在一定史实基础之上层累起来的历史故事，其中集合了当时各个方国及族群治水的过程、方法和意义，同时也体现了上古时期英雄崇拜的文化内涵。对于后世而言，大禹是人、神兼备的上古英雄，而大禹治水也是史实与神话的集合。顾颉刚先生所持鲧、禹是"天神性的传说"之观点，虽为一些学者所批评与诟病，但顾先生对大禹神性因素的揭示对我们还原大禹治水一事的真实面貌多有助益。

二

青海喇家遗址的相关考古报告公之于众后，人们发现这座距今 4000 多年前的聚落遗址曾毁于洪水和地震，而黄河河水泛滥可能是喇家遗址遭受灭顶之灾的元凶，"并且在某种意义上，为古史洪水传说找到了一定实证"[②]。加之喇家遗址出土了巨型玉刀、祭坛、干栏式建筑、小广场、高规格墓葬等遗迹[③]，鲍义志先生据此撰文认为喇家遗址当为大禹故里，大禹治水之地也当在喇家遗址附近的积石山一带[④]。王纯五先生在他的《大禹治水的地域、〈禹贡〉江沱及成都古城址》一文中认为，大禹治水一事多与四川盆地的考古遗迹相合，大禹在四川治水的事实也有相关文献的支持，故而认为四川盆地的开发史就是一部治水史，大禹治水之地当在四川。[⑤] 李绍明先生也根据传世文献中大禹

---

① 王国维：《王国维文集·第 4 卷·古史新证》，中国文史出版社，1997 年，第 1 页。
② 叶茂林等：《民和喇家遗址发现地震和洪灾新证据》，《中国文物报》2002 年 3 月 15 日。
③ 中国社会科学院考古研究所甘青工作队、青海省文物考古研究所：《青海民和县喇家遗址 2000 年发掘简报》，《考古》2002 年第 12 期；中国社会科学院考古研究所甘青工作队、青海省文物考古研究所：《青海民和喇家遗址发现齐家文化祭坛和干栏式建筑》，《考古》2004 年第 6 期。
④ 鲍义志：《喇家遗址与大禹治水》，《中国土族》2006 年第 3 期。
⑤ 王纯五：《大禹治水的地域、〈禹贡〉江沱及成都古城址》，《四川文物》1999 年第 1 期。

生于“石纽”“出于西羌”等记载,以及相关地区的考古发现和羌地流传的一些颂扬大禹治水的民间歌谣等,认为“禹兴西羌”是有根据的。[①] 此外,云南丽江地区流传着“禹王船”“断头石”“太子关峡”等禹迹或所谓“禹导黑水”的治水传说,当地一些人认为大禹曾在丽江地区治水。[②]

大禹治水西部说所指的具体地点也有相关的文献依据。《尚书·禹贡》云:“浮于积石,至于龙门”;《史记·夏本纪》亦云:“道河积石,至于龙门”。《集解》引孔安国语云:“积石山在金城西南,河所经也”;引颜师古语云:“积石山在金城河关县西南羌中”。一般来说,今人所谓“积石山”有大、小之分,大积石山即阿尼玛卿山,位于青海省果洛藏族自治州境内,其东北向支脉位于青海省化隆、民和和循化等地,即小积石山,大、小积石山都与黄河相邻。除上博简《容成氏》和传世文献《墨子》《山海经》述及大禹曾治黄河水患外,《汉书》卷二九《沟洫志》亦云:“河乃大禹之所道也。”清人一般都认为大禹治水之地“在今西宁、河州境内”[③],乾隆《循化志》卷六《祠庙》云:“积石关乃大禹导河旧地,为黄河入中国之始。”清代诗人吴镇的《积石歌》云:“羽山黄熊老无谋,万国戢戢生鱼头。圣子疏凿起积石,神工鬼斧惊千秋。天门屹立云根断,灵光闪闪飞雷电。君不见悠悠河水向东流,至今无复蛟龙战!”此诗绘声绘色地描述了大禹在河州“导河积石”的功绩。[④] 清人龚景瀚的《小积石山》亦云:“当年凿空说昆仑,曾笑张骞是妄言。今日舆中观积石,真从塞外溯河源。”可见,他也认为积石山是大禹治水之地。[⑤]

有关大禹生于四川省北川县及大禹在岷江一带治水的文献也颇多。《史

① 李绍明:《“禹兴西羌”说新证》,《阿坝师范高等专科学校学报》2006年第3期。
② 顾颉刚:《浪口村笔记·丽江禹迹》,《顾颉刚全集·读书笔记》第16卷,中华书局,2010年,第244~245页。
③ 邓承伟修:《西宁府续志》,青海人民出版社,1985年,第385页。
④ 赵宗福选注:《历代咏青诗选》,青海人民出版社,1986年,第152页。
⑤ 赵宗福选注:《历代咏青诗选》,青海人民出版社,1986年,第155页。

记·夏本纪·正义》引扬雄《蜀王本纪》云:“禹本汶山郡广柔县人也,生于石纽。”《三国志》卷三八《蜀书·秦宓传》裴松之注引谯周《蜀本纪》云:“禹本汶山广柔县人也,生于石纽,其地名刳儿坪。”“石纽”,即今四川北川县。《吴越春秋·越王无余外传》云:“鲧娶于有莘氏之女……产高密。家于西羌”,《后汉书·戴良传》亦云:“大禹出西羌”,这些文献都说明大禹与西羌有关。《尚书·禹贡》云:“岷、嶓既艺,沱、潜既道。蔡蒙、旅平,和夷厎绩。”王象之《舆地广记》卷三十云:“《禹贡》:岷山在西北,俗谓之铁豹岭。禹之导江,发迹于此。”从上述史料看,大禹出生于四川北川,且出于西羌,大禹所治之河当为岷江。此外,有关大禹在四川及重庆治水的传说,多散见于当地方志、碑记及诗文中,且已完全神话化。[①]

实际上,所谓“导河积石”的“积石”最初可能是指伸入河中的石堆,而把黄河河源处的山脉称为“积石山”,显然是后人的附会。[②] 清朝时之所以认为大禹治水当在今河湟地区,与清朝政府在该地改革行政建制,使之“内地化”进程加速,且国家认同意识日趋浓厚等社会历史状况有关[③],而在明代都司卫所体制下,河湟地区为“军管型政区”[④],人们视河湟为荒蛮边地,“积石山”也被记述为“相传即禹所导处,恐非”[⑤]。大禹生于“石纽”一说,或由《淮南子·修务训》“禹生于石”的记载衍生而来,或系皇甫谧等人假托,李学勤先生曾说:“皇甫谧说孟子称禹生石纽云云,是有错误的,《孟子·离娄下》只提到舜和文王,没有讲到禹。他大概是把陆贾的话误记成孟子了……禹生石纽之说,实出于《蜀王本纪》《华阳国志》等蜀人著作。”[⑥]可见,文献材料中的大禹

① 杨明照:《四川治水神话中的夏禹》,《四川大学学报(社会科学版)》1959年第4期。
② 周述椿:《四千年前黄河北流改道与鲧禹治水考》,《中国历史地理论丛》1994年第1期。
③ 杜常顺:《论清代青海东部地区的行政变革与地方民族社会》,《民族研究》2011年第2期。
④ 郭红、于翠艳:《明代都司卫所制度与军管型政区》,《军事历史研究》2004年第4期。
⑤ 刘敏宽、龙膺纂修,王继光辑注:《西宁卫志》,青海人民出版社,1993年,第20页。
⑥ 李学勤:《走出疑古时代》,长春出版社,2007年,第136页。

出生于“石纽”一说不仅晚出,还带有明显的想象色彩。陆贾《新语·术事》云:“文王生于东夷,大禹出于西羌,世殊而地绝,法合而度同。”从上述引文来看,陆贾是把“文王生于东夷”和“大禹出于西羌”并列起来看待的。文王是岐周之人,当不会“生于东夷”,王晖先生结合《诗·大雅·大明》“挚仲氏任,自彼殷商。来嫁于周,曰嫔于京。乃及王季,维德之行。大任有身,生此文王”的记载,认为“文王生于东夷”是从母系之说,即文王母亲乃东夷女子,此处所指的是文王的母系血缘,王晖先生还进一步说:“这种情况大概和文王、大禹之母婚后一段时间‘不落夫家’有关。”[①]《吴越春秋·越王无余外传》中有“鲧娶于有莘氏之女”及“产高密。家于西羌”等记载,但未必真实。因夏族秉持同姓不婚之俗,夏后氏与靠近夏族的羌人或许有联姻关系,而“大禹出于西羌”也应当是指大禹的母系血缘。考虑到大禹母系血统虽源于羌人,但羌人的活动区域在当时已东至陕西、山西一带,羌人的一些部族与夏族错落杂居,岷江上游的治水传说也未必一定是羌人始创,所以大禹母族当不会生活于黄河上游或岷江流域。加之大禹时代的生产力水平十分低下,大禹所治之河当不会是黄河上游或岷江。循着夏族活动轨迹,基本可确定大禹治水的地点在晋南、豫西、关中及古济、河之间,詹子庆先生认为大禹治水的地点在黄河下游,“即今河北、山东之间平原上(包括太史、覆釜、胡苏、徒骇、钩盘、鬲津、马颊、简、洁等‘九河’),今流经禹城市的徒骇河当是大禹疏导的工程之一”[②]。詹先生以禹都来判定治水之地,符合逻辑,但学界关于禹都地望历来都有争议,陶寺、二里头等古城皆被认为可能是大禹定都之城。因此之故,甚难确定大禹具体是在哪条黄河支流上治水的。

此外,如若孤立地去看青海喇家遗址和四川及重庆境内的一些存在洪水遗迹的早期城址,它们的确都具有较高的文明程度,但是如若放眼全国,上述

① 王晖:《古文字与商周史新证》,中华书局,2003年,第28页。
② 詹子庆:《走近夏代文明》,东北师范大学出版社,2006年,第123页。

遗址兴盛的时期恰好处于苏秉琦先生所谓“满天星斗”[①]的中后期,这一时期,山东的龙山文化、浙江的良渚文化及湖北的石家河文化等皆有较高水平[②],我们既不能借这些遗址所达到的文明程度来孤立地臆测它们与大禹的关系,也不能因为这些遗址的某些特殊因素就推导出不甚恰当的看法和观点。至于云南丽江地区流传的“禹导黑水”及当地人认为黑水即金沙江的说法,亦为后人附会,也不可能是事实。

羌族是中国境内的一个古老民族[③],早期羌人创造的古文明可谓灿烂夺目,与羌人密切相关的“玉石之路”[④]造就了我国玉石文化的辉煌与鼎盛,史前羌人的古文化遗址也遍布青海、甘肃等地,可以说羌族是中原文化与西部文化在先秦时期相互沟通的一个中介,羌人也通过战争、贸易、通婚等形式深刻地影响着中原文明的演进形态。大概是由羌人创造的喇家遗址文明毁于洪水的事实也说明大约在4000年前,黄河上游曾出现过史前灾变事件[⑤],居住在青海河湟地区的羌人也经受了前所未有的洪水灾难。和大禹在晋南、豫西地区的治水活动一样,居住在青海河湟地区的羌人也可能有过治水活动。羌族的《洪水朝天》《开天辟地》等民间故事也反映了远古时期古羌人遭遇洪水的

---

① 苏秉琦:《中国文明起源新探》,生活·读书·新知三联书店,1999年,第35~37页。

② 和喇家遗址差不多同时代的考古文化一般属于铜石并用时代晚期类型,据苏秉琦先生等人的研究,这一时期的龙山文化、良渚文化等也达到了较高的文明程度,相关遗址中也出土有干栏式建筑、祭台、精美玉器、漆器等,从墓葬来看,也出现有贫富分化的现象。参见白寿彝总主编、苏秉琦主编:《中国通史》第2卷《远古时代》,上海人民出版社,1994年,第282~346页。

③ 马长寿:《氐与羌》,上海人民出版社,1984年,第90~110页。

④ 距今6000多年的东北红山文化和南方良渚文化中皆有新疆和田玉出土,妇好墓中亦有和田玉出土,这说明史前时代确有一条“玉石之路”联结着中国西部与中原、江淮及东北地区,笔者认为“玉石之路”的开创者当为羌族(李健胜:《三代时期昆仑玉输往中原的路径与方式初探》,《青海民族研究》2006年第2期)。

⑤ 中国社科院考古研究所、青海省文物考古研究所:《青海民和喇家史前遗址的发掘》,《考古》2002年第7期。

一些情况[①],这都说明距今大约4000年,除夏族外,和夏族相邻的东夷、淮夷,以及远在西部的羌族也经受着洪水的困扰,也应在当地部族首领的率领下治理过洪水,只是这些治水活动因当时的羌人没有文字记述的传统而仅以口头传说或神话故事的形式流传罢了。从整体上看,“洪水期”之前的羌人在一些文化表现上甚或优于中原文化,而在“洪水期”之后,羌人文化逐步衰落。随着中原地区的政治势力和文化影响延及西部,当地羌人往往把口耳相传的治水故事与中原地区的大禹治水传说混杂到一起,原本是羌人治水的历史也被说成是大禹治水,而在水患频仍的地区人们对大禹的信仰则往往与借大禹之力镇摄水神的巫术信仰有关。

在大禹治水与西部早期历史的关系问题上,我们应当弄清历史问题与文化问题之间的联系与区别。就大禹治水的具体历史来说,大禹治水的具体地点当在黄河下游地区,所治之水当是黄河支流,后世对大禹在中原地区治水的规模和意义多有夸饰,大禹为“共主”的方国联盟的政治势力在当时并未延及青海、四川等地,生活在青海、四川等的羌人和蜀人与夏族当是并立而非统属的关系,至于这些省区关于大禹治水的传说应当做为文化问题而不应该当作历史问题来探讨和研究。正如赵世超先生所言:“历史和文化紧密相关,却并不相同。历史必须依靠事实说话,人物、时间、地点,钉是钉,铆是铆,无法改变;文化却是一种传统,一种心理状态,一套表现传统心理的物化形式,可以随着学说或宗教的传播、政治的演进、人口的流动和互相交往而迁移,并扩大其影响范围。”[②]我国西部地区关于大禹治水的传说当与中原地区和西部地区之间的政治演进、人口流动及文化交流有关,如若把羌人、蜀人史前文化中

① 据马长寿先生的研究,羌人是在汉代以前从黄河河曲一带迁移到岷江上游的,从周到秦,统治岷江上游的主要是蚕丛所建的蜀国政权(马长寿:《氐与羌》,上海人民出版社,1984年,第174~175页),羌族民间传说中的洪水故事可能是羌人到来之前蜀人的传说,也有可能这些故事并不源于岷江流域,而是羌人来蜀之前形成的。

② 赵世超:《黄帝与黄帝文化的南迁》,《社会科学评论》2008年第2期。

的洪水遗迹当成是大禹在当地治水的一个佐证，实际上就等于忽略了这些远古文化当属羌人或蜀人所创的历史事实，进而也忽略了中国远古文明的多元特质。当然，我们也应当看到，青海、四川等地之所以热衷于把大禹治水一事与当地史前文化相联结，这也与当地浓郁的中华文化认同意识有关，这种文化认同意识是值得尊重的，而大禹治水也可以看作是西部地区各民族与中原文化进行交流和融通的前赋史实之一[①]。

（作者为青海师范大学人文学院教授）

① 王明珂先生认为，大禹被奉为羌人祖先的情形与羌族的历史记忆与族群背景有关，同时也和民族认同与国家认同意识有某种联系（王明珂：《羌在汉藏之间：川西羌族的历史人类学研究》，中华书局，2008 年，第 231～236 页）。

东汉以前有关大禹治水的文物佐证

李德书

大禹是人类历史上最伟大的治水英雄,是华夏立国之祖、儒学之祖和建学之祖,全世界华人对大禹莫不称颂。到了20世纪30年代,由于疑古派的影响,不少人对大禹其人、大禹治水及夏王朝产生了怀疑,逐渐把大禹及大禹治水都说成是神话人物和神话传说。21世纪初,随着国家"九五"重点科技攻关项目——"夏商周断代工程"结论及"夏商周年表"的公布,以及"中华文明探源工程"——禹会村遗址发掘成果的公布,当今学术界对大禹及大禹治水有了共识。但信者居多,疑者亦有。笔者通过对东汉以前有关大禹治水的文物佐证的梳理,确证大禹实有其人,大禹治水确有其事,夏王朝的存在不容置疑。

一、禹会村遗址证实了“禹会诸侯于涂山”的真实性

方土台,版筑而成,原来高度不详,现长、宽均1米

2013年12月22日下午,“禹会村遗址与淮河流域文明研讨会”学术成果正式公布。

禹会村遗址是淮河中游地区龙山文化晚期的重要遗址,中国社会科学院考古研究所历经五年的规模性发掘,取得了丰硕的学术成果。在发掘和研究过程中,该研究领域的专家们给予了高度关注,多次到现场对遗迹现象进行考察和论证,对文化特征进行比较、分析和研究,先期已给遗址定性为“大型礼仪性建筑基址”。

本次研讨会,来自中国社会科学院考古研究所、历史研究所,中国先秦史学会,北京大学以及天津、河北、上海、江苏、浙江、山东、河南、湖北、四川、安徽等地的相关专家60余人,又进行了全面、深入的论证。通过对考古资料进行多学科研究,并结合文献记载和对涂山地望的考证,大家对禹会村遗址的遗迹现象、文化特征,得出以下共识:

禹会村遗址的发掘成果,是自《左传》和司马迁以来两千多年考证、研究

“禹会诸侯于涂山,执玉帛者万国”之“涂山”地望的最重要的考古学证据,其学术上的说服力是五种“涂山”说中最充分的。禹会村遗址与文献记载的“禹会诸侯”事件密切相关,遗址中所展现的经过精心设计营建、面积达2000平方米的大型而别致的T形坛和以祭祀为主的器物组合,以及不同区域的文化特征,大体证明了当时来自不同区域的氏族部落曾在此为实施某项重要任务而举行过大型聚会和祭祀活动,由此烘托出“禹会诸侯于涂山,执玉帛者万国”这一历史事件发生的真实性。

此外,中华文明探源工程在淮河流域的实施,给该地区提供了发掘和研究的空间,通过禹会村遗址所展示的考古成果,在学术上确立了淮河流域(尤其是淮河中游地区)是中华文明起源的重要地区之一的结论,并对黄淮、江淮地区早期文明的发展产生了重要的影响。禹会村龙山文化晚期遗存,为研究该地区社会复杂化进程提供了考古学证据。因此,禹会村遗址的发现,为探索国家的形成提供了重要的学术支撑,为夏商周断代工程画上了圆满的句号。

二、西周青铜器“遂公盨”有大禹治水的记载

2002年,北京保利艺术博物馆展出了与大禹有关的国宝文物青铜器“遂公盨”。现在,笔者把这段铭文(经李学勤先生标点断句)用现行字抄给大家:

天命禹敷土,随山浚川,乃差地设征,降民监德,乃自作乡民,成父母。生我王作臣,阙沫唯德。民好明德,寡顾在天下。用阙邵绍好,益干懿德,康亡不懋。孝友,讦明经齐,好祀无。心好

德，婚媾亦唯协。天厘用考，神复用祓禄，永御于宁。遂公曰：民唯克用兹德，亡诲。

余世诚先生将这段铭文译成今文，其大意为：上天命大禹布治下土，随山刊木，疏浚河川，以平定水患。随之各地以水土条件为据交纳贡赋，百姓安居乐业。大禹恩德于民，百姓爱他如同父母。而今上天生我为王，我的子臣们都要像大禹那样，有德于民，并使之愈加完善。对父母要孝敬，兄弟间要和睦，祭祀要隆重，夫妻要和谐。这样天必赐以寿，神必降以福禄，国家长治久安。作为遂国的国公，我号召：大家都要按德行事，切不可轻慢！

"遂公盨"的这篇铭文，一反其他青铜器铭文的老套，以大禹功德为范例，提出君臣要为政以德、民众要以德行事，是一篇有论有据、有头有尾的政论文章。这不能不让今人折服和震惊！更让人震惊的是，铭文中的观点与言词竟和七百年后的《尚书》《诗经》等古典文献相一致！

经孔子编序的《尚书·禹贡》篇开首即曰："禹敷土，随山刊木，奠高山大川。"意即大禹布治大地，沿大山砍木为记，确定各州名山大河。孔子为该篇作序时，也使用了"禹别九州，随山浚川，任土作贡"的字句，说大禹沿山砍木为记，疏通江河，划分九州，依据土地条件规定贡赋的数量。《尚书·益稷》更是记述了大禹治水的具体情况，文中再次出现了"随山刊木"字句。关于"德政"，《尚书·大禹谟》记载了禹本人的政见："德惟善政，政在养民。水、火、金、木、土、谷，惟修，正德、利用、厚生，惟和，九功惟叙。"意思是，君主的美德在于搞好政事，政事的根本在于养护百姓。修水利、存火种、炼金属、伐木材、开土地、种五谷，还有抓教育、厚民生、促和谐，这九件事要常常讲。

三、战国楚简《容成氏》中有大禹九州治水的记载

上海博物馆收藏的战国楚简《容成氏》中，不但有大禹九州治水的记载，

而且州名不同于其他传世文献。兹用通行字引简文如下:

> 禹亲执耒耜,以陂明都之泽,决九河之阻,于是乎夹州、涂州始可处。禹通淮与沂,东注之海,于是乎竞州、莒州始可处也。禹乃通蒌与汤,东注之海,于是乎藕州始可处也。禹乃通三江五湖,东注之海,于是乎荆州、扬州始可处也。禹乃通伊、洛,并瀍、涧,东注之河,于是乎豫州始可处也。禹乃通泾与渭,北注之河,于是乎虞州始可处也。

杜勇先生著文指出:简文中的夹州为《禹贡》所无,然《禹贡》兖州有"九河",知九河所在的夹州当即《禹贡》的兖州。明都,古泽名,《禹贡》作"孟猪",叙在豫州,地在今河南商丘东北,与徐州邻近。而《容成氏》另有叙(豫)州,则明都所在的涂州,当属《禹贡》徐州的一部分。竞州、莒州的淮、沂二水,《禹贡》叙在徐州,则竞州、莒州亦当在《禹贡》徐州境内。《职方氏》青州有沂山,而莒地又近沂水,或莒州略当《禹贡》的青州。藕州亦为《禹贡》所无,所属蒌(溇)水与滹沱相连。《山海经・北次三经》云:"虖(滹)沱之水出焉,而东流注于溇水。"又《史记・苏秦列传》说:"(燕)南有滹沱、易水。"则蒌水、易水所在藕州当在《禹贡》冀州境内。叙州所在的伊、洛、瀍、涧,《禹贡》属豫州。叙与豫通,《尔雅・释言》:"豫,序也。"则叙州即《禹贡》豫州。荆州、阳(扬)州与《禹贡》同名,州域亦略相当。虞州有泾、渭二水,相当于《禹贡》的雍州。可见《容成氏》九州说,虽然州名与《禹贡》多有不同,但其州域合起来仍不出《禹贡》九州(除梁州外)之范围。

此简文中没有提到梁州,《容成氏》特别是"九州"章很可能是春秋时期的文本,而《禹贡》九州则是战国时期的文本。

四、东汉武梁祠画像石有关大禹治水的记载

山东嘉祥县武梁祠东汉石刻古代帝王像

武梁祠东汉石刻夏禹像拓片及复原图

武梁祠石刻画像在今山东嘉祥县武翟山(旧称紫云山)下,是东汉末年嘉祥武氏家族墓葬的双阙和四个石祠堂的装饰画。其中以武梁的祠堂为最早,故名。现存画像石四十三块,画像石多用减地阳刻法,雕刻精细,造型生动。画像石内容丰富,取材广泛,包括历史人物、历史故事、孝义故事、列女故事、神话传说和各种车马出行、宴筵乐舞、庖厨、水陆攻战、祥瑞灾异等,从不同的角度反映了东汉时期的社会状况、风土人情、典章制度、宗教信仰。它不仅是精美的古代石刻艺术品,也是研究东汉时期政治、经济、文化的重要实物资料。

武梁祠建于东汉桓灵二帝时期,是一位举孝廉而不愿做官的文人武梁所

建。他将汉代人认同的上古帝王画像刻石并附以文字简介,以期流传后世。武梁祠画像石中的历代帝王像及文字题记,在北宋之前一直不为官方和学界关注,直到宋代文学家、史学家、金石考古学家欧阳修发现后才引起重视。欧阳修将画像石中的华胥氏、伏羲、女娲、少昊、神农、黄帝、颛顼、帝喾、尧、舜、禹、启历代帝王像的文字题记收入《金石录》中,流传后世。其中大禹石刻画像题记为:"夏禹长于地理,脉泉知阴,随时设防,退为肉刑。"这些石刻帝王像,成为今天我们能够看到的最早的上古帝王画像。而今更是受到国家的高度重视,得到国家的经费支持而修复。陕西黄帝陵享殿中的黄帝像即是依据武梁祠中的黄帝像复制的。现行小学历史教科书中的大禹像即是依据武梁祠中的大禹像复制的。

五、东汉景云碑有关大禹治水的记载

三峡考古中,东汉巴郡朐忍令景云碑于2003年3月在云阳县旧县坪发掘出土,现存重庆中国三峡博物馆。2005年5月《中国书法》杂志公布了此碑初拓照片及丛文俊先生考述。2006年4月《四川文物》第1期发表了四川师范大学魏启鹏先生的研究文章《读三峡新出东汉景云碑》。该碑碑文为阴刻隶书,凡13行,每行约30字,全文共367字。碑成于隶书成熟和鼎盛的东汉后期,不仅是近百年来巴蜀出土汉碑中罕见的精品,而且为巴蜀古史增添了前所未有的新证。根据魏启鹏先生的断句标点,现将碑文抄录于下:

汉巴郡朐忍令广汉景云叔于,以永元十五年季夏仲旬己亥卒。君帝高阳之苗裔,封兹楚熊,氏以国别。高祖龙兴,娄敬画计,迁诸关东豪族英杰,都于咸阳,攘竟(境)蕃衞(卫)。大业既定,镇安海内。

先人伯沇,匪志慷慨,术禹石纽、汶川之会。帷屋甲帐(帐),龟车留遰,家于梓潼(潼),九族布列,裳绕相龙,名右冠盖。

君其始仕,天资明括。典牧二城,朱紫有别。强不凌弱,威不猛害。政化如神,烝民乃厉。州郡并表,当享苻(符)艾。大命颠覆,中年殂殁。如丧考妣,三载泣怛。遏勿八音,百姓流泪。魂灵既载,农夫则(恻)结。行路抚涕,织妇喑咽。吏民怀慕,户有祠祭。烟火相望,四时不绝。深野旷泽,哀声忉切。追歌遗风,叹绩亿世。刻石记号,永永不灭。乌呼哀哉,乌呼哀哉!

赞曰:皇灵炳璧,郢令名矣。作民父母,化洽平矣。百工维时,品流刑矣。善劝恶惧,物咸宁矣。三考绌勑(敕),陟幽明矣。振华处实,畼(畅)遐声矣。重曰:皇灵禀气,卓有纯兮。惟汶降神,梃斯君兮。未升卿尹,中失年兮。流名后载,久而荣兮。勒铭金石,表积勋兮。冀勉来嗣,示后昆兮!

熹平二年仲春上旬,朐忍令梓湩(潼)雍讳陟字伯宁,为景君刊斯铭兮。

根据魏启鹏先生的解读论考,该碑的大意如下:

第一段说的是,东汉巴郡朐忍(今重庆市云阳县)令,为广汉郡(治地梓潼)人景云(字叔于),于永元十五年(103)季夏卒。楚之景氏乃以地为氏,景氏与熊、屈、昭虽同为高阳之苗裔,然分支已在鲧禹一脉,“祖颛顼而宗禹”,应是禹之后裔,当属姒姓。

第二段说的是,景氏的先祖伯沇(读为伯杼或伯予),他的志向远大。遵循大禹在石纽、汶川召集宗族各支盟誓和盟会之训(在夏代历史上从太康到夏桀,只有伯杼一人被后世公认是遵循大禹治国之道的君主,受到尊重和祭祀)。伯杼在少康中兴后,为遵循“禹石纽、汶川之会”的遗训,曾甲帐龟车,前往蜀中巡狩,瞻仰祭奠祖宗出生地。此时,包括景氏祖辈在内的鲧禹后人,九族迁徙,“家于梓潼”。九族子孙全套礼服,世代隆重祭祀先祖,让伯禹、伯杼的英名保佑夏后氏族裔绵延不断,世为官宦。

第三段是说,景云为朐忍县令,政声显赫,百姓拥戴,贤才尚未大展却中年早逝,未能晋升到二千石官阶。

第四段是说,先祖的光辉照耀景云令名,景云美好的声誉,盛传四方。不愧有汶山郡所降神禹的遗风。

第五段是说,熹平二年(173)仲春上旬,朐忍县令梓潼人雍陟(字伯宁),为景云立碑刊铭。此时,梓潼为广汉郡属县(郡治已迁离),同为老乡,所以雍陟要为景云树碑立传,彰显其声名。

东汉景云碑,为我们今天研究巴蜀古史提供了以下新证:

其一,提供了古蜀国与中原夏王朝紧密联系的新证。传世典籍中除夏桀伐岷山而娶琬、琰二女(传为妹喜,即最早的雅女)之外,几乎是一片空白。大禹率族人向东发展之后,禹乡旧地如何,景云碑记述了禹后七世王、少康之子伯杼,在少康中兴后,曾按照夏王的礼制,带着悬有龟蛇之旗的车骑仪仗队伍,巡狩回蜀的史实。

其二,提供了大禹在石纽、汶川两地召集宗族各支举行盟誓和盟会的新证。碑文记述的石纽、汶川两个地名,东汉时均不是县名,而是小地名,分属汶山郡广柔县和绵虒县。西汉扬雄《蜀王本纪》、三国蜀汉谯周《蜀本纪》、西晋陈寿《三国志·蜀书》、晋代常璩《华阳国志·蜀志》中均无汶川县之称谓,却均有禹生石纽的记载。今北川县禹里乡石纽山“因有两块巨石,石尖纽结为一曰石纽”。“石纽”二字为阳刻汉篆,传为扬雄所题。此外,今汶川县、茂县、理县也有石纽山及题刻,盖因汉时同属汶山郡广柔县。但这三县的石纽山均无《四川通志》所载“因有两块巨石,石尖纽结为一”的奇观,其“石纽山”题刻均为楷书或行书,且年代较近。今北川县禹里乡石纽山下的白草河与青片河汇合处尚有大禹治水告别家乡父老举行治水盟誓的誓水柱遗址及石刻拓片。誓水柱有禹书虫篆体十二字,宋《淳化阁帖》释为:“出令聂子星纪齐春其尚节化。”其义深奥难懂,当为大禹治水出发时的誓言。另外,大禹“岷山导江”时，在汶川召集宗族各支亦举行过盟会。因此，景云碑才有“术禹石纽、汶川之会”的记载。

其三，提供了北川县禹里乡禹穴沟内“一线天”绝壁上虫篆体石刻“禹穴”二字来源的新证。《四川通志》说是“为大禹所书”，现在根据景云碑的记述，是可以相信的。也不排除为禹后七世王伯杼巡狩回蜀拜访大禹出生地禹穴沟时所书。

其四，提供了今北川县坝底乡、梓潼县、三台县景福乡等地景氏家族均来源于伯杼宗族的新证。《蜀典·禹伐尼陈山梓》记载：“蜀记：夏禹欲造独木舟，知梓潼县尼陈山有梓，径一丈二寸，令匠者伐之。树神为童子，不服，禹责而伐之。”伯杼令九族迁徙，“家于梓潼”，正是为了继承大禹治水兴国为民的遗志。

其五，提供了古蜀国通往夏王朝交通要道的新证。《尚书·禹贡》记载：“华阳、黑水惟梁州。岷、嶓既艺，沱、潜既道，蔡、蒙旅平，和夷底绩。……西倾因桓是来，浮于潜，逾于沔，入于渭，乱于河。”现代考古发掘证明，早在5000多年前，从宝鸡北首岭、广元营盘梁、绵阳边堆山到广汉三星堆，即已形成了从中原到蜀中的入蜀之道。夏朝蜀中的贡品正是从广汉三星堆，经绵阳边堆山、广元营盘梁，经沔水上溯，翻过秦岭，入渭水，转黄河，运往夏都。而禹后七世王伯杼在距今3800多年前，正是经现在的宝鸡、广元、梓潼、绵阳到北川禹里朝拜禹生圣地。

（作者为西南科技大学教授、四川省社科院禹羌文化研究所名誉所长、四川省大禹研究会常务副会长、中国先秦史学会禹羌文化研究中心执行主任）

禹凿龙门考略

任罗乐

河津地处龙门山南,运城市西北隅,黄河、汾河两条母亲河交汇的金三角,表里山河,物华天宝,历史悠久,人文积厚,散落着诸多具有“古中国”标识的文化遗迹(运城市古称河东,位于黄河金三角中心区域。这里是中华文明重要发祥地之一,是尧舜禹建都立邦的地方。女娲补天、黄帝战蚩尤、舜耕历山、禹凿龙门、嫘祖养蚕、后稷稼穑等传说均发生在这里,这里最早叫中国,因称“古中国”)。1973 年中国社会科学院在河津进行了大范围的考古勘测,发掘了 10 多处古文化遗址。考古发现证明,河津作为“古中国”的政治、经济、军事、文化战略要地,也是华夏民族的摇篮,是中华民族的重要发祥地之一。

河津古文化遗址中,最具“古中国”标识的文化遗迹,当属 4100 年前大禹凿开的“龙门”,后人为纪念大禹,尊称龙门为“禹门”,由于禹门是秦晋交通要冲的古渡口,因而也称其为“禹门口”。

一、最具“古中国”标识的文化遗迹

1. 现存古迹

据地质专家考证，龙门形成于第三纪喜马拉雅造山运动和200万年前的地壳运动。那时，自然形成的河道十分狭窄，浩荡的黄河水下泄不畅，泛滥成灾。于是大禹率领先民经过四年苦战，将狭窄的山口开凿成现在的龙门，从此，河水畅通无阻，流向大海。大禹当年凿开的“龙门”，就在今河津市禹门口的铁桥下，桥长144米，桥下龙门最窄处95米，两岸岩石上镌凿的遗迹至今犹存。

与龙门相连的古迹标识还有禹门口禹王洞、鸽子庵和大禹治水遗迹——错开河。禹王洞是大禹当年的治水指挥所和工人栖身地，传说此洞能容千人之众，禹凿龙门后，工具尽置于此洞。禹门口东禹庙后“有石龛窿然若大屋”，俗称鸽子庵，庵内有悬泉，为古龙门八景之一“鸣泉漱玉”。这个石龛也是大禹当年开凿龙门时工人的居住地。1941年，禹门抗战烈士曾守卫在这个山麓岩洞里，打退了日寇的疯狂进攻，阻止了日寇西侵入陕，用鲜血和生命谱写了壮丽诗篇。从龙门向北五公里处有石门，石门是万里黄河最窄的峡谷，两峰对峙，形势险峻，最窄处不足50米。再往北直达孟门、壶口，龙门、石门、孟门合称晋陕大峡谷“三门”。石门西侧有一条通往陕西黄龙山的峡谷，传说大禹最初在这里向西疏凿河道，后来发现方向错误，便及时改道，后人因称为“错开河”。禹凿龙门的伟大创举，开辟了“古中国”历史新纪元，这些确凿的古迹标识和厚重的原始文化积淀向世人昭示：龙门是华夏文明的重要见证，河津是中华民族的重要发祥地之一。

2. 文献佐证

禹凿龙门的壮举在战国以来的文献中屡屡可见。“龙门”二字最早见于

《尚书·夏书·禹贡》,书中两处提到龙门:一处为“浮于积石,至于龙门、西河”,意思是进贡的船只从积石山附近的黄河到达龙门、西河;一处为“导河积石,至于龙门”,意思是大禹疏导黄河,从积石山开始,到达龙门。

“禹凿龙门”的记载最早见于战国时期的《墨子·兼爱中》,书中记载“古者禹治天下,西为西河、渔窦,以泄渠孙皇之水;北为防原、泒,注后之邸、嘑池之窦,洒为底柱,凿为龙门,以利燕、代、胡、貉与西河之民”。意思是“古时大禹治理天下,西边疏通了西河、渔窦,用来排泄渠孙皇水;北边在原水、泒水修筑堤坝,使之注入后之邸和滹沱河,在黄河中的底柱山分流,凿开龙门以便利于燕、代、胡、貉与西河地区的人民”。北魏郦道元《水经注》明确记载:“龙门为禹所凿,广八十步,岩际镌迹尚存。”《三才图会》记载:“此处两山壁立,河出其中,赛约百步,两岸断壁,状尽斧凿,形状似门,故称‘龙门’。”上述文献所指的“龙门”,就是今河津龙门(亦称禹门、禹门口)。

全国现有12个地方以“龙门”命名,但只有河津的龙门有“龙门”“禹门”“禹门口”多种称呼。《禹贡九州图》在今山西晋南地区特标“龙门”二字,因为这里是“禹凿龙门”之处。河津秦为皮氏县,北魏太平真君七年(446)因有龙门而改称“龙门县”,宋宣和二年(1120)因“河津一名龙门”(《三秦记》)而改为河津县。1994年河津撤县设市,仍誉以“古龙门”。

3. 文物实证

文献和古迹都证明,禹门口就是大禹当年治水时凿开的龙门。但是,长期以来关于大禹和夏朝是否存在一直有争议,有人怀疑大禹治水和禹凿龙门的可能性与真实性,个别外国学者甚至怀疑中华五千年文明史的真实性与可靠性。2002年春天,北京保利艺术博物馆专家在海外文物市场偶然发现了西周中期遂国青铜礼器“遂公盨”,上有铭文,为大禹治水提供了重要佐证。遂公盨是西周的遂国国君“遂公”所铸,其铭文共98字,全文为:

天命禹敷土,随山浚川,乃差地设征,降民监德,乃自作配乡民,成父母。生我王作臣,厥沫唯德,民好明德,寡顾在天下。用厥绍好,益干懿德,康亡不懋。孝友,讦明经齐,好祀无。心好德,婚媾亦唯协。天厘用考,神复用祓禄,永御于宁。遂公曰:民唯克用兹德,亡诲。

铭文大意为:上天命大禹布治下土,随山刊木,疏浚河川,以平定水患。随之各地以水土条件为据交纳贡赋,百姓安居乐业。大禹恩德于民,百姓爱他如同父母。而今上天生我为王,我的子臣们都要像大禹那样,有德于民,并使之愈加完善。对父母要孝敬,兄弟间要和睦,祭祀要隆重,夫妻要和谐。这样天必赐以寿,神必降以福禄,国家长治久安。作为遂国的国公,我号召:大家都要按德行事,切不可轻慢!

遂公盨铭文记载了大禹采用削平山岗、堵塞洪水和疏导河流的方法,治理了水患,并划定九州,还根据各地土地条件的不同规定各自的贡赋。在洪水消退后,那些躲避洪水而逃到丘陵山岗之上的民众下山,重新定居平原之上。由于有功于民众,大禹成为民众之王、民众之“父母”。随后,铭文又阐述德与德政,并教育民众以德行事。过去的古文字材料,有关大禹的很少,只有春秋时的秦公簋中有:“秦公曰:丕显朕皇祖受天命,鼏宅禹迹”,春秋时的齐叔夷钟中有:“咸有九州,处禹之堵(都)”,至于大禹治水的事迹,遂公盨铭文才是第一次出现。秦公簋和齐叔夷钟都属春秋时期,而遂公盨则为西周,是关于大禹治水最早的文物实证。

夏商周断代工程首席科学家,中国社会科学院历史研究所原所长,我国著名历史学家、古文字学家、考古学家,现任清华大学历史系教授、博士生导师,出土文献研究与保护中心主任李学勤教授认为,这件铜盨为遂国国君所制,遂国是中国古史传说中“三皇五帝”之一的舜的后人建立的。李学勤教授在相关新闻发布会上指出:铭文中所述“禹”是夏王朝的奠基人。没有大禹,便没有夏,更没有“华夏”。但大禹是否真有其人,夏王朝是否存在,长期以来有争议。遂公盨的发现,将大禹治水的文献记载提早了六七百年,是目前所知年代最早也最为翔实的关于大禹的可靠文字记录,表明早在2900年前人们就广泛传颂大禹的功绩,夏为夏商周三代之首的观念早在西周时期就已经深入人心。

巨型堰塞湖揭示“大禹治水”历史真相。2016年8月4日,由南京师范大学地理科学学院吴庆龙教授带领的一支国际研究团队,在美国学术期刊《科学》上发表《公元前1920年的溃决洪水为中国大洪水传说和夏王朝的存在提供依据》一文。科学家发现古代洪水证据,证明大禹治水并非神话。

2007年,吴庆龙带领研究团队前往青海省循化县进行地质勘探,在黄河上游积石峡和循化盆地中偶然发现古代湖床沉积物。他们推测,上古时期积石峡附近曾发生过大规模的山体滑坡,滑落的山石堵塞了黄河而形成堰塞湖,而这些古代湖床沉积物,正是堰塞湖存在的证明。研究团队对从溃堤下游的沉积物中找到的炭化木样本进行了碳14元素加速器质谱测定,证明了下游的溃堤沉积物与上游的堰塞湖沉积物年代十分相近,很可能是同一场洪水造成的。“这些证据,为上古时期发生特大洪水提供了佐证。传说中‘大禹治水’可能治的就是这一场大洪水。”这也为夏朝的历史真实性以及起始年代提供了重要支持。

由此可见,大禹治水并不是神话传说,大禹已由传说中的部落首领,成为真实的中华民族治水先祖和民族英雄。大禹利用自然形成的峡谷地形,进行人工开凿的可能性是完全存在的,其开山凿石的科技水平不可低估。科学家对大禹采取“火烧碎石”“焚林开山”“结冰破石”“遇泥驾橇”以及利用水的强大冲击力开凿龙门等方法,给予了很高的评价,河津高禖庙清代壁画刻画了禹凿龙门的伟大创举。

高禖庙东墙壁画——大禹治水(1)

高禖庙东墙壁画——大禹治水(2)

高禖庙东墙壁画——大禹治水(3)

4. 传说故事

在河津民间,有很多关于禹凿龙门的生动传说。

(1)三过家门而不入

传说在尧的时代,有一个部落的首领叫鲧,号"崇伯鲧",他便是禹的父亲。尧命他治理洪水,他用筑堤的方法去堵塞洪水,结果治了九年也没有把洪水治理好,被尧杀死在羽山。舜继位后,命鲧的儿子禹继承父业治理洪水,禹改用疏导的方法,开山挖河,把洪水导入河海,终于平息了水患。大禹在治水的过程中,率领千万工人,不避寒暑,不畏艰险,手足长满了老茧,治水十三

年,“三过家门而不入”,他的妻子通情达理,毫无怨言:

一过,听到骂声:相传大禹在淮河流域的治理工程告一段落时,准备回帝都汇报工作,也顺道回家看看母亲和怀孕的妻子。来到家门口,忽然听见母亲在骂:“这个挨刀的,连家都不要了。眼看儿子就要出生了,也不回来照看!”妻子说:“他公事繁忙,由事不由人,不要埋怨他。”大禹听了正要进去,忽然下属匆匆赶来,说豫州连降暴雨,数万百姓危在旦夕。大禹闻讯后清醒地意识到,救民水火是自己的天职,就急忙返身,火速赶赴灾区。

二过,听见哭声:传说大禹在治理太湖时,得知儿子就要降生,准备抽空回去看看。刚到门口,听见孩子呱呱坠地,哭声不断,这时只见一群灾民潮水般涌来,说他们荆州地区土地被淹,家园被毁,只得离乡背井。目睹这悲惨情况,大禹心如油煎,毅然改变主意,立即奔向治水工地。

三过,听见笑声:传说大禹开凿龙门工程即将结束时,准备顺路回去看望家人,他在门外听见儿子与奶奶在说话。这时,天气突变,电闪雷鸣,刹那间大雨瓢泼。大禹想到开凿龙门工程正在关键时刻,便即刻启程奔赴龙门,与母亲、妻儿未能相见片刻,妻子毫无怨言,全力支持大禹治水。大禹率领工人,苦战四年,终于凿开龙门,将黄河水引入大海。禹凿龙门,为子孙后代留下了宝贵的物质财富和精神财富,特别是大禹坚韧不拔的毅力和无私奉献精神,激励着世世代代的大禹传人。

(2)错开河

相传大禹开河至龙门以北约 7.5 公里一个岔道处,往东可通往禹门,往西可通往陕西黄龙山的下川。当工人们朝着西的方向开凿时,忽然看见一只大鹏在空中飞旋凄鸣。大禹善辨鸟语,听出这只大鹏叫声的意思是“错开河,错开河,西开不如往东挪”,于是就跟几个老工人重新勘察了地形,终于搞清了实地的情况。原来往西开不仅工程艰险,并且毁坏西岸民居甚多。大禹查明情况后,知错立改,当即决定改变开河路线,率工人将河道向东开去。此时,那只大鹏才停止盘旋,向远方飞去。后来,人们就称这段西开的河道为“错开河”。

(3)禹王洞

在错开河的对崖有一悬崖陡壁,半山腰有一石洞,人们称它“禹王洞”,相传大禹当年凿山开河的工具置放其中。一天大禹与众工人正在开山伐木,忽然疾雷轰动,呼啦一声,陡壁中间冒出一股黑烟,只见一个洞口出现在人们的头上。洞下有崎岖的台阶,可攀登而上,大禹道:“大山既有容身之地,何不上去看看?”于是攀越而上,果然见一个洞口,举首,可以看清高山水势,况洞之大,能容千人之众。大禹遂向大家说:“咱们干吧,这里既能看清水势,还有洞栖身。”从此大禹便住在这里指挥治水工程,据说大禹凿开龙门后,工具尽置于此洞。至今人们到洞口,仍能听得洞内有吼声,但难以见底,无人敢入内探个究竟。后世人称之为“禹王洞”。

(4)米汤庵

传说大禹凿山之时,用人不计其数,不要说吃饭,就连白开水也供不应求。大禹多次增加供水的人员,仍然解决不了工人的喝水问题。一年夏天,烈日当头,工人们饥渴难耐,有人甚至因为喝不到水而中暑身亡。正在危急之时,忽然来了一位白发老妈妈,领着一个五六岁的女孩子,在附近的一个石庵下烧起米汤来。工人们喝了她烧的米汤,不仅解渴,而且力气倍增。更为神奇的是,那满锅的米汤,不管有多少人喝,总也不见少。龙门凿开后,当大禹带着众人去感谢那位老妈妈时,石庵下已空无一人。人们都说,那位烧米汤的老妈妈就是天上的王母娘娘。从此,人们便把王母烧米汤的地方叫做“米汤庵”。

(5)梳头启

龙门山既厚且固,坚硬难开。成千上万的工人在大禹的率领下,经年累月、昼夜不息地一寸一寸地从山顶往下开凿,这样进度真是慢极了。一天,大禹看见一位白发苍苍的老妈妈独自坐在山前的一块石头上梳头,只见她一会儿从上边往下梳,一会儿又从下边往上梳,大禹感到很奇怪,就上前拱手问道:“老妈妈,为啥要上头梳梳下头梳梳呢?”老妈妈回答道:“上头梳梳下头梳梳才能梳通。”大禹当即醒悟道:“我们开山导河,何不也像老妈妈梳头那样,上头梳一梳、下头梳一梳呢?”于是就照此办法开山导河,果然大大加快了工程进度。当大禹回头再次寻找那位老妈妈时,她早已不知去向了,传说这是王母娘娘点化大禹。

二、龙门的历史地位

自禹凿龙门以后,龙门以其优越的地理条件,成为“古中国”乃至历朝历代的政治、经济、军事、文化战略要地。

1.“古中国”政治战略要地

历史证明,禹凿龙门为民造福,维护了社会安定,使龙门成为“古中国”的政治战略要地。

远古时期洪水泛滥成灾,所以,治水安民乃是当时领导人的政治大纲。大禹曾经在这里治水利民,凿开了惠泽万世的龙门,维护了社会安定。他不但在这里开创治水大业,而且施行德政教化,为河津人留下了宝贵的物质财富和精神财富。大禹“民惟邦本,本固邦宁”的民本思想,是我们“以人为本”治国理念的镜鉴。他以身为度、以身为律的律己精神,是我们严以律己、反腐倡廉的镜鉴。他严明法度、公正执法的法治精神,是我们依法治国、依法行政的镜鉴。他“三过家门而不入”的奉献精神,是我们修身、齐家、治国的镜鉴。他倡导的民族融合、九州一家的和谐精神,是我们构建和谐社会的镜鉴。春秋战国时期,孔子高足卜子夏曾在龙门西河设教,魏文侯在此问政于卜子夏,并将版图推向河西秦地。秦晋曾以河津为桥梁结为“秦晋之好”,也曾以河津为战场，相互争斗。河津是秦、晋的前沿阵地，在这里演绎了诸多政治事件，使它成为“古中国”的政治战略要地。

2.“古中国”经济战略要地

历史证明，禹凿龙门促进了交通业特别是水运业的发展，使龙门成为“古中国”的经济战略要地。

龙门为秦晋交通要冲，古称“禹门渡”，春、夏、秋人们以舟楫摆渡，隆冬则踏冰过河。史称禹门为商贾云集之城、货物集散之埠，其水路由禹门口上行可至陕北、甘肃、内蒙古，下行到潼关，并向东到河南灵宝，向西至陕西咸阳、草滩等，往来船只一千多艘。春秋战国时期，禹门渡曾经是秦晋之间的通衢要渡。唐宋时的清涧渡，明清时的清涧码头、禹门渡曾经辉煌多年。据史料载，光绪二十九年(1903)，龙门水运码头年粮食吞吐量在500吨以上；民国时期，禹门口运煤船只常年在500艘以上，煤炭吞吐量高达4万吨。禹凿龙门开辟了河津水文化的先河，带来了兴修造福人类的水利工程的热潮。春秋时秦穆公运粮济晋；汉代河东太守番系修建引汾灌溉皮氏县的“番系渠”；唐代龙门县令长孙恕开凿十石垆渠，引水灌田，使粮食大丰收，唐朝由此设立“龙门仓”。解放后，在大禹精神激励下，党和政府领导人民治理黄河、汾河，筑堤护河，建设禹门口提水工程，对汾河截弯取直等，有力促进了河津水利事业的快速发展。

3.“古中国”军事战略要地

历史也证明，龙门是“古中国”的军事战略要地。

龙门位于秦晋交界处，水急势险，是通往大西北的咽喉要道，古称龙门天堑，为历代兵家必争的军事战略要隘。东周时设龙门关，是三晋八大军事要塞之一。春秋战国时期，这里是秦晋交战的主战场。公元前645年，秦晋爆发韩原之战，秦从龙门东渡击晋，俘晋惠公。公元前624年，秦将孟明率兵由龙门渡河偷袭晋国，大获全胜。隋末李渊占领龙门，渡河西取长安。619年，李世民奉命讨伐刘武周,从龙门踏着坚冰过河,全歼刘武周军队。宋建炎三年(1129),金将娄宿越龙门冰桥取陕西。明末,李自成率部由龙门东渡黄河直捣幽燕,推翻了明王朝。1938年,国民党新编第八师在龙门英勇抗击,粉碎了日军西侵的阴谋。解放战争时期,彭德怀元帅等率领人民解放军西渡龙门,在瓦子街全歼国民党刘戡部。1948年,王震司令员率军从龙门西渡黄河,进军大西北,当地群众摇橹抢渡,踊跃支前,为解放战争的全面胜利谱写了光辉一页。

4.“古中国”文化战略要地

禹凿龙门开启了龙门文化新纪元,也揭开了华夏文明新篇章。古龙门,积淀着深厚的中华优秀传统文化基因,曾经是“古中国”的文化战略要地。

(1)鲤鱼跳龙门

禹凿龙门成就了“鲤鱼跳龙门”的壮举。“鲤鱼跳龙门”的传说见于汉代辛氏所著《三秦记》,书中记载:“河津一名龙门。水险不通,鱼鳖之属莫能上。江海大鱼薄集龙门下数千,不得上,上则为龙也。”“龙门山,在河东界。禹凿山断门一里余。黄河自中流下,两岸不通车马。每岁季春,有黄鲤鱼,自海及诸川争来赴之。一岁中,登龙门者,不过七十二。初登龙门,即有云雨随之,天火自后烧其尾,乃化为龙矣。”这一神奇传说的大意是:禹凿龙门之后,江海的鲤鱼闻讯逆流而上,争相跳跃龙门,跳过的即化为龙,到达理想世界。由此,河津成为龙的故乡,河津人成为大禹传人,并衍生出绚丽多彩的龙门文化,尤其是“鱼跃龙门”衍生出的人文精神更是激励后人。传说鲤鱼跃龙门时,第一批跳到半空,即以自己的脊背作为跳板,让后来者踏上跃过龙门,自己却点额而回。这种由大禹“坚韧不拔、无私奉献”精神培育、鲤鱼体现的“拼搏精神、争先精神、团队精神、人梯精神、牺牲精神、奉献精神”,孕育了“争强好胜、勇为人先”的河津精神。“禹凿龙门”已成为运城和河津的光辉名片:国家邮政局于2000年在河津市举行《小鲤鱼跳龙门》邮票发行仪式;2006年运城市被评为全国十大魅力城市时,颁奖词的第一句是"舜耕历山",第二句就是"禹凿龙门"。2009年"大禹治水传说"和"鱼跃龙门传说"均入选山西省第二批省级非物质文化遗产项目。

后人为纪念大禹,汉代在禹门东岩建造了大夏禹王庙,吸引了中外众多游客。俚语云:旅河东,必到河津,到河津,必游龙门。龙门,既有大禹当年凿开的龙门天堑,也有誉满华夏的人文景观。大夏禹王庙当时被誉为全国七祠八庙之首,历代多少帝王将相、志士学子、游客骚人,纷纷前来瞻仰大禹功绩,饱览龙门壮观,体味"鱼跃龙门"神韵,憧憬锦绣前程。元延二年(前11),汉成帝曾到龙门,感叹这里的形势险要。前秦永兴年间,宣昭帝苻坚登龙门,顾谓其群臣曰:"美哉!山河之固。娄敬有言,关中四塞之国,不虚也。"北魏太平真君七年(446),太武帝巡幸至皮氏县,将其改为龙门县。北魏太和三年(479)孝文帝元宏路过龙门,派人祭祀大禹。太和二十一年(497)夏四月,孝文帝再幸龙门,以太牢祭夏禹,命修其庙。元正大六年(1229),元太宗窝阔台由龙门西渡。元至元元年(1264),世祖忽必烈命重修大禹庙,庙成,命阿脱合代祀。新中国成立后,多位党和国家领导人先后到龙门视察,并留有笔迹纪念。

隋大业元年(605),大儒王通携门人贾琼登龙门山,发出"壮哉,山河之固"的感叹。著名诗人王绩、王勃、杜甫,文学家欧阳修、苏轼,史学家司马光,理学家薛瑄,著名学者顾炎武等文人墨客,都曾登龙门吟诗作赋,留下了不朽的诗词和文章。薛瑄的《游龙门记》,对古龙门的壮观做了生动的描述。李白的"黄河西来决昆仑,咆哮万里触龙门",顾炎武的《龙门》"亘地黄河出,开天此一门。千秋凭大禹,万里下昆仑"等诗篇,都为龙门天堑锦上添花。

(2)龙门八景

河津古八景中,在禹门一带有两大景致"禹门叠浪""云中烟寺"。龙门八景指层楼倚汉、曲栈连云、鸣泉漱玉、飞阁流丹、悬崖挂月、空谷惊雷、秋水归帆、春鳞汲浪,是闻名遐迩的古龙门人文景观,它们同大夏禹王庙一样,都是“古中国”在龙门的文化标识。薛瑄的“龙门八景诗”碑刻,被誉为“诗、书、刻”三绝。现在保留的龙门八景有鸣泉漱玉、空谷惊雷、秋水归帆、春鳞汲浪,其余四景和大夏禹王庙均毁于日寇炮火。

(3)五桥并架

散落在龙门的古文化标识,千百年来一直在传承着“古中国”的文化基因,并且通过大禹传人的改革创新,为古龙门加入生机勃勃的新文化元素,“五桥并架”就是其中一例。1949 年 3 月,西北野战军在禹门口建起了黄河“铁索桥”,结束了禹门口只能船渡的历史;禹门西岸有骆驼项,因形似骆驼脖颈而得名,唐武德七年(624)所凿,1966 年当地在骆驼项建成双曲拱桥;1972 年,禹门口“钢桁铁路桥”和“高层小半径引桥”相继建成;1973 年,又建成禹门口“悬索公路桥”,从而在禹门口形成了“五桥并架”于一河之上的奇观。可惜,2014 年 12 月 8 日铁索桥断裂,全部沉入黄河。但是,现今在铁路桥南又新建 108 国道禹门口黄河公路桥,竣工后重现了龙门“五桥并架”的奇观。

三、特色精神标识

禹凿龙门的伟大创举,既给河津先民创造了优越的生存条件,更给后世留下了宝贵的精神财富。大禹治水十三年,其中开凿龙门就费时四年之久(见唐代陈山甫《禹凿龙门赋》:“四载之劳,终成于舜日,九年之患,空愧于尧人。”明代薛瑄《水阁》:“飞楼缥缈架黄流,滚滚波声世界浮。遍倚阑干忆前事,功成四载几经秋。”),足见当时凿开龙门是大禹治水中最关键、最艰巨、最重要的任务,也是大禹治水的成败所在。大禹献身于治水大业,三过家门而不入,最终凿开龙门,导引天下之水归于大海。他公而忘私的高尚精神,百折不挠、任劳任怨的非凡品质,坚韧不拔的卓越意志,是中华优秀传统文化的精髓,也是龙门文化的基因。河津先民五千多年的狩猎农耕、谋生立业,特别是禹凿龙门以来战胜灾害、自立自强的艰苦奋斗的精神,造就了具有河津特色的地域文化。这些优秀文化和历史文脉,植根于河津先民的思想观念、举止行为之中,五千多年来经过口口相传,代代传承,逐渐升华为具有“古中国”精神标识的河津人文精神,概括讲,就是耿直秉义、好胜争先、重文习武、和谐奉献。河津人在继承先民这种高尚精神和价值追求的基础上,注入了以改革创新为核心的时代精神,使得“爱国、敬业、诚信、友善”的社会主义核心价值观在心底牢固扎根,从而树立了高昂的时代精神标识。

四、结语

大禹开凿的龙门是河津市的西大门,河东雄关要津,它以最具“古中国”标识的文化遗迹表明:河津是人类文明最早的根、最古的源,具有中华优秀传统文化的原始基因和标识,称之为“古中国”政治、经济、军事、文化战略要地实至名归。当前,河津人正在积极贯彻落实习近平总书记关于传承和弘扬中华优秀传统文化的重要指示精神,大力宣传“禹凿龙门”特色文化名片,弘扬大禹“坚韧不拔、无私奉献”精神,精心规划并打造具有“华夏古文明”内涵的国际文化旅游地——河津龙门景区。

(作者为中国国学研究会研究员、中华诗词学会会员、中国楹联学会会员、山西省作家协会会员、河津市史志文化研究会会长)

大禹治水在禹城

张仁庆

大禹治水圣地——禹城,地处黄河下游、鲁西北平原、徒骇河中下游,历史悠久。早在公元前两千多年前,我们的祖先就在这块土地上艰苦创业、繁衍生息。在这漫长的岁月中,这座古老的小城曾经沧桑。

史料记载:禹城上古时期是古鬲国国都,西周时称祝国;春秋战国时期称为祝柯;汉高祖五年(前202),刘邦将其改为祝阿县;唐玄宗天宝元年(742),唐玄宗改祝阿县为禹城县,因为阿阳城(原祝阿县县址)南15公里,有座禹息故城,意在纪念大禹在此率众治水。

我国著名历史学家、中国先秦史学会名誉理事长、清华大学李学勤教授在一次访谈中曾指出:“大禹治水确实到过山东禹城一带,这是有定论的。”而且在禹城这座古老的土地上,大禹治水的足迹遗址和大禹治水的故事,几千年来在禹城广为流传、家喻户晓,也因为大禹在禹城治水成功,让禹城人民感到骄傲和自豪。

据史料记载,早在4500年前,由于地球温度升高,北极冰山融化,海平面上升,鲁西北、冀南地势低洼地区受海水侵害严重。加之连年大雨,引发河水泛滥,酿成大范围的洪水,百姓无处安身。治理洪水成了尧舜时期的头等大事。鲧奉命治水,以堵截为主,九年而无功,并且毁坏了大量息壤。舜帝将鲧处死以谢天下,并起用鲧的儿子禹继父业。禹吸取父亲治水教训,制定了疏堵结合、以疏为主的治水方案。禹深入灾区,察看天下水势,披星戴月十三年,三过家门而不入,开九州,通九河,陂九泽,度九山,终于战胜了洪水。从此,沼泽变良田,水国成沃土,大禹治水在禹城"导河入海",禹之功绩,千载传颂。

禹息故城:位于古黄河和古漯河交汇处的一高丘之上,在今禹城市伦镇西北3公里处。史料载:"据《山东通志》载,炎帝后裔被分封到现禹城境内,建立高国,立国都(有资料称高阳城)在此。后,大禹为治水在此掘息土,并建指挥部,历时八年,后人称之为禹息故城。"据《禹城县志》(清嘉庆十三年,即1808年)卷三《方域志》记载:"《寰宇记》:祝阿县(今禹城市)南三十里有废禹息故城。《水经注》:禹以息土填鸿水,以为名山,义本取此。"相传,大禹在此指挥治水,主要取息土筑堤防洪。此地上古时期是高国国都高阳城,因禹取息土筑堤防洪功绩甚大,而改名禹息故城。该地不仅是古高国国都、禹息故城,还是古高唐县县城遗址。叠压的三城,即高阳城、禹息故城、高唐故城,现为山东省重点文物保护单位。

具丘山:位于禹城市十里望回族镇十里望村南,徒骇河西岸,距徒骇河不足1公里。据清嘉庆《禹城县志》记载:"世传禹治河筑此以望水势,今俗曰十里望。旧志引《史记》:禹疏二渠,其一出具丘,即此地。"就是说,这里是大禹登高望远,指挥工人导河入海、大功告成之地,现为山东省重点文物保护单位。

徒骇河:此为禹疏九河之一,禹城境内最大的一条河流。相传,当年大禹在具丘山指挥治水,"导河入海",大功告成。《史记》记载:"播为九河,同为递河,入于海。"九河,即黄河下游入海的九条河流。《尔雅·释水》载,九河名为

“徒骇、太史、马颊、覆鬴、胡苏、简、絜、钩盘、鬲津”。孙炎注曰:“禹疏九河用功虽难,众惧不成,故之徒骇。”李巡注曰:“禹疏九河以徒众起,故曰徒骇。”史料记载:当年鬲国有鬲氏部落首领给当时在高国视察水势的大禹汇报鬲国一带严重的水灾,大禹随即来到鬲国察看水势。大禹和徒众看到此地水灾严重,徒众惶惑惊骇。为此,“土河”改为“徒骇”河。清嘉庆《禹城县志》记载:“徒骇河(即古漯河),居人曰土河,旧志又曰鬲津河。”它是大禹治水的主要河流,况且这几条河流都从禹城流过,更说明禹城是大禹治水重地。徒骇河发源于河南省清丰县东部,与黄河并行,经莘县、聊城,分运河水继续朝东北,经茌平、高唐、禹城,又经齐河、临邑、济阳、商河、惠民、滨州、沾化等市县,最后从老黄河口入渤海,全长420公里,有防洪、排洪、灌溉之利。清朝皇帝乾隆于乾隆二十年(1756)视察徒骇河,在禹城作《徒骇河》,诗曰:“神禹治水乃最神,当时犹至入徒骇……”

禹王堤(禹堤)遗址:清嘉庆《禹城县志》卷三记载:“禹王堤,《郡国志》:在博平县西南滳家坡,经茌平城北断而复续,蜒入长清禹城境内。”相传为大禹治水时所筑。大禹治水的传说流传至今,至今犹存的禹王堤就是见证。现禹城市张庄镇黎济寨村西50米处,仍存有禹王堤遗迹,呈西南东北向。笔者和同行曾多次到此地观看这一遗址古迹,堤高仍在1米左右。

禹迹碑:据清康熙《禹城县志》记载:明万历元年(1572),当地增修四门城楼,各城门上都有一方石刻,镌有城门的名称。南曰“禹迹”,是纪念大禹治水驻足禹城而命名的;东曰“祝阿”,是因为禹城古称祝阿;北曰“都杨”,是因为祝阿之前是祝柯,祝柯在东周时又叫“督扬”,督扬讹为“都杨”;西曰“鬲津”,是因西门处有鬲津桥,也为纪念此城池为古鬲国国都。“禹迹碑”是20世纪三四十年代禹城一中的一位教师在南城门下砖瓦堆中发现的,现存于禹王亭博物馆。

禹迹亭:据清嘉庆《禹城县志》记载:“禹迹亭,在南门内,西邑人刘士骥构,今改为山西会馆。”世传大禹治水时,到过此地休息。现遗迹无存,但此地出土的《禹迹亭记》石刻碑,可作为见证,并已相传多年。

《禹迹亭记》石刻碑:2002 年,在今大禹公园,也就是古城南门内的禹迹亭一带,出土了一幢《禹迹亭记》石刻,现陈列在禹王亭博物馆。石刻署名“刘士骥”等人。史料记载,刘士骥是禹城老城区南街人,为明代万历年间进士。碑文记载:“计禹往来非一,此地与禹台岂皆常驻跸与,不然则行宫在此,而筑台十里外,特以相水势。”就是说,大禹治水常到禹城。

综上所述,遗址、遗迹,史料记载,乾隆皇帝及知县的诗文,均见证了大禹治水在禹城,禹城是大禹治水重地,是“导河入海”、功成名就之地。

在禹城还有诸多大禹治水的传说,不再一一叙述。

据《禹城县志》记载,从古到今,禹城人民为纪念大禹在禹城治水,在城内曾建有禹王庙、三官庙。三官指天官、地官、水官,水官指大禹;在具丘山上建有禹王亭等。由于多年的洪涝灾害的冲击,这些建筑因缺乏维修而毁坏无遗。明万历三十二年(1604),具丘建禹王亭,刘士骥作《禹迹亭记》。清康熙五十三年(1714),重修禹王亭,知县曾九皋作《禹王亭记》。1977 年 2 月,禹王亭遗址成为省级重点文物保护单位。1976 年、2002 年和 2014 年,禹城市委、市政府先后在具丘遗迹维修、扩建禹王亭;在《禹迹亭记》石碑挖掘地建成大禹公园。伦镇禹息故城加大维护力度,2015 年被列为省级重点文物保护单位,伦镇还建有禹息公园,在迎宾路建有禹王像,在京台高速出口树有大禹治水群雕像,有欧阳中石亲笔题字“大禹治水”;在泺清河、徒骇河流经城区处,建成了国家级大禹文化水利风景区和国家级湿地公园。

为弘扬大禹精神、传承优秀传统文化,禹城市委、市政府会同中国科学院,先秦史学会等单位,积极倡导、推进大禹文化的研讨、开发等活动。2002 年 4 月 25 日,禹州市委、市政府在禹城与先秦史学会联合举办了“全国首届禹城大禹文化学术研讨会”,来自全国 18 个省市的 66 位专家、学者最后形成共识:大禹在禹城治水,“导河入海”,大功告成这一权威性结论。2007 年 9 月 16 日,在禹城召开了“全国第二届禹城大禹文化学术研讨会”,并在禹城设立了“中国先秦史学会禹城大禹文化研究中心”。2008 年,在禹城举办了首届大禹文化节;2012 年 6 月,举办中国禹城水生态文明新城建设研讨会;2013 年 7 月,与水利部在禹城举办了“中国首届水安全(禹城)论坛”。禹城大禹文化研究会与中国先秦史学会禹城大禹文化研究中心联合出版了《禹城与禹文化》专刊以及反映禹城地域文化的《话说禹城》《乡村记忆》等书籍,意在宣传大禹、宣传禹城,让大禹精神永远激励、鼓舞禹城人民,把家乡建设得更加美好。

(作者为禹城市政协原主席、中国先秦史学会特聘理事、中国先秦史学会禹城大禹文化研究中心主任、禹城市大禹文化研究会会长)

大禹三涂治水、娶妻、会诸侯

周明海

大禹治水十三年,三过家门而不入,年过三十,方娶涂山氏女为妻,又曾为治水而会诸侯于涂山。后来大禹为治水而远离妻子,两情相隔,涂山氏女因怀念丈夫,在涂山之阳唱出了我国最古老的情歌——《候人兮猗》。三涂山,史称涂山,位于嵩县县城西南伊河北岸、崖口以西今何村乡窑北坡社区,属熊耳山系。崖口,又名水门,与龙门、陆浑合称伊河三阙。北魏郦道元《水经注·伊水》有(伊水)“历崖口,山峡也。翼崖深高,壁立若阙,崖上有坞,伊水径其下,历峡北流,即古三涂山也”的记载。闻一多在《天问疏证》中指出:“三涂即涂山本地,在今河南嵩县。”三涂山濒临伊河,伊水出崖口进入县城小盆地。

三涂山周围自然环境优越,温度和湿度适中,土肥水美,物产丰盛,有利于农作物生长;植被繁茂,山溪密布,旱有密布如网的川流之水予以灌溉,涝则山岗丘峦可以避洪,不致形成沼泽。这里适宜人类居住、生活。从旧石器时代开始,就有人类生息繁衍在三涂山周围,先民们在这里日晒雨淋,茹毛饮血,顽强地同大自然进行斗争。有夏氏部落是黄帝族的后裔,兴起于龙山文化时期,活动的主要区域在伊洛河中上游及嵩岳一带。禹父鲧到封地后,就在伊河流域治水、筑城,到大禹时,先民们已住上房屋,吃上熟食,最先脱离野蛮和愚昧,开始创建物质文明和精神文明。大禹治水有功,帝舜为表彰他的功绩,赐其姓为“姒”,赐其氏族为“有夏”,有夏族在大禹时期得到了迅速发展。

三涂山面积不大,但地理位置重要,是阻隔伊河川地通向南部伏牛山腹地的天然屏障,是伊河上、中游分界点。上古时期,有许多重大事件在三涂山周围发生,《左传》《史记》《水经注》等中国古代文献对三涂山多有记载。“‘三涂’:古山名,在今河南嵩县西南、伊河北岸。《左传》昭四年(前538):‘四岳、三涂……九州之险也。’昭十七年:‘晋侯使屠蒯如周,请有事于雒与三涂’,皆指此。”(《辞海·地理分册·历史地理卷》,上海辞书出版社)《逸周书·度邑解》记载:周武王营建洛邑时,武王谓周公曰:“有夏之居,我南望过于三涂,我北望过于有岳。”《左传》云:“晋侯使屠蒯如周,请有事于雒与三涂。”杜预注曰:“三涂,山名,在陆浑南。”以上事件均发生于嵩县三涂山。

《尚书·益稷》记载:“予创若时,娶于涂山,辛壬癸甲,启呱呱而泣,予弗子,惟荒度土功。”《史记·夏本纪》云:“夏后帝启,禹之子,其母涂山氏之女也。”《水经注·伊水》曰:“伊水又出陆浑县之西南王母涧,涧北山上有王母祠……伊水历崖口山峡也,翼崖深高,壁立若阙,崖上有坞,伊水经其下,历峡北流,即古三涂山也。”著名历史学家吕思勉所著《先秦史》、朱芳圃《中国古代神话与史实》诸书,河南省社会科学院考古研究所原所长马世之先生的《涂山地望考辩》一文,均以为此“三涂山”即古大禹“涂山会娶”之处。

大禹,传说中的古代部落联盟首领,是夏王朝的开拓者,又称夏禹,其父崇伯鲧,是雄踞黄河南岸的崇高山(今外方山)的有崇氏部落首领,有崇氏与在黄河北岸太行山麓的共工氏,都是富有治水经验的部落。尧在位时,崇伯鲧奉命治理水患,九年治水无功而被杀。大禹接其父任继续治水,吸取以往治水失败的教训,改变其父以堵为主的治水方法,《国语·周语下》载,“高高下下,疏川导滞,钟水丰物”,就是根据地势,采取以疏导为主的方法治水,取得了良好效果。治水的主要地点就在今天的伊(河)洛(河)河(黄河)济(济水),大禹疏导洪水入江海,消除了各地水患,整理出九州之地以供农耕,为人民立下了大功,受到尊敬和爱戴,后被推举为夏部落首领,曾建都阳城(今河南登封告城),后又迁都阳翟(今河南禹州)。

大禹治水期间曾先后疏通了九条大河的河道,伊河便是其中之一。在远古时期,现在的龙门为一大湖泊,名曰五洋江,大禹率众首先凿开龙门,使这里的汪洋东流入海,显露出山川地貌,接着又在伊河的上游凿开了崖口,疏通了整个伊河河道。在开凿崖口期间,其人马就驻扎在三涂山。大禹的治水精神感动了附近的山民,山民争相为其送水、送饭,其中三涂山附近的涂山氏女更是被大禹精神所感动,在送水、送饭、送衣过程中,他们产生了爱情。年已三十岁的大禹遂在三涂山举办了盛大的婚礼,他对所娶妻子非常满意,称其为女娇。《吴越春秋·越王无余外传》载:“禹三十未娶,行到涂山,恐时之暮,失其度制。乃辞云:‘吾娶也,必有应矣。’”伊河河水疏通后,为了展示其功绩,大禹遂决定在三涂山召开治水大会,通知各地部落首领务必到会,这些部落首领,此时已成为各个邦国的酋长。据《左传》记载,“禹会诸侯于涂山,执玉帛者万国”。说明参加这次大会的人数及盛况。在这次大会上,防风氏首领因迟到当场被杀,大禹借此震慑各邦国,树立自己的权威。这些前来参加大会的邦国君长,对大禹朝贡,行君臣之礼,成为夏王朝统治下的诸侯。这次大会的召开,具有划时代的意义,是夏王朝建立的标志,史称“涂山之会”。

数千年来,由于战乱、自然灾害、人为的破坏,先秦文物留存的极少。嵩县地处伏牛山腹地,除目前发现的 40 余处仰韶、龙山文化遗址外,在深山老林、人烟罕迹之地,还幸存有部分夏文化遗存及后人纪念大禹、夏启、涂山氏

女之建筑等,主要有:

1. 三涂山古庙

三涂山古庙,始建年代无考,曾名李密庙、义应侯庙、无门庙等,1947 年被毁,在遗址处留存有宋代“敕”字残碑,地面裸露有唐代手形砖、宋代陶瓷片等。

2. 涂姑庙

涂姑庙在城关镇王庄村,后人为纪念大禹之妻、夏启之母涂山氏女涂姑而建,民间已传承数千年。

3. 神马石

神马石位于德亭乡石马岭,横卧于山腰石壁上,长 6. 6 米,高 2. 12 米,宽 3. 4 米,背部刻有“周平宇神马一千交”8 个大字,石马身后有三皇庙,两者之间有人工开凿的马蹄窝印 5 个。神马石被国家文物局编著的《中国文物地图集 · 河南分册》收录。

4. 梁王顶石殿群

梁王顶又名莲花顶,在嵩县德亭镇与洛宁县涧口乡、宜阳县木册关乡交界处,为熊耳山主峰之一,海拔 1645 米。梁王顶地势平坦,在嵩县一侧建有前石殿和后石殿,前石殿占地约 2 亩,古建筑已坍塌,现有明代重建的莲花宫、莲花殿各 3 间,现存石碑 5 通,除明万历十六年(1588)修路功德碑外,其余碑刻字迹模糊难辨。

前石殿沿界岭西北约 2 公里处为后石殿,由 5 个独立无樑架石屋组成,相距 20 米左右,其中 3 个已完全倒塌,花岗岩凿制的石柱、石檩、石板等构件淹没在树林之中。居中保存有完整石殿 1 座,该石殿为悬山顶式建筑,前墙长 2. 9 米,墙体及房顶全部用石板、石柱、石檩拼成,做工十分精致,门两旁石板墙体上半部雕凿的是方格窗户形状,下半部浮雕是蜜蜂图案。石室柱子上有文字痕迹,不能辨认,室内有石人座像 4 个,较大者头戴一前方后圆的平顶冠子，两旁石像一个头生两角，一个挽一朝天髻，还有一个较小的为官员模样。四人皆宽袍广袖，可惜脖颈、面目及头饰均被近人彩绘、水泥加固，难以判定年代。就石人粗糙的做工来说，不似和石室同时，应为后人附雕之作，当地人称主石像为玉皇大帝，房前竖立的两块石板为现代人所立。整个石殿结构合理，布局有序，严丝合缝，从里面往外看，没有一丝透光的缝隙。1986 年，嵩县人民政府将梁王顶石殿群纳入文物保护单位。

梁王顶石殿群造型、建筑材料独特，尤其石雕蜜蜂图案，蜜蜂造型栩栩如生，头顶祥云，身浮花瓣，翅翼伸展，腹须灵动，实为罕见，据初步考证，应为炎黄二帝先祖有蟜氏崇拜的图腾。大禹在三涂山治水期间，娶涂山氏女为妻，生子夏启，夏启为中国奴隶社会第一个王朝——夏王朝的第一个国王。后人为纪念夏启建立夏王朝，开创中国历史新的一页，在大禹、夏启、涂山氏活动的重点区域——三涂山附近，建立夏启之母——涂山氏女祠堂，并刻上了蜜蜂图腾。

北魏郦道元著《水经注・伊水》中的“滽滽之水”即今天嵩县德亭河，厘山应为宜阳县花果山，花果山东侧就是天池山、梁王顶，南面是洛宁县神灵寨，王母涧即发源于今天德亭镇左峪川的鹿猪沟，王母祠当为夏启之母涂山氏女祠庙。根据《水经注》记载，此庙群在北魏郦道元考察伊水时已经存在，至今 1500 年矣，只是建在深山老林之中，“养在深闺人未识”，由此而幸存下来。

2016 年 9 月 22—24 日，由中国先秦史学会、洛阳市社会科学界联合会、嵩县县委宣传部、洛阳市文物考古研究院主办的“中国嵩县三涂山与夏文化学术研讨会”在嵩县召开。国学大师、清华大学教授李学勤先生发来贺电，来自中国社会科学院、中国军事科学院、中华书局、清华大学、天津师范大学、华南师范大学、重庆师范大学、河南科技大学、河南省社会科学院等单位的 40 余位著名学者，以三涂山地望为切口，以夏文化研究为重点，围绕“三涂山与夏文化”的重大课题，展开热烈讨论，取得了突破性成果。与会学者经过热烈讨

论和实地考察,形成了以下重要共识:

一、三涂山(涂山)是华夏历史名山。帝尧“殛鲧于羽山”、禹“娶于涂山氏”和“禹会诸侯于涂山”等著名历史故事,都发生在这里。大禹是治理洪水的英雄人物,以大禹治水和夏代建立为核心的三涂山文化,是华夏文明形成的关键节点,三涂山文化作为华夏民族文化的重要一部分,在中华上古文明史中占有重要地位。

二、女几山是三涂山的主峰,因禹妻“女娇”居住在这里而得名。禹“娶涂山,谓之女娇”。因“涂山氏”本是“女娲”“有蟜(娇)氏”的后裔。如以地名称之为“涂山氏”,若以族名称之则为“有蟜氏”。

三、嵩县历史悠久,文化厚重。三涂山地区的王母祠(涂姑庙)、神马石、三皇庙、义应侯庙和梁王顶石室等文物遗存,以及大量讴歌女几山的诗词名篇,都是研究三涂山文化的珍贵资料。

(作者为《嵩县通史》编辑、嵩县历史文化研究协会常务副主席兼秘书长)

夏禹足迹在临夏

马俊华

甘肃省临夏回族自治州，历史上曾先后称为枹罕、河州、导河、临夏等。自治州境内广河县有“禹出大夏”的记载，有大夏城、大夏水、大夏族、大夏郡、大夏长、大夏川等名称，广河县把彩陶称为“夏陶”、把绵羊称为“夏羊”；和政县境内有大禹出生地“金纽”遗迹；积石山保安族东乡族撒拉族自治县大河家镇黄河积石峡有大禹治水传说和禹王石、禹王庙、大禹斩蛟崖、大禹支锅石、天下第一石崖等古迹；临夏市有禹凿泄湖峡的传说和禹王庄、禹里庄、禹里家、禹成桥、桥窝等地名。这些古名称均与夏禹有关。

一、大禹封地“夏”

广河县最早被称为“大夏”。这个“夏”是怎么来的？著名学者章太炎先生说：“‘夏’之为名，实因夏水而得……‘夏’本族名，非邦国之号，是故得言

‘诸夏’。”[1]章太炎先生说的“夏水”就是发源于今和政县雅塘峡,流经和政县和广河县入于黄河支流洮河的广通河,人称居住于夏水流域的羌氐人为夏族,亦称“诸夏”。章太炎认为:“黄帝系来于氐羌,其中包括禹,亦出自西羌。”[2]

“夏”之地名最早出现于尧舜时期。《淮南子》云:“昔者,夏鲧作三仞之城,诸侯背之,海外有狡心。”鲧是大禹的父亲,把鲧称作“夏鲧”,说明在鲧时“夏”这个地名已经存在。据说夏鲧所筑“三仞之城”就是今广河县阿力麻土乡大夏古城遗址。

帝尧时,封禹于夏,《御批历代通鉴辑览·帝尧陶唐氏》记载,帝尧“封诸侯,赐姓氏,封禹于夏,赐姓姒氏。统领州伯,以巡十二部”。《帝王世纪》载,禹被尧“命为司空,继鲧治水”,后治水有功,“尧美其绩,乃赐姓姒氏,封为夏伯,故谓之伯禹”。后来到帝舜执政时期,帝舜又封禹为夏伯,《御批历代通鉴辑览》记载:“(禹)封夏伯,故曰伯禹。”《汉书·地理志》云:“尧遭洪水,怀山襄陵,天下分绝,为十二州,使禹治之。”以上记载说明,帝尧把统治下的土地分为十二州,将禹分封到“夏”地,“夏”成为禹的封地,帝尧并将禹任命为“夏伯”和“伯禹”,使禹成为十二州的首领,“天下宗之”。古代“伯”同“霸”,“州伯”就是部落的首领。后来,禹将十二州缩为九州,即冀州、兖州、青州、徐州、扬州、荆州、豫州、梁州、雍州。当时的大夏属雍州。

后来,大禹治水成功后,帝舜因“子商均不肖,于是命禹摄位。禹让于皋陶。帝曰:‘惟汝谐。’……禹受命于神宗。禹受命于尧之庙,率百官如帝之初。……王即位,国号夏。王既为众所归,乃即天子位,因所封国为有天下之号,以金德王,都安邑”。禹即位后,以家乡之名“夏”为国号,定都“安邑”[3],

---

① 章太炎:《章太炎全集四·中华民国解》,上海人民出版社,1982年,第253页。
② 章太炎:《种姓》,转引自《西北民族研究》1991年第2期。
③ 安邑,在山西省运城市。

这就是“夏朝”的来源。

所以，西北师范大学赵逵夫教授在张学明、赵忠合著的《大禹导河之州》一书的“序言”中说：“有的学者认为夏在今陕西省西南部，禹居于夏，故以之朝代名。但例之以后来一些朝代立国的情况，总是用原来的发祥地名以朝代之名，以名其实业之起始。如刘邦为沛人，故起事后号为‘沛公’。……曹操于建安十八年(213)被汉献帝策命为魏公，后又加封为魏王。曹操死后其子曹丕袭其爵，故曹氏代汉，国号为‘魏’。司马懿为河内温县人，属春秋时晋地，故司马氏代魏以后国号‘晋’，如此等等。晋朝王隐著，清毕元辑的《晋书地道记》中说：大夏县‘有禹庙，禹所出也’。证明大禹出于大夏县。”①

二、大夏县变迁

大禹在治水过程中，率领羌族治河大军逐渐东移河南一带。大禹东移后，大夏城作为羌族首领的驻地，继续保留下来。夏朝灭亡后，大夏依然作为羌族首领驻地存在下来，并发挥着作用。《尚书·牧誓》记载，周武王伐纣“牧誓”时，有西部的羌人参加。西周末年周幽王宠爱褒姒，为了获得褒姒一笑，竟然烽火戏诸侯，后来西部犬戎攻克镐京，杀了周幽王，抢走了褒姒。中原诸侯闻讯，赶来救援，打退了犬戎，立原来的太子姬宜为天子，就是周平王。诸侯们走后，犬戎又经常犯境，周朝西边很多土地都被犬戎占去了。周平王恐怕镐京保不住，把国都搬到了洛邑。这说明当时的羌族势力很大，威胁着中原政权，估计大夏充当着指挥中心的作用。

后来，“大夏”之名一直存在下来。秦昭襄王二十八年(前279)，秦设置了陇西郡，郡治狄道(今甘肃临洮)，又从临洮过洮河，灭西羌枹罕侯，置枹罕

---

① 张学明、赵忠合著：《大禹导河之州·序言》，甘肃民族出版社，2005年。

县。西汉时,又从枹罕县析置大夏县,这是大夏最早设县的记载。今广通河古代亦称“夏水”[①]。西汉末年,王莽曾经改大夏为“顺夏”。东汉光武帝刘秀又恢复了大夏县名。以后大夏县一直沿袭下来。大夏古城历代都有修葺和扩建。据《元和郡县志》卷三十九载,唐玄宗开元年间,大夏县属于“中下”级县,大夏水经过县南,距县城十步之遥。

古代大夏县的县治在今广河县阿力麻土乡古城村。《广河县志》记载:“在广通河北岸的阿力麻土东乡族乡迤东,今名古城村,是乡政府所在地。经实查,古城遗址在北岸二级阶地上,分为上古城(西)与下古城(东),中由广通河北岸支流巴家沟长流水分开。古城基本已无地面城垣可寻,唯城基夯土层隐约可辨。据步测,下古城遗址南北长约500米,方形,大于上古城。城内农田中曾拾到汉瓦及宋代陶片。城东越过寺沟至贾家村,曾出土过汉代砖瓦和五铢钱等。……阿力麻土古城遗址被不少学者认为是汉代大夏县城的遗址,从遗址所在的地理位置和出土的汉代文物来看,这一看法不是没有道理的。”[②]

三、导河积石

《尚书·禹贡》载,大禹“导河积石,至于龙门,南至于华阴,东至于底柱,又东至于孟津,……入于海”。《史记·夏本纪》载:“当帝尧之时,鸿水滔天,浩浩怀山襄陵,下民其忧。尧求能治水者,群臣四岳皆曰鲧可。尧曰:‘鲧为人负命毁族,不可。’四岳曰:‘等之未有贤于鲧者,愿帝试之。’于是尧听四岳,

① 《续修导河县志》载,“漓水·大夏水考”考证,“漓水注入黄河,大夏水入洮河,《水经注》界限极清,均在故河州境。自明《一统志》误漓水为大夏河(《清一统志》),民国于拉卜楞寺设夏河县,改导河县为临夏县,一误再误,遂致名实混淆,不可究诘”。因而将源出和政沙马关的大夏水,改称广通河。

② 广河县志编纂委员会:《广河县志》,兰州大学出版社,1995年,第525~526页。

用鲧治水。九年而水不息,功用不成。于是帝尧乃求人,更得舜。舜登用,摄行天子之政,巡狩。行视鲧之治水无状,乃殛鲧于羽山以死。天下皆以舜之诛为是。于是舜举鲧子禹,而使续鲧之业。”

禹接受任务后,经过考察,实施了“疏”的治水方针,疏通河道,拓宽峡口,让洪水能更快地通过。《史记·夏本纪》载,禹“道河积石,至于龙门,……入于海”。蔡沈《书经集传》注解曰:“积石,《地志》:‘在金城郡河关县西南羌中,今鄯州龙支县界也。’”“金城”今为兰州,“河关县”在今积石山县大河家镇康吊村。《青海通史》说:“河关在今甘肃临夏与青海交界处,其西南正是青海境内。”[①]《积石山县志》记载,河关县城遗址“位于大河家乡康吊村,西汉置河关县,故城残壁断垣犹存”[②]。以上记载说明,大禹治水,“导河积石”就是从甘肃省临夏回族自治州境内积石山县大河家镇黄河积石关开始的,顺流而下,逐渐向东,疏通河道,至龙门,再到中原,历尽千辛万苦,千难万险,终于制服了洪水,完成了治水大业。

四、三苗与河关

“河关”是夏禹时期“迁三苗于三危,以变西戎”之地。《尚书·舜典》《史记·五帝本纪》和《后汉书·西羌传》都记载,尧舜禹时代三苗作乱,被打败后迁徙到三危、河关地区,变成了羌戎。《尚书·舜典》曰:“流共工于幽州,放驩兜于崇山,窜三苗于三危,殛鲧于羽山,四罪而天下咸服。”《史记·五帝本纪》载,帝舜时期,“三苗在江淮、荆州数为乱。于是舜归而言于帝,请流共工于幽陵,以变北狄;放驩兜于崇山,以变南蛮;迁三苗于三危,以变西戎;殛鲧于羽山,以变东夷:四罪而天下咸服”。《后汉书·西羌传》曰:“西羌之本,出自三

① 崔永红等:《青海通史》,青海人民出版社,1999年,第21~22页。
② 董克义等:《积石山保安族东乡族撒拉族自治县志》,甘肃文化出版社,1998年,第356页。

苗,姜姓之别也。其国近南岳。及舜流四凶,徙之三危,河关之西南,羌地是也。"《尚书·禹贡》曰:"三危既宅,三苗丕叙。"意思是,三危这个地方已经可以住人了,因而三苗人民得到很好的安置。

"河关"在哪里?兰州大学教授杨建新考证:"河关在今甘肃临夏与青海交界处,其西南正是青海,即古代所谓羌地,也就是所谓'赐支河首'地区。……这里正是秦汉时期羌族活动的中心。"[①]《青海通史》也说:"河关在今甘肃临夏与青海交界处,其西南正是青海境内。所谓'赐支河'即河曲地区,也就是现在的阿尼玛卿山、西倾山及其以北地区,这里正是古代羌人活动的中心。"[②]

当时的河关,包括新庄坪和黄河对岸的喇家一带,都是大夏管辖下的部落联盟,或是小政权。作为大夏政权首领的大禹"统领州伯,以巡十二部",常到这里巡查工作,了解民情,熟悉这一带黄河灾情,所以治理洪水也从积石峡开始,"导河积石,至于龙门",是符合情理的。

五、禹凿夏湖

临夏有一传说,尧舜时期,今临夏市一带是一个盆地,洪水和大夏河水将盆地灌满,形成一个大湖,名曰"大夏湖"。大禹治水时,在下游凿开了一个口子,将湖水泄入黄河,使大夏湖变成了良田宝地。大禹凿开的那个峡道被称为"泄湖峡"。康熙《河州志》记载:"禹未疏凿时,河州即湖也。"《史记·秦始皇本纪》借秦二世之口云:"禹凿龙门,通大夏,决河亭水,放之海,身自持筑臿,胫毋毛,臣虏之劳不烈于此。"《释名·释宫室》云:"亭,停也。道路所舍,人停集也。"《说文解字》云:"亭,民所安定也。"所以,这里的"亭"就是指

① 杨建新:《中国西北少数民族史》,宁夏人民出版社,1988年,第188页。
② 崔永红等:《青海通史》,青海人民出版社,1999年,第21~22页。

“水停止不流”。是说大禹在“导河积石”的同时将今临夏停滞的大夏湖水疏通了。

泄湖峡,具体位置在临夏回族自治州东乡族自治县河滩镇小庄村、东塬乡塔山村与临夏县河西乡桥窝村、安家坡乡北小塬村交界处。全长约5千米。从老虎口至泄湖峡出口,落差竟达百米,河水湍急,以一泻千里的气势奔腾而下。峡谷最深处约30米,最窄处约1米,两岸峭壁如削,巨石嶙峋,鬼斧神工。特别是夏秋雨季,河水以每秒上百立方米的流量,通过最窄处仅1米的峡谷,河水汹涌澎湃,惊涛骇浪,巨大的冲击力轰鸣如雷,令人惊心动魄。

清《河州志》载:“泄湖峡,禹所凿,泄大夏水,石有二篆字,传系禹迹,类岣嵝文。”《河州志·大禹诗·泄湖峡铭》注释云:“河州东、西川,上古时期是一片汪洋湖水。相传大禹从积石疏导黄河后,来到河州地方,见一片汪洋湖水,潜伏着危害,便劈开泄湖峡,导水向北流入黄河。”

泄湖峡铭

〔清〕吴镇

大夏之湖,鼋鼍所国。
万斛泉水,蓄之深黑。
双崖如门,一泻而北。
断若斧痕,得非神力。
兹峡不开,滔天曷极。
禹功万古,永怀明德。

——《河州志·大禹诗》

明代将“泄湖鸣雷”引入“凤林八景”之一。清康熙年《河州志》卷六载李苏诗《泄湖峡》曰:

泄湖峡

峡禹所凿,泄大夏水。石有二篆字,传系禹迹,类岣嵝文。

西倾大夏乱山中,一窍才开万派通。
绝塞深沟埋禹迹,昔年平地凿蛟宫。
奔流石破摧珠玉,激湍人惊骤雨风。
咫尺河源同斧削,教余天外忆鸿蒙。

在施工中,大禹为了使治河大军走路方便,在挖出来的深漕上修了一座桥。后来当地人把这座桥称为"禹成桥"。桥边有个村落,人称"桥窝"。大禹第二次居住的地方人称"禹里家",大禹凿开的这道峡人称"泄湖峡",至今泄湖峡附近有禹王庄、禹里家、禹成桥、桥窝等地名。道路旁还有一块巨石,人称"禹卧石"。人们为了纪念大禹,建了"禹王庙"。

传说大禹为了感谢苍天相助,在泄湖峡岩石上刻上了岣嵝文(鸟迹篆),记录开凿泄湖峡的过程,以纪念这件事。《续修导河县志》记载:"鸟迹篆,在泄湖峡。见旧志。相传大禹凿峡时所摹刊。常没于水,水陷时或一见之。"[①]

历史上曾有很多人前去泄湖峡寻找,但均未找到。1928 年,河州名人张建(质生)与邓隆曾去泄湖峡寻访禹迹,寻找岣嵝文,也未找到。笔者与东乡县人大主任马福荣、原州志办主任马志勇,于 2014 年 12 月 1 日,趁大夏河枯水期前去泄湖峡考察,寻访禹迹。当我们到泄湖峡时,看到大夏河河水很小,很多地方河水见底。我们顺着河底断壁残垣而下,看到了很多怪石残壁。由于几千年或更长时间的冲刷,形象各异,有"大禹脚印石""大禹支锅台""狐跳石"等遗迹。泄湖峡似一条长廊,很深很窄,最窄处人都能跳过去。峡道两旁石壁因长时期水流冲击,形成大小不同、各种各样的石窝。传说这些石窝是当年大禹开凿泄湖峡时,从河西跳到河东,又从河东跳回河西踏出来的脚印。我们只看到了峡道两旁的石窝和各种怪石,但没有找到岣嵝文。

① 黄陶庵总纂,马志勇校刊:《续修导河县志校刊》,第 255 页。

六、石纽与金纽

关于大禹的出生地,《史记·六国年表》记载:"禹兴于西羌。"《正义》引汉扬雄《蜀王本纪》曰:"禹本汶山郡广柔县人也,生于石纽。"此外,《新论·术事》《后汉书·戴良传》等均载"大禹出于西羌"。顾颉刚认为:"禹之来由虽不可详,而有兴于西羌之说。……甚疑禹本为羌族传说中之人物。羌为西戎,是以古有'戎禹'之称。"[①]《吴越春秋·越王无余外传》云,禹"家于西羌,地曰石纽"。据章太炎先生研究:"黄帝系来于氐羌,其中包括禹,亦出自西羌。"以上记载说明,大禹是羌族人,出生于石纽。

那么"石纽"在哪里?有几种说法。一种观点认为"石纽"即今四川省北川羌族自治县禹里乡石纽村。1990年3月,四川绵阳市人民政府批准北川县为大禹故里;1992年,原国家主席杨尚昆为北川题写了"大禹故里"四个大字。另一个观点认为,"石纽"在甘肃。《甘肃通史》中明确说:"据《寰宇记》所引《十道录》说,'石纽是秦州地名',在甘肃东南部。"[②]甘肃其他地方并无"石纽"之地名,唯有临夏回族自治州和政县在历史上有过"金纽""金柳"之地名,与"石纽"相近。今和政县蒿支沟石虎家村一带,历史上曾设过金纽县。

2015年4月26日,笔者同临夏州博物馆副研究员、馆长马珑、原临夏州志办主任马志勇等专程去和政县蒿支沟考察了金剑城遗址。原和政县县志办主任方登科介绍了金剑城的情况。他说:金剑城遗址就在今和政县三合乡石虎家村一带,即蒿支沟口以东,以前在写《和政县志》时曾做过考察,曾经发现过城门的门窝石和钱币之类的文物。金剑城,又名金纽城、金柳城,因其位置在金剑山下而得名。金剑城北面的这座山叫做红崖洼,也叫金剑山,因其

① 顾颉刚:《古史辨》第七册下,上海古籍出版社,1982年,第132~133页。
② 刘光华主编:《甘肃通史·先秦卷》,甘肃人民出版社,2009年,第123~124页。

有红色而得名,即宁河八景之一的“赤壁晚照”。他还说,民国时期,古城残垣及城外大青石凿成的门墩尚存,1972年平田整地时,城墙遗迹被毁。当时从城郭废墟中出土大量的古币、箭矢、斧戟、刀剑、锥马针、烧结铁块、炭化粮食等物。古币中有五铢、大泉及宋代熙宁、崇宁的铜币。该城西起蒿支沟粮库门前,东至张家和沿村,南至三合小学,北至一里池(已干涸),城址平坦,造型方正,现国道兰郎公路穿遗迹而过。

明《河州志·古迹》曰:“大夏县州南有金纽山,隋置县,属枹罕郡。”[①]清《河州志》亦有同样记载;《续修导河县志》载邓隆《漓水·大夏水考》曰:“《水经注》曰:大夏川水出西山,二源合舍而乱流。经金柳城南,又经大夏县故城南。……《十三州志》曰:大夏县西有故金柳城,去县四十里,本都尉治。大夏有金纽山。《寰宇记》曰:大夏水一名白水,出县西南山谷中,又:大夏城西二十里有金剑山,亦有金剑故城,一名金柳城。前凉曾置金剑县于此。”[②]《和政县志》记载:“公元325年(晋太宁三年),前凉在和政地置金剑县,治金纽城(又名金柳城,今蒿支沟口)。”[③]但是“金纽”之名起于何时,不得而知,从《和政县志》记载来看,“金纽”和“金柳”之名应早于金剑县,“金柳”可能是“金纽”的谐音所致。因为“夏”是大禹的封地,金纽距大夏古城不足十公里。金纽附近有个村名叫“羊家庄”,村民大多羊姓,明显是羌族的后裔。附近还有一个“姜家村”,村民多姜姓,与史书记载的羌姜一家吻合。这个“金纽”就是史书记载的“石纽”,即大禹的出生之地。所以,《晋书·地道记》说,大夏县“有禹庙,禹所出也”。

① 〔明〕吴祯著:《河州志校刊》,甘肃文化出版社,2004年,第24页。
② 黄陶庵主编:《续修导河县志》卷八《考证》,民国20年抄本。
③ 和政县志编纂委员会编:《和政县志·大事记》,兰州大学出版社,1993年,第7页。

七、大夏禹王庙

大夏县，即今甘肃省广河县，经长年历史变迁和历代兵燹，禹王庙已不复存在。

2014年3月，广河县文化广播影视局组织有关人员考察时发现，广河县城关小学后面有一座小山，叫“高庙山”，山下西侧有沟，人称“庙沟”。《宁定县水略图》上有一个“高庙山”的地名，与之相符。据当地耆老马振先老先生（广河县城关镇西关人，时75岁）说：“广河县别无带‘庙’的地名，唯独‘高庙山’‘庙沟’带有‘庙’字。高庙山顶原有坍塌的遗址，常有瓦片、陶器碎片出土，民国时马鸿逵部下宁定县籍的团长马秉毅为保护地方，在这里建了一个堡垒，他在修堡垒的时候，将原来的遗址破坏了。现在高庙山顶的土堆是堡垒遗址。”

有关人员考察时发现，高庙山位于广河县城城关小学之南的小山顶，位置较高，向北而望，县城全貌尽收眼底，前面是原广河县委、县政府和城关小学，街道北面是清真华寺。原堡垒面积并不大，堆土中发现有大量的汉砖、瓦片和瓦当。有的镶嵌于土堆之中，有的散落地下。最可珍贵的是发现有镶嵌在土堆中的瓦当，上面的图案为雄狮，憨态可掬，古拙简朴，显然是汉代以前的东西，与《晋书·地道记》记载相吻合。据此，可以确定此地为禹王庙遗址。

（作者为齐家文化研究会顾问，曾任中共广河县委副书记，临夏回族自治州教育局党组书记、局长，临夏回民中学书记、校长等职）

禹迹考

王洪金

一、羽山——禹生鲧腹处

先从禹的出生地说起。关于禹的出生地目前说法很多,有四川说(其中有北川、汶川、理县、茂县、宜宾、都江堰等六说)、河南说(其中有登封、禹州二说)、晋南壶关说、甘肃秦州说、陕西神木说,近来还有人提出山东泗水说、东北鸭绿江畔说等。其中四川石纽说起于两汉,是为多数,其他都是近现代出现的。汉代疆域扩展,禹的出生地也随之扩张;现代人也有争名夺利之嫌,故上述各说基本"依据"显得不足,禹的出生地应另在他处。

我们需要辩证分析:因为说禹就要说到鲧,还要说到他的爷爷是哪里人,这是由祖孙关系决定的。禹的世系,按《史记·夏本纪》所说,禹之父曰鲧,鲧之父曰帝颛顼。郭沫若主编的《中国史稿》中说,"夷人中较早融入华夏族的还有颛顼和帝喾两个分支"。就是说颛顼是东夷人,居住在中原以东。《说文》谓"夷,从大从弓,东方之人也",《大荒东经》谓"东海之外大壑,少昊之国，少昊孺帝颛顼于此"，则禹的爷爷颛项和祖爷爷少昊都是东夷人，居住在东方海边，这个世系和所在地域都是清楚而连贯的。认为禹是西方山区的四川人或是中原河南人，都无法找到如此清楚的世系与地域关系的依据。这样就基本排除了上述诸说，从而确立禹生于东夷的史实。这就是历史的魅力，科学就是严谨，因为科学就是事实。

这里重点谈谈鲧是哪里人，因为禹是在他的抚养下长大的。《国语·晋语》说："昔者鲧违帝命，殛之于羽山。"鲧因治水不力被杀死于羽山，羽山就在今江苏连云港市东海县境内，这里正是东夷地域。如果鲧是四川人，为什么不在四川将鲧杀死呢？难道还要他的家人从千里之遥的四川到东海边来收尸？即使来了又怎么能把尸体运回家乡安葬？显然，这殛鲧之地的选择也是对四川说的否定。《拾遗记》云："尧命夏鲧治水，九载无绩，鲧自沉于羽渊，化为玄鱼。"按《毛诗解》云："中国，京师也；四方，诸夏也。"知夏原在外围，起码在尧舜封禹之前中原无"夏"。《毛诗传》云："夏，大也。"《说文》云："夷，从大从弓，东方之人也。"可证东方有夏。《大荒东经》载："有夏州之国，有盖余之国。"此"夏州之国"在东方与"盖余之国"接壤。"盖余"在今赣榆区西至山东临沭县的盖牟村之间，今当地口音仍将赣榆说成是"盖余"。连云港市海州西的洪门叫"夏禾"，沭阳县东北有"刀夏"、北面赣榆区东南有"刁夏"，这两村向西到郯城马陵山下的古寨"大人脚印"，之间就是古"夏州之国"的地域。"刀"为削，含降低意；"刁"原为禾穗，含高意。故南"刀"北"刁"，含有南下北上和南负北正之意。舜迁"负夏"，就在这夏州之国的南部，历山在其北，即今历庄镇前小山，是为舜耕处，后人不知，将其挪到济南去了。《论衡》说："舜未逢尧，鲧在侧陋。"意即尚未遇到尧的舜与鲧是同乡。《孟子》曰："舜生于诸冯，迁于负夏，卒于鸣条，东夷之人也。"若鲧、禹都是四川人，作为东夷人的舜与鲧怎么能是老乡呢？"鲧殛羽山"后，按《左传》所载："(鲧)其神化为黄熊，以入于羽渊，实为夏郊，三代祀之。"按《周礼》注云："去国百里为郊。"羽山在今海州夏禾西北 35 公里处,正合此数。“羽渊”也叫羽潭,在今东海县温泉镇,隆庆《海州志》载:“羽山,去州治百余里,即殛鲧处,尚有殛鲧盘在。”又云:“羽潭,在羽山下,《左传》:‘鲧化为黄熊,入于羽渊’,即此。”这说明夏国与羽潭的距离在“百里”之间,是近邻。说鲧死后“化为黄熊”或化“玄鱼”是不可能的,但鲧一生与水打交道,付出许多心血和劳动,虽没成功,但苦劳还是有的。中国人有这样一种传统美德:只要他为人民做好事,不管成功与否,人们都会记住他。宋人洪兴祖在《楚辞补注》中引《国语》云:“东海人祭禹庙,不用熊肉及鳖为膳。”这些都可证明鲧的所在“夏州之国”就在东夷,确切地说是在嵎夷。

知鲧是哪里人,禹的出生地就明确了。《归藏》曰:“鲧殛死……是用出禹。”《海内经》云:“鲧腹生禹。”说父亲能腹中生子这是不可能的,正确的说法应该是:鲧死时,他的老婆怀着禹,就是说,禹是鲧的遗腹子。所谓“破之于吴刀”,可以认为禹出生时难产,也许这与鲧死时其妻受到精神打击有关。有文章说吴刀是用来杀鲧的,并非如此,鲧自沉于羽渊而死,故曰殛。《左传》谓“斥死曰殛”,是命其自死的意思。《集韵》谓殛即“极,死也”。知是被逼而自投汤泉而死。吴刀是中国上古时最好的刀,用吴刀破腹产子,说明禹出生时家里还是有相当地位的。用吴刀也说明禹的出生地与吴地不远,今东海与古吴国的苏南同省,坐船五日可到,若在四川,则蜀道艰险,经年难达,故吴刀也可佐证禹诞羽山是成立的。

《世本》云:“鲧生高密,是为禹。”高密在今山东,现为高密市,距羽山不足一百公里,步行三日可到。至于禹生石纽、西夷、西羌等说,都是因为说者不知其故而按己意忖度而已。这里一一辩正。

先看孟子言:“禹生石纽,西夷人也。”这个西夷并非指四川一带,按《尔雅》释四方上古之民曰“九夷、八狄、七戎、六蛮”,也即“东夷、北狄、西戎、南蛮”,这些都在山东周围。其中夷在山东东部,即今连云港市及周边一带,西夷系指此夷的西部，按当时夷的地域分布，在今郯城东侧的东海县境内，羽山正在此处。因为少昊是东夷之祖，故东夷就在少昊之国的范围内，此国在东海边上。《左传》载，郯国之君称少昊“吾祖也”，说明郯国在东夷，而郯国的西邻鲁国就不在东夷，故不知少昊，所以才有鲁君向郯子问官之事。

《新语》载：“大禹生于西羌。”这个西羌也非四川，西羌见于《吕氏春秋》：“禹东至榑木之地，日出、九津、青羌之野，攒树之所，缗天之山，鸟谷、青丘之乡，黑齿之国。”这里的“榑木、九津、鸟谷、青丘、黑齿国”等都在东方海边，“青羌”自然也在海边。榑木即扶木或扶桑，为日出之所，也叫日出扶桑。九津即今涟水、沂水、游水、沭水、汾水、青口河、绣针河、龙王河、朱稽河，它们都在连云港市出海。青与羌是青口河发源地和出海口的两端地名，其中青在东，今为赣榆县城青口镇，青口河穿该镇而入海，故曰青口；羌在西，今青口河源头处仍有“西羌石”，也叫“西响石”，因羊角抵石会发出响声而名，因此此石甚有名，而成为地名，西羌就指此石这一带，而羌与青之间的青口河流域，就是早先的夷人居住地域。

其实“石纽”确实有之，但不在四川，而在东海县羽山南。这里因有大石布满纽皱而称石纽，唐武则天赐石榴树给这里的镇守使武三思栽培，后人因将石纽更名为“石榴”，今名石榴镇，镇北即温泉镇，羽山在其境内。“甘汪”在山南侧，即古甘水，禹就在水旁长大。“石文港”在甘汪西南侧，民间传说禹就在这里出生得命，故取名曰“文命”。

二、九州——大禹所到处

禹在家乡长大并研究他父亲的治水经验，掌握了新的治水方法，随之被舜招去中原治水，直到成功并执政，都在中原。这期间他的主要活动记载在《禹贡》里。《禹贡》全文分前后两部分：前一部分介绍禹分“九州”的基本情况,内含山川、民风、土壤、物产和贡赋等;后一部分介绍大禹治水的过程,也就是开拓纳贡运输的水路通道等基本情况。

应该说,《禹贡》所记应是虞舜时期的事情,当时大禹还没有执政,只是治水之官。《禹贡》所列各州当为舜时十二州,只是禹迹所至为九州而已。禹执政后就将舜之十二州削减到九州。这期间禹"随山刊木,奠高山大川",对各州情况,尤其是土地和山川等有详细调查与统计。

其一是冀州。情况是"冀州既载,……既修太原,至于岳阳",是说冀州地域是在太原到岳山之南。古以原之广为太原,后人于此立太原郡;岳山按《职方氏》记载是为安徽霍山,非今南岳衡山。这区间有两水,经治理后,"覃杯底绩,至于衡漳","夹右碣石,入于河",就是说开挖下游的覃、杯两地,将碣石以南的衡水与漳水分别导入黄河。田赋的情况为"厥赋惟上上错,厥田惟中中",是说这区间的土地肥沃,纵横交错,都是上上等好地。但人民贫瘠,田赋只能按中等中的中等收取。大禹规划下一步是"恒、卫既从,大陆既作",就是说二水既已治理,大陆(太原)即可耕作了。民风是"岛夷皮服",是说这里的人民在水网密布的岛原上狩猎,将兽皮做成各种服饰。

其二为兖州。情况是"济、河惟兖州",即兖州位于济水与黄河之间。治水情况是"九河既道,雷夏既泽,滩、沮会同",意思是黄河在此州内分出九条水道,有滩、沮二水为患,大禹将其导入雷夏泽中。民风的情况是"桑土既蚕,是降丘宅土",即大水去,民下丘,居平土,养桑蚕。田赋的情况是"厥土黑坟,厥草惟繇,厥木惟条。厥田惟中下,厥赋贞。作十有三载,乃同",就是说该州的土地黑而肥,草木茂盛,治水十三年而成,田赋可排在中下等。贡品是"漆丝,厥篚织文",意思是漆、丝、柳筐、编织品等。贡赋水道是"浮于济、漯,达于河"。

其三是青州。情况是"海、岱惟青州",是说该州位于东海与泰山之间。该区间经过整治后的情况是"嵎夷即略,潍、淄其道。厥土白坟,海滨广斥",

意思是南面的嵎夷没有费太多力气，只是将北面的潍、淄两水进行了疏导。但因靠近海边土地多咸卤，多生白碱堆。田赋的情况为“厥田惟上下，厥赋中上”，即田地质量属中上等，田赋中上。贡物有“盐、𫄨，海物惟错。岱畎丝、枲、铅、松、怪石”。民风为“莱夷作牧，厥篚檿丝”，意即莱夷人有了牧业，善编筐和抽丝等。贡赋的水运通道是“浮于汶，达于济”，这里的“嵎夷”就指连云港市一带的民族，《史记》作“郁夷”。

其四是徐州。情况是“海、岱及淮惟徐州”，就是说该州夹在黄海、泰山与淮河这大三角之间。经过整治，“淮、沂其乂，蒙、羽其艺。大野既猪，东原厎平。厥土赤埴坟，草木渐包”，意即淮水与沂水之间经过整治庄稼生长良好，蒙山与羽山之间也开始了农业生产。大野泽已经停止泛滥，东部平原水退平广，只是土壤黏性较大，草木丛生。田赋为“厥田惟上中，厥赋中中”，即农田属上中等，田赋可按中中等收取。贡物有“惟土五色，羽畎夏翟，峄阳孤桐，泗滨浮磬，淮夷玭珠暨鱼，厥篚玄纤缟”，即羽山一带贡羽毛，峄山一带贡梧桐，泗水之滨贡鹅卵石，淮河一带贡珍珠和鱼贝及柳编、织缟等。物贡的水运通道经过整治后是“浮于淮、泗，达于河”。“沂”即“沂水”，当时从连云港市西部的新沂港头镇出“西海”，此海原在海州与灌云板浦之间与东海相接，中东部现已干枯，西部还在，叫骆马湖。“羽畎”指羽山旁的谷地或者沟壑；“翟”是长尾巴的野鸡。“羽畎夏翟”即意指羽山旁的洼地一带，是夏人的居住地，他们以野鸡尾巴上的羽毛为装饰。

其五是扬州。情况是“淮、海惟扬州”，就是说该州是在淮河与长江之间。此州经过治理后出现“彭蠡既猪，阳鸟攸居。三江既入，震泽厎定。篆簜既敷，厥草惟夭，厥木惟乔”的局面。田赋是“厥土惟涂泥，厥田惟下下，厥赋下上上错”，就是土壤属下下等，赋按下等中的上等收取。物产及贡品有“惟金三品，瑶、琨、篆、簜、齿、革、羽、毛，惟木”“厥篚织贝，厥包橘柚锡贡”。贡品的水运通道是“沿于江、海，达于淮、泗”。民风是喜穿有花纹的衣服，即“岛夷卉服”,这里说的“岛夷”就指居住在连云港云台山一带的民族,《史记》作“鸟夷”。因扬州无海岛,云台山在扬州最北端的海上,故知当时禹将云台山划在扬州之域,该州民风也以云台山为代表。冀州的岛夷也是借该岛夷为例。

其六是荆州。情况是“荆及衡阳惟荆州”,是说此州北据荆山,南达衡山之阳。治水的情况是“江汉朝宗于海,九江孔殷,沱、潜既道,云土、梦作乂”,就是说江水与汉水都东奔于海,二水在此州泛出一湖,曰沱,潜而不出。经平整土丘,云梦一带的土地都能耕作了。田赋的情况是“厥土惟涂泥,厥田惟下中,厥赋上下”,意即此州多滩涂淤泥,土地质量下中等,田赋属上下等。贡品有“羽、毛、齿、革,惟金三品,砺砥砮丹……厥篚玄纁、玑组,九江纳锡大龟”。贡品入京的通道是“浮于江、沱、潜、汉,逾于洛,至于南河”。

其七是豫州。情况是“荆、河惟豫州”,意即豫州在荆山与黄河之间。治水的情况是“伊、洛、瀍、涧既入于河,荥波既猪,导菏泽,被孟猪”,就是说前四水皆导入黄河,水患平息,又导菏泽入孟渚。这里“猪”是水被止的意思。田赋的情况是“厥土惟壤,下土坟垆。厥田惟中上,厥赋错上中”,意即此州土壤多为黑刚土(坟垆)。贡品有“漆、枲、绨、纻,厥篚纤纩,锡贡磬错”。贡品入京的河道是“浮于洛,达于河”。

其八是梁州。情况是“华阳、黑水惟梁州”,即梁州在华山南至黑水之间。治水的情况是“岷、嶓既艺,沱、潜既道,蔡、蒙旅平,和夷厎绩”,就是说荆州的沱、潜两水已经疏导,河源的岷、嶓二山已可种艺了。蔡、蒙二山经过整平也犹如平原底部的“和夷”那样。田赋的情况是“厥土青黎,厥田惟下上,厥赋下中三错”,意即土色多青黑。贡品有“璆、铁、银、镂、砮、磬,熊、罴、狐、狸织皮”。贡品入京的河道是“西倾因桓是来,浮于潜,逾于沔,入于渭,乱于河”,即因桓水沿西倾山南来,舟船过潜水可进沔河,再入渭水,渡黄河抵京。

其九是雍州。情况是“黑水、西河惟雍州”,即冀州西起黑水,东到黄河。治水情况是“弱水既西……终南、惇物,至于鸟鼠,原隰厎绩,至于猪野。三危既宅,三苗丕叙”,就是说从终南山、惇物山,到鸟山、鼠山,因无水而只是平整土地,一直延伸到西部的猪野之泽,使其三危之山可居住,三苗之民赞禹功。田赋的情况是“厥土惟黄壤。厥田惟上上,厥赋中下”,意即土壤皆为黄色。贡品有“球琳琅玕”。贡品入京的河道是“浮于积石,至于龙门西河”。

在这九州中,青、徐、扬三州与连云港市关系密切,连云港市处在这三州的交界处。其中云台山时称岛夷,属扬州;朐山、海州与东海县时为夏国,属徐州;赣榆时为嵎夷的青羌之野,在青州东部。

三、治水——大禹足迹处

一是“导岍及岐,至于荆山,逾于河。壶口、雷首,至于太岳。底柱、析城,至于王屋。太行、恒山,至于碣石,入于海”。就是说大禹掘开岍、岐、荆等山,导各山之水入于黄河,并经壶口、雷首到太岳、底柱、析城,然后沿着太行山、恒山到达天津北之碣石山,东入于渤海。这是指黄河的北部支流水道。

二是“西倾、朱圉、鸟鼠,至于太华。熊耳、外方、桐柏,至于陪尾”。就是说大禹导西倾山、朱圉山、鸟鼠山之水到华山附近入黄河。因为后面有“导桐柏之水入淮”的话,故知熊耳山、外方山、桐柏山之水应该是在陪尾山附近入淮河。

三是“导嶓冢,至于荆山,内方,至于大别”。就是说将嶓冢山之水导至荆山附近,将内方山之水导至大别山附近,实际是将这两山之水都导入汉水,再向南入于长江。

四是“岷山之阳,至于衡山。过九江,至于敷浅原”。在九江附近入长江的只有汉水,可知汉水的发源地是在岷山,但岷山肯定不是四川西部的岷山,因为它不是汉水的发源地。前已知汉水的发源地是在嶓冢山,故岷山与嶓冢山应该是一座山的两个名字。

五是“导弱水,至于合黎,余波入于流沙”。这是将甘肃之水向西导入沙漠。

六是“导黑水,至于三危,入于南海”。这是导甘肃之水向南,入于南海,实际是导入青海。

七是“导河积石,至于龙门;南至于华阴,东至于底柱;又东至于孟津,东过洛汭,至于大伾;北过降水,至于大陆;又北播为九河,同为逆河,入于海”。积石在甘肃,从甘肃过河南龙门向东入海的,只有黄河。因此这是黄河的又一支流,北方河流中下游有九条水道的,只有在济南北边入海的现黄河水道。

八是“嶓冢导漾,东流为汉;又东为沧浪之水;过三澨,至于大别,南入于江。东汇泽为彭蠡,东为北江,入于海”。汉水出嶓冢山,并在九江市一带入长江,因为偏西,故为西汉之水。这里指的也是嶓冢山之水,但在安徽南部入江,明显偏东,故应为东汉之水。此水在这里入江后还进入彭蠡,彭蠡就是现在的鄱阳湖,在九江南,是中国第二大淡水湖,长江在这里分为两道,即南江和北江。

九是“岷山导江,东别为沱;又东至于澧;过九江,至于东陵;东迤北会于汇;东为中江,入于海”。这是导四川之水入长江。长江过九江以后有一支向东南而去,称为中江,从浙江入海。

十是“导沇水,东流为济,入于河,溢为荥;东出于陶丘北,又东至于菏;又东北,会于汶;又北东入于海”。这是说导沇水向东进入济水,并进入黄河。在入济处,外溢成荥湖,荥湖水又被导向东,入于菏泽。菏泽水向东北被导入汶水,汶水向东北又被导入大海。汶水在山东西南部,显然汶水所出的这个“海”,绝不是现在江苏东部的“东海”,而是“西海”,即连云港市海州南与板浦之间,海口内向西经青伊湖、桑墟湖、罗湖到骆马湖,上古称这四湖为“四海”或者“西海”。孔子说的“四海之内皆兄弟也”指的就是这“四海”,历代都在海州西之新坝设有军事机构,直到明清期间还存在。

十一是“导淮自桐柏,东会于泗、沂,东入于海”。这是导安徽中部之水入淮河。淮河向东如果直接入于东海,就不会接纳泗水和沂水,因为泗、沂已经南入于西海,故淮河所入的这个“海”实际也是西海,只是在西海南部入海而已。这样,淮、泗、沂三水才能在一起汇合入海。

十二是“导渭自鸟鼠同穴,东会于沣,又东会于泾,又东过漆沮,入于河”。这是导渭水与泾水入黄河,两水都在陕西,因一浊一清,汇合后入黄河时,显得界限分明,故有“泾渭分明”的成语。

十三是“导洛自熊耳,东北会于涧瀍,又东会于伊,又东北入于河”。这是导河南洛水于黄河。

以上十三条水是大禹治水的全部内容,其中只有六水被实际导入海中,就是汶水、泗水、沂水、淮水和黄河下游的两条支流。其他各水或南入于长江,或北入于黄河,或西入于流沙和青海。还有三水,就是江水和山东的潍水、淄水,都是直接入海的。

按禹迹所至,只有汶、泗、淮、沂四水注入“西海”,其中的“沂水”就在连云港市境内出海。

沂水出自山东沂山山脉中部的沂源县,向南过沂水县和临沂市入江苏新沂市,再折向东经沭阳县和连云港市灌云县出海。禹导此水,自然要从沂山向南,沿沂水经“羽山”,这里是他的出生地,自然要回家看看。他在安徽导淮时“三过家门而不入”,成为佳话,遂被记载下来,那是他和夫人涂山氏所住的小家,而这里却是他的老家,是他多年在外未回的老家,也是他母亲难产的地方,他不会不顾及他的生母和再生他的吴人。因此,他在这里回家看看应该是完全可以理解的事情。

按《禹贡》排十三项工程,沂水第十一位。禹在这里完工之后,又去黄河中游和淮河中游两个地方,其实那两处在前面的治水过程中都已进行过疏导,后面他再去也只是进行一些扫尾工程而已,随后治水成功。大禹受到舜的嘉奖,并被举荐为帝。

四、苍梧——禹揭山名处

禹在羽山治完沂水之后,应该会到故乡和南面的“西海”出海口以及东面海口外侧的古郁洲大岛上来看看,因为这里是东洋大海,是他疏导的万水归宗之所,距离他故乡羽山和沂水分别只有四五十公里,也就是一两天路程。关于禹到底来没来过连云港市或古郁洲大岛的问题,笔者认为起码来过三次,这里举四证说明:

一是《禹贡》载禹在治水期间,所到九州中有三州在连云港市交界,即青州、徐州和扬州。青州的嵎夷即郁夷,也就是后来的郁洲,今为云台山;扬州的“岛夷”指古郁洲上的郁夷,也即今日之云台山。说明禹是来过此山的。除三州外,再加沂水,虽不能说禹来过四次,起码禹在所到的九州和所治的十三条水中,这里是他留下足迹最多的地方。

二是《吕氏春秋》说“禹东至榑木之地,日出、九津、青羌之野,攒树之所,撍天之山,鸟谷、青丘之乡,黑齿之国”。文中的“东”指东方,“榑木”即扶木和“扶桑”,在东方日出之所,故有“日出扶桑”之语。“鸟谷”也即“阳谷”,为日出之谷。“黑齿之国”与《海外东经》所说的“黑齿国在其北……下有汤谷”一致。“汤谷”即“阳谷”,明代海州八景中的“阳谷朝霞”即指阳谷所在地。青羌即今青口河的河口与发源地,“九津”为日出处,在东海边。此载只说禹,未称他为帝,可知当时他还在治水官的任上,其间到达了东方青、徐、扬三州结合部和沂水出海口的东方“榑木之地”和“日出九津”的“鸟谷”“青丘之乡”“黑齿之国”。这与《禹贡》记载相一致。

三是据《吴越春秋》记载,禹“南到计于苍梧而见缚人,禹拊其背而哭”。这个“计”和“于”都是禹所到之处的地名。“计”就是后来莒国“初都计”的计斤县，在今赣榆区地域。“于”指于乡县，在今灌云县地域，两县都是汉代设县，位于连云港市古苍梧山的南北两侧。禹从“羽山”向东南行，或从山东“诸城”西南行，到此间的苍梧山，即“南到计于苍梧”。此时禹应是在即位之初，他对治理国家还战战兢兢、如履薄冰，动辄就哭，反映出他彷徨而无助。这应该是禹第二次来连云港市。

四是明代王时扬《游云台山》诗所说：“山形舜辇游，山名禹书揭。”意思是这山的形状是由舜乘辇车碾出来的，山的名字是由大禹命名的。这与《吕氏春秋》所载的“舜葬于纪市”一致。纪市在苍梧山，苍梧的“苍”为“昌”音，“梧”为“吾”音，故“苍梧”也含“昌吾”的意思，用此名彰山，可显禹执政后的雄心。舜乘辇车经过此处可能在三种情况下：一是在他执政期间外出视察时，二是在他退位离京回乡时，三是在他去世后出殡时。王时扬诗将“舜乘辇车”和“禹揭山名”连在一起，地点在苍梧山，这在舜执政时不可能，也无史料记载舜乘辇车视察苍梧山；在退位时也不可能，因为禹不可能一直跟着舜的辇车将他送到家乡；只有在舜出殡时，禹才有可能来到这里将其安葬，然后将其下葬之山命名为苍梧山，这于情于理是相吻合的。此山北、西两侧还有“车厢”两山，一辆载运舜遗体的辇车、一辆载运他衣物用具之车，两车事后都要就地埋葬。我国民间有这样的风俗：当人过古稀而死时，丧葬都称“喜丧”。舜年一百一十二岁而死，更是喜丧了，民间传说中，将舜乘的丧辇说成是“游辇”自然是无不妥的，意思是说舜还在游玩中。云台山当时位于东海中，西近大陆，东望无际，苍茫浩渺，极尽壮怀。山中松柏、梧桐高耸入云，日出扶桑耀金，日落晚榆生辉。禹在这里想到他父亲治水失败和自己的治水与称帝成功，势必感慨万千，何况此山为“万水归宗”之所，又有梧桐满山，以“苍梧”命名此山完全成立。

连云港市龙山文化时期的藤花落古城有人说是鲧城或禹城，这里也作辩证。因为鲧、禹和舜都是同时代人，在湖南永州和山西运城就找不到鲧、禹踪影。传说舜“黑脸”,其实是因他发明“黑陶”。《孟子》说他生于“诸冯”,但非山东之“诸城”,连云港市地名中比比皆“诸”,如“诸朝”“诸麻”“诸吾”“诸韩”“诸季”“诸者”等,这就不是偶然的了。在民间传说中,“诸朝”就是“诸国朝舜”的简称。“诸”的含义是“多”,也谓“黑”,在藤花落古城所处的古“阳谷”中有古“黑齿国”(即后来的“郁夷国”),由此可知此处为舜城,至今山中还有“黑姥庵”遗址,亦为佐证;地方老百姓世代相传的“舜泉古井”还在,这就更是铁证了。这些在山东诸城就找不到,说明舜退位后是在“东方苍梧”云台山居住的,即居住在藤花落古诸城中,也是唐李善所说的“苍梧,舜所居”和元忽思惠所说的“舜常登苍梧山”所在,山东诸城却找不到鲧、禹居住苍梧的记载。舜去世后,禹来出殡,也有可能在该城中居住,但因没有记载,不能将此城说成是禹城,但说它是舜城还是比较准确的。云台山东部有一“禹门寺村”,应与禹有关,因为禹来吊唁,从西门进藤花落舜城或曰诸城,这时还是来宾,出殡时从东门而出,此时禹重孝在身,是主祭人,故东门更显庄重。事后地方人民为了永久纪念这一场景,将东门称为“禹门”,这很有可能。到了北齐武平年间,天灾人祸殃及国家,武成皇帝派人前来禹门外求雨安国,后又在禹门外建设大禹庙,称之“禹门寺”和“禹王庙”。

五、会稽——禹葬吴越处

依《吴越春秋》和《越绝书》所记,禹晚年南下会稽,在茅山大会诸侯,并将茅山改为“会稽山”,那座山遂与苍梧山一样并存不朽,无人敢改山名。

按《帝王世纪》所言,舜死后八年,禹南巡吴越,大会诸侯,后死于会稽山,葬于深井之中,是为“禹穴”。那么禹为什么要在自己感到为时不多的时候,还要到遥远的南方去大会诸侯呢?因为当时南方还有一些不太愿意归顺的人存在,如防风氏首领在禹到达会稽时就怠慢了禹,故禹以“迟到”为借口把他杀了。这个史实也证明禹的出生地是在东方,是在连云港市的羽山,而不会是在其他地方。

(作者为江苏连云港市尧舜禹文化研究会副会长兼秘书长)

涂山考

罗　飞

涂山是史载的大禹娶妻和大会诸侯之地，其较早的记载主要见于以下典籍：

《尚书·益稷》载："予创若时，娶于涂山，辛、壬、癸、甲。启呱呱而泣，予弗子，惟荒度土功。"

《史记·夏本纪》载："夏后帝启，禹之子，其母涂山氏之女也。""予娶涂山，辛壬癸甲，生启予不子，以故能成水土功。"

《左传·哀公七年》载："禹合诸侯于涂山，执玉帛者万国。"

……

关于涂山的地望，除河南嵩县说外，在史学界还有安徽寿春说、浙江绍兴说、重庆说、四川汶川说、湖北咸宁说，等等。本文将列举充足的证据，证明涂山的地望只能在河南嵩县境内，其他各地的"涂山"，均是伪涂山。

一、涂山在嵩县经重量级专家学者论证

现代著名历史地理专家钱穆、顾颉刚等人对于涂山在嵩县之说，论证甚详，摘引如下：

1. 钱穆论证涂山在嵩县

钱穆先生在所著的《古史地理论丛·周初地理考》里，否定了涂山在安徽寿春之说，并论证出涂山就在嵩县境内。

“后世言地理者，皆谓涂山在今安徽寿春。今以会稽之例推之，江淮非禹迹所到，寿春之说疑不然也。《水经注》：‘伊水出陆浑县之西南王母涧，涧北山上有王母祠，即古三涂山也。’《方舆纪要》：‘三涂山在河南府嵩县西南十里。’窃疑禹娶涂山氏女，即此王母。《吕氏春秋·音初篇》：‘禹行功，见涂山之女，禹未之遇而巡省南土。涂山氏之女乃令其妾待禹于涂山之阳，女乃作歌，歌曰：‘候人兮猗。’实始作为南音。周公及召公取风焉，以为《周南》《召南》。’以二南之地望推之，则涂山之近伊嵩可知也。《山海经》：‘南望墠渚，禹父之所化。’《水经注·伊水》：‘陆浑县东禅渚是其地。’《元和志》：‘河南府陆浑县伏流城，即今县理城。东魏武定二年所筑，以城北焦涧水伏流地下，西有伏流坂，因以为名。’《水经注》：‘刘澄之《永初记》称陆浑县西有伏流坂者也。今山在县南崖口北三十许里，西则非也。禅渚在原上陂方十里，佳饶鱼苇。’然则禹娶涂山与鲧化羽渊，地正相近。《国语》：‘昔夏之兴也，融降于崇山。’旧说崇在秦、晋之间，窃疑有崇其即有嵩乎？鲧娶有莘氏女而生禹，有莘国亦在河南嵩县，与伊水地望相近。昔有莘氏女采桑于伊川，得婴儿为伊尹，其证也。

…………

“又《山海经·中山经》太室之山，郭注：‘启母化为石而生启，在此山。见

《淮南子》。'又《穆天子传》,郭注亦云:'太室之丘嵩高山,启母在此山化为石,而子启亦登仙,故其上有启母石也。皆见《归藏》及《淮南子》。'今《淮南子》无此文。然则即汉时淮南宾客亦不以涂山为在寿春也。

"后汉堂溪协有《嵩高山开母庙石阙铭》。庙在颍川郡阳城县。又堂溪典有《开母庙石阙叙》云:'熹平四年请雨嵩高庙,大君协遂作阙铭文也。'凡此皆证涂山不在寿春也。

…………

"《逸周书·度邑解》有之,曰:'自雒汭延至于伊汭,居易无固,其有夏之居。我南望过于三涂,北望过于岳鄙,顾瞻过于有河,宛瞻延于伊雒,无远天室。'此有夏之疆土也。起于伊嵩,止于冀方,此大禹之行迹也。禹之行迹既著,而其治河之绩亦可得而知……贾让有言:'大禹治水,凿龙门,辟伊阙,析底柱,破碣石。'依实论之,禹之治河,上不及龙门,下不至碣石,当在伊阙(今洛阳龙门山)、底柱(黄河三门峡段砥柱山)之间耳。"

2. 顾颉刚论证涂山在嵩县

顾颉刚先生在《论巴蜀与中原的关系·古代巴蜀与中原的关系说及其批判》一文里,否定了涂山在四川说,又否定了涂山在浙江说及安徽说,指出"河南的嵩山是他(大禹)的故事的核心","涂山即是三涂山的简称",应在陆浑县(今嵩县)境内,"大约就是熊耳山的东角"。

"……至于禹娶涂山之说,我觉得这是硬栽在四川的。"

"东汉人所作的《越绝书》说:'涂山者,禹所取妻之山也,去县(会稽)五十里。'是涂山在浙江会稽县。《汉书·地理志》颜《注》引应劭《注》:'(九江郡当涂)禹所娶涂山,……有禹虚。'《水经注》也说:'江之北岸有涂山,……常璩、庾仲雍并言禹娶于此。余按群书咸言禹娶在寿春当涂,不于此也。'汉的当涂县在今安徽怀远县,寿春邑在今安徽寿县,两县连界,涂山在怀远县东南。汉晋时人都如此说,所以郦道元虽录了常璩们的说法,终究否认了。但我以为会稽和怀远固然有涂山，可是禹所娶的涂山并不在此。就禹的整个故事看，河南的嵩山是他的故事的核心。

“嵩山又名嵩高，又作崇高。王念孙说：‘古无嵩字，以崇为之，故《说文》有崇无嵩。经传或作嵩，或作崧，皆是崇之异文。’我们看《国语》说：‘有崇伯鲧’，是以嵩山为禹父的国。《逸周书》说‘崇禹生开’，是以嵩山为禹本身的国。《竹书纪年》和《世本》都说‘禹都阳城’，汉的阳城县在今河南登封县，即嵩山的南麓。《汉书·地理志》说‘阳翟，夏禹国’，汉的阳翟县即今河南禹县，在嵩山的东南。汉武帝诏书说‘至于中岳，……见夏后启母石，……翌日，亲登嵩高’。夏后启的母亲是禹所娶的涂山氏女，她生启亦在嵩山。所以嵩山的区域是禹的传说的大本营。认识了这一个区域的历史意味，就可知道涂山的所在。《左氏》昭四年《传》：‘司马侯曰：……四岳，三涂，阳城，大室，……九州之险也。’四岳的问题太复杂，先不管它。阳城山在登封县的东北，大室山即是嵩山的一部分。三涂一名有些歧说。孔颖达《正义》：‘服虔云：三涂：大行，轘辕，崤渑也。谓三涂为三处道也。杜云：‘在河南陆浑县南’，则以三涂为一。’杜预为什么要改服虔之说？他是根据了昭十七年的《传》文：‘晋侯使屠蒯如周，请有事于雒与三涂。……苟吴帅师涉自棘津，使祭史先用牲于洛。陆浑人弗知，师从之，……遂灭陆浑。’晋要灭陆浑，先请祭洛与三涂，可见洛与三涂是陆浑区域内的名山大川。汉的陆浑县在今嵩县东北，正当嵩山的西面，这三涂山大约就是熊耳山的东角。禹娶涂山，从禹的传说的核心看来，应当在这一边才对，所以我以为涂山即是三涂山的简称，那会稽当涂和江州的禹娶涂山的古迹，都是秦汉以后装点出来的。”

二、嵩县所在的伊、洛河流域是大禹时期的主要活动区的其他证据

1. 洛阳是夏王朝的统治中心和都邑所在的考古学证据

斟鄩,史籍记载中为夏朝的都城。据《竹书纪年》等文献记载,从夏朝第三任君主太康到夏桀,皆以斟鄩为都。

古本《竹书纪年》记载,太康、羿、桀都曾居斟鄩。

今本《竹书纪年》又载仲康"即位,居斟鄩"。

《史记·夏本纪·正义》云:"《尚书》云,'太康失邦,兄弟五人须于洛汭',此即太康居之。"

《史记·吴起列传》言:"夏桀之居,左河济,右泰华,伊阙在其南,羊肠在其北。"

《国语·周语》载:"昔伊洛竭而夏亡。"

《括地志》云:"故鄩城在洛州巩县西南五十八里,盖桀所居也。"

这些文献表明,伊洛交汇的洛阳盆地是夏人的活动中心,这个王邑遗址,就是史书记载的斟鄩,斟鄩作为夏朝国都,在夏朝历史中扮演了重要角色。

1959 年夏,中国著名考古学家徐旭生先生率队在豫西进行"夏墟"调查时,发现了二里头遗址,并初步确认为夏代中晚期都城斟鄩的遗址,其位置在洛阳盆地故洛州巩县西南约 30 公里处。经碳 14 测定,二里头遗址绝对年代在约公元前 1900 年,相当于夏代,距今约 4000 年的历史,总面积为 3.75 平方公里,内有大型宫殿遗址。自此,三代考古学者对这一遗址进行了 40 多次发掘。考古发掘和研究情况表明,这里是公元前 2000 年前半叶中国乃至东亚地区最大的聚落,它拥有目前所知中国最早的宫殿建筑群、最早的青铜礼器群及青铜冶铸作坊,是迄今为止可确认的我国最早的王国都城遗址。这个遗址

就是夏都斟鄩遗址,洛阳是夏王朝的统治中心和都邑所在。

2.《山海经》可证洛阳盆地居天下之中

整理《山海经》的西汉刘歆,在其呈送皇帝的《上山海经表》中提出,《山海经》这本书产生于尧舜禹的时代……禹把天下划分成九州,益与伯翳等人区分万物的本质,写成了《山海经》。《山海经·中山经》有十二章,其中前七章所记山脉均为洛阳四周的山脉。尽管后人对《山海经》的成书年代颇多质疑,但就此书将洛阳定为天下之中,且大篇幅记载伊洛流域的山脉,笔者认为此书成书年代当不会是商周,当在人类活动较封闭的夏代或更早。

《山海经·中山经》中《中山一经》至《中山七经》所记的山系均有两条以上河流,这些河流或注于五伊河,或注于洛河,或注于谷水,或注于黄河。我们根据其流向,对照卫星图,就能很快确定其山系的位置。我们还可根据其水量的丰沛程度,其流向的特异性,今之山峰的特异、突出程度,山名的沿袭性等,准确定位一些山的坐标,再通过卫星图比对《山海经》所记各条山系的长度,以为佐证。

《中山一经》十五山中,从其首山甘枣之山流出的共水,“西流注于河”,“西流”相对于我国大多数河水的东流是倒流,这是其特异性。自东向西流入黄河的河流应出现在黄河的大转弯处。从甘枣之山又东三十五里的渠猪之山流出的渠猪之水,南流注于河。两个点确定一条线段,我们通过卫星图就会发现,符合这样特征的是洛阳北的太行山系。根据其所记山系长度及几个坐标点,可以定位此山系当起于洛阳西北,止于焦作北。

《中山二经》九山中,有四座山流出之水北流或西流注入伊水,故可定此山系当在伊水之东南,即今嵩县中部山脉外方山。

相对于其他山系,《中山三经》山系的特点是比较短,只有四百四十里,不到《中山二经》山系长度的四分之一。《中山三经》列出了五座山,从五座山流出之水全部注入黄河。其首山为青要山,山名今尚存,在洛阳东北新安县境内。从卫星图上看，青要山山系确实比较短，且流出之水确也北流入黄河。故此山系也可确定。

按上面的思路，我们确定出：

《中山四经》，指的是今伊河、洛河间的熊耳山系。

《中山五经》，指的是今洛河北的熊耳山系。

《中山六经》，指的是今渑池至洛阳间涧水南的山系。《山海经》明确指出此山系“岳在其中”，就是位居天下山岳之中。

《中山七经》，指的是今嵩山山系。

《中山八经》至《中山十二经》内容较为复杂，水系已不具有前七经的连贯性，疑为后人所加。这里不再牵强考据。有前七经，洛阳盆地在《山海经》中的中心位置已清晰勾勒出来了。

3. 考古文化遗址证洛阳盆地之繁荣

洛阳除斟鄩古城外，还有多处二里头及龙山遗址，足可证明禹夏时期洛阳盆地之繁荣。如在嵩县发现的该时期较大的遗址有车村火神庙二里头龙山晚期文化遗址、田湖窑店村二里头文化遗址等。

三、涂山的具体位置

涂山即三涂山，其具体位置又在哪里呢？

《左传·昭公十七年》载：“晋侯使屠蒯如周，请有事于雒与三涂。……晋荀吴帅师涉自棘津，使祭史先用牲于雒。陆浑人弗知，师从之……遂灭陆浑。”晋要灭陆浑，先请祭洛与三涂，可见洛与三涂是陆浑地区的名山大川。在历代的地理志中，也都明确指出三涂山在嵩县。对其具体位置，北魏郦道元《水经注·伊水》里记载甚详：“伊水历崖口，山峡也，翼崖深高，壁立若阙。崖上有坞，伊水径其下，历峡北流，即古三涂山也。”

三涂山在今嵩县县城南何村乡境内,伊水北岸的洛栾快速通道旁。它现在的名字叫“崖口”,又名“蛤蟆崖”。自黄河古道经洛阳盆地一路漫卷过来的开阔的平原和盆地地形,到三涂山骤然收缩,再往南,便是崇山峻岭,千山难越。伏牛山、熊耳山、外方山在数千平方公里的土地上层峦叠嶂、纵横交错,过栾川县一直到南阳盆地。所以三涂山在古代又被称为“伊水门”,具有重要的战略地位。

三涂山原本是非常高峻雄伟的,与五岳齐名,《左传·昭公四年》载:“四岳、三涂、阳城、大室、荆山、中南,九州之险也。”因其高峻雄伟,其名在先秦典籍中经常出现,乃先秦之名山。如《逸周书》载:“武王问太公曰:‘吾将因有夏之居,南望过于三涂,北瞻望于有河。’”《左传·昭公十七年》载:“晋侯使屠蒯如周,请有事于雒与三涂。”

生活在北魏时期的郦道元在洛阳当过官,曾溯伊水至陆浑“寻郭文之故居,访胡昭之遗像”,故其记载的三涂山之“翼崖深高,壁立若阙”当是眼见的实写。说明在北魏时期,三涂山仍是很高峻的,且“崖上有坞,伊水径其下”,说明伊水是经两山峰之峡谷间泻下。在陆浑筑庄居住的唐代诗人宋之问曾两次到“崖口”,在其诗中,三涂山仍然十分高峻:“崖口众山断,嵚崟耸天壁。气冲落日红,影入春潭碧。”(宋之问《初至崖口》)即便到了元代,三涂山在诗人的笔下仍非常险峻,“三涂之险实险而奇,创立峨峨带以长伊”(王沂《谒三涂龙祠文》),“长伊清泻于其下兮,晨霏夕霭摩荡乎无际;波涛以为琴瑟兮,林木郁其旌旆”(王沂《游三涂山辞》)。

三涂山在古代还被称为“水门”。《水经注疏》中,在郦道元所记的崖口(三涂山)下,有清代地理学家熊会贞的补注:“《禹贡锥指》:俗呼为水门。”唐代诗人楼颖有诗《伊水门》:“朝涉伊水门,伊水入门流。惬心乃成兴,澹然泛孤舟”,所写的伊水门便指的是三涂山。

就是在明清时,三涂山还十分高峻,“三涂雾雨”奇观是嵩县古八大景之一。但今之三涂山,看上去却十分低矮,只有四五百米。三涂山为什么变矮了呢?

据当地老人魏换廷、程天德回忆,陆浑水库 1965 年建成蓄水后,这些年上游慢淤,淹了崖口几十米。魏换廷、程天德都生于 1951 年,还保留着对水库蓄水前崖口样子的记忆。

实质上,在陆浑水库淤水之前,三涂山已经被伊河的千年流水淤积得不成样子。今之崖口及崖口伊水对岸老龙庙山本为一体,乃古三涂山的两个主峰,郦道元所见两山相夹伊水泻下之“坞”,早被从上游山区冲下来的沙石填没。今三涂山东岸修河堤建公园,在河道内挖掘十余米,全是沙层,可见淤积之深。

综上所述,我们可以得出这样的结论:伊、洛河流域是夏代主要活动区,也是大禹治水的主要区域,涂山在洛阳之南的嵩县境内,古涂山即嵩县城南的三涂山。

(作者为嵩县历史文化研究协会会长)

禹迹与禹神话传说的关系研究

刘丽萍

“禹迹”是指大禹作为治水英雄在地理上留有的治水痕迹、立国痕迹和生活痕迹,也指后人根据历史传说新造的痕迹。禹迹和大禹神话传说在我国南北方呈现出很大的不同。北方以黄河流域一带的省份为代表,禹迹虽密集,但和典籍中的大禹神话传说之间的距离和改变不大。南方以江浙、两湖、安徽、巴蜀四个地方为代表,禹迹丰富密集,且融汇当地治水英雄传说和实用功能进行内容改编。

一、什么是禹迹?

“禹迹”一词有两个概念。第一种指大禹足迹行经的山川,可作中国疆域的代称。首见《尚书・立政》:“其克诘尔戎兵,以陟禹之迹。”孔传:“以升禹治水之旧迹。”《左传》里“茫茫禹迹,划为九州”即此意。后人有制作“禹迹图”的传统,禹迹也成了一个富有历史地理特征的词语。第二种“禹迹”概念更具体,指大禹治水的功绩、治水的事业和重大功劳。可以看出“禹迹”一词和中国疆域有关,中国疆域和山川地理有关,而山川地理的最早记录该从大禹治水说起,自然研究“禹迹”问题有深远意义。

考察现代研究“禹迹”问题的学者,首先不得不提陈桥驿先生,他曾在《浙江学刊》1996 年第 5 期刊登了《〈水经注〉记载的禹迹——再论禹的传说》一文。陈教授是研究《水经注》和郦道元的专家,他注意到了“禹迹”遍布全国的现象,他认为“禹因治水而事传千古,郦注则以记水而载誉宇内。两者关系密切”,这说明他提出的“禹迹”概念属于第二种。

研究者认为“禹迹”是指大禹作为治水英雄在地理上留有的治水痕迹、立国痕迹和生活痕迹,也指后人根据历史传说新造的痕迹。

陈教授通过对《水经注》的考察,发现《水经注》记载的禹迹,其内容可分类为天命、出生、治水、立国建都、巡行、婚娶、著述、归葬等。其涉及的地区范围包括“东北达碣石、九河,西北到敦煌、居延,西南至广柔徼外,东南抵太湖、会稽”。另陈教授在文末提出了一个研究课题:“因为从这里看到了禹的传说在内容上和地域上都有进一步的扩大。神话和传说本来不必如同历史一样认真对待,但应该承认,它们仍然是值得研究的。”陈教授的这段文字充分说明了“禹迹”和禹的“神话传说”都有扩大,为什么会扩大?二者之间竟是什么关系?

二、古今禹迹有哪些?

古今禹迹究竟有多少呢?按照地区,禹迹和相关神话传说故事主要如下表:

序号	地区	禹迹和相关神话传说故事
1	浙江	**禹迹：** A. 绍兴市 越城区：冢斜村、平水镇、禹陵村、大禹陵（禹穴）、宛委山、禹山、会稽山。 绍兴县（现改为柯桥区）：夏履镇、夏履桥、禹降村、金帛山、型塘、型塘岭、防风庙、涂山（安昌镇南2公里处）。 上虞市（现改为上虞区）：夏盖山、禹峰。 嵊州市：了山、了溪、禹溪村、余粮山、余粮岭。 新昌县：下衣村。 注：大禹陵包括禹陵、禹祠、禹庙三大建筑群，其中有禹穴、岣嵝碑、窆石。 B. 杭州市 余杭镇广场立有大禹像。 **传说：** A. 引自《中国民间故事集成·浙江卷》第63~73页 大禹的民间故事归属于神性英雄神话，包括鲧山禹河（宁波宁海，地王派鲧偷天帝天土，筑堤成山且未制服洪水，被地王杀了，肚皮里爆出禹，制服了洪水，地王让出王位）、禹封巨灵神、禹王搬涂山、大禹虱水、禹余粮、大禹找防风、防风治水、防风井、防风封王、大禹斩防风。 归属于文化起源神话的大禹的民间故事：大禹育稻。 B. 引自何信恩整理的《大禹在绍兴的传说》 禹治洪水、三过家门不入、栉风沐雨、禹步、大禹劈山、禹娶女娇、毕功了溪、禹诛防风、克勤克俭、下车泣罪、禹铸九鼎、禹葬会稽、会稽鸟田。
2	河南	**禹迹：** A. 郑州市 黄河景区有大禹像。 B. 开封市 有禹王台，今已扩建为禹城公园，孟门山下阳纡泽畔有“河图”。 C. 许昌市

（续表）

序号	地区	禹迹和相关神话传说故事
2	河南	禹州有禹王锁蛟井，禹王大道，并立有大禹像，古钧台街有“禹王庙”，方岗乡西南禹山北坡有“拉王庙”（禹王庙）及禹山南坡有“乱石趴”，柏塔山上有“二姨庙”，少康城（现叫康城村）东皋阜处建有“禹王功德碑”（岣嵝碑）。 D. 洛阳市 龙门石窟有大禹开凿龙门的传说，有禹石，伊水岸边有禹王泉。 E. 登封市 有古阳城遗址、启母石、太室山、少室山、太室阙、少室阙、少姨庙、夏禹故都、钧台。 F. 三门峡市 有三门峡、中流砥柱峰、马蹄窝。 **传说：** A. 引自谢兴鹏《大禹遗迹遍九州》 位于禹州城南 4 公里之柏塔山上的“二姨庙”，又叫“少姨庙”“禹妃庙”，相传禹娶二妃，太姨生启后去世，启由二姨抚养成人，此庙即为纪念太姨、少姨所建。 B. 引自《中国民间故事集成·河南卷》第 53 页 大禹神话传说属于英雄神话类：大禹推山泄洪、大禹锁蛟（异文一、二）、大禹赶山挡海水、大禹转世、大禹劈龙门、大禹导黄河。
3	四川	**禹迹：** A. 巴中市 南江县建有禹王宫。 B. 绵阳市 北川县石纽山有禹王庙、大禹像、禹穴沟、甘泉石刻、刳儿坪、洗儿池、望崇山、岣嵝碑“神禹故里”坊、誓水柱等景点。 **传说：** A. 引自《中国民间故事集成·四川卷》第 94 页 大禹的民间故事既不归属于文化起源神话，也不归属于神和英雄神

（续表）

序号	地区	禹迹和相关神话传说故事
3	四川	话，而是属于传说类：包含的故事有大禹治水、黄龙助禹治水、禹王开夔门、禹王戒酒。 B. 引自《大禹文化资料荟萃》（第二卷）第86页 北川石纽：在北川县城禹里南一里许，在到洗儿池的峡谷溪流中，有许多白石，白石上红斑点点，好像血浸入一样，相传是禹母生大禹洗涤时随水而下的血渍。禹穴沟大峡谷相传为大禹出生地。
4	重庆	**禹迹：** 重庆大禹恋爱、娶妻、生子、治水的故事完整系统丰富。 A. 三峡大坝 附近的黄陵庙内供奉着治水英雄大禹像。 B. 南岸区和长江三峡地区 有涂山，与涂山氏相关的地名还有夫归石、弹（诞）子石、虎乳岩、虎乳溪、涂山湖、涂洞、歌乐山等。与大禹相关的有铜锣峡、牛耳沱，南岸区南山黄桷垭镇有涂山寺。 C. 渝中区 东水门长江边有建于康熙年间的禹王宫。 D. 渝北区 龙兴古镇藏龙街1号建有禹王庙。 E. 巫山县 曲池乡有一处叫凿开峡、锁龙柱、斩龙台。 据统计，清代时，重庆地区有禹王宫122处。（蓝勇：《西南历史文化地理》）因各地方志修纂时间不一，统计不全。统计数据中缺铜梁、南川资料。
5	安徽	**禹迹：** 蚌埠市 怀远县境内有禹王宫、大禹像、禹会村、涂山、禹墟、启母石（望夫石）、崇伯观、启王殿，峡山口有禹王亭；和女娇有关的有白狐洞、台桑石；和无支祁有关的有支祁川。

(续表)

序号	地区	禹迹和相关神话传说故事
5	安徽	**传说:** 引自《大禹文化资料荟萃》(第二卷)第61页 A. 白狐洞:民间传说《白狐洞与大禹迎娶女娇》,讲二人在安徽怀远白狐洞相遇,后于三月二十八这一天,三十岁的大禹迎娶了白狐女娇。后女娇施展法术助禹治水。 B. 防风冢:1981年禹会村发现新石器遗址,史学家称之为"禹墟"。相传,大禹会诸侯时,部族首领防风氏居功自傲,姗姗来迟,不服从指挥,为大禹所斩,鲜血染红了涧水。故今涂山西侧有防风冢。《述异记》记载,禹王杀防风氏时"尸倒九里,骨拉于车,血流上下红"。现在涂山脚下的上洪(红)村、下洪(红)村由此而来。 C. 鲧王庙:也叫黄雄庙、崇伯观,为祭祀禹父鲧的庙宇。位于涂山西麓,现已夷为平地。 D. 支祁川:此地得名和大禹治淮有关,那就是捉拿无支祁。《勘淮笔记》记载,无支祁是淮河上游的一个部族首领。他因为本地区的局部利益,反对并破坏治水。淮河中下游的人民群众憎恨他,称他为"水怪""蛟",也有人称其为"淮涡水神"。他制造了"惊风走雷,木号石鸣"的动乱,使得治水工程"功不能兴"。禹怒,三次派兵征讨他,终于平息了动乱,捉住了无支祁。大禹在涂山——荆山地区召开大会对无支祁进行公审,判处他长期监禁,然后派人把他押解到淮河下游"龟山之足"的水牢中服刑。而荆山峡的名称,则是因为传说大禹曾将水怪无支祁锁镇谷底,因而又名支祁川。 E. 禹墟:相传是因"禹会诸侯"而得名。此地发现了公元前2000年前后龙山文化遗址。
6	山西	**禹迹:** A. 运城市 河津县有龙门村,有禹门口;芮城县塑有大禹像;解县安邑有禹都、望乡台;夏县中条山麓有夏陵坟冢、禹王庙青台及禹王城遗迹(汉建);平陆县东黄河中有座山叫"砥柱山"。

（续表）

序号	地区	禹迹和相关神话传说故事
6	山西	B. 临汾市 壶口瀑布立有大禹像。 **传说：** 引自《大禹文化资料荟萃》（第二卷）第 86 页 A. 望乡台：解县安邑有“禹都”，上有望乡台。相传大禹娶涂山氏之女女娇后，就将女娇安置在这里。女娇离开父母来到这里，禹又常年在外，因而生活十分寂寞，时常想念家乡，思念丈夫，以至夜不安寝，食不甘味。为打发时间，她开始专心地为大禹画像。大禹听说后，为解女娇的思念之苦，令人在安邑城南为她筑了一个望乡台，让她在寂寞无聊之时，登上望乡台，遥望千里之外的家乡，以安慰其孤寂之心。 B. 禹王城：遗址位于夏县禹王乡的禹王村一带，因传说夏禹曾在此居住过，故俗称禹王城。 引自《中国民间故事集成・山西卷》第 171 页 大禹传说属于历史与传说人物故事，其中涉及大禹的传说有禹的诞生、禹和水酉。 引自《中原神话专题资料》第 363 页 太行山地区的大禹传说包括大禹导沇水、禹王导黄河。
7	山东	**禹迹：** A. 济南市 历城东南 15 公里处有龙东山，又名禹登山。 B. 潍坊市 高里镇禹王台村原先有禹王台，今迁到潍坊市政府寒亭西北 23.5 公里处。 C. 济宁市 兖州北关有大禹像。 D. 德州市 禹城公园，古代曾有“禹息城”，具丘有禹王亭、禹堤遗迹。

(续表)

序号	地区	禹迹和相关神话传说故事
7	山东	E. 临沂市 郯城县有禹王台。 **传说:** 引自谢兴鹏《九州方圆话大禹》 A. 具丘禹王亭:明代政府为了纪念大禹治水的恩德,在具丘上修建了“禹迹亭”。清代重修时改称“禹王亭”,厅内立有禹王塑像。清嘉庆《禹城县志》记载:“具丘,城西十里,世传大禹治水筑此,以望水势。俗曰十里望。” B. 禹王台:相传大禹治理沭水时,择地而建的一座高台。 C. 禹登山:相传大禹曾到此考察水势。 D. 禹城:位于禹城市,相传大禹治水时在此建禹息城,大禹治水时曾留住此城,并以此城为“导河入海”的施政指挥中心。春秋时改为羽国;汉时改为羽贞;唐高祖武德年间改为禹息;天宝元年(742),取禹息故城之意,改祝阿县为禹城县。
8	陕西	**禹迹:** A. 渭南市 韩城县有大禹庙(元建)、禹门及相关壁画。 B. 安康市 旬阳县城东60公里外的山上刻有“禹穴”两字;石泉县城中心有禹王宫;紫阳县有米仓山,就是大禹《禹贡》中“导嶓冢山于荆山”的“嶓冢山”。 C. 汉中市 宁强县大安镇境内有禹碑残迹、禹宫汉柱。 **传说:** 引自《中国民间故事集成·陕西卷》第228页 大禹传说属于地方传说类,其中涉及大禹的传说有禹凿龙门、禹女献策。

（续表）

<table>
<tr><th>序号</th><th>地区</th><th>禹迹和相关神话传说故事</th></tr>
<tr><td>9</td><td>江苏</td><td>禹迹：
A. 苏州市
太湖沿岸村落里都供奉着“水神”禹王的雕像；吴中区太湖西山岛有禹庙、禹期山。
B. 南通市
启东最东端圆陀角风景区立有大禹像。
C. 连云港市
赣榆县羽山有“禹渊”。
传说：
引自《大禹文化资料荟萃》（第二卷）第 85 页
江苏省赣榆县西有羽山，山上有一大池，广可数亩，深不见底，人称“禹渊”，相传为禹父鲧因治水不成功投水自尽以谢天下之地。
引自《中国民间故事集成·江苏卷》第 8 页
大禹神话传说属于英雄神话类，其中涉及大禹的传说有禹王治水（附异文）。</td></tr>
<tr><td>10</td><td>湖北</td><td>禹迹：
A. 武汉市
蔡甸区江滩上有一座著名的大禹神话园，有朝宗亭；武汉有龟山，龟山东端有禹功矶、禹稷行宫、禹王庙。
注：上区由玉面人像、双龙门、“应龙画河海”青铜雕和“禹父鲧治水”透雕组成。中区以大禹祭祀台及相连的圆形九鼎广场为中心，由“剖鲧生禹”“搏杀相柳”“禹阅九鼎”铜雕和“三过家门不入”圆雕，以及大禹北方治水神话系列高浮雕组成。下区从大禹祭祀台北侧至晴川阁景区外墙江滩边，以大禹南方治水神话等散点链式石雕、印章蓝田石刻，以及 6 米高的镇江柱等组成。
B. 黄冈市
浠水县关口镇有大禹像。</td></tr>
</table>

(续表)

序号	地区	禹迹和相关神话传说故事
10	湖北	C. 宜昌市 宜昌县的黄陵庙有禹王殿,也称黄牛灵应庙。 **传说:** 引自《大禹文化资料荟萃》(第二卷)第82页 相传大禹治水到此,遇到一水怪作乱,数载不克,后得灵龟降伏水怪,治水成功。后灵龟化为一山,即龟山。
11	湖南	**禹迹:** A. 长沙市 岳麓山巅有禹王碑。 B. 衡阳市 衡山有禹王城,岣嵝峰上有禹王泉。 **传说:** 引自《大禹文化资料荟萃》(第二卷)第84页 A. 禹王城:相传大禹来南岳治水时驻跸的地方。传说夏禹到南岳来找黄帝埋葬在此处的金简玉字书。还在此处杀白马祷告天帝,梦见沧水使者,得知该书下落。后按照书上的指点疏川导河入海。因此此处有了白马峰、金简峰、禹王庙碑。 B. 岣嵝碑:也称禹王碑、大禹功德碑,因刻于湖南衡山岣嵝峰,故称。 C. 禹王泉:相传当年大禹治水,眼见山下洪水滔滔,而山上无饮水,口渴思饮,发感叹曰:"焉无泉水尔。"言毕,在禹站立处竟然冒出一股山泉来,泉水四时不歇,冬暖夏凉,清澈可鉴,味甘可口,如琼浆玉液,喝上一口,心旷神怡,疲惫顿消。
12	甘肃	**禹迹:** A. 兰州市 九州台森林公园里立有大禹像。 B. 临夏回族自治州 积石峡有禹王支锅石。

（续表）

序号	地区	禹迹和相关神话传说故事
12	甘肃	**传说：** 引自《中国民间故事集成·甘肃卷》第22页 大禹神话传说属于人物传说类，其中涉及大禹的传说有禹王治水。
13	宁夏	**禹迹：** 吴忠市 青铜峡黄河大峡谷景区东岸塑有大禹像，2015年又新造了大禹文化园。
14	青海	**禹迹：** 喇家遗址打造的大禹故里。
15	江西	**禹迹兼传说：** 九江市 庐山紫霄峰上有石窟和岩刻，文字为蝌蚪文，相传为当地苗民纪念大禹设计杀死彭蠡泽（今鄱阳湖）中害人的生物、治平水患之功而刻制的。
16	河北	**传说：** 卢龙县城内有井，一根黑色绳索系于井旁石柱上，倘有人掣动黑绳，井水即往上涌，相传大禹曾在这里捉拿拴缚鱼妖。
17	云南	**传说：** 云南省顺宁县城东澜沧江与黑惠江合流处有一条桩，圆径不足2尺，常与江水同高下，或高于江水一二尺，相传为大禹治水时制服蛟龙留下的遗迹。
18	日本	**禹迹：** 神奈川县开成町有禹王庙、大禹像；酒匂川的两岸，有纪念碑和神社——文命宫。

三、禹迹和传说在内容和地域上扩大的原因

神话历史化是始于商周时期的对神话的处理方式。现存文献中,孔子对神话进行过“夔一足”“黄帝四面”的历史化、理性化处理。“中国神话的历史化表现为把神话当作历史来处理,或神话直接被理解为历史了。”[①]这样的解释和处理神话的方式和世界上研究神话最早且最有影响的研究流派——欧赫美尔派与帕莱法特斯派是一致的。这两种流派的“认识论根源理性主义或是合理主义。”他们“用怀疑的眼光看待神话,一方面把神话作为不合理的东西加以排斥,另一方面又试图给予合理化的解释”[②]。怎样才算是合理呢?

对于中国神话来说,我国官方的处理方式就是进行历史化、理性化处理且更加具体。分情况、分类型,该摒弃的摒弃,该保留的保留;解释时该政治化的政治化,该道德化的道德化,该美化的美化,比如古代典籍的诠释。我国民间的处理,在学习和继承正统之外,进行有益于民俗的、民族的、当下化的、地方化的、民族化的改造。比如各类传说、民间故事等。总之,中国式神话是在原道征圣宗经的前提下,有意识地进行教化,提高民之正气,同时又兼顾符合当下的实用功能。

个案研究一:巴蜀地区的禹迹及大禹神话传说

四川北川县志办原主任谢兴鹏在其《大禹遗迹遍九州》一文中先提到了禹庙问题。他提到了禹庙在中国境内建立的普遍性。“尤其是禹庙,更是遍及全国各地。”又龙显昭(四川师范大学文化所所长、教授)所撰《夏禹文化与四川的禹庙》一文中提到了禹庙兴盛的历史历程:“禹庙兴起于秦汉,盛行于唐宋,遍立于明清。”

---

① 冷德熙:《超越神话——纬书政治神话研究》,东方出版社,1996年,第1~2页。
② 杨利慧:《神话与神话学》,北京师范大学出版社,2009年,第197页。

按照《史记》记载,禹崩于会稽,并葬于此,所以浙江绍兴便有了禹陵、禹庙。秦始皇三十七年(前 210),秦始皇"上会稽,祭大禹"便已然开启帝王祭祀大禹的历史,或者说祭祀大禹有了官方性质,那么就需要设立祭祀的地点,这就是兴设禹庙的由头。根据鲁迅先生撰写的《会稽禹庙窆石考》所载,会稽"城东南有禹庙,为梁代所建,窆石在庙之东南"。据此可以证明在今绍兴最早的禹庙应是梁代兴建的。据《汉书·武帝纪》载,元封元年(前 110),嵩山有启母庙。龙门禹庙建成于汉灵帝光和二年(179)。北魏时期,魏孝文帝太和十六年(492)下诏:"祀唐尧于平阳,虞舜于广宁,夏禹于安邑。"唐宋时期,禹庙祭祀列入国家祀典,各地禹庙随之增多。唐玄宗时新修的《开元礼》还规定了祭祀的祝文格式;至明清,则州、县几乎皆有禹庙。由此可见唐宋是禹庙兴建的转折点,到明清时,禹庙已经覆盖全国大部分地区。

"四川是夏禹文化的发源地,禹迹跨巴兼蜀。"龙教授在论文中提到这一点,已然缩小了禹迹的概念,禹迹更多的只是指禹庙。下面的例证可以印证。据考证,晋初及以前,蜀中已兴立禹庙。《华阳国志·巴志》载,"江州县,郡治。涂山,有禹王祠及涂后祠","帝禹之庙铭存焉"。唐宋时期,四川各地禹庙兴起,其中以忠州、成都和石泉(今北川)禹庙最为有名。石泉禹庙是四川最重要的历史古庙。南宋文学家计有功于绍兴二十八年(1158)撰写了《大禹庙记》,考订了石纽,歌颂了禹功。该庙至清康熙、乾隆、道光各朝,续有修葺和扩建,大殿祀圣父、圣母,并建亭,立岣嵝碑。

由上文的表格内容可知,禹迹遍布巴蜀应该是正常的,但是说禹庙遍布就不见得了。毕竟这是官方按照祭祀制度进行严肃的政治祭祀活动的地方,不能太过随便。龙教授之所以有这样的误会,应该和四川地区对大禹神话传说的地方性改编及传播有关。四川地区对大禹神话传说的认同更多的是从《史记》等文献中记载的"禹生石纽"而来。"大禹的出生"是核心母题,围绕这一母题,禹的父母妻子都成为传说改编的周延性人物。龙教授之所以产生禹庙遍布的错觉,是因为重庆地区禹庙会馆众多。重庆移民文化研究会副会长、湖广会馆管理处研究员岳精柱先生曾根据《西南历史文化地理》一书统计,“清代时,重庆地区有禹王宫122处”[①]。而这些会馆大多是清代外来移民所造的“会馆式”庙宇,如“开江、彭水、黔江、梁山、南充的禹王宫,石砫的大禹庙,南川、巴县的禹王庙等。都江堰、遂宁、射洪、三台、绵阳等地所建禹王宫历史也较为悠久”。

而20世纪80年代由中央文化部、国家民委和中国文联三家组织,民间文学大家钟敬文先生带头编撰的《中国民间故事集成》之四川卷中记录的大禹传说只有四个:大禹治水、黄龙助禹治水、禹王开夔门、禹王戒酒。限于当时条件,恐收录不全。而且只有“禹王开夔门”能看出一些地方性改编的印记。20世纪80年代的传说和禹迹在核心内容上是有距离的。

学者成荫在《古代禹庙文献的社会史透视》中,列举大量例子说明古代帝王包括各地官员和地方精英之所以亲自下令、定制,甚至亲身参与祭祀大禹,都是“力图以此对民众实施教化,来延续和强化地方社会的政治秩序”。其结论是“古代禹庙文献反映了古人崇拜大禹、颂扬大禹的社会现象,帝王政治对大禹的倚重,以及地方官员和地方精英对禹庙的依赖”[②]。

个案研究二:浙江地区的禹迹及大禹神话传说

浙江地区的禹迹,绍兴是代表。经本人考订,目前绍兴和大禹有关的地方风物有23处。考察这些地名,可以看出绍兴地区的禹迹有以下特点:

第一,兴建的禹迹主要以大禹葬地和治水为核心内容。如大禹岭、禹穴、禹陵村;平水镇、宛委山、禹山、会稽山、夏履镇、夏履桥、禹降村、金帛山、夏盖山、禹峰、了山、了溪、禹溪村、余粮山、余粮岭。这些地名主要记载于明清时

① 蓝勇:《西南历史文化地理》,西南师范大学出版社,1997年,第522~524页。因各地方志修纂时间不一,统计未全。统计数据中缺铜梁、南川资料。

② 成荫:《古代禹庙的社会史透视》,《文史杂志》2014年第4期。

期的方志。如明万历《绍兴府志》《三江所志》；清《嘉泰会稽志》，乾隆《绍兴府志》《大清一统志》。引用较多的典籍是《史记》《越绝书》《吴越春秋》。如“宛委山”的得名来自晋代张勃的《吴录》：“本名苗山，一名覆釜，禹会诸侯计功，改曰会稽。上有孔，号曰禹穴也。”《吴越春秋》云：“禹案《黄帝中经》九山，东南天柱，号曰宛委。”又“夏履镇”“夏履桥”得名为：据《吴越春秋》载，大禹治水“冠挂不顾，履遗不蹑”。后人感念其功，建桥以志，命名“夏履桥”，地因桥名。另，“禹会乡”“禹会村”的来源为：此地有座红桥，在涂山下，相传禹斩杀的防风氏血流至此，故名，今称红桥头；涂山以南，今华舍境内一部分，南宋时称“禹会乡”，今湖门村当年称“禹会村”。华舍境内还曾建有纪念大禹的禹会桥、禹会殿，连桥下之河也名以“诸侯江”。

第二，此地出现了一个和大禹关系切近的人物——防风氏，并由此延伸出相关传说和禹迹。应该说此地是距离防风氏传说的中心辐射区较近的地方。防风氏的事迹最早见于《竹书纪年》：“（禹）八年春，会诸侯于会稽，杀防风氏。”《国语·鲁语下》记载：“昔禹致群神于会稽之山，防风氏后至，禹杀而戮之，其骨节专车。”防风氏最初在典籍中就是被当作禹的敌对者出现的，所以后人提及甚少。然而在绍兴出现了和防风氏相关的三个地名，“型塘、型塘岭、防风庙”，这种关联值得研究。这三个名称由来：《大清一统志》卷二九四载：“《会稽志》云，防风氏其身三丈，刑者不及，禹乃筑高塘刑之，故曰刑塘。”后改称“型塘”。南朝梁任昉在《述异记·卷上》记载：“今吴越间防风庙土木作其形，龙首牛耳，连眉一目。昔禹会涂山，执玉帛者万国。防风氏后至，禹诛之，其长三丈，其骨头专车。今南中有姓防风氏，即其后也，皆长大。越俗，祭防风神，奏防风古乐，截竹长之三尺，吹之如嗥，三人披发而舞。”1996年钟伟今主编的《防风神话研究》对防风氏事迹进行了新的考订。他发现防风氏是以湖州为中心，江浙一带的治水英雄。那么大禹的治水传说和防风氏的关联，究竟是叠加、融合，还是取代？由于禹迹和传说的差异，恰形成我们研究的一个课题。

第三,出现了与大禹有关的两个地方——了山、了溪。《国语·鲁语下》载:“昔禹致群神于会稽之山。”明万历《绍兴府志》云:“金帛山在府城西北四十三里,世传禹至涂山,诸侯执玉帛朝会于此,其岭有九龙池。”清《嘉泰会稽志》云:“了山在(嵊)县东北一十二里,南有余粮岭,其地产禹余粮。”《大清一统志·绍兴府·山川》云:“余粮山,一名了山。”《嘉泰会稽志》卷九云:“了山……南有余粮岭,其地产禹余粮。”王十朋《余粮山》诗云:“禹迹始壶口,禹功终了溪。余粮散幽谷,归去锡元圭。”乡人俗称之“石馒头”,视之为稀罕之物。宋代学者高似孙编撰的《剡录》也记载:“禹治水止于此。山中产药,称禹余粮,盖余食所化。”与涂山女给大禹送饭受惊一事有关。

绍兴的文史专家何信恩整理的《大禹在绍兴的传说》,收集了十二个绍兴的大禹民间传说:禹治洪水、三过家门不入、栉风沐雨禹步、大禹劈山、禹娶女娇、毕功了溪、禹诛防风、克勤克俭、下车泣罪、禹铸九鼎、禹葬会稽、会稽鸟田。这些故事从禹迹到大禹传说,无一不包且都是和大禹治水立国有关的,改编时也加进了对大禹精神的弘扬,如克勤克俭、下车泣罪。总的看来关于绍兴地区的大禹神话传说遵循“改旧编新”的原则。民间文学大家钟敬文先生曾说过:“我们现在采集到的神话,是仍在群众口头流传的民间神话,不是原始神话,原始神话是经过社会长期的流传,在流传中大浪淘沙,不可能全部保留下来。对于原始神话,我们只能在典籍中看到。民间神话是现时的神话,如果我们用原始神话的概念讲现时神话,那能保留的太少了。所以我们要从实际出发,根据实际改变我们的一些观念。”[①]这个观念对于传说也同样适用。那么“实际”是什么?应该是对历史现实的尊重,对人们当下精神信仰的尊重和对未来人们精神建设的美好期许。

① 刘守华、白更胜:《中国民间文艺学年鉴》(2002年卷),华中师范大学出版社,2004年,第54页。

四、结论

通过对中国境内及日本等地和大禹有关的禹迹和传说进行梳理,笔者发现陈教授提到的问题“禹的传说在内容上和地域上都有进一步的扩大。神话和传说本来不必如同历史一样地认真对待,但应该承认,它们仍然是值得研究的”,是个有益的且具有开拓性的问题。

第一,通过考察禹迹在地理上的分布,可以发现,大禹神话传说在黄河流域呈现密集分布的特点。且河南、山西、陕西、山东仍是传说主要流布区,典籍中的大禹神话传说改编力度不大。甘肃、宁夏虽典型但数量较少。另外,每个地区都对大禹传说进行了有益于教化的当代化或地方化、民族化改造。

河南地区禹迹主要集中在登封嵩山一带,禹迹的内容以大禹治水及大禹妻妾太姨、少姨为主。整体来看充满超能力的想象色彩,但是主题基本集中在大禹治水活动。

山西地区禹迹主要集中在运城市。平陆县东边有座山叫“砥柱山”(一说在河南三门峡附近也有一座)。《禹贡》载“导河积石,至于龙门”,黄河至此,两岸峭壁对峙,形如门阙。所以说龙门一带是黄河的咽喉部位,治黄是世代难题,崇禹也是对治水精神的世代传承。如今黄河边上有很多以禹命名的禹庙碑刻。如东汉光和二年(179)龙门禹庙内的禹庙碑,元代至正十四年(1354)夏县重修大禹庙碑,明代万历三十七年(1609)河津重修大禹庙碑,清代康熙五十一年(1712)芮城重修大禹庙碑。这些碑刻大多都是赞颂禹功的,对大禹治水及其精神的肯定流露于碑文的字里行间。大禹传说的改编方面,如禹的诞生、禹和水西、大禹导流水、禹王导黄河,都是围绕大禹治水母题的,延展和扩编的新情节较少。类似的省份山东、陕西基本都是与禹迹和大禹神话传说大体一致,改编不大。

第二,在长江流域,包括江苏、浙江、湖南、湖北、安徽、江西、四川、重庆等地,对禹迹和大禹神话传说改编力度较大,地方特色也较明显。古史辨派代表顾颉刚先生曾说:“禹是南方民族的神话人物。”恰恰因为南方地区历代对大禹神话传说的改编力度比北方大很多。

(一)江浙地区:对大禹神话传说有一定的发挥。浙江以绍兴为中心,内容集中于说明这里是大禹葬所和大禹治水毕功处,且加入了地方传说人物防风氏的内容。进而展开改造旧说、创立新说,形成了较有规模的文化效应。江苏虽也有禹渊、“水神”禹王像之类的禹迹,但是质和量上都不如绍兴一带。这也是顾颉刚先生在论证“禹是南方民族神话中的神”时列举的九条证据大都是与古越国、禹后、会稽山和南方民族有关的原因。

(二)两湖地区:禹迹基本上是中规中矩的从禹王庙、禹王像、禹王泉、禹王城开始。武汉市2005年在汉阳江滩上建了一座著名的大禹神话园,将现代大禹神话传说研究成果搬上了地面,等于是建造了一座“户外博物馆”,如所设置的“大禹南方治水故事”专题雕塑墙,分别塑造了大禹到长江流域治水时发生的“巫山开道”“填云梦泽”“衡山刻碑”“设防彭蠡”“龟蛇锁江”“震泽移山”“杀防风氏”“教民鸟田”“群仙庆功”“万民拥戴”十个主题。可以说两湖地区的禹迹和大禹传说在过去典型性不足,但是到了21世纪以后,从研究到传播,从文字到实物,有较强的现代典型性。

(三)安徽地区:以安徽蚌埠市为代表,从禹迹到传说不能说不丰富,甚至连考古文献都证明大禹与这个地方关系密切。整体来看,大禹的故事在这片土地上得到了印证,也在人们的口耳相传中保存并发展得很好。尤其是“支祁川”及其传说。而《勘淮笔记》里认为:无支祁应是淮河上游的一个部族领袖。他由于本地区的局部利益,反对并破坏治水。淮河中下游的人民群众憎恨他,称他为“水怪”“蛟”,也有人称之为“淮涡水神”。如果以上的记载能找到史实根据,那么我们对于大禹和安徽地区的关系就会有新的认识。

（四）巴蜀地区：（1）以四川北川地区为代表的禹迹主要围绕“大禹出生娶妻”传说改编并进行地面建设。北川地区的新旧禹迹如禹穴沟、甘泉石刻、刳儿坪、洗儿池、望崇山、岣嵝碑、神禹故里坊、誓水柱等可以验证这一点。新旧禹迹所在地虽略显偏远，但是质量较高，民间大禹传说发挥较多，此地对大禹认同度和传播度高。

（2）巴蜀地区禹庙另有政治教化的功能。如石泉禹庙，以禹生于石纽而建；重庆涂山禹庙，以禹娶涂女而建。这两处庙内皆供奉夏禹和涂后。又四川的成都禹庙、忠县禹庙、奉节禹庙等，有鼓励民众崇德报禹、继承大禹精神的功能。

（3）重庆禹迹建设内容上偏离典籍记载，地方性改编较大，神道色彩浓厚，想象力丰富。

（4）重庆地区禹迹再造有外来移民的功劳，他们建立了许多的禹王宫。清代时，重庆地区有禹王宫122处。

（作者单位为浙江越秀外国语学院中国语言文化学院讲师）

禹迹广布的文献建构与成因解读

田　冰

作为家喻户晓的“公众”人物,大禹的功绩早已成为炎黄子孙共同的历史记忆,深烙于民族血脉之中。在中华文明初曙之际,大禹手足胼胝,风雨无阻,躬历河川,以十余年“三过家门而不入”的坚韧带领原始先民成功治理水患,发展农业。稽阅史籍不难发现,在交通条件远逊后世的时代,大禹足迹遍布黄河、长江、淮河三大流域,甚至更远的地区,留给后人诸多疑问。本文拟在梳理资料及学者们疑与释的基础上,再提出一些原因层面的思考。

一、大禹足迹的文献建构

大禹生活于仓颉造字的传说时代,迄今未发现成熟文字的踪迹,其事迹在当时只能以口口相传或概念化符号的方式流播。自春秋战国时代,大禹事迹始逐步丰腴于时人的简端。

对大禹治水路线和地域的记载首为地理著作《尚书・禹贡》:

冀州。既载壶口,治梁及岐。既修太原,至于岳阳。覃怀厎绩,至于衡漳。……济、河惟兖州。九河既道,雷夏既泽,澭、沮会同。……浮于济、漯,达于河。海、岱惟青州。嵎夷既略,潍、淄其道。……浮于汶,达于济。海、岱及淮惟徐州。淮、沂其乂,蒙、羽其艺。大野既猪,东原厎平。……浮于淮、泗,达于菏。淮、海惟扬州。彭蠡既猪,阳鸟攸居。三江既入,震泽厎定。……沿于江、海,达于淮、泗。荆及衡阳惟荆州。江、汉朝宗于海,九江孔殷,沱、潜既道,云梦土作乂。……浮于江、沱、潜、汉,逾于洛,至于南河。荆、河惟豫州。伊、洛、瀍、涧既入于河,荥波既猪,导菏泽,被孟猪。……浮于洛,达于河。华阳、黑水惟梁州。……浮于潜,逾于沔,入于渭,乱于河。黑水、西河惟雍州。弱水既西,泾属渭汭,漆、沮既从,沣水攸同。……浮于积石,至于龙门、西河,会于渭汭。……导岍及岐,至于荆山;逾于河,壶口、雷首,至于太岳;厎柱、析城,至于王屋;太行、恒山,至于碣石,入于海。

《战国楚竹书(二)·容成氏》也有清晰的表达:

禹亲执耒耜,以陂明都之泽,决九河之阻,于是乎夹州、涂州始可处。禹通淮与沂,东注之海,于是乎竞州、莒州始可处也。禹乃通蒌与汤,东注之海,于是乎蓏州始可处也。禹乃通三江五湖,东注之海,于是乎荆州、扬州始可处也。禹乃通伊、洛,并瀍、涧,东注之河,于是乎豫州始可处也。禹乃通泾与渭,北注之河,于是乎虘州始可处也。禹乃从汉以南为名谷五百,从汉以北为名谷五百。

《吕氏春秋》地域范围更广。《慎大览·贵因》篇云:“禹通三江、五湖,决伊阙,沟回陆,注之东海,因水之力也。”《开春论·爱类》篇云:“昔上古龙门未开,吕梁未发,河出孟门,大溢逆流。无有丘陵沃衍、平原高阜,尽皆灭之,名曰鸿水。禹于是疏河决江,为彭蠡之障,干东土,所活者千八百国,此禹之功也。勤劳为民,无苦乎禹者矣。”《慎行论·求人》篇更为生动:

禹东至榑木之地,日出、九津、青羌之野,攒树之所,捪天之山,鸟谷、青丘之乡,黑齿之国;南至交趾、孙朴、续樠之国,丹粟、漆树、沸水、漂漂、九阳之山,羽人、裸民之处,不死之乡;西至三危之国,巫山之下,饮露、吸气之民,积金之山,共肱、一臂、三面之乡;北至人正之国,夏海之穷,衡山之上,犬戎之国,夸父之野,禺强之所,积水、积石之山。不有懈堕,忧其黔首,颜色黎黑,窍藏不通,步不相过,以求贤人,欲尽地利,至劳也。

其他史学、文学资料关于治水的事迹及方位或笼统或明晰。如《诗经》,其《小雅·信南山》:"信彼南山,维禹甸之。"《大雅·文王有声》:"丰水东注,维禹之绩。"《大雅·韩奕》:"奕奕梁山,维禹甸之。"《鲁颂·閟宫》:"奄有下土,缵禹之绪。"《商颂·长发》:"洪水芒芒,禹敷下土方。"记载了南山、丰水、梁山等处。《越绝书》言:"禹始也,忧民救水,到大越,上茅山,大会计,爵有德,封有功,更名茅山曰会稽。"《山海经·大荒北经》载:"禹湮洪水,杀相繇,其血腥臭,不可生谷,其地其水,不可居也。禹湮之,三仞三沮,乃以为池,群帝因是以为台。在昆仑之北。"分别提到会稽和昆仑之北。《国语·周语下》则以九山、九川、九泽的笼统文字映射出大禹治水的广域性:"高高下下,疏川导滞,钟水丰物,封崇九山,决汩九川,陂鄣九泽,丰殖九薮,汩越九原,宅居九隩,合通四海。"

显名于史的先秦诸子对大禹事迹的记载亦可谓不遗余力。如孟子,其《滕文公上》篇载:"禹疏九河,瀹济、漯而注诸海,决汝、汉,排淮、泗而注之江,然后中国可得而食也。"《滕文公下》篇云:"当尧之时,水逆行,泛滥于中国,蛇龙居之,民无所定,下者为巢,上者为营窟。《书》曰:'洚水警余。'洚水者,洪水也。使禹治之,禹掘地而注之海,驱蛇龙而放之菹。水由地中行,江、淮、河、汉是也。险阻既远,鸟兽之害人者消,然后人得平土而居之。"《墨子·兼爱中》篇云:"古者禹治天下,西为西河、渔窦,以泄渠孙皇之水;北为防原、泒,注后之邸、嘑池之窦,洒为底柱,凿为龙门,以利燕、代、胡、貉与西河之民;东方漏之陆，防孟诸之泽，洒为九浍，以楗东土之水，以利冀州之民；南为江、汉、淮、汝，东流之，注五湖之处，以利荆、楚、干、越与南夷之民。"《庄子·天下篇》载："昔者禹之湮洪水，决江河而通四夷九州也，名山三百，支川三千，小者无数。禹亲自操橐耜，而九杂天下之川，腓无胈，胫无毛，沐甚雨，栉疾风，置万国。禹大圣也，而形劳天下也如此。"荀子也在《成相篇》中说："禹有功，抑下鸿，辟除民害逐共工。北决九河，通十二渚，疏三江。"

到了汉魏时代，大禹的事迹得到了"创造性"承袭，尤以太史公最为用力。《史记·五帝本纪》"生动"记载了大禹被派遣治水的场景："舜谓四岳曰：'有能奋庸美尧之事者，使居官相事？'皆曰：'伯禹为司空，可美帝功。'舜曰：'嗟，然！禹，汝平水土，维是勉哉。'禹拜稽首，让于稷、契与皋陶。舜曰：'然，往矣。'"又极言大禹功绩："唯禹之功为大，披九山，通九泽，决九河，定九州，各以其职来贡，不失厥宜。方五千里，至于荒服。南抚交阯、北发，西戎、析枝、渠廋、氐、羌，北山戎、发、息慎，东长、鸟夷，四海之内咸戴帝舜之功。于是禹乃兴《九招》之乐，致异物，凤皇来翔。"《秦始皇本纪》表扬了大禹的治水态度："吾闻之韩子曰：尧舜采椽不刮，茅茨不翦，饭土塯，啜土形，虽监门之养，不觳于此。禹凿龙门，通大夏，决河亭水，放之海，身自持筑臿，胫毋毛，臣虏之劳不烈于此矣。"《孝武本纪》透露出治水工程之大："昔禹疏九江，决四渎。间者河溢皋陆，堤繇不息。"《李斯列传》折射出治水的辛苦和艰难："禹凿龙门，通大夏，疏九河，曲九防，决渟水致之海，而股无胈，胫无毛，手足胼胝，面目黎黑，遂以死于外，葬于会稽。"《河渠书》则总结了治水的进程及效果，且为《汉书·沟洫志》所沿用：

《夏书》曰：禹堙洪水十三年，过家不入门。陆行载车，水行载舟，泥行蹈毳，山行即桥。以别九州，随山浚川，任土作贡。通九道，陂九泽，度九山。然河灾衍溢，害中国也尤甚。唯是为务。故道河自积石历龙门，南到华阴，东下砥柱，及孟津、雒汭，至于大邳。于是禹以为河所从来者高,水湍悍,难以行平地,数为败,乃厮二渠以引其河。北载之高地,过降水,至于大陆,播为九河,同为逆河,入于勃海。九川既疏,九泽既洒,诸夏艾安,功施于三代。

《淮南子》在继承前言的基础上做了进一步"创作性"描述。其《修务训》云:"禹沐浴淫雨,栉扶风,决江疏河,凿龙门,辟伊阙,修彭蠡之防,乘四载,随山刊木,平治水土,定千八百国。"《人间训》曰:"古者,沟防不修,水为民害。禹凿龙门,辟伊阙,平治水土,使民得陆处。"最具"创造性"的是《地形训》里程之载:"禹乃使太章步自东极,至于西极,二亿三万三千五百里七十五步;使竖亥步自北极,至于南极,二亿三万三千五百七十五步。凡鸿水渊薮,自三百仞以上,二亿三万三千五百五十里有九渊。禹乃以息土填洪水以为名山。掘昆仑虚以下地,中有增城九重,其高万一千里百一十四步二尺六寸。"

汉代其他士人基本上继承了前人之言。如陆贾《新语・道基》说:"当斯之时,四渎未通,洪水为害;禹乃决江疏河,通之四渎,致之于海,大小相引,高下相受,百川顺流,各归其所,然后人民得去高险,处平土。"王充《论衡・书虚》云:"禹东治水,死于会稽。"赵晔《吴越春秋・越王无余外传》载:"写流沙于西隅,决弱水于北汉。青泉、赤渊分入洞穴,通江东流至于碣石,疏九河于涽渊,开五水于东北;凿龙门,辟伊阙。"

北魏郦道元以游历各地著称,再次丰富了大禹治水的事迹。其《河水》篇云:"禹治洪水,西至洮水之上,见长人,受黑玉书于斯水上。"又云:"《山海经》曰:孟门之山,其上多金玉,其下多黄垩、涅石。《淮南子》曰:龙门未辟,吕梁未凿,河出孟门之上,大溢逆流,无有丘陵高阜灭之,名曰洪水。大禹疏通,谓之孟门。故《穆天子传》曰:北登孟门,九河之隥。孟门即龙门之上口也。实为河之巨阨,兼孟门津之名矣。此石经始禹凿,河中漱广,夹岸崇深,倾崖返捍,巨石临危,若坠复倚。"复曰:"砥柱,山名也。昔禹治洪水,山陵当水者凿之,故破山以通河。河水分流,包山而过,山见水中若柱然,故曰砥柱也。"《淮水》篇言:“《地理志》曰:羽山在祝其县东南。《尚书》曰:尧畴咨四岳得舜,进十六族,殛鲧于羽山,是为梼杌,与驩兜、三苗、共工同其罪,故世谓之四凶。鲧既死,其神化为黄熊,入于羽渊,是为夏郊,三代祀之。故《连山易》曰:有崇伯鲧,伏于羽山之野者是也。”《伊水》篇言:“伊水又北,入伊阙。昔大禹疏以通水,两山相对,望之若阙,伊水历其间,北流,故谓之伊阙矣。”

经过文献的不断记载与“建构”,大禹治水的地域范围涵盖了黄河、长江、淮河流域及部分更远的地区,大禹治水的事迹也日渐丰富多彩。

二、禹迹广布的原因解读

关于禹迹广布的原因,杜勇认为是由于大禹治水方法被推广,“当其他流域遭遇洪灾的部族运用其法取得治水的成效后,亦归功于禹,谓当地水流为大禹所治”[①]。这一解读触及了问题的核心,在生产力水平、交通条件甚至医疗极其落后的时代背景下,大禹不避寒暑,不畏风雨,东奔西走,北上南下,足迹所达,可谓远古奇迹,既令人慨叹,亦让人存疑。诸多大禹事迹仍需逐步释悬,其广布之因或可透过历史迷雾,做出部分释读。

其一,大禹治水成就获得部落间的广泛认同。

《韩非子·十过篇》载:“尧禅天下,虞舜受之,作为食器,斩山木而财之,削锯修之迹,流漆墨其上,输之于宫以为食器。诸侯以为益侈,国之不服者十三。舜禅天下而传之于禹,禹作为祭器,墨染其外,而朱画其内。”舜帝制彩色漆器,被诸侯以奢侈之名批评,不服气者十分之三,而大禹却未有反对之声。李岩说“这表现出大禹具有比较成熟的政治智慧,能够协调各方力量,利用技

① 杜勇:《论大禹治水广为流布的缘由》,载《禹城与大禹文化文集》,中国文联出版社,2007年,第85页。

巧平和各种关系,同时建立自己的威信”[①]。但依文献可知,大禹采用“疏”“漏”“决”“瀹”“洒”等多种工程手段,实现了洪水由泛滥转向“由地中行”“民得陆处”的安稳局面,甚至“所活者千八百国”。治水过程中,大禹身先士卒、吃苦拼搏的精神也堪为表率,“劳身焦思,居外十三年,过家门不敢入。薄衣食,致孝于鬼神,卑宫室”。因此,大禹取得诸侯的一致认同,并非完全政治智慧使然,更多在于大禹治水的能力和精神使众人信服。而徐旭生所说“在我国上古部族的三集团中,主持治洪水的人为华夏集团的禹及四岳。同他们密切合作的为东夷集团的皋陶及伯益”[②],则进一步说明了大禹在众多部族首领中的地位,所谓商族祖先契“长而佐禹治水有功”、秦祖大费“与禹平水土”,恰好体现出了大禹治水给他自身带来的政治地位和社会影响力。

其二,水患盛行带来大禹信仰的普遍精神诉求。

大禹所处的时代洪水泛溢,水浪滔天。如《诗经·商颂·长发》云:“洪水芒芒。”《尚书·尧典》云:“汤汤洪水方割,荡荡怀山襄陵,浩浩滔天。”《尚书·益稷》说:“洪水滔天,浩浩怀山襄陵,下民昏垫。”《孟子》言:“当尧之时,天下犹未平,洪水横流,泛滥于天下,草木畅茂,禽兽繁殖,五谷不登,禽兽逼人,兽蹄鸟迹之道,交于中国。”《天问》云:“洪泉极深,何以置之?地方九则,何以坟之?”《墨子·三辩》引《夏书》云“禹七年水”。《荀子·富国》云:“禹十年水。”《庄子·秋水》云:“禹之时,十年九潦。”从“汤汤”“芒芒”“浩浩”可约略感知洪水的严重性,居地被淹,生存遇危,解决洪水问题当是时人迫切需要解决的难题,以至出现“秦之先,帝颛顼之苗裔……与禹平水土”,即部落联合治水的情况。

大禹时代的洪灾可以得到当代科学的佐证。随着古气候学研究的深入,

① 李岩:《大禹治水与中国国家起源》,《学术论坛》2011年第10期。
② 徐旭生:《中国古史的传说时代》(增订本),文物出版社,1985年,第161页。

研究者发现在距今4200至4000年之间,因全球性气候异常(降温)的影响,我国北方的确存在一个持续时间大约有200年的洪水期。吴文祥、葛全胜探讨了具体的成因:气候变化导致季风雨带北移,从而使降水量增加或降水时间延长;冷期时降水变率的增大提高了异常洪水的发生概率;气候变化导致植被覆盖率降低,水土流失加剧,使黄河等北方河流决溢的可能性大大提高[①]。夏正楷、杨晓燕也通过研究指出,公元前2100年前后的尧、舜、禹时代,黄河、长江流域确实有洪水发生,洪水发生的原因,可能由当时气候变化所致[②]。王星光还从喇家齐家文化遗址、陶寺新石器时代晚期巨型城址、二里头夏代城址、登封王城岗"大城"遗址等考古学角度提供了新的实证材料[③]。徐旭生指出,洪水的发生区域主要在兖州,次要的在豫州、徐州境内,余州无洪水,禹平水土遍及九州的说法是后人要把实在的历史逐渐扩大而造成的[④]。也正是基于大禹治水的成就,人们把治理江河、战胜洪灾的所有美好愿望,都寄托在大禹身上,大禹几乎成为无所不能的天神,"大禹治水"便演变成最成功的一次造神运动[⑤]。

其三,部落迁徙与融合推动大禹信仰的地域流动。

囿于生产力落后,为寻求生存延续,部落迁徙、战争与融合是当时社会的普遍现象。而伴随着持续性的、无序的部落流动,各自部落的信仰随迁他处,客观上推动了大禹信仰的地域流动。譬如豫鲁地区,据张华松研究,系统性、跨部族的治水活动"为大禹权力的强化和威望的提升、为有夏姒姓集团生存区域的向东拓展,提供了难得的契机",姒姓族团正是伴随着大禹疏浚济漯而

---

① 吴文祥、葛全胜:《夏朝前夕洪水发生的可能性及大禹治水真相》,《第四纪研究》2005年第6期。

② 夏正楷、杨晓燕:《我国北方4kaB. P.前后异常洪水事件的初步研究》,《第四纪研究》2003年第6期。

③ 王星光:《大禹治水与早期农业发展略论》,《中原文化研究》2014年第2期。

④ 徐旭生:《中国古史的传说时代》(增订本),文物出版社,1985年,第161页。

⑤ 王炎:《大禹神话的现代解读》,《中华文化论坛》2010年第6期。

东进,大禹信仰的东传就不言而明了。同时,张华松还发现,“陶鬲文化东传的时间不出公元前两千纪末,也就是公元前2000年前后,这与大禹疏浚济漯、姒姓族团东迁的时间又正相吻合。中原陶鬲文化的东传与华夏姒姓族团的东迁,时间上同步,路径上同道,可见正是华夏姒姓族团东迁时将中原陶鬲文化一并携带到城子崖类型龙山文化区的。”[①]周书灿也指出:“今山东境内有关大禹的诸多传说和遗迹是夷夏文化交流过程中文化传播的结果。用文化传播理论对山东境内有关大禹的诸多传说和文化遗迹进行解释,不仅有较为可靠的历史文献记载作为支持,也可以在考古学方面寻找到若干重要的证据。”[②]甚至经大禹时代的考古发现证明,经由东、西两个地域的部族迁徙和民族混杂,远离中原的巴蜀地区的文化与山东、河南的大汶口文化,在经济社会文化的发展上有很多相似之处。如王炎所说:“大禹史迹最显赫的三处地域无疑是山东(河南)、浙江和四川。山东(河南)一带是华夏文明的中心地区,浙江和四川在上古时期是华夏文明的边缘地带,大禹神话的‘整合’过程,就是黄河文明与长江文明交融的结果,反映了华夏民族形成中的历史层垒。”[③]

其四,上古文献对于大禹功绩的溢美促进大禹信仰在“九州”风靡。

圣人孔子对大禹赞美不已,称禹、舜“巍巍乎”,言“禹,吾无间然矣。菲饮食而致孝乎鬼神,恶衣服而致美乎黼冕,卑宫室而尽力乎沟洫。”亚圣孟子也不吝溢美之词:“禹思天下有溺者,由己溺之也。稷思天下有饥者,由己饥之也。是以如是其急也。”庄子歌颂了大禹忧国爱民、无私奉献的崇高精神:“禹亲自操橐耜而九杂天下之川,腓无胈,胫无毛,沐甚雨,栉疾风,置万国。”大禹

① 张华松:《大禹治水与夏族东迁》,《济南大学学报(社会科学版)》2009年第2期。

② 周书灿:《文化播迁与山东境内大禹传说探析》,《河北师范大学学报(哲学社会科学版)》2008年第1期。

③ 王炎:《大禹神话的现代解读》,《中华文化论坛》2010年第6期。

的功绩和优秀的品德在先秦诸子的溢美中被逐步放大和神化,成为大禹信仰强有力的助推,大禹也借力优美的文字踏遍了其所擘画的“九州”大地。

(作者为河南省社会科学院历史与考古研究所研究员)

大禹形象及精神研究

论大禹“圣王”形象的特异性及其意义

王　灿

大禹是中国古代公认的“圣王”之一，但是，与黄帝、尧、舜、禹、周文王、周武王等这些久被崇敬的圣王[①]相比，却具有一种特殊的身份特征，这种特征来自何处，其形象具有何种意义，值得我们深入探讨。

民国以来，有不少学者对大禹问题进行探讨，但是这些讨论多是在疑古思潮背景下针对“大禹是否存在”这一核心话题进行的，其中尤以顾颉刚先生的观点及其引起的相应反响和争论为代表[②]。时易世移，随着学术研究的进一步发展，目前的史学界已经基本上承认大禹确实是一位曾经在历史上发挥过巨大影响的圣王，因而“大禹是否存在”已经不再成为学术界讨论的问题，一般的研究重点转到大禹形象本身。

---

① 一般地，从尧开始，这些圣王在中国古代逐渐被视为“道统”体系的组成部分，在中国文化史上影响甚巨。

② 章镜：《简述民国时期知识分子对“大禹”形象的讨论与塑造》，中国人民大学 2008 年硕士学位论文。

本文的主旨在于:探讨大禹作为圣王的历史形象演变及其文化影响——换言之,本文的着眼点是:“大禹”圣王形象的特殊性、发展演变及其影响,圣王与“大禹”的关系问题是本文的中心问题,“圣王”与“大禹”是本文的两大关键词。而目前,关于这方面的研究较为欠缺专题和深入的研究。

一、大禹作为“圣王”的形象特异性

众所周知,尧、舜、禹、汤、文、武等中国古代圣王,一直是中国古代帝王的榜样型人物,包括中国古代历代帝王在内的中国古人皆对他们景仰不已,古代典籍中对他们的赞美之词亦随处可见。然而,揆诸载籍,很明显的一点是,大禹在组成道统的中国古代圣王群体中,具有很鲜明的、与众不同的特质。这种特质使得大禹的历史形象与其他圣王迥然不同。

首先,我们需要对从尧开始的各个圣王的一般形象做一概括,这是进一步判定大禹形象特殊性的前提。笔者曾经在一篇旧文中,对历代圣王的形象做过简单分类,可以分为“道德圣王”“功绩圣王”和“革命圣王”三类。[①] 然而,如果现在进一步考虑,虽然这种分类亦有其合理之处,但是,需要注意的是,三者之中,作为“功绩圣王”代表的大禹,和其他两类相比,实际上还是有明显区别的;而后两类甚至可以归为一类,这是因为,虽然周文王、周武王确具“革命”之特殊性,然而,他们之所以能够“革命”成功,前提依然是因为他们具备超人的,类似于尧、舜那样的“道德”。因而,我们可以说,除了大禹是“功绩圣王”,其他都可笼统归为“道德圣王”。事实上,这些“道德圣王”也确实经常被后人从道德方面予以颂扬,比如,尧“钦明文思安安,允恭克让,光被四表,格于上下。克明俊德,以亲九族。九族既睦,平章百姓。百姓昭明,协和

① 王灿:《〈尚书〉“圣王”形象“被同质化”研究——尧、舜、禹、汤、武形象考察》,《广西社会科学》2011年第7期。

万邦。黎民于变时雍”。这是很鲜明的“道德圣王”形象，其施政作为，也是一派雍容景象：“乃命羲和，钦若昊天历象——日月星辰，敬授民时。分命羲仲……”[①]而另一个圣王舜的道德形象虽异于尧，但是其实质却是一样：“瞽子，父顽母嚚，象傲；克谐以孝，烝烝乂，不格奸。”[②]这是说其孝行。“浚哲文明，温恭允塞，玄德升闻，乃命以位。慎徽五典，五典克从。纳于百揆，百揆时叙。宾于四门，四门穆穆。纳于大麓，烈风雷雨弗迷。”[③]这是说其施政。

不仅在《尚书》中尧、舜是雍容华贵、垂拱而治的“道德圣王”形象，其他典籍中也多有类似记载。比如《论语》就载有孔子之言曰：“大哉，尧之为君也！巍巍乎，唯天为大，唯尧则之。荡荡乎，民无能名焉。巍巍乎，其有成功也。焕乎，其有文章！”[④]而孔子更曾经明确指出舜是“无为而治”的圣君：“无为而治者，其舜也与？夫何为哉？恭己正南面而已矣。”[⑤]类似之处，载籍多有。再如，孔子从“德”的角度谈论舜的高尚形象说：“舜其大孝也与？德为圣人，尊为天子，富有四海之内，宗庙飨之，子孙保之。故大德必得其位，必得其禄，必得其名，必得其寿。故天之生物，必因其材而笃焉。故栽者培之，倾者覆之。《诗》曰：‘嘉乐君子，宪宪令德。宜民宜人，受禄于天，保佑命之，自天申之。’故大德者必受命。”[⑥]其中引《诗经》之语，也是为了说明舜的圣王风度。

从施政和行事风格上看，尧、舜也明显具有共同特征：“正月上日，受终于文祖。在璿玑玉衡，以齐七政。肆类于上帝，禋于六宗，望于山川，遍于群神。辑五瑞，既月，乃日觐四岳群牧，班瑞于群后。……肇十有二州，封十有二山，浚川。象以典刑，流宥五刑，鞭作官刑，扑作教刑，金作赎刑。眚灾肆赦，怙终

① 李学勤：《十三经注疏·尚书正义·尧典》，北京大学出版社，1999年，第28页。
② 李学勤：《十三经注疏·尚书正义·尧典》，北京大学出版社，1999年，第45页。
③ 李学勤：《十三经注疏·尚书正义·舜典》，北京大学出版社，1999年，第51页。
④ 杨伯峻译注：《论语译注》，中华书局，1980年，第83页。
⑤ 杨伯峻译注：《论语译注》，中华书局，1980年，第162页。
⑥ 李学勤：《十三经注疏·尚书正义·中庸》，北京大学出版社，1999年，第1435页。

贼刑。……流共工于幽州,放驩兜于崇山,窜三苗于三危,殛鲧于羽山,四罪而天下咸服。……月正元日,舜格于文祖,询于四岳,辟四门,明四目,达四聪。”①

正是基于上述原因,古人多把尧、舜并提。比如,《论语》曰:“‘如有博施于民而能济众,何如?可谓仁乎?’子曰:‘何事于仁!必也圣乎!尧、舜其犹病诸!夫仁者,己欲立而立人,己欲达而达人。能近取譬,可谓仁之方也已。’”②再如,《易传》说:“黄帝、尧、舜垂衣裳而天下治,盖取诸乾、坤。”③

当然,古代也多有把禹与其他圣王并提的情形,但是,尧、舜并提毕竟还是多数现象,杜甫所谓“致君尧舜上,再使风俗淳”,即是一个典型的例子。

总之,基本上可以确定的是,尧、舜等为代表的圣王,基本上是以“道德”的崇高及其相关表征为最重要特征的。而大禹的历史人物形象却大为不同。

二、大禹与其他圣王历史形象的相异处

大禹与其他圣王形象截然不同,这点孟子早就有过论述,《孟子》有云:“当尧之时,天下犹未平,洪水横流,泛滥于天下,草木畅茂,禽兽繁殖,五谷不登,禽兽逼人,兽蹄鸟迹之道,交于中国。尧独忧之,举舜而敷治焉。舜使益掌火,益烈山泽而焚之,禽兽逃匿。禹疏九河,瀹济、漯而注诸海,决汝、汉,排淮、泗而注之江,然后中国可得而食也。当是时也,禹八年于外,三过其门而不入,虽欲耕,得乎?”

这段话里面值得注意的是,尧忧虑洪水泛滥,于是任命舜去治理,然而让我们感觉奇怪的是,舜又进行了二次任命,分别派益和禹去治理。可见,舜似

① 李学勤:《十三经注疏·尚书正义·舜典》,北京大学出版社,1999年,第54~72页。
② 杨伯峻译注:《论语译注》,中华书局,1980年,第65页。
③ 李学勤:《十三经注疏·周易正义·系辞》,北京大学出版社,1999年,第300页。

乎不是一个能胜任繁剧之事、具体事务的圣王，他确实只能垂拱而治，而益和禹则是劳其筋骨去从事各种具体事务的形象。类似的表述还有，譬如：“当尧之时，水逆行，泛滥于中国，蛇龙居之，民无所定，下者为巢，上者为营窟。《书》曰：‘洚水警余。’洚水者，洪水也。使禹治之，禹掘地而注之海，驱蛇龙而放之菹。水由地中行，江、淮、河、汉是也。险阻既远，鸟兽之害人者消，然后人得平土而居之。……昔者禹抑洪水而天下平，周公兼夷狄、驱猛兽而百姓宁……”

不仅是《孟子》中，在其他典籍中也多有类似记载，比如《逸周书》云：“如舜者天。舜居其所，以利天下，奉翼远人，皆得己仁。此之谓天。如禹者圣。劳而不居，以利天下，好取不好与，必度其正，是之谓圣。如文王者，其大道仁，其小道惠。三分天下而有其二，敬人无方，服事于商。既有其众，而返失其身。此之谓仁。如武王者义。杀一人而以利天下，异姓同姓各得之谓义。”

上面这段话对舜、禹、文王、武王的形象做了比较，虽然乍看起来四人各有不同，禹只是四种类型中的“圣劳而不居，以利天下”的一种，但是再进一步深入分析，舜、文王、武王之行为，皆可以移于其他帝王身上，因为以德让近悦远来、惠施于众、讨伐征战，都是帝王常行之事，唯独禹的“劳”是独有的特点，因而禹的这点是独异之处，与其他圣王迥然不同。《逸周书》中还有类似的地方：“文王治以俟时，汤治以伐乱；禹治以移众，众服，以立天下；尧贵以乐治时，举舜；舜治以德使力。”说的也是这个道理。

不仅《逸周书》，在《大戴礼记》中也有类似表述：“乃有商履代兴。商履循礼法以观天子，天子不说，则嫌于死。成汤卒受天命，不忍天下粒食之民刈戮，不得以疾死，故乃放移夏桀，散亡其佐，乃迁姒姓于杞。发厥明德，顺民天心啬地，作物配天，制典慈民。咸合诸侯，作八政，命于总章。服禹功，以修舜绪，为副于天，粒食之民，昭然明视，民明教，通于四海，海之外肃慎、北发、渠搜、氐、羌来服。”

《韩诗外传》中,有一处表述颇有兴味:其不服者,衡山在南,岐山在北,左洞庭之波,右彭泽之水,由此险也。以其不服,禹请伐之,而舜不许,曰:“吾喻教犹未竭也。”久喻教,而有苗氏请服。天下闻之,皆薄禹之义,而美舜之德。《诗》曰:“载色载笑,匪怒伊教。”舜之谓也。问曰:“然则禹之德不及舜乎?”曰:“非然也。禹之所以请伐者,欲彰舜之德也。故善则称君,过则称己,臣下之义也。假使禹为君,舜为臣,亦如此而已矣。夫禹可谓达乎为人臣之大体也。”

上面的一段,除了文本中解释的君臣之道,好像禹总是表现出一种汲汲于事功、不能如尧、舜那样雍容治国的形象,以至于当时天下之人即有这种感觉。

降至明代,明太祖也依然视尧、舜为无为而治的圣王,可见尧、舜二人的形象在中国古代史上是一以贯之的,明太祖曰:“尧、舜圣人,处无为之世,尚且忧之。矧德匪唐虞,治非雍熙,天下之民,方脱创残,其得无忧乎?夫处天下者,当以天下为忧,处一国者,当以一国为忧,处一家者,当以一家为忧。且以一身与天下国家言之,身小也。所行不谨,或致颠蹶,所养不谨,或生疢疾。况天下国家之重,岂可顷刻而忘警畏耶?”

尽管有的典籍确也表现出禹具有一些与尧、舜同样的特点,将其与尧、舜等从道德上相提并论①,但是,这毕竟不是主流。

因而,大禹的历史形象还是一个苦心劳力的“功绩圣王”形象,这是很明

① 比如,《孟子》云:“子路,人告之以有过则喜,禹闻善言则拜。大舜有大焉,善与人同,舍己从人,乐取于人以为善。自耕稼陶渔以至为帝,无非取于人者。取诸人以为善,是与人为善者也。故君子莫大乎与人为善。”再如,“巍巍乎,舜、禹之有天下也而不与焉!”《论语》云:“南宫适问于孔子曰:‘羿善射,奡荡舟,俱不得其死然。禹稷躬稼而有天下。’夫子不答。南宫适出。子曰:‘君子哉若人!尚德哉若人!’”等等。而《韩非子·五蠹》云:“尧之王天下也,茅茨不翦,采椽不斫;粝粢之食,藜藿之羹;冬日麑裘,夏日葛衣;虽监门之服养,不亏于此矣。禹之王天下也,身执耒臿以为民先,股无胈,胫不生毛,虽臣虏之劳,不苦于此矣。以是言之,夫古之让天子者,是去监门之养,而离臣虏之劳也,古传天下而不足多也。”其实,此处只是说尧生活不如后世帝王那样锦衣玉食,并没有指出其从事艰苦的劳动,而大禹却是一如既往地一副从事艰苦体力劳动的形象。

显的历史事实。

三、大禹"圣王"形象成因、影响及当代价值

但是,需要我们注意的是,大禹的这种圣王形象,在秦朝以后的中国古代,逐渐有淡化的倾向,远不如尧、舜受重视,从中国古代的各种典籍中都能清晰地感觉到,前引杜甫"致君尧舜上,再使风俗淳"等类似表述,就是典型的例子。为什么会出现这样的现象呢?综合考虑,应该有以下几方面的原因。

首先是儒家强调的"德治"的思想,对中国古代影响很大。这种思想,从先秦就有,比如:

"仲尼祖述尧舜,宪章文武,上律天时,下袭水土。辟如天地之无不持载,无不覆帱,辟如四时之错行,如日月之代明。万物并育而不相害,道并行而不相悖,小德川流,大德敦化,此天地之所以为大也。"

"宰我曰:'以予观于夫子,贤于尧、舜远矣。'子贡曰:'见其礼而知其政,闻其乐而知其德,由百世之后,等百世之王,莫之能违也。自生民以来,未有夫子也。'有若曰:'岂惟民哉!麒麟之于走兽,凤凰之于飞鸟,泰山之于丘垤,河海之于行潦,类也。圣人之于民,亦类也。出于其类,拔乎其萃,自生民以来,未有盛于孔子也。"

仲尼"祖述"的是"尧舜","宪章"的是"文武","出于其类,拔乎其萃",也是说的德行之高而非其他。这种思想,随着儒家思想的深入人心,禹的致力于具体劳动的圣王形象,日渐模糊。

其次,这种现象还与后世帝王的需要有关。大禹的苦心劳力、致力于具体事务甚至风尘仆仆的形象,与后世帝王的心理期待存在很大的落差:没有哪个帝王愿意像大禹那样辛苦,以至于"三过家门而不入",连初生之子都无暇照顾。相反,尧、舜的雍容华贵、垂拱而治的"道德圣王"形象,却是非常适

合他们养尊处优的胃口,而“道德”到底如何,又远不如大禹治水的功业那样可以显而易见。基于此,大禹的苦心劳力的圣王形象不被重视,是情理之中的事情。

在当代,大禹的不辞劳苦,致力于实事、事功以求造福于百姓的形象,有其特殊的价值。如果一言以蔽之,就是与习近平总书记一再强调的“空谈误国,实干兴邦”的思想具有很大的契合之处。凡为政者,不能乱作为,但是也不能不作为,要以造福人民为己任,这就是大禹形象在今日给我们的特殊启示。

(作者为河南科技大学人文学院副教授)

汉代大禹形象的再塑造

薛瑞泽

大禹的故事众所周知,大禹的历史功绩人们耳熟能详。大禹治水,改善了中国境内河流的壅塞状况,并由此促进了原始农业的快速发展。在社会进程方面,大禹及其子夏启终结了禅让制的王位更替模式,实现了由传贤到传子的重大变革,建立了中国历史上第一个王朝——夏朝。大禹崇高形象的再现,与汉代社会对其典型事迹的重塑有着密切的关系。

一、大禹身世的神化传说

关于大禹的出身,先秦时期史书中的相关记载略有数例。王谟辑本《世本》云:“鲧取有莘氏女,谓之女志,是生高密。宋衷曰:‘高密,禹所封国。’”又云:“鲧娶华氏,曰女志,是生高密。(《帝系》云“产文命”)”[①]今本《竹书纪年》

① 〔汉〕宋衷注,〔清〕秦嘉谟等辑:《世本八种》,商务印书馆,1957 年,第 7 页。

云:"母曰修己,出行,见流星贯昴,梦接意感,既而吞神珠。修己背剖而生禹于石纽,虎口大鼻,两耳参镂,首戴钩铃,胸有玉斗,足文履己,故曰文命。"[①]《随巢子》云"禹产于砚石"。这些记载反映了先秦时期人们心目中大禹出生的基本情况,其母亲为有莘氏或华氏女,名字为女志或修己,且开始出现了感神应而怀孕生子的记载。

到了汉代,大禹出生的神化色彩明显突出,其说法大约有三种。其一为禹母吞食薏苡而生。研究汉代礼学的《礼纬》曰:"禹母修己吞薏苡而生禹,因姓姒氏。"[②]《周礼含文嘉》曰:"夏姒氏祖以薏苡生。"[③]《刑德放》曰:"禹姓姒,祖昌意,以薏苡生。"[④]《吴越春秋·越王无余外传》亦云:"鲧娶于有莘氏之女,名曰女嬉,年壮未孳,嬉于砥山,得薏苡而吞之,意若为人所感,因而妊孕,剖胁而产高密。家于西羌,地曰石纽。石纽在蜀西川也。"薏苡是草本植物,主要分布在今南方地区,禹母吞食薏苡怀孕生禹的传说可能与南方地区出产薏苡有关。其二为禹母吞珠而生。扬雄《蜀王本纪》曰:"禹母含珠孕禹,坼副而生于县。"[⑤]这一说法应当是今本《竹书纪年》的引申。其三为禹母感流星而孕。《河图著命》曰:"修纪见流星,意感,生帝文命,我禹兴。"《孝经钩命决》曰:"命星贯昴纪,梦接,生禹父。"王符亦云:"后嗣修纪,见流星,意感生白帝文命我禹。"[⑥]《帝王纪》云:"父鲧妻修己,见流星贯昴,梦接意感,又吞神珠薏苡,胸坼而生禹。名文命,字密,身九尺二寸长,本西夷人也。"[⑦]后两种传说其

① 王国维:《王国维全集》第五册,浙江教育出版社,2009年,第213页。
② 〔汉〕司马迁:《史记》卷一《五帝本纪》司马贞《索隐》,中华书局,1959年,第46页。
③ 〔宋〕李昉:《太平御览》卷一三五《皇亲部一·夏禹母》,中华书局,1960年,第656页。
④ 〔宋〕李昉:《太平御览》卷三六二《人事部三·姓》,中华书局,1960年,第1667页。
⑤ 〔唐〕徐坚:《初学记》卷九《帝王部·总叙帝王》引,中华书局,1962年,第202页。《蜀王本纪》云:"禹本汶山郡广柔县人,生于石纽,其地名痢儿畔。禹母吞珠孕禹,坼副而生于县。涂山娶妻,生子名启。于今涂山有禹庙,亦为其母立庙。"
⑥ 〔汉〕王符撰,〔清〕汪继培笺:《潜夫论笺校正》卷八《五德志》,上海古籍出版社,1978年,第464页。
⑦ 〔汉〕司马迁:《史记》卷二《夏本纪》,中华书局,1959年,第49页。

实是将《竹书纪年》的传说一分为二,更加神化了大禹的身份。有人认为这里的薏苡为神珠,而第三种传说则是将第一种传说也杂糅了进来。关于大禹出生的神话传说,王充认为是儒家为了神化大禹而杜撰出来的。王充曰:"儒者称圣人之生,不因人气,更禀精于天。禹母吞薏苡而生禹,故夏姓曰姒。"又进一步指出:"或时禹、契、后稷之母,适欲怀妊,遭吞薏苡、燕卵,履大人迹也。"故而他认为这只是一种偶然现象。大禹母亲孕育大禹方式奇特,其出生也是"逆生",正是上文所说的"剖胁而产高密","坼副而生于县""胸坼而生禹",王充斥之为"儒生穿凿,因造禹、契逆生之说"[①]。对圣贤出生的传说,范文澜先生曾经指出:"卵生的神话,在东方诸族中分布很广。如秦(嬴姓,伯益后裔,周孝王时封于秦)祖先女修吞燕卵生子大业,……清朝祖先布库里雍顺,说是天女佛库伦吞神鹊的红果所生。大概卵生是东方诸族流行的神话,居住东方的黄帝族,……也有同类的神话。"[②]鲧之妻女志吞食薏苡而怀孕,最后胸裂而生禹,其实是先民将出生神化的一种现象。

汉代关于大禹出生的三种传说,反映了汉代关于先祖诞生的理念,即圣人的出生都具有异象,这也是他们能够最终走向成功的关键所在。这可以与汉代神化刘邦的出生联系在一起。《史记》卷八《高祖本纪》云:

> 高祖,沛丰邑中阳里人,姓刘氏,字季。父曰太公,母曰刘媪。其先刘媪尝息大泽之陂,梦与神遇。是时雷电晦冥,太公往视,则见蛟龙于其上。已而有身,遂产高祖。

汉初神化大禹等先民的出身,其实是为了神化汉高祖的出身,使君权神授的理念深深植根于民众心中。此外,汉代关于大禹的出生地也有多种说法,其一为上文所引《吴越春秋》所云"产高密。家于西羌,地曰石纽。石纽在蜀西川也"。其二为"本西夷人"。其三为"大禹出于西羌"。《新语·术事》云:

---

① 〔汉〕王充著,黄晖校释:《论衡校释》卷三《奇怪篇》,中华书局,1990年,第164页。
② 范文澜:《中国通史》,人民出版社,2004年,第37~38页。

“文王生于东夷,大禹出于西羌,世殊而地绝,法合而度同。”《盐铁论·水旱》曰:“禹出西羌。”东汉戴良说:“大禹出西羌”[①]。这种圣人多种出生地的说法仍然是为了神化其形象,也应当是汉代蜀地和黄河流域普遍流行的神话传说。

关于大禹的形象,汉代从身高、口耳到发肤都予以了进一步完善。今本《竹书纪年·帝禹夏后氏》云:“(大禹)虎鼻大口,两耳参镂,首戴钩钤,胸有玉斗,足文履己,故名文命。长有圣德。长九尺九寸。”到了西晋时期,关于大禹的描述,沿袭了先秦时期的记载,《帝王世纪》曰:“伯禹夏后氏,姒姓也,……虎鼻大口,两耳参镂,首戴钩钤,胸有玉斗,足文履己,故名文命,字高密,身长九尺二寸。”对于大禹形象的独特之处,汉代多有记载,刘安云:“禹耳参漏,是谓大通。”正因为大禹的耳朵有三个洞,所以才有“兴利除害,疏河决江”的壮举。[②]《白虎通义》卷六《圣人》曰:“禹耳三漏,是谓大通,兴利除害,决河疏江。”王符亦云大禹“其耳参漏”[③]。大禹耳朵所呈现出的异象,使其具有了超乎常人的能力。汉代文人多次提及大禹的相貌,正反映了大禹所具有的独特异象,这是汉人颇为关注的。除此之外,大禹的身体还有不同于常人的地方。《春秋繁露》卷七《三代改制质文》云:“至禹生发于背,形体长,长足肵,疾行先左,随以右,劳左佚右也。性长于行,习地明水。”这段文字描述了大禹身体的奇异之处,是为了解释其能够治水的原因。

大禹的婚配情况,在先秦时期的史书中即有记载。《世本》云:“禹娶涂山氏女,名女娲,生启。”[④]《随巢子》云:“禹娶涂山,治鸿水,通轘辕山,化为熊。

---

① 《后汉书》卷八十三《逸民·戴良传》李贤注引《帝王纪》曰:“夏禹生于石纽,长于西羌,西夷之人也。”〔南朝宋〕范晔:《后汉书》,中华书局,1965年,第2773页。

② 〔汉〕刘安著,陈广忠注译:《淮南子全译》卷十九《修务训》,贵州人民出版社,1995年,第1144页。

③ 〔汉〕王符撰,〔清〕汪继培笺:《潜夫论笺校正》卷八《五德志》,上海古籍出版社,1978年,第393页。〔梁〕萧绎:《金楼子》卷一《兴王篇》云:“帝禹夏后氏,名曰文命,字高密。母修己,山行,见流星贯昴,意感,又吞神珠薏苡,胸坼而生禹于石坳,夜有神光,长于陇西大夏县。龙角珠庭,虎鼻大口,两耳参镂,首戴钩钤,身长九尺九寸,胸有黑子,如玉斗焉,手长至膝,胫无毛,左手中十七黑子。”这表明随着时代的变迁大禹的形象越来越完美。

④ 〔汉〕宋衷注,〔清〕秦嘉谟等辑:《世本八种》,商务印书馆,1957年,第7页。

涂山氏见之,惭而去,至嵩高山下,化为石。禹曰:‘归我子。’石破北方而启生。”随巢子是周代人物,所记载的大禹的婚配、活动范围以及子嗣情况,应当是周人对大禹婚配及家庭的认识。《吕氏春秋·音初》亦云:“禹行功,见涂山之女,禹未之遇而巡省南土。涂山氏之女乃令其妾待禹于涂山之阳,女乃作歌,歌曰‘候人兮猗。’实始作为南音。”战国末年,对大禹婚配情况的描述逐渐详细。及至汉代,关于大禹婚配情况的记述更加丰富。《吴越春秋》卷六《越王无余外传》云:

禹三十未娶,行到涂山,恐时之暮,失其度制,乃辞云:“吾娶也,必有应矣。”乃有白狐九尾造于禹。禹曰:“白者,吾之服也;其九尾者,王之证也。”涂山之歌曰:“绥绥白狐,九尾庬庬。我家嘉夷,来宾为王。成家成室,我造彼昌。天人之际,于兹则行。”明矣哉!禹因娶涂山女,谓之女娇。取辛壬癸甲,禹行。十月,女娇生子启。启生不见父,昼夕呱呱啼泣。[①]

赵晔对大禹的婚配记述非常详细,其娶妻的年龄在三十岁,所娶涂山氏之女名女娇,生子启。刘向《列女传·启母涂山》云:“启母者,涂山氏长女也。夏禹娶以为妃。既生启,辛壬癸甲,启呱呱泣,禹去而治水,惟荒度土功,三过其家,不入其门。涂山独明教训,而致其化焉。及启长,化其德而从其教,卒致令名。禹为天子,而启为嗣,持禹之功而不殒。君子谓涂山强于教诲。”[②]这里不仅有其婚姻状况,还有其家庭境况,特别是涂山氏教育儿子夏启的情况,也使后人明了大禹传位给儿子的必然性。袁康《越绝书》卷八《越绝外传记地传》云:“涂山者,禹所取妻之山也,去县五十里。”这是以汉代的地理方位概念记述涂山地点。

在先秦到两汉的漫长历史长河中,大禹从出生身世到外貌形象乃至婚配

① 张觉译注:《吴越春秋全译》,贵州人民出版社,1994年,第248页。
② 绿净译注:《古列女传译注》,生活·读书·新知三联书店,2014年,第12页。

都呈现出逐步完善的趋势,反映了汉代社会对其形象的重塑。

二、大禹治水的评价

大禹治水是中国历史上伟大的功绩之一,改善了河流壅塞和泛滥的情况,促进了早期农业经济的发展。在先秦的典籍中有许多关于大禹治水的记载,其中最为典型的是《尚书·益稷》,禹曰:“洪水滔天,浩浩怀山襄陵,下民昏垫。予乘四载,随山刊木,暨益奏庶鲜食。予决九川,距四海,浚畎浍距川。暨稷播,奏庶艰食鲜食。懋迁有无化居。烝民乃粒,万邦作乂。”后世关于大禹治水的历史大多据此演绎而来。

为了拯救灾民于洪水的威胁之下,解决民众的食物问题,受舜的指派,大禹开始在全国范围内治理洪水。《淮南子》卷八《本经训》云:“舜之时,共工振滔洪水,以薄空桑,龙门未开,吕梁未发,江、淮通流,四海溟涬,民皆上丘陵,赴树木。”因为洪水泛滥,堵塞河道的险阻未除,民众不得不选择高地避难。同书卷十一《齐俗训》云:“禹之时,天下大雨,禹令民聚土积薪,择丘陵而处之。”说的也是民众选择高地躲避水灾。刘向《说苑》卷五《贵德》云:“古者,沟防不修,水为人害。禹凿龙门,辟伊阙,平治水土,使民得陆处。”大禹治水成功使民众得以在陆地上生活。《新语·道基》云:“当斯之时,四渎未通,洪水为害,禹乃决江疏河,通之四渎,致之于海,大小相引,高下相受,百川顺流,各归其所,然后人民得去高险,处平土。”“尧遭洪水,万民皆山栖巢居,以避其害,禹决江疏河,民乃下丘,营度爽垲之场而邑落之。”[①]《论衡》卷二《吉验篇》亦云:“洪水滔天,蛇龙为害,尧使禹治水,驱蛇龙,水治东流,蛇龙潜处。”王充将洪水归结为蛇龙为害,大禹驱赶蛇龙,实现了治水的成功。在民众食物短

① 〔汉〕应劭撰,王利器校注:《风俗通义校注》卷十《山泽·丘》,中华书局,2010 年,第 469 页。

缺、生命受到威胁时,大禹曰:“民无食也,则我弗能使也;功成而不利于民,我弗能劝也。”出于这样的目的,大禹“故鬟河而导之九牧,凿江而导之九路,澄五湖而定东海,民劳矣而弗苦者,功成而利于民也”。可见大禹是为了解决民众食物问题,才治理天下河流的。民众治水虽然辛劳,但仍然没有感到痛苦,因大禹使大家都看到了“功成而利于民”。大禹还身先士卒,“尝昼不暇食,夜不暇寝矣”,“与士民同务,故不自言其信,而信谕矣。故治天下,以信为之也”[①]。由此可见大禹治水赢得了人心的归附。

汉代人对大禹治水的功绩评价颇高。《韩诗外传》载:“决江疏河者禹也。”[②]虽然只有短短数字,但高度概括了大禹的功绩。《淮南子》卷八《本经训》云:“舜乃使禹疏三江五湖,辟伊阙,导廛涧,平通沟陆。流注东海,鸿水漏,九州干,万民皆宁其性。是以称尧舜以为圣。”大禹治水成功,使百姓得以安宁。《淮南子》卷十九《修务训》亦云:“禹沐浴淫雨,栉扶风,决江疏河,凿龙门,辟伊阙,修彭蠡之防,乘四载,随山刊木,平治水土,定千八百国。”刘安赞美大禹作为“天下之盛主”,“劳形尽虑,为民兴利除害而不懈。”正是大禹的不懈努力,取得了治水的胜利。汉元帝时,淮阳宪王的舅舅张博曾经说:“昔禹治鸿水,百姓罢劳,成功既立,万世赖之。”[③]跟随大禹治水的百姓虽然很辛苦,但治水成功后,“万世赖之”,说明了治水的必要性。治水成功使河流东归大海,《淮南子》卷九《主术训》云:“禹决江疏河,以为天下兴利,而不能使水西流。”同书卷二十《泰族训》云:“禹凿龙门,辟伊阙,决江浚河,东注之海,因水之流也。”这是说大禹治水是顺应水势而取得成功,故而有“是故禹之决渎也,因水以为师”[④]的说法。焦赣《易林》卷一云:“禹凿龙门,通利水源。东注沧

① 〔汉〕贾谊:《新书校注》,中华书局,1996 年,第 362 页。
② 〔汉〕韩婴撰,许维遹集释:《韩诗外传集释》卷二,中华书局,1980 年,第 42 页。
③ 〔汉〕班固:《汉书》卷八十《宣元六王·淮阳宪王刘钦传》,中华书局,1962 年,第 3314 页。
④ 〔汉〕刘安著,陈广志注释:《淮南子全译》卷一《原道训》,贵州人民出版社,1995 年,第 15 页。

海,民得安从。”也说明了大禹治水后社会重回安定祥和。《盐铁论》中有多处记载大禹治水。《相刺》曰:“禹戹洪水,身亲其劳,泽行路宿,过门不入。当此之时,簪堕不掇,冠挂不顾,而暇耕乎?”《遵道》曰:“禹之治水也,民知其利,莫不劝其功。”《论邹》曰:“尧使禹为司空,平水土,随山刊木,定高下而序九州。”《未通》曰:“禹平水土,定九州,四方各以土地所生贡献,足以充宫室,供人主之欲,膏壤万里,山川之利,足以富百姓,不待蛮、貊之地远方之物而用足。”这些出自贤良文学之口的大禹治水,既有治水过程的艰难困苦,也有治水成功之后九州的划分以及百姓的富足。扬雄《河东赋》云:“勤大禹于龙门,洒沈灾于豁渎兮,播九河于东濒。”[①]这也是对大禹治水的赞美。《说苑》卷十九《修文》云:“禹陂九泽,通九道,定九州,各以其职来贡,不失厥宜。方五千里,至于荒服。南抚交趾、大发,西析支、渠搜、氐、羌,北至山戎、肃慎,东至长夷、岛夷。四海之内,皆戴帝舜之功。于是禹乃兴九韶之乐,致异物,凤凰来翔,天下明德也。”建武初年,汝南太守邓晨任用许杨修复汉成帝时期毁坏的鸿隙陂时,许杨说:“昔大禹决江疏河,以利天下。”[②]

大禹治水的历史功绩,成为汉代治理河流时效法的典范。元鼎四年(前113)夏,汉武帝“方忧河决”,对“昔禹疏九河,决四渎”的善举大加赞美。元封二年(前109),汉武帝在巡视过程中,亲临堵塞瓠子决口,使汲仁、郭昌“将卒塞决河”,长达数十年的黄河决口被堵住,“河徙二渠,复禹之故迹焉”。这里强调“复禹之故迹”,并且取得了“梁、楚之地复宁,无水灾”效果,显然是为了突出大禹、强调其治水的功绩。[③] 关于大禹疏浚九河的情况,成帝初,清河都尉冯逡奏言“禹非不爱民力,以地形有势,故穿九河”,但具体情况已是“既灭

① 〔汉〕班固:《汉书》卷八十七上《扬雄传》,中华书局,1962 年,第 3538~3540 页。
② 〔南朝宋〕范晔:《后汉书》卷八十二上《方术·许杨传》,中华书局,1965 年,第 2710 页。
③ 〔汉〕司马迁:《史记》卷二十九《河渠书》,中华书局,1959 年,第 1413 页。

难明”。[1] 太始二年(前95),齐人延年上书建议对黄河河道加以疏浚,汉武帝答复的话中有“河乃大禹之所道也,圣人作事,为万世功,通于神明,恐难改更”[2]之语。大禹治水的功绩不仅体现在治水的成功,更重要的是治水成功之后促进了社会经济的发展。班固有“禹平洪水,定九州,制土田,各因所生远近,赋入贡棐,茂迁有无,万国作乂”[3]的宏观评价,也有“水土既平,更制九州,列五服,任土作贡。曰:禹敷土,随山刊木,奠高山大川”[4]的赞美之词,也有对大禹即位之后治理国家的赞赏,“积德累功,洽于百姓,摄位行政,考之于天”[5]。

大禹治水在全国各地留下了众多的遗迹,汉代人对之予以追述,体现了对大禹治水的敬仰之情。在东郡东武阳县,“禹治漯水,东北至千乘入海,过郡三,行千二十里”[6]。经过大禹的治理,漯水一百余里的河道实现畅通无阻。扬雄《蜀都赋》云:“蜀都之地,古曰梁州,禹治其江,渟皋弥望,郁乎青葱,沃野千里。”说明大禹在蜀地治水成功,使成都平原成为沃野千里的粮仓。贾让《治河三策》云:“昔大禹治水,山陵当路者毁之,故凿龙门,辟伊阙,析底柱,破碣石,堕断天地之性。此乃人功所造,何足言也!”[7]永平十三年(70)四月,汉明帝在汴渠开凿成功后,巡幸汴渠,在其所发诏书中有“东过洛汭,叹禹之绩”之句,李贤注曰:“水北曰汭。洛汭,洛水入河处也。绩,功也。河、洛皆禹所加功,故叹之。”[8]这说明黄河与洛水流域是大禹治水的关键地区。扬雄还有《益州箴》云“禹导江沱,岷嶓启乾”。延熹六年(163)正月,王延寿《桐柏淮源

① 〔汉〕班固:《汉书》卷二十九《沟洫志》,中华书局,1962年,第1687页。
② 〔汉〕班固:《汉书》卷二十九《沟洫志》,中华书局,1962年,第1686页。
③ 〔汉〕班固:《汉书》卷二十四上《食货志上》,中华书局,1962年,第1117页。
④ 〔汉〕班固:《汉书》卷二十八上《地理志》,中华书局,1962年,第1524页。
⑤ 〔汉〕班固:《汉书》卷十三《异姓诸侯王表》,中华书局,1962年,第363页。
⑥ 〔汉〕班固:《汉书》卷二十八上《地理志》,中华书局,1962年,第1557页。
⑦ 〔汉〕班固:《汉书》卷二十九《沟洫志》,中华书局,1962年,第1694页。
⑧ 〔南朝宋〕范晔:《后汉书》卷二《孝明帝纪》,中华书局,1965年,第116页。

庙碑》云“泫泫淮源,圣禹所导。汤汤其逝,惟海是造。疏秽济远,柔顺其道。弱而能强,仁而能武”。堂溪协《嵩高山开母庙石阙铭》云“洪泉浩浩,下民震惊。禹□□功,疏河写玄”①。大禹治水在全国各地留下的众多遗迹,正是大禹历史功绩的明证。

三、大禹圣人地位的奠定

大禹在汉代具有崇高的地位,已经上升到了圣人的地位。司马迁在谈到礼乐时说“作者之谓圣”,《史记正义》曰:“尧、舜、禹、汤之属是也。”正因为大禹与黄帝、尧、舜为圣人,故而均有乐名流传,“《大章》,章之也;《咸池》,备也;《韶》,继也;《夏》,大也;殷周之乐尽也”。其中《夏》为大禹所创乐名,《集解》引郑玄曰:“禹乐名。言禹能大尧舜之德。”②关于《夏》乐的制作,汉人认为“王者未作乐之时,因先王之乐以教化百姓,说乐其俗,然后改作,以章功德”,故而“禹作《夏》”。③ 董仲舒评价上古乐事曰:“禹之时,民乐其三圣相继,故《夏》,‘夏’者,大也;……作乐之法,必反本之所乐。所乐不同事,乐安得不世异?是故舜作《韶》而禹作《夏》,汤作《頀》而文王作《武》。四乐殊名,则各顺其民始乐于己也,吾见其效矣。”④董仲舒认为夏乐与其他诸乐的相同之处在于“各顺其民始乐于己”,可以说抓住了音乐的本质。关于“禹乐曰《大夏》”的缘由,班固曰:“禹曰《大夏》者,言禹能顺二圣之道而行之,故曰《大夏》也。”⑤关于五帝时期音乐差异的原因,刘安云:“尧《大章》,舜《九韶》,禹《大

① 〔清〕严可均辑,许振生审订:《全后汉文》卷五十八,商务印书馆,1999年,第599页。
② 〔汉〕司马迁:《史记》卷二十四《乐书》,中华书局,1959年,第1199页。
③ 〔汉〕班固:《汉书》卷二十二《礼乐志》,中华书局,1962年,第1038页。
④ 苏舆:《春秋繁露义证》卷一《楚庄王》,中华书局,1992年,第20~22页。
⑤ 〔清〕陈立:《白虎通疏证》卷三《礼乐》,中华书局,1994年,第102页。

夏》,汤《大濩》,周《武象》,此乐之不同者也。故五帝异道而德覆天下。"[①]乐被上升到具有维持社会稳定的作用。《风俗通义》卷六《声音》云:"夫乐者,圣人所以动天地,感鬼神,按万民,成性类者也。故黄帝作《咸池》,颛顼作《六茎》,喾作《五英》,尧作《大章》,舜作《韶》,禹作《夏》,汤作《濩》,武王作《武》,周公作《勺》。……《夏》,大承二帝也。"应劭对黄帝、颛顼、喾、尧、舜、禹、汤、武王、周公诸乐进行比较,分析了《夏》乐的地位。

大禹铸造九鼎标志着天下的兴盛,因此被认为是圣人。关于大禹铸造九鼎的传说,汉代也有发挥宣扬,并且与政权的兴衰联系在了一起。元鼎四年(前113)六月,"汾阴巫锦为民祠魏脽后土营旁……得鼎",官员向汉武帝报告说:"闻昔大帝兴神鼎一,一者一统,天地万物所系终也。黄帝作宝鼎三,象天地人也。禹收九牧之金,铸九鼎,皆尝鬺烹上帝鬼神。遭圣则兴,迁于夏商。"[②]由此可见,大禹铸九鼎是天下兴盛的标志,也为汉武帝时期发现宝鼎作了张目。《后汉书》卷二《显宗孝明帝纪》永平六年(63)夏四月甲子诏曰:"昔禹收九牧之金,铸鼎以象物,使人知神奸,不逢恶气。遭德则兴,迁于商、周。"九鼎具有辨知"神奸",使人"不逢恶气",且"遭德则兴"的作用,被赋予了超乎器皿的灵气。崔瑗有"大禹铸鼎,象物百神"[③]的说法。然而,东汉时期王充对其提出了质疑。《论衡》卷八《儒增篇》云:

> 周鼎之金,远方所贡,禹得铸以为鼎也。其为鼎也,有百物之象。如为远方贡之为神乎,远方之物安能神?如以为禹铸之为神乎,禹圣,不能神,圣人身不能神,铸器安能神?如以金之物为神乎,则夫金者,石之类也,石不能神,金安能神?

---

① 〔汉〕刘安著,陈广志注释:《淮南子全译》卷十三《泛论训》,贵州人民出版社,1995年,第756页。
② 〔汉〕司马迁:《史记》卷十二《孝武本纪》,中华书局,1959年,第465页。
③ 〔唐〕欧阳询撰,汪绍楹校:《艺文类聚》卷七十三《杂器物部·鼎》引东汉崔瑗《窦大将军鼎铭》,上海古籍出版社,1982年,第1254页。

这大概是对神化大禹及其附属物的一种反弹吧。

大禹作为圣人,重视教化是其取得天下大治的关键所在。汉代有“禹卑宫室”是其“圣人之所以昭教化”[①]体现的说法。元始二年(2)四月《赐公孙弘子孙当为后者爵诏》云:“夏禹卑宫室,恶衣服,后圣不循。由此言之,始之盛也,德优矣,莫高于俭。俭化俗民,则尊卑之序得,而骨肉之恩亲,争讼之原息。斯乃家给人足,刑错之本也欤?可不务哉!”[②]大禹用节俭教化百姓,实现了尊卑有序、骨肉恩亲、争讼原息的太平之世,可谓是历代统治者努力的方向。但“虽有禹、汤之德,不能训末孙之桀、纣”[③],说明有德也要教化子孙后人。大禹之所以被尊为圣人,也在于能广纳贤人。《淮南子》卷十三《泛论训》云:“禹之时,以五音听治,悬钟鼓磬铎,置鞀,以待四方之士,为号曰:‘教寡人以道者击鼓,谕寡人以义者击钟,告寡人以事者振铎,语寡人以忧者击磬,有狱讼者摇鞀。’当此之时,一馈而十起,一沐而三捉发,以劳天下之民。此而不能达善效忠者,则才不足也。”只有以真诚的态度对待贤士才能广纳贤才,才能将天下贤才收拢到自己的身边。前元十五年(前165)九月,汉文帝下诏封晁错等人为贤良文学士,其文云:“昔者大禹勤求贤士,施及方外,四极之内,舟车所至,人迹所及,靡不闻命,以辅其不逮;近者献其明,远者通厥聪,比善勠力,以翼天子。是以大禹能亡失德,夏以长楙。”求贤若渴使大禹赢得了众贤的辅佐,晁错甚而在答汉文帝的诏书时直言“臣窃闻古之贤主莫不求贤以为辅翼”,并举出黄帝、大禹和齐桓公作为例证,其中“大禹得咎繇而为三王祖”[④]。大禹因为“积德”,所以才“王天下”。公孙弘因此得出“天德无私亲,

---

① 〔汉〕班固:《汉书》卷二十七上《五行志上》,中华书局,1962年,第1338页。《后汉书》卷五十四《杨震传附孙赐传》亦云:“宜惟夏禹卑宫。孔子曰‘禹恶衣服,卑宫室’也。”〔南朝宋〕范晔:《后汉书》,中华书局,1965年,第1783页。

② 〔汉〕司马迁:《史记》卷一百一十二《公孙弘传》,中华书局,1959年,第2963页。

③ 〔汉〕班固:《汉书》卷三十六《楚元王刘交传附刘向传》,中华书局,1962年,第1950页。

④ 〔汉〕司马迁:《汉书》卷四十九《晁错传》,中华书局,1959年,第2292页。

顺之和起”的结论。[①] 东汉延熹八年(165),太尉杨秉举荐刘瑜为贤良方正,刘瑜到达京师后,在奏章中说到尧、舜、禹、汤、文、武诸王的“致兴之道”在于“远佞邪之人,放郑、卫之声”,重用贤人,“则政致和平,德感祥风矣”。[②] 如果不纳贤才则会导致国家覆亡,“昔者禹以夏王,桀以夏亡。汤以殷王,纣以殷亡。故无常安之国,无恒治之民,得贤则昌,失贤则亡。自古及今,未有不然者也”[③]。对于游离在外的高人也应当持尊敬态度,使贤人获得宽松的生存环境。其中最为典型的例子是伯成子高,在尧舜时期为诸侯,到大禹即位后,“伯成子高辞诸侯而耕”,当大禹拜见他时,“则耕在野”,当大禹询问他原因时,伯成子高曰:“当尧之时,未赏而民劝,未罚而民畏,民不知怨,不知说,愉愉其如赤子。今赏罚甚数,而民争利且不服,德自此衰,利自此作,后世之乱自此始。夫子盍行乎?无虑吾农事!”[④]这一现象被汉代人反复提及,王充曰:“禹王天下,伯益辅治,伯成子高委位而耕。”[⑤]正因为如此,汉代有“夫明王之世,必有不召之臣”[⑥]的说法。

鉴于历史上曾经因灾害而影响民生问题,汉代对仓储问题颇为重视。晁错曾经提到“尧、禹有九年之水”,之所以没有出现“国亡捐瘠者”,是“以畜积多而备先具也”。[⑦] 提到大禹时已有仓储,表明先民通过仓储度过灾年对汉代具有借鉴意义。贾谊就指出,“禹有十年之蓄,故免九年之水”,所以“世之有饥荒,天下之常也,禹、汤被之矣”[⑧],其渡过难关也是因为储蓄有备。《盐铁论·力耕》云:“古者十一而税,泽梁以时入而无禁,黎民咸被南亩而不失其

① 〔汉〕班固:《汉书》卷五十八《公孙弘传》,中华书局,1962年,第2617页。
② 〔南朝宋〕范晔:《后汉书》卷五十七《刘瑜传》,中华书局,1965年,第1857页。
③ 〔汉〕韩婴撰,许维遹集释:《韩诗外传集释》卷五,中华书局,1980年,第187页。
④ 吕不韦:《吕氏春秋全译·恃君览·长利》,贵州人民出版社,1997年,第749页。
⑤ 〔汉〕王充著,黄晖校释:《论衡校释》卷一《逢遇篇》,中华书局,1990年,第4页。
⑥ 〔南朝宋〕范晔:《后汉书》卷五十四《杨震传附子秉传》,中华书局,1965年,第1772页。
⑦ 〔汉〕班固:《汉书》卷二十四上《食货志上》,中华书局,1962年,第1130页。
⑧ 〔汉〕贾谊:《新书校注》,中华书局,1996年,第164页。

务。故三年耕而余一年之蓄,九年耕有三年之蓄。此禹、汤所以备水旱而安百姓也。”对大禹时代以储蓄备荒灾予以了高度赞赏。

大禹作为圣人,汉代对其评价颇高,甚而在西汉末年被作为祭祀对象加以祭拜。元始三年(3)夏,“立官稷及学官”[①]。按照王莽的说法是“圣汉兴,礼仪稍定,已有官社,未立官稷”,所以他“遂于官社后立官稷,以夏禹配食官社,后稷配食官稷”。[②]《淮南子》卷十三《泛论训》亦云:“禹劳天下,而死为社。”以大禹和后稷配食社稷,足以显示出大禹在汉代的地位之高。

(作者为河南科技大学人文学院院长、教授)

① 〔汉〕班固:《汉书》卷十二《平帝纪》,中华书局,1962年,第355页。

② 〔汉〕班固:《汉书》卷二十五《郊祀志下》,中华书局,1962年,第1269页。《三辅黄图》卷五《社稷》云,以大禹和后稷配食社稷,足以显示出对两位先贤的敬重。汉初除秦社稷,立汉社稷。其后又立官社,配以夏禹,而不立官稷。至平帝元始三年,始立官稷于官社之后。

元代的大禹祭祀

——以各地禹庙的修建为中心

武　波

大禹作为古代圣王，在民间广受崇拜，历代祭祀不绝。作为祭祀大禹的主要场所，我国很多地方建有禹庙，元代同样频繁进行禹庙建设。但是由于元代关于大禹祭祀的文献记载比较少，相比于元代的三皇、岳镇海渎等祭祀来说，前人对于元代尧、舜、禹等圣王祭祀的研究也比较少。[①] 本文主要依据石刻资料，围绕元代所修建的禹庙为中心，对元代的大禹祭祀做一初步探讨。

一、山西龙门禹庙与全真道士姜善信

元代祭祀大禹的记载，始于元世祖忽必烈立国之初。据《元史·世祖本

① 关于元代的国家祭祀，参见马晓林：《元代国家祭祀研究》，南开大学2012年博士学位论文。

纪》载,中统三年(1262)四月,“修河中禹庙,赐名建极宫”[①]。至元元年(1264)七月,“龙门禹庙成,命侍臣阿合脱因代祀”[②]。龙门禹庙不仅得到元世祖忽必烈的赐名,而且在落成后,忽必烈还派遣侍臣前往祭祀,非常重视。这也是元朝见诸史料的唯一一次皇帝遣使代祀大禹的记载。大禹祭祀之所以成为元朝规格较高的国家祭祀,与当时全真教的兴起以及龙门禹庙的修建者姜善信与忽必烈之间的交往有着密切关系。蔡美彪先生《元龙门建极宫碑译释》、赵建勇先生《全真姜善信教行初考》等文分别从不同角度做过比较翔实的考证。[③] 本文首先在前人研究基础上,就龙门禹庙与全真教之间的关系做进一步梳理。

(一)元代龙门禹庙的重建

龙门,也叫禹门口,今属山西河津市,位于山西和陕西交界处,元代属平阳路(大德年间因地震改名为晋宁路)管辖。相传“禹受禅于平阳”,又传说龙门口为大禹开凿,因而龙门禹庙历代奉祀不绝。

龙门禹庙初建于北魏,唐贞观时重修,金末毁于战乱,金元之际再建。关于龙门禹庙的修建情况,当地现存的多块石碑以及存于地方志中的碑文为我们提供了比较丰富的研究资料。明嘉靖《龙门志》载建于中统元年(1260)的《大禹庙碑》,最早记载了修建龙门禹庙的起因:

> 昔华山三洞隐士靳君真人,于丙子岁(1216)常话间谓其徒冲真大师姜善信曰:大禹之功,其万世永赖者。今庙在河东之界,其地不正,山形所碍,神居弗安,使一方民物雨旸不时,皆不得遂其宜矣。将来世途多

① 〔明〕宋濂:《元史·世祖纪》,中华书局,1976年,第84页。
② 〔明〕宋濂:《元史·世祖纪》,中华书局,1976年,第97页。
③ 蔡美彪:《元龙门建极宫碑译释》,《清华元史》第1辑,商务印书馆,2011年,第3~36页;赵建勇:《全真姜善信教行初考》,《第二届全真道与老庄学国际学术研讨会论文集》上册,华中师范大学出版社,2013年,第378~439页。

故，乃迁正重建之事，汝当任之。[①]

靳真人，即靳道元，道号贞常，为华山道士。他早在丙子岁即金贞祐四年（1216）已经有重建龙门禹庙之议，原因是“其地不正，山形所碍，神居弗安，使一方民物雨旸不时，皆不得遂其宜矣”，故委托他的徒弟姜善信，待将来迁正重建之。

姜善信重建禹庙时，已经是三十年之后的丙午年，即元定宗贵由元年（1246）。《大禹庙碑》记载：

> 大朝革命，万物惟新，有河津诚敬之士、官员、会首，特诣华山，恭请供养，如景星卅凰者也。一日，先生翻然虑曰：“龙门大禹庙者，乃先师昔日垂念之所。”于丙午（定宗元年，即公元1246年）秋，与郡人恭谒祠下，巡其故基，果契师言。先生叹曰：“禹之功，天功也，其庙何得如此？”由是欲平其山势而迁正之，普化远近官豪士庶，无问贵老，贫施其力，巧献其能，皆乐为之助，不纪之年，凿山数十余亩，遂建大殿，左右周回，云房丈室凡百，具美焕然一新，非神圣莫能为也。至庚申岁（中统元年，即公元1260年），况蒙天子征命赴阙，其言不可具述，故朝廷敕赐典礼之物，以彰其神异焉。[②]

姜善信在1246年抵达龙门，此时禹庙已经在战火中被毁，只余故基。于是，在“远近官豪士庶”的帮助下，姜善信“凿山数十余亩”，建成大殿，以及“云房丈室凡百”。禹庙基本落成于中统元年（1260），用时长达十四年之久，其艰苦可想而知。

（二）全真道士姜善信

龙门禹庙的重建者姜善信，为全真教道士。赵建勇先生《全真姜善信教

① 〔明〕戚大英撰：嘉靖《龙门志》中卷，《四库全书存目丛书》史部第233册，齐鲁书社，1996年，第727页。

② 〔明〕戚大英撰：嘉靖《龙门志》中卷，《四库全书存目丛书》史部第233册，齐鲁书社，1996年，第727～728页。

行初考》一文对其生平事迹有详尽的考证。成化《山西通志》中载有元人李槃撰《敕赐靖应真人道行碑》一文[①],是研究姜善信事迹的主要史料。

据碑文载,姜善信,字彦诚,河东赵城人,“年十九,南遁于华山,求其所以为师者,寻又走商颜,为季父所追,迫令还家。未几,复辞去。亲知其不可留,听其所如。闻莲峰真人靳道元住王刁洞,志操高洁,径造其室,参为门弟子。靳一见,知其不凡,欣然纳之,授以相术诸阴阳韬略之学”。姜善信十九岁时,约为金贞祐二年(1214),当时蒙古军南下,金主从中都(今北京)迁往南京(今开封),史称“贞祐南迁”。全真道士靳道元在西岳华山王刁洞修道,当时“陕右兵乱,士大夫避地者,往往依之”[②]。姜善信两入陕西学道,除了自身的追求,应当也有避乱逃难的原因。他不仅学习道教知识,还学习了专门的“相术诸阴阳韬略之学”,这为姜善信后来受到忽必烈的青睐奠定了基础。

靳道元去世之后,姜善信传其衣钵,“自是而后,洞居者十余岁,块坐一龛,心如止水,境与神会,万象了然,皆在吾目中矣”[③]。终于在山陕一带,声望渐盛,所谓“兴废治乱无感不通”[④],故在其修建禹庙的同时,得到了田雄等人的推荐,获知于总领漠南汉地、尚在潜邸的忽必烈。[⑤]

忽必烈曾四次召见姜善信。第一次在元宪宗九年(1259),“初上在潜邸,雅闻公名,欲一识其面,未暇给也。迨己未奉命南伐,驻师曹濮间,召公驰驿,谒于帐殿,而问以军旅之事”。姜善信对曰:“殿下天资溥爱,以好生恶杀为念,此行蔑不济矣,但克敌之后,秋毫无犯,使江汉之民按堵如故,此仁义之举

① 李槃:《敕赐靖应真人道行碑》,成化《山西通志》卷15《集文》,中华书局,1998年,第1125~1126页。
② 王鹗:《龙门建极宫碑记》,成化《山西通志》卷15《集文》,中华书局,1998年,第1090~1091页。
③ 王鹗:《龙门建极宫碑记》,成化《山西通志》卷15《集文》,中华书局,1998年,第1090~1091页。
④ 据《大禹庙住持姜善信碑》,现存山西河津市博物馆,转引自赵建勇:《全真姜善信教行初考》,《第二届全真教与老庄学国际学术研讨会论文集》,华中师范大学出版社,2013年,第392页。
⑤ 田雄,《元史》有传,此事见赵建勇文。

也。”忽必烈对他的应对很满意，意欲留其在军中，但姜辞别北归。[①]

其后不久，宪宗蒙哥死于重庆钓鱼城下，忽必烈为与阿里不哥争夺帝位，从鄂州返回燕京，途经卫州时，再次遣专使延请姜善信，并给他捎去江南花茶：“你前者来时，我欲将你军里去呵，你不肯来有，却[应]许去开平府。如今回来，专差别归撒里、杨显卿铺马里取你也。候来春二月天气暖和时分，开平府来者，却不是应了你前日底言语那什么。江南别无异物，茶撒花你取来者。外据祈祷□□□合用的一切物件，都尽将来者。想宜知悉。”[②]

第二年春天，即中统元年(1260)三月，忽必烈在开平府即位，姜善信前往参加了这次“忽里台”大典，“至庚申岁，况蒙天子征命赴阙，其言不可具述，故朝廷敕赐典礼之物，以彰其神异焉”[③]。所谓“神异”指的应是前文所述姜善信允诺忽必烈来年春相会于开平的预言得以实现，这也是忽必烈对姜善信产生信任的重要原因。

中统三年(1262)春天，忽必烈第三次邀请姜善信北上燕京，王恽《玉堂嘉话》载：“(中统二年)冬十月，侍中和者思传旨：‘都堂与文字召静应姜真人去者。’恽时为左司都事，宰相命具诏草，其词曰：‘静以知来，智以藏往。念前言之有效，方庶事之惟几。遐想仙标，载勤驲传。僠然而至，暂辞嘉遁之乡；罄尔所怀，与复细毡之论。’”[④]这一次姜善信觐见忽必烈，两人探讨更多的是人事和时政，“复征聘，言人事多中，凡有益于公家者，必款密而陈之，上喜纳其

① 李槃：《敕赐靖应真人道行碑》，成化《山西通志》卷15《集文》，中华书局，1998年，第1125～1126页。

② 《敕董若冲碑》之“忽必烈大王令旨示姜先生”，张江涛：《华山碑石》，三秦出版社，1995年，第263页。

③ 〔明〕戚大英撰：嘉靖《龙门志》中卷，《四库全书存目丛书》史部第233册，齐鲁书社，1996年，第727页。

④ 〔元〕王恽：《玉堂嘉话》卷一，《元明史料笔记丛刊》，中华书局，2006年，第42页。

说”。“功以人事,暨诸时政。”[①]

就在这一次召见结束后,姜善信在“乞还故山”前请忽必烈为已经将近重修完工的龙门禹庙命名。中统三年(1262)夏四月,忽必烈“赐名建极宫”,并命大司农姚枢书其额,命右相张启元诏王鹗为文以记之。张启元,即张易[②],他和姚枢、王鹗等人均为忽必烈藩邸重臣,中统初年忽必烈政府的中心人物,可见忽必烈对于龙门禹庙和姜善信的重视。

(三)建极宫的圣旨碑

王鹗为建极宫所撰的记文即《龙门建极宫记》,文中记载了姜善信及其重修龙门禹庙的经过。“肇基丙午,而落成于壬戌。为殿五楹,其门称是,两庑间架,各十有八,寝殿营于其后,别为道院,殿则有四,方丈云斋,无一不具。又广构神祠,凡可以为国祈禳者,悉有香火之奉。”“河山胜概,千里一目,亦天下之伟观也。”[③]

时隔不久,中统三年(1262)八月十二日,忽必烈专差颁旨敕封姜善信为靖应真人:

> 长生天气力里皇帝圣旨:据道士姜善信宅心清静,禀气冲和,未来非筮而可知,所过不言而自信。有兹美德,用示褒崇,可特赐靖应真人之号,勉修乃德,以广所传。准次。[④]
>
> 长生天气力里皇帝圣旨:谕姜真人:去燕之后,静中所见想多,今专阿乞石里海牙,持香贶往谒。切时之事,备细作书实封,令去使赍来。秋

① 李槃:《敕赐靖应真人道行碑》,成化《山西通志》卷15《集文》,中华书局,1998年,第1125~1126页。

② 详见毛海明、张帆:《元仲一即张易考——兼论元初名臣张易的幕府生涯》,《文史》2015年第1期。赵建勇先生以张启元为张文谦,误也。

③ 王鹗:《龙门建极宫碑记》,成化《山西通志》卷15《集文》,中华书局,1998年,第1090~1091页。

④ 《忽必烈皇帝圣旨碑》,《三晋石刻大全·临汾市洪洞县卷》,山西人民出版社,2009年,第76页。

凉卿比平安好，遣书指不多及。[①]

禹庙修成之后，忽必烈于"至元元年（1264）秋七月丁酉……命侍臣阿合脱因代祀"[②]。其祝文曰：

维中统五年（此年八月改元为至元元年）甲子七月癸酉朔二十有五日丁酉，皇帝遣使臣阿合脱因以清酌庶奠往诣建极宫，致祭于大禹王之神，曰：惟王三代绝德，万世赖功，之纪之纲，有典有则，岂止措安于当日，亦将贻福于后人。惟予眇躬，缵兹丕绪，即位，遘难实多。乃者同气咸和，一朝毕会，顾天地之佑相，亦神明之护持。肆臣聿修严祀，聊伸谢臆，因沥微诚，即潜卫于邦家，俾永膺于戬谷。尚享。[③]

这次祭祀大禹，是元朝第一次官方祭祀大禹的行为，也开启了蒙元政府祭祀古帝王的先河。《元史·祭祀志·古帝王庙》载：

尧帝庙在平阳。舜帝庙，河东、山东济南历山、濮州、湖南道州皆有之。禹庙在河中龙门。至元元年七月，龙门禹庙成，命侍臣持香致敬，有祝文。十二年二月，立伏羲、女娲、舜、汤等庙于河中解州、洪洞、赵城。十五年四月，修会川县盘古王祠，祀之。[④]

平阳的尧帝庙，同样也是由姜善信主持重修的。《元史·世祖本纪》载："（中统四年六月癸酉）建帝尧庙于平阳，仍赐田十五顷。"[⑤]现存临汾尧帝庙内的元中统四年忽必烈皇帝圣旨碑云："今为靖应真人姜善信，平阳临汾县创建尧庙，已令中书左右部兼诸路转运使、知大府监，于断没平阳李毅地内，拨地一十五顷，以资营缮。仍仰禁约蒙古、汉军并诸人等，并不得纵令头匹，于前

① 《忽必烈皇帝圣旨碑》，《三晋石刻大全·临汾市洪洞县卷》，山西人民出版社，2009年，第76页。
② 〔明〕宋濂：《元史·世祖纪》，中华书局，1976年，第97页。
③ 《祭禹王文》，成化《山西通志》卷11《圣制》，中华书局，1998年，第661页。
④ 〔明〕宋濂：《元史·祭祀五》，中华书局，1976年，第1903页。
⑤ 〔明〕宋濂：《元史·世祖纪》，中华书局，1976年，第93页。

项地内蹂践苗稼,损害桑果。准此。”①

尧帝庙修成之后,其规模要比龙门禹庙大出一倍还多,姜善信也将活动中心从龙门禹庙迁到了平阳尧庙。此后整个元代,尧庙成为全真姜善信一系的“祖庭”,且传承百余年,直至明朝仍不绝。

龙门禹庙立有一块圣旨碑,十分特殊。其碑阳为八思巴字、蒙古字与汉字圣旨合璧,碑阴为至元十三年(1276)皇子安西王令旨,也是八思巴字、汉字令旨合璧。这是目前已知最早的八思巴字、蒙古字、汉字碑刻,所以自从发现以来,备受国内外研究者的重视。有关八思巴字的学术论著无不采录此碑。法国学者沙畹、俄国学者鲍培,国内学者冯承钧、亦邻真等均对此碑进行了译注。最新的研究成果见于蔡美彪先生《元龙门建极宫碑译释》。

据蔡美彪先生的译释,其碑阳文圣旨如下:

> 长生天气力里,大福荫护助里,皇帝圣旨。光宅宫真人董若冲继靖应真人姜善信于平阳路荣河、临汾县起盖后土、尧庙及于河解、洪洞、赵城修理伏牺、娲皇、舜、禹、汤、河渎等庙宇。仰董若冲凡事照依累降圣旨,依旧管领行者,禁约诸人毋得沮坏及使臣军马人等不得安下搔扰。准此。至元十二年二月日。②

碑阳文所刻圣旨颁布于至元十二年(1275),这时距离龙门禹庙的修成已经过去了十余年。据《元史·祭祀志》可知,至元十二年,元朝政府在山西解州、洪洞、赵城分别修建伏羲、女娲、舜、汤等庙,并颁布了圣旨。蔡美彪先生据此碑中的八思巴字译文,发现“禹”字为立碑的全真道士擅自增添。圣旨原为保护、修造后土、尧庙兼及平阳属县伏羲等庙,本与龙门禹庙无涉。禹庙道士将忽必烈圣旨碑与碑阴安西王保护禹庙的令旨合刻一石,擅自加“禹”字以

---

① 元中统四年《元世祖圣旨碑》,现存于临汾尧庙内。见王茹雕、牛文山编:《临汾历代碑文选》,山西人民出版社,2005年,第9页。

② 蔡美彪:《元龙门建极宫碑译释》,《清华元史》第1辑,第6页。

自重。

除了至元元年(1264)忽必烈遣使代祀龙门禹庙,元朝再无代祀的记载。《元史·祭祀志·古帝王庙》曰:

(至元)二十四年(1287)闰二月,敕春秋二仲丙日,祀帝尧庙。致和元年(1328),礼部移太常送博士议,舜禹之庙合依尧祠故事,每岁春秋仲月上旬卜日,有司蠲洁致祭,官给祭物。至顺元年(1330)三月,从太常奉礼郎薛元德言,彰德路汤阴县北故羑里城周文王祠,命有司奉祀如故事。[①]

至元二十四年(1287)以后,元朝中央政府规定了地方政府需于每年春秋二仲丙日祭祀尧帝庙;致和元年(1328)才有舜、禹庙祭祀,仿照尧帝祭祀,于每年春秋仲月(即二月、八月)上旬进行,"官给祭物",大禹祭祀正式进入元代国家祭祀系统。

(四)龙门禹庙与全真教

从前面论述龙门禹庙的修建过程及重建者姜善信的履历,不难看出,元代大禹祭祀与全真教的活动有着密切关系。这一点在赵建勇先生《全真姜善信教行初考》中也有述及。另外乔新华先生《借儒兴道:从元代全真教改造山西尧舜禹庙看其兴盛的独特路径》《从儒道共处到儒教独尊:元明时期山西平阳府尧帝庙象征意义的变化》二文,也着重探讨了山西尧、舜、禹庙修建过程中与全真教姜善信一系的关系,以及其入明以后的变化。乔新华先生认为,姜善信修建龙门禹庙、平阳尧庙等行为,是全真教"主张儒释道三教合一","以道众行化河东","这种借儒学以兴道的做法不仅促成了全真教本身的发

① 〔明〕宋濂:《元史·祭祀五》,中华书局,1976年,第1903页。

展兴盛,同时也对维系中原传统文化有很重要的贡献”。[①]

实际上,姜善信本人的观念中儒家圣王为道统之一种的思想,是其一大特点,这既有宋代以来日益浓重的三教合一思想的影响,更与其成长的环境有着密切关系。晋南豫北地区古称“三河”,是传说中“三代”统治的中心地区,更是中国“圣王”崇拜的中心区域。民间对于“圣王”的崇拜祭祀非常重视,不仅官方祭祀,各县、各村社也会祭祀“圣王”,这是一种深入民间村社的基层信仰,山西各地上述圣王的庙宇多有,在各地至今仍能看到金元时期遗留的遗迹,这种现象在其他地方是很少见的。因而,从姜善信修建禹庙、尧庙以及其他活动能看出,“借儒兴道”确实是姜善信兴道传道一系列重要特征之一。

姜善信传道活动的另一特点是在修建和祭祀的过程中,并没有突出道教信仰,而是极大地保全了“圣王”祭祀的场所,在其旁边另建道观。如龙门禹庙的建筑格局中,忽必烈御赐的“建极宫”单独另建。平阳尧庙也是如此,尧庙东边另建有道士进行祭祀与生活的“光宅宫”。[②] 不仅建筑格局与祭祀活动完全分开,而且在姜善信的言论中,也极力宣扬“圣王”的信仰,而不提其道教信仰。如中统三年姜善信第三次于燕京觐见忽必烈时,曾与王恽相见,王恽后来在其祭文中记述了这次相见,并对他不言道教而称颂儒家所崇的上古先王印象深刻:“逮明年春,获拜下风,宝玄之宫,野服黄冠,道淳德冲,曾无一言,及乎本宗。其揄扬称颂若恐损越者,尧舜禹汤文武之道之功,建祠奉祀,竭夫一躬。”[③]王鹗《龙门建极宫碑记》亦评价姜善信曰:“三代而下,世教不明,

① 乔新华:《借儒兴道:从元代全真教改造山西尧舜禹庙看其兴盛的独特路径》,《世界宗教研究》2012年第4期;《从儒道共处到儒教独尊:元明时期山西平阳府尧帝庙象征意义的变化》,《社会科学研究》2011年第6期。

② 张藕莲:《临汾尧庙庙制沿革考略》,《古建园林技术》1997年第1期。

③ 〔元〕王恽:《祭靖应真人姜公文》,杨亮等点校:《王恽全集汇校》卷63,中华书局,2013年,第2724页。

中材庸士,不为淫祠、曲祠所惑者几希。道家者流,作大缘事,以事所事,分内事耳。若夫追崇往圣,不惮勤苦,旷日持久,为众人之所不能者,盖亦寡矣。"①称赞姜善信能够"追崇往圣"的行为。

从姜善信一系的做法来看,与全真教在其他地方的传教历程有着很大区别。全真教在各地兴起的过程中,一般是直接"改庙为观",侵占了众多儒家或佛家寺庙原有的祭祀和宗教活动场所,并径直改建为道观。这也引起了许多不满,特别是佛教僧众的强烈抵抗,因此直接导致了元初的佛道之争,从元宪宗五年(1255)开始,直到元世祖至元十八年(1281),其间经历了两次大辩论,辩论的结果均以全真教的失败而告终,使得全真教受到严重的冲击。姜善信修建龙门禹庙、平阳尧庙等活动,恰恰是在这期间发生的。

在这样的背景下,姜善信有意地模糊他的全真教身份,以求与当时处于佛道之争下风的丘处机长春宫一系保持距离。直到元末,作为姜善信一系的"祖庭"平阳尧庙光宅宫的图示内都见不到"五祖七真"系列的全真教宫观建筑,他们亦不祭祀全真教的神仙信仰系统如"吕祖"等。尤其是在姜善信创立自己的宗派之后,更是主动保持其独立性,以至于入明朝后发展成为全真教中的一个独立派系"龙门派",并在全真教衰弱以后,在清中期还一度出现兴盛的局面。②

姜善信依托修建禹庙、尧庙等进入国家祭祀系统,同时又保持独立而不改造儒家道统"圣王"的崇拜祭祀体系。这样做的好处就是使得朝廷赐予的"田产地亩"成为国家祭祀的"祭田"而不用缴纳租税。同时,在经过佛道之争后,受到忽必烈冷落和疏远的全真教中,龙门一系可以独受崇遇,屡次受到忽必烈的邀请和召见,并多次获颁圣旨,保护其道观不受骚扰和侵害。

---

① 王鹗:《龙门建极宫碑记》,成化《山西通志》卷15《集文》,中华书局,1998年,第1090~1091页。
② 关于全真教龙门派的源流和发展,见王志忠:《全真教龙门派起源论考》,《宗教学研究》1995年第4期。

综前所述，金元之际龙门禹庙因全真教的兴起而得以重建，并因姜善信得到元世祖忽必烈的宠信而上升至国家祭祀的系统；另一方面，佛道之争中，全真道教受到打击，而姜善信龙门系则因保留了对尧、禹等独立祭祀的做法而保存了实力。

二、元代各地的禹庙与大禹祭祀

除了山西龙门禹庙，其他地区亦有不少禹庙在元代得到了重修。这其中有地方官府主持重修者，有道士重建者，亦有乡邑士大夫和乡民出资重修者。各地的大禹庙，基本上都在前代基础上修葺一新，是元代国家和民间祭祀大禹的主要场合。

（一）绍兴会稽山禹庙

元人宋无曾作《大禹祠》诗云："力平水土势回天，功业三千五百年。四海九州皆禹迹，独留陵寝越山边。"[①]绍兴会稽山相传是大禹陵寝所在，故历代建有禹庙，祭祀不绝。两宋时期，这里就成为官方祭祀大禹的主要场所，《宋史·礼志》：太祖乾德初（963—968年），"诏先代帝王，每三年一享，以仲春之月，牲用太牢，祀官以本州长官，有故则上佐行事。官造祭器，送诸陵庙"。乾德四年（966）九月，"诏吴越立禹庙于会稽……长吏春秋奉祀"。南宋高宗绍兴元年（1311），"命祠禹于越州，及祠越王勾践，以范蠡配"。[②]

元朝曾两次重修会稽山禹庙。第一次是元武宗至大年间，第二次是泰定年间。

元人邓文原撰《帝禹庙碑》，记载了第一次重修的经过：

---

① 〔元〕宋无：《翠寒集》，《海王邨古籍丛刊》影印涵芬楼刊本《元人十种诗》，中国书店，1990年，第474页。

② 〔元〕脱脱：《宋史·礼志八》，中华书局，1977年，第2560页。

皇元受命……列圣继承,用弘兹道,诞降玺书,凡在祀典者,命有司肃修时祭。栋宇倾圮,官为缮完。若江浙所理圣王之祀,宜莫先会稽焉。戊申岁(至大元年,即公元1308年),土荐饥,疾疠仍臻,民多流殍。臣某以季冬来领郡事,慨然曰:“古者二千石,期以共理,当为民省忧。吾其敢怠忽!”明年春,白于宰臣,凡荒政若干事。既得请,还谒祠下,周视梁榱,风雨欹压,黻冕弗治,丹雘漫漶。……以帅府命,给中统楮币二百七十一定有奇。是役之兴,庶几乎知成民而后致力于神者矣。[①]

碑文对元朝重修禹庙的背景做了交代。元成宗大德后期,江南吴越一带连年发生严重的水旱疾疫。绍兴正位于重灾区,《元史·五行志一》载:至大元年(1308)春,“绍兴、庆元、台州疫死者二万六千余人”[②]。因而,修建禹庙以祭祀,通过祈祷的方式祈求灾荒的平息,成为地方官府减灾的措施之一。此时,大禹庙因年久失修,已经残破不堪,“黻冕弗治,丹雘漫漶”。

据《绍兴路重修大禹庙记》可知,至大时期禹庙修建工作的主持者,是绍兴路总管朵儿赤,“乃至大辛亥,太守朵儿赤公葺而新之”[③],关于其生平,史无明载。万历《绍兴府志》卷二十六《职官志二》载:“朵儿赤,宁州人。”[④]史载其天历二年(1329)任绍兴路总管,疑有误,按前引邓文原碑可知,应为武宗至大二年(1309)上任。又《两浙金石志》载《皇元重建南镇庙碑》亦云:“至大己酉(1309),嘉议大夫臣朵儿赤来守兹土”,并重修南镇庙。[⑤] 南镇庙亦在绍兴会稽山。《两浙金石志》载《祭南镇昭德顺应王碑》曰:“兹祠(南镇庙)至大二年创始于前郡侯大名朵儿赤公,落成,朝廷敕词臣邓文原纪其始末,树碑于神门

---

① 邓文原:《帝禹庙碑》,苏天爵编:《元文类》上册卷20,商务印书馆,1958年,第249页。

② 〔明〕宋濂:《元史·五行志一》,中华书局,1976年,第1080页。

③ 韩性:《绍兴路重修大禹庙记》,万历《会稽县志》卷13,转引自《全元文》第24册,江苏古籍出版社,2004年,第46页。

④ 〔明〕萧良干等撰:万历《绍兴府志》卷26《职官志二》,宁波出版社,2012年,第519页。

⑤ 《皇元重建南镇庙碑》,阮元辑:《两浙金石志》卷15,《石刻史料新编》第14册,中国台湾新文丰出版公司,1982年,第10552页。

之右。今诡铁穆尔,朵儿赤公之从子也。”[①]此处记载朵儿赤为大名(今河北大名)人,而非宁州(今甘肃宁县)人。

这一次重修的经费来自“帅府”,即行省拨款,约二百七十一定,合一万三千五百五十贯。在重修禹庙的同时,朵儿赤还奏请重修同在会稽的南镇庙,“请于帅府,给缗钱二万五千四百有奇”[②],即二万五千四百余贯,两相比较,官方拨款大约为南镇庙修缮费用的一半。

泰定二年(1325),绍兴禹庙再次重修。万历《会稽县志》载元人韩性撰《绍兴路重修大禹庙记》曰:

> 泰定甲子,金原王公马守谒庙下,视其上漏旁湿,梁梠间朽,慨然有修营之志。会转运判官董公润按事会稽,捐金以佐其费。邑人相劝,分事竭作,五阅月而毕工。瓦甓梯比,材木完好,髹彤黝垩,各中程式。[③]

金原王公,即王可敬,《元史》有传,时任会稽太守。会稽山禹庙至大二年重修,过了十四年后再次营缮重修。主持修缮工作的仍然是地方官府,不过修缮的费用,则主要是依靠他人的捐赠和邑人的助力,完全没有官方经费的支持。马晓林《地方社会中官方祠庙的经济问题:以元代会稽山南镇庙为中心》一文探讨了会稽山南镇庙修缮过程中的经费来源,认为元朝政府对南镇庙的建设非常重视,但是南镇信仰在当地得不到重视,元朝政府企图将官方意识形态强加于地方民众。[④] 而从禹庙的两次重修来看,相比岳镇海渎的祭祀,大禹祭祀在当地显然更有传统,也得到更多民众的支持。

---

① 《祭南镇昭德顺应王碑》,阮元辑:《两浙金石志》卷15,《石刻史料新编》第14册,中国台湾新文丰出版公司,1982年,第10552页。

② 《祭南镇昭德顺应王碑》,阮元辑:《两浙金石志》卷15,《石刻史料新编》第14册,中国台湾新文丰出版公司,1982年,第10552页。

③ 韩性:《绍兴路重修大禹庙记》,万历《会稽县志》卷13,转引自《全元文》第24册,江苏古籍出版社,2004年,第46~47页。

④ 马晓林:《地方社会中官方祠庙的经济问题:以元代会稽山南镇庙为中心》,《中国社会经济史研究》2011年第3期。

(二)武汉大别山禹庙

大别山,又名龟山、鲁山,在武汉汉阳,与黄鹤楼夹江相望。龟山上现存有明代建筑晴川阁,其前身即为元大德年间所修建的禹庙。元刘岳申《送冯翼翁汉阳县丞序》曰:“(汉阳秋兴亭)亭有独江汉水之胜,有大别山郎官湖在其后,山有禹庙。”[①]这里的郎官湖,即今武汉南湖。又据《金石萃编未刻稿》卷二载元人林元撰《奉敕赐大别山禹庙碑记》[②],此庙建于大德八年(1304),由当时的中书右丞相哈剌哈孙主持修建。碑记曰:

> 大德八年冬十有一月,中书省奏湖广行省言:昔禹治水有功,旧立庙于大别江滨。久废重建,乞赐庙碑,以崇明祀。制曰“可”,命翰林述其事。钦惟圣朝混一海宇,天下名山大川,古帝先王,有功德于民者,莫不秩祀。稽诸《祭法》:“能御大灾则祀之,能捍大患则祀之。”且载禹能修鲧之功,其治洪水,岂非得御灾患之大者欤?

碑文中还记述了“禹功矶”地名变迁及元世祖忽必烈驻跸其地的故事:

> 世祖皇帝六飞南巡,渡江次鄂,驻跸黄鹄山。时大别形胜,正当睿览,尝问父老曰:“山头石矶何名吕公?”对曰:“闻唐时有道人吕姓者,吹笛其上。”又问:“唐前何名?”不能对。再三问,有对曰:“闻诸古语云是,禹功,字音讹传。”大称圣意,嘉奖久之。盖以拯溺平水之功,默契于拯民水火之心也。今皇帝嗣承丕绪,孝思祖武,以鹄山乃黄屋临御之地,诏就留云亭故址,创建大元兴寺,阐世尊慈悲之旨,以演世祖慈仁之恩。中书右丞相哈剌哈孙答剌罕,适以平章政事开省湖广,承制鼎建,不扰而办。

这段碑文讲述的是与龟山隔江相望的黄鹄山(今蛇山)上的禹功矶,禹功矶这一地名,一度被误称为“吕公矶”。忽必烈南巡至汉阳,问及地名来历,有人说吕洞宾吹笛于此,故而得名。又有人说,古称“禹功矶”,是字音讹传。元

① 〔元〕刘岳申:《申斋集》卷2《送冯翼翁汉阳县丞序》,元代珍本文集汇刊影清抄本。
② 林元:《奉敕赐大别山禹庙碑记》,转引自《全元文》第35册,江苏古籍出版社,2004年,第86页。

成宗即位后,为了纪念忽必烈,命哈剌哈孙在黄鹄山修建了大元兴寺(今武汉留云亭故址)。哈剌哈孙修建大元兴寺的同时,还在对岸的大别山修建了禹庙:

> 丞相又以鹄山、大别夹江屏蔽,为鄂汉唇齿重势,皆世祖亲身而留念者。汉阳尝拨属江北,奏请仍隶湖广。就大别禹庙旧基经营缔构,以寄禹功之思。今告落成,非常祠所可同语。

从以上碑记可知,大别山禹庙,虽然不是始于元朝,但早已废弃。大德八年(1304),元成宗为纪念忽必烈而重新修建,并且敕赐庙碑。不过,此碑当时并未立石,而是将近三十年之后元顺帝时期才立碑。元统元年(1333)许有壬撰《跋大别山禹庙碑》载:

> 大德间平章答剌罕重修,请碑于朝,词臣有文而其碑未立。至顺癸酉(至顺四年,六月改元元统,即元统元年),知府梁彦义等得其文,(中缺)间始买石以刻,属臣有壬书。臣有壬顿首伏读,获觌始末,书不敢辞,而但未悉其未立之故。彦义等访之耆旧,莫得其说,索之掌故,岁久无征。[1]

对于当时为何敕赐庙碑而未立,许有壬和知府梁彦义多方探寻,亦不得而知。许有壬进一步推测"岂庙之修,皆答剌罕,既入朝,继者不遑,以至于是邪?是亦有司之过邪?"[2]"答剌罕"即指哈剌哈孙。据《元史·哈剌哈孙传》及刘敏中《哈剌哈孙碑》载,哈剌哈孙在大德七年(1303)任中书右丞相,大德十年(1306)加开府仪同三司,兼修国史,置僚属。这期间并未见到他出任湖广行省平章的记载。大德十一年(1307),成宗驾崩,哈剌哈孙是拥立武宗即

---

① 许有壬:《跋大别山禹庙碑》,《金石萃编未刻稿》卷二,转引自《全元文》第38册,江苏古籍出版社,2004年,第176页。

② 许有壬:《跋大别山禹庙碑》,《金石萃编未刻稿》卷二,转引自《全元文》第38册,江苏古籍出版社,2004年,第176页。

位、平定中书左丞相阿忽台与安西王阿难答谋取汗位的重要人物。因此，许有壬推测哈剌哈孙在这时入朝，后继者不遑立碑，恐怕与当时的政局动荡有关。此碑文对于哈剌哈孙在大德八年(1304)时曾出任湖广行省平章的记载，可补史载之缺失。

(三)安徽涂山禹庙

涂山，古为涂山氏国所在地，位于安徽省蚌埠市怀远县的淮河东岸。传说这里是大禹会诸侯之地，《史记索隐》引晋人皇甫谧语："今九江当涂有禹庙。"古九江郡当涂县即今怀远县，可知晋以前涂山已有禹庙，因此涂山大禹祭祀也有着悠久的历史。清嘉庆《怀远县志》载元人吴文魁撰《重修涂山禹庙记》[1]曰：

> 涂山，古名山也。禹昔会诸侯于此地，执玉帛者万国，在当时为一大都会明矣。至今禹会有村，此其验也。……唐大臣狄梁公，天下正人也，毁诸淫祀至二千七百余所，而禹庙巍然独存，今涂山祠是也。本祠旧隶濠州天庆观管绍香火，绵绵延延，接续崇奉。洪惟圣元混一区宇，首崇道教，将天庆观名易宠徽号，以元妙二字壮美观额，惠至渥也。

由此可知，涂山禹庙在唐代仍然存在。迄于元代，涂山禹庙为道家所掌管。旧名"天庆观"，元代改名为"玄妙观"。元人程钜夫《扬州重建玄妙观碑》载："至元中，诏赐天下天庆观额曰玄妙。凡省臣、守臣、军府外，署在其治者，岁时朔望，咸集而祝厘焉，他观莫得与比。故天下玄妙观，宏壮严饬，罔敢怠荒。"[2]天庆观改玄妙观，是元初道教宗师张留孙创建玄教，并得到元廷的支持之后，在全国范围的统一行动。因此，怀远县的涂山禹庙应当属于道教玄教的控制范围。怀远县《重修庙记》碑云：

> 乃在大德丁酉(元年，1297年)三月，给降公据，俾本观仍旧管绍涂山

---

① 吴文魁：《重修涂山禹庙记》，转引自《全元文》第35册，江苏古籍出版社，2004年，第190页。
② 〔元〕程钜夫：《程钜夫集》卷19《扬州重建玄妙观碑》，吉林文史出版社，2009年，第237页。

禹庙香火,付崇正大师蒋十中为首看守,遵命奉行。谨模拟本,白之于郡。郡守奉训谢椿乐成其美,添力修造,又有功于庙绩多矣。

涂山禹庙在修建的过程中,地方官府虽然也添力且有功,但从碑文来看,其改名为玄妙观之后,仍由玄教道士负责日常的管理和祭祀。

(四)山西运城禹庙与河南三门峡陕州区禹庙

前述元代重建禹庙,或为道家道士修建,或为地方官府修缮。在各地的禹庙中,还有一些为地方乡民自发出资营建以祭祀者。这些禹庙也不在少数,而且多为祭祀大禹有悠久传统的地区,在民众间有着悠久而深入的基础。其中元代文献保存下来的有山西运城夏县的禹庙和河南三门峡陕州区的禹庙。

《山右石刻丛编》卷三九载元欧阳玄撰《重修大禹庙碑》[①]一文,记载了山西运城夏县元代重修禹庙的过程:

安邑,夏后氏之故都,邑之人尤重事禹。后魏分其东为夏县,邑之墟故存焉。其中土高为台者,十有三仞,而缩其广输则五亩。而嬴上有大禹庙四楹,创始岁月莫有纪者,且隘陋弗称,岁久将倾。泰定甲子初,静海县达鲁花赤瑞著致事家居,爰咨于众,合谋新之。时主庙事台可明与邑人薛政实相其事。于是人心翕然,富者输财,强者输力,群材鳞集。五工程能,既底法矣。庙成有日,而瑞著卒,遂中寝。邑士刘思义慨然曰:“大禹功德,不可忘也;瑞著之志,不可以不成也。”乃谂于众而出己资,以竟其功。

安邑禹庙的修建,最初是由退休在家的士大夫官员倡议,后在邑人的相助下才得以完成的。禹庙的祭祀也是由“邑大夫人士”组织和进行的:“邑大夫人士,岁时则具牲牷、奉粢盛、洁酒醴,登祭于庙。而左右瞻顾,其随山刊

① 欧阳玄:《重修大禹庙碑》,转引自《全元文》第34册,江苏古籍出版社,2004年,第615页。

木、跋履险阻，舟车檋梮之载，疏凿排决之劳，肤胈胼胝，过其门而不入者，可想像而见也。”大禹治水的精神感召着乡人，因此“瑞著一倡之，而人心之响应者，不约而同也”。在禹庙的修建和祭祀过程中虽然没有官府的参与，却得到了民众的支持。

河南三门峡陕州区，古称陕州。其地比邻黄河，自古也有祭祀大禹的传统。《陕县志》载元元贞元年(1295)白先觉撰《重修禹王庙记》[①]载：

> 陕之西矩城一舍，大河之南，漾堆之冈，故有禹帝庙，盖莫详其始所自立。历年深久，风雨疏圮。时在丁未，居民王氏钟者，俾二子立、善，构后前两殿而新之。越三十五祀，岁居辛巳，庙貌复敎，善妻乔氏饬子诚荐新之。……至元甲午，诚以乔遗命，欲树瑱珉，以诏于后，偕两兄顺、德，甥张斌谒文于先觉。

三门峡陕州区禹庙的修建，完全是由乡民一家三代人之力，从丁未(元定宗二年，即公元1247年)到辛巳(至元十八年，即公元1281年)，经过三十五年两次修缮而最终完成。相比官府、道教或者乡邑士大夫与邑人共建祠庙来说，这样的修缮工程自然更为艰巨，也显示了大禹祭祀在乡民日常生活中的重要作用。

三、结语

本文就元代的大禹祭祀做了初步的简单梳理，主要依据是现存的或地方志中保存的碑石资料。元代祭祀大禹的活动，主要体现在各地禹庙的重建过程中。元初最早由皇家遣使祠祭的大禹庙，是山西龙门禹庙。其主持修建者是全真道士姜善信。因为姜善信个人与忽必烈的交往，龙门禹庙成为元代唯

① 白先觉：《重修禹王庙记》，转引自《全元文》第28册，江苏古籍出版社，2004年，第240~241页。

一得到皇帝代祀待遇的大禹庙,这也是整个元朝仅有的一次代祀大禹活动。大约从至元后期开始到元成宗以后,大禹祭祀才正式纳入国家祭祀的体系当中,有了一定的章程和制度,各地方陆续出现了一些由地方官主持的重修禹庙的活动,也得到了元朝廷的赐额、赐碑。不过,在有元一代的国家祭祀系统中,包括大禹在内的先王圣王祭祀并不是国家祭祀的重点。相对于官方的大禹祭祀活动,元代民间祭祀大禹的活动还是比较多的,其中不仅有道教组织介入和管理者,亦有以乡邑士大夫甚至普通乡民为首的修建者。尽管元代现存的禹庙遗迹和文献史料并不多,但仍能反映出其中各种祭祀活动的丰富多样性。

(作者为河南大学历史文化学院讲师)

从康熙帝亲祭禹陵看清初道统建构

张佐良

大禹是上古时代中华民族的治水英雄,也是我国首个统一国家的缔造者,在中国历史上具有划时代的伟大意义。他一生的丰功伟绩彪炳千秋,数千年来广为世人敬仰与纪念。作为传统政治文明的重要开创者,大禹是历代帝王追慕的典范,并一直被列入国家祀典。清朝为确立其合法统治地位,大力实施崇儒重道的文化政策,祭祀大禹等古帝先王就是其中一项非常重要的举措。

一、康熙帝亲祭禹陵

“凡治人之道,莫急于礼。礼有五经,莫重于祭。”[①]与一般民间祭祀相比,对古帝先王的官方祭祀则具有特别的政治意义。王朝统治者祭祀大禹由来

① 〔清〕阮元校刻:《礼记·祭统》,《十三经注疏》下册,中华书局,1980年,第1602页。

已久。“帝禹东巡狩，至于会稽而崩”[①]，遂葬于会稽山麓。秦始皇三十七年（前210），“上会稽，祭大禹，望于南海，而立石刻颂秦德”[②]。这是历史上帝王亲祭大禹的最早记载。此后，自汉至明，历朝统治者多遣官告祭禹陵，以示隆礼。

清承明制，顺治二年（1645）三月初三日，顺治帝即遣户部尚书英俄尔岱祭太昊伏羲氏、炎帝神农氏、少昊金天氏、帝颛顼氏、帝高阳氏、帝高辛氏、帝陶唐氏、帝有虞氏、夏禹王等历代帝王。[③] 康熙二十八年（1689），康熙帝第二次南巡，亲祭禹陵。二月十一日，康熙帝谕曰：“兹行次浙省，禹陵在望。念大禹功德隆盛，万世永赖，应行亲诣，以展企慕之忱。其致祭典礼，所司即察例举行。”[④]礼部议奏：“致祭禹陵典礼，应照康熙二十三年致祭明太祖陵例，遣官致祭后，皇上亲诣奠酒。”康熙帝听后不甚满意，谕称：“尧、舜、禹、汤，皆前代圣君。遣官致祭后，方亲诣奠酒，未为允惬。禹陵朕将亲祭，祭文内可书朕名。”“祭以敬为主。禹陵僻处荒村，恐致亵慢。凡供献粢盛礼仪诸事，令左都御史马齐、侍郎席尔达同往省视。”[⑤]上述安排非常周密，可见康熙帝对亲祭禹陵是极为重视的。十四日黎明，康熙帝即赴禹陵祭祀。故宫博物院所藏《康熙南巡图》第九卷生动地描绘了当时的盛大场景。

> 此处画崇山峻岭，山间白云缭绕，仙鹤翔集，飞瀑直泻，松柏成荫，庄严肃穆的大禹陵庙坐落在山前。周围清溪环绕，禹庙后农舍前的溪水中停泊船只二十余艘，其中一艘橙黄色大船，金漆彩绘，精致考究，船内设有玉案金炉，这是皇帝乘坐的御舟。康熙帝在扈从诸臣簇拥下已从船上下来，缘溪边向大禹陵庙徒步行进。皇帝于黄罗曲柄遮盖下走在前面，

① 〔汉〕司马迁：《史记·夏本纪》，中华书局，2013年，第83页。
② 〔汉〕司马迁：《史记·秦始皇本纪》，中华书局，2013年，第260页。
③ 《清世祖实录》卷一五，顺治二年三月丙戌，中华书局，1985年，第131页。
④ 《清圣祖实录》卷一三九，康熙二十八年二月己酉，中华书局，1985年，第519页。
⑤ 《清圣祖实录》卷一三九，康熙二十八年二月己酉，中华书局，1985年，第520页。

面色红润，蓄留三绺短须，身穿橙黄色长袍，外套石青色蓝缎对襟罩服，头戴红绒结顶帽，脚蹬白底长筒皂靴，左手下垂，右手抬至胸前，神采雍容，一副帝王气派。旁立随身侍从四人：一在身后擎黄罗曲柄盖，一人抱剑，另二人持弓箭站立身旁。还有一佩短刀的御前侍卫官躬身面向康熙皇帝，似在禀报什么事情。走在康熙帝前面的是十四名御前侍卫和两名提炉官。皇帝后面不远处是二十四人的豹尾班，他们肩荷豹尾枪，列成方队前进。豹尾班后是肩抬怀抱各种物件的侍从，随后就是各部诸臣的队伍，他们大都顶戴花翎，身穿各色行服，依次前行。农舍前有许多百姓在观看，大禹庙附近、小溪两岸、路旁和田地里大批乡绅仕民跪迎康熙帝的驾临。大禹庙院内有几个身穿补服的司礼官员和佩刀侍卫，已在那里等待圣驾到来。[①]

康熙帝至禹陵“外门前，步行入。率扈从王、内大臣、侍卫、部院大小官员行三跪九叩礼，读祝文致祭”。其所亲撰祭文曰：

惟王精一传心，俭勤式训。道由天锡，启皇极之图畴；功在民生，定中邦之井牧。四载昔劳胼胝，永赖平成；九叙早著谟谋，惟歌府事。行其无间，德远益新。朕省方东南，道经吴越，睹长江之浩渺，心切溯洄；瞻高巘之嵯峨，企深仰止。幸矣松楸伊迩，俨然律度可亲。特荐馨香，躬修祀事。惟祈灵爽，尚克来歆。[②]

祭陵后，康熙帝“登窆石亭，留览良久”[③]。

十六日，康熙帝以祭禹之时“礼器简少，室宇倾颓”[④]，特传谕福建浙江总督王骘：“朕巡行江表，缅怀禹德，躬率群臣展祭陵庙。顾瞻殿庑圮倾，礼器缺

① 杨臣彬：《渡钱塘谒禹陵——略谈〈康熙南巡图〉第九卷》，《紫禁城》1981年第1期。
② 《清圣祖实录》卷一三九，康熙二十八年二月壬子，中华书局，1985年，第521页。
③ 《康熙起居注》下册，康熙二十八年二月壬子，中华书局，1984年，第1835页。
④ 《康熙起居注》下册，康熙二十八年二月甲寅，中华书局，1984年，第1837页。

略,人役寥寥,荒凉增叹。愚民风俗,崇祀淫祠,俎豆馨香,奔走恐后,宜祀之神反多轻忽,朕甚慨焉。在昔帝王陵寝,理应隆重培护,况大禹道冠百王,身劳疏凿,奠宁率土,至今攸赖。”他命“地方官即加修理,毕备仪物。守祀人役,亦宜增添。俾规模弘整,岁时严肃。兼赐白金二百,给守祀之人。此后益令敬慎。守土之臣,亦须时为加意,称朕尊崇遐慕之怀”。[①]

康熙帝作《禹陵颂》一首,曰:

朕阅视河淮,省方浙地,会稽在望,爰渡钱塘,展拜大禹陵庙,瞻眺久之,敕有司修葺,春秋莅祼,粢盛牲醴,必丰必虔,以志崇报之意。时康熙二十八年二月十四日也。缅惟大禹接二帝之心传,开三代之治运,昏垫既平,教稼明伦,由是而起,其有功于后世不浅,岂特当时利赖哉!朕自御宇以来,轸怀饥渴,留意河防,讲求疏浚,渐见底绩,周行山泽,益仰前徽,爰作颂曰:

下民其咨,圣人乃生。危微精一,允执相承。克勤克俭,不伐不矜。随山刊木,地平天成。九州始辨,万世永宁。六府三事,政教修明。会稽巨镇,五岳媲灵。兹惟其藏,陵谷式经。百神守护,松柏郁贞。仰止高山,时切景行。[②]

康熙帝又作《谒大禹陵》诗一首:

古庙青山下,登临晓霭中。
梅梁存旧迹,金简纪神功。
九载随刊力,千年统绪崇。
兹来荐蘩藻,瞻对率群工。

康熙帝题禹庙匾曰:“地平天成”。

---

① 《清圣祖实录》卷一三九,康熙二十八年二月甲寅,中华书局,1985 年,第 521~522 页。
② 《清圣祖实录》卷一三九,康熙二十八年二月甲寅,中华书局,1985 年,第 522 页。

康熙帝撰禹庙联曰:江淮河汉思明德,精一危微见道心。[①]

康熙帝此次亲祭禹陵,仪礼隆备,时称“圣世盛典”[②]。

二、清初的道统建构

我国古代道统思想源远流长。韩愈在《原道》篇中提出,“斯吾所谓道也,非向所谓老与佛之道也。尧以是传之舜,舜以是传之禹,禹以是传之汤,汤以是传之文武周公,文武周公传之孔子,孔子传之孟轲,轲之死,不得其传焉。”[③]正式构建了儒家道统谱系,对后世影响极大。

康熙帝自幼接受较为系统的儒家思想教育。他说:“朕自冲龄,性绝嬉玩,顾独喜书。自经史之余,苟其不谬于圣人之道,自成一家之言,未尝不博求而纵览焉。至于经筵进讲,则专主于四子、五经。盖书契既兴,载籍浩繁,虽开卷有益,而有裨治道必以四子、五经为归极矣。”[④]在熊赐履、魏象枢等理学名臣的影响下,康熙帝服膺理学,并学以致用,称“唐、虞、三代以来,圣贤相传授受,言性而已。宋儒始有性理之名,使人知尽性之学,不外循理也。故敦好典籍,于理道之言尤所加意。临莅日久,玩味愈深,体之身心,验之政事,而确然知其不可易”[⑤]。康熙十六年(1677),康熙帝在《日讲四书解义序》中提出以道统为治统论,“天生圣贤,作君作师。万世道统之传,即万世治统之所系也。自尧、舜、禹、汤、文、武之后,而有孔子、曾子、子思、孟子;自《易》《书》《诗》《礼》《春秋》而外,而有《论语》《大学》《中庸》《孟子》之书”。“盖有四子,而后二帝三王之道传。有四子之书,而后五经之道备。”“此圣贤训辞诏

① 乾隆《绍兴府志》卷首,《圣祖仁皇帝御制文》,清乾隆五十七年刊本。
② 《康熙起居注》下册,康熙二十八年二月己酉,中华书局,1985年,第1833页。
③ 马其昶校注:《韩昌黎文集校注》,上海古籍出版社,1986年,第18页。
④ 鄂尔泰、张廷玉等编纂:《国朝宫史》下册,北京古籍出版社,1987年,第574页。
⑤ 鄂尔泰、张廷玉等编纂:《国朝宫史》下册,北京古籍出版社,1987年,第576页。

后,皆为万世生民而作也。道统在是,治统亦在是矣。”[①]康熙二十五年(1686),康熙帝称:“先圣先师,道法相传。昭垂统绪,炳若日星。朕远承心学,稽古敏求,效法不已,渐近自然。然后施之政教,庶不与圣贤相悖”[②]。标志着康熙帝道统、治统合一思想已趋成熟。时理学名臣李光地认为,“观道统之与治统,古者出于一,后世出于二”。“孟子序尧舜以来至于文王,率五百年而统一续。此道与治出于一者也。”后“孔子之生东迁,朱子之在南渡,天盖付以斯道而时不逢。此道与治之出于二者也”。他说:“自朱子而来至我皇上又五百岁,应王者之期,躬圣贤之学,天其殆将复启尧舜之运,而道与治之统复合乎?伏惟皇上承天之命,任斯道之统,以升于大猷。”[③]如果说这是臣僚对皇帝的一种期盼,那么蔡世远所言则是对康熙帝身兼道统、治统的直接肯定。他说:“方今天子神圣,道统、治统萃于一身,以至道醇修勖,士类以皋、夔、稷、契望,臣邻以廉谨广明饬,吏治一道同风之盛,于斯乎遇之。”[④]

康熙帝认为,“道原于天,弘之者圣。自庖牺氏观图画象,阐乾坤之秘,尧舜理析危微,厥中允执,禹亲受其传,汤与文武周公,递承其统,靡不奉若天道,建极绥猷,敻乎尚矣”[⑤]。作为身膺道统、治统的古圣帝王,大禹历来受到统治者的崇祀。而康熙帝亲祭禹陵,无论在规格、规模还是礼仪上,均远超前代,可视为康熙帝道统、治统合一思想的政治实践。

三、结语

政治统治合法性本质上是“全体社会成员对于政治统治的承认,对政治

---

① 《清圣祖实录》卷七〇,康熙十六年十二月庚戌,中华书局,1985年,第899页。
② 《清圣祖实录》卷一二四,康熙二十五年二月己酉,中华书局,1985年,第321页。
③ 〔清〕李光地:《榕村全集》卷十,《进读书笔录及论说序记杂文序》,四库全书本。
④ 〔清〕蔡世远:《二希堂文集》卷一,《历代名儒名臣循吏传总序》,四库全书本。
⑤ 《清圣祖实录》卷一三〇,康熙二十六年五月壬辰,中华书局,1985年,第398页。

统治行为的认可。”[①]清朝以军事征服入主中原,受“华夷之辨”观念影响,其统治合法性在清初是亟须破解的重大难题。清廷提出“自古帝王受天显命,继道统而新治统”[②],“时代虽殊而继治同道,先后一揆”[③]的理论,采用国家祭祀中原古帝先王的方法,建构道统体系,来确立政权的正统地位,进而取得统治合法性。清朝统治者对中原政治传统和思想传统的有效继承,是历史认同与文化认同的重要体现,为我国统一多民族国家的巩固和发展奠定了坚实基础。

(作者为河南省社会科学院历史与考古研究所副研究员)

① 施雪华主编:《政治科学原理》,中山大学出版社,2001 年,第 666 页。

② 孙富山、郭书学编:《开封府志(整理本)》卷 31《艺文》,北京燕山出版社,2009 年,第 798 页。

③ 孙富山、郭书学编:《开封府志(整理本)》卷 31《艺文》,北京燕山出版社,2009 年,第 799 页。

大禹是中华民族的象征

于秀情

尧、舜、禹成为中国历史上贤君的代表,是治世的典范。孔子创立的儒家学派,将尧、舜、禹之精神作为儒"道"的源流。孟子是孔子的四传弟子,遥尊尧、舜、禹为先圣明贤。韩愈尊孔,独推孟子,以儒家"道统"的继承人自任,提出了儒家思想发展演变的具体传承谱系,即"尧以是传之舜,舜以是传之禹,禹以是传之汤,汤以是传之文武周公,文武周公传之孔子,孔子传之孟轲,轲之死,不得其传焉"[①]。韩愈儒家思想传承谱系中的尧、舜、禹、汤、文、武、周公,从孔子到后代儒者都非常推崇。宋代理学大家朱熹称赞韩愈得了孟子之真谛,认为韩愈是上接孔孟,下启宋代理学先师张载、程颐、程颢的儒学传承人。[②] 朱熹的著作《四书章句集注》和《四书或问》,反映了他摆脱依赖经解而从原典中探求经典承载的"道",表明他对儒家思想的继承与发展。王守仁的心学汲取思孟学派的思想营养,继承和发展了孟子"心"的理论和陆九渊"心

① 马其昶校注:《韩昌黎文集校注》,上海古籍出版社,1986 年,第 18 页。
② 张岂之主编:《中国思想文化史》,高等教育出版社,2013 年,第 250 页。

即理”的思想,建立了王氏心学体系。总之,在中国古代社会主流思想文化体系中,尧、舜、禹是儒家思想尊奉的先贤。大禹治水之道和其人格,历来受到推崇。《诗经》《尚书》《吕氏春秋》《淮南子》《史记》《水经注》等典籍的记载屡见不鲜。从官方到民间,都在大力弘扬大禹治水所表现出的勤劳勇敢、不怕苦不怕累、自强不息的民族精神。疑古派顾颉刚先生认为,大禹是一个神话人物,历史上没有其人。笔者坚持认为,神话是历史的记录或影子。《诗经》《尚书》《山海经》《孟子》《吕氏春秋》以及后来的《淮南子》《史记》《水经注》以及民间众多的禹迹和传说,都说明历史上曾经有这么一位英雄人物,其事迹是可信的。千百年来,大禹和他的事迹体现了中华民族自强不息的民族精神。

一、大禹之道

(一)受命于危难之际

《孟子·滕文公上》载,尧时,“天下犹未平,洪水横流,泛滥于天下,草木畅茂,禽兽繁殖,五谷不登,禽兽逼人,兽蹄鸟迹之道,交于中国。尧独忧之,举舜而敷治焉。舜使益掌火,益烈山泽而焚之,禽兽逃匿。禹疏九河,瀹济、漯而注诸海,决汝、汉,排淮、泗而注之江,然后中国可得而食也。当是时也,禹八年于外,三过其门而不入,虽欲耕,得乎?”[①]

洪水泛滥,野草丛生,到处鸟兽出没,威胁人的生存。尧为此忧心忡忡。于是尧任用舜主治洪水。舜任用益治杂草、鸟兽之害。益用火焚烧野草,鸟兽避走。洪水恣肆,仍是当时困扰华夏民族民生的一个大难题。舜欲觅得一位能人治理水患。在议事会上,大禹的父亲鲧被举荐治水。《左传》记载,舜任命禹的父亲鲧治水。鲧用传统的水来土挡的办法治水,即土堙的办法,用

① 李学勤:《十三经注疏·孟子注疏》,北京大学出版社,1999 年,第 145~146 页。

了九年,终不能治理水患,被殛于羽山。《山海经·海内经》就说:“帝令祝融杀鲧于羽郊。”屈原在《离骚》中咏道:“曰鲧婞直以亡身兮,终然夭乎羽之野。”鲧的失败,不令人恨,而令人痛惜。《国语·晋语八》云:“昔者鲧违帝命,殛之于羽山,化为黄熊以入于羽渊。”《左传》昭公七年云:“昔尧殛鲧于羽山,其神化为黄熊,以入于羽渊。”在人们心中,鲧的失败非个人原因,洪水的肆虐,人们认识水平的局限,是鲧悲剧的重要因素。

《尚书·洪范》说:“鲧则殛死,禹乃嗣兴”。禹临危受命,放下己之丧父之痛,勇敢地接过父亲不曾做成功的事业,开始治理水患。他以天下苍生之安危为己任的精神值得弘扬。

(二)忘我拼搏

禹娶于涂山。结婚四日后,他离家开始投身治水工作中。为了治水,他和妻子涂山女聚少离多。

艰苦的治水工作,并未使禹有懈怠、气馁、抱怨等情绪,他坚韧不拔,身先士卒,带领人们与洪水搏斗。《韩非子·五蠹》载:“禹之王天下也,身执耒臿以为民先,股无胈,胫不生毛,虽臣虏之劳,不苦于此矣。”《史记·夏本纪》载:禹“薄衣食,致孝于鬼神。卑宫室,致费于沟淢。陆行乘车,水行乘船,泥行乘橇,山行乘檋。左准绳,右规矩,载四时,以开九州。通九道,陂九泽,度九山”。禹坚强的毅力反映了华夏民族人定胜天的精神信念。

禹为了彻底解决水患,在外奋战十三年,曾经三过家门而不入。妻子怀孕生启,他都没有陪在妻子身边。《吕氏春秋》曰:“禹娶涂山氏女,不以私害公,自辛至甲四日,复往治水。”他与妻子约定击鼓为暗号,妻子到治水工地给他送饭,两人以这种方式会面。儿子启生下来之后,禹也没有尽到父亲的抚养责任。大禹忘我工作、无私奉献的精神,赢得人们真挚的尊重和颂扬。

(三)行水之道

在艰辛的劳作与坚强的拼搏中,禹的才智得以充分发挥。父亲的失败,给禹很多启发。他亲自登高山,涉江湖,踏遍九州,体察山河形势,了解河流变化习性,使用原始的测量手段,测量地形高低。他经过无数次实地调查研究,大胆提出了尊重自然、因势利导的治水方针,即“治水顺水之性,不与水争势,导之入海,高者凿而通之,卑者疏而宣之”。

根据《孟子》的说法,禹疏通九条河道,引导济水、漯水注入大海;挖通汝水、汉水,排出淮水、泗水,使之流入长江。根据《史记·夏本纪》记载,禹治水,导九川,陂九泽,通九道,度九山,才使各地水患平息。《淮南子·原道训》说:“禹之决渎也,因水以为师。”《孟子·滕文公上》曰:“禹之行水也,行其所无事也。”《孟子·告子下》则说:“按照水势就下的规律加以疏通,使之注入大海。”《孟子·离娄下》曰:“禹之治水,水之道也。”郭店楚简《尊德义》云:“圣人之治民,民之道也。禹之行水,水之道也。造父之御马,马之道也。后稷之艺地,地之道也。莫不有道焉。”大禹治水,和尧舜治民、造父御马、后稷种地是共同的方法,那就是遵从事物的客观规律,因而取得了巨大成功。大禹用科学方法,因势利导,治水成功,舜之后继承联盟首领的地位,受到民众敬仰。大禹治水充分显示了大禹遵从事物发展规律的科学精神。

(四)九州攸同,一统天下

禹治水患同时,因地制宜,发展生产,加强民族融合。他行山表木,导九川,陂九泽,通九道,度九山,考察了九州的土地物产,厘定各地的贡品赋税,划定了各地朝贡的路线,并在此基础上,划定了五服界域,使得全国范围内形成了众河朝宗于大海、万方朝宗于天子的统一、安定和欣欣向荣的大好局面。《史记·夏本纪》记载:“禹乃行相地宜所有以贡及山川之便利……于是九州攸同,四奥既居,九山刊旅,九川涤原,九泽既陂,四海会同。”

大禹遵从各地的地理状况,尊重各地人民的风俗习惯和生产生活方式,用敬民、养民、护民、保民、教民的原则,传播先进生产技术,因地制宜,兴修水利、发展生产,在低洼地种水稻,在高寒之地种黍稷。

大禹在其都城之外设甸服、侯服、绥服、要服、荒服五服制。这样,各地人民都过上了好日子。各族人民团结、融合,呈现九州攸同、四海一家的大好局面。

(五)“声为律,身为度”的律己精神

大禹治水的努力与最终成功治理水患,为他赢得了美誉,得到了人们的敬仰和信任。舜不以天下私,让位于大禹。

在人们的拥戴下,大禹继任君位。《史记·夏本纪》记载:“禹为人敏给克勤,其德不违,其仁可亲,其言可信,声为律,身为度,称以出;亹亹穆穆,为纲为纪。”身为人君,他保持着严于律己的节操,以纲纪为己律,克勤克勉,平易近人。

生活中,大禹勤俭节约。《墨子》一书中有较充分的记载:“《夏书》曰‘禹七年水’……此其离凶饿甚矣,然而民不冻饿者,何也?其生财密,其用之节也。”他的节俭还体现在身后薄葬方面。《墨子·节葬下》说:“禹东教乎九夷,道死,葬会稽之山。衣衾三领,桐棺三寸,葛以缄之,绞之不合,通之不坎,土地之深,下毋及泉,上毋通臭。既葬,收余壤其上,垄若参耕之亩,则止矣。”墨子认为,大禹“贵为天子,富有天下”,其节葬并非“忧财用之不足”,实乃节俭自律之生活原则。《越绝书》也道:“苇椁桐棺,穿圹七尺;上无漏泄,下无即水;坛高三尺,土阶三等,延袤一亩……以为禹葬以法度,不烦人众。”《吕氏春秋》载:“禹葬会稽,不烦人徒。”

大禹非常注重德教,他善于以德教化人们。他忙于治水,妻子涂山氏在家用禹德教导儿子启,对周围的人宣扬禹德。九州既定,大禹嘱咐人们以德为先,遵从政令,正如《史记·夏本纪》中所说:“中国赐土姓:祗台德先,不距朕行。”治水完成,他在舜帝前申明德以化民的一番言论,令皋陶完全折服,向天下人宣扬禹德,正如《史记·夏本纪》记载:“皋陶于是敬禹之德,令民皆则禹。不如言,刑从之。”

先秦时期,尤其夏商时期,国之大事,在祀与戎。那时人们对天十分敬重,现代人无法想象那时的人对天的深厚敬意。舜帝作歌曰:“陟天之命,维时维几。”意思是奉行天命,施行德政,顺应天时,谨微慎行。大禹对天的态度是“清意以昭待上帝命,天其重命用休”。[①]《论语》中记载孔子颂扬大禹曰:“禹,吾无间然矣。菲饮食而致孝乎鬼神,恶衣服而致美乎黻冕。”大禹身为表率,平时极为俭朴,穿着极为平常。然而,在举行祭祀大典之时,他华冠美服,隆重而丰盛地进行祭祀活动。其言行感动了孔子,不事鬼神的孔子认为,大禹崇敬祖先,推崇祖先,真令人敬服。

大禹继任帝位之后,微服淡食,不饮酒作乐。他勤政克己,最后死在巡行途中。

二、大禹精神升华为中华民族的民族精神

大禹在失去父亲之时,内心一定十分悲痛。水患仍旧横行,他接受治水之命。在巨大的压力下,他能够化悲痛为力量,坚持与水患斗争多年。工程之大,非有极大的毅力很难完成使命。大禹治水的故事千百年来流传不息,不断被历代人们传颂。大禹百折不挠、坚韧不拔、身先士卒、勤劳、勇敢、富于智慧、以天下为先的精神就是中华民族的民族精神象征。

大禹在当时受舜帝厚爱,传之帝位。大禹主张贤君要有明德之臣辅佐,正如他在舜帝前曰:“帝!慎乃在位,安尔止。辅德,天下大应。”[②]这大概就是儒家所说的选贤任能的意义。大禹的主张能够得以践行,正是尧、舜、禹时代禅让、选贤任能的时代特征的反映。舜帝嘱咐大禹以德化民,例如,当大禹禀

① 〔汉〕司马迁:《史记·夏本纪》,中华书局,1959年,第79页。
② 〔汉〕司马迁:《史记·夏本纪》,中华书局,1959年,第79页。

告三苗不服的状况时,舜帝曰:“道吾德,乃女功序之也。”[①]就是要求禹以德教感化三苗,使之来附。由此可以推知,大禹治水,临行之时,舜帝一定嘱咐过类似的话语。大禹深明以德服人的道理,他顺应水道、民意,取得了治水、治民的成功。民间关于大禹治水和大禹之德的传说遍布中国大地,妇孺皆知。

大禹不仅在民间深受敬重,在知识分子等士人阶层也有极高的地位。孔子创立儒家,将尧、舜、禹为政与民的言行作为儒家思想的源头,三代之治成为儒家理想的治世之模范。孔子说的“禹,吾无间然矣”反映了孔子对大禹的崇敬无以复加的态度。孔子对君子的主张是具有“仁者不忧,智者不惑,勇者不惧”[②]的德行。这种君子型理想人格是尧、舜、禹、汤等圣王已经做到的,也是人们经过自身修养和追求所能达到的。所以孔子说:“圣人,吾不得而见之矣! 得见君子者,斯可矣!”[③]《孟子·滕文公上》说,孟子言必称尧舜。而且孟子常常用尧、舜、禹、周文王、周公等儒家奉为先贤之人的事迹游说当时各诸侯国君主,希望他们行仁政,使百姓心甘情愿做其子民,人们生活富足、安定,天下大治。

汉代因为正名分的需要,基于尧、舜、禹治世思想的儒家思想中注重天道运行所体现的稳态属性;儒家将天人看成具有同等机制、相互感应的整体,认为天道影响人类,人类也可以反作用于天道;儒家重视政治伦理中的礼仪仪式,依据古代风俗习惯制定祭天祀地、祭祀名山大川之礼以及君臣父子之礼、夫妇之礼等;儒家认为,君主之地位源于他过人的心智、君臣名分与职责等。这些表明儒家提出了非常现实地、积极地实践其价值思想体系的手段与途径。儒家王道思想政治主张符合当时帝王统治国家、管理社会的宗法情感基

① 〔汉〕司马迁:《史记·夏本纪》,中华书局,1959 年,第 79 页。
② 杨伯峻译注:《论语译注·宪问》,中华书局,1980 年,第 155 页。
③ 杨伯峻译注:《论语译注·述而》,中华书局,1980 年,第 73 页。

础,因此成为中国社会的统治思想、主流思想,居于正统地位。[①]

唐代韩愈“道统”说,再次将儒家思想立于正统之位。宋明理学将其进一步发挥,儒家思想一直是中国古代社会的主流思想,影响了中国社会两千多年。现代社会中,儒学仍然具有普世价值和现实意义,是中国文化与其他文化对话的话语基础。

大禹不仅继承了尧舜德政思想,更为重要的是,他的儿子启开创了家天下这样一个新的政治模式,大禹因此成为新时代的奠基人,声望倍增。他的言行和精神经过历代不断宣扬,已经成为中华民族的精神象征。在周孔教化未兴之时,中国早期的图腾崇拜、群神崇拜等以及祭天祀祖就是一种宗教。[②]中国宗教的内容大致就是三个方面的内容,即敬天、崇祖、崇德报功。[③] 后人对大禹的崇拜应该是以第三方面的内涵为重。古代中国政治结构中,往往视一国为大家庭,将国君比拟为大宗子,为政则在于“如保赤子”。[④] 大禹的言行正符合了这样的政治模式,因此成为人们口口相传的典型人物。

对大禹的认识,随着历史的发展,越来越深刻。人们不断发掘大禹的人格魅力与精神内涵,不断对大禹精神进行反复肯定。随着人类思维和语言的发展,随着各时代道德精神文明的发展和变化,人们都在用其时代的思维和语言对大禹精神和人格进行阐发、颂扬。这也许在一些历史观念中被视为历史的层累现象,但是大禹精神已深入人心,已然成为中华民族的精神象征。这是值得肯定的。

(作者为河南师范大学历史文化学院讲师)

① 张岂之主编:《中国思想文化史》,高等教育出版社,2013 年,第 160~161 页。
② 梁漱溟:《中国文化要义》,上海人民出版社,2011 年,第 97 页。
③ 梁漱溟:《中国文化要义》,上海人民出版社,2011 年,第 98 页。
④ 梁漱溟:《中国文化要义》,上海人民出版社,2011 年,第 82 页。

大禹民本思想的再认识

杨　强

大禹是民本思想的创立者和践行者。大禹的民本思想主要包括重民、养民、利民,这些思想内涵成为历代王朝统治思想的重要内容,也是当今我国以民为本执政理念的重要内容。深入探讨大禹的民本思想,对传承中国传统思想文化,对国家的长治久安都会起到重要作用。

一、大禹民本思想的主要内容

1. 重民。大禹很重视民意,他充分认识到民众的地位和作用。《尚书大传·虞夏传》称舜禹等人“示不独专,重民之至”。《尚书·五子之歌》记载:“皇祖有训,民可近,不可下,民惟邦本,本固邦宁。予视天下,愚夫愚妇,一能胜予。”说明他充分认识到民众在国家中的地位和作用。大禹重民,并依靠民众的力量来治水,并且身先士卒,起到领导和带头作用,最终获得了治水的成功。

2. 养民。大禹重民,所以爱护和关心民众。《尚书·大禹谟》曰:“德惟善政,政在养民。”此外,大禹认为统治者要注意“正身之德”,即在位者要注意自正其德,正己以治民。再者,大禹认为统治者要勤俭节约,不奢侈浪费,将钱财用于为民兴利除弊。《吴越春秋·越王无余外传》记载:“见缚人,禹拊其背而哭。益曰:‘斯人犯法,自合如此。哭之何也?’禹曰:‘天下有道,民不罹辜;天下无道,罪及善人……吾为帝统治水土,调民安居,使得其所。今乃罹法如斯!此吾德薄不能化民证也。故哭之悲耳。’”可见大禹爱护、关心民众之心。

3. 利民。大禹重民、养民,其目的是利民。因此,当洪水泛滥于中国,民众面临无处安身的困境时,大禹急民众之所急,常常昼夜不眠地带领民众治水。在治水的过程中,为了治理水患,大禹“娶涂山氏女,不以私害公,自辛至甲四日,复往治水”。《史记·夏本纪》载:“(禹)劳身焦思,居外十三年,过家门不敢入。”上述情形,表现出大禹“舍小家顾大家”“三过家门而不入”的崇高品质,体现了大禹公而忘私的奉献精神。同时,大禹在治水过程中,积极救济灾民,发展生产,《史记·夏本纪》记载,禹“令益予众庶稻,可种卑湿。命后稷予众庶难得之食。食少,调有余相给,以均诸侯”。这样使得在灾荒之年人民生活也能够安定,真正做到为民着想、为民谋利。

二、大禹民本思想的发展

大禹的民本思想奠定了大禹治水成功的民众基础,获得了民众的尊重和拥戴,统治地位得到巩固。此外,大禹的民本思想为后来的夏商周和历代王朝统治者所沿用,成为历朝统治思想的重要内容,并不断丰富和发展。

如春秋战国时期管子的“以人为本”,老子的“贵以贱为本,高以下为基”“以百姓心为心”,孔子从仁的角度阐发的“修己以安百姓”,孟子的“民为贵,社稷次之,君为轻”,荀子的“水则载舟,水则覆舟”等。先秦诸子提出的这些民本思想已经上升到哲学的层面，站在国家的高度，为统治者治理国家提供借鉴。

汉唐时期民本思想进一步深化，如西汉贾谊提出的“民为政本”理论，提出“民者，万世之本也，不可欺”。汉唐大一统王朝之下，为巩固统一，加强皇权，必须采取一定的稳定民心的措施。尤其是开国初期，统治者们已经注意到要轻徭薄赋，与民休息，颁布一些有利于人民的政策。虽然这个时期的民本思想有了更多的维护统治的色彩，但是大禹民本思想中的重民、养民的思想内涵还是有所体现。

宋代朱熹提出了“国以民为本，社稷亦为民而立，而君之尊又系于二者之存亡”。朱熹的观点体现出孟子“民为贵，社稷次之，君为轻”的思想。他指出，如果人民和社稷出现了危机，那么君王就会受到严重的影响，甚至政权会被颠覆。这也是大禹民本思想的体现。

明太祖朱元璋提出“食者民之天，民乃邦之本”。出身穷苦民众之家并依靠农民起义当上皇帝的朱元璋，更明白民众的力量，因此民本思想也体现在明朝统治思想之中。

清朝康熙帝提出“治国之道，莫要于安民”。乾隆帝也指出“自古至治以养民为本”。乾隆帝站在历史的长河中审视历朝历代的兴亡更替，指出凡是能够养民的王朝都会达到盛世。这体现了清朝统治者的民本思想。

由此可见，中国传统思想史中的民本思想无论如何变迁、改造和发展，总是带有大禹的“民惟邦本，本固邦宁”民本思想的烙印。

三、大禹民本思想的现实意义

大禹认为人民群众为国家的根基，根固则国宁。他说：“民可敬，不可下，民惟邦本，本固邦宁。”这说明大禹很重视民意，充分认识到民众的地位和作用。这是大禹民本思想中重民的体现。大禹在治水的过程中,认识到民众的力量,带领民众一起治水,在他的科学方法的引领下,终于获得治水的成功,使得人们可以安居乐业,也成就了大禹在民众中的领袖地位。在当今我国社会主义现代化建设中,我们要发动广大民众的力量,共同建设社会主义。这样才能更好更快地把我国建成社会主义现代化强国,实现国家的长治久安。

大禹重民,所以爱护和关心民众。这是大禹民本思想中养民思想的体现。大禹在位时注意爱护和关心民众。不但在政治上轻徭薄赋,减轻民众的负担,还对民众倾注了感情,见到穷困的、犯罪的百姓,首先自我检讨,认为是自己德薄不足以化民。因此,百姓亲附,政令通行。大禹的养民思想对我国执政理念也是有重要意义的。我国现今以民为本、重视民生的执政理念正是大禹养民思想在现代的反映。我们需要不断汲取大禹民本思想的养料,不断丰富发展我国的执政理念。

大禹治水的成功以及在治水过程中形成的以民为本、德化天下的民本思想,对中国古代社会与中华文明的发展产生了极其深远的影响,为古代国家的产生与华夏民族精神的形成提供了相对稳定的地域、较好的环境条件和必要的物质基础与思想基础。

当前,我国正在全面建成小康社会,推进社会主义现代化,实现中华民族的伟大复兴,这是历史的呼唤和海内外中华儿女的共同愿望,也是史无前例的伟大事业。继承和发展大禹治水精神以及大禹的民本思想是中华民族生生不息、薪火相传的动力和支撑,是凝聚中华民族的重要思想基础,是各族人民团结和睦、共同奋斗的精神纽带。

(作者为许昌学院魏晋文化研究所讲师)

漫谈禹训中华

王培芳

“天地玄黄,宇宙洪荒;大河泛滥,洪水汤汤;圣人出世,神禹导江;奠定九州,万世景仰……”这位圣人,就是大禹——我国古代伟大的治水英雄,华夏文明的始祖之一。大禹是后世对他的尊称,他本姓姒,名文命,字高密,是黄帝的六世孙、昌意的曾孙。

根据《尚书》记载,大禹之孙太康失国,太康的五个弟弟携母逃到洛水边,“述大禹之戒以作歌”,是谓《五子之歌》;又据歌中“皇祖有训”“训有之”等语,可知《五子之歌》的第一首、第二首,就是“大禹之戒”——禹训。

一、禹训的主要内容

大禹告诫子孙:“民可近,不可下,民惟邦本,本固邦宁。予视天下,愚夫愚妇,一能胜予。一人三失,怨岂在明?不见是图。予临兆民,懔乎若朽索之驭六马。为人上者,奈何不敬?”用今天的话说,就是要求子孙对百姓要亲近、尊敬,不可小看、鄙视。百姓是国家的根本,根本牢固,国家才能安宁。要求子孙随时了解民情、及时排解民怨,不能老是犯错误。大禹曾现身说法:在我看来,天下的普通百姓,都有胜过我的地方;我治理国家、管理百姓,时刻心怀戒惧、如履薄冰……做君主的人,能不心怀敬畏吗?大禹还警告子孙:“内作色荒,外作禽荒。甘酒嗜音,峻宇雕墙。有一于此,未或不亡。”也就是说,不能醉生梦死、只顾打猎玩乐、沉迷于声色之中,也不能劳民伤财,否则就是自取灭亡。

二、禹训产生的依据

禹训,是大禹在治水安民浩大工程中的伟大发见。尧舜时期,洪水滔天,中原百姓苦不堪言。尧帝任命鲧去治水,“功之不成受诛”。舜帝继位,任命大禹接替他的父亲继续治水,大禹深感压力巨大,“乃劳身焦思,居外十三年,过家门不敢入”。大禹命令诸侯大量征集民夫,这就解决了人力问题。发动这些民夫治水,需要有力的后勤保障,大禹也是依靠百姓:安排后稷发放稻种,发展农业生产;深入各地考察,根据实情收缴贡赋;从富裕地区调拨余粮,运往工地……治水工程有序推进,这让大禹更清楚地看到了天下百姓的伟大力量。

禹训,是大禹在创建国家文明历史进程中的伟大发见。大禹历时十三年,劳心劳力,治水成功,声望如日中天,舜帝把他定为帝位的继承人。舜帝逝世以后,大禹把帝位让给舜帝的儿子商均,长期避居阳城。但是,天下诸侯都不去朝拜商均而来朝拜大禹。大禹这才继承天子之位,这样,大禹就缔造了华夏历史上第一个王朝——夏王朝。大禹这一亲身经历,同样让他深深地体会到,天下百姓的支持和拥戴,才是国家兴旺的力量之源。因此,大禹不光先前肩负治水重任,没有远离百姓,后来高居庙堂之上,也没有远离百姓。

三、景仰大禹之行

自古一直有这样一种人,嘴里说的是一套,做的又是另一套。大禹最可贵之处,就是不打诳语,坚持知行合一。因此,大禹之言、大禹之行,都为中华民族树立了千秋典范。

司马迁称赞大禹思维敏捷,办事勤奋,为人可亲,说话可信,举止端庄……一言一行,都可作为表率。大禹吃的饮食简单、穿的衣服简朴、住的房屋低矮。为了治水,他和女娇正新婚燕尔,就匆匆告别了……有一次,大禹路过家门听到妻子生产、儿子呱呱坠地,也顾不得进去看看。大禹赶旱路坐车,走水路坐船,过沼泽坐橇,翻山岭用樺,随身带着测绘工具。大禹通过观察、测量和思考,放弃了他父亲的错误做法,创造性地采用了疏导之法。现在,关于“十三年三过”,网上却有好事者以小人之心度君子之腹,指责大禹作秀、不近人情。其实,作为正常人,只要设身处地想想大禹父亲“功之不成受诛”,就能深切地体会到《史记 · 夏本纪》中的记载——“过家门不敢入”这“不敢”二字的分量。

根据夏商周断代工程年表,公元前2070年,大禹创建夏王朝。大禹即位之初,大会诸侯,主动请教,征询意见,检讨得失,消除了诸侯们的疑虑,赢得了诸侯们的信任。大禹铸造九鼎,置于禹都阳城,以示九州统一,这样,就减少了部落之间的争斗,为百姓增添了福祉。大禹为了能够听到百姓心声,首创了“五音听政”,他在禹都阳城安放五种乐器,贴出告示:能教他道理的,就打鼓;能讲明什么是“义”的,就敲钟;能为他提供新闻的,就摇铃;能告诉他百姓的忧事和急事的,就击磬;想打官司的,就摇动鞀。

这些案例极大地增加了禹训的含金量,让禹训具备了超越时空的感召力。

四、违背禹训的教训

大禹重视家教,多次训诫子孙。可没想到,他的孙子太康,也就是夏朝第三代君主,把祖父的教诲忘到九霄云外去了。太康不问政事,迷恋酒肉、美色,尤好狩猎、游玩,在即位第一年就让后羿夺去了国政,凄凄惨惨地死去。

翻开《二十四史》,像太康这样的奢靡昏庸之徒,每个朝代都有。喜欢酒池肉林的商纣王,是也;烽火戏诸侯的周幽王,是也;重用赵高被赵高逼死的秦二世,是也……而且,正如杜牧所云:“秦人不暇自哀,而后人哀之;后人哀之而不鉴之,亦使后人而复哀后人也。”不过,这不是中国历史的主流——两千多年来,大有作为的先贤,还是要多一些,他们在特定历史条件下,尽其所能奉献自己的聪明才智,为中华民族的形成和发展,建立了不朽功勋。

五、禹训永恒的魅力

禹训,不是一般的家训,而是中华民族共有的祖训,具有永恒的魅力。

中国历代先贤,都很重视禹训。建立殷商的成汤,推翻纣王的文武二王,包括周公,都是禹训的传承人,他们身体力行,不断将禹训发扬光大。孔子对他的弟子反复强调:“禹,吾无间然矣。”也就是说,他对大禹无法挑剔。孔子总结夏商以来兴亡的经验,包括“重民”思想,首创了以“仁爱”“德治”为核心的民本学说。孟子多次借用生动的历史故事,向国君、官员和他的弟子讲授禹训的意涵。孟子的“仁政”学说和“民贵君轻”理念,又是对孔子思想的继承和发展。隋朝,中国首创一项伟大制度——科举制度,这不但深刻地影响了全国的用人观,而且让禹训走下神坛,走向了民间,走进了天下士子的心里,得到了更加广泛的传播。宋明时期,公天下论者进一步提出:“天下者,天下之天下,非一人之私有。”就这样,禹训一步一步地演进、发展成独具民族特色的民本主义思想体系。

六、禹训也曾受到冷落

鸦片战争以来,中国陷入内忧外患。为了自强,一批仁人志士兴起洋务运动,但因守旧势力阻碍,加上这次近代化尝试具有很大的局限性,因此,经过甲午一战,一切都跟北洋水师的命运没什么两样了。1898 年戊戌变法,仅维持一百零三天,维新派就死的死、亡的亡,支持变法的光绪皇帝也失去了自由。又经义和团一阵瞎折腾,酿成“庚子国变”,八国联军侵入北京,清政府被迫签订丧权辱国的《辛丑条约》。这个时候,清政府又想到了变法,也做了一些实事,还曾预备“君主立宪”,然而,亡羊补牢,已经晚了。1911 年,辛亥革命推翻中国延续了两千多年的帝制,建立了共和国,然而,革命成果很快就被别人夺去,全国一盘散沙,“东亚病夫”的面貌没有改变。1919 年,在“巴黎和会”上,西方列强不仅断然拒绝中国提出的合理要求,而且做出了将德国在山东的权益转让日本的荒谬决定,更是严重损害了中国的利益,伤害了中国人的感情……

前前后后,不到 80 年,中国经历了“三千年未有之大变局”,这严重刺激了中国知识分子。因此,从晚清启蒙思想家、政治家、文学家魏源 1842 年写成《海国图志》以来,关注西方,介绍西方历史、地理、文化、科技以及政治学说之类的书籍逐渐多起来,对中华传统文化的反思、反省也逐渐多起来。这对于解放思想、开阔眼界以及加快中国的现代化进程,无疑起到了积极的推动作用。但是,凡事过犹不及,特别是“五四”以后,一部分人开始对中华传统文化进行妖魔化,一些中国人完全丧失了对民族文化的自信以及对民族文化的感情。

在这一背景下,相当一段时期,尽管由于惯性效应,大禹的事迹、大禹的传说仍在一定范围流传,但《五子之歌》中记载的禹训,知道的人就少得可怜了。

七、几处圣地要做好示范

涉及大禹的几处圣地,主要包括禹生之地、建都之地、大会诸侯之地以及归葬之地。这几处圣地,若能整合力量,则可更好地弘扬大禹文化、传承大禹精神。禹训,是大禹文化的精髓,也是大禹精神的核心,因此,这几处圣地,更有义务带头做好普及工作。

大禹出生之地,有好几种说法,其中,禹生北川一说,证据最为充分。

北川禹迹之多,位居全国之冠。禹穴"一线天"峡沟,对岸岩壁上可见虫篆体"禹穴"二字,据《四川通志》《龙安府志》记载,此"为大禹所书"。沟口楷书"禹穴"二字,《大清一统志》《蜀志》《杨升庵外集》《潜确居类书》《李太白全集》皆谓李白所书。禹穴沟桥头立有石碑,上有楷书"禹穴"二字,为唐代名臣、书法家颜真卿所书。禹里南一里许石纽村有两石纽结,上有阳文"石纽"二字,相传为西汉蜀郡成都人、大学者扬雄题刻。此外,北川境内还有岣嵝碑、誓水柱、采药亭、大禹庙和禹王宫等遗址遗迹。

禹生北川,文献记载明明白白。《竹书纪年》记载:"修己背剖而生禹于石纽。"《史记》记载:"禹兴于西羌。"扬雄生在蜀郡,对家乡了解更透彻,故在《蜀王本纪》中明确记载:"禹本汶山郡广柔县人也,生于石纽……"后来,唐朝从广柔县境域划出一片土地,新置石泉县(北川),大禹出生地"石纽"也被一并划入石泉县境。因此,北宋以来,历代典籍都明确记载禹生石泉。比如,《新唐书》记载:"石泉,中下……有石纽山。"又比如,明代进士钟惺(今湖北人)所著《有夏志传》,也在开篇写道:"……修已胸坼而生禹于僰道之石纽乡,即今四川龙安府石泉县石纽村禹穴是也。"类似记载,比比皆是。

历代中央政府,皆认定禹生北川。明清时期,朝廷对北川有许多特殊政策和特殊规定:六月六日大禹生日,县衙要用帝王、诸侯祭祀社稷的太牢(牛、羊、猪三牲齐备)致祭大禹;县衙两旁置有只有州、府以上机构才能有的鼓楼、乐楼,以备致祭大禹使用;录取科举秀才,按朝廷分配的名额加倍,而贡赋则减半或全免;县令必须科举出身,大禹华诞,县令须穿皇袍代表皇帝祭祀。乾隆皇帝钦定禹生北川,有案可查。

当代研究成果,确认禹生北川。20 世纪 80 年代,北川率先研究大禹文化,30 多年来,专家学者大都赞同禹生北川一说。著名历史学家李学勤教授明确提出,禹生北川,石纽为证,“只有北川羌族自治县禹里乡的石纽才是名符其实的石纽”(参见《北川重建,大禹故里何去何从?》,原载《南方日报》2008 年 5 月 27 日 B08 版),并为北川题写“羌禹故里　辉煌北川”几个大字。2007 年 6 月 25—27 日,中国民协专家组抵达北川考察大禹文化,认为北川是全国大禹文化底蕴最深厚的地区;7 月 6 日,专家组命名北川为“中国大禹文化之乡”。

大禹直系后裔,认同禹生北川。大禹故事,世代口耳相传,被国务院列入非物质文化遗产保护名录。大禹华诞祭祀大典,已经流传 1400 余年,被四川省政府列入非物质文化遗产保护名录。北川丰富的大禹文化,特别是独一无二的汉隶“石纽”石刻、虫篆体“禹穴”石刻等大禹文化遗迹,得到了海内外大禹后裔的认可。近几十年来,每年六月六日大禹华诞,北川各族群众都会祭祀大禹。届时,海内外大禹后裔,包括中国台湾的大禹后裔,以及世代为大禹守陵的浙江姒氏家族,多达数千人前来北川禹里祭禹、认祖归宗。

基于以上事实,禹生北川一说,自然顺理成章。考虑到大禹在中华民族中的崇高地位,考虑到各族人民弘扬大禹文化、传承大禹精神的迫切需要,其他地方自称大禹故里,也是一件好事。不过,作为政府部门,如果没有充分的考古依据,也没有足够的史料支撑,还是不要轻易表态好一些,不然,恐会在一定程度上损害学术界的声誉。

河南省登封市禹都阳城故地，安徽省蚌埠市禹会诸侯故地，浙江省绍兴市大禹归葬之地，有的也有不同说法，有的争议不大或是没有争议。说不如行，争不如做。这几处圣地，以及其他大禹文化比较丰富的地方，可以加强合作，共建体系完备的禹学。通过共建禹学，把海内外专家学者整合起来，打造一个中华大禹文化圈。通过打造中华大禹文化圈，结合全面建成小康社会这一伟大工程，建成一个中华大禹文化旅游圈。如此，不仅有利于弘扬大禹文化、传承大禹精神，而且有助于推动这几个地方经济社会持续发展。

在这方面，北川和绍兴作了一些有益的尝试，两地结成了“生死之交”——禹生北川，殁于绍兴，彼此重情谊，交流创双赢，这对于几处圣地如何携起手来，或可作为借鉴。

这几处圣地，更有义务率先印发书刊，或是镌刻碑铭，为在全国普及禹训作好表率。近年，每逢大禹华诞，北川举办祭禹大典，将诵读禹训纳入祭典仪式，或可予以推广。

八、依靠莘莘学子传诵禹训

为往圣继绝学，实现中华之复兴，莘莘学子是希望所在。因此，禹生之地北川、建都之地登封、大会诸侯之地蚌埠和归葬之地绍兴，可以率先将禹训编入乡土教材，让这几处圣地的莘莘学子，首先将禹训烂熟于心，继而内化为人格。这相当于搞试点，待有了成熟的经验，专家学者可写文章，专家学者中的人大代表和政协委员可递交议案、提案，通过多种途径，争取让禹训进入全国中、小学教材——小学译成白话文，中学使用原文。

九、传诵禹训的当代价值

英国历史学家汤因比说:“避免人类自杀之路,在这点上现在各民族中具有最充分准备的,是两千年来培育了独特思维方法的中华民族。”(参见《民族文化基因是中国梦的魂与根》,原载《光明日报》2014 年 9 月 24 日头版)这两千年来,培育这种独特思维方法的文化基因是什么?占据主流地位的就是儒学。知名禹羌文化研究家李德书教授认为,大禹是儒学之源,因此,禹训对于培育这种独特的思维方法起到了母乳的作用。

回望中华大地几千年来诞生的历史人物,可谓灿若星辰,但像大禹这样连孔子都挑不出毛病的圣贤,又有几个?国别不同,文化相通;族别不同,人心相通。所以,借助于传诵禹训,使更多的人了解大禹、研究大禹、学习大禹,并通过大家讲好这个中国故事,传播好这个中国声音,对于提升中华民族的软实力,同样善莫大焉。

北京大学教育文化战略研究所所长王继华教授曾说:教育的尽头是文化,继承的尽头是人格。传诵禹训的尽头,就是文化;继承禹训的尽头,就是人格。我们的先贤,因受禹训教导,即便打仗,也会心怀恻隐之心;《司马法》云,“以战止战,战之可也”是也。

禹德,彪炳神州,垂宪后世;

禹训,传诵万代,光耀中华。

(作者为中国民协会员,四川作协会员,北川政协第三、四届委员会常委,文联副主席,沙汀文学馆馆长)

大禹文化的传承与传播

对日本大禹信仰文化圈现状的考察研究报告

王　敏

一、对日本大禹信仰文化圈的现存状态之考察概略

自2006年以来,笔者参与的日本治水神禹王研究会始终坚持在日本全国各地考察挖掘大禹信仰的相关文物与史迹,经治水神禹王研究会禹王遗迹认定委员会的考察鉴定,至2016年10月相关文物已达124处(考察依然在继续)之多。

发掘并组织拓展日本大禹信仰文化各项活动的开展状况如下:

1. 考察日本大禹信仰文化圈的启动

对日本大禹信仰文化圈的考察始于笔者在2007年参加的共议21世纪神奈川发展的圆桌会议。我第一次得知位于富士山附近的神奈川县足柄地区有一座1726年修建的神禹祠(现在为福泽神社)及相关的文命(禹的别名)碑等。在此,我们需要高度重视,2013年6月,富士山入选世界文化遗产名录,

而来自中国的大禹的形象则成为富士山的一部分。该地区同时拥有富士山和大禹这两种象征性文化标志,似乎偶然,却意义深远。它意味着东亚文化经过相互接触、渗透、变化、融合,在文化交往纵横延伸、深入发展的过程中,同时也在反思、摸索,从而逐渐堆积成历史文化的原生态。日本当地300年来不间断地祭祀大禹,学校、水道、桥梁都以大禹命名,无不在讲述大禹与彼方风土的共生共融。同时为我们提供了分析日本混合文化之现代价值的宝贵实证资料。

资料:笔者编辑的论文集《共同研究的参考:国际日本学研究》(2013年3月,法政大学国际日本研究所发行)的封面采用当地文命东堤碑的碑文拓片,其间的“神禹”二字清晰可见。

石碑的现场照片

2. 举办有组织的全国性活动

2006年,以足柄地区的市民研究团队为中心,在当地政府的支持下,我们展开了全国性的调查。我们发现日本的禹文化是经过日本人自主移植和选择,为适应各个地方的风土和生活,在不断的交融演变过程中而自然形成的。因此,它既保留了中日两国混合文化的特色,又逐渐转换身份,确立了在日本的土地上治水神的定位。基于此特征,我们于2010年在神奈川县开成町举办了第一届日本全国禹王文化节。而后2012年第二届禹王文化节于群马、2013年第三届禹王文化节于高松市、2014年第四届禹王文化节于广岛市、2015年第五届禹王文化节于臼杵市相继举办。另外,2013年我们成立了民间研究机构治水神禹王研究会,并发行了会刊,2015 年成立了鉴定审查大禹相关历史遗址和文物的审委会。禹王文化节筹委会决定,从 2016 年起,日本禹王文化节每两年在拥有大禹文物和祭祀之地轮流举办。2017 年 10 月,第六届禹王文化节将于山梨县富士川畔举办。

资料:第六届禹王文化节禹王酒。

资料:日本群马县片品村的大禹皇帝碑。该碑的字体与中国湖南省长沙市岳麓山和武汉、绍兴市会稽山的大禹碑的碑文(篆书体)极为相似。

群马县片品村的
大禹皇帝碑

· 1874年建立

· 高2.3m
宽1.4m
厚0.9m

· 字体与内容和中国的绍兴市会稽山的大禹陵的碑文酷似
字数 77字
(7行 11字)
字体 篆书体

3. 导入大型国际学术会议

2015 年 5 月 9—11 日,我们在神奈川县开成町成功举办了第七届东亚文化交涉学国际学术会议,来自七个国家的300多名研究人员和市民参加了会议。会议成果以中日韩三国语言和英文版的形式向世界各地传递,并获得了天皇夫妇的赞扬。

资料:2014年10月18—19日,日本第四届禹王文化节设定在大禹谟邻近的世界和平城市广岛市和平纪念公园内的国际会场举行,文化节的开幕式将在日本治水神禹王研究会会长代表与会者向和平纪念碑献花仪式后开启,笔者应邀赴会做基调演讲。题目是:大禹文化所疏通的东亚和平。然而,由于当地突发的恶性泥石流的影响,会议改为网上召开。右图是以大禹谟为标记的第四届禹王文化节的广告。

4. 日本大禹信仰文化圈的考察资料简述

其一,日本最早的禹王庙是1228年的京都·鸭川禹王庙。相关资料参见:日本《新修京都丛书·第10卷》,黑川道祐撰,临川书店,1968年版。下图为书中所记载的夏禹王庙文。

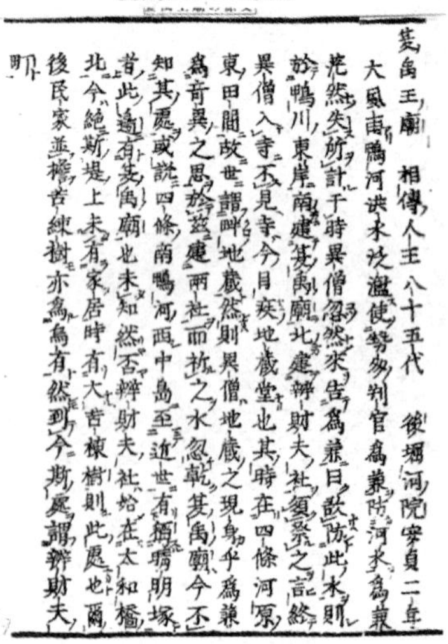
夏禹王庙の原文

夏禹王廟
相傳人王八十五代　後堀河院安貞二年
大風雨鴨河洪水泛溢使勢多判官爲兼防河水爲兼
茫然失所計于時異僧忽然來告爲兼曰欲防此水則
於鴨川東岸南建夏禹廟北建辨財夫社須祭之言終
異僧入寺不見寺今目疾地藏堂也其時在四條河原
東田間故世謂此地藏然則異僧地藏之現身乎爲兼
爲奇異之思於茲建兩社而祈之水忽乾其禹廟今不
知其處或說四條南鴨河西中島至近世有稱晴明塚
者此適有夏禹廟也未知然否辨財夫社始在太和橋
北今絶斯堤上未有家居時有大古楝樹則此處也爾
後民家並檐古楝樹亦爲烏有然到今斯處謂辨財夫
耶

其二,日本现存最古老的大禹膜拜物(二例)。

1637年建造的香川县高松市的“大禹谟”碑

1630年铸造的禹王金像。高度约为80cm,现为名古屋的德川美术馆所收藏

其三,两则与大禹有关的最早的日本文献记载。

(1)712年编纂的《古事记》(太安万吕编)序言中记载:“当今的元明天皇名比夏之文命高、德高胜于殷之汤王”。

(2)在考德天皇(36代,645—654年在位)时代的《日本书记》(720年完成)中,引禹王之德行赞美天皇。

其四,根据目前的考察结果,日本现存的禹祭大致有以下几处:

1708年建立,琦玉县的文命圣庙

1719年建立,大阪府岛本町的夏大禹圣王庙

1726年建立,神奈川县酒匂川流域的文命东堤碑和西堤碑

1740年建立,大分县臼杵市的禹稷合祀坛

1838年建立,岐阜县揖斐川流域的禹王灯笼

1919年建立,群马县沼田市的禹王碑

2012年建立,兵库县姬路市的鱼吹八幡宫

2013年建立,广岛市的大禹谟

在此,仅择2014年5月所举办的两项祭祀活动做一简介。

(1)岐阜县海津市的禹王祭。

当地居民每年都在5月14日黄昏,集聚在街头的祠堂,面向祠堂正中所供奉的禹王挂轴顶礼膜拜,感谢他除灾祛病,保佑这一方土地五谷丰登、人兽平安。据当地居民介绍,这一祭祀活动至少已经延续了160年之久。

(2)神奈川县西部酒匂川流域的足柄地区的文命祭祀。

据神奈川县立公文书馆所收藏的1879年的“神社明细账”记载,始建于1724年的福泽神社原名取自大禹的别名“文命”,其祭神为“夏禹王”。1841年的《新编相模国风土记稿》第一集班目村、川村岸之项中也提及了文命神社,明确记载有其“祭神 · 禹”的史实。因此,足柄地区有很多设施以文命命名。如文命中学、文命隧道、文命用水、文命桥等。自300年前起,当地每年都在5月5日于神社举办丰富多彩的文命祭祀活动。

二、开发日本大禹信仰文化圈于当代中日关系的现实意义与价值

1.和平的正能量是安全保障的基础

在现存大禹遗迹统计表中,有18处建于甲午战争以来到1972年中日建交正常化之间。即在1894—1972年的78年之间,大禹的形象突破国与国之间的战火重围,源远流长于日本民间,根植于风土民情深层的历史文化血脉经久不衰。这一事实明显地证明了国与国、国与民、民与民、文化与政治军事诸种关系之间的走向、规律与特点。它提示我们,在中日交流的长河中,和平、正面的选项可以跨越政治障碍,人文交流和朴素的民俗学的魅力可以连接人心,前人的智慧与方法令今人深思、反思、引以为鉴。

1894—1972 年:78 年间所建立的 18 座大禹纪念碑(根据年代顺序排列　大胁良夫制作)

<table>
<tr><th>年代</th><th>遗迹名称与禹的“刻字”</th><th>所在地(水系与县名)</th><th>日中关系主要大事记</th></tr>
<tr><td>1895</td><td>船桥隋庵水土功绩之碑“大禹圣人”</td><td>利根川、千叶县野田市</td><td rowspan="5">1894~1895 年
甲午战争
1898 年
列强分割中国
1899—1901 年
义和团事件</td></tr>
<tr><td>1896</td><td>篠田·大岩二君功劳纪功碑“神功禹绩”</td><td>日野川、鸟取县伯耆町</td></tr>
<tr><td>1897</td><td>川村孙兵卫纪功碑“神禹以后唯有公”</td><td>北上川、宫城县石卷市</td></tr>
<tr><td>1900</td><td>禹功德利“其业何为让禹功”</td><td>木曾川、爱知县爱西市</td></tr>
<tr><td>1908</td><td>禹功门</td><td>揖斐川、岐阜县养老郡</td></tr>
<tr><td>1908</td><td>川口修提之碑“呜呼微禹　吾其鱼乎”</td><td>旭川、冈山县冈山市</td><td rowspan="4">1911 年　辛亥革命
1912 年　清朝灭亡
1915 年　日本对华提出 21 条要求</td></tr>
<tr><td>1909</td><td>淀川改修纪功碑“以称神禹之功”</td><td>淀川、大阪市都岛区</td></tr>
<tr><td>1912</td><td>九头龙川修治碑“称功轶神禹矣”</td><td>九头龙川、福井县福井</td></tr>
<tr><td>1919</td><td>禹王之碑“禹王之碑”</td><td>利根川、群马县沼田市</td></tr>
<tr><td>1923</td><td>治水翁碑“是颉颃神禹功”</td><td>淀川、大阪府四条畷市</td><td></td></tr>
<tr><td>1923</td><td>大桥房太郎君纪功碑“大禹治水”</td><td>淀川、大阪府四条畷市</td><td></td></tr>
<tr><td>1923</td><td>西田明则君之碑“大禹治水”</td><td>东京湾、神奈川县横须贺市</td><td></td></tr>
<tr><td>1924</td><td>黄檗高泉诗碑“何人治水功如禹”</td><td>桂川、京都市西京区</td><td></td></tr>
<tr><td>1928</td><td>诗佛上人诗碑“胜禹业纪之心花盛开”</td><td>信浓川、新潟县燕市</td><td rowspan="4">1931 年　九一八事变
1932 年　伪满洲国建国宣言
1937 年　卢沟桥事变、全面侵华战争开始、南京大屠杀</td></tr>
<tr><td>1936</td><td>砂防纪念碑“开荒成田　禹绩豹功垂”</td><td>鱼野川、新潟县南鱼沼群</td></tr>
<tr><td>1937</td><td>古市公威像“不让大禹疏凿之功”</td><td>东京大学正门、东京都文京区</td></tr>
<tr><td>1954</td><td>大榑川水门改筑纪念碑“禹功门”</td><td>揖斐川、岐阜县养老郡</td></tr>
<tr><td>1972</td><td>大禹谟“大禹谟”</td><td>太田川、广岛县广岛市</td><td>1972 年　中日邦交正常化</td></tr>
</table>

2. 传统文化助力和平对话

京都御所内的《大禹戒酒防微图》。

悬挂在京都御所[①]的御常御殿隔扇之上的《大禹戒酒防微图》出自江户末期与明治初期的狩野派画家鹤泽探真之手。狩野派是日本绘画史上最大的画派,其最大特点是专注源于中国的伦理道德体系,将其全方位地体现于画面。其画法则结合日本式欣赏习惯和特色,具有雅俗共赏的效果。

① 京都御所是天皇的寝宫,位于京都市中心上京区内,最初是作为天皇的第二宫殿而建成的,从 1331 年至 1868 年这里主要作居住用,随着幕府的没落和明治天皇重掌朝政,新的皇宫移至东京。

京都御所的其他以中国帝王为原型的狩野派的作品还有《高宗梦赉良弼图》和《尧任贤图治图》,这两幅作品与《大禹戒酒防微图》合为隔扇画三图,其作者分别为座田重就和狩野永岳。

京都御所是日本平安时代时的政治行政中心。从公元781年天皇自奈良迁都京都到明治维新的1074年中,它一直是历代天皇的住所,后又成为天皇的行宫。从1331年至1868年,有28位天皇生活工作在此,与《大禹戒酒防微图》同呼吸共命运。其目的十分明确:以大禹为楷模,保持传统的自重、自尊、自戒、自勉、自强不息的精神,以期成为万众所望的德君。而日本皇室尊奉以大禹为典范的中华文明还体现在以下几个方面。

①以中国传统文化中的精华为建国治世之鉴

自古以来,日本的天皇就是引进并学习中国文化的推手。他们的日常规诫中也多有中国文化中的圣王和圣人的言行。中国的伦理道德融入皇室的教化深处,并成为其言行的指南。因此,直至今日,东方式传统的伦理道德因更贴近日本历代皇室所传承的价值体系,更容易被皇室所理解和接受。

②皇室指定国号源于中国古典

日本受大禹文化影响较深,当今天皇的年号"平成"便出自《尚书·大禹谟》,原文记录了大禹治水的成果所展现的壮观就是"地平天成"。

资料:出自日本著名画家狩野山雪笔下的《历圣大儒像　大禹》挂轴。该画为1633年作,画中题辞亦选自《尚书》中的"地平天成"。该挂轴现存日本国立美术馆。

《尚书·大禹谟》刻在唐文宗太和四年(830)的《开成石经》中。其中包括《周易》《尚书》等12种经书,被誉为"世界上最大最重的一部书",由114块石刻组成,共计 65 万余字,现存西安碑林博物馆。

1992 年 10 月 26 日上午 11 点,首次访华的天皇夫妇抵达西安碑林博物馆,亲临目睹了《开成石经》中的平成字迹,感慨万千。时值中日邦交正常化 20 周年纪念之际。

照片来自人民网

位于岐阜县中津川市的“地平天成”碑,平成九年竣工。碑文提到了“大禹谟”。

地平天成碑(纵 5 m,幅 4 m,厚 1.5 m,土台 2 m),撮影:大胁良夫。

综上所述,至少从 5 世纪汉字与汉籍传入日本开始,日本皇室就对大禹抱有非同一般的深刻认识和感悟。大禹在日本的定位与而后的帝王学与帝王图鉴相得益彰,深得朝野拥戴,自然而然地便加入日本文化中的信仰对象行列,并逐渐演化为日本本土的大禹信仰。

3. 解读日本中国观的一扇窗口

由于近代以来日本的国家价值观在实现富国强兵的过程中倾向脱亚入欧,以西方合理主义和实用主义为核心标准(尽管日本战败后致力于和平建设,1972 年中日邦交正常化以来,中日关系有了一定的调整改善),16 世纪前日本国民的以中国伦理道德为参照的观念发生了根本性的转变,其结果导致了其关注重点的移位,与中国相关的各方面的知识都开始淡化,中国观的内涵也随之逐渐发生了改变。因此,提到"中华"二字,当今日本人最先联想到的大概就是中华料理了,而昔日日本人所关心和热衷的中国的文史哲方面的知识已成为古董,而非参照物。

但是,一经追根溯源、以史为鉴的文化整理,当代日本人大都醒悟,积极响应,小文所述内容便充分反映了这一倾向。这是认识当今日本对华意识之一角。它不可能笼括整体,也不是天方夜谭。把握时代的变化与时代精神的流向以及生活在不同时代的生活者的价值取向,大概有助于解读日本。而对日本进行过调查研究以及积累过生活体验的人都应有所自觉:解读日本的同时,也是解读中国的"双向"过程,是一种自发的"对应的相互探讨"。

笔者期待对境外中华文明的流传过程的考察和研究将对中日当代的战略性互惠关系的发展提供参考,为东亚和平做出独特的贡献。

4. 重新定位东亚文明的内外联动

在日本,虽然大禹的流传和信仰早已经获得共识,并演化为生活中的默契价值,但由于其流于日常并分散于各个地区,从而使日本忽略了对大禹文化体系的整理和分析,更没有在日本、中国和亚洲开展相关交流。不过,这种状况自 2006 年以来发生了根本性的变化。如小文所述,日本大禹信仰研究的发展、相关地区的市民联动,启动了挖掘日本大禹信仰文化圈的新局面。一些地区还将结合中国的大禹文化的考察成果与地方志、地方史研究挂钩,选择其中的内容纳入本地区义务教育的辅助教材,自发地参与以大禹为切入点的东方文明建设。

三、韩国的大禹信仰现状

在韩国,不仅“禹”姓的人很多,含有“禹”字的地名也很多,像禹山、禹津江、禹池里等。与禹王相关的历史遗迹有位于庆赏北道六香山的禹王碑。1662年由一位名叫许穆①(1595—1682)的官员为祈求风平浪静而建。这座“大韩平水赞碑”的建立目的和日本一样,被认为是出于对“治水之神”禹王的信仰。

韩国的《檀君古记》等伪作(《檀君古记》被历史学界鉴定为近年所创作)中,其建国神话中有禹王登场。例如,《檀君古记·檀君世纪》中有“甲戌六十七年,帝遣太子扶娄与虞司空会涂山,太子传五行治水法,勘定国界”(甲戌六十七年,帝派遣太子扶娄与涂山的虞司空会面。虞司空传授太子五行治水的方法,勘定国界)。

鉴于韩国对禹王和古代中国史的深入了解,可以推测这里所说的与太子扶娄会面的“涂山”、“司空”(司空是六官之一,掌管水利、土木以及囚犯管理)就是娶了涂山家女儿、被舜帝任命为司空的禹王,扶娄所学的五行治水之法就是“治水之神”禹王所授。在《檀君古记》中,太子扶娄作为“檀君二世”继帝位,经过“贤而多福”的扶娄之治,韩国文化大进。

与之相关,在韩国,为称颂学习了禹王治水方法的扶娄,现在依然举行着名为“业主嘉利”的祭祀。这些故事的原型可能源自1675年的伪史《揆圆史

① 许穆,字文甫、和甫,号眉叟、台领老人,谥号文正。是李氏朝鲜后期的政治家、思想家及作家、诗人、画家、教育家,礼讼争议时南人党的强硬派及领导人。历官大司成、吏曹判书、大司宪、右议政等。

话》①,即便它们并非史实,但在建国神话中让禹王登场,如此的知识素养和想象力是值得深思的。据说李氏朝鲜第19代国王肃宗②(1661—1720年)还创作了赞颂禹王的诗句,即使这是基于神话的误传,也能说明朝鲜王朝内存在着对禹王的信仰和崇敬。

从以上可以看出,作为治水象征的禹王,自古以来就是东亚三国共同信仰的对象,现在还广泛存在于当代社会生活之中。

四、大禹成为东亚民间信仰对象的背景解析

1. 大禹是东亚原始知识共同体的认知象征。东亚内部的人口大迁移伴随着知识与智慧的共同利用与共同开发。“四书五经”以及中国古代经典则是最古老、最原初的知识平台的基础框架,也是牵动、引发不同种族和地域互动的强韧的核心纽带。而“四书五经”以及中国古代经典对于大禹的记载对其传播起到了决定性作用。从汉字经韩国人王仁带到日本,成为日本的国语之后,“四书五经”就被日本定为经典范本。其中,“禹”一共出现了31次。

以大禹为主题的主要日籍文献有《古事记》《三教指归》《性灵集》《徒然草》《太阁记》《折りたく柴の记》《政谈杂话》《一人寝》《都鄙问答》《三壶记》《政谈杂话》《诽风柳多留》《风来山人集》《地方凡例录》等。而韩国更多,在此不做赘言。

2. 大禹乘“四书五经”之风东进日本后,被历来深受地震、水灾之苦的日本人民奉为信仰的对象,移植为保佑本土的祭祀符号。对于处于原始农业生

① 《揆圆史话》,是一部有关古代朝鲜的书籍,成书时间有争议,在1925年出版的《檀典要义》中首次提及并引用。

② 肃宗:朝鲜肃宗,名李焞,是李氏朝鲜的第19代君主,庙号肃宗(숙종),谥号显义光伦睿圣英烈裕谟永运洪仁峻德配天合道启休笃庆正中协极神毅大勋章文宪武敬明元孝大王(清朝赐谥僖顺大王),葬于高阳明陵。他在位时,后宫张禧嫔曾干预朝政,后因巫蛊事件而被灌毒汤赐死。

产状态的日本来讲,大禹不仅是治水之神,也是具有超人技能的科学家。

3. 以疏通为主的大禹治水方法经过中国的成功实践后传到日本,直至今日,日本的土木建设行业仍然奉大禹为开拓者。日本传统相扑中的姿势也借鉴了大禹治水时人工垒夯、用脚奋力踏实堤土的形象。日语中叫做“禹步”。

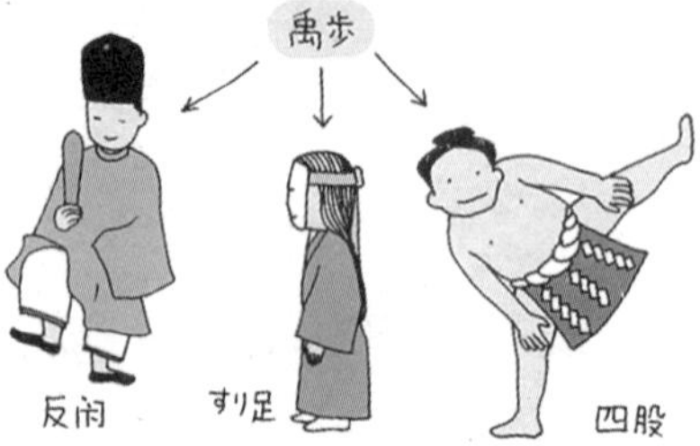

4. 日语中的一些词汇源于大禹的故事。例如,“鲤鱼跳龙门”的“龙门”[①]指的是公元前 2132 年禹王治理过的黄河上游的一处地名。据日本的《大辞林》记载,“能越过黄河上流瀑布——龙门的鲤鱼可以成龙,以此比喻出人头地”。据此,日本在 5 月 5 日的传统节日端午节前后,家家户户都要高挂鲤鱼旗[②],以寄托望子成龙的希望。挂鲤鱼旗的习俗最初始于江户时代[③]的武士家族,后被民间效仿并普及开来。

“鼎谈”[④]一词出自公元前 2067 年禹王主持铸造的“九鼎”(鼎是三足金属祭器,王权的象征),由此而延伸的“问鼎之轻重”[⑤](《春秋左氏传》宣公三年)

---

① 龙门:在晋陕峡谷的最南端,北距壶口瀑布 65 公里。龙门之南就是开阔的关中平原了。黄河水从狭窄的龙门口进入宽阔的河床中,河性发生了很大的变化。龙门之形成,因其东龙门山和其西梁山各伸出山脊,相互靠拢,成为一个只有 100 多米宽的狭窄口门,束住河水,形成湍急的水流。每当洪水季节,水位升高,而出了狭谷后河谷变宽,水位骤降,落差很大,故有“龙门三跌水”之说。“鲤鱼跳龙门”的传说,就是指跳越此处。

② 鲤鱼旗:日本全国各地都有悬挂鲤鱼旗的风俗,随风招展的鲤鱼旗成为端午节的一道独特风景。挂鲤鱼旗时,一般旗杆顶端要有旋转球或者宝珠造型,下面安装风车,然后旗杆最上端是无色或者描绘鲤鱼的风幡,以下根据大小依次悬挂黑鲤鱼、红鲤鱼、小鲤鱼等。不过不少公共场合也将鲤鱼旗作为装饰品成排悬挂。

③ 江户时代:是德川幕府统治日本的年代,时间由 1603 年创立到 1867 年的大政奉还。是日本封建统治的最后一个时代。

④ 鼎谈:三人对面交谈。

⑤ 问鼎之轻重:问鼎的大小轻重。指妄图夺取天下。

也是日语中经常使用的典故之一,演变为语言符号的大禹必将流芳千古。

五、结语

毫无疑问,21世纪是东亚的时代。如果东亚各国在所有领域都不断加强合作,那么发展势头将会越发迅猛。对于今后进一步的合作,我们应当发挥怎样的作用?笔者认为,历史文化方面的携手并进将先行于其他领域。上述研究成果便是有力的证明。

古代中国的先民领袖大禹"远渡"日本后,在这片土地上被拥戴千年之久,乃至今天。这个事实可以说明东亚文化间的和平交往不仅曾经在历史上,而且在当代也具有极高的价值。

自2006年以来,以日本治水神禹王研究会为主体的全国性调研之中,挖掘出遍布日本的107处大禹信仰的史迹文物。北起北海道,南至冲绳,大禹在日本这片土地上源远流长,被拥戴千年之久。这个事实可以说明东亚间的历史文化交往不仅"活在"史前,而且仍然"活在"当代,与现代人息息相关。日本的大禹信仰文化完全出自日本人的主动移植和自觉选择,并逐渐融入日本的风土和民众的生活,在不断的交融演变过程中立足生成。因此,日本的大禹信仰具有中日两国混合文化的显著特征。

以境外大禹信仰文化为切入点,让我们追溯历史,展望未来,东亚间的多元交流历经相互接触、渗透、演变、融合,在历史文化的时空纵横延伸,共同堆建起具有浓郁的东亚特色的原生态。而今,在大禹信仰所滋育的连绵基础之上,其成果也润泽着现代人的日常生活。比如,日本日历中的大禹祭祀日,神奈川县开成町的中学名——文命中学、文命水渠,各地的桥梁与水坝等建筑物的奠基文中对治水先贤大禹的赞扬等,无一不在述说大禹与彼方风土共生共存。

大禹信仰跨越千年,联系着中日两国。这种互联互通的关系还扩大到了东亚、东南亚等地,为广泛的区域和民众所共享。笔者相信,与此相关的研究成果,不仅可以广泛运用于对中日文化关系的分析,也能够在东亚文化交涉学等学术领域做出大的贡献。特别是从作为东亚知识结构的基础——汉字文明的象征的角度来审视大禹信仰,我们将理解在2013年的中日韩三国政府会议上,由福田康夫首相主导提出的推广使用808个共同汉字的三国协议的深远意义。

在东亚共享的大禹信仰底层,贯穿着互联互通的智慧循环。而动态地把握其间的多维视角参照,势必汲取正能量,捕捉到健康的方向。因此,境外大禹信仰研究将成为一种参考、一种借鉴,推动日本境内各项研究的建设性发展。与此同时,也会反哺日本境外,不断推进互学互惠,内外联手共进。让我们走近日本的大禹信仰,共同探索汉字文明的智慧,共同打造多彩、平等、融合、互惠的地球。

(注:小文中的一部分曾先后在2016年6月召开的亚洲文明互鉴北京国际学术研讨会、同年10月召开的东亚文明威海论坛上发表)

(作者为日本法政大学教授、治水神禹王研究会顾问)

新中国成立以来大禹及其相关问题研究述评

王记录　王　丹

大禹作为开创中国古代文明的始祖之一，从古至今，一直备受人们关注和推崇。大禹治水、会诸侯于涂山等事迹在《尚书》《左传》《孟子》《山海经》《史记》等古代经典文献中均有记载。“禹疏九河，瀹济、漯而注诸海，决汝、汉，排淮、泗而注之江，然后中国可得而食也。”[①]从文献记载看，大禹是历经磨难、不畏艰险、心怀天下、勇敢向前的古代圣王形象。而历代由大禹相关事迹衍生出的传说则更多地附加了神话色彩。在对大禹进行神化渲染的过程中，大禹传说历代相传，经久不息。大禹及其传说经过了千百年的发展，及至新中国成立，日益受到学界广泛关注，人们从历史学、神话学、民族学、人类学、考古学等诸多角度对大禹及其相关问题展开研究，呈现出跨学科、多领域的研究特征，成果丰硕，创建良多。

新中国成立以来的大禹研究可分为两个阶段。第一个阶段为 20 世纪 50

① 杨伯峻译注:《孟子译注》,中华书局,2010 年,第 114 页。

年代至70年代,这一时期的大禹研究处于低潮期。第二个阶段为20世纪80年代至今,大禹及其相关问题受到广泛关注,大禹研究进入高潮期。

20世纪50年代至70年代的大禹研究成果稀少,仅有几篇针对大禹治水传说进行简单考证的文章,其中包括:赵光贤《关于大禹治水的传说》一文列举相关文献记载,并结合古代中国的地理环境、古代洪水传说等,得出大禹治水是真实存在的结论,并指出在历史教学中讲授大禹治水的故事,对青年学生具有思想教育的价值。[①] 周魁一《先秦传说中大禹治水及其含义的初步解释》一文结合相关文献记载,论述了大禹治水的前因后果,分析论证了大禹治水的真实性,阐述了大禹治水对后世社会产生的重大影响。[②] 除上述论文外,这一时期以顾颉刚为代表的古史辨派仍关注着大禹问题。他们对大禹传说中的神话因素做了相关的推论。1957年,顾颉刚在《文史哲》上发表《息壤考》一文,对鲧、禹父子以息壤治水的传说进行了论述,并根据相关资料对鲧、禹治水神话的起源、发展演变做了一系列的考辨梳理,最终推论出大禹治水的神话故事是随着历代民众思想的变化而逐渐演变的。[③]

20世纪80年代以来,学者在“走出疑古时代”的号召下,把大禹研究不断向更深更广的领域扩展。除史学界专家学者根据相关记载对其进行分析考证外,人类学、民族学、神话学等工作者也纷纷采用各自学科的研究方法对大禹进行研究。这一时期的大禹研究呈现繁荣景象,研究思路多元,方法多样,研究成果丰富。从研究内容看,相关成果主要可分为五类:第一类是从史学角度对大禹及其事迹进行考辨;第二类是从文化角度探究大禹传说对后世文明所产生的影响;第三类是对大禹传说中的神话因素进行解读;第四类是从

① 赵光贤:《关于大禹治水的传说》,《历史教学》1955年第4期。

② 周魁一:《先秦传说中大禹治水及其含义的初步解释》,《武汉水利电力学院学报(自然科学版)》1978年第21期。

③ 顾颉刚:《息壤考》,《文史哲》1957年第10期。

民族学、人类学角度对大禹传说的文化内涵进行探讨；第五类是从考古学角度探究“禹都阳城”问题。

一、从史学角度对大禹及其事迹进行考辨

在此类研究中，学者多是采用考古资料与文献记载相结合的方法，对大禹历史功绩、大禹治水传说的真实性及地域范围、大禹出生地及会诸侯所在地等方面进行考辨。

其一，对大禹历史功绩进行评价。这方面研究主要包括：牛庸懋《关于大禹的功绩与夏代文学问题的我见》一文，将大禹的功绩总结为“疏通九河，根治洪水；平定有苗，杜绝外患；废禅让旧制，开王位世及之局”[①]三个方面。金景芳《禹在历史上所起的伟大作用》则分别从“征有苗，合诸侯，画九州，任土作贡”[②]等事迹来分析大禹为中国古代社会带来的巨大影响。孙致中在《论鲧禹治水的功过及其不同遭遇的原因》一文中，论证了鲧禹父子治水方法无异，实际上功过是相同的，然而二人的结局却截然不同，实质上是由父系氏族社会晚期的政治斗争导致的。[③]

其二，对大禹治水进行探究。这方面的研究大致分为两个部分：第一部分为对大禹治水传说的真实性进行的考证；第二部分为对大禹治水地域范围的讨论。

首先说第一部分，即对大禹治水传说真实性进行的考证研究。徐建春《大禹治水神话研究中的新发现》一文从考古学、地理学等角度入手，考证得

---

① 牛庸懋：《关于大禹的功绩与夏代文学问题的我见》，《河南师范大学学报（社会科学版）》1980 年第 1 期。

② 金景芳：《禹在历史上所起的伟大作用》，《史学月刊》1980 年第 2 期。

③ 孙致中：《论鲧禹治水的功过及其不同遭遇的原因》，《齐鲁学刊》1982 年第 3 期。

出大禹治水传说不可能是黄河流域的产物,其应产生于越,更进一步指出大禹的传说是卷转虫海侵在越族人民头脑中的歪曲反映。[①] 他的另一篇文章《大禹、会稽与夏文化》对此观点进行了更为详细的论述。[②] 陈剩勇《大禹治水传说的历史本相》一文指出,所谓“洪水”,实质上是东部沿海平原地区发生的海侵。[③] 这些文章皆认为大禹治水是不可信的。但是,也有学者从气候、地形等方面进行探究,证明大禹治水是信史。沈长云在《论禹治洪水真象兼论夏史研究诸问题》一文中不仅充分肯定大禹治水的真实性,还认为洪水发生于古兖州。[④] 余伟侬在《“大禹治水”新说》一文中认为大禹确实治过水,只是大禹治水传说包含了太多的神话成分。[⑤] 周述春《四千年前黄河北流改道与鲧禹治水考》一文认为鲧禹主要治理的是堙塞黄河南流的故道。[⑥] 吴文祥、葛全胜《夏朝前夕洪水发生的可能性及大禹治水真相》一文根据古代的气候状况分析,认为史前大洪水是真实发生过的。[⑦] 李亚光《对大禹治水的再认识》一文认为大禹治水是真实存在的,并发生于黄河中下游流域。[⑧]

其次说第二部分,即对大禹治水地域范围的讨论。马宗申《关于我国古代洪水和大禹治水的探讨》一文指出大禹是利用沟洫排尽积水来平治水土的,而当时洪水的发生地应在今晋西南的汾浍流域。[⑨] 王纯五在《大禹治水的地域、〈禹贡〉江沱及成都古城址》一文中指出,相关文献记载有大禹在四川治水的史实,因此他认为四川为大禹治水之地。[⑩] 杨善群《大禹治水地域与作用

① 徐建春:《大禹治水神话研究中的新发现》,《江西社会科学》1990 年第 4 期。
② 徐建春:《大禹、会稽与夏文化》,《杭州师范学院学报》2000 年第 2 期。
③ 陈剩勇:《大禹治水传说的历史本相》,《学习与思考》1995 年第 4 期。
④ 沈长云:《论禹治洪水真象兼论夏史研究诸问题》,《学术月刊》1994 年第 6 期。
⑤ 余伟侬:《“大禹治水”新说》,《韩山师专学报》1993 年第 2 期。
⑥ 周述春:《四千年前黄河北流改道与鲧禹治水考》,《中国历史地理论丛》1994 年第 1 期。
⑦ 吴文祥、葛全胜:《夏朝前夕洪水发生的可能性及大禹治水真相》,《第四纪研究》2005 年第 6 期。
⑧ 李亚光:《对大禹治水的再认识》,《社会科学辑刊》2008 年第 4 期。
⑨ 马宗申:《关于我国古代洪水和大禹治水的探讨》,《农业考古》1982 年第 2 期。
⑩ 王纯五:《大禹治水的地域、〈禹贡〉江沱及成都古城址》,《四川文物》1999 年第 1 期。

探论》一文则认为大禹治水的范围分为"古兖州;古豫州;古冀州;古荆州、扬州、徐州;古雍州、梁州"这五个区域,几乎遍及九州。[①] 侯仰军《考古发现与大禹治水真相》一文,考证出大禹治水的范围不会超出今天的豫东、鲁西南地域。[②] 何沛东在他的硕士论文《"大禹治水"传说的发生地域新考——以"汝海"为中心的分析》中提出大禹治水传说最初的发生地极有可能为"汝海",即伊、洛、颍、汝河流域,也就是现在的豫西地区。[③] 孙国江《大禹治水传说的历史地域化演变》一文指出,大禹治水的范围是由黄河中上游向南方的长江流域扩展的,而有关大禹治水的传说则是在漫长的历史进程中,与各地的文化结合,带有地域性特征,并不断产生新的变体。[④] 李健胜《"大禹出于西羌"辨》一文根据夏族活动轨迹,认为大禹治水的范围在晋南、豫西、关中及古济、河之间。[⑤]

在大禹治水地域范围的诸多说法中,古兖州为大禹治水的地域范围一说在学界支持者尤多,徐旭生在《中国古史的传说时代》一书中,对大禹治水进行了详细分析,认为当时洪水主要发生于兖州,其次发生在豫州、徐州境内。他指出"禹平水土遍及九州"一说是后人夸大而成。[⑥] 沈长云在《论禹治洪水真象兼论夏史研究诸问题》一文中也认为洪水发生于古兖州,并对马宗申的"汾浍说"进行了辩驳。[⑦] 支持这一观点的还有张华松的《大禹治水与夏族东迁》[⑧]、卞玉山的《古兖州一带是大禹治水的重点地域》[⑨]、张磊的《大禹治水地域范围新论——以出土文献和考古发现为参照》[⑩]等文章。

---

① 杨善群:《大禹治水地域与作用探论》,《学术月刊》2002 年第 10 期。
② 侯仰军:《考古发现与大禹治水真相》,《古籍整理研究学刊》2008 年第 2 期。
③ 何沛东:《"大禹治水"传说的发生地域新考——以"汝海"为中心的分析》,浙江大学 2013 年硕士学位论文。
④ 孙国江:《大禹治水传说的历史地域化演变》,《天中学刊》2012 年第 4 期。
⑤ 李健胜:《"大禹出于西羌"辨》,《中原文化研究》2014 年第 3 期。
⑥ 徐旭生:《中国古史的传说时代》,文物出版社,1985 年。
⑦ 沈长云:《论禹治洪水真象兼论夏史研究诸问题》,《学术月刊》1994 年第 6 期。
⑧ 张华松:《大禹治水与夏族东迁》,《济南大学学报(社会科学版)》2009 年第 2 期。
⑨ 卞玉山:《古兖州一带是大禹治水的重点地域》,《齐鲁文化研究》2013 年增刊。
⑩ 张磊:《大禹治水地域范围新论——以出土文献和考古发现为参照》,《古代文明》2015 年第 1 期。

其三,对大禹出生地及会诸侯所在地的研究。学界对大禹出生地问题,争论不断,众说纷纭。具体可分为北川说、汶川说、陕北说、山东说、山西说、嵩山说等。“北川说”主要有谢兴鹏的《禹生北川信有征》[①]、杨东晨的《论四川大禹故里及其相关问题》[②]等,杨东晨的文章对禹生汶川与北川石纽进行了考释,分析得出石纽在今北川县,他认为鲧禹父子生于石纽,但兴于嵩山。“汶川说”主要有周正、吴天德的《禹生汶川刍论》[③]。陈剩勇《大禹出生地考实》[④]一文则认为今陕西北部为大禹的出生地,即“陕北说”。“山东说”主要有李沣的《大禹出生地山东考》[⑤]。“山西说”主要有李仲立的《大禹出生地辨析》[⑥],此文以考古发现与传世文献结合论证,认为大禹出生地应为山西。“嵩山说”主要有常松木的《大禹故里考论》[⑦]及李龙的《大禹故里再探讨》[⑧],李龙的文章从夏文化分布范围、鲧禹父子活动区域、大禹治水区域三方面展开论证,认为嵩山地区为大禹故里。

有关考察大禹会诸侯的“涂山”为何处的研究包括董其祥的《涂山新考》一文,该文将学界关于“涂山”位置的五六种说法进行了论述,即三涂说、淮南说、当涂说、会稽说、重庆说、汶川说等。[⑨] 李学功、张广志的《涂山考源》指出禹会诸侯的涂山当以杜预的“在寿春东北”最为合理。[⑩] 王吉怀的《“大禹治水”之“禹会诸侯”考》认为“蚌埠”当为涂山所在地。[⑪]

---

① 谢兴鹏:《禹生北川信有征》,《中州今古》2002 年第 4 期。
② 杨东晨:《论四川大禹故里及其相关问题》,《阴山学刊》2008 年第 2 期。
③ 周正、吴天德:《禹生汶川刍论》,《阿坝师范高等专科学校学报》2008 年第 4 期。
④ 陈剩勇:《大禹出生地考实》,《浙江学刊》1995 年第 4 期。
⑤ 李沣:《大禹出生地山东考》,《菏泽学院学报》2007 年第 6 期。
⑥ 李仲立:《大禹出生地辨析》,《甘肃高师学报》2003 年第 6 期。
⑦ 常松木:《大禹故里考论》,《黄河科技大学学报》2013 年第 3 期。
⑧ 李龙:《大禹故里再探讨》,《中州学刊》2016 年第 3 期。
⑨ 董其祥:《涂山新考》,《重庆师范学院学报(哲学社会科学版)》1982 年第 1 期。
⑩ 李学功、张广志:《涂山考源》,《青海师范大学学报(哲学社会科学版)》2001 年第 3 期。
⑪ 王吉怀:《“大禹治水”之“禹会诸侯”考》,《蚌埠学院学报》2012 年第 1 期。

二、从文化角度探究大禹传说对后世文明所产生的影响

李伯星《大禹治水的文化意义》一文指出大禹治水传说是一根牵动中国传统文化的主线，是我国文化传统的源头。[①] 相同观点的文章还包括李亚光的《大禹治水是中华文明史的曙光》[②]，李可可、范颖、刘刚的《大禹治水的文化探寻》[③]，贾兵强的《大禹治水精神及其现实意义》[④]等。徐吉军《大禹与浙江文化》一文指出大禹无私奉献、艰苦奋斗、勇于创新的精神，对浙江文化产生了深远影响，并成为浙江文化的基本精神。[⑤] 周延良《鲧禹治水神话的文化结构》一文阐释了鲧禹治水神话基本是以"五行"文化为核心的"九畴"文化。[⑥] 马小龙在《从"鲧、禹治水"看儒家思想中礼乐精神的形成》一文中指出上古时期鲧禹治水的方法，启发了后来儒家礼乐并举的思想。[⑦] 张得祖《鲧禹治水传说与先夏文化东渐新探》一文指出随着大禹治水大军由黄河上游向东推进，先夏文化也东渐至晋、冀、洛、伊地区，最终形成了夏文化。[⑧] 周书灿《文化播迁与山东境内大禹传说探析》一文认为夷夏文化的不断交流，造就了大禹传说在山东境内的流传。[⑨] 耿俪洳《川西羌族大禹文化研究——以北川大禹故里的文化建构为例》一文认为大禹文化在民族迁徙中与"羌"文化不断交融，

---

① 李伯星：《大禹治水的文化意义》，《治淮》1990 年第 1 期。

② 李亚光：《大禹治水是中华文明史的曙光》，《史学集刊》2003 年第 3 期。

③ 李可可、范颖、刘刚：《大禹治水的文化探寻》，《中国农林水利水电》2004 年第 6 期。

④ 贾兵强：《大禹治水精神及其现实意义》，《华北水利水电学院学报（社科版）》2011 年第 4 期。

⑤ 徐吉军：《大禹与浙江文化》，《浙江学刊》1995 年第 4 期。

⑥ 周延良：《鲧禹治水神话的文化结构》，《天津师大学报（社会科学版）》1998 年第 6 期。

⑦ 马小龙：《从"鲧、禹治水"看儒家思想中礼乐精神的形成》，《西北民族大学学报（哲学社会科学版）》2004 年第 6 期。

⑧ 张得祖：《鲧禹治水传说与先夏文化东渐新探》，《青海师范大学学报（哲学社会科学版）》2007 年第 3 期。

⑨ 周书灿：《文化播迁与山东境内大禹传说探析》，《河北师范大学学报（哲学社会科学版）》2008 年第 1 期。

共同构成了羌民族文化认同的基础。[①] 徐学书在《大禹、冉駹与羌族巫文化渊源》一文中指出当今羌族巫文化来源于以大禹为始祖的古蜀人支系冉駹人的巫文化。[②] 叶小琴《大禹传说及其地位的文化认同论》一文认为大禹传说之所以广为流传,"大禹文化"研究火热,是因为大禹文化早已成为中华民族传统文化的精华部分。[③]

学者们在关注大禹传说对传统文化产生影响的同时,也研究了大禹治水对国家形成所起的作用。徐校雄的《大禹治水对社会发展的影响》一文指出大禹治水事迹对国家及世袭制度的形成起到了巨大的作用。[④] 李岩《大禹治水与中国国家起源》一文论述了大禹在治水过程中实行的一系列措施,如按地域划分国民、完善法律等,这些措施促进了我国社会形态由原始氏族社会向国家形态的转变。[⑤] 王星光《大禹治水与早期农业发展略论》一文从大禹治水时期的生态环境入手,强调了大禹治水活动对早期农业发展的贡献,同时也指出治水活动对国家的产生和文明进步有重大影响。[⑥]

同时,学者从文化视角着眼,对后世大禹崇拜进行了相关探究。周幼涛《大禹崇拜论——中华原始宗教史的一个实证》一文指出,大禹崇拜是遍及中华大地的原始宗教信仰,大禹兼有图腾神、祖先神、高禖神、社稷神、战神这五大身份,大禹次第取得这五重身份的过程,即是中华原始宗教发生、发展的历史轨迹。[⑦] 张泽洪《岷江上游羌族的大禹崇拜——以禹生石纽说为中心》一文

---

① 耿俪洳:《川西羌族大禹文化研究——以北川大禹故里的文化建构为例》,华东师范大学 2009 年硕士学位论文。

② 徐学书:《大禹、冉駹与羌族巫文化渊源》,《中华文化论坛》2012 年第 1 期。

③ 叶小琴:《大禹传说及其地位的文化认同论》,《佳木斯大学社会科学学报》2015 年第 2 期。

④ 徐校雄:《大禹治水对社会发展的影响》,《云梦学刊》1997 年第 1 期。

⑤ 李岩:《大禹治水与中国国家起源》,《学术论坛》2011 年第 10 期。

⑥ 王星光:《大禹治水与早期农业发展略论》,《中原文化研究》2014 年第 2 期。

⑦ 周幼涛:《大禹崇拜论——中华原始宗教史的一个实证》,《绍兴师专学报(哲学社会科学版)》1995 年第 1 期。

从民族学角度阐释了大禹崇拜为羌人构建族群认同产生的巨大作用,因大禹被华夏人民视为祖先,羌人的大禹崇拜从另一侧面也反映出其对华夏文化的接受与认同。[①] 何忠礼《略论历史上的禹和大禹崇拜》一文则认为人们崇拜大禹,除大禹本人勇敢的事迹外,还与儒家学者的有意推崇和拔高有关。[②] 李远国《大禹崇拜与道教文化》一文指出大禹作为山川神主被羌族人民所崇拜,而后道教在巴蜀发源时,与古老羌族文化融合,因此,作者认为,大禹崇拜对道教文化的形成产生了一定的影响。[③]

三、对大禹传说中的神话因素进行解读

20世纪80年代后,随着西方神话学理论的传入,大禹传说中的神话因素受到国内众多学者的关注,他们纷纷从神话学角度对大禹传说进行探究。李祥林在《"鲧腹生禹":女性独体生殖神话的置换变形》一文中认为,"鲧腹生禹"是男性独体生殖神话,是男权向女权树威信的一种手段。[④] 作者另一篇文章《"伯禹腹鲧":孤雌生殖神话的换位阐释》对此观点展开了分析论述。[⑤] 程蔷《鲧禹治水神话的产生和演变》一文认为鲧禹神话产生于母系氏族社会的初期,鲧在最开始时是母系社会中的女性神,而后当母权衰亡,男性权力上升为主导后,鲧便成为男性神。[⑥] 邵伯人在《鲧禹变形臆说》一文中通过对鲧禹父子的姓氏及二人的变形进行探析,认为鲧禹变形是父系血统观念与母系血

① 张泽洪:《岷江上游羌族的大禹崇拜——以禹生石纽说为中心》,《黑龙江民族丛刊》2003年第4期。
② 何忠礼:《略论历史上的禹和大禹崇拜》,《绍兴文理学院学报(哲学社会科学版)》2008年第3期。
③ 李远国:《大禹崇拜与道教文化》,《中华文化论坛》2012年第1期。
④ 李祥林:《"鲧腹生禹":女性独体生殖神话的置换变形》,《民族艺术研究》1997年第4期。
⑤ 李祥林:《"伯禹腹鲧":孤雌生殖神话的换位阐释》,《东方丛刊》1999年第4辑。
⑥ 程蔷:《鲧禹治水神话的产生和演变》,《民间文艺学文丛》,北京师范大学出版社,1982年。

统观念的对抗。[①] 李恕豪《大禹和鳖灵——兼论治水神话的起源》一文认为鲧禹父子治水与鳖灵治水的神话是同一神话分化而成的,蜀地为原始治水神话的产生地。[②] 叶舒宪《中国神话哲学》一书指出,鲧禹洪水神话是关于大地被创生的神话。[③] 与他观点相同的还有胡万川的《捞泥造陆——鲧禹神话新探》[④]、吕薇的《神话何为——神圣叙事的传承与阐释》[⑤]等。而张开焱《鲧禹创世神话类型再探——屈诗释读与夏人神话还原性重构之三》一文虽也赞同鲧禹神话是原始创世神话的后世变形,但对上述二人的"动物潜水取土造地"说提出质疑,他认为鲧禹神话应为"世界父母创世型"神话。[⑥] 周延良《鲧禹治水与息壤的原始文化基型》一文认为鲧禹治水神话的原型是由"活土"观念演变而成的"息壤"。[⑦]

除上述研究外,也有学者认为鲧禹神话是出自原始社会的动物、图腾崇拜。刘毓庆《鲧禹神话考》一文即指出鲧的原型是大鱼,而禹的原型是穿山甲。[⑧] 仲红卫《共工、鲧、禹——论中国洪水神话中的人物原型》一文认为禹的原型来自先民对神龟的敬仰,而他的直接前身则为鲧的另一原型鳖。[⑨] 白剑在《大禹亦大鱼——华夏民族古代的神灵图腾》一文中指出大禹是禹族图腾"大鱼"的族号。[⑩] 何根海《大禹治水与龙蛇神话》一文在谈及大禹治水出现的

① 邵伯人:《鲧禹变形臆说》,《神话　仙话　佛话》,河北人民出版社,1986 年。
② 李恕豪:《大禹和鳖灵——兼论治水神话的起源》,《天府新论》1985 年第 2 期。
③ 叶舒宪:《中国神话哲学》,中国社会科学出版社,1992 年。
④ 胡万川:《捞泥造陆——鲧禹神话新探》,《新古典新义》,中国台湾学生书局,2001 年。
⑤ 吕薇:《神话何为——神圣叙事的传承与阐释》,社会科学文献出版社,2001 年。
⑥ 张开焱:《鲧禹创世神话类型再探——屈诗释读与夏人神话还原性重构之三》,《民族文学研究》2007 年第 3 期。
⑦ 周延良:《鲧禹治水与息壤的原始文化基型》,《文艺研究》1998 年第 6 期。
⑧ 刘毓庆:《鲧禹神话考》,《中州学刊》1990 年第 1 期。
⑨ 仲红卫:《共工、鲧、禹——论中国洪水神话中的人物原型》,《陕西师大学报(哲学社会科学版)》1995 年第 4 期。
⑩ 白剑:《大禹亦大鱼——华夏民族古代的神灵图腾》,《四川文物》2001 年第 1 期。

群龙时,认为实为洪水山川,即洪水山川是群龙最原始的基型。[①] 叶舒宪在《冬眠之熊与鲧、禹、启神话通解——从熊穴启闭获得的启发》一文中指出鲧禹启三代的神话传说与冬眠之熊的原型密切相关。[②] 王文艳《大禹治水神话原型研究》一文从大禹的原型为太阳,共工、防风的原型为雨神这一点出发推测出大禹治水神话的原型为太阳止雨。[③]

四、从民族学、人类学角度对大禹传说的文化内涵进行探讨

此外,还有不少学者从民族学、人类学角度对大禹传说进行探究。徐杰舜《大禹与汉民族的起源》一文指出汉民族的形成,是首先源于夏民族在中华大地上的崛起,而大禹作为夏民族的始祖,自然也成为汉民族的开山鼻祖。作者认为大禹对汉民族的起源产生了深远影响。[④] 汤先夺、张莉曼《"大禹治水"文化内涵的人类学解析》一文从人类学角度探究了大禹传说中的文化内涵,大禹传说不仅包含了多元宗教思想,反映了族群起源的神圣性,更折射出中华民族的民族精神。[⑤] 李祥林《民间叙事和身份表达——羌区大禹传说的文学人类学探视》一文通过从文学、人类学角度解读羌族大禹传说,分析得出了羌族人民的族群意念。作者认为羌人采取故事、诗歌、戏剧等多种形式来表述大禹传说,实质上是为强化族群认同,增强自己族群的荣耀感,进而提升

---

① 何根海:《大禹治水与龙蛇神话》,《池州师专学报》1999 年第 1 期。

② 叶舒宪:《冬眠之熊与鲧、禹、启神话通解——从熊穴启闭获得的启发》,《长江大学学报(社会科学版)》2007 年第 4 期。

③ 王文艳:《大禹治水神话原型研究》,中国社会科学院研究生院 2014 年硕士学位论文。

④ 徐杰舜:《大禹与汉民族的起源》,《江浙学刊》1995 年第 4 期。

⑤ 汤先夺、张莉曼:《"大禹治水"文化内涵的人类学解析》,《中南民族大学学报(人文社会科学版)》2011 年第 3 期。

族群声望。[①] 作者另一篇文章《大禹崇拜在川西北羌族地区》对此也有相关论述。[②]

五、从考古学角度探究“禹都阳城”问题

在古文献中,有多处关于“禹都阳城”的记载,而在先秦文献中,却没有提及过“禹都阳城”的地望。因此,后世对此说法不一,学界对该问题也始终争论不断。20 世纪 70 年代末,因登封王城岗遗址的发掘,“登封阳城说”在学界支持者众多。安金槐在《试论登封王城岗龙山文化城址与夏代阳城》一文中认为王城岗龙山文化中晚期城址可能就是夏代阳城遗址。[③] 裴明相的《试论王城岗城堡和平粮台古城》[④]、马世之的《登封王城岗城址与禹都阳城》[⑤]等也对此观点进行了论述。同时,也有学者质疑这一说法,杨宝成《登封王城岗与“禹都阳城”》一文,针对王城岗遗址发掘者认为“王城岗遗址为夏代阳城的可能性极大”这一观点进行了系统的分析论证,最后作者认为“夏代的阳城未必在登封”。[⑥] 京浦《禹居阳城与王城岗遗址》一文认为王城岗遗址应为禹避居之地。[⑦] 相关文章还有陈旭的《关于夏文化问题的一点认识》[⑧]、董琦的《王城岗城堡遗址的分析》[⑨]。而除“登封阳城说”外,沈长云还提出“濮阳说”,他在

① 李祥林:《民间叙事和身份表达——羌区大禹传说的文学人类学探视》,《西南民族大学学报》2010 年第 10 期。

② 李祥林:《大禹崇拜在川西北羌族地区》,《文化遗产研究》2011 年辑刊。

③ 安金槐:《试论登封王城岗龙山文化城址与夏代阳城》,《中国考古学会第四次年会论文集》,文物出版社,1985 年。

④ 裴明相:《试论王城岗城堡和平粮台古城》,《华夏考古》1996 年第 2 期。

⑤ 马世之:《登封王城岗城址与禹都阳城》,《中原文物》2008 年第 2 期。

⑥ 杨宝成:《登封王城岗与“禹都阳城”》,《文物》1984 年第 2 期。

⑦ 京浦:《禹居阳城与王城岗遗址》,《文物》1984 年第 2 期。

⑧ 陈旭:《关于夏文化问题的一点认识》,《郑州大学学报(社会科学版)》1980 年第 3 期。

⑨ 董琦:《王城岗城堡遗址的分析》,《文物》1984 年第 11 期。

《禹都阳城即濮阳说》一文中提到，因濮阳连续发现龙山时代的古城，所以说禹都阳城在濮阳是符合实际的。[①] 对此观点，方西生进行了辩驳，他在《论登封告成王城岗遗址为禹都阳城说——兼与〈禹都阳城即濮阳说〉一文商榷》[②]及《论禹都阳城为颍川阳城——兼与〈禹都阳城即濮阳说〉一文商榷》[③]两文中通过分析鲧禹族属、所处的时代，并结合古文献指出，濮阳在历史上并无阳城之称，禹都阳城在登封王城岗，而非濮阳。李宗俊在《秦汉夏阳为禹都阳城论》一文中则认为禹都阳城应在今陕西韩城。[④]

自 2002 年考古工作者发现王城岗龙山文化晚期大城址后，学界对“禹都阳城”有了新的看法。如《登封王城岗考古发现与研究(2002—2005)》一书根据遗址景观、聚落形态及文化性质等，判断出王城岗小城有可能是“鲧作城”，而王城岗大城有可能为“禹都阳城”。[⑤] 李伯谦在此书序中也提到“根据地望、年代、等级、与二里头文化关系以及‘禹都阳城’等有关文献记载的综合研究，王城岗龙山文化晚期大城应即‘禹都阳城’之阳城”。[⑥]

除上述五类研究外，杨栋的博士论文《神话与历史：大禹传说研究》从历史考证、神话解读、文化阐释三个方面对大禹传说进行了全面研究，此文对大禹传说中所涉及的夏禹族源、夏族“图腾”文化、禹平水土、征伐传说等问题均进行了详细系统的探讨。[⑦] 另外，刘训华的《大禹文化学概论》一书从“大禹治水”“大禹立国与早期文明”“大禹本人活动史”“历代对大禹的祭祀及评论”

---

① 沈长云：《禹都阳城即濮阳说》，《中国史研究》1997 年第 2 期。

② 方酉生：《论登封告成王城岗遗址为禹都阳城说——兼与〈禹都阳城即濮阳说〉一文商榷》，《考古与文物》2001 年第 4 期。

③ 方酉生：《论禹都阳城为颍川阳城——兼与〈禹都阳城即濮阳说〉一文商榷》，《殷都学刊》2001 年第 4 期。

④ 李宗俊：《秦汉夏阳为禹都阳城论》，《陕西师范大学学报(哲学社会科学版)》2015 年第 1 期。

⑤ 北京大学考古文博学院、河南省文物考古研究所：《登封王城岗考古发现与研究(2002—2005)》，大象出版社，2007 年。

⑥ 李伯谦：《登封王城岗考古发现与研究(2002—2005)·序》，《中国文物报》2007 年 8 月 29 日第 4 版。

⑦ 杨栋：《神话与历史：大禹传说研究》，东北师范大学 2010 年博士学位论文。

“与大禹相关研究”等五个大的方面对大禹文化进行了全面系统的探讨,更为细致地分析了大禹文化学体系①,此乃综合性研究。

六、结语

纵观新中国以来大禹研究的状况,主要呈现出两个特点。第一,研究方法多样。众多学科的研究方法运用到大禹研究中。从以上分类可知,大禹研究角度多元,学者们或从史学角度,或从文化角度,或运用神话学知识,或从民族学、人类学角度,或从考古学角度,或进行综合研究,取得了丰硕的研究成果,为人们正确认识上古历史提供了巨大帮助。第二,不同观点并陈,交锋激烈。由于学者们从不同研究视角对大禹进行研究,最终得出了诸多不同的观点。首先,对大禹这个人物的认识不同。史学界根据古文献中的记载,把大禹作为史前社会的政治首领,认为他是真实存在过的历史人物,并对其治水等相关事迹进行了论证研究。而在神话学领域,则把大禹当做原始社会神话的产物,是动物或其他事物在人头脑中的扭曲反映,并非真人。其次,有关大禹治水范围、大禹出生地及禹都所在地问题,学界没有达成一致的观点,往往各执一词,使大禹问题更加复杂。除上述两个特点以外,目前大禹研究还存在着不均衡的现象。从分类整理来看,学者从历史学、文学、神话学、考古学角度对大禹相关问题进行了较多的探究,而从民族学角度来探讨大禹传说给诸民族带来的影响及传说本身所蕴含的民族性的研究则相对较少。

大禹研究尽管取得了很大成就,但仍有很大的发展空间。笔者认为,未来的大禹研究可从两方面来着眼。一方面就是要更充分综合运用多学科研究方法。如今大禹研究涉及面十分宽泛,研究大禹,需综合考虑多种问题。

① 刘训华:《大禹文化学概论》,武汉大学出版社,2012年。

如大禹及其传说中的史实考证问题,需要运用历史学、考古学、地理学、民俗学、地质学、人类学、文化学等知识,将传世文献、考古发现、历代自然环境变化等充分结合起来,才能从中找到答案。另一方面即充分运用新材料。无论是出土文献还是遗址发掘,都可为当前研究提供新的证据。如郭店简《唐虞之道》、上博简《子羔》等出土文献的发现使学界对大禹相关事迹有了新的认识,以及 20 世纪 70 年代末及 21 世纪初对登封王城岗遗址的两次发掘,引发学界对“禹都阳城”的广泛关注。

(作者王记录为河南师范大学历史文化学院教授,王丹为硕士研究生)

略论传承大禹文化、弘扬大禹精神的时代价值

汪建军

党的十八大报告指出:“文化是民族的血脉,是人民的精神家园。”大禹是我国古代的治水英雄,也是中国历史上第一个奴隶制国家的奠基者。从华夏文化的形成和发展看,他是我国炎黄以后的又一人文初祖,是中华民族传统文化和民族精神的又一光耀千古的化身。大禹文化,作为中华文化的重要组成部分,底蕴深厚、资源丰富,是发展社会主义文化事业的重要内容。当今中国,传承大禹文化、弘扬大禹精神具有重要的时代价值。

一、大禹文化形成的社会历史条件

要研究大禹文化的时代价值,首先要研究大禹精神的实质及产生的条件。自然史学家研究认定,公元前2100年左右,即大禹治水时期,有过一个自然灾害集中暴发的异常时期。对那场史前的大洪水,不少古文献中都有记载。《孟子·滕文公上》有这样的描述:“当尧之时,天下犹未平,洪水横流,泛

滥于天下，草木畅茂，禽兽繁殖，五谷不登，禽兽逼人，兽蹄鸟迹之道，交于中国。”大禹时期是中国原始社会后期最艰难的时期，洪水泛滥，在这个时期中产生了大禹精神，大禹治水的业绩在中华民族的历史上竖起了一座永不磨灭的丰碑，他三过家门而不入的奉献精神早已千古传颂。

传说鲧花了九年时间治水，没有把洪水制服。因为他只懂得水来土掩、造堤筑坝，结果洪水冲塌了堤坝，反而闹得更凶了。舜接替尧担任部落联盟首领以后，让鲧的儿子禹去治水。禹改变了他父亲的做法，用开渠排水、疏通河道的办法，把洪水引到大海中去。禹新婚不久，为治水四处奔波，三过家门而不入。大禹治水的行为被后人推崇为一种精神，上升为一种文化，至今仍是中华民族的宝贵精神财富。

公元前2100年左右，我国正处在一个伟大的历史转折时期，随着社会生产力的发展，私有制产生，阶级对立日益加深，旧的原始氏族公社制度土崩瓦解，奴隶制逐步形成，这是一场符合历史发展规律的伟大变革。大禹正是顺应历史发展，推动这场伟大变革的杰出人物。他率领人民同大自然抗争，治山治水，变水害为水利，发展生产。他经过十三年的艰苦奋斗，将全国的山川河流基本治理好了，从而加快了人类由原始社会向奴隶社会过渡的步伐。为了弘扬大禹伟大的献身精神，舜的重臣皋陶“敬禹之德，令民皆则禹，不如言，刑从之”(《史记·夏本纪》)，命令全国人民大力发扬大禹精神，以大禹为榜样，对于不听从命令的就施以刑法。大禹由此成为中华民族的精神象征。大禹在不断地与大自然较量和抗争中升华出的文化性格和精神，影响和促进了中华民族文化的形成和发展。

大禹精神不是人们凭空想象出来的，是经过伟大的实践反复证实的，是土生土长的中华民族精神，是中华民族的传世珍宝，大禹作为我们祖先精神美德的代表，将永远值得学习和效法。因此，学习研讨大禹文化，既是进一步深入发掘、充分利用优秀历史文化资源，坚持“以史为鉴”“古为今用”的重要举措,也是学习了解历史、传承古老文明、发扬优良传统、推动社会进步的有效方法。

二、大禹文化是我国优秀传统文化的一座宝库

大禹文化的内涵极其丰富,既有海内唯一、因俗而治的大一统国家观,又有敬民、养民、教民的民本思想;既有正德、利用、厚生、维和的为政之道,又有天人合一、群体和谐、见利思义、克勤一方、克俭于家的传统美德理念。大禹文化是中华民族文化的集中代表,是中华民族之魂的典型体现。在中华文明发展史上,大禹的业绩与精神不仅为有远见卓识的思想家所推崇,也为勤政爱民的政治家所效法。

大禹文化中包含的大禹精神集中体现在五个方面:

一是勤政爱民的精神。我国原始社会末期,洪水滔天,民不聊生。大禹奉命治理洪水,可谓受命于危难之间:一方面其父鲧因治水九年不成而被处死,对于他来说是一种无形的压力;另一方面,"浩浩滔天"的洪水,导致人民居无定所,民不聊生。在这种形势下,大禹没有顾及个人得失安危,勇敢地承担了这一伟大使命;他以一颗仁爱之心、爱民之心,不计成败得失而勇挑重担,以不朽的业绩,博得了百姓的拥戴。他发展农业、教民稼穑;他铸九鼎、置百官、建都城、立贡赋,体现了古代君王治国兴邦的雄才大略;他兴夏历、立衡器、制刑律、选贤能,表现了古代先贤志士的聪明才智。

二是公而忘私、为民造福的奉献精神。《吕氏春秋》载:"禹娶涂山氏女,不以私害公,自辛至甲四日,复往治水"。意思是说,大禹与女娇结婚后只过了四天,便无暇新婚燕尔、儿女情长,毅然告别女娇,舍小家为大家,公而忘私地踏上治水征途,全身心地投入到治理洪水的事业中。为完成治水任务,他远离家乡、亲人,在外面奔波了十三年,曾有三次路过家门,也没有顾得上进

屋去看一看。大禹治水表现出来的这种公而忘私、为民造福的奉献精神一直为中华儿女所推崇。无数中华儿女在国家危难、人民倒悬的紧要关头,挺身而出,舍生取义,前赴后继,就是这种精神的体现。

三是勇于探索、务实求真的科学精神。治水活动具有长期性,艰巨而复杂,没有成功的路子可循,鲧采取围堵的办法治水,虽然失败被杀,但他勇于探索的精神,为后人树立了榜样。大禹在治水时认真总结父亲治水的经验教训,提出“治水顺水之性,不与水争势,导之入海,高者凿而通之,卑者疏而宣之”的治水方略。大禹受命后,虚心向各民族学习,制定出切合实际的具体的治水方法,指导各地治水,他采用疏导的办法,按照水势就下的规律加以疏通,使之注入江海而获得了巨大的成功。鲧禹父子治水过程中表现出的勇于探索、务实求真的科学精神,一直影响着后人。这种因势利导的方法,不仅利于治水,而且对于治国治民也有借鉴意义。

四是艰苦奋斗、坚韧不拔的创业精神。史载大禹治水时,“劳身焦思”“薄衣食”“卑宫室”,历尽了艰难困苦。在治理洪水的艰苦岁月中,大禹白天与工人们战斗在治水第一线,晚上苦苦思索,寻求治水的最佳方法措施。为了完成治理洪水的伟大事业,大禹吃的是粗茶淡饭,穿的是最破旧的衣服,住的是极简陋的房屋,把所有财物都用于治理洪水的事业;在外奔波,为了赶时间,陆地上就赶车,水路就乘船,沼泽泥泞之地就乘橇;他亲自拿着锄头、铲子走在人民前面,累得大腿没有了肉,小腿磨得不长毛。他终日跋涉于山川大地,皮肤变得黝黑粗糙,年龄不过四十,却面貌憔悴苍老,腰弯了,腿曲了,臣民见了,都不禁伤感落泪。正是他这种身先士卒、艰苦奋斗、坚韧不拔的创业精神,成为我国历史上勇于与自然抗争的典范。大禹为了民众的利益而以身作则、艰苦创业,其精神可谓惊天地而泣鬼神。

五是九州一家、共谋发展的民族大团结精神。与世界上其他民族相比,中华民族大一统观念是最为强烈的,这与治水活动有直接的关系。鲧治水的失败,给人们的启示是,对于大范围的洪水灾害,单凭少数人的力量或局部治理是难以达到预期效果的。大禹首先就考虑到这一点。因此,他首先在广泛考察的基础上形成“河图”,接着组织和动员各方面的力量密切配合,协同作战,同时统筹兼顾各方面的利益,经过十三年艰苦奋斗,终获成功。夏朝之始,东有夷、南有苗、西有羌、北有狄等民族,大禹采取施文教、不征赋,传技艺、促发展,重礼仪、尊风俗等一系列符合实际的民族政策,实现了华夏民族的团结进步。可以说,大禹是我国民族政策的开创者和实践者。他还坚持“贤无遗野”,纳言听谏,遍施仁政、协合万邦,把多元化的华夏建成了多民族团结统一的国家。而正是在治水过程中形成的九州一家、共谋发展的民族大团结精神,推动了中国各民族间的交流、渗透、融合,促进了华夏民族的形成和发展,奠定了中国历史上第一个奴隶制国家的基础,从而完成了中华民族从原始的部落社会到奴隶制社会的飞跃。

上述五个方面,就是大禹精神的基本内涵、实质和灵魂,正是这种精神,在此后的历次大规模的治水等社会实践中,深化为中华民族的一种思想方法和工作方式,成为中华民族奋进的大旗和精神力量的源泉。

三、传承大禹文化、弘扬大禹精神具有重要的时代价值

大禹文化是中华民族共有的精神财富,大禹精神是中华民族精神和社会主义核心价值体系的集中体现,弘扬大禹精神的意义在当今时代尤为重大;大禹文化、大禹精神、大禹的民本思想,在数千年的中华文明发展进程中发挥了重要作用,传承中华民族的这一优秀文化是每一位中华儿女的义务和职责。学习大禹品德,弘扬大禹文化,不仅是继承发扬伟大民族精神的重要举措,而且对于推动历史、激励后人亦有着深远而重大的意义。

1. 大禹的“民本思想”体现了社会主义的根本价值目标

人是世界万物之灵长，我们的民族是否能实现复兴，最终的评判标准就体现在是否能实现人的全面发展。公元前2100年左右，大禹就提出了“民惟邦本，本固邦宁”的“民本思想”。21世纪的今天，中国共产党提出的“以人为本”可以说是与大禹的“民本思想”一脉相承，也可以说是对大禹的“民本思想”的继承、发展和丰富。以人为本，是我们党为人民服务宗旨的集中体现，是社会主义的根本价值目标，也是我们党执政理念的生动表达。其基本要求是，始终把实现好、维护好、发展好广大人民群众的根本利益，作为党和国家一切工作的出发点和落脚点。大禹的“民本思想”仍然是今天中国共产党人的执政理念，我们党以自己的实际行动赋予“以人为本”“执政为民”以新的内涵，把对“以人为本”的认识提升到一个新的高度。在“5・12”汶川大地震和芦山抗震救灾中，我们党时时情牵人民安危，处处记挂人民冷暖，事事关注人民的切身利益，忠实地履行一个执政党全心全意为人民服务的神圣承诺，彰显了“执政为民”的崇高理念。

2. 大禹精神激励人们因势利导、敢于和大自然作斗争

历来为人所称颂的大禹精神是大禹在治水过程中所表现出来的改造自然、人定胜天的品质，大禹这种信心和品质的背后，其真正的内涵是他在治水（改造自然）的过程中敢于和大自然抗争、实事求是、因势利导的品格，于是成就了其治水“人定胜天”的千古佳话。在经济快速发展的今天，学习大禹治水那种敢于和大自然抗争、实事求是、因势利导的品格，具有重要意义。今天，我们中国同样会面对地震、洪水、山体滑坡、泥石流、干旱、霜冻、台风等自然灾害，中国幅员辽阔，地理气候条件复杂，自然灾害种类多且发生频繁。据统计，中国是世界上自然灾害损失最严重的少数国家之一。随着国民经济持续高速发展、生产规模扩大和社会财富的积累，灾害损失有日益加重的趋势。自然灾害已成为制约我国国民经济持续稳定发展的主要因素之一。为了将

自然灾害的损失减少到最低限度,我们今天仍需要发扬大禹治水的精神。大禹治水就是和自然灾害抗争的最典型表现,这种在自然灾害面前的勇气和智慧正是我们面对自然灾害所必需的。我们在“5·12”汶川大地震和芦山抗震救灾中的表现从一定程度上说也继承了大禹治水精神。

3. 大禹艰苦奋斗精神仍然需要进一步发扬光大

公元前2100年左右,大禹通过艰苦奋斗,完成了中华民族史上最伟大的治水工程,成立了我国历史上第一个国家政权。21世纪的今天,我们中国还是发展中的大国,经济还相对落后,人民的生活水平还相对较低,仍然需要发扬艰苦奋斗精神。经过改革开放四十年来的发展,中国基本实现了小康,贫困人口大为减少,这为中国实现社会和谐奠定了较好的物质基础。但这个基础对拥有14亿人口的大国来说,还不够坚实,还必须长期大力发展生产力,不断提高人们的生活质量,最终彻底消除贫困。那种认为现在物质条件改善了,不再需要艰苦奋斗的想法,是完全不对的。今天我们仍需学习大禹治水时“劳身焦思”“薄衣食”“卑宫室”的那种艰苦奋斗精神,以只争朝夕的精神抓住机遇加快各项事业的发展,老老实实地艰苦创业,踏踏实实地艰苦奋斗。艰苦奋斗精神是中华民族的传统美德,是中国共产党的优良传统和作风,它作为强大的精神力量对中国革命和建设发挥了重要作用。目前我国尚处在社会主义初级阶段,生产力还比较落后,呈现出不平衡、多层次的状态,商品经济还不是很发达。在这种条件下,要实现社会主义现代化,实现中华民族伟大复兴,任重而道远,还必须经历一个较长的艰苦奋斗的过程。

4. 大禹精神是当今社会主义廉政文化建设的精神动力

大禹在治水中,恶丽服,菲饮食,卑宫室,尽力于沟洫;重民主,播教化,行善政,造福于黎民。他“服不精细,食不重膳”,倡廉勤之节,塞贪竞之门,“先天下之忧而忧,后天下之乐而乐”;他兢兢业业,身先士卒,亲为实干,躬身为民行劳苦。舜评价禹:“克勤于邦,克俭于家,不自满假,惟汝贤。汝惟不矜,天下莫与汝争能。”大禹可以说是我们廉洁从政的楷模。今天我们建设社会主义廉政文化同样需要弘扬大禹严于律己、以身作则、廉洁奉公、公而忘私、舍己为人、忘我奉献的精神。廉政文化建设是建设社会主义先进文化的重要内容,加强廉政文化建设是建设社会主义核心价值体系的重要组成部分。党的十八大以来,以习近平同志为核心的党中央从巩固党的执政地位和实现全心全意为人民服务的根本宗旨出发,提出了改进工作作风的八项规定,赋予了廉政文化崭新的内涵。我们要充分吸收借鉴古代优秀廉政文化成果,弘扬大禹廉洁从政的精神,加强廉政文化建设,不断提高执政能力和执政水平,增强拒腐防变和抵御风险的能力。

5. 大禹求实创新、勇于探索的精神是实现中国梦的力量源泉

公元前2100年左右,大禹以一系列求实创新之举,完成了中华民族史上最伟大的治水工程,成立了我国历史上第一个国家政权。实践证明,创新是一切事物发展的力量源泉。21世纪的今天,我们中国还是发展中的大国,经济还相对落后,人民的生活水平还相对较低,科技水平还不够高,国防实力还不够强,一些地方环境污染的形势还相当严峻,各方面的矛盾还相当突出。要解决这些问题,需要我们在各个领域的创新。比如,创新我们的经济增长方式,从过去粗放型增长转变为集约型增长,从一般的发展转变为全面、协调、可持续的发展。尤其科技创新将是永无止境的课题,要大力加强技术原始创新、集成创新和引进吸收再创新,用高新技术改造传统产业,实现经济又好又快的发展;创新的程度直接影响到我国国民经济、人民生活、国防实力、教育卫生等各个领域的发展。学习和弘扬大禹的求实创新、勇于探索的精神,是实现中国梦的力量源泉,对于我们建设中国特色社会主义无疑具有十分重要的现实意义。

(作者单位为中共北川羌族自治县县委党校)

中国大禹研究的历史机遇与历史责任

丁　新　刘家思

中国文明源远流长,璀璨辉煌,是人类文明史的重要组成部分。如果说盘古开天辟地、女娲抟土造人时代的中国文明还处于神话传说阶段,那么随着中国现代考古学的发展,大禹治水和夏文化已经逐步走入实证阶段。

中国文明在龙山文化时期呈现出邦国林立、城邑众多、丰富多彩的特征,其范围覆盖了后来华夏民族生活区域的大部分,但彼此又保持各自的特色与相对的独立性,这与上古史研究视野中的部落联盟是十分吻合的。但是到了被广泛认定为属于夏文化的二里头文化中期,呈现出了繁荣且风格趋向统一的特征,昭示着一个强大而统一的古代王朝曾经在这里繁衍生息。这与正史明确记载的夏代是十分吻合的。而大禹作为中华民族统一的多民族国家的奠基人之一,其功绩、品德和历史地位一直受到后世的景仰、颂扬。由此产生了许多关于大禹事迹的历史文献记载、评价和传说,这就为大禹研究提供了历史依据和现实可能性。

一、大禹研究的历史阶段

纵观大禹研究的历史进程,在很长一个历史时期,关于大禹的事迹与功德都是口耳相传的。

春秋时期,《尚书》《诗经》《左传》和《国语》等经典对大禹事迹的追述,改变了以往关于大禹事迹只有口述的形态,形成了中国禹学最早的文献材料,为后世的大禹研究与评述建立了文献基础。从口传到历史记述,显然是一个里程碑式的质变。从此,有关大禹的事功与历史就有史可查,显然这是中国大禹研究开始萌芽的标志。从此,大禹就成为中国文明研究的重要对象和特定视阈。

在春秋战国时期,百家争鸣是一种学术与思想的常态。诸子百家为了树立和宣扬自己的学说,各自对上古时期的三皇五帝做了系统的阐释,而大禹为上古"三圣"之一和夏代的开国之君,更是论述的重点。"儒、墨、道、法等诸子著作则在绘制大禹历史面貌的同时,更按自己学说的基本立场和观点,对大禹的事功进行价值层面的判断和评估。"[①]儒家赞美其天下为公的王道精神,孔子云:"禹,吾无间然矣。菲饮食而致孝乎鬼神,恶衣服而致美乎黻冕,卑宫室而尽力乎沟恤。禹,吾无间然矣。"(《论语·泰伯》)法家赞扬其勤政:"禹之王天下也,身执耒臿,以为民先,股无胈,胫不生毛。"(《韩非子·五蠹》)墨家则赞扬其俭朴:"禹东教乎九夷,道死,葬会稽之山。衣衾三领,桐棺三寸,葛以缄之,绞之不合,通之不坎,土地之深,下毋及泉,上毋通臭。既葬,收余壤其上,垄若参耕之亩。"(《墨子·节葬下》)而道家则对大禹不能无为而治提出了一些非议。他们对大禹的史迹和功德展开的论述,显示了诸子百家

① 黄朴民:《先秦诸子之大禹观试说》,《浙江学刊》1995年第4期。

各自不同的学术视角,是大禹研究学术化的真正开始。

到了汉代,通过正史的撰写实现了对大禹历史记述的总结和完善。汉代立国以后,为构建大一统的民族国家做了多方面的努力。在史学上,站在华夏民族整体立场对五帝和夏商周三代历史进行了系统的梳理和重构,尽力展现了不同族群共同的血脉渊源和联系。大禹作为上承五帝、下开夏纪的关键人物,历史学家此时以大量的篇幅给予了描述。司马迁在《史记·夏本纪》中依旧首先追溯了大禹与黄帝、帝颛顼等先王之间的关系,然后根据《大禹谟》和《禹贡》的主要内容,记述了大禹的主要事迹。尤其通过对《禹贡》的重新整理,记述了大禹治水并将不辨区域的全国划分为九州等情形,从而在正史上形成了汉民族作为一个整体拥有的有关国家治理的集体记忆。在其后的关于诸世家的叙述中,多次追溯他们与大禹之间的渊源关系。例如《史记·陈杞世家》云:"杞东楼公者,夏后禹之后苗裔也。"《越王勾践世家》云:"越王勾践,其先禹之苗裔,而夏后帝少康之庶子也。封于会稽,以奉守禹之祀。"《匈奴列传》曰:"匈奴,其先祖夏后氏之苗裔也,曰淳维。"其他诸如《六国年表》《封禅书》《河渠书》《平准书》等也多有提及。《汉书》在《武帝纪》《地理志》《古今人表》《律历志》《郊祀志》等许多篇目中也有对大禹的追述。《后汉书》在叙述周边少数民族与中原关系的时候,也追溯了其先祖与大禹之间的血缘关系。诸如《南蛮西南夷列传》《郡国志》等。此外,西汉刘向校准的《世本》、东汉皇甫谧辑录的《帝王世纪》载录了很多正史所不载的史事,也是大禹研究的重要史料。可以说汉代作为中华民族大一统国家第一阶段的重要代表,在构建完整的民族记忆时,系统而周全地论述了大禹的史迹、功德与影响,无疑奠定了禹学研究的基础。此后,正史偶有提及,余皆散入方志、野史之中,或辑录古籍,或杂以传说。

值得注意的是,秦始皇之后的历代统治者,多有重视祭祀大禹者,或为游牧民族入主中原后对其夏后氏苗裔身份的追溯,或为汉民族重掌政权后强化华夏民族的大禹记忆等。到明代,明太祖朱元璋定下规制:凡皇帝登基,皆要祭禹。洪武四年(1371),"太祖遣臣告祭,补《登极祭文》"[①]。清圣祖康熙皇帝曾作《谒大禹庙》诗一首,可见大禹在历史上的重要地位,也使大禹研究具有了历史的必然性。

二、近现代大禹研究的三次高潮

宋明以来,由《禹贡》研究发展而来的禹学逐渐成为一门独立的学科。尤其是清代乾嘉学派兴起以后,考据盛行,逐渐兴起了大禹研究的高潮。另一方面,由于西学东渐,西方的科学观念与方法的输入,加上西方的考古学在中国的兴起,大禹研究焕发生机,产生了三次高潮和诸多有代表性的论著。

大禹研究的第一次高潮,是以宋代兴起的《禹贡》研究为核心的。由于北宋水患严重,所以统治者大力推动对《禹贡》的研究,将其作为治水的经典,希望从中汲取治水之道,学界由此涌现出诸多研究大禹治水之作,诸如《大禹治水玄奥录》《禹贡山川图》等,篇目众多。苏轼、洪迈等文人学士都纷纷研究治水。我们从苏轼的《石钟山记》就可以看出他在治水研究上应是颇下了一番力气。到了南宋,《禹贡》研究由治水之学转变为山川地理考证之学,逐渐从《尚书》经学中脱颖而出。到了明代,《禹贡》研究已成为一门专门的学问。

清代考据学的蓬勃发展,为《禹贡》研究注入了巨大的推动力,出现了诸多集大成之作,具有代表性的有胡渭的《禹贡锥指》、朱鹤龄的《禹贡长笺》、孙承泽的《九州山水考》、钱肃润的《尚书体要》、杨陆荣的《禹贡臆参》、王澍的《禹贡谱》、晏斯盛的《禹贡解》、汤奕瑞的《禹贡方域考》、华玉淳的《禹贡约义》、程瑶田的《禹贡三江考》、杨守敬的《禹贡本义》、曹尔成的《禹贡正义》和

---

① 徐进:《明代大禹记忆及其文化意蕴》,《殷都学刊》2016 年第 4 期。

丁晏的《禹贡集释》等。

清末民初,由于西学东渐和日本学术对中国的影响,也由于国家民族面临外敌欺凌的巨大危机,《禹贡》的研究在继续其原有考证研究的同时,也伴随着中国边疆史的研究而全方面展开。这一时期的《禹贡》考证研究集中在《禹贡》成书年代的考证和《禹贡》中主要内容的考证,比如九州、五服、贡赋等概念。关于《禹贡》成书年代的讨论是此项研究的重中之重,主要观点有西周说、春秋说、战国说、战国末至汉初说和夏代至战国说等,[①]诸如王国维、梁启超、郭沫若、钱玄同、顾颉刚等大家纷纷参与。而日本学者白鸟库吉、内藤虎次郎和中国学者王成祖、邵望平的观点亦十分具有代表性。在这一规模空前的学术论战中,中国现代地理学和历史地理学亦破壳而出。

大禹研究的第二次高潮是古史辨运动,这也是与《禹贡》研究紧密相连的。古史辨运动发端于“五四”,蓬勃发展于20世纪二三十年代,对今天中国史学研究依旧存在着深远的影响。其代表人物为顾颉刚、钱玄同和胡适。比中国的古史辨运动更早的相似学术观点来自日本。近代以来,日本学界为配合日本在东亚乃至全世界的扩张,在学术上构建了一整套与之相适应的学术理论和观点。其中白鸟库吉的“尧舜禹抹杀论”和内藤湖南的“加上原则”就是与日本军国主义侵略中国配套的史学观点,旨在从源头上解构中国的民族认同。以顾颉刚为首的疑古学派在政治上与日本的侵华史观进行了斗争,却又在学术观点和研究方法上与前者有诸多相似之处。1923年5月,顾颉刚在《与钱玄同先生论古史书》一文中提出:“我以为禹或是九鼎上铸的一种动物。”[②]古史辨运动的主要观点就是认为《尚书》等古书都是刘歆乃至以后学者伪造的,中国的上古史是“层累造史”形成的。古史辨运动对于人们重新审视

① 容天伟、汪前进:《民国以来〈禹贡〉研究综述》,《广西民族大学学报(自然科学版)》2010年第1期。

② 顾颉刚:《与钱玄同先生论古史书》,《古史辨》第一册中编,上海古籍出版社,1982年,第63页。

中国上古史和全面审查上古文献具有积极意义。但是，其所谓的科学论证方法，其实并不严谨，过分夸大了民俗学的演绎过程对中国古史形成的影响，其论证也还是建立在“以古书论古书”基础之上，因而过分轻率地否定了很多有价值的历史观点和材料。古史辨运动在开始之初，曾经受到广泛的赞扬。但是，也有学者随即开始了重建中国古史的努力，比如王国维先生提出了“二重证据法”。

禹学研究的第三次高潮是以夏文化为核心的大禹研究。随着考古学的不断发展，中国现代考古学的萌生，为大禹研究和夏文化研究提供了一个崭新的视角。越来越多的考古学发现证明，《尚书》《史记》等古籍中关于中国上古史的记载是可信的和有根据的。从 20 世纪二三十年代起，随着仰韶文化、龙山文化等考古发现，中国现代考古学的序幕逐渐被揭开，从而引发了以夏文化为核心的大禹研究，构成了中国禹学研究的第三次高潮。殷墟甲骨文证实了《史记·殷本纪》所述帝系的真实性。王国维在《殷卜辞所见先公先王考》一文中说：“马迁论殷事可信，何以论夏事不可信？马迁记殷事有据，何以记夏事独无据？”[①]夏鼐先生说，如果把高度发达的小屯殷墟文化，“认为这是中国文明的诞生，那就未免有点像传说中的老子，生下来便有了白胡子”[②]。这就为夏文化的存在提供了理论上的空间。随着二里头文化的发掘、新砦文化的发掘和陶寺文化的发掘，夏王朝的存在已经不再是一个问题。人们争论更多的是：到底哪一段文化是夏文化？夏文化的起源在哪里？夏纪年从哪一段开始？等等。夏商周断代工程提出，夏纪年从公元前 2070 年开始，自然有一定的依据，也为诸多学者所采纳或者借鉴。既然夏朝的存在逐渐被证实，那么夏王朝的创立者大禹以及大禹治水的事迹，就从考古学上再次获得了根据。这也为人们依据考古学发掘成果重新审视古文献、重构上古史提供了充

① 顾颉刚：《崔东壁遗书》，上海古籍出版社，1983 年，第 1048 页。
② 夏鼐：《夏鼐文集》（上），社会科学文献出版社，2000 年，第 402 页。

分的空间。

三、当前大禹研究的历史机遇

大禹研究不仅是一项追寻中华文明起源与发展演变的工作,也是一项向世界展示中华文明源远流长、博大精深的创造性工作,是我们中华文明展示自信的重要表现。习近平同志指出:“我们要坚持道路自信、理论自信、制度自信,最根本的还有一个文化自信。”大禹研究就是要研究积淀深厚的大禹文化,对历史悠久的中华民族文化价值与精神底蕴予以充分的发掘、传播和践行。党和国家对中华文明的高度重视,无疑使当今的大禹文化研究迎来了千载难逢的历史机遇。

相关学科研究的推进,也为大禹研究提供了有利条件。近几十年来,中国的考古学发掘和研究取得了长足的进展,一大批重大考古发现,大规模城址和宫殿的发掘,不断为夏文化的论证提供必要的证据。二里头文化二、三期被认为是最接近夏文化的考古学发现,但其绝对纪年上限在公元前 1900 年前后,无疑早已进入了夏纪年。而新砦文化在一定程度上填补了河南龙山文化与二里头文化之间的缺环。但是,新砦文化与河南龙山文化依然存在缺环,并且在纪年上也依旧偏晚。又有学者提出,陶寺文化为夏文化的起源,其中陶寺文化中期无论纪年还是文化特征上都与夏文化的开端比较吻合,而新砦文化遗址则可能是太康失国以后仲康的居住地,而二里头文化则是夏中晚期所在地。[1] 显然,尽管存在着诸多争议,但夏文化的存在已经是不争的事实,而与夏文化有关的考古发现和研究则为大禹研究提供了客观依据。

良渚文化的考古发现,尤其是良渚古城的发现,为禹会诸侯、会稽计功、

---

① 丁新:《中国文明的起源与诸夏认同的产生》,南京大学出版社,2016 年。

禹葬会稽等文献记载获得考古学佐证提供了有利的空间。良渚文化不仅覆盖面广,文化内涵丰富,文明程度高,而且良渚文化影响北方和中原地区的历史痕迹也是十分明显的。明确的良渚文化分布最北的界限可以到达山东日照地区,而良渚文化所特有的琮的器形可以在陶寺文化乃至更北的石峁文化中发现。并且良渚文化的下限距今4300年,与夏纪年的开始仅相差一百多年。显然,良渚文化的考古发现,再次为大禹文化研究提供了有力依据。

新世纪以来的考古发现,为禹学研究又提供了新的证据和视角。2000年开始发掘的青海喇家遗址,不仅纪年上与夏纪年相近,且有明显的地震和大洪水遗迹,在方位上被认为与《史记》记载的"禹兴于西羌"更为接近。2005年起在安徽蚌埠禹会村进行的考古学发掘也取得了惊人的成绩。禹会村的村名自古流传至今当有一定根据。而禹会村遗址发掘出大型祭祀遗址,与禹会诸侯存在可能的印证关系,其发掘出土的遗存呈现出多元文化特征,让人联想到"禹合诸侯于涂山,持玉帛者万国"的记载。此外,还有登封王城岗遗址和洛阳大师姑遗址,都被认为是与大禹或者夏文化关系密切的考古学遗址。

总之,近几十年来的考古学发现,为我们重新研究大禹文化,建构大禹研究体系,审视考古发掘与历史文献之间的实证关系,提供了良好的历史机遇。

环境考古学、人类学和大数据等科学发展和技术进步为我们研究大禹创造了重要条件。环境考古学的发展使考古学不仅可以通过碳十四来测定文化层的绝对纪年,还可以通过孢粉和藻类来研究当年的洪水,还有对"卷转虫海侵"的古环境研究,也有利于我们深入开展大禹文化研究。此外,人类学可以通过考古发掘的人类骨骼特征进行数据分析,发现不同地区先民的亲缘关系和迁徙路线。

近年来国家对中国文明起源和中华传统文化的高度重视,也为大禹研究提供了重要机遇。通过对历史的梳理便可发现,大禹研究的重要历史阶段往往出现于国家复兴和民族文化重建的历史关头。近年来,国家先后两次启动关于中国文明起源研究的重大工程,1996 年 5 月启动了“夏商周断代工程”,2001 年又启动了“中华文明探源工程”。2017 年新年伊始,中共中央办公厅、国务院办公厅又联合发布了《关于实施中华优秀传统文化传承发展工程的意见》。这些国家文化工程的推出和大政方针的制定,不仅充分显示了我们的文化自信和中国的伟大历史进程,也赋予了大禹研究良好的机遇与历史责任。今天,在全党和各族人民为实现“两个一百年”奋斗目标、实现中华民族伟大复兴而不懈奋斗的历史征程中,大禹,作为尧舜禹三代圣贤统治者之一、中华民族的治水英雄、华夏民族认同的重要起源——夏王朝的开创者,必将在中华传统文化的振兴过程中起到引领作用。以更高的标准和更科学的方法来推动大禹研究,是我们不可推卸的历史责任。

四、如何推进新时代的大禹研究

第一,要有全球视野。大禹既是中国的大禹,也是世界的大禹。中华文明是世界文明的重要组成部分,大禹也是全人类文明进程中的重要人物。关于大洪水与创世纪的传说在世界主要文明发祥地都有相似的记载。人类社会的发展本质上是人类不断认识自然和改造自然的过程。因此,推进大禹研究要积极同世界不同文明进行对话,推进文明起源的比较研究。

第二,要避免狭隘的视角和“私心”。大禹是中国的大禹,是中华民族共同的祖先和民族英雄。大禹不是某个特定地区的地方人物。我们在研究大禹的时候,要注意避免把大禹限定在自己所处的地区,把任何与大禹相关的生平和史迹都限定在本地区内,以至出现多地同时争大禹的尴尬窘境。[①] 我们要从民族团结、国家统一和民族振兴的历史视角来审视大禹研究。因为大

① 武越:《川青豫三省多地大禹故里之争一浪高过一浪》,《中国地名》2012 年第 5 期。

禹精神的本质就是天下为公、民族平等。在大禹治水的过程中，九州的地位是平等的。大禹没有限于只治自家门口的水。而事实上，我们看国内大禹史迹集中的地区，彼此之间其实并不冲突，只是研究没有深入而已。北川地区没有夏文化遗存的发现，但有众多的大禹史迹，而羌人在集体记忆上也一直存在着与大禹的渊源关系。这是因为北川地区是羌人的聚居区，而羌地是夏人甚至是夏王朝核心族群在商取代夏之后的迁徙之地。山东主要流传的是大禹治水的故事和史迹，这或许是因为大禹治水主要工作在疏导，而山东地处黄河下游。河南是夏文化的核心区域，自然会有关于大禹的传说和史迹。浙江良渚文化是夏之前即已非常发达的文化，水利设施在当时非常先进。大禹要治水，必定要联合东西方尤其是长江黄河下游的部落。因此，禹娶涂山氏和葬会稽山，也都是合理的。

第三，要相互协作。大禹研究是一个重大的工程，不是一个人或几个人所能完成的，相互之间必须团结协作。目前，大禹研究者人员不少，但形成团队的，只有浙江越秀外国语学院、四川北羌、河南登封以及安徽蚌埠，这四个团队应该共同努力，建成具有比较一致目标的大禹研究军团。自然，各个地区的大禹研究都要突出地方特色，各有分工，但一定要彼此合作，加强交流，共同推进。这样，我们才能真正弘扬大禹精神，传播大禹文化。

学术研究的重要目标是传承文化精神，推进社会发展和进步。大禹研究的核心就是要传承大禹精神与中国传统文化，为展示中华文化的自信和推动中国梦的实现做出贡献。因此，大禹研究者责任重大，中国传统文化研究者还需要不断努力。

（作者丁新为浙江越秀外国语学院讲师，大禹与中国传统文化研究中心核心成员；刘家思为浙江越秀外国语学院教授，中国语言文化学院院长，大禹与中国传统文化研究中心主任）

传播大禹文化　弘扬大禹精神

铸造中国大禹文化世界品牌

王青山

国运昌盛,文化复兴,大禹文化以永恒的独特魅力和极强的生命力,在全国各地兴起了研究热,对于中华民族的文明发展将产生重要影响。随着经济全球化及信息时代的到来,西方文化对中华文化发展形成影响和冲击,我们必须把握信息时代的脉搏,充分利用文化传播的规律,结合现代传播的理念,对大禹文化的传播历史及途径进行分析,发挥现代媒体传播的广泛效应,助推大禹文化的广泛传播发展,从而在全球的多元文化交流、碰撞中展示中华大禹文化的独特魅力,提高中国大禹文化软实力。

一、大禹精神是中国精神之魂

习近平总书记在2013年12月30日中共中央政治局集体学习时强调:提

高国家文化软实力,要努力展示中华文化独特魅力。在5000多年文明发展进程中,中华民族创造了博大精深的灿烂文化,要使中华民族最基本的文化基因与当代文化相适应、与现代社会相协调,以人们喜闻乐见、具有广泛参与性的方式推广开来。把跨越时空、超越国度、富有永恒魅力、具有当代价值的文化精神弘扬起来,把既继承传统优秀文化又弘扬时代精神、既立足本国又面向世界的当代中国文化创新成果传播出去。要系统梳理传统文化资源,让收藏在禁宫里的文物、陈列在广阔大地上的遗产、书写在古籍里的文字都活起来。

根据总书记的指示,系统梳理传统文化的资源,我们可以发现,大禹文化是中华民族最基本的文化基因,且与当代文化相适应,与现代社会相协调,富有永恒魅力,具有当代价值。习近平总书记在访问英国时也说,中国几千年前就以"民惟邦本,本固邦宁"为理念治国。孔子曰:"禹,吾无间然也。"所以,大禹精神已成为中华民族传统美德的集中体现,是自大禹以来,历代有志之士为实现伟大理想,不屈不挠、不懈奋斗的精神支柱和力量源泉。

大禹精神,实质上就是中华民族的基本精神,代表了中国人的基本精神风貌的价值标准和人格追求,大禹精神是民族之魂,是4000多年来中华民族长期发展的历史过程中所形成的心理、意识、观念、习俗、规范、制度等区别于其他民族的精神风貌和特征。它是我们民族的自我认识、自我认同、自我归属感。

大禹精神是中华民族之魂,是一个民族精神的基础和发展的内在动力,是一个民族赖以生存和发展的精神支撑。一个民族,没有振奋的精神和高尚的品格,不可能自立于世界民族之林。

大禹精神的独特魅力,深厚地沉淀在中华民族的民族精神之中,得到了丰富和审美的表达。"名逐物而迁,言因理而变。"大禹精神彰显了民族精神的古今传承。当今时代,政治多极化,经济全球化,文化多元化,民族精神是社会主义现代化建设的精神动力,是现代化事业顺利进行的精神资源和保障。我们继承和发扬大禹文化中蕴含与彰显的民族精神,既是当今时代的文明精神表达,也与传统的优秀的民族精神一脉相承。在传播大禹文化、弘扬大禹精神的同时,也是对传统民族精神的传承。

大禹是华夏立国之祖,以他的智慧和力量结束了一个旧时代,开辟了一个新时代,推动中国历史跨越式的发展。大禹上承炎黄尧舜风范,和他们一样具有极大的号召力和凝聚力,是中华民族的光辉典范,并且相比炎黄尧舜,大禹的业绩更加卓著,品德更加高尚,精神更加可贵。

1939 年 3 月 25 日,周恩来冒着抗日烽火到大禹陵拜祭后,感慨地说:“大禹在人民向自然灾害作斗争中打响了第一炮。在科学萌芽的时代,能同大自然作战是不容易的。中国历代统治阶级都没有学好大禹治水这一课,他们只晓得遏制,不晓得利导,所以成了专制魔王,到处受到人民的反抗,他们注定是要失败的。”1950 年 8 月 24 日,周恩来在中华全国自然科学工作者代表大会上鼓励大家说:“我们有信心在这一辈子能看到光明、幸福、富强的新中国。从新民主主义开步走,为我们自己和我们的子孙打下万年根基,‘其功不在禹下’。大禹治水,为中华民族取得了福利,中国科学家的努力,一定会比大禹创造出更大的功绩。”

大禹文化从古至今,从一地传到另一地,从国内传到国外,在大禹身上体现出来的敬民、养民、爱民的民本精神是大禹文化长久传播的核心动力,并且显示了大禹精神极强的生命力和永恒的独特魅力。随着全球经济一体化及信息时代的到来,在多元化文化对中华文化发展带来冲击和影响的背景下,一定要听从习近平总书记的指示。

二、官方是传播大禹文化的主导力量

大禹文化所具有的政治功能,决定了官方的重视和利用。太康失国,遂有五子的悲唱:“内作色荒,外作禽荒,甘酒嗜音,峻宇雕墙,有一于此,未或不亡。”少康复国,即派庶子无余到越地守大禹陵,至今已传146代。

秦始皇为了巩固政权需要,于公元前210年“上会稽,祭大禹,望于南海,而立石刻颂秦德”,至今犹存。

自秦至清,历代帝王都很重视大禹,敬仰大禹,大禹已成为历代帝王的理想人格和楷模。康熙为大禹题匾:“地平天地。”撰联:“江淮河汉思明德,精一危微见道心。”乾隆也为大禹题匾:“成功永赖。”撰联:“绩奠九州垂万世,统承二帝首三王。”

在登封市境内,也有历代官方颂禹、传播大禹文化的胜迹。

《穆天子传》卷五云:“丙辰,天子南游于黄□室之丘,以观夏后启之所居。”

周襄王命刘定慰劳赵孟曰:“美哉禹功,明德远矣,微禹,吾其鱼乎!”

《登封县志》载,汉武帝刘彻游嵩山,闻山呼万岁者三,即令重修启母庙。

东汉元初五年(118)颍川太守吕常建太室阙。东汉延光三年(124)颍川太守朱宠在启母庙前建启母阙。还有同时期建造的少室阙。

此汉三阙是探讨大禹文化的佐证,启母阙铭文有:“三过亡入,实勤斯民。”这和民间广泛流传的大禹治水三过家门而不入的故事相契合。汉三阙在1961年已列为全国第一批重点文物保护单位。

2009年发现的西周遂公盨,上面的铭文可谓是最早的关于大禹治水的记载。

春秋战国时期的百家争鸣是我国文化史上的黄金时代,诸子百家对大禹的颂扬和评价构成大禹文化的重要源头。正是诸子百家根据传说将有关记载保留下来,其后后人不断地通过文学、艺术、书法、绘画等形式进一步完善和提高。如经典的大禹执耒像,是汉砖上的绘画;登封境内的“汉三阙”提供了研究大禹时代的生活状况的证据,其铭文和绘画则是研究大禹文化的依据。

唐代武则天封禅嵩山后又进一步加封启为齐天皇帝,启母涂山娇为玉京夫人,涂山姚为金阙夫人。同时武则天又令崔融撰刻了启母庙碑,令杨炯撰刻了少姨庙碑,讴歌颂扬了大禹的业绩及功德。明代地方官员傅梅修建禹益岁祭之庙。清代耿介撰刻重修禹王庙碑文及嵩阳书院创建道统祠碑记等。这些形式都传播了大禹文化。

登封的嵩阳书院中的道统祠,有大禹、周公、孔子塑像,并列三圣。

大禹文化能够广泛传播到今天,仅靠民间传说是力有不逮的,并且都是地域性的。历代的文化精英又是政治精英,颂扬大禹治水、立国的事迹,是他们对明君的期冀,上可影响最高统治者,下可影响广大民众。正是历代文化精英的研究与传播,才使大禹文化的内核不断坚实,内涵也更加深刻明确,外延也愈加丰富。

当今,国运昌盛,文化复兴,2007 年,登封申报中国大禹文化之乡,2008 年 1 月 2 日,中国民协正式批准挂牌,同时批准登封市成立中国大禹文化研究中心,从此,登封又兴起了新的大禹文化热潮。

登封市人民政府自 2007 年申报中国大禹文化之乡以来,市委、市政府就积极推动大禹文化的传播,北环路更名为大禹路,大禹路东端的公园更名为大禹园;在大禹园里立巨石“大禹之碑”等;在大禹故里立“禹生石纽记碑”,更增添了大禹故里的色彩;修建了“汉三阙”保护房屋,在嵩阳办事处修建了大禹甬道等。市委、市政府大力传播大禹文化的功绩,将永留人心。

三、宗祖传播是稳定延续的力量

大禹作为民族治水英雄和华夏立国之祖,从他的儿子启开始的祭祀大禹活动兼具两种作用,既有祭祖之情,又有治国之用,兼具官方色彩和宗祖色彩。

大禹距今4000多年,在这漫长的历史长河中,曾为帝王世家的夏禹家族枝繁叶茂。大禹后人的祭禹活动是时续时断的,这与历史的变迁有很大的关系。但是,大禹至仁、至圣、至神的精神给其后人乃至中华民族留下了宝贵的财富,也成为后人为实现伟大理想不屈不挠、不懈奋斗的精神力量。

在中国境内的黄河上下、大江南北,都有大禹故里,我们不予争论,谨就为何称登封市郊的祖家庄为大禹故里,做一二说明。

众所周知,大禹之父是崇伯鲧,崇伯是官位。著名史学家范文澜先生在《中国通史简编》中,称鲧为崇山部落联盟大酋长。根据登封地区的民间传说,崇山部落联盟的中心在登封市郊的石纽屯,也叫一溜儿石纽屯,是由多个村落组成的,现有石纽石为证。为啥又叫祖家庄呢?因大禹之父鲧是崇伯,肯定在崇山地区活动,传说就住在石纽屯,因石纽屯是沟通东西南北的通道,当地称官道,所以大禹很可能出生在石纽屯。大禹的后代少康复国,曾在祖地石纽屯留下了夏地、东军地、擂鼓石等传说。息壤岗是鲧盗息壤之地,金牛峰、金牛泉、石纽石是禹生石纽的见证,大禹的五代孙少康复国后,祭祖来到石纽屯,石纽屯更名为祖家庄,现有大禹后裔蒲姓祖坟墓碑记载为证。在祖家庄居住的历代村民敬禹、祭禹活动延续至今,足以证明大禹故里就是祖家庄。不仅大禹故里祖家庄的历代人民延续传播大禹文化,全国各地、海内外的大禹后裔也开展祭祖活动,这已成为传播大禹文化的独特方式和重要力量。

另外,历代文士通过各种形式传播大禹文化,歌颂大禹功德,并通过考证、研究助推大禹文化的传播。如鲁迅曾考证会稽山的禹庙,并著有《会稽禹庙窆石考》一文。当代考古工作者发现的文化遗址,夏商周断代工程的启动,古阳城的考古发掘和科学的鉴定,使大禹文化的传播更具真实性。

大禹后裔独特而又稳定延续的宗亲祭禹活动,是传播大禹文化的重要方式,不仅在宗祖中产生极大的宣传、弘扬、教育作用,而且为传播中华优秀传统文化做出了不可磨灭的贡献。登封市是中国大禹文化之乡、中国大禹文化研究中心,有大禹故里,有禹都阳城。登封市内的乡乡镇镇、山山水水,都有大禹的足迹和动人的传说故事,不能让大禹文化的胜迹躺在荒山野坡上,让大禹文化的文字深埋在古籍中,让丰厚的大禹文化资源及考古发掘出的文物睡在博物馆里。

四、传播大禹文化是公司的宗旨

河南大禹文化开发有限公司自成立以来,就致力于大禹文化的研究、探讨、挖掘、梳理、开发和弘扬。公司在大禹故里祖家庄竖立巨石铭刻“禹生石纽记碑”,修建了禹王祠,敬塑了大禹像和涂山娇、涂山姚的陪像。近年来,全国各地及众多海内外的大禹后裔先后到大禹故里祖家庄寻根拜祖。为了表达对先人的敬仰,已有夏姓、弋姓、刘姓、蒲姓、鲍姓等大禹后裔在禹王祠前立碑纪念。同时,夏商周断代工程专家李伯谦、国学大师文怀沙题字,“大禹故里祖家庄”的柱石巨碑,已竖立在祖家庄。近年来,公司请策划师策划,请河南省发展投资设计有限公司为中国大禹故里文化产业园做总体规划,正在筹措实施。

中国大禹故里文化产业园总体定位是:中国大禹文化祖庭、中国大禹文化传承创新中心。目标是:建成国际大禹文化传承地。园区以大禹文化轴为中心,在园区最高点敬立大禹塑像,打造标志性景观,供天下人民瞻仰朝圣,寻根拜祖。第一园区,大禹治水园;第二园区,大禹治国园;第三园区,禹迹九州园。同时有华夏文明的标志墙、禹迹纪念馆、禹画九州沙趣园、禹里文化区、夏地农耕园、禹里书院、休闲美食街、禹神石阵园、水文化园、百草园各类服务设施。计划总投资61亿元,分期进行实施,可谓实实在在传播大禹文化。

依据《河南省人民政府关于支持登封市建设华夏历史文明传承创新示范工程的指导意见》(豫政〔2014〕41号)文件精神,公司立志打造华夏历史文明的遗产保护基地,传承创新大禹文化,建立中原经济区文化发展和文化产业的集聚区。充分利用登封境内丰厚的大禹文化遗址、胜迹、传说,结合古籍文献开发大禹故里文化产业园,可以填补国内同历史时期华夏文化展现不足的空白,对大禹文化起到引领性的发展作用。大禹故里文化产业园开发潜力巨大,配合登封市旅游从一枝独秀的少林寺向大嵩山旅游品牌的转型。

目前,登封市已形成了一支研究大禹文化的生力军,更有专家、学者的大力支持。自2008年以来,登封市举办了近十次全国大禹文化研讨会,出版了多部大禹文化专集和大禹文化论文集,为筹建中国大禹故里文化产业园和传播大禹文化,提供了可靠的理论基础和良好的氛围。

中国大禹文化研究中心主任常松木先生自2007年以来,已先后出版数十部大禹文化专著,并且主办《中国大禹文化》,已经出版20期,他以继承大禹精神、传播大禹文化为己志,上下而求索,不仅推动了登封市的大禹文化热潮,而且已成为传播大禹文化的领军人物。

河南省作家、剧作家乔文阔先生研究大禹50年,历时十年创作了长篇小说《大禹演义》,于2006年出版,该书可谓中国第一部大禹从生到死的凯歌,并于2007年荣获郑州市第十一届精神文明建设"五个一工程"奖。以该小说改编的70集大型电视连续剧《大禹王》获郑州市"咏郑州"优秀奖。近期他又完成了电影剧本《三过家门》等优秀文艺作品。河南大禹文化开发有限公司和西安电影制片厂已达成筹拍电影《三过家门》和大型电视连续剧《大禹王》的合作意向,准备以多种语言推向全世界,必然推动登封的中国大禹故里文化产业园建设,像少林寺那样,在全世界产生轰动效应,并推动大禹文化旅游事业的发展,创造良好社会效益和经济效益。

立志传播大禹文化,弘扬大禹精神,铸造中国大禹文化世界品牌的大禹故里文化产业园是一项意义重大的伟大工程,任重而道远。公司渴求各级党政领导在传播大禹文化中起主导作用,重视和支持大禹文化产业的开发和传播,渴望大禹后裔认祖拜祖活动持续下去,渴望专家、学者们提供大禹文化的理论研究、探讨及大禹文化的创新成果。同时也渴望有识之士、企业家联手传播大禹文化,加快传播大禹文化及产业开发,使收藏在博物馆里的文物、陈列在广阔大地里的遗产、书写在古籍中的文字都活起来,把大禹故里文化产业园打造成为华夏历史文明传承示范区一颗璀璨的明珠,铸造中国大禹文化世界品牌,传播大禹文化、弘扬大禹精神、展示大禹文化的永恒魅力,创造出良好的社会效益和经济效益。公司热忱欢迎社会各界有识之士积极参与、加盟、投资,共铸辉煌。

(作者为中国先秦史学会夏禹研究中心主任)

大禹研究中历史学与考古学研究适用性及方法探析

徐锦博

一、大禹研究历程——由疑古思潮到“二重证据法”

大禹与大禹治水的事迹一直以来为人们所熟知，历代学者对其相关问题的著述可谓汗牛充栋。历史上大禹的形象一直是贤主明君的代表，鲜有人怀疑其真实性。直到以顾颉刚先生为首的“疑古派”开始在考证的基础上对古史尤其是上古史进行大范围的质疑和考辨，学界对大禹才有了新的认识。顾颉刚先生在《与钱玄同先生论古史书》中提出“禹虫论”，其后不断与钱玄同深入讨论，基本上把禹定性为传说人物。“至于禹，他的来踪去迹不明，在古史上的地位是独立的（父鲧子启全出于伪史，不足信）。他不是周族的祖先而为周族所称，不是商族的祖先而亦为商族所称，他的神话是普遍的。地位的独立,神话的普遍,惟有天神才能如此。”[①]并且进一步认为“禹是南方民族的神话中的人物”。[②] 至于古书中有关大禹的记载,顾颉刚先生并未以“史实”视之,而是认为其中记录的乃是神话传说。顾颉刚先生提出“层累说”,认为大禹治水的神话传说乃是逐步丰富的,在形成初期也存在着一个早期构建的过程,“甲地的洪水与乙地的洪水本非一物,但因两地同受此水患,所以故事流传所及,会得合成一物,禹的故事所以能由越舒传至中原,亦因中原有黄河的水患故。中原的人受了黄河的水患,有求得一水神(或一个有治水的大神通之人)之需要,恰由越舒传了一个禹来,于是就十分的信奉了”[③]。

受到以顾颉刚先生为首的“疑古派”对大禹论证的影响,不少学者因而将大禹认为是“半人半神”这样一种传说式的人物,大禹治水自然成了神话传说。不少专家从神话这个角度切入,对其进行了文本形成与流传方面的考察。王宇信先生很早就关注到禹的世系问题,他把大禹治水归结为是一种“史影”。王先生认为远古先民多傍水而居,“尧舜时期一场特大洪水的传说,应就是原始氏族社会时期,居住于河谷阶地或沼泽边缘的先民,关于洪水灾难的可怕‘回忆’。这就为鲧禹的出台,提供了宏观的场景”[④]。“史影”说实际上注意到了历史上先民们对大洪水以及治理洪水的普遍历史记忆,但是对于大禹治水本身的真实性以及细部问题,还存在着疑虑。需要注意的是,“人们参与这种社会关系,而这种社会关系只有通过人们的大脑感官以及行为器官才能够实现。在由这种关系所产生的过程中,还把客体以及主观影像的形式以意识的形式纳入人脑中”[⑤]。上古的神话传说当然是具有历史价值的,是远古先民对于生活、社会关系、历史等方面的一种总结记叙和表达方式,它必

---

① 顾颉刚:《讨论古史答刘胡二先生》,《古史辨》第一册,上海古籍出版社,1982 年,第 109~110 页。
② 顾颉刚:《古史辨》第一册,上海古籍出版社,1982 年,第 127 页。
③ 顾颉刚:《古史辨》第一册,上海古籍出版社,1982 年,第 210 页。
④ 王宇信:《由〈史记〉鲧禹的失统谈鲧禹传说的史影》,《历史研究》1989 年第 6 期。
⑤ [苏]阿·尼·列昂捷夫:《活动意识个性》,上海译文出版社,1982 年,第 12 页。

然有历史真实性的一面,也相应地有历史人文性的一面。

大禹研究显然不能局限于神话故事探源一隅,王国维先生提出的“二重证据法”为大禹研究提供了方法论方面新的指向:“吾辈生于今日,幸于纸上之材料外,更得地下之新材料;由此种材料,我辈固得据以补正纸上之材料,亦得证明古书之某部分全为实录,即百家不雅驯之言,亦不无表示一面之事实。此二重证据法,惟在今日始得为之。虽古书之未得证明者,不能加以否定;而其已得证明者,不能不加以肯定,可断言也。”[①]王国维先生“二重证据法”的提出,根植于其利用出土甲骨文对商代世系的研究,是从实证研究中提炼出来的研究方法。二重证据法及其内涵思想实际上在古代历史文化的研究过程中具有普适性,正如裘锡圭先生在《中国古典学重建中应该注意的问题》中所言:“二重证据法既是研究古史的方法,也是研究古书的方法。”[②]如今专家学者们对“二重证据法”的运用,早已不再仅限于一朝一代或是某一领域的专项研究。

就大禹研究而言,历史上对大禹的研究多从文献出发,《尚书》《山海经》《孟子》《国语》《史记》等众多先秦和秦汉时期重要文献都记录了大禹和大禹治水一事。《尚书·尧典》曰:“汤汤洪水方割,荡荡怀山襄陵,浩浩滔天。”[③]《山海经·海内经》曰:“洪水滔天。鲧窃帝之息壤以堙洪水,不待帝命。帝令祝融杀鲧于羽郊。鲧复生禹。帝乃命禹卒布土以定九州。”[④]《史记》也记载了当时水灾的情况:“当帝尧之时,鸿水滔天,浩浩怀山襄陵,下民其忧。”[⑤]这些文献中还有不少对于大禹治水细节的记载,共同勾勒出大禹在古史中的面貌。从历史学角度展开研究,利用传统文献进行考辨与阐发的著述非常多,

---

① 王国维:《古史新证——王国维最后的讲义》总论,清华大学出版社,1994 年,第 2~3 页。
② 裘锡圭:《中国出土古文献十讲》,复旦大学出版社,2004 年,第 3 页。
③ 李学勤:《十三经注疏·尚书正义》,北京大学出版社,1999 年,第 40 页。
④ 袁珂:《山海经校注》,上海古籍出版社,1980 年,第 472 页。
⑤ 〔汉〕司马迁:《史记》,中华书局,1959 年,第 50 页。

其中有不少考据佳作。

近年来相关的考古发掘成果和出土简牍整理等方面有很多重要收获,不少学者对大禹和大禹治水的研究从考古学入手并且结合传世文献,形成了非常扎实的成果。王城岗大小城的发现,对于大禹治水和"禹都阳城"的考订有着非常重要的意义。方燕明先生的论文《登封王城岗城址的年代及相关问题探讨》,对登封王城岗城址有非常具体而直观的剖析,通过对大小城遗址的发掘和测定,认为,王城岗大城的年代相当于"王城岗龙山文化第三期,其年代大体为公元前2060年前后"①,并且通过对应文献,提出"王城岗小城有可能为'鲧作城',而王城岗大城有可能即是'禹都阳城'"②。有关当时的气候水文状况,宋豫秦等先生在《中国文明起源的人地关系简论》中论证了当时洪水发生的"大约8000—3000a. B. P.阶段,中原地区也进入了全新世高温期,北亚热带界限向北推移明显,气温较现今高约0.5~3 ℃,年平均降水量较今高出约100~200 mm"③。而许靖华先生则论证了大禹治水事件本身所具有的水文状况方面的科学性,"自大约10 ka以前的冰川融化期以来,存在全球变暖时期和变冷时期的交替。全球温度变化对地区降水有可预见的影响。在温暖时期,中低纬度温带大陆(如地中海沿岸国家)变得更湿润"④。这些都从环境考古方面论证了有关大禹时期的气候环境状况,为我们推进大禹研究提供了重要的科学支撑。

出土文物方面,遂公盨的出土为大禹治水一事提供了更加可靠直观的文字记叙:"天命禹敷土,随山浚川,乃差地设征,降民监德,乃自作配乡民,成父母。生我王,作臣。"李学勤、裘锡圭、朱凤瀚等学者对铭文的解读,使我们对

① 方燕明:《登封王城岗城址的年代及相关问题探讨》,《考古》2006年第9期。
② 方燕明:《登封王城岗城址的年代及相关问题探讨》,《考古》2006年第9期。
③ 宋豫秦等:《中国文明起源的人地关系简论》,科学出版社,2002年,第200页。
④ 许靖华:《太阳、气候、饥荒与民族大迁移》,《中国科学》(D辑:地理科学)1998年第4期。

大禹治理水患的方法、历史意义等问题,有了更为深入的理解。上博简《容成氏》作为重要的出土文献,也对大禹治水一事有着详细的记载:“舜听政三年,山陵不序,水潦不湝,乃立禹以为司工……禹亲执枌耜,以陂明都之泽,决九河之阻,于是乎夹州、徐州始可处……禹乃通泾与渭,北注之河,于是乎虘州始可处也。”[①]这其中不但有对大禹治理洪水地域的详细记载,更保留了许多珍贵的历史细节。这些出土文献的获得为我们推进大禹研究提供了新的资材和方向。

“今天我们所应做的,是继承王国维、顾颉刚两位先生的基本思想和合理内核,同时又避免二者的疏忽和偏颇之处,将二重证据法发展为被疑古与释古两派接受的,具有更广阔应用范围和指导意义的理论方法。”[②]“二重证据法”作为研究方法,其思想内核非常适合目前多学科交叉结合对比研究古史的趋势和特点。伴随着大禹研究中越来越多考古资料的发现和运用,再结合以往文献研究的成果,相信学界会有更多新的认识。

二、大禹研究中学科交叉研究方法探析

时下随着大禹研究的不断深入,在前人基础上想要推陈出新,提出“新观点”,自然需要有“新材料”“新视角”和“新方法”。由于时代久远,现存资料有限,想要有新的成果,必然要更多地从“新视角”和“新方法”方面有所突破。历史学和考古学作为研究大禹的两个重要学科构成,在时下倡导多学科交叉的背景下,如何在大禹研究中进行结合和规范,是需要我们进行深入思考的。

历史学和考古学作为成熟的学科,各自都有着相应的研究范围和学术规

① 马承源主编:《上海博物馆藏战国楚竹书(二)》,上海古籍出版社,2002年,第268~271页。
② 梁涛:《二重证据法:疑古与释古之间——以近年出土文献研究为例》,《中国社会科学》2013年第2期。

范,自成体系。学科分类和边界的划分在学科发展的整体过程中是有积极作用的,学科边界划分与职能的规范是保证学科内部专业化的必然要求。然而随着学科发展,学科内部研究成果与方法的不断扩充与外延,势必将与其他学科的研究范围和研究方法出现交合。面对同一研究内容,可以采用多种学科研究方法,那么在多学科交叉过程中该如何去处理这样的问题?新近由清华大学历史系主办的"历史学与考古学的磨合"研习会中,就关注到了历史学与考古学这两个学科在研究展开过程中出现的一系列问题。这样的议题,正反映出时下由于研究问题的深入,学者们在多学科交叉后对学科体系和研究范式的反思。

我们在上文中提到了"二重证据法"对于研究古代历史的价值,先贤们自不能预见现今学科发展与多学科交叉研究的发展状况,但提出的这一思想确实能为现今多学科交融提出一些原则与方法上的借鉴。现今部分学者在利用"二重证据法"的过程中,确实出现了一些"新瓶装旧酒"的情况,搜集利用有关的考古资料与文献简单对应,试图证明文献的可靠性。这既不是"二重",也不是真正意义上的学科交叉。王国维先生提出:"吾辈生于今日,幸于纸上之材料外,更得地下之新材料;由此种材料,我辈固得据以补正纸上之材料"[①],其中之关键在于"补正"二字。"补正",本身就是两方面的内容,地下考古资料有补缺地上传世文献的,当然也有与传世文献不同之处,两下相较若有异可进而深入研究。同时也出现有两相无法"补正"的,有地上专有而未有相关考古资料的,也有考古资料所独立呈现的内容。但是这种补正的思想,应当是站在学科交融与学科研究方法平等的认识基础上,地下材料绝对不能视为某些地上材料的补充,地下材料也未必有高于传世文献的研究价值。

在古代历史文化研究中,历史学与考古学这两个学科以及众多的研究

---

① 王国维:《古史新证——王国维最后的讲义》总论,清华大学出版社,1994年,第2页。

者，尤其在时下倡导多学科交融的大环境中，也正面临着研究思路与研究方法上的混乱。这也导致部分学者对“二重证据法”的批判，以及提出所谓“独立”这样一种研究内容与方法上的诉求。单独采用考古学或者历史学的学科研究方式与材料，是完全可以形成非常专业且富有价值的研究成果的，但是这样的“独立”，势必无法对相关研究对象的其他学科已有研究成果进行有效利用。通过划分学科边界，采用单一学科研究方法与材料以提升其成果的科学性，这样的做法未免有画地为牢之嫌。李幼蒸先生曾专门撰文指出：“从历史符号学的角度看，所谓‘二重证据法’显然不是一个严格的科学概念。因为它将两个不同学科（考古学和古史学）运作程序之间的关系简单化了。”[①]在历史学与考古学交叉过程中，虽然能够博采众长，但是根据研究者的学科背景，势必出现学科研究方法中以何为主的问题，并且在具体研究过程中会遇到学科交叉中学科壁垒的问题。

所谓“学科壁垒”，是指在研究中由于不同学科内在研究方法与研究规范的差异，所导致的在多学科交叉过程中的内在冲突。以大禹研究为例，现今考古学成果已然非常丰富，“夏商周断代工程”对夏代纪年的综合考证将夏朝始年定为公元前2070年，[②]勾勒出大禹建立夏朝的时间。而从环境考古的成果中我们得以知道在公元前2000年前后的大禹时期，当时的温度普遍偏高，中纬度地区的降水量明显增加。我们在遗址发掘过程中就可以清晰地看到地下土层中洪水层的状况，在距今4000年前后的土层与前后时代的堆积土层也有明显的差异。实际上不光在二里头遗址，处于同一时期的王城岗遗址和

① 李幼蒸：《顾颉刚史学与历史符号学——兼论中国古史学的理论发展问题》，《文史哲》2007年第3期。

② 夏商周断代工程专家组：《夏商周断代工程1996—2000年阶段成果报告（简本）》，世界图书出版公司，2000年，第1～56页。

陶寺遗址,都出现有较厚的淤泥层和大水冲刷遗留的痕迹。[①] 而且王城岗大小城的考古发现,让我们对治水过程中"鲧作城"和"禹都阳城"这样重要的史实记载有了考古方面的具体认识。从考古学研究出发,科学发掘的遗址中反映的水文情况,与科学考古中的历史上的气候条件相对应,证明了大禹治水中洪水的真实性;遂公盨和上博简《容成氏》对大禹治水的记载,基本可以对应大禹治水过程中具体情况;而王城岗大小城的发现,对于确定大禹治水的中心区域以及对于治水后建立夏朝都城都具有重要的历史价值。既有历史环境的论证(即"外因"),又有出土材料的记载以及考古遗址内证(即"内因"),实际上整个论证体系已经很完备了。从考古学的理论方法出发,整个大禹治水的历史事件已经得到比较充分的论证了。

但是从历史学研究的角度来讲,这个论证仍然是不充分的:虽然环境考古证明了当时的环境状况,有发生大洪水的条件,并不能证明是大禹带领民众治理了水患;即便有遂公盨和上博简《容成氏》对大禹治水的记载,但是二者的本体年代已经距离治水这一历史事件发生的时期在年代上有较大的距离,真实性方面要存疑;发掘的王城岗大小城遗址,虽然能与文献对应,可是没有确凿的证据证明这是鲧或者禹带领民众修筑的城池。也就是说在考古学论证清晰的情况下,从历史学研究考证来看,可以证明当时有洪水,有人治理了水患、修筑了城池、推进了历史文明,但始终无法证明是大禹治了水,也无法证明"大禹"就是"大禹"。由于传世文献的形成、流传过程,以及文献记述年代等客观问题,这些文本记载本身就很值得怀疑,并不能完全信以为真。考古工作者们并不认为这个论证链有遗误,因为无论从哪一方面来讲,都必须有考古学的科学认证。

---

① 河南省文物研究所、中国历史博物馆考古部:《登封王城岗与阳城》,文物出版社,1992年,第5~15页;梁星彭、严志斌:《陶寺城址的发现及其对中国古代文明起源研究的学术意义》,《襄汾陶寺遗址研究》,科学出版社,2007年,第688~690页。

只靠传世文献的历史考证，很难解决大禹研究中的关键性问题，但是全凭考古学材料的专门性研究，也不能清晰论证。究其关键，源于考古学材料经过科学地发掘、整理、测定，其材料的研究价值是非常高的。但是由于考古发掘不是“地毯式”搜索，现阶段不存在历史学中所要求的“严丝合缝”呈序列的考古成果，这也就导致了它对于某一具体问题的论证很可能存在缺环，系统性的论证逻辑较弱。而历史学对于传世文献的考订发掘，必然受到史料限制，其中的所谓“证据”并不完全具有如考古学一般的准确性，它的论证材料价值是相对较弱的，但是相对而言历史学的论证逻辑是比较严密的。论证力度和材料价值这两个问题，我们在研究中都是需要注意的。

有学者从史学史发展进程与史学研究方法的角度提出：“以考古发掘的实物、实迹，经科学的分析，摆脱种种纠缠，独立地重建中国远古文明发展的历史，是当今历史科学之要务。”[①]所谓历史科学，“科学”实际上只是广义上历史本身属性中的一种。我们讲历史学当然是具有科学性的，注重证据的积累和事实的检验。然而任何成熟的历史记载都必然通过“历史—史学家—文字”这样至少三个阶段，这其中实际上牵扯了史料学、历史哲学以及史学叙事或者史学编纂学这几个类别。所以在任何史学记载或者说广义上的史学研究中，必然要面对历史学的两重性，也就是科学性与艺术性或者说人文性的对立统一。我们需要承认文献记载有其局限性，历史学范围内对大禹问题的探究终有其掣肘之处，但是仅靠考古学的独立论证，并没有论述中那样科学，其学科内部对于具体问题研究也存在一些不足。

① 乔治忠：《王国维“二重证据法”蕴义与影响的再审视》，《南开学报（哲学社会科学版）》2010 年第 4 期。

三、大禹研究新的面向

大禹研究是学术研究中的热点问题,而且会随着研究方法和研究思路的拓展,有更多新的突破。对于大禹研究,我们在研究方法上需要突破历史学和考古学的学术壁垒,更要在研究思路上进行创新。需要明确的是,今天我们所讲的大禹研究,并不仅仅指大禹历史研究或者说史实考证,还包含有大禹文化这一重要内容。历史与文化,本就是难以分开的。历史研究有时段、史实、研究方法等方面的限制,而文化研究则是在更长的时段中,对研究对象采取多方面、多角度的观察探究。就大禹研究而言,其在历史文化研究方面同样拥有极高的价值。

大禹是人们耳熟能详的上古圣贤,大禹治水的精神也已经深深地融入民族精神内涵之中。我们对大禹的研究不仅要有实证,也要有历史阐释,有文化阐发。涉及实证和历史阐释的问题时,余英时先生提出:"今天的史学家一方面要用最严格的实证方法来建立史实,另一方面则要通过现代各种学科的最新成果和时代的眼光来'疏通'史实与史实之间的关系。"[①]在大禹历史文化研究中,对于既往的研究成果当然需要吸收,同样也要有时代眼光,要有新的认识和新的创造。

如何深度挖掘大禹文化,在关注历史文献以及考古成果的同时,需要从地方研究的成果中汲取能量。河南登封作为大禹故里,既有王城岗大小城遗址的重要考古发现,又有着众多的历史遗迹和民间传说故事,实在是拓展大禹文化的宝地。而且还有不少当地的学者在孜孜不倦地从事大禹研究,取得了非常丰硕的成果。在众多地方文化学者中,常松木先生的研究贡献非常突

① 余英时:《中国史学的现阶段:反省与展望》,《文史传统与文化重建》,生活·读书·新知三联书店,2004年,第365页。

出。常先生作为河南省非物质文化遗产项目(登封大禹神话传说)传承人,几十年如一日扎根大禹故里,对于登封当地有关大禹的历史文化遗存如数家珍,并且克服种种困难,做了非常细致的文化调查,搜集了大量非物质文化遗存,形成了多种重要成果,尤其是对当地大量的大禹民间传说故事遗存,进行了有效的整理和保护。

通过像常先生这样的地方学者的经年努力,我们才陆续了解到登封众多重要的大禹文化遗产。如汉三阙,在登封至今仍然保存完好。太室阙阙铭中不光有"禹",而且还有半人半鳖似禹父鲧的图腾画像。少室阙是东汉少室山神庙前的神道阙,以纪念大禹次妻涂山姚,其中有"玄鸟生商"的画像。启母阙史料价值最高,位于嵩山万岁峰下、启母石之前,乃是建于汉武帝时期供奉大禹及其妻子涂山氏的启母庙前神道阙。其中不光有"夏禹化熊"和"启母化石"这两幅珍贵画像,更有铭文记载了鲧禹治水和大禹三过家门而不入一事:"昔者共工,范防百川。柏鲧称遂,□□其原。洪泉浩浩,下民震惊。禹□大功,疏河泻玄。九山甄旅,咸秩无文。爰纳涂山,辛癸之间。三过亡入,实勤斯民。……福禄来归,柏宥吾君。千秋万祀,子子孙孙。表碣铭功,昭视后昆。"①没有地方学者们的研究、保护和推广,很多珍贵的地方资料便会被埋没或丧失。

除了登封现存的有形历史遗存,更值得一提的还有大量的大禹神话传说。根据常先生在登封对大禹神话传说的搜集整理,截至 2014 年《登封大禹神话传说》一书出版,大约有 60 余个大禹神话传说。这些民间神话传说内容涉及非常广泛,有关于大禹治水具体进程的,有关于大禹亲属关系方面的,有涉及历史遗存的来历传说等内容。这些大禹传说故事能不能作为大禹研究的材料?我们应如何对待神话传说以及民间故事,又以怎样的研究思路去展

① 常松木:《登封大禹神话传说》,河南文艺出版社,2014 年,第 106 页。

开探究呢?

要回答这些问题,首先需要明确我们对于神话传说的认识。神话本身必然包含着历史真实性与历史人文性这两种内涵,先民们处在文化的萌芽阶段,我们不可能用今天的历史学标准去要求他们进行专业的论述。需要注意的是,"对于神话思维来说,每一项领悟的相似性都是本质之同一性的直接表现。这种相似性绝非纯粹的关系概念和反思概念,而是一种现实力量——它是绝对现实的,因为它绝对有效"[①]。神话反映的是某一面向的历史真实,是先民们对于过往历史以及社会经验的一种表达。"随着长期的生活实践的进一步发展,神话思维的统一结构,不断走向瓦解与重构。一方面因人的劳动分工,生存经验的积累,认识能力的加深,不断增强了理性因素,从而使神话思维的拟人化原则不断减弱,独立出了以认识为主的理论思维,并进而不断清除拟人化原则;另一方面,拟人化原则张扬非理性因素的同时,吸收了进一步增强了理性的人的想象性,发展成为宗教思维与艺术思维。"[②]如果把神话传说以"口述史"的视野观察,也仍然要面对"真实"与"想象"这一对内在矛盾,"受口述者生理心理及社会环境因素的影响,口述历史既包含着真实内容,也有想象的成分,不仅难以完全还原客观的历史,而且还掺杂有口述者的主观成分"[③]。大禹神话传说中大禹的形象包含有"人"和"神"这两部分内容,有严谨的记叙,自然也有人文性的描绘。

大禹传说故事文本的形成来源于人们的思想,是经过人们生活实践、口头传说、记事后思想固化而形成的。语言固化为文本,这就为记叙提供了更多的表述空间,也增强了其中想象、审美、艺术等方面的功能。无论是上古典籍记载的神话,还是流传至今的民间故事,实际上反映出了不同时期人们留

① [德]恩斯特·卡西尔著,黄龙保等译:《神话思维》,中国社会科学出版社,1992年,第76页。
② 钱中文:《论文学审美意识形态的逻辑起点及其历史生成》,《文学评论》2007年第1期。
③ 左玉河:《历史记忆、历史叙述与口述历史的真实性》,《史学史研究》2014年第4期。

存于心中的对于先贤的一种意识。“意识的存在方式，以及对意识说来某个东西的存在方式，这就是知识。”①流传广泛的神话传说故事，恰恰最为民众所接受，也最能表现出当时人的普遍认识，具有社会性和代表性。这些传说故事包含了众多历史信息和人文价值，是非常值得深入探究的。

地方大禹历史遗存、民间神话传说等无疑是研究大禹历史文化的珍贵材料，我们需要拓宽研究视野，在充分利用历史学和考古学研究方法与成果的同时，通过人类学、民俗学等方法去重新审视以往并不为人们所重点关注的内容，这对大禹历史文化研究将会起到重要的推动作用。推进大禹历史文化研究，这对学者们提出了新的要求，既是自我突破的过程，也是自我创新的过程。“20 世纪末和 21 世纪初的模范历史学家(一种理想的和迫切需要的历史学家)在我的眼里是这样的学者：他深思熟虑地考虑过去，同时始终继续完善他自己的认知手段。他不断地重新评价自己的思想，而且从来不忘记批判地检查他所依据的前提、他的分析方法和他的各种概括。”②作为大禹历史文化研究者，我们也应该不断反思自己的研究思路与方法，掌握学科动态，把握新的研究方向，寻求内在突破。

（作者为南开大学历史学院博士）

① 马克思、恩格斯：《马克思恩格斯全集》第 42 卷，人民出版社，1979 年，第 170 页。

② [俄]阿伦·I. 古列维奇：《历史学家的双重责任》，《第欧根尼》1995 年第 2 期。

大禹“非遗”的保护、开发与传承

——以重庆禹王庙会“非遗”为中心的考察

岳精柱　何现珍

大禹,不但是治水英雄,更是夏王朝的缔造者,划九州而治,乃华夏儿女之始祖,故我们不能忘记,应予祭拜。随着历史的演进,他又成了华夏神祇,保佑着中华儿女。其精神大公无私,其意志坚韧不拔,其智慧改革创新,其品德高尚佑人,其成果泽被后世。大禹的故事,很具有教育意义,他也是励志的英雄人物。祭祀大禹,其教育意义和传承传统文化的价值都非常重大。

全国有很多地方祭祀大禹,形成了各具特色的大禹文化,由此产生了众多的有关大禹的非物质文化遗产,如浙江绍兴公祭大禹,四川、重庆、河南、山东、湖北等地的祭祀活动,有的已上升为国家“非遗”,有的成为省市级“非遗”。重庆的禹王庙会,是为了祭祀大禹而兴起的一种民间习俗,以禹王祭祀典礼为核心内容,伴之以戏剧表演、杂耍以及小吃展销、文化商品销售等项目,以增加活动的丰富性、娱乐性等,从而增强活动的吸引力。

一、重庆禹王庙会“非遗”简介

对大禹的崇拜祭祀,在巴蜀地区由来已久。特别是明末清初“湖广填川”大移民运动,史无前例,大量湖北、湖南人移居巴蜀。这些湖广移民将其原籍地方信仰神祇带到了巴蜀,他们大量修建禹王宫,几乎每个乡镇皆有。重庆禹王宫,又称湖广会馆,就是在这样的历史环境下产生的。大约在康熙年间就已建成,并且每年举行祭祀。在建造渝中区现有禹王庙之前,湖广移民还在今天南岸的龙门浩附近(原南岸针织厂内)修建了禹王庙,祭祀大禹,但因往来不方便,便决定在渝中区东水门买地建禹王庙。在筹建过程中,遇当地人反对,只建有一座。湖广移民上告官府,也得不到支持。乾隆三年(1738),湖南巴陵人方显选任四川巡抚,于是湖广会首邓伯高率众远至巫山迎接。方显到重庆下船,就先来祭拜大禹,引起重庆当地人重视,方允修建。邓伯高等纠工两月建成。从此,重庆每年六月初六和正月十三日两次祭祀大禹,并举办庙会活动。除了湖广移民祭祀大禹,一些当地行帮也祭祀大禹。据《巴县档案》记载,当年重庆染织行业,在嘉庆元年(1796)制定的《胰染绸绫布匹头绳红坊众师友等公议章程》记曰:“胰染绸绫布匹头绳红坊染匠一业,先起自立禹王庙,兴会百多余年”,“每年祭庙会届之期,原为肃静敬神演戏”。“兴会百多余年”,也就是说禹王庙建成于康熙三十年左右。

有清一代,祭祀大禹典礼不断。民国早期,因社会动荡,祭祀典礼时断时续。到民国二十七年(1938),时任国民参政会参政员的鄂籍人士孔庚先生,任湖北旅渝同乡会理事长,他经过一番整理,追还旧产,驱逐寺僧,与“湖南旅渝同乡会”组设“重庆市湖广会馆产业管理委员会”,共同管理会馆旧产。翌年,其在与南岸龙门浩老禹王庙主持新法、新恕两人因禹王庙产业产生的纠纷中胜诉。祭祀大禹典礼恢复正常。

二、重庆禹王庙会历史渊源

湖广会馆所在地的重庆渝中区,是重庆的政治中心、商贸中心、金融中心、信息中心和水陆交通枢纽。东水门地区在历史上曾经是重庆主城最主要的交通商贸码头之一,人流和物流频繁,为禹王庙庙会民俗的形成和发展创造了必要的地理条件。湖广会馆包括禹王宫、齐安公所、广东公所等会馆群,占地面积 18648 平方米,建筑面积 7653 平方米。历史上禹王宫所祭祀神祇为大禹。

大禹既是帝王,又是神祇。他平息水患,开江导流,泽被后世;划九州而治,肇始夏朝,奠中华基础;化为神祇,保佑华夏子民。其功劳之大,其影响之深远,华夏儿女,代代崇拜祭祀。据《东汉郡志》载,早在 4000 年前,南岸区南山上就有涂山祠,有禹王祠。早在唐代时,忠州就有禹庙,而且唐代著名诗人杜甫就曾拜谒过,并作《禹庙》诗,以留后世①。巴蜀之地,早就有祭祀大禹的传统。明代朝廷开始规定全国祭祀,并将其定为官祭。

元末明初、明末清初,四川战乱不断,人口剧减,故历史上出现了两次“湖广填川”大移民运动。特别是明末清初“湖广填川”大移民运动,大量湖北、湖南人移居巴蜀。这些湖广移民大量修建禹王宫,并年年举行祭祀大禹活动。到 2005 年,又修复了禹王宫,并被国务院批准为第六批全国重点文物保护单位。因种种原因,祭祀大禹活动曾一度长期失传。2005 年才重新开始,但规模小,不规范,内容简单。后经会馆研究人员岳精柱挖掘查访,于 2011 年开始举办大型祭祀典礼,再现了传统礼仪。

---

① 吴友篪等:《道光忠州直隶州志》,清道光丙戌年(1986)刻本。诗云:“禹庙空山里,秋风落日斜。荒庭垂橘柚,古屋画龙蛇。云气嘘青壁,江声走白沙。早知乘四载,疏凿控三巴。”

三、禹王祭祀典礼程序

祭祀人员主要由监礼官、纠仪官、典礼官、典仪官、主祀官、主献官、陪献官、陪祀官等组成,祭典是禹王庙会的主体活动,是庙会活动内容和表现形式的集中体现。祭祀典礼程序主要有:排班,活动介绍,进馔,行拜礼,净手、拂尘,献花,献果,行读祝礼,行献礼,行饮福受胙礼,行上香礼等。

四、相关的活动

1. 传统民俗文化节

以中国传统婚礼表演、杂要、魔术、武术、戏剧表演、传统手工艺品展演、书画艺术展示等为主要内容,特别是传统婚礼、木偶戏、板凳龙、水龙、少儿武术表演、编钟演奏等,很受观众喜欢。

2. 移民文化节

以移民专家座谈会、家谱查询、姓氏文化展示、会馆文化展示等内容为主。家谱查询、姓氏文化展示等活动,百姓非常感兴趣,参与度高。

3.“我们的节日”

第一,以传统的端午节、中秋节和各姓氏家族的特殊纪念日为主。端午节、中秋节以中小学生表演为主,内容主要是中国古代诗词歌赋的朗诵、情景舞蹈表演、传统乐器、木偶表演等内容。

各姓氏家族的特殊纪念日,主要指其家族联谊聚会的日子,除了联谊,还要祭祀其先祖。会馆相继举办了西南王氏、重庆蒋氏、大禹后裔等祭祀和聚会,民众参与度高。

第二,冬至节举办传统的冬至祭祀礼仪,从 2009 年开始,至今不断。

第三,春节以民俗和民族舞蹈表演、民歌演唱为主要内容。如要龙灯、划旱船、猜谜语、民族舞表演、民歌演唱、川剧表演等。内容丰富,娱乐性强,民间特色强。

这些丰富多彩的传统民俗节日充实了禹王庙会的内容,活动可谓一年四季接连不断,为庙会的形成、发展和延续奠定了社会根基。

4. 古代建筑展示

重庆湖广会馆建筑,除了其高大恢宏的气势、风格奇异的建筑样式、精雕细刻的戏台,还有形态各异的防火山墙以及表现内容丰富的雕刻,其建筑本身就极好地表现了中国传统的建筑工艺。形态各异的防火山墙,反映了当地移民文化的融合。内容丰富、技艺高超的雕刻,更深刻地反映了中国传统的雕刻艺术以及所蕴含的传统故事、孝道故事等。

5. 移民文化展示

会馆设有移民文化展览馆,专题展示移民文化,如移民历史背景、清朝移民政策、移民的家谱、移民及其后裔生产生活用具、移民故事等。

会馆还设有会馆文化展厅,展示会馆文化、会馆建筑等。

6. 民俗工艺品秀、传统小吃和年货展销等活动

庙会期间,各类民俗工艺品秀、传统小吃和年货展销等活动不仅给老百姓带来了艺术表演性的享受,还带来了休闲和娱乐性。它为禹王庙会的发展和延续提供了必需的物资和经费保障。小吃如烤肉串、汤圆、酸辣粉等,特产年货展销如荣昌区的特产、湖北麻城的特产等。

五、重庆禹王庙会“非遗”特征及价值

1. 特征

禹王庙会在漫长发展演变过程中,活动逐渐形成了如下特征:

第一,禹王庙会是以崇拜祭祀大禹、传播移民文化以及展示重庆禹王宫建筑群为依托而产生的,这些民俗活动的产生又依托于巴蜀地区民间社会经济和文化。

第二,“崇拜祭祀大禹”对社会有积极作用,禹王庙会象征着“大禹”祭祀文化对信奉者所具有的吸引力,宣扬了大禹精神。

第三,庙会在发展演变过程中,逐渐形成了一整套完整和相对固定的祭祀程式。这个程式独具特色,是我国民俗文化宝库中的瑰宝。

第四,与祭典相伴的民俗活动大众化,内容丰富、娱乐性强,有很高的艺术价值。对于我们今天的艺术创作,具有一定的学习借鉴作用。

第五,庙会期间的交易活动促进了巴蜀地区的商贸繁荣,具有一定的商业价值。

2. 主要价值

禹王庙会作为巴蜀地区具有广泛影响的传统民俗之一,内容和风格在全国各地民俗中独树一帜,具有重要的传承保护价值:

第一,具有传统祭祀礼仪展示价值,弘扬大禹精神文化价值。其崇拜祭祀大禹的主题,具有一定的民族性和现代“适应性”,有助于当前的社会主义核心价值观的建设。

第二,艺术价值。禹王宫的构建、形象塑造及其衍生活动的内容和祭祀程序都具有很高的艺术价值。尤其是其间形成的有形或无形的艺术产品,是民间艺术的精华,对于我们今天的文学艺术创作、民间雕刻和建筑艺术展示,具有一定的学习借鉴作用。

第三,学术意义。庙会祭祀的是各庙的神仙和各行业祖师,因此,对民间信仰的追述和研究都极具价值。庙会历经了千百年之久,文化积淀厚重,对于研究巴蜀地方史、民风民俗、民间艺术、建筑艺术都具有较为独特的价值。

第四,移民文化展示、传统工艺品展示,民众参与度高,娱乐性强,具有一定的普适性,其旅游价值明显。

(作者单位为重庆中国三峡博物馆)

响应时代的号召，携手打造大禹文化数据库

王绍义　高　群

在这个信息化时代、大数据技术时代、全面进入智慧城市建设的时代，全国大数据的运用和智慧城市的建设，以及各地各类文化数据库建设如雨后春笋般地兴起。

一、全国禹学界如何适应信息化时代的发展形势

信息化时代，给禹学界带来了机遇和挑战，那么该采取何种对策来应对呢？

1. 机遇

大数据形势的发展，带来了莫大的机遇，使全国禹学界如沐春风。2015年8月31日，国务院以国发〔2015〕50号文向各省、自治区、直辖市人民政府，

国务院各部委、各直属机构印发了《促进大数据发展行动纲要》（以下简称《纲领》）。它阐述的发展形势是："大数据成为推动经济转型发展的新动力；大数据成为重塑国家竞争优势的新机遇；大数据成为提升政府治理能力的新途径。"《纲要》提出在未来5~10年逐步实现以下目标："打造精准治理、多方协作的社会治理新模式；建立运行平稳、安全高效的经济运行新机制；构建以人为本、惠及全民的民生服务（包括文化服务）新体系；开启大众创业、万众创新的创新驱动新格局；培育高端智能、新兴繁荣的产业发展新生态。"《纲要》还提出了四大主要任务，其中"加快政府数据开放共享，推动资源整合，提升治理能力"一节中还提出要重视社会机构，要与社会机构开展合作等。

《纲领》同样会惠及大禹文化事业的发展。譬如在大力推动政府部门数据共享、稳步推动公共数据资源开放的计划中，国务院明确提出，中央政府层面要实现数据统一共享交换平台的全覆盖，其中优先推动包括文化在内的二十个领域政府数据集中向社会开放。在"加快政府数据开放共享，推动资源整合，提升治理能力"（包括建设社会治理大数据应用体系）一节中要求"加快民生服务普惠化"，优先得到普惠的就包括文化在内，并且明确提出要"构建文化传播大数据综合服务平台，传播中国文化，为社会提供文化服务"。而且要加强"知识服务大数据应用"。具体提出"利用大数据、云计算等技术，对各领域知识进行大规模整合，搭建层次清晰、覆盖全面、内容准确的知识资源库群，建立国家知识服务平台与知识资源服务中心，形成以国家平台为枢纽、行业平台为支撑，覆盖国民经济主要领域，分布合理、互联互通的国家知识服务体系，为生产生活提供精准、高水平的知识服务"。所提各个领域，当然包括了"大禹文化"。

在此情况下，全国禹学界和其他类似的文化领域，都清醒地认识到打造数据库的重要性和迫切性，不失时机地掀起了打造大禹文化数据库（以下简称"数据库"）的热潮。譬如绍兴越秀外国语学院的张斌、王传飞、何锋考三位同志共同撰写了《大禹文化研究资料数据库建设构想》(以下简称"绍兴文"),四川省提出了《建设羌族文化数据库草案》,他们的研究,成了全国禹学界打造大禹文化数据库研究的先驱。其他类似的文化研究机构也都纷纷跟进。2015年9月24日,"互联网+国学"高峰论坛暨全国百家媒体跨界发展研讨会在衡阳举行,论坛借助"互联网+"思维,将最前沿的新媒体传播方式与最厚重的中华传统文化紧密结合,让国学释放出更大的能量。而国学无疑应当包含大禹文化,大禹文化不应当缺席,也应当借助"互联网+"思维释放出更大的能量。

笔者所在的蚌埠市涂山大禹文化研究会也不甘落后,初步撰写了题为《打造大禹文化数据库参与智慧城市建设的初步构想》三万余字的研究报告,并正在酝酿成立数据库设计和实施的课题组,做进一步的研究。

2. 挑战

在智慧城市里,禹学界不能"不智慧"。在涉禹城市里如果数据库跟不上形势发展的需要,没有数据库参与联网,大禹文化肯定会被边缘化,在社会上失去立足之地而退出历史舞台,成为虚幻的渐渐远去的历史记忆,到了下一代甚或连记忆都不复存在。那样在智慧城市建设中,就会因为缺少这个数据库而形成短板,并产生短板效应,甚至会给我们禹学界带来生存危机,这绝不是危言耸听。客观的发展形势,向我们提出了严峻的挑战!我们必须急起直追。本文提出这个课题,绝非多余之举,不是赶时髦、标新立异、哗众取宠,而是咄咄逼人的客观发展形势促使我们不得不面对挑战,紧跟中央的战略部署。我们借此盛会,诚恳地向与会诸位专家学者和有识之士发出这个急迫的倡议,希望能得到大家的响应。

二、建库的现实意义

1. 打造大禹数据库是大禹文化本身创新发展的需要

我们非常同意“绍兴文”中所持的观点:“大禹文化是华夏文化的标志之一,大禹文化研究历来受到人们的重视。随着时代的发展、全球化和大数据时代的到来,大禹文化研究资料的数量越来越丰富和多样化,有必要对这些数据进行分类和处理,从而构建全面、大型、完善、优质、动态更新的大禹研究多媒体电子数据库,以推进大禹文化研究。”如果各涉禹城市数据库建设成功,它将成为全国的大禹文化数据库的具有自己特色的重要子库,与全国禹学界携手联网,共同为大禹文化事业的创新和可持续发展做出贡献,大禹文化在我国传统文化中的地位也会得到很大的提升,在“禹学”的学术层面,也将带来新的飞跃,并且将为禹学学科的构建打下坚实的基础,为禹学成为一门显学提供有利的条件。

更重要的是,它将使我们的研究工作适应形势的发展,从而打开新的工作局面,并取得各涉禹城市领导和社会的认同,从而使我们摆脱僵化保守的思维模式,紧跟形势,与时俱进,成为各个涉禹城市文化建设特别是智慧城市建设中做出重大贡献的、不可或缺的社会团体。

2. 从各地大禹文化遗产遗迹的现状来看也说明打造数据库的紧迫性

从各个涉禹城市的大禹文化遗产的现状来看,总体上是比较认真贯彻了党中央要求认真保护和利用传统文化遗产的一系列文件精神,但令人担忧的现象也时有发生。以蚌埠市为例,为什么大禹文化建设事业的立项一直落后于其他地方文化?为什么大禹文化遗产硬件被破坏,软件被扭曲、被亵渎、被异化的情况时有发生?一个重要的原因,就是有些人对大禹文化的内涵及其广博复杂的知识缺乏全面的掌握和正确的解读,因此难以树立起对大禹的敬畏之心,尤其是对大禹精神的“经世致用”和“资政育人”的功能缺乏真正的了解。当然也有客观原因,就是大禹文化知识资源浩如烟海,涉及的经典古籍纷繁复杂,又夹杂着许多神话故事,对大禹精神的高度概括以及规范化解读,现在还缺少一个较为权威的范本。也就是说大禹文化还没有真正形成一门像儒学、墨学那样的显学,难以像其他学科那样易于被人们所掌握,并难以影响政府的政策取向。这些都充分说明打造数据库的必要性和紧迫性。上述情况,在其他涉禹城市也有不同程度的存在。

三、怎样打造数据库

这是一个崭新的课题,不仅要求专业技术性较强,而且需要进行资源的收集和规范化解读、诠述、归纳进而形成一个学科系统框架的工作,有的城市做得很出色,但也有些城市还只是刚刚起步(如蚌埠市),因此还有大量基础性工作需要去做,需要一批对大禹文化宏观系统研究有较高功底的人员以及数据库建设专业技术人员的参与。但同时,也不要把它看得过于神秘,高不可攀。通俗地说,如同编撰一套电子版的《大禹文化大词典》,但它的内容不像文字版那样固定不变,是动态的。加之国内几个涉禹城市已经有了这方面的研究,特别是“绍兴文”对如何打造数据库在技术层面有具体的阐述,给我们提供了有益的参考。当然,各个涉禹城市的数据库不能生搬硬套,需要根据各自的特点有计划、有步骤、有针对性地去进行。在大禹文化这个巨系统的框架设计方面,目前还没有形成一个较为成熟的、大家认同的范本可供参考,需要进一步探讨。因此全国大禹文化数据库的详细的规划,有待未来成立的课题组去研究;涉及一些专业技术方面的问题,需要这方面的技术人员来设计。“绍兴文”认为:“随着信息高速公路、互联网络、多媒体技术迅猛发展,数据库更是信息产业中不可缺少的理论与技术,数据库技术与网络通信技术、面向对象技术、多媒体技术、人工智能技术、管理信息系统、决策支持系统等学科互相渗透,互相结合,形成了新一代数据库系统的大家族。"可见这是一项综合性的高端科学,打造它需要花很大的力气。本文只能就其中一些重要的纲领性的问题提出我们初步的构想。

1. 掌握两门学问

面对一项新生事物和陌生的领域,我们首要的任务就是学习。而学习需要有一定的方法和途径。我们认为必须学习和掌握一老一新两门学科:一门是钱学森先生创立的系统科学理论;一门是我国传统的文献目录学。

(1)掌握系统理论的思想与方法

系统思想和方法继承和发展了马克思主义,并极大地丰富了马克思主义有关联系和发展的理论。马克思主义哲学认为:"每一个相对独立的事物,都作为系统而存在,就是说,它们都是由互相联系互相作用着的若干要素按一定方式组成的统一整体。"(《马克思主义哲学学习纲要》,中央党校出版社,1989年版)可见系统思想和方法,是与马克思主义一脉相承的。系统思想和方法,不仅为数据库的建设提供了世界观(亦即大禹文化客观概念系统是怎样的),而且提供了方法论(亦即怎样打造大禹文化实体系统框架)。首先要搞清楚大禹文化系统的性质,它涉及的学科门类很多,有丰富的内涵,又有广阔的外延,所以它是一个复杂的开放的社会巨系统。钱学森认为:"开放的复杂巨系统是系统科学的核心概念,指的是系统本身与系统周围的环境有物质、能量、信息等的交换,因而是'开放的'。系统所包含的子系统很多,成千上万,甚至上亿万,所以是'巨系统'。""每个子系统既参与整个系统的行为活动,又受整个系统和环境的影响,形成复杂的相互作用,高度非线性。并有许多层次结构,各层次结构之间的关系也很复杂。""目前与互联网有关的种种复杂系统,都是开放的复杂巨系统。"数据库的建设,必须按照这个复杂的系统概念来处理其内部和外部环境之间的关系。要注意系统的结构和层次,既要有优化的内部结构,还要考虑和其他涉禹城市之间以及环境之间的紧密关系。封闭的、自我循环而不与外界进行物质、能量、信息等的交换,是不可能的。我们要熟练掌握其中的四大规律,作为我们打造数据库框架的指导思想,使数据库各要素(子库)的构建更加合理,更加有序,从而充分体现系统整体优化律。并用系统思想和方法,使它具有与时俱进的创新性和时代精神。

(2)传承传统的目录学

百度百科(以下简称“百科”)告诉我们:目录学不仅仅是“网络群籍,部次甲乙”的所谓“簿录之学”,就本质而言,它毋庸置疑是一门致用之学。无论是追踪古代图书的收藏、利用,还是考察现代信息资源的开发、服务,目录学的这一基本特征始终都没有改变。目录学有着极强的生命力,可以为当代数据库的打造所借鉴。如果我们将数据库这个基础性概念与目录学进行交叉研究,就会发现两者之间是天然相似的。

数据库这个概念的解读有很多版本。在很多辞书里都有相似的解释,但都显得陈旧过时。而百科的解释是:现代的数据库的“数据管理不再仅仅是存储和管理数据,而转变成用户所需要的各种数据管理的方式。数据库有很多种类型,从最简单的存储有各种数据的表格到能够进行海量数据存储的大型数据库系统都在各个方面得到了广泛的应用”。又说:“在信息化社会,充分有效地管理和利用各类信息资源,是进行科学研究和决策管理的前提条件。数据库技术是管理信息系统、办公自动化系统、决策支持系统等各类信息系统的核心部分,是进行科学研究和决策管理的重要技术手段。”最终它给数据库下的定义是:“简而言之可视为电子化的文件柜——存储电子文件的处所,用户可以对文件中的数据进行新增、查询、更新、删除等操作。”

我们再来看它对目录学的阐述,与以上这些阐述何其相似。从某种意义上来说,数据库实际上可以理解为“互联网+目录学”。百科上说:“……整个人类社会逐步进入了前所未有的信息时代。以往那种单纯传授知识的一次性教育已经落伍,既传授知识又强调自学和科研能力的终身教育思想正在取而代之。在这一新的形势下,目录学的基本任务和服务方式也发生了变化。基于网上信息的急剧增长和利用相关信息日益困难的局面,目录学与时俱进,使得网上信息二次组织工具也应运而生。通过网络目录、搜索引擎、多元搜索引擎等各种形式,目录学正在焕发青春,跻身于信息时代发展的新潮流。可以想见,在这一背景下的中国目录学,一定会在继承以往优良传统的基础上,完善适应当代需要的新机制,为中国社会经济的发展和科学技术的进步做出新的贡献。"

由此可见,大禹文化数据库实际上可以称为"互联网+大禹文化",但这个"大禹文化"必须是经过数据化处理,包括数字的转换、存取、处理、传输、控制、压缩等技术处理。了解了数据库的上述的一般定义,认识数据库是怎么一回事,才可以进行实际的打造工作。

2. 打造大禹文化数据库的初步设想

在掌握上述两门学问的基础上,我们应有步骤、有计划地进行大禹文化数据库的建设,并在两头着力:自上而下地掌控和促进,自下而上地督促和倒逼,两个着力点同时进行。

(1) 自上而下地掌控和促进

所谓上,就是把全国大禹文化数据库的总库建设起来。这一艰苦工作需要有一个全国性的领导机构和工作班子。因为数据库是一个单位或是一个应用领域的通用数据处理系统,它存储的是属于这个单位或领域的有关数据的集合。因此首先要明确这个数据库的主管者是谁,从当前的情况看来,这是最大的难题。钱学森认为:"'总体设计部'是当今国家进行长远规划、解决各种复杂系统、开放复杂巨系统问题的决策咨询机构和参谋机构。"他又认为:"这个总体设计部,应由德高望重、学术渊博、勇于开拓的总体设计师及各行各业具有团结、务实、创新精神的科技家组成。"大禹文化数据库的建设,离不开这样的“总体设计部”,否则很难进行自上而下的掌控和促进,为此我们必须通力合作解决这一难题。当前各个涉禹城市进行的大禹文化学术交流活动,虽然有先秦史学会和民俗学会以及当地的社科联等机构出面参与,但毕竟没有得到决策者和行使决策者的授权。任何一个系统都是有目的性的,都是用来实践的,纯粹的概念化的学术研究机构,是不能构成复杂巨系统的,它只能成为这个巨系统的一个部分。因此,作为这个复杂巨系统的“总体设计部”想要发挥出执行“顶层设计”的领导作用,必须得到正式的授权。

怎样才能建起全国大禹文化数据库的“总体设计部”(实际名称待定)呢?这就要有几个像大禹“大会诸侯于涂山”那样敢于担当、敢为人先的人,出面邀集各个涉禹城市“禹学界”的负责人,成立一个筹备小组,商谈如何成立筹委会,并通过民主选举的方式,成立得到全体涉禹城市一致授权的“总体设计部”,并负责“顶层设计”。

(2)自下而上地督促和倒逼

所谓下,就是各个涉禹城市先把自己的数据库建设起来,再和全国的总库联网,成为总库下的一个“子库”,倒逼总库更加完善。子库成熟一个,总库接收一个,逐步使全国所有的涉禹城市都连接起来,成为一个有机的优化的数据库网络。

(3)总库与子库的分工

总的来说就是求同存异。总库求同,子库存异。譬如,古代经典著作中有关大禹事迹的记述,历代名人歌颂大禹的文艺作品,中央有关继承和发展优秀传统文化的相关文件,以及保护和利用传统文化遗产的相关指示和通知,等等,各个涉禹城市应当都是可以通用的,都可以纳入总库。自己有别人没有,独具特色的文化资料,就保留在子库,向总库提供索引路径即可。

(4)正确发挥大禹文化数据库的功能

数据库只是工具,是手段。当今文献信息已成为亟待开发的信息资源,信息需求成为社会生活的重要需求。书目文献作为关于文献知识和效用信息的集合,对信息的有效组织和控制起着关键的作用。书目文献将处于无序状态的文献信息进行揭示、组织、归类和开发,方便了文献信息的利用,使其更好地服务于社会经济建设和发展。因此,必须重视利用包括文摘、索引、搜索引擎等在内的书目文献,使其在当代整个社会生活中发挥揭示、组织、开发和利用文献信息的重要功能。传统目录学的另一个显著功能是服务于读书治学。如果说早期目录学的功能主要是一般意义上的“反映”和“管理”的话,那么随着图书文献的剧增和特定需求的强烈扩大,目录学的读书治学这一功能开始日益凸显出来。图书文献的大量增加,不仅仅为“反映”和“管理”工作带来不便,更为读者的特定需求带来很大困难。面对文献之汪洋大海,文献使用者无所适从。书目工作就是在立足于解决文献众多与人们对它的特定需要之间的矛盾中产生、发展起来的。

我们还必须知道:有效利用书目文献信息可以较好地从事学习和科研工作,促进个人成长与成才,这在网络时代显得尤为重要。无论什么行业的人,都要通过各种渠道寻找自己需要的信息。学会利用书目文献信息,尤其是学会利用网络文献信息,对于个人的成长发展至关重要。

数据库应当有这样的三大功能:服务、监督和创新。

服务功能:

包括:①存储;②输送;③更新;④删除;⑤搜索。(具体的内容见“绍兴文”)

监督功能:

包括:①对硬件的安全进行监控。“人在干,云在看”,通过互联网与各种大禹文化硬件所在地安装的猫眼,对硬件的安全进行有效监控,一旦发现被破坏,及时向有关管理部门反映,督促其及时处理。②对软件的良性发展进行经常性审视。一旦发现各种大禹文化的软件存在被扭曲、被误释、被篡改等情况,通过互联网向相关部门及时反馈、及时纠正。③对国家发布的各种有关传统文化的保护和合理利用的文件以及各种法律法规是否得到有效的贯彻和执行,通过互联网达到监督的目的。④对大禹文化软硬件的保护利用以及大禹文化产业发展的状况进行定期的第三方评估。将智慧城市建设及特色历史文化名城的建设,通过自己所获取的信息进行第三方评估,作为政府评估的补充,使评估更为客观公正。

创新功能:

包括:①从大禹文化内涵角度进行创新。必须从现代文明的视角,运用新知识、新观点、新理念、新思维、新方法,剖析“大禹文化”,阐释传统典籍,使“大禹文化”为我所用,为当代社会服务。②协助用户在个人研究方法上进行创新。个人的研究工作,应有创新的思维方式来改善研究方法,除传统的认知的方法、总结的方法以及比较的方法外,还应当运用科学的方法——“系统科学理论”。因此必须为用户提供系统性的资料和信息,而不是零星的、碎片化的。采用系统科学理论,以及目录学所提供的编排方法,条理分明地理清结构和要素之间及与外部之间的关系,使看似杂乱无章、“大象无形”的大禹文化系统有一个清晰的结构框架,有利于用户条分缕析地、按类分工地从事研究。③在研究方向上要创新。既要为用户提供种种个案研究的资料和信息,也要看重其他与“大禹文化”相关的资料和信息,从而把大禹文化当做“禹学”学科来构建,这是大禹文化创新必由之路。任何一种文化都是有目的的系统。大禹文化的整体内涵,是从许许多多个案中抽象出来的,所以个案的研究很重要,否则整体的把握就失去了根基,成了无源之水、无根之木。个案的研究,要有一扎到底、搞深搞透、厚积薄发的精神,不能搞一知半解,或人云亦云,更不能“邯郸学步”,失去自己的个性,要有自己的观点。个案的研究,既要深入,也要能够浅出,为整体的整合服务,为“禹学”学科的构建服务。

3. 确定建库的原则

(1)保护第一的原则

2017年4月12日,习近平同志指出:“要清醒看到,我国是世界文物大国,又处在城镇化快速发展的历史进程中,文物保护工作依然任重道远。”他又强调:“各级党委和政府要增强对历史文物的敬畏之心,树立保护文物也是政绩的科学理念,统筹好文物保护与经济社会发展,全面贯彻‘保护为主、抢救第一、合理利用、加强管理’的工作方针,切实加大文物保护力度,推进文物合理适度利用,使文物保护成果更多惠及人民群众。”大禹文化数据库当然必须认真贯彻这个原则。大禹文化数据库的监督功能,为这种保护提供了有利条件。

(2)资源共享的原则

数据库是为众多用户共享其信息而建立的,摆脱了具体程序的限制和制约。不同的用户可以按各自的习惯使用数据库中的数据;多个用户可以同时共享其中的数据资源,即不同的用户可以同时读取数据库中的同一个数据。数据共享性不仅满足了各用户对信息内容的要求,同时也满足了各用户之间交流的需求。但它必须设法防止信息的污染,拒绝不良信息的侵入;同时保护作者知识产权,不得损害作者的著作权益。

(3)系统理论的整体优化原则

整体优化律表现为:“在系统中,由于诸要素、诸层次的有机联系和有序结构,系统整体的质与功能,优于部分的质的总和和功能的总和;在系统自组织、自控制下,系统朝着熵减少和有序度提高的方向运动、发展,并逐步达到系统整体最佳状态。也就是系统整体的质和功能,优于部分质的总和与功能的总和(即1+1>2),这就是著名的亚里士多德定理。”打造数据库的总体框架,“子库”的安排,各个层次的要素排列,必须按照这个原则来办事,以达到1+1>2的效果。要处理好各要素、各层次之间的关系。如果各个子库(要素)

各自为政,不顾整体,那么1+1很可能会小于2,这就需要高层次的"总体设计部"根据"顶层设计"协调好各省各市的关系。要以社会主义核心价值观为指导思想,梳理出整个大禹文化的核心价值观,为各个涉禹城市的经济社会发展提供文化软实力。

4. 数据库建设的实施步骤

数据库的建设大致分为两大块:第一块是把数据库建起来,并逐步充实和随时修正;第二步块就是使用和完善数据库的操作技术,并使之和境内外的相关数据库进行联网、对接和交流。

(1)建库工程

建库工程要分两步走,第一步按系统理论和"目录学"的思想和方法,打造大禹文化概念系统框架,第二步才能按这个框架,进行实体系统的建设。

这个数据库通俗地说就像中药铺里的众多抽屉,将各种药材(资料)分别放置其中。但这种放置不是杂乱无章的随意而为,而是根据一定的结构,有序地、规范地进行分类放置,亦即要有一个规范化的系统框架,也就是大禹文化的概念系统。

大禹文化概念系统的构造,不少文章中有过详尽的解释,值得我们参考。本文不揣浅陋,也来东施效颦,做出以下设想。

第一层次:犹如中药铺将所有抽屉分成四个大柜子,图示如下:

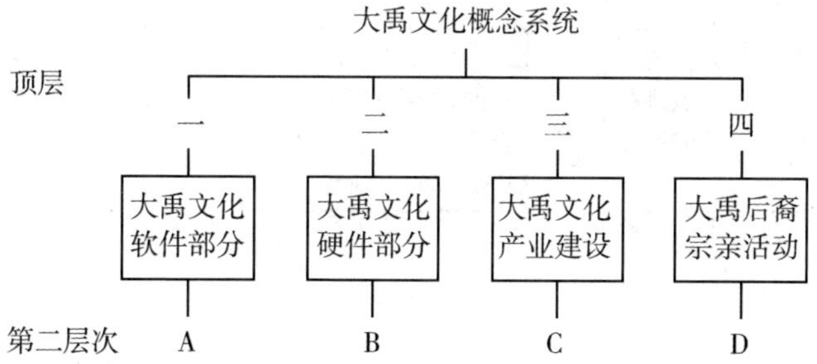

第二层次第一要素:软件系统框架(用A表示)的构成:

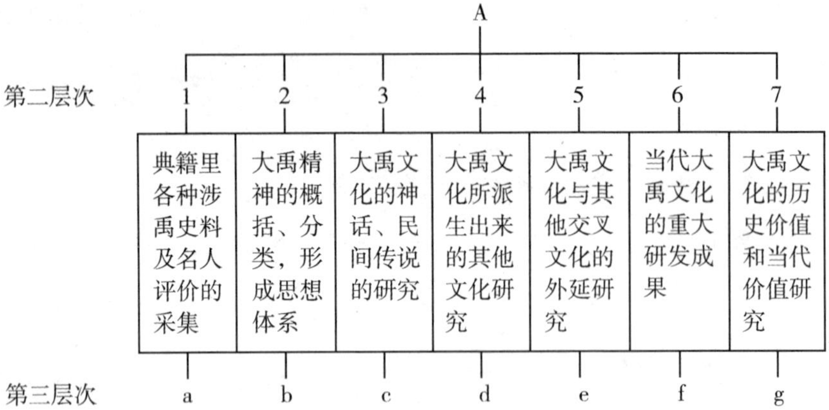

第二层次第二要素:硬件系统框架(用B表示)的构成:

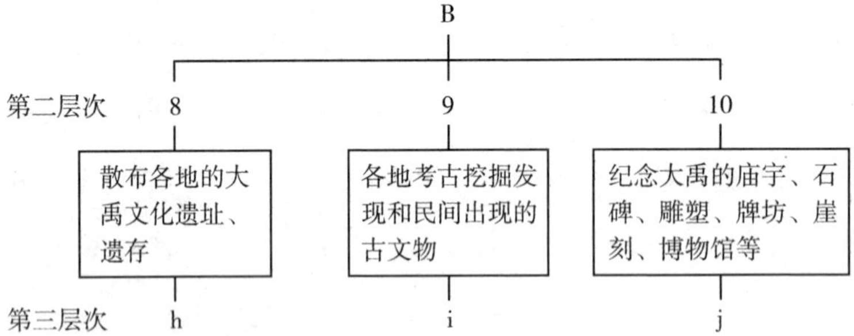

第二层次第三要素:大禹文化产业系统框架(用C表示)的构成:

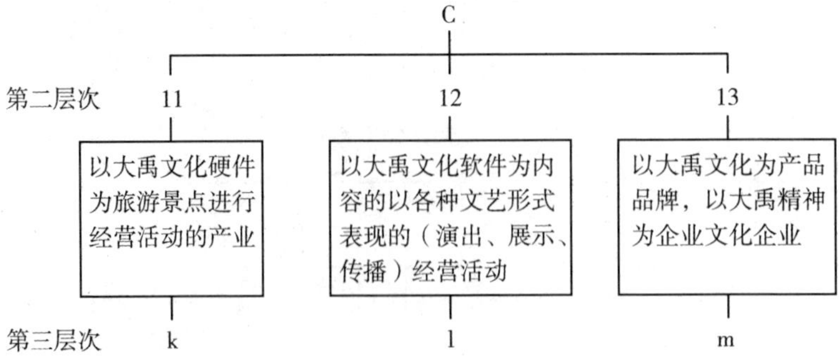

第二层次第四要素:大禹后裔宗亲活动(用 D 表示)的构成:

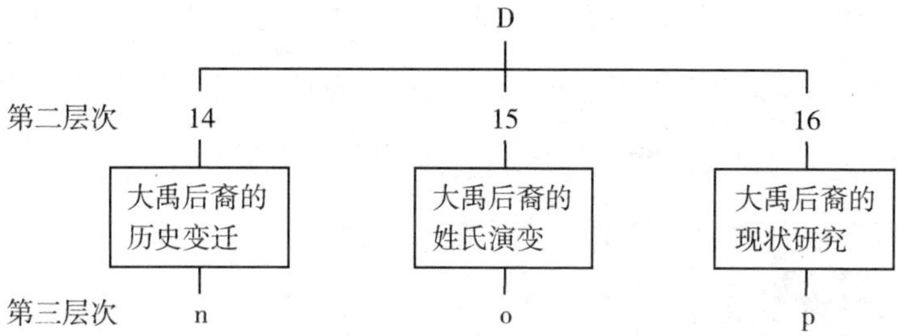

至于第三层次,由于内容极其丰富而复杂,各个城市需要将浩如烟海的资料按其性质分别插入上述第二层次各要素的下面,这是最大的工作。特别是要按照目录学提供的编排方法来编排。譬如,在第二层次 a——典籍里各种涉禹史料及名人评价的采集就可以用目录学里所提供的时序编排法(又称编年编排法)即以文献的写作、发表或出版的时间为标识组织条目的方法来编排,而同一时序的多个文献,又可以用字顺编排法即以文献的题名、责任者等特征的字顺为标识组织条目的方法(一般多采用音序法)来编排。它的图示,有待以后去完成,这里无法描述。

以上各个层次里,各个要素的先后次序也不是随意安排的,这就需要按照系统理论所说的系统整体优化律和系统结构质变律的要求来安排。结构的排序很重要,既要服从系统的整体优化,又要使结构本身得到优化。不同的结构,会带来不同的效用。

上面的设计需要进行以下说明:

软件建设:软件建设是基础建设,研究活动属于脑力劳动,必须是一流的、经得起历史与实践的考验的,从而推动整个系统的建设。它的第三层次由海量的个案研究组成。需要重点说明的是,其中的 d——大禹文化所派生出来的其他文化研究,与交叉学科 e 是不相同的,大禹文化派生出来的其他文化很多,譬如历代名人所作的涉禹文艺作品,包括诗词歌赋、散文游记、故事新编以及各种美术作品、演艺作品等。至于其中的e——大禹文化与其他交叉文化的外延研究也很多,在绍兴召开的"第二届大禹文化国际学术研讨会"上,所列的论文选题,就丰富地展示了大禹文化的交叉学科。当代重大研发成果,必须是具有权威性的,大多数专家学者一致认同的。

硬件建设:其重要性不容忽视。第一,做好对文物的保护、维修、重建工作。不可移动的文化遗产以及挖掘出来的相关文物,都是软件部分的"佐证"和软件传播的载体,是基础的基础。对它们的保护,是第一位的。因此数据库里应当有一份各市大禹文化硬资源的详细的分类名录,它们的状况必须在数据库中得到及时的反映。当前这些文物遭到破坏的现象时有发生,不仅不利于大禹文化的研发事业,更无法对后人交代、对历史交代。全国文物普查工作中发现的文物破坏现象触目惊心,我们应当密切关注普查的进程和结果,要求保证我们的参与权、知情权、表达权和监督权得到落实,以确保大禹文物的完好无损。数据库就需要动态地对这些资源的保护提供可靠的即时的信息。第二,要根据十八大精神,大力推进公益性大禹文化事业单位的建设和创新,更好地面向群众,宣传大禹文化,服务群众。要求各级政府对大禹文化的硬件建设一定要有总体规划,并依法建设,不可失去其公益性的一面。第三,硬件的建设,必须要有软件的支撑,要使大禹文化内涵通过硬件得到体现,杜绝那些与大禹文化内涵毫不相干的建筑来破坏大禹文化遗址,数据库必须在这方面起到有效的监督作用。近年,中央有关部门下达了如何建设好"文化遗址公园的建设"的指示,要求搞好文化遗址公园建设。中央领导人一再强调,应当把权力关进两个"铁笼子"里,一个是"大数据铁笼",一个是"制度的铁笼",而数据库就具备了这样的功能。

大禹文化的产业建设:产业建设空间很大,商机很多,是大禹文化资源转化为软实力的重要途径之一。目前各地大禹文化产业和打着"大禹"品牌的企业还存在一些问题,各自为政,率性为之,甚至出现了什么产品都可以用

“大禹”来冠名的现象。“大禹”这个品牌如何得到保护，还处于无人过问的状态，令人揪心。因此，数据库必须积极宣传和引导项目投资方，必须有这样的高起点，按系统“总体设计部”所制定的“顶层设计”来运作，绝不能搞零打碎敲、各行其是的所谓开发。

数据库对大禹文化产业的服务功能和监督功能大有可为。正如李克强总理所说，“人在干，云在算”。数据库对文化产业的发展必须起到这种服务和监督的作用。2015 年 9 月 15 日，新华社以《文化企业要以社会效益为首》为题报道“中办、国办日前印发《关于推动国有文化企业把社会效益放在首位、实现社会效益和经济效益相统一的指导意见》”。《意见》强调，文化企业提供精神产品，传播思想信息，担负文化传承使命，必须始终坚持把社会效益放在首位、实现社会效益和经济效益相统一。《意见》对如何监督有了具体的规定，这进一步为我们提供了监督的依据。数据库对大禹文化产业的发展不能仅监督，而且要热情服务，应当将数据库的检索方法提供给大禹文化相关企业，并主动与其取得联系，交流信息，提供可能的咨询服务。

大禹后裔宗亲活动：这个活动近年在全国蓬勃发展，给弘扬大禹文化事业带来了新的活力，是弘扬大禹文化事业的生力军。但从全国来说，发展还很不平衡。原因是，有的地方对这项活动的重要意义还缺乏足够的认识。各种姓氏还没有完全把活动延伸到尚未开展这项活动的地区，并带动各地的弘扬大禹文化事业进一步发展起来。

(2)数据库实体系统建设的设想

实体系统要以概念系统为依据，但不能依样画葫芦，要根据各个涉禹城市自身的特点来建设。建库的第一步：填库。将现有的大禹文化资源，按照概念系统的框架，分别填入到各个“抽屉”中。并按照目录学提供的各种方法进行编排和编码处理，犹如在中药铺的抽屉上既写上药名又编上号，便于查找。第二步：数据化处理。将所有的入库资料进行数据化处理，也就是前面所说的转换、存取、处理、传输、控制、压缩等技术处理。这项工作我们称之为“技术处理工程”,当然要由技术组的成员来完成。最为重要的是,要编制出一份检索目录(有的人称之为检索卡,在目录学里有详细说明)和操作规程。使使用它的人能够熟练地进行操作,而不必强求他们知道操作技术理论上的“所以然”。第三步:入网。在数据库前两项工程基本完成以后,还要进行“大禹文化数据库”的注册登记工作,使数据库能够“互联网+”运行,并大力进行数据库的宣传介绍工作,召开一次新闻发布会,宣布大禹文化数据库开始运行,并介绍网址,将检索目录调入首页,现场演示数据库的内容和使用方法。最后进行讨论,广泛征求与会者意见。第四步:联网。使全国各个涉禹城市的数据库都能进行联系、交流,协商合作事宜,并能跻身于全国大禹文化互联网的行列,真正实现“互联网+大禹文化”运行模式,并真正在各市智慧城市建设中发挥应有的作用。第五步:经营化运行。大禹文化数据库当然以公益性为目的,以服务社会为宗旨。但随着市场经济的有序发展,对数据库的需求肯定会日益提高,数据库的进一步发展势在必行,规模和组织结构必须扩大,必要的费用势必增加。有偿服务现在已经是很多网站的经营手段之一,为了使数据库得以持续发展,搞有偿服务无可厚非。

让我们携起手来,响应时代的号召,为打造好大禹文化数据库做出贡献!

(作者王绍义为蚌埠市涂山大禹文化研究会理事;高群为中国大禹文化研究中心安徽分会副会长兼秘书长)

北川祭禹习俗的发展和变迁

朱　静　杨　柳

大禹是我国上古时期与尧、舜齐名的部落联盟首领。他治理洪水、划定九州、创建我国第一个国家政权——夏的功绩一直为世人传颂。大禹精神体现了中华民族自强不息、艰苦奋斗的坚强意志和崇高品格，是中华民族奋发前进的大旗、精神力量的源泉。

据古代文献记载，北川是大禹故里。这里有着丰富的大禹降生遗迹和历史遗存，传说故事家喻户晓，千年传承的大禹祭祀习俗更是长盛不衰，特色鲜明。千百年来，北川大禹祭祀习俗是怎样传承下来的呢？本文尝试对北川历史上的几个节点中大禹祭祀习俗的传承和发展进行分析，为大家稍稍解惑。

一、唐宋之前，民间自发祭祀大禹

（一）古籍记载的大禹出生地

早在战国时期，《孟子》和《竹书纪年》都认为，大禹生于石纽，是“西夷之人”。汉代文献一致称“禹兴于西羌”“禹生于西羌”,也认为大禹属西部的少数民族。而蜀地的学者扬雄在《蜀王本纪》中进一步指明:“禹本汶山郡广柔县人,生于石纽,其地名痢儿畔。”“禹,六月六日生于石纽。”汉代北川属广柔县管辖,唐代始置石泉县。自此以后,史家们皆指石泉县为禹生之地。

(二)羌人最朴实的大禹崇拜

大禹生于西羌,是羌人的首领。羌族人民历来视大禹为先祖圣王,对大禹敬若神明。羌人崇拜大禹,在冉駹[①]部落的民歌《送嫁歌》[②]中即有体现:“现在就来唱我们的根,耶格西[③]是我们第一个最能干的人。他疏通了八条河,他疏导了八年。第一次,他听见孩子哭,就想到了还要跟野兽作战;第二次,他看见孩子笑,就增加了毅力;第三次[④],他看见孩子跑,更鼓起了勇气。疏通了八条河,还有一条疏不通,他睡不着,不高兴,坐在石头上发闷。比格者吉[⑤]问明白,叫他安心,好好睡觉。一夜就把河拱开,比格者吉是条母猪精。九条河都疏通了,千流万河归大海。”可见,大禹在羌民心中是始祖,是生活和学习的榜样,不论在婚丧嫁娶还是在祭祀活动中,只要有机会,羌民都会将大禹的丰功伟绩进行宣扬。

石纽山在今北川县禹里以南一里许。据《华阳国志》记载,早在汉代,羌人就把大禹诞生地石纽山看得十分神圣,方圆百里不敢居住放牧。到了南北朝时期,这种崇禹的传统又有了新的发展:《水经注》记载,广柔县之石纽,是大禹诞生地。这一带百姓一直不敢在石纽山百里内居住、放牧,犯了罪的人逃匿到此,便不再受到追捕,能躲藏三年不被抓,会得到原谅,因为是受到大

---

① 冉駹是岷江上游地区的古羌族的一支,其内部包含着若干文化传统不尽相同的群体。《后汉书·南蛮西夷传》云:“冉駹者,武帝所开,元鼎六年以为汶山郡。……其山有六夷、七羌、九氐,各有部落。”

② 这是一首酒歌,在羌族传统婚礼中,人们围着,喝咂酒跳“沙朗”,由老人们唱。

③ 大禹的羌族名字。

④ 这里的一次、二次、三次是指大禹治水三过家门而不入的事情。

⑤ 大禹妻子的羌族名字。

禹神灵的保佑。

（三）羌民早期进行大禹祭祀的形式

据相关史料记载：唐太宗贞观八年（634）置石泉县时，石纽山下已有当地羌民自行修筑的大禹庙，这一带的羌人每年春、秋两季以及农历六月初六（传说是大禹诞辰）都要举行祭禹活动。后来禹庙虽遭兵燹祸乱，却随圮随修，庙祭从未间断。可见，虽然石纽山禹庙初建时间不可考，但是在唐朝之前，羌人在石纽山一直自发进行着庙祭仪式，且连年不绝。

南宋计有功《大禹庙记》中记载，直到南宋时期，茂、汶等地羌民仍尊大禹为“汶王”，常自发举行祭禹活动。

唐宋以前的大禹祭祀，是以百姓民间祭祀为主体的，也不只庙祭一种形式，但石纽山已成为庙祭的最佳地点。

二、南宋时期，主政官员官祭形成

（一）宋代民族矛盾激化后的北川形势

北川关内地区作为冉駹属地，自西汉元鼎六年（前111）进入中原王朝版图后，所属不论是汶山郡，还是北周时期的汶州北部郡、唐朝的茂州，不论是北周保定四年（564）设置的北川县还是唐太宗贞观八年（634）析北川县地所置的石泉县，治地都在今茂县县城。可见，历代封建统治者大都因北川关内地区与茂州同为羌人所居且山水相连，而将其视为一体进行管理。

宋代，羌人与宋朝政府冲突频繁。北宋后期，为了截断茂州到石泉的道路，孤立石泉的羌人，达到分而治之的目的，宋朝政府将其改隶于绵州[①]。政和七年（1117）又设置石泉军，进一步提高其地位。至此，石泉（北川）成为宋

① 详见《宋史·地理志》，熙宁九年（1076）以石泉县隶绵州。

朝政府防御羌人的前哨阵地。

这一调整虽然达到了加强石泉防御、分化北川羌人的目的,但是却不能实现对石泉羌人的直接管理。为政者思想上仍然将石泉羌人与松茂的羌民一样加以防范,这使得大部分番寨仍处于与外界隔绝的状态,没有彻底解决民族矛盾。

(二)番汉文化的交流为官祭提供了助力

石泉县改由绵州管辖后,创造了汉番民族接触交流的有利条件。除了民间交流、影响扩大,地方官员也开始重视文教,大力传播汉文化。

道光《石泉县志·重建军治记》记载:“(石泉)始于唐之贞观,宋政和七年升而为军,控扼西夷故也。绍兴间,平凉魏侯禧守此一十三载,官廨、学校、城郭规置周备,颉颃内郡。”平凉侯魏禧在十三年的知军任上做了两件大事:一是完善武备,筑土城防羌人骚扰;二是大兴文教,建学宫传经讲学。此后,石泉的地方官员一直十分重视文教,汉文化对北川产生了重大影响。

(三)南宋重建禹王庙与官祭大禹的形成

1. 禹王庙重建始末。为了缓解民族关系,抚化羌人,保持地区的稳定和安宁,南宋绍兴二十八年(1158),石泉知军赵公(佚名)欲重建因遭兵燹祸乱毁掉的大禹庙。因其上任时,石泉一带受汉文化影响巨大,被视为汉区,赵知军不敢肯定石泉的“石纽”是不是大禹故里,曾请教南宋文学家计有功。

计有功作《禹庙记》,详细记叙了此事,并在文章中回答了这一问题:“石泉始隶于茂,国朝熙宁割地于绵,政和又升而军之。礼乐文物,日浸月长。”他认为石泉一带受汉文化影响,时间久了,人们的认识和观念也有了变化,以至产生了疑问。同时,计有功还指出:“自石泉之名立,其后唐《地理志》、国朝《职方书》、《先儒舆地记》皆以石纽归石泉。虽莫辨其故,然汶山之山曰铁豹,江水出焉。汶川之山曰玉垒,湔水出焉。石泉之山曰石纽,大禹生焉,合之则一,离之则散,处于三邑之近,无可疑者。”这不仅肯定了石泉是大禹故里,也肯定了从汶川到石泉,百姓都是羌人的事实。

计有功的考据结果打消了赵知军等石泉官吏的疑虑。在人力、财力都极其匮乏的情况下,赵知军在石纽山下重建了一座富丽堂皇的禹王庙,其规模“以门计一十有八”,“形丽势胜,神明拥会”[①]。

2. 官祭的形成。禹庙落成,赵知军邀请各界人士齐聚庙前,举行了隆重的祭禹仪式,并表示要像大禹一样关心人民疾苦,推行德政。这是北川历史上第一次由官方出面对大禹进行祭祀,至此,官方祭禹正式形成。官方对大禹的认可,渐渐消除了羌人与朝廷的对立,部分缓解了民族矛盾。此后数十年北川一带没有羌人与官府为敌的记载,这和北宋末年不得不调集施、黔一带的土军平定“石泉蛮叛”,以及南宋末年矛盾再次激化以至连石泉军治衙门也难以保全的情形不可同日而语,足见赵知军“打大禹牌”缓解民族矛盾的高明之处。

此后,石纽山下大禹庙就成了官方祭禹的主要场所。历朝历代的到任官员一直将祭禹作为缓解民族矛盾的一个重要突破口,把维护和重建禹庙作为重要的政绩。在北川羌人与官军冲突最为频繁的明朝,嘉靖四十年(1561),戍守石泉的周宗也采用了当年赵知军同样的方法来“抚化番夷”,消除羌人的对立情绪:他不仅在石纽山下重建了大禹庙,还刻制了岣嵝碑,立于庙中。此碑现存于禹里镇西山禹碑亭。据碑上的跋文称,周宗刻碑的目的,一是“壮石纽之灵”,使石纽山更加神圣,二是表明自己要像大禹一样“修文德以化戎”。

三、清代以来,重视文治的官民同祭

清代以后,随着“改土归流”的推行,大部分的北川羌人开始穿汉服、说汉

① 出自南宋计有功《禹庙记》,四川省大禹研究会:《禹生石纽在北川》,第7~10页。

话、习汉俗,被视为汉人,北川地区的民族局势也趋于平静。这一时期,地方官员对北川羌人的看法也发生了变化,对羌人多了一些宽容,认为“氐羌皆吾赤子”。在民族关系缓和的情况下,北川的地方官员仍然十分重视纪念大禹,积极修缮禹王庙,表达对大禹的崇敬,彰显大禹精神,提高地方知名度。

(一)清高宗乾隆对大禹故里的认证

1.《御批历代通鉴辑览》中的认定。在清代诸帝王中,清高宗乾隆最重文治,以文教施政治民,并将推行文治与官方修史事业联系在一起,把设馆修史当作推行文治的重要工具,充分发挥史馆修史的政治功能。成书于乾隆三十三年(1768)六月的《御批历代通鉴辑览》就是较重要的一次活动。

乾隆特设通鉴辑览馆,在书法、史观等方面具体指示,引导馆臣按自己的意志对历史进行评定。在编写先秦历史时,为了制止关于禹生之地的纷争,乾隆在《御批历代通鉴辑览》中特地对“禹生之地”作了认定。在“夏后氏大禹,姒姓,颛顼之孙,鲧之子,生于石纽”这条史料前特别作了批注:“谯周《蜀本纪》:禹本汶山郡广柔县人,生于石纽。《元和志》:禹所生处,考《唐书·地理志》,茂州石泉县有石纽山。石泉今属龙安府,山下有大禹庙,祖传禹以六月六日生此。今以《蜀纪》《元和志》为据。”

2.祭禹规格和相关政策优惠。《民国北川县志》记载:“禹庙,每年春秋与关岳庙同时致祭,其仪注与文武庙同,唯无乐歌。当前清初年以北川为大禹降生之地,特颁祀典,祭以太牢,至今仍之。”从上述记载来看,清初朝廷“特颁祀典”,规定以“太牢”祭祀大禹,羊、牛、猪三牲齐备称为“太牢”,是古代天子、诸侯祭祀社稷之礼仪。这不仅反映了统治者对祭禹的重视,也表明了其对禹生北川的认同。据姜炳璋《乾隆石泉县志》记载:石泉作为大禹故里,朝廷对其有许多优惠政策和特殊规定:县令必须是科举出身;录取科举秀才,按朝廷分配名额加倍;贡赋减半或全免。另外,对于祭禹,朝廷也有明确的指示:六月六日大禹生辰,除了用“太牢”之礼致祭大禹,县令还可以穿上皇袍(黄马褂)代表皇帝祭祀大禹;在县衙两旁设置只有州、府以上机构才能有的鼓楼、乐楼,在致祭大禹及举行重大礼仪时使用等。

(二)姜炳璋重建禹庙,形成了堪称国祭的官民同祭

清乾隆三十三年(1768年,《御批历代通鉴辑览》成书之时),县令姜炳璋再次重建禹王庙,不仅将正殿修葺一新,还另建大门一座,两边各建房三间,正殿供大禹,后堂供圣父崇伯、圣母有莘氏。同时,他还在石纽山前要道修建"神禹故里"坊,石为基,木为柱,以小青瓦覆盖,上悬木制"神禹故里"匾额,左右木柱上挂木制楹联曰"石纽之村笃生圣人皇皇史册古迹常新,刳儿之坪产石如血青莲好古大书禹穴"。匾额和楹联均为姜炳璋亲笔书写。

落成之日,全县举行了盛大的祭禹活动。县令姜炳璋着黄马褂率领文武官员,以盛大仪仗为先导,百余人抬着牛、羊、猪、帛、爵、登、簋、笾、豆等祭品,从县衙出发,浩浩荡荡来到禹庙,县内外百姓数千人随往,以太牢之礼祭祀大禹。县令二叩六拜,吏民三叩九拜,甚是虔诚。

此后,官民同祭的祭禹形式在北川形成,祭禹活动规模也进一步扩大。

(三)形式多样的民间祭祀蓬勃发展

汉羌文化的不断融合和清政府的重文政策,使得民间祭祀在这一时期蓬勃发展。

1.最神秘的祭祀——祈雨和防洪灾祭祀。北川人民不只把大禹当作自己的祖先,更是当成神灵在崇拜。逢大旱之年,禹里百姓会自发地聚集到禹穴沟口的禹王宫祭拜大禹,祈求降雨。据禹里老人介绍:祭祀之前,百姓们在会首的带领下,每家捐献一些布匹出来,缝制出一条五彩的布龙,祭祀之日由会首带着百姓进入禹穴沟深处,在洗儿池烧香,取出曾经洗涤大禹王的圣水来到庙前,燃香供奉香果后,由精壮汉子舞起布龙,其他百姓围绕四周,并向布龙不断泼洒由洗儿池取出的圣水,以祈求大禹王降雨,保佑丰收、祈求平安。

防洪灾的祭祀就相对简单多了。百姓在大禹像前祭祀,燃香蜡钱纸后,

将纸钱灰烬收集,抛洒于洪水之中,以此祈祷大禹王显灵,让洪水消退。

2. 最具政治性的祭祀——官员上任祭祀。为缓和民族矛盾、更好地治理百姓,外地官员来北川任职时,通常都会宣扬自己认同大禹之“德”,并在任职期间不断地维修禹庙和举行各种形式的祭禹活动,以利用百姓对禹的崇拜来教化民众。官员上任祭祀就是这些政治性祭祀中效果最明显的祭祀活动。

官员上任祭祀主要有在“一线天”小禹穴处祭祀和拓碑文祭祀两种。据禹里的老人介绍:明清时期,外地官员一到石泉(今北川)上任,就会组织百姓带上三牲祭品,直奔禹穴沟“一线天”小禹穴处祭祀大禹。因禹穴沟山路陡峭,每次进行这种祭祀时,沿途百姓会“逢山开路、遇水架桥”,协助祭祀队伍通行(现在禹穴沟还有祭祀架桥等痕迹)。上任祭祀结束后,官员才会到县衙上任,开始履行职责。

拓碑文祭祀一般用在官员上任或者卸任时。官员带着祭祀用的祭品到禹穴沟口颜真卿所书“禹穴”碑刻处,向禹穴碑烧香祷告后,用宣纸将整个碑文全部拓下,仪式即完成。此拓文会被官员珍藏,会成为官员与百姓一样认同大禹精神的一个象征。

北川县境除禹里建有禹庙外,禹穴、片口、坝底、曲山、陈家坝、通口等地也均建有禹庙或禹王宫,凡建有禹庙或禹王宫的地方,每年春、秋两季及六月六日大禹生日,均由当地地方长官主持不同形式的祭祀活动。

四、改革开放后,弘扬民族文化、发展旅游经济中的民办公辅

改革开放以来,为了将弘扬大禹精神与地方经济发展相结合,推动地方经济发展和繁荣,北川县委政府积极恢复大禹遗迹、开发大禹故里风景名胜,引导民间群体进行大禹祭祀活动。

（一）20世纪80年代—2008年地震前的恢复禹迹和大禹祭祀活动

1. 禹迹的恢复、建设和北川大禹文化研究发展。这一时期，为了弘扬大禹文化、发展经济，政府对北川禹迹的保护和恢复力度是空前的：1991年对“大禹故里”牌坊进行重修，同时在禹里场镇北建造了气势宏伟的仿古仿石建筑——大禹纪念馆；1994年在禹穴沟口重修禹王宫。这些建筑很快成为人们凭吊大禹功绩、缅怀大禹精神的重要场所，由全国各地大禹及夏文化研究的专家、学者组成的四川省大禹研究会就设于大禹纪念馆。同时，以知名历史学家李学勤为代表的学者们从20世纪80年代起，从不同学科、不同角度探讨研究了北川大禹文化，在他们的协助下，四川省大禹研究会先后编辑出版了《大禹史料汇编》《大禹及夏文化研究》《海峡两岸大禹文化研究会论文集》等众多研究大禹及夏文化的著作，为弘扬大禹精神、推动大禹文化发展作出了积极的贡献。

在政府的推动下，民间发起的恢复和建设禹王庙工作也积极地推进：曲山镇米市沟左岸，由民间发起修建的禹王宫已初具规模，香火日益旺盛；青片、片口、坝底、曲山、陈家坝、通口等地也相继恢复或者新建了禹庙或禹王宫，用于民间祭祀大禹。2002年，禹里乡（今禹里镇）的百姓，怀着对大禹无比崇敬之情，自发集资投入资金200多万元，在禹里乡（今禹里镇）政府对岸、石纽山左侧修建禹王庙，并在殿前建造高10余米的大禹塑像。每年六月六日大禹诞辰，这里都要举行隆重的庙会活动，成为县内外民间祭祀大禹的重要场所。

2. 大禹故里风景区的建设。大禹故里风景名胜区是1989年3月23日绵阳市人民政府批准建立的市级风景名胜区，位于北川禹里镇境内。大禹故里风景名胜区主要景点有禹穴沟、采药山、石纽山、摩岩甘泉、三叉河、誓水柱、禹庙、金锣岩、刳儿坪、禹州池、一线天、血石流光等，均是史籍或者传说中记载的大禹及其母亲在北川的生活遗迹，其中还有扬雄、颜真卿、李白等人的碑刻。

清朝石泉知县余炳虎曾以《石纽停云》《双江分色》《索桥晓度》《西山叠翠》《奎角连云》《禹穴听泉》《悬崖滴水》《血石流光》等为题作了八首诗,抒发了自己对大禹故里人文古迹和奇异风光的热爱之情。

3. 大禹祭祀活动的恢复。随着政府对禹迹的恢复和建设,民间祭祀大禹活动渐渐复苏。其间,政府一直秉承着"民办公辅"的方针,积极引导群众文明、健康地祭祀大禹。

这一时期的大禹祭祀活动延续了唐代以来的庙祭,即从农历六月初五开始,百姓会集禹里乡(现禹里镇),载歌载舞,昼夜狂欢,以具有羌族特色的祭祀活动歌颂先祖的功德,表达对先祖的崇敬和怀念,并逐渐形成了独具特色的北川祭禹活动。

(二)2008 年"5·12"特大地震后禹迹及祭禹活动的恢复和发展

震惊世界的"5·12"特大地震中,北川遭受了巨大灾难,一大批大禹遗迹损毁,有多名热衷和从事大禹文化研究的人员不幸罹难,近 30 年来的大禹研究成果毁于一旦,大禹祭祀活动被迫中断。

1. 震后禹迹的恢复情况。在党中央、国务院以及各级政府和领导的关怀下,北川迅速启动了文化重建工作,2009 年 7 月,北川大禹祭祀习俗成功申报为四川省省级非物质文化遗产项目,从 2010 年起,全县各处因"5·12"特大地震损毁的禹迹渐渐恢复,禹穴沟口的禹王庙、石纽山下在禹王宫基础上重建的广莲寺、禹里镇西山上的禹碑亭等相继建成,民间也恢复了因地震一度中断的大禹祭祀习俗。

2. 十八大以来北川祭禹活动的发展。习近平总书记对弘扬优秀传统文化提出了重要意见。北川县委、县政府积极落实,投入大量人力物力保护大禹遗迹、开展大禹研究、突出大禹祭祀、打造大禹品牌、弘扬大禹精神。2014 年 7 月,中国水利史学会认定北川为大禹降生祭祀地;禹穴沟自然、人文景观的重新开发于 2016 年结束,投入运营;全县各处的禹庙以及大禹相关文化实体恢复和建设上了一个新台阶,《禹的故事》等相关读物普及到学校、村社。

与此同时,大禹祭祀活动在政府的引导下,内容更加充实,除了有传统的祭祀大典,还有相关的大禹文化交流、情境演出等活动,使得大禹祭祀活动更加饱满,让参与者全方位地体验和感受大禹不畏艰辛、科学创新、公而忘私、勤政为民等优秀精神,自觉地将其传承和弘扬下去。祭祀大典和北川传统大禹祭祀一样,即从农历六月初五开始,百姓会集禹里镇,载歌载舞,昼夜狂欢;初六早上,各携带祭品的队伍、载歌载舞的表演队伍等多个队伍向石纽山进发,在大禹像前献上三牲[①]、贡品,并念祭文,还要以具有羌族特色的歌舞歌颂先祖的功德,表达对先祖的崇敬和怀念。情境演出主要以“古羌部落”“禹生北川”“大禹治水”“民间崇拜”为线索,展示大禹和羌族、北川不可分割的关系;大禹文化交流以研究大禹文化和大禹精神为主题,推动了大禹文化的传承和发展。

千百年来,民祭和官祭相辅相成,北川形成了浓厚的大禹纪念氛围和独特的大禹祭祀习俗。如今,新生的北川人秉承科学求实、开拓进取的大禹精神,将习近平总书记倡导的弘扬中华传统文化与旅游经济融合发展,在保护优良传统文化、传承和弘扬大禹精神的同时,打造华夏民族寻根问祖的圣地,使北川祭禹习俗成为大禹文化中一颗璀璨的明珠。

(朱静,四川省社科院禹羌文化研究所所长、四川省大禹研究会秘书长,北川羌族自治县禹羌文化研究中心主任;杨柳,中共北川羌族自治县委组织部远程教育中心主任)

① 这里的三牲是活的,祭祀结束后会放生。

后　记

大禹是中国历史上少有的具有综合贡献的元典式英雄,是中国国家形态的开创者。大禹治水成为中国人的精神象征,成为中国人面对自然所展现的无畏精神气概的最经典诠释。为什么西方大洪水传说中出现的是“诺亚方舟”,而东方则是治水,堵的方法不行就疏,疏的方法不行就堵疏结合,反正我们的家园不能放弃,我们要在与自然的抗争中保卫家园。

中原正是中华精神的孕育地。大禹传说在登封等地广为流传,启母石与启母阙,还有文献记载的“禹都阳城”等都在登封。考古工作者早在20世纪70年代末就发现了位于颍水与五渡河交汇地带的登封王城岗龙山晚期小城堡,并召开了登封告成遗址发掘现场会。会议云集当时最著名的考古专家,由此引爆了学界长达数十年的夏文化讨论热潮。1980年,笔者曾参加王城岗遗址的发掘。此后,王城岗遗址在小城之外又发现了大城,基本认定这里就是“禹都阳城”,“最早的中国”非此莫属。

2014年,我们与登封河南大禹文化产业开发有限公司首次合作,共同举办了“登封与大禹故里学术座谈会”。2015年,我们又召开了“2015中国登封大禹文化研讨会”,这次会议由中国先秦史学会等单位主办,云集了国内研究先秦历史的著名专家,规格非常高,会后专门公布了“登封宣言”。以上两次会议的相关成果,我们结集出版了《登封与大禹文化》。2016年夏,河南省社会科学院和河南省历史学会联合举办了“河南省历史学会2016年年会暨大禹文化研讨会”,来自省内各高校、科研单位的学者参加了此次会议,其中大禹文化研讨会收到了不少论文。时任河南省人民政府副省长的张广智先生专程到会看望代表,时任河南省社科院党委书记魏一明、院长张占仓、副院长袁凯声,以及河南省历史学会会长、郑州大学副校长张倩红教授,河南大学副校长张宝明教授均参加了这次盛会。大家参与盛会之余,还专程参加了大禹文化节的民间祭祀活动,体验了大禹文化在民间的广泛影响。2017年8月,我们又举办了“2017年中国登封国际大禹文化研讨会”。这次会议由河南省社会科学院历史与考古所、河南省华夏历史文明传承创新基金会、郑州嵩山文明研究院、中日历史文化交流中心等共同举办。时任省政协副主席的张广智先生到会致辞,北京大学李伯谦教授到会开展专题讲座。日本日中历史文化交流中心代表团所带来的日本禹迹与大禹信仰实物,让人们领略到大禹的文化魅力。日本日中历史文化交流中心主任露木顺一、日本法政大学教授王敏、韩国东北亚历史财团研究员禹成旼等,均在会上进行了学术交流。会议代表专程参加了具有民间特色的大禹祭拜活动。应该说会议内容丰富,十分成功。2018年8月,在多年对大禹故里故都研讨的基础上,根据登封市人民政府的有关请示报告,河南省姓氏祖地与名人里籍研究认定中心正式在登封召开了“登封市为大禹故里故都研究认定会”,国内知名历史与考古学者,中国社科院学部委员王震中教授、中国先秦史学会常务副会长兼秘书长宫长为研究员、中国社科院考古所曹定云研究员、北京大学宋豫秦教授、清华大学廖明春教授、四川大学彭邦本教授、天津师范大学杜勇教授、南开大学朱彦民教授、郑州大学张国硕教授、河南大学张立东教授等为认定专家,大家对相关问题进行了深入讨论,最后形成了登封为大禹故里故都的结论。与此同时,相关的研讨活动虽然没有成行,但却收到了多篇来自全国各地研究者提供的大禹文化研究方面的论文。我们将这几次活动的有关论文进行筛选后,正式结集,编辑出版。

多年来,因为大禹,我们与登封的相关朋友结缘。王青山团队为大禹文化的研究提供了坚强的后勤保障,常松木作为大禹故里的研究者,对大禹文化近乎痴迷,他与各方面进行交流沟通,极大地推动了登封的大禹文化研究。我的同事陈建魁、唐金培、李玲玲等,均做了大量工作,本次文集的编辑李玲玲投入了很大精力,进行了论文的汇总编辑。登封的朋友还有吕宏军、蒲延中、李喜旺等,他们都是大禹文化的研究者与参与者。

中国先秦史学会原会长、中国社会科学院学部委员宋镇豪教授,中国先秦史学会会长兼秘书长宫长为先生,始终支持登封大禹文化的研究工作,并专门成立了中国先秦史学会夏禹文化研究中心,作为中心首任主任,我也时刻将大禹文化的研究作为一种使命。曾在河南省社会科学院担任领导职务的魏一明、张占仓、袁凯生诸位先生,在任时都对大禹文化的研究给予了大力支持,在此深表感谢。

张新斌

2020 年 8 月